JN124931

# アシジのフランシスコの生涯

A・トムソン［著］
持田鋼一郎［訳］

教文館

**Francis of Assisi: The Life**

by

Augustine Thompson O.P.

Originally published by Cornell University Press



This edition is a translation authorized by the original publisher,
via Tuttle-Mori Agency, Inc., Tokyo

FRA
CISCV
PAX
HVIC
DOMVI

壁画（前頁およびカバー）：『兄弟フランシスコ』（フレスコ画）、1228年以前
スビアコの聖ベネディクト修道院（サクロ・スペコ）所蔵

# はじめに

この小さな本を買った人、あるいは手にしただけの人でも、まず間違いなくイタリアの聖人、自然の愛好者、貧者の友だったアシジの聖フランシスコについて耳にしたことがあるだろう。宗教にはまったく無縁の書物の中でさえ、聖フランシスコの名は目に触れる。この伝記を書いている間に、アルゼンチンの枢機卿、ホルヘ・マリオ・ベルゴリオは、伝統に反旗を翻し、いままで教皇によって一度も使われたことのない名前フランシスコを彼の教皇名として選んだ。ベルゴリオ枢機卿は教皇フランシスコとして知られることになった。教皇がフランシスコという名前を選んだことは、質素な生活、世界の貧しい人々、そして自然の保護者に教皇が与（くみ）する徴（しるし）であることをわたしたちに語っている。読者がアシジの聖フランシスコについて今まで一度も耳にしたことがなかったとしても、茶色のローブと白い紐を身にまとい、庭園や小鳥の水浴びとともに描かれた彼の肖像を目にしたことがあるに違いない。フランシスコはキリスト教徒だけではなく、無神論者を含め、本物の精神性を求める多くの人々を惹きつける最高の鏡になっている。おそらく昔も今も、あらゆる聖人の中にあって聖フランシスコはとびきり多くの物語を生み、伝説に登場する主人公になった。聖フランシスコは我々の時代を含め、それぞれの時代に応じて必要とされる聖人に仕立て上げられ、再生されてきた。

中世イタリアの同時代人が知っていたフランシスコを知ろうとする人々にとって、聖フランシスコについて語られた物語は、フランシスコの姿を明らかにするのに勝るとも劣らぬほどその姿を隠してしまう。おそらくそうした物語の最たるものは、あるいは少なくとも最も親しまれてきたものは、フランシスコと「グッビオの狼」の物語である。この物語によると、イタリア中部の小さなグッビオの町は、家畜を殺し食べ始め、ついには人間までも食べるに至った、兇暴な狼に怯(おび)えていた。狼の襲撃を怖れる町の人々は城壁の中に閉じこもった。フランシスコは町の人々への同情から、皆の反対を押し切って、狼のねぐらを見つけようと出かけた。彼が少しも怯(ひる)まず狼のねぐらに近づくと、狼はその頭をフランシスコの手に委ねた。フランシスコはもし狼がグッビオの町の人々と仲良くするならば、町の人々は狼に餌を与え、世話をすると約束しながら、優しく略奪を止めるように言い聞かせた。この約束を守る徴(しるし)に、狼は一本の足を優しいフランシスコの手に委ねた。そこでフランシスコは狼を町に連れ帰り、町の人々に、家畜の羊を扱うようにやさしく示して見せた。町の人々は驚き、約束を実行することに同意した。狼はもう一度足を上げ、約束を受け入れたことを示すようにフランシスコの手にその足を委ねた。狼は二度と飢えることはなく、再び町を襲うこともなかった。

もちろんこれは物語に過ぎない。だが十分にあり得る話である。ある人々は動物との意思疎通に並外れた能力を持っており、動物を「手なずける」。この物語が問題となるのは、フランシスコの死後一五〇〇年以上経つまで、それに似た言及がただの一つも存在しないことである。この物語は『聖フランシスコの小さき花』として知られる逸話集の中に現れる［邦訳第二一章］。この遅い年代とともに、物語はさらに深刻な問題を提起する。まず、自然や動物に対して力が発揮されるという逸話は、中世の聖人たちの生涯に類型があり、ごく普通に借用され、再利用される挿話の一種だということである。フランシスコ死後の最初の世代の物語は、フランシスコの自然への愛情や自然との調和についてしばしば語っているが、自然に対して力を発揮しようと試みたり、自然を制御したりすることが示されることは一度としてない。この物語は、実際にフランシスコを知っていた人々の語る物語と一致しない。次に、物語のそもそも最初のイタリア語版において、狼とフランシスコの交渉は、ローマ法の——フランシスコが習熟していない分野の——専門用語で表現されている。さらに、物語の中のフランシスコは、配役を演じている。同時代の人々が知っていた通りのフランシスコを知ろうとするのならば、この物語は、実際には起こらなかった——誰一人一度も証明できていない——という理由からではなく、フランシスコの生涯と人物についてもっと大事な証言を伝えている非常に多くの他の物語があるという理由から、一応棚上げにしておかなければならない。

フランシスコについての初期の報告も、注意深く読む必要がある。その一例は、フランシスコの生きた時代から現代に至るまで、芸術家や彫刻家にインスピレーションを与えてきた出来事、フランシスコの有名な「小鳥たちへの説教」についてである。この出来事は聖人の死後わずか二年で、チェラノのトマスによって記された最初期の伝記、『聖フランシスコの生涯（第一伝記）』に報告されている［邦訳第一巻第二一章五八—五九］。トマスは同じ出来事を一度だけではなく、二度語っている。一度目はイタリア中部のベヴァーニャの町の近くでの出来事を語り、もう一度、ずっと北のアルヴィアノという村の近くでの出来事を語っている。ベヴァーニャの場合には、道の傍らに小鳥の群れを見かけ、小鳥たちに駆け寄っている。鳥の群れは飛び立つどころか、群れたままで、フランシスコは自由に鳥たちの間を歩いた。喜びに満ちてフランシスコはすべての鳥に「神の祝福」を与えることを告げながら、鳥の群れに説教をする。鳥たちはその後、一羽ずつ空へ「真心からの信仰告白をもって礼拝する神に感謝をささげつつ」舞い上がる。この物語がアルヴィアノの村で再現されるとき、フランシスコは道を歩いておらず、人々に説教をしている。フランシスコが話を始めると、巣を作っている小鳥のさえずりに説教が邪魔される。そこでフランシスコは鳥たちに木から降りてくるように命じ、ベヴァーニャで行ったと同じように、鳥たちに説教し、最後に飛び立つように指示する。「確かに不思議なことです」。フランシスコはその後、人々が説教に耳を傾ける際の模範的な一例として、この鳥たちを褒め上げた。そういうわけでわたしたちは、フランシスコの死後二年ほどの間の、作家の書き換え作業を目にすることができる。そしてこの出来事のより初期の版を保有しているおかげで、わたしたちはそれがすぐ眼の前で、典型的な奇跡へと変わっていくのを目にすることができる。

わたしは、アシジのフランシスコについての報告のすべてを注意深く批判的に調べて、それが十分信頼できるものであると決めるまで、後世の伝説の背後に潜むフランシスコを発見できないと確信している。この文献批判に基づく計画は、伝記の背後に存在するものの調査へと導く。この調査をしている間、わたしは「グッビオの狼」や「小鳥たちへの説教」について提起したと同じような疑問を提起した。第一の疑問は、誰がこの記録を書いたのかということである。フランシスコだったのか、彼の知り合いだったのか、彼について耳にしたことがあるだけの人物だったのか、という疑問である。不思議なことに、現代の伝記作者たちは、フランシスコ自身の記録だという風聞による物語を好んでいる。次に、いつ記録が書かれたのかという疑問が浮かぶ。「小鳥たちへの説教」で見た通り、フランシスコの死後数年経つか経たないうちに、フランシスコについての報告や物語は、書き手と読み手の関心を新たにし、物語が流布しやすいように変形された。推敲や加筆に加えて、フランシスコに関するいくつかの物語が、至極簡単に作り上げられた。こうしたケースが「グッビオの狼」の場合ではなかったかと、証明はできないが、疑いを抱いている。これに加えて、人間フランシスコが、彼の創立したフランシスコ会修道院内で、ある討論に巻き込まれたグループのための代弁者になったという、彼が死んでから数十年後に生まれた物語についても、わたしは極めて疑わしく思うようになった。とりわけ貧しさの実践についての議論、わたしが知っているいくつかのことが、彼が列聖された後の世代まで大きな問題にならなかったということに疑惑を抱くようになった。

ありそうもない物語を排除し、偏見にみちた物語を抑制した後に現れたフランシスコは、他の現代の伝記作者たちが語るフランシスコとは全く違っている。わたしは自分が見つけたいと期待していたものとはまったく違ったものを見つけたと白状する。わたしはフランシスコが読者をも驚かすだろうと思っている。わたしが見出したフランシスコは、伝説の聖人よりもはるかに複雑で個人的な葛藤を抱えていたことが明らかである。だがフランシスコは、彼の人間的弱さと欠点にもかかわらず、わたしにとっては驚くべき聖人のままである。フランシスコにとっての「聖なるもの」という何らかの理念、とりわけその聖性が重要になる。「聖人はけっして信仰の危機に陥らない、怒ったり意気消沈したりしない、判断を誤らない、それにけっして自分や他人に我慢できなくなることはない」といった何らかの前もって予想された考えが、フランシスコの聖性と同じだと考えるべきではない。わがフランシスコ自身の人間性が、――わたしとフランシスコについてのわたしの伝記の二〇一二年に刊行した学術的な版の読者を含む多くの読者にとって――（欠点の無い、だが不可能な）種類のあの聖性の例となる聖人よりもはるかに印象的で魅力的な聖人を作り出した。もちろん、本書のフランシスコは「わたしのフランシスコ」のままである。伝説や初期の伝記に描かれたフランシスコを超える「真のフランシスコ」は存在しない。わたしが描くフランシスコは歴史的方法を用いた結果であり、神学的考察や敬虔な教化ではないという点で、「歴史的」である。そのことは、わがフランシスコが他の現代の伝記に現れるフランシスコより、一三世紀の同時代人によって知られていたフランシスコにずっと近いとわたしが考えていることを意味する。

フランシスコ信奉者の世界のアウトサイダーの一人として、わたしはフランシスコに関心を持った。わたしは一人の歴史家として、歴史的フランシスコ像をめぐる激しくしばしば辛辣で批判的な論争の新参者になった。とりわけ、フランシスコの現代の信奉者たち、フランシスコ会の修道士、修道女、シスター〔＝単式修道誓願の修道女〕、第三会員〔＝聖職者以外の信徒〕にとって、フランシスコと彼の関心をどう考えるのかということは、今日の彼らの生活に大きな意味を持ち、それはときに分裂さえ引き起こしている。わたしはこのようなフランシスコ会内部の論争に加わらない。アメリカ風の俗語で言えば、「どうでもよかった」。しかし、わたしは前に進まなければならなかった。わたしは原則として歴史家としてこの本を書いたが、わたしは同時にカトリックのキリスト者であり、司祭であり、ドミニコ会と呼ばれる「説教者兄弟会」の一員である。ドミニコ会はしばしば、フランシスコの「小さき兄弟会」と双子のようにみなされている。わたしはまた、この著書に取り掛かる前に、聖フランシスコを信心していなかったことを認める。しかしながら、フランシスコについて調べているうちに、フランシスコとその洞察力に対する尊敬の念は増し、フランシスコに愛着と称賛の念を抱くようになった。わたしはこの本が、キリスト教の信者であるかないかを問わず、現代人に語りかけ、わがフランシスコが現代人に語りかけるべき何かを有していることを願ってやまない。

わたしはこの本を手にした人々のほとんどが、「アシジの小さな貧者」について何かを知りたいだけではないと思っている。もし読者がわたしと同じ五〇代であれば、読者は一〇〇年前にさかのぼるロマン主義的な解釈の系列に属するフランコ・ゼフィレッリの映画『ブラザー・サン　シスター・ムーン』によってフランシスコに近づいたのだろう。ゼフィレッリの解釈では、フランシスコは自由な性格の持ち主で、自由奔放な宗教的天才、中世におけるヒッピーの一種であり、「中世の教会」によって誤解され、そして利用された。さもなければ、読者はおそらく、動物と話をする人物、自然のままの神秘主義者、エコロジスト、平和主義者、フェミニスト、現代への警鐘としてフランシスコを知っている。ある人々は新しい教皇が守護聖人として選んだこの八〇〇年前の聖人が何者であるかに好奇心を抱く。わたしは、すべての読者が、この中世の聖人が今日の人々にとって何を意味するのかを問うことを期待する。わたしは歴史家として、いつもは過去が現代の読者にどんな意味を持つか示唆することを避ける。しかし、多くの人々が、わたしにフランシスコから何を学んだかを問いかけてきたので、カトリックのキリスト者としてのわたしにフランシスコが教えたいくつかのことを列記する。わたしはフランシスコがそれぞれの読者にそれぞれに応じた何かを教えると確信している。だから、この本での考察はあくまでわたし個人の考察である。

第一に、フランシスコは神の愛がわたしたちの魂を造り変えることをわたしに教えた。慈善事業で他者に善を行うことはこれによって生まれる。慈善は自己目的でもなければ、単なる社会的奉仕の形態でもない。フランシスコは「何かをする」よりも「何かである」存在である。キリスト者が奉仕する他者はどれほど愛することが困難な人であっても、その人自体のゆえに愛されるべき存在である。また、彼らが愛されるべきであるのは、わたしたちが慈善によって彼らに何かできるからではない。第二に、使命、計画、ヴィジョンを達成することへの呼びかけではなく、宗教的召命こそが神と被造物に関する見方に変化をもたらす。なににもまして、宗教的召命は個人もしくは団体の成功とは何の関係もなく、フランシスコを理解することをつねに妨げてきた何ものかである。第三に、精神の真の自由、実際は真のキリスト者の自由は、個人の自律からではなく、従順から生まれる。さらに、フランシスコが何度も行動において示したように、従順とは抽象的な概念や計画ではなく、他者に対する具体的な従順を意味するものでなければならない。フランシスコの自由は、「すべての人の僕（しもべ）」になることを意味する。最後に、――これまで記してきたばかりのすべてを覆すことをわたしは願う――真のキリスト教的聖性に至るための、前もって用意された、自明の道は存在しない。

# アシジのフランシスコの生涯

——目次

目　次

目　次



装丁　長尾　優

# 凡　例

## 引用について

フランシスコの手による著作の引用、ならびにフランシスコに関する伝記の引用については、原則としてすべて、フランシスコ会日本管区訳・監修『アシジの聖フランシスコ・聖クララ著作集』（教文館、二〇二一年）および同『アシジの聖フランシスコ伝記資料集』（同、二〇一五年）の訳文を用いている。

なお、原著では、出典の記載が省かれているため、訳者の責任で該当箇所の同定を行い、邦訳に従って引用元を表示した。

作品名の表記も、『著作集』と『伝記資料集』に揃えたが、本文中では冗長な表記を避けるために、以下については便宜上次のように言い換えている。

『勅書によって裁可されていない会則』（一二二一年）→『第一の会則』
『勅書によって裁可された会則』（一二二三年）→『第二の会則』
『すべてのキリスト信者への手紙　一』→『第一の勧告』
『すべてのキリスト信者への手紙　二』→『第二の勧告』

## 記号について

本文中、〔　〕内は、訳者による補足説明・訳注を示し、原著の原文には存在しない部分である。

引用文中の記号については、『著作集』と『伝記資料集』での表記法に揃えている。すなわち、〔　〕内は、校訂本原文の代名詞が指し示す人物名を明示するなどの目的で付された補足、（　）内は、難解な表現などに付された語注である。

## 固有名詞の表記について

人名・地名などの固有名詞の日本語表記については、『著作集』と『伝記資料集』に登場するものは、原則としてすべてその表記に揃えている。

また、聖書の書名や、聖書に登場する人名・地名については、『聖書　聖書協会共同訳』の表記に合わせている。

それ以外のものは、一般的によく見られる表記を採用した。その際、原著の原文が英語であっても、ラテン語や現地語のイタリア語などに従った表記や、日本のカトリック教会における慣用的な表記を優先している。

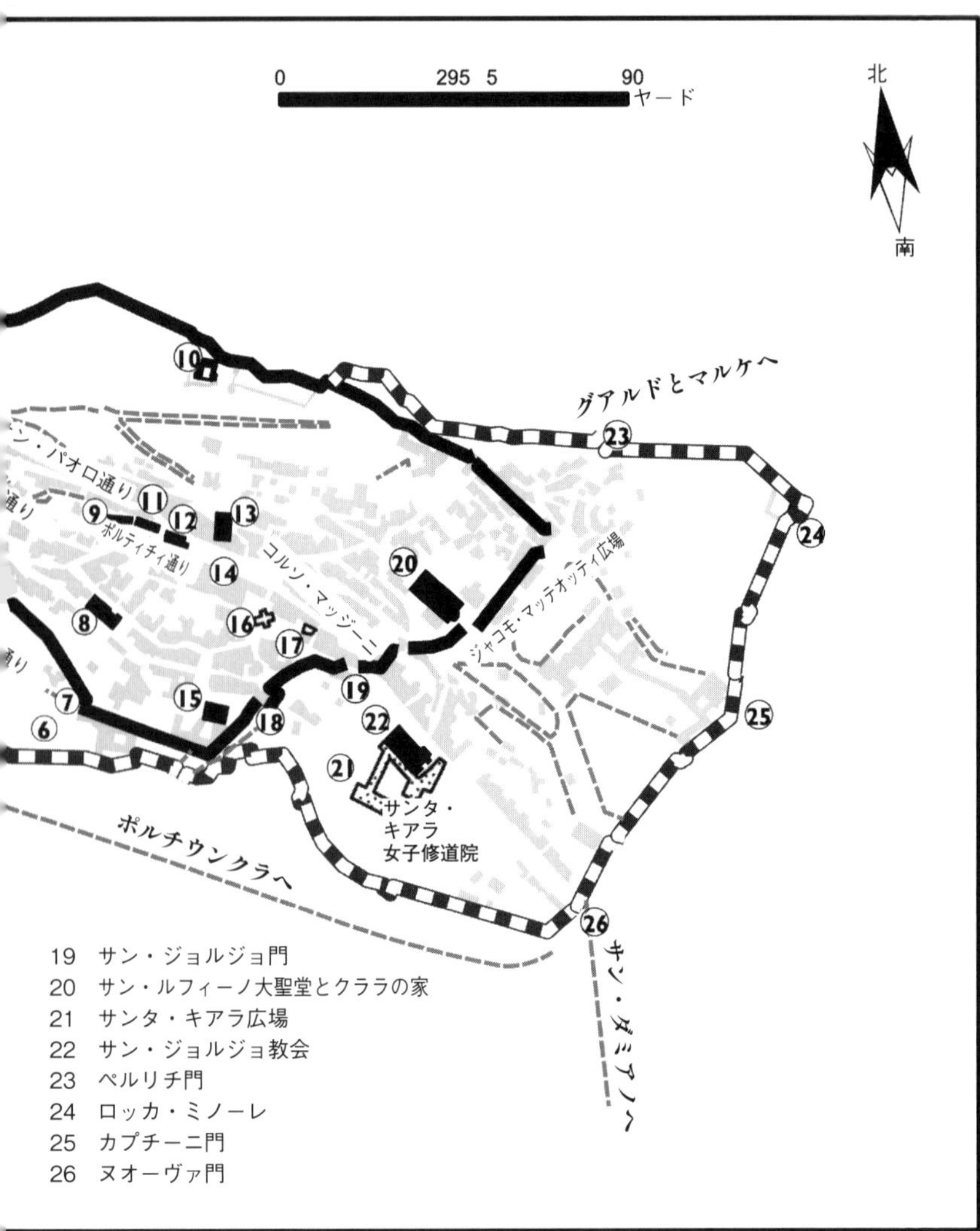
0
295 5
90
ヤード
北
南
グアルドとマルケへ
ン・パオロ通り
ポルティチィ通り
コルソ・マッジーニ
ジャコモ・マッテオッティ広場
サンタ・
キアラ
女子修道院
ポルチウンクラへ
サン・ダミアノへ
19　サン・ジョルジョ門
20　サン・ルフィーノ大聖堂とクララの家
21　サンタ・キアラ広場
22　サン・ジョルジョ教会
23　ペルリチ門
24　ロッカ・ミノーレ
25　カプチーニ門
26　ヌオーヴァ門

街 の 地 図

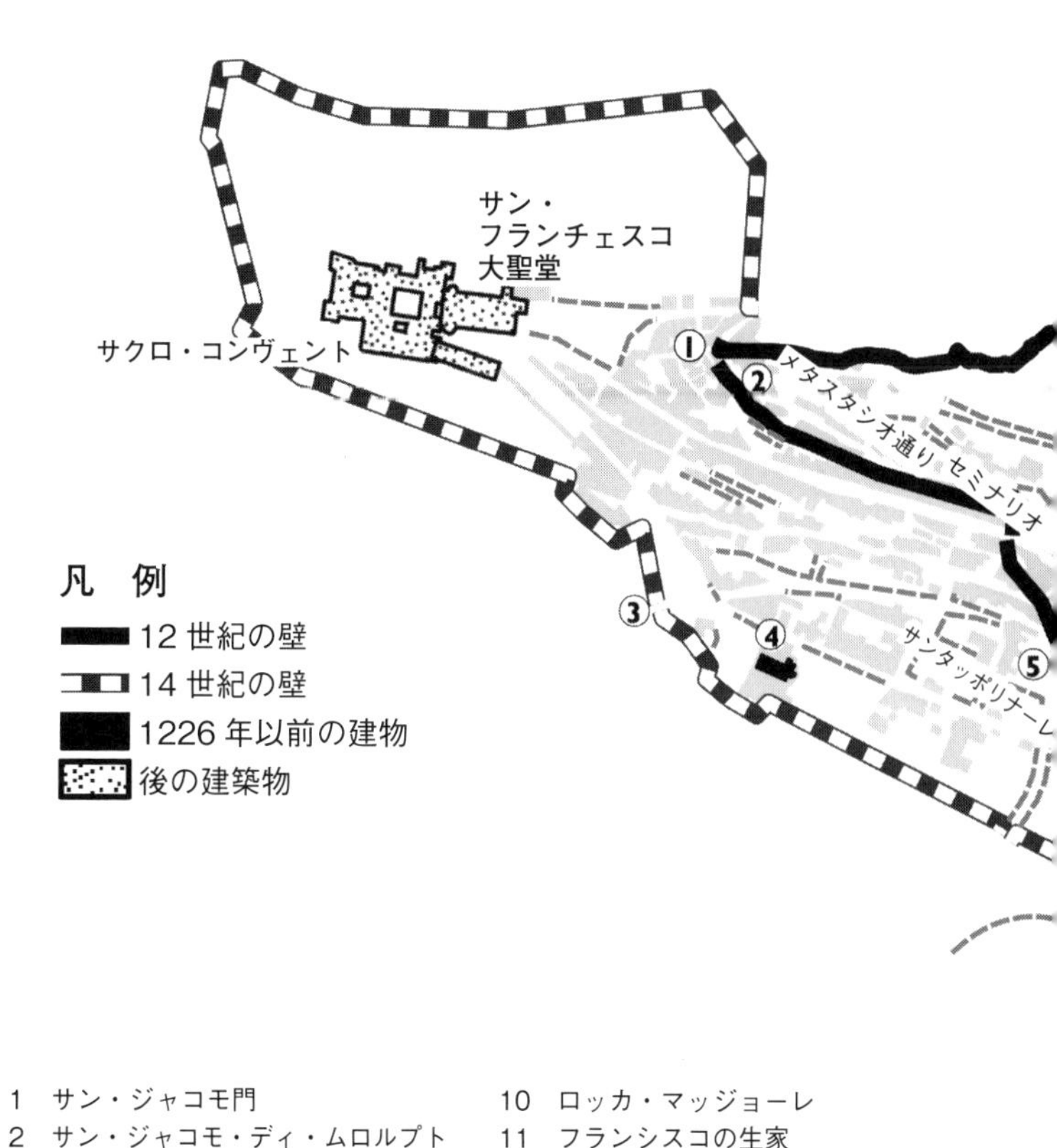


1　サン・ジャコモ門
2　サン・ジャコモ・ディ・ムロルプト
3　サン・ピエトロ門
4　サン・ピエトロ修道院
5　サンタンティモ門
6　セメントーネ広場
7　セメントーネ門
8　クインタヴァレのベルナルドの家
9　サン・パオロ教会
10　ロッカ・マッジョーレ
11　フランシスコの生家
12　サン・ニコロ教会
13　ミネルヴァのローマ寺院
14　メルカト広場
15　サンタ・マリア・マッジョーレ司教座聖堂
16　ヌオーヴァ教会
17　サン・フランチェスコ・ピッコリーノ礼拝堂
18　モイアーノ門

ア シ ジ 市

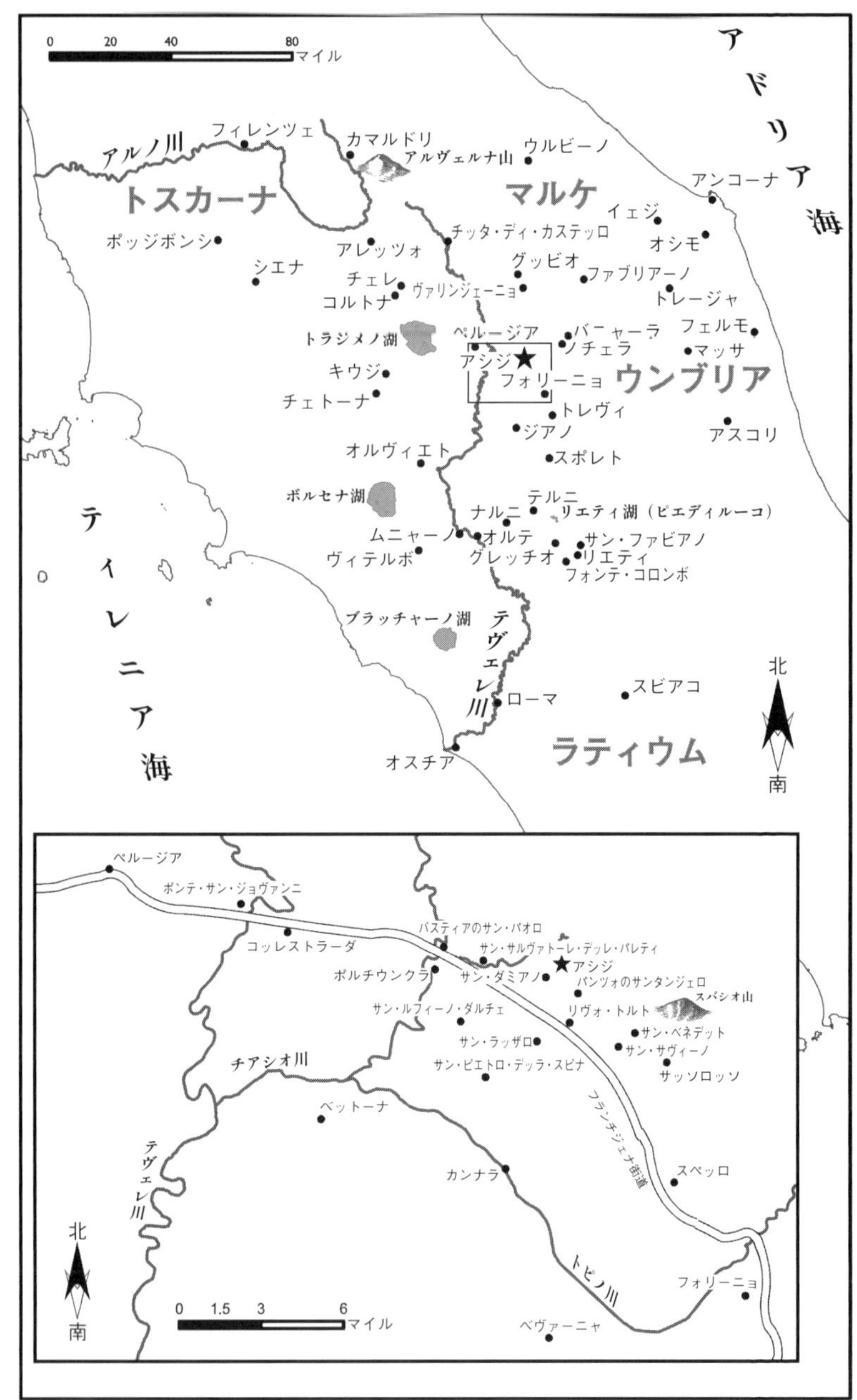


イタリア中部とアシジ周辺の地図

# 1 わたしが罪の中にいたとき

一一八一―一二〇五

## フランシスコの街、家、家族

中世のイタリア人を理解するにはその人物が生まれ育った町を知る必要がある。我々がフランシスコとして知っている人物はアシジで生まれ育った。アシジは、トピノ川とチアシオ川が合流するウンブラの谷の平地にほぼ三〇〇メートルの高さに隆起する山の南西の斜面に、階段状に横たわっている。現代の町は中世晩期の壁に取り囲まれ、一三世紀初頭の町の地域のほとんど二倍の広さがある。フランシスコの生きていた時代のアシジの人口は二〇〇〇と三〇〇〇の間で、今日のアシジの町のほぼ半分の人口を擁していた。フランシスコの時代のアシジは、当時のイタリアの町の人口の標準に照らすと、小さな町だった。アシジの住民全員が、名前は知らなくとも顔見知りだった。中世のアシジの町の下には、山に沿ってフランチジェナ街道が通っていた。アシジはこの街道の途上、地域の二つの大きな都市、北西のペルージアと南東のフォリーニョのほぼ中間に位置していた。街道は南に向かいローマに通じ、北や西はトスカーナやロンバルディア地方の諸都市へと続く交易路だった。アシジへの中世の訪問者は、その頃にはセメントーネ広場の近くにあった、壁の最南端から街に入った。この広場は軍事演習や馬上槍試合に使われていた。その広場の名前は、現在の壁の門の名前「セメントーネ門」に残っている。当時の旅人は、近くに同じ名前の修道院がある、現在のサンタッポリナーレ通りの門を通って街に入った。

街に入ると、元来の司教座聖堂で司教の宮殿だったサンタ・マリア・マッジョーレ教会まで歩いてわずか九〇メートルだった。サンタ・マリア・マッジョーレ教会の後陣から中世の壁は、現在のコルソ・マッジーニにあたる当時の主要道路の一つ——現在のサンタ・キアラ広場に入る場所にあったサン・ジョルジョ門を通って市外に抜けていた——を横切って、ほぼまっすぐに東に延びていた。少し北に曲がると、壁はサン・ルフィーノ大聖堂の背後を横切って、現在のジャコモ・マッテオッティ広場の北端に達する。壁はそれから一番高いロッカ・マッジョーレ［「大きな岩」の意］の丘へと登る。丘を下ると、壁はポルタ・サン・ジャコモまで西へと尾根を作り、それからメタスタシオ通りに沿って街に戻る。一二世紀末、フランシスコが生まれたとき、この一帯は崩壊したローマの壁にちなんで「ムロルプト」と呼ばれていた、裕福な一族が住む地域だった。

それから壁は現在のサン・フランチェスコ通りがセミナリオ通りに接する場所で、南へと急角度で曲がる。ここで、訪問者は、現在、コムーネ広場あるいはフランシスコの時代にはメルカト広場と呼ばれた道へとポルテッラ・ディ・パンツォを通り抜ける。一二世紀には、この広場は有力者たちの一族が支配する武装された要塞で囲まれていた。これらの要塞はポポロ［＝民衆］の蜂起に続いて徹底的に破壊された。一二一二年以降の「民衆」の政府は、ミネルヴァのローマ寺院の廃墟のあった場所に作られた宮殿に置かれた。一二二八年に東の方向に広がったことで、広場は現在の広さになった。この広場の一五〇〇メートルほど東に一一四〇年の初めに再建され、一二一〇年にコムーネ［＝自治都市］から財政的支援を得て最終的に完成したサン・ルフィーノ大聖堂が建っている。聖堂の祭壇は一二二八年にグレゴリオ九世教皇によって聖別［＝父と子と聖霊の名において認可されること］されるまで、聖別されていなかった。聖堂の建物そのものは、一二五三年にインノセント四世教皇によって聖別されるまで聖別されていなかった。街の壁はポルテッラ・ディ・パンツォから、現在のセメントーネ門の真上、現在のサンタッポリナーレ通りまで、南に広がっていた。

　こうして中世晩期の都市は、今日、サン・フランチェスコ大聖堂とサクロ・コンヴェント［＝大修道院］、サンタ・キアラ教会と修道院、ローマの円形劇場、サン・ピエトロ修道院が目に入る地域にまで広がった。様々な教会が壁の外に建っていた。フランシスコが教育を受けた、サン・ジョルジョ教会の付属学校は、現在のコルソ・マッジーニのある門の外側にあった。サン・ジョルジョ教会は、一二五九年に、サンタ・キアラ教会を建設するために破壊された。ずっと遠くの、現在の街から南へ三〇〇〇メートルほど離れた場所に、サン・ダミアノ聖堂があった。フランシスコの青年時代には、南西約四五〇〇メートルのところに、当時は打ち捨てられていたサンタ・マリア・デリ・アンジェリ教会が建っていた。この教会はスバシオ山のベネディクト会大修道院［サン・ベネデット］に付属しており、後になってフランシスコの生涯で重要な役割を果たすことになる。フランシスコが生まれたとき、アシジはずっと小さく、周辺地域は今日に比べはるかに未開発であり、都会的とは言えなかった。一三世紀の末から一四世紀にかけての壁の拡張の後になっても、新しい「都市空間」の多くは家をはじめ他の建物がなく、淋しかった。広々とした野原が平原を越えて河まで拡がっていたが、その地域にさえ、サンタ・マリア・デリ・アンジェリの領域と同じように、巨大な森林地帯があった。

フィレンツェやローマといった大都市、あるいはすぐ近くのペルージアやフォリーニョと比較してさえも、アシジは軍事的・経済的重要性がほとんどない小さな町だった。しかし、一二世紀末の政治的・経済的変化の影響を受けないわけにはいかなかった。以前は、ドイツ帝国の皇帝に従属していたアシジは、スポレトの谷の他の都市と一緒に、ドイツ帝国の支配を逃れようとした。その結果、一一七四年、マインツの大司教配下の帝国軍に包囲され奪取された。一一七七年のクリスマスに、その頃アシジに駐在していた皇帝フリードリヒ一世バルバロッサは、すでにスポレトの公爵だったウルスリンゲンのコッラードをアシジとノチェラの伯爵に指名した。

アシジは一一〇〇年代末のほとんどのイタリアの都市の例に洩れず、政治的内紛に悩まされていた。富を主に地方の土地所有から得ていた地主階級、「ボニ・ホミネス（*boni homines*）」は、富を主に都市の商業から得ていた他の民衆階級、「ポポロ（*popolo*）」と戦った。「階級闘争」としてこの内紛を見るにあたっては注意深くあるべきだ。「民衆」側も大資産家で、両方のグループは商業においても等しく地元の繁栄に寄与していた。一一九七年にポポロの蜂起がアシジに内戦を引き起こし、その結果一二〇二年までにボニ・ホミネスの排除とペルージアへの追放が行われた。司教座聖堂の周辺やムロルプト地域に集中していた、追放された地主階級の要塞は打ち壊された。

同盟のネットワークを作ろうと好機をうかがっていた二つの党派（後にイタリア人は彼らを「ギベリ

ン」「ゲルフ」と名付けた）は、皇帝か教皇の下に結集した。「ゲルフ」側のペルージアと絶えず戦闘状態にあったアシジは「ギベリン」と呼ばれていたが、このことはほとんど政治的意味を持たなかった。民衆政府を打ち立てた後に、アシジは〔周囲にある田園地帯の〕周辺部（コンタード）を支配下に置き、サッソロッソとサン・サヴィーノの地元の貴族の要塞を無力化する長い戦いを始めた。一方で、アシジは市内統治を競い合う「マイオレス〔＝貴族階級〕」と「ミノレス〔＝庶民階級〕」の対立という、もう一つの党派主義に悩まされていた。この闘争は一二一〇年の党派間の包括的な平和条約でやっと解決されることになった。

フランシスコの父、ピエトロ・ディ・ベルナルドーネと母ピカの一家は、メルカト広場の西端の、忙しない商業地区から少し離れたサン・パオロ通りに家を構えていた。その家は山間部からは離れ、地元の小教区のサン・ニコロ・ディ・ピアッツァ教会とサン・パオロ通りの小さなベネディクト会施設の間にあった。フランシスコの一家は、民衆派に与（くみ）していた。家族の住む家は町の中央の広場を眺めることができる主要な商業地区のポルチコ〔＝回廊〕のある通りの中央にあり、高価な不動産価値があった。税金の査定においては、近隣の家のなかで三番目に高い査定を受けた。フランシスコの最初期の伝記作者であるチェラノのトマスは、未来の聖人は「極めつきの金持ち」〔『聖フランシスコの生涯』第一巻第一章二〕だったという見解を示している。

フランシスコは地域の標準からすると、大金持ちの出身だった。このことはフランシスコの一家がフランスかイタリアの貴族の出身であることも、一家が苗字を持っていることも意味しない。ベルナルドーネはピエトロの父の名前で、一族の苗字ではない。一家はボニ・ホミネス〔＝地主階級〕に属しておらず、世紀の変わり目の内戦の間にアシジにやって来た。フランシスコ自身は両親がアシジの古くからの貴族の家族と同等な一族として認められていないことを強く意識していた。

　商人だったピエトロ自身についてもほとんど分かっていない。しかし、知り得ることは示唆的である。後年、フランシスコ会の兄弟たちに、フランシスコが自分の先祖を卑しめるように求めたとき、フランシスコは兄弟たちに彼を「無骨な田舎者で、しがない労務者で、役立たずな男（*rusticum, mercanarium, et inutilem*）」と呼ばせた［チェラノのトマス『聖フランシスコの生涯』第一巻第一九章五三］。その呼びかけに対して、フランシスコは「ピエトロ・ベルナルドーネの倅（せがれ）よ、このようなことを聞くことこそお前にふさわしいのだ」と答えた［同］。成人したピエトロ自身は無能でも野卑でもなかった。それどころか成功した都市の商人だった。そこでこの蔑称は、ピエトロの卑しい氏素性を示唆する。ピエトロの父のベルナルドーネは一一〇〇年代にイタリアの都市に流れて来た「役立たずの田舎者」たちの一人だった。歴史家はピエトロの一族の記録を見つけていない。ピエトロの唯一の知りうる財政活動は商業活動ではなく、地方の土地投資である。十中八九、ピエトロは当時の多くの地方の人々同様、富を得ようと街にやって来た。だが、多くの人々とは違い、彼は大成功した。たとえ、彼が上流階級にある種の劣等感をいつも持ち続けていたとしても、繁盛する商売と広場の家を手に入れた。ピエトロはおそらく一二一五年以前に死んだ。息子のフランシスコは少なくとも現存している彼の著述のどこを探しても父の死に一度も言及していない。

　アシジの資料室の比較的詳細な記録は、ピエトロの妻のピカ——フランシスコの母——に関してはまったく違う姿を残している。ピカの父はおそらくジョヴァンニという名前だった——ピカの息子のアンジェロは後に、自分の息子を「ジョヴァネット」と名付けることで、死んだ祖父の名前を「再生」させている。ピカの父、ジョヴァンニはおそらく地元出身で、また、商売人の一族だった。ピカは夫のピエトロより先に死去したようである。ピカは一二一一年に死んでいるが、その命日に息子のアンジェロはピカという名前の男性版、「ピコーネ」を自分の息子につけることで、ピカを「再生」させている。ピカにはおそらくアンジェロとフランシスコのほかにも子供がいたが、その名前はまったく分からない。不思議なことに、アンジェロ自身はアンジェロ・ディ・ピエトロとしてどの記録にも一度も出てこないで、いつも彼の母の名前を用いたアンジェロ・ディ・ピカとして出てくる。これはアンジェロの父が死んでいること、もしくは母ピカのピエトロとの結婚以前の一度目の結婚による子供だということを示していると思える。確実なことは分からない。記録は家業の成功がピカの持参金によるものだということを示唆している。つまり、地方から出て来たピエトロが非常に良い配偶者を得て、その持参金で繁栄する事業を築いたということだ。

ピエトロがどうやって繁栄する事業家になったのかはよく分からない。しかし、「一九世紀のアメリカの人気作家」ホレイショ・アルジャーの「「ボロから富へ」という題の成り上がりの」物語から推測できる。おそらく、新郎のピエトロは、織物商を営むピカの父親の相棒となり、商売を学び、ついには街の中に彼の占める場所を得るに至った。しかしこれは推測の域を脱しない。いずれにしても、アンジェロが唯一の男の相続人になった相続財産は莫大なものだった。そこで、十中八九、アンジェロの一貫した母系の「ディ・ピカ」の名前の使用は、その時代のイタリア人の名前の使用に洩れず、アンジェロの資産は両親の家族のうちの父方ではなく母方から得たものであることを示している。

## 誕生と若者時代

中世の資料がフランシスコの没年齢と回心した年齢を伝えており、生年は一一八一年か一一八二年のどちらかと推定される。年表によるとその年は、スポレトの谷が飢饉の時期とまでは言えないとしても、窮乏の時期にあったことが分かる。それ以上の推測はできない。フランシスコの受洗が一一八二年三月二八日の土曜日であれば、かろうじて確信できる見解を得られる。当時のイタリアの都市で行われていた慣習では、すべての健康な子供たちは、受難週の聖土曜日の午後の復活徹夜祭の間に受洗することになっていた。フランシスコの属する幼児のグループには、一一八一年の復活祭の後に生まれた幼児と一一八二年の復活祭の前に生まれた幼児が属していた。フランシスコは彼の自宅から数区画のところにあるサン・ルフィーノ大聖堂にある街の洗礼盤の水に――父と子と聖霊の御名において――三度浸された。司教は少なくとも最初の二回の洗礼を取り仕切り、それから傍に立って、改宗者たちに堅信［＝入信の秘跡の一つで、洗礼の恵みを完成させる］を授けた。ロンバルディアのいくつかの都市では、次の朝まで子供たちの初聖体拝領が延期された。アシジでは、フランシスコは復活徹夜祭の最後に、大聖堂の祭壇の前で、腕に抱かれた赤子として、初聖体拝領を受けただろう。都市の子供たちの復活祭での洗礼は、イタリアの都市においては街を挙げての祭りであり、ピカとピエトロがフランシスコの祖父母とともに、祝祭の最後に街の中心となる広場を、腕の中に子供を抱え、誇らしげに歩く姿が目に浮かんでくる。素晴らしい晩餐が、この男の子の洗礼の後に待っていた。

ピカの子供は、［英語では］フランシス（Francis）の名で知られるが、イタリア語ではフランチェスコ（Francesco）で、最初期の伝記作者たちの何人かが言う通り、ヨハネを意味するジョヴァンニという洗礼名を受けたのだろう。伝記作者たちはまた、父がフランスに商用で出かけている間に生まれたことを告げている［『三人の伴侶による伝記』第一章二］。四月は、冬に雪で閉ざされていた北へ向かう道が開かれるので、商用の旅の時期だった。こうした聖人伝の作者たちは、フランシスコの家族を、あからさまに洗礼者ヨハネの家族に改変し、ピカを［洗礼者ヨハネの母］聖エリサベトとして扱っている［チェラノのトマス『魂の憧れの記録』第一巻第一章三］。ピエトロは［洗礼者ヨハネの父］聖ザカリアの対抗者であり、未来の聖人が「ヨハネ」の名で呼ばれることを受け入れない。フランシスコの誕生についてのこの聖人伝的な範型化や聖書の登場人物に基づく命名は、フランシスコを聖書的な類型に従って作り替える長い過程の始まりだった。聖書的なモデルの役割は、おそらく、初めからフランシスコが「フランチェスコ」、すなわち「フレンシイ（Frenchy）」――父もしくは母方の祖父のフランスとの商売上のつながりを示唆する愛称――だったことを裏付ける。その名前は一般的ではなかったが、すでにフランシスコの誕生以前からよく使われており、しばしば主張されるような滅多に使われることがない名前ではなかった。

若い頃のフランシスコについては、ほとんど知られていない。少年の頃、フランシスコはおそらくサン・ジョルジョ教会病院の付属の学校に送られた。そこで、商人として父の仕事を継ぐために役立つ教育を受けた。フランシスコは最年少ではなかったにしても幼い方で、母親のピカにとっては掌中の珠のような存在だったと思える。学校で、彼はしばしば文法的には誤りを犯しても、商売の記録には差し支えない簡単な文章を書くには十分なラテン語の初歩の知識を修得した。それ以上の正式な文章を書き、契約書の下書きを書くためには、書記を雇ったのだろう。ある時期に、フランシスコは、こちらでも文法的な誤りを時々犯すが、流行歌を歌い、簡単な会話を交わすには十分なフランス語を学んでいる。フランシスコにとってフランス語で話したり歌ったりすることはとても心地よかったので、まったく「自発的に」何のためらいもなくフランス語を学んだ。詩に対する愛情がフランス語(より正確にはプロヴァンス語)、当時の日常的な文章で使う慣用語への愛情を申し分なく掻き立てた。多分、彼は父とともにする商用の旅で、あるいはアシジを訪れた人との仕事上の契約を通じて、フランス語を磨き上げた。彼が学んだラテン語やフランス語の言語上の系統が同じであるということ以外に、彼がラテン語やフランス語を修得した方法は単なる推測の域を出ない。彼は間違いなく学校においてではなく、家業を修得する中で記帳法や時代の商慣習を身につけた。

ほぼ一一九五年頃、フランシスコは一四歳前後で父の仕事の見習いとして働き始め、布の販売、記帳、棚卸を学んだ。布を買い付けるために父のお供をしてフランスを旅したことも確実なようだ。天賦の敏感な心と人を惹きつける明るい人格は、彼にたちまち自分が有能なセールスマンであることを自覚させた。いとも簡単に契約を結び、友人を得た。たちまち友愛クラブ(*societas invenum*)――その時代のイタリアの都市にあった典型的な少年たちのクラブ――の会員になった。そうしたグループは晩餐の集いの一種であり、リクリエーションと同時に豊かで影響力のある一族の息子たちに相互に顔見知りになる機会を提供した。フランシスコは若い遊び仲間と行動した。

フランシスコは仲間の何人かが備えていた貴族の家柄といった背景は持ち合わせていなかったかも

しれないが、家の財産とけちらけちしない気前の良さがこれを埋め合わせた。彼は仲間がアシジの通りを行進している間、家業を引き継ぎながら友愛クラブのリーダーに担ぎ上げられた。いろいろな社交場での晩餐に向かう途上で、仲間の先頭に立って歌を歌い冗談を言った。放蕩者という評判が立つに十分なほど、彼は金を浪費し、こうした晩餐や仲間の集まりの世話をした。さらに、友人とのドンチャン騒ぎに加わるために家での食事をしばしば大急ぎでかき込み、両親を驚かせた。両親は彼の不行跡と無作法を何とか抑えようとしたが、アシジの「派手好みの連中」の中心に彼がいるのを目にして、彼に言い聞かせようとする心は萎えた。魅力的で前途に富んだ若者をこうした行動が害することは見やすい道理だった。

フランシスコの性格にはちょっとした気負いと自己陶酔があった。絹と素晴らしい羊毛のマントを異国風に見せ、いっそう目立たせようと道化風にするために古いすり切れた布の継ぎを当てた。仲間の気を引き注目されるなら、他人が彼のしきたりの無視や金に対する無造作な態度をどう思おうと、どうということはなかった。一方で、彼が不道徳で酒に耽溺し、放蕩を重ねたことを明らかにする直接の証拠は存在しない。フランシスコの主な欠点は精神的なもので、肉体的なものではなかった。若きフランシスコの最も人を惹きつけるところは、気前の良さの後の自然な礼儀正しさだった。後に目撃者が、フランシスコの礼儀正しい態度は、商人の息子の並の礼儀正しさより、ずっと洗練されていたと述べている。彼が物語の騎士に自分を擬していたのかどうか、それに加えて真底親しみやすかったのか、それとも上流階級の真似をしていたのか、はっきりさせることは難しい。フランシスコは驚くほど繊細だった。一度、彼が店で忙しく立ち働いていたとき、哀れな物乞いが施しを求めて店にふらっと立ち寄った。彼はそれほど気に留めることなく、素っ気ない態度で物乞いを追い払い、仕事に戻った。この行為が彼の心を掻き乱すことになった。彼は貴族や金持ちには礼儀正しかったが、行儀作法はこの物乞いにまでは及ばなかった。フランシスコは悔い改め、階級にかかわりなく誰にでも、神の御名において施しを求める物乞いに対してさえ、礼儀正しさを示すことを誓った。施し物を与えなかった物乞いに改めて施しを与えるために、その後を追った〔『会の発祥もしくは創設』第一章四、『三人の伴侶による伝記』第一章三〕。

この物語は真実を伝える。フランシスコは肉体の醜さであれ、世間的な醜さであれ、醜さを嫌悪していた。痛み、苦しみ、肉体の奇形は彼に本能的恐怖を駆り立てた。彼は後にこの時期のことを、「罪の中にいた」頃と言っており〔『遺言』一〕、ハンセン病患者のこうした幾重にも醜い特徴以上に自分を変えたものは存在しなかったと述べる。彼はハンセン病患者のような社会から排除された人々を避けた。彼らの肉体の不具は、一般的に道徳的欠陥、あるいは精神の不具が外見に現れたものと考えられ、フランシスコは鼻をつまみ、ハンセン病患者たちから逃げ去った。フランシスコの礼儀正しさと見事な作法にはおのずから限界があった。

## 軍事的冒険

フランシスコが家業を見習っていた時期は、アシジの歴史のなかでも騒然としていた時期だった。一一九八年の三月、民衆の政府は皇帝の支配の象徴だった、ロッカを破壊し、翌年、いまやそのほとんど全員がペルージアに亡命した、アシジの貴族の砦を破壊した。一二〇一年一〇月一日、アシジは南のフォリーニョと同盟を結んだ。これに北のベヴァーニャ、スペッロ、ノチェラ、ファブリアーノのすべてが与した。アシジとその同盟軍はいまや力を得て、ペルージアに向けて進軍した。フランシスコの一家はアシジの政府軍を支持し、二二歳になったフランシスコは、彼が先頭になって夜ごと徘徊し、連れまわった他ならぬ若者たちとともに、アシジ軍に入隊した。彼は馬を手に入れるに十分な金を持っていた。そこで、歩兵になるより騎馬隊に志願した。

同盟軍はポンテ［＝橋］・サン・ジョヴァンニの東、コッレストラーダ病院まで前進した。ペルージア軍はそこで［テヴェレ］川を渡ってきた。戦闘はアシジの悲惨で血まみれの敗北に終わった。フランシスコと戦友は一年かそれ以上ペルージアの虜囚となった。彼は馬に騎乗しており、明らかに金持ちの息子と思しかったので、普通の兵隊とではなく、貴族の騎士たちと一緒に収監された。初期の伝記作者たちは、フランシスコは捕虜たちの間の喧嘩を仲裁し、他の捕虜たちから忌避されていた不機嫌な騎士とも友達になり、気力の維持に最善を尽くした、と述べている。不機嫌な貴族の囚人とも仲良くなったという話についての歴史的真偽のほどは分からない。しかし、牢獄はフランシスコにとって肉体的にも精神的にもきつかった。おそらく一二〇三年後半に釈放された時までに、フランシスコの健康は大きく損なわれていた。かつての快活で愉快な若者は、内向的な人間に変貌していた。彼は間違いなく健康の衰えのゆえに、おそらく家族が身代金を払い、家に戻った。アシジの軍事情勢はその時期、一二〇四年六月八日に変化した。その時、アシジはレオーネ・ブランカレオーネ枢機卿の名を借りて、教皇に盟約を誓った。親教皇派のペルージアへの攻撃中止命令は、ペルージアが行っていたアシジのあらゆる宗教的行事の中断を取り消し、平和が再建された。

フランシスコは血まみれで野蛮な戦闘の中で仲間や友人が虐殺されるのを目にしてきた。彼はつらい悲惨な条件の下で虜囚生活を送っていた。この事態は、アシジの夜の生活からも、ペルージアに対する栄えある勝利というアシジの夢からもかけ離れていた。最初の伝記作者は、フランシスコはこの時期に「長く病床に就」いていたと語っている［チェラノのトマス『聖フランシスコの生涯』第一巻第二章三］。危機は一二〇三年末から一二〇五年春まで一八か月続いた。病み疲れたフランシスコは家の周辺をうつろな顔で徘徊しだした。以前は彼を喜ばせた自然の美しさも喜びとはならなかった。

さらに心配なことは、フランシスコはいまでは、戦争の武器をうず高く積み上げた我が家を目にするという夢をはじめ奇妙な夢に悩まされた。戦争の後遺症が、自分自身に対する混乱と不安をフランシスコにもたらしたと、チェラノのトマスは述べている。それがどの程度の症状であったか医学的・心理学的に診断することは不可能である。しかし、彼の置かれた状態の記述は、一般的に戦争で恐ろしい体験を経てきた兵士に見出される症状に似ている。もしそのような状態の現代の症例が何らかの参考になるとしたら、フランシスコもおそらく自己嫌悪と罪責感の発作を経験し始めていた。

それにもかかわらず、一二〇五年の春、おそらく四月頃、フランシスコは新しい軍事的冒険の準備に身を投じることで、抑鬱から抜け出した。教皇は、若き日の皇帝フリードリヒ二世のシチリア王位の要求を支持する多少実りの無いイタリア南部での戦争を指揮していた。教皇とアシジの和解の後、名前ははっきりしないが、あるアシジの貴族が、南部へ行きこの戦争に参加する人員を集めていた。不安に駆られ、気乗りしなかったが、フランシスコは戦闘に参加するために必要な軍備へと自分を駆り立てた。おそらく彼は直接、ペルージアで犯した間の抜けた失敗の悪霊と戦おうと心に決めていた。しかし、古参兵フランシスコの行動は常軌を逸したままだった。あるとき、騎兵としての自分の装備品や軍服を手に入れた後に、一変して、それをすべて貧しい騎士に投げ与えてしまった。しかし夏までに、フランシスコは新しい馬を手に入れ、従者を雇い、軍勢に加わるために南に向かった。

アシジからほぼ四八キロあるスポレトまで、フランシスコは馬で一日の旅をした。その夜、眠りに就く前に、前途に何らかの不安を覚えたようで、フランシスコは同行者に、おそらくは従者に自分の思いを縷々語っている。話を終えて、フランシスコは、遠征を指揮している主人にではなく、年の若い従者の意見に従うことが、栄光への道を閉ざすことに十分気がついていた。後に、フランシスコの話の中の「主人」が「天の父」に変わっているが、帰郷しようという決心が霊的な動機によるものだとは、フランシスコの心の動揺からすると、まずあり得ないように思える。この運命の夜に何が起こったかはともかく、フランシスコは自分の問題の解決の手段として軍隊生活に戻ることを棄てた。この選択をしたフランシスコの心は間違いなく揺れ動いていた。次の日、彼はアシジに戻った。

フランシスコはこれを限りに自分の軍功を挙げる努力に終止符を打とうと決心したとき、フォリーニョまで、ほぼ三〇キロの旅をした。彼は馬と一緒に自分の美しい服や武器を売り払い、ずっと廉価な服一式を手にした。それから、二〇キロ離れたアシジまで歩き、その晩遅く、疲れ切って、アシジの郊外に着いた。アシジから三キロ離れたところで渓谷の街道を逸れ、サン・ダミアノの古い荒れ果てた聖堂にやって来た。この聖堂は、はじめ一〇三〇年にベネディクト会の小修道院と記録されていたが、独立してサン・ルフィーノ大聖堂になり、それ以後アシジの市壁から遠く離れていたので、礼拌が頻繁に行われるということがなかったため、手をかけない状態に陥っていた。

それにもかかわらず、フランシスコはドン・ペトロという名前の教会の責任者を見つけ出し、その夜宿泊する許可を求めた。司祭のドン・ペトロは同意したが、フランシスコがフォリーニョで武器や馬を売り払って得た金の寄進を申し出たところ、それを拒否した。ドン・ペトロは放蕩者の評判の高い地元の若者の金が金庫に入る法律的な危険を背負い込みたくなかった。そこで夜にフランシスコは教会堂に入り、窓の縁に金を置いて去った。その後、そのことはすっかり忘れていた。翌日、彼は家族の下に帰り、昔の生活に戻ろうとした。

## 危機の中のフランシスコ

アシジに戻ってまもなく、フランシスコの旧友たちは、仲間同士の晩餐会を主催し、いつもの金払いの良さで晩餐会の費用を払ってもらおうとフランシスコを招いた。彼は仲間の計画に従って出かけたが、ふさぎ込み、笑うことも歌うこともしなかった。仲間はご馳走に舌鼓を打ち、楽しみ、いつもしているように通りを行進した。しかし、フランシスコはあとに残り、感情が麻痺したかのように、沈黙し、物思いに沈んでいた。仲間はフランシスコがいないことに気がつくと、通りを引き返し、彼が一人で立っているのを見つけた。このようなフランシスコは、兵役以前に仲間が知っていたフランシスコとはまるで別人だった。仲間はフランシスコが戦争で手柄を立てることを諦めたので、心中に別の目標、おそらく結婚という目標を立てたのかどうか尋ねた。フランシスコは謎めいた言葉か沈黙だけで応えた。結婚という問題は、仲間の間でいつも交わされる冗談になった。一つだけはっきりしていた。以前は彼を生き生きさせていた陽気さがその香りを失ってしまった。

フランシスコは家の商売に対する関心も失い、店で働くことも止めて、父親をすっかり驚かせた。彼は昔の放蕩と同じく、昔の仕事にも魅力を感じなくなった。彼は自分の中にますます引きこもり、しばしば寝室に隠れていた。後の伝記作者たちはフランシスコの昂進する自己嫌悪の情を、彼の以前の虚栄と軽はずみに代えて神の与えたへりくだりという贈り物だとみなす。以前ののんきな生活が、嫌というほど彼を苦しめたが、彼が自分の中に探り当てた本当の罪がどういうものであったかを知ることはおそらく不可能だろう。すでに記したように、彼は戦闘と過酷な虜囚から何とか逃れた後に、しばしば同様の心の傷を負った人々に見かけられる罪の意識と自己嫌悪といったものに苦しんでいたのであろう。魂の状態がどうであろうと、個人的な罪を償うためにその時代の救済法をフランシスコは選んだ。彼は施し、祈り、肉体的禁欲主義の実践という伝統的な改悛の業を行った。

外出すると、フランシスコは物乞いたちの施しの求めにことごとく応じた。金が続けば、文字通り惜しみなく与えた。密かに貧しい教会のために礼拝用具を買い、名前を伏せてその用具を使う司祭に届けた。これらの施しは彼自身が神の恩寵を得るための試みのように思えた。彼の行為はとりわけ父との諍(いさか)いを招いた。息子の以前の放蕩は礼儀と立派な行儀作法の雰囲気の中で行われ、家業での精進と成功がその浪費を十分に補った。いまやフランシスコは働くことを止めてしまい、その行動は自発的というより衝動的に見えた。ピエトロは息子の行動を叱りつけ、仕事に戻るように命じた。フランシスコは言うことを聞かなかった。父がいなくなり、母と二人だけの食事になると、テーブルに食物を高く積み上げた。それから母の抗議を無視して、残り物を取り上げ、物乞いたちにそれを施した。愛情に満ちているが物分かりの悪い母は、息子の愚かしい行動を放任する以外どうしようもなかった。

　中世の典型的な作法に従って、フランシスコは聖ペトロの墓で祈るためにローマに巡礼に行くことで、精神的な慰めを求めた。おそらく使徒ペトロが彼を救った。フランシスコは墓にたどりつき、祭壇の前の格子窓から一摑みの金を投げた。硬貨が格子窓を通り、チャリンと音を立てると、見物人たちは献金の多さと同じくらいフランシスコの自己顕示欲に驚かされた。伝記作者たちは、教会を去ると、フランシスコは物乞いと着ているものを交換し、くだけたフランス語で通りがかりのすべての人に物乞いをしたと告げる。もしヴァティカンでの息子の行動が父に知らされたら、その怒りはますますひどくなったに違いない。フランシスコの性癖は徐々に狂気へと転じているように思えた。

　ローマからの帰途、フランシスコは助言を求め、相談するためにアシジの司教グイド二世に会いに行った。フランシスコは著名な家族の一員だったので、グイドは気が進まなくとも、辛抱強く、彼の抱える悩みに耳を傾けた。フランシスコの独居と祈りへの欲求はいまではますます募り、苦行の厳しさも度を増していた。彼の若い頃の大勢の仲間たちの中に、フランシスコの愚かな行動を讃えた一人の親友がいた。残念ながら、その辛抱強い友人の名前は記録に残っていない。フランシスコはこの友人と森を散策したが、ときどきアシジの近くの洞窟の外に友人を置き去りにしたまま、一人で長い孤独の時間を過ごした。フランシスコは禍々しい恐怖とおそらく幻覚に苦しんでいた。彼はいつも醜さと奇形を憎んでいた。アシジに住む佝僂（くる）病の女性を目撃したり、想像したりすると、自分が同じような奇形になる危険の中にいると思い込まずにはいられなかった。彼はまたもや自分の罪を心から悔い改め、佝僂病の醜い肉体に自分の魂を重ねた。
あるとき、森の中への逃避からの帰途、思い悩むフランシスコはサン・ダミアノ聖堂に祈りのために立ち寄った。祭壇の前で、意思が実現することを神に祈った。『三人の伴侶による伝記』の明らかに遅い時期に書かれた二つの写本は、単純ではあるが、おそらくフランシスコの言葉、あるいは少なくとも彼の言葉に共通する感覚が反映された祈りの言葉をその余白に記している。文献はイタリア語ではなく、ラテン語であるが、フランシスコの最古の文章であろう。

「おお、高く、そして栄光に輝く神よ、
わたしの心の闇を照らしてください、
そして、わたしにお与えください、
真っ直ぐな信仰と
確かな希望と完全な愛、
〔そして〕分別と認識を、主よ、
わたしがあなたの聖なる真実の掟を守りますように」。

〔『十字架につけられた主のみ前での祈り』〕

フランシスコはサン・ダミアノ聖堂での祈りでいくらかの慰めを得ることができたので、ますます足繁く聖堂に通うようになった。自分が祈る祭壇上の磔刑像の前にあるランプを点す油の資金を司祭のドン・ペトロに寄進した。十字架につけられる前のキリストの受難を凝視することは、フランシスコに心の底からの影響を与えた。彼は自分を抑えきれず泣き、裸で十字架に磔になっているキリストと自分を一体化したいという望みの中で、いままでより一層過酷な贖罪の気持ちで、苦行に身を投じた。まもなく、フランシスコは家族の家を出て、サン・ダミアノ聖堂で暮らし始めた。その場所で彼は教会に所属する自由な立場の「回心者（*conversus*）」になった。

これが、ドン・ペトロあるいは司教グイドの助言によるものであるのか、フランシスコの自発的行為によるものなのかは分からない。フランシスコはサン・ダミアノ聖堂に引っ越したとき、そのことを両親と相談せず、両親に告げることさえしなかった。

## フランシスコの「出家」

フランシスコが家族の住む家を出て、サン・ダミアノ聖堂に居を移したのは、ペルージアの捕囚から解放され、アシジに戻ってからおよそ半年経った一二〇五年の末のことだった。この六か月の間、ふさぎ込み気もそぞろの状態から、引きこもり孤独になり、最後には突飛で自己破壊的になるまでの息子の行動を、父と母は見守り続けた。いまや、フランシスコは忽然としてただ姿を消した。ピエトロとピカの不満が怒りへと、さらには警戒へと変化するのを見るのはたやすい。ピエトロはほとんど錯乱状態で息子の消息を探し出し、とうとうサン・ダミアノ聖堂でゴミにまみれて暮らしているフランシスコを見つけ出した。フランシスコの伝記作者、チェラノのトマスは、ピエトロが「先に述べた場所」［＝サン・ダミアノ聖堂］で、「先に述べたような生活をしているのを知ると、心の痛みに打ちのめされ、事の次第にひどく取り乱し」たと告げている［チェラノのトマス『聖フランシスコの生涯』第一巻第五章一〇］。後の伝記作者たちは、通例、ピエトロをきわめつきの暗い色調で描いているが、しかしこのフランシスコが死んでからまもなくの時期に書かれた数行は、おそらく、ピエトロの真の人格を描いている。愛に満ちた父親が息子の苦悩に深く傷つき、いまや、息子を助け出す道を見出そうと戦っている。ピエトロは息子を取り戻し、家に連れ帰るための助力を得ようとフランシスコの友人たちのグループを召集した。

父親が計画を実行に移す前にフランシスコはそのことを知った。フランシスコは多分、ドン・ペトロの見て見ぬふりのおかげで、数か月にわたって父親から身を隠した。家族の中の同情的な誰かが、彼に食事を運んだ。フランシスコが隠れ家を出て、アシジの通りに公然と姿を現したとき、あまりにやせ細り、粗末な身なりをしていたので、人々は彼に悪口を浴びせかけた。人々は彼を「正気を失った」と言い［同第一巻第五章一一］、断食と自らをさいなむ苦行を「狂気の沙汰」だと罵った［チェラノのトマス『魂の憧れの記録』第一巻第七章一二］。知らせを聞いて衝撃を受け、ピエトロは流れ者のような息子を取り戻しに行った。ピエトロはそれからフランシスコを家に連れ帰り、閉じ込め、数日間、息子に何とか思慮を取り戻させる希望を抱いて議論し、説得した。しかしフランシスコは父の言葉に全く耳を貸さなかった。その後、ピエトロは商売のために街を出なければならなかった。チェラノのトマスの言うところによれば、ピカは母性本能に突き動かされて、息子を家から出してやった。フランシスコはすぐにサン・ダミアノ聖堂に取って返し、以前通りの生活に戻った。

ピエトロが商用の旅から戻り息子の家出を知ったとき、妻のピカに不満の怒りを爆発させた。彼の話して聞かせたことの全ても、息子の考えを変えさせることも無駄だったことがはっきりしていた。商用の旅がこの状態をどうしたらよいか考える時間をピエトロに与えた。息子は明らかに彼の心から離れ、おそらく考えを変えさせることはできなかった。ピエトロは仕事と自分の家族を守らなければならなかった。もしピカが死んだら、商売の基礎を築いた、(そして市民法の下でピエトロの唯一の生活の関心事であった) 妻の財産はアンジェロとフランシスコに贈られることになっている。アンジェロは共同事業の相棒だったが、フランシスコはおそらく相続分の財産を失うか浪費し、さもなくば献金してしまい、家業をすっかり駄目にしてしまうだろう。

ピエトロは息子のフランシスコに言って聞かせる最後の試みを実行した。息子に会うためにサン・ダミアノ聖堂に会いに出かけた。フランシスコは父に会うために出て来た。心痛む出会いだった。フランシスコは父に自分と心を通じ合うことが不可能なことを明らかにし、涙を浮かべた。問題の一部が財産にあることが分かったので、フランシスコはフォリーニョで、馬と武器を売って得た金を父に差し出した。サン・ダミアノ聖堂で回心者として暮らしながら、フランシスコは多分、自分が家族の絆から自由になったと考えていた。フランシスコは問題の本質を本当に理解していなかった。家業にとっての危機はフランシスコに母の財産について半分の法律上の権利があるということで、馬を売って得た金はどうでもいい些細な金額だった。

フランシスコに理解させることができずに、ピエトロは財布を取り上げ引き上げた。フランシスコの年齢が二〇歳を超えると、ピエトロは息子に法を執行することを強制された。彼はアシジの執政官のところに出かけ、財産の相続からフランシスコを除外する手続きを始めた。おそらく知的能力に欠陥があるという理由でだった。ピエトロはおそらく、知的能力の欠陥の場合に一般的に適用される息子の問題を管理するための管財人を指名しようとしていたに過ぎない。ピエトロの権利と事の重大さに鑑みて、市は裁判の前にフランシスコを審問するために執行官を派遣した。執行官がサン・ダミアノ聖堂に着くと、フランシスコは思いもよらぬ法律の知識を示し、聖職者としての立場を行使し、法廷の権威を認めることを拒否した。聖職者の裁判官としてグイド司教は、他の選択肢がなかったので、グイド司教にこの事件を差し戻した。するとフランシスコはためらいなくそれを実行したのだった。伝記作者が述べている通り、フランシスコは司教が「〔わたしどもの〕魂の父で……あるお方ですから」喜んでそうすると宣言していた〔『三人の伴侶による伝記』第六章一九〕。

グイドは、すでにフランシスコに忠告していたが、いまや裁判官として判決を出すというより、父と息子の仲介者として務めを果たすことを選んだ。司教はピカとアンジェロを含むフランシスコの家族全員の面前で、ピカの財産の使途として、フランシスコに家族の財産に関するいかなる主張も放棄し、神のみに頼るようにと言い渡した。ためらうことなく、フランシスコは彼の財産の放棄に同意した。それから彼のいささか自己顕示的な気質からいかにも行いそうな仕草で、隣の部屋に引き上げ、家業にふさわしい素晴らしい立派な衣服を脱ぎ捨て、その下に着ていた回心者の粗末なシャツを露わにした。フランシスコは隣の部屋から出て来て、いままで着ていた衣服を父の足元に置いた。それから脱ぎ捨てた衣服を前に宣言した。

「これまで、わたしはピエトロ・ベルナルドーネをわたしの父と呼んでいました。しかし、神に仕えると決心しましたので、〔父〕を困惑させた金銭と〔父〕の物でわたしが所持していた衣服をみな返し、これからはこう言いたいと思います。父ピエトロ・ベルナルドーネではなく、『天におられるわたしたちの父よ』と」〔同第六章二〇〕。

この場に居合わせた人々は、悲しみの涙を流した。司教はそれから人が回心した兄弟になる儀式を演じる動作を行った。一般的にこの儀式においては、新しい兄弟が、その信徒会の守護聖人を祀る聖堂の祭壇の布で覆われた。グイド司教は彼のマントでフランシスコを覆った。沈黙したまま、ピエトロは衣類を拾い上げ、向きを変え、残りの家族と家路についた。ピエトロとフランシスコがこれ以後、再び穏やかに話をしたかどうかは分からない。

フランシスコはいまや自分の道を歩む自由を手に入れた。その道は彼を家族とアシジの街から遠ざけた。肉体的精神的自由は、愉快な経験であったに違いない。その時は、一二〇六年の冬で、雪が降っていた。フランシスコは森の中を一人で下手なフランス語で歌を歌いながら逍遥していた。突然、二人の追い剝ぎが襲いかかり、フランシスコに何者だと問いかけた。伝記作者は、フランシスコが「偉大な王の先触れだ」〔チェラノのトマス『聖フランシスコの生涯』第一巻第七章一六〕と答えたと主張している。フランシスコが金を持っていないことを知ると、追い剝ぎは彼を手荒く殴りつけ、トゥニカ〔＝絹の軽衣〕と荒い布のシャツを剝ぎ取り、死んでもかまわないと置き去りにした。寒さに凍え震え上がり、フランシスコはすぐそばの修道院、おそらくはグッビオの真南にあるヴァリンジェーニョのサン・ヴェレコンド修道院に向かった。修道士が彼に、数日間、下男として働くことを認め、受け入れてくれた。厨房に屋根があり、暖かかったにもかかわらず、体は冷え切ったままだった。短い時間をそこで過ごしてから、彼は修道院を後にし、グッビオに向かった。そこで彼は受け入れられ、古い知人が着る物を与えた。

不満を抱き、これが自分のために神が選んだ生活だということに突然不信を抱き、フランシスコはアシジに戻った。そこで彼は自分の生活を永遠に変えることになる経験をした。数年後に彼は自分の『遺言』に書くことになった。

「主は、わたし兄弟フランシスコに、次のようにして悔い改め〔の生活〕を始める〔恵みを〕与えてくださいました。わたしがまだ罪の中にいたころ、レプラを患っている人々を見ることは、あまりにも苦く思われました。そこで、主が御自らわたしを彼らのうちに導いてくださいました。そこで、わたしは彼らと共に慈しみの業を行いました。そして、彼らのもとを去ったとき、以前のわたしには苦く思われたことが、精神と体にとって甘美なものに変えられていました。こうして、その後しばらく〔世俗に〕留まった後、わたしは世俗を出ました」『遺言』一―三。

司教の前で衣類を脱ぎ捨てる行為ではなく、ハンセン病患者との出会いがフランシスコにとっては、つねに彼の宗教的回心の核心になった。分かっている限りで言えば、その出会いは、アシジの近辺、おそらくサン・ルフィーノ・ダルチェのハンセン病の療養所で起こった。グッビオからの帰り道のことだった。さもなければ、リヴォ・トルトの近くのサン・ラッザロか、おそらくボナヴェントゥラによって報告されているサン・サルヴァトーレ・デッレ・パレティで起こったのだろう。

そのハンセン病の療養所がどこであったかはともかく、フランシスコは病者たちとともにそこに留まり、病者たちの世話に精を出した。ハンセン病者たちとの経験は、富と貧しさ、騎士的誇りとへりくだり、事業を経営する代わりに奉仕をすること、それぞれのどちらを取るかは選択の余地がないほど明らかなことだった。これは前途に霊的実りをもたらす、劇的な個人的方向転換だった。フランシスコが世間から見捨てられた人々に慈悲を示したように、フランシスコにとっては神自身の慈悲の贈り物を経験することになった。フランシスコが、ハンセン病者の身体を洗い、傷を手当てし、恐怖にかられ逃げだす相手としてではなく人間として扱うと、彼の知覚が変化した。以前は不快で醜かったものが、いまでは精神的にばかりではなく、直感的にも肉体的にも悦びと楽しみをもたらすものになった。フランシスコの人格の軸となっていた美意識が変化しただけではなく逆転した。自分自身の力ではなく、神の恵みによって自分自身に目覚めたフランシスコは、異なった人間に作り変えられた。まさに突然、彼を苦しめていた罪は溶け去ったように思え、霊的再生と癒しの一種を経験した。この出会いからまもなく、後の報告は、おそらく比喩と思えるが、フランシスコが道を歩いていると彼らと同じハンセン病者の一人と出会ったことを述べている。フランシスコは病者を腕に抱き、病者に接吻した。フランシスコの霊的悪夢は消え、平安を見出した。

# 2　アシジの回心者

一二〇六―一二〇九

## サン・ダミアノ聖堂のフランシスコ

フランシスコは一時的に教会での隠遁生活に戻り、祈り、働き、少なくともサン・ダミアノ聖堂の建物の修復に取り組みながら、ハンセン病者たちの間で生活し、働くことを続けた。荒涼とした教会に、フランシスコはアシジの失った家に代わる家を見出した。そこでかつては離れていた神が、すぐ触れることのできる存在になるといった、とてつもなく力強い神の存在を知った。中世イタリアの信心においては、神は具体的な方法で、また実際に存在する場所でその姿を明らかにした。フランシスコは、彼のために苦難を受け死んだ慰め主の存在に、サン・ダミアノ聖堂で出会った。フランシスコが他の教会でも同様に認めるようになる神の出現だった。この神の出現について彼は後にこう述懐している。

「主は教会（聖堂）に対する深い信仰を与えてくださいましたので、簡潔に祈って言いました。『主イエス・キリスト、わたしたちは、全世界のすべての聖堂において、あなたを礼拝し、賛美します。あなたは聖なる十字架によって、世を贖ってくださったからです』」〔『遺言』四―五〕。

フランシスコの祈りは、同時代の修道士の書き残した他の祈りと同様、教会の典礼からその言葉を引いていた。フランシスコは自分で使うために聖金曜日の受難の日の礼拝のための答唱歌からキリストの磔刑を取りあげた。キリストの救済の御業は現実になり、以前には存在しなかった方法で彼の前に現れた。すべてのカトリック教会におけると同じように、サン・ダミアノ聖堂の粗末な礼拝堂に、十字架の力が世界を救うために働いていた。信仰、希望、博愛の賜物と神の意志を知るための英知を求めて、一二世紀末に描かれたサン・ダミアノ聖堂のウンブリアの十字架の前、フランシスコが以前、祈った場所で、フランシスコはいま、自分をハンセン病者に導き、自分に改心をもたらし、それ以上の何ものかのための彼の召命のように思える主の出現に篤い祈りを捧げた。

この祈りを書き留め、磔刑のキリストを世界中のすべての教会で見出せる信仰を宣言したとき、フランシスコは世界中の教会で奉仕する司祭たちを崇める理由をつけ加えた。

「わたしがこのように行うのは、この代において神のいと高き御子について、肉体的にわたしが見るものといえば、ただいとも聖なる御体といとも聖なる御血だけであって、これを〔司祭たち〕が拝受し、彼らだけがほかの人々に授けるからです。そして、このいとも聖なる秘義が、すべてに超えて敬われ、崇められ、尊い場所に安置されることをわたしは望んでいます」〔同一〇―一二〕。

救済のために十字架の上で死んだキリストは、祭壇の前に毎日現れるようになり、見えざる神のこの目に見える姿は、アシジの周辺部（コンタード）の貧しく崩れかけた教会を聖なるものとした。フランシスコは彼の著書において、貧しさの問題よりも聖体の秘跡の問題に、はるかに熱心に関心を持ち続けた。このことは中世のそして現代のひとびとの関心をおおいに惹きつけた。聖別されたパンにおけるキリストの真の出現は、サン・ダミアノ聖堂を聖地にし、地上の父、ピエトロ・ディ・ベルナルドーネに代わる多くの霊的な父を授けた。フランシスコは書いている。

「主は、聖なるローマ教会の様式に従って生活する司祭たちに対する、深い信仰を与えてくださいましたし、今も与えてくださいます。それは彼らの位階によるもので、たとえ彼らがわたしを迫害しても、彼らに寄り頼みたいと願っています。……そして、彼らのうちに罪を考えたくありません。なぜなら、彼らのうちに神の御子を認めるからであり、彼らはわたしの主君でもあるからです」〔同六、九〕。

ハンセン病患者への奉仕によって内面的に変わり、いまや日々の生活で霊性を感じ始めたので、フランシスコは回心を選択したことを外面に表す印を用いることに決めた。世俗の服を脱ぎ捨て、回心した同胞が着る地味で控えめなトゥニカを身にまとった。外面的にも、フランシスコは彼がグイド司教の前で以前求めた聖職者の地位の象徴を身につけた。

後の作家は、この時の、皮の帯を締め、杖を手にし、平信徒の「隠修士（hermit）」の黒いトゥニカを着たフランシスコを描いている。これはありそうもない。まして特定の修道会の一員であることを示す制服のつもりで、フランシスコが高価な衣裳を着ることはもっとあり得ない。教会法上で認められてはいたが、回心者たちは平信徒であって修道身分ではなく、この時代には決まった「修道服」を持たなかった。彼らは通常、地味な色の服を身にまとった。いずれにしても、「隠修士」――伝記作者たちの用語――は孤立あるいは完全隔離へと引きこもった人物を意味するわけではなかった。回心者フランシスコは世俗の世界で暮らし続け、一方で、サン・ダミアノ聖堂に所属していた。

以前は簿記や衣類の売買だけに自分の手を使っていたフランシスコは、きわめて中世的な篤い信仰の形である肉体労働、教会の修復にその手を使い始めた。回心した兄弟として、フランシスコはいまだに金を手にし、使っていた。金の出所が、家族が彼に残したものか、日々の労働によって得たものかはともかく、フランシスコはその金で聖堂を修復するのに必要な石や資材を買った。いくらかの石は年上のアシジの司祭、ドン・シルヴェストロから提供された。これをシルヴェストロは不当に高額な対価を得る機会にした。フランシスコは文句を言うことなく、要求された対価を支払った。フランシスコは毎日、サン・ダミアノ聖堂や近所の他の教会の聖務日課やミサに臨席した。信徒回心者の間では普通になっていたので、朝課のために早起きし、司祭や聖職者が長い夜の聖務日課で朗誦する通りに「主の祈り」を唱えた。

金が尽きると、ときどき、アシジの人々から必要なものを得るために街に出かけた。後になって目撃者は、フランシスコは「わたしに石を一つくださる方は報いを一つ得るでしょう。二つくださる方は二つの報いを得るでしょう」『三人の伴侶による伝記』第七章二一」と言いながら、聖堂修復のための石を求めていた、と語っている。神はフランシスコの願いを叶えた。この懇願の行為は、フランシスコにとって肉体労働よりなおさら性に合わない行為だった。修復が終わるまでに、フランシスコはサン・ダミアノ聖堂の前に点すランプを求めた。そのようなランプは中世末期のイタリアではキリストの遺影や遺物への献身の典型的な象徴だった。金が足りなくなると、ランプに入れる石油代を支払う金を求めに出かけた。彼はギャンブルをやっている連中のところにやって来た。おそらく以前の友人たちの何人かがそこにいた。金を求めるために直接賭博者たちに近づけなかったので、フランシスコはアシジのイタリア人商人とは違った仮面を被り、下手なフランス語で石油を求めた。イタリア語からフランス語に切り替えることは、以前の罪深い自分と回心者としての自分を分け隔てようとするフランシスコの心理的な動きだった。彼はすでにそれをローマで実践しており、残りの人生を通じてそれを実践し続けた。

サン・ダミアノ聖堂の食客として、フランシスコは司祭のドン・ペトロに食事と寝場所を依頼できた。司祭はまた心遣いを示し、フランシスコが世俗の豊かな若者として暮らしていた頃に味わっていた高級料理や菓子を提供した。のちに同意しているように、フランシスコは喜んでそれを口にし、ときどき口に合わない料理を貶した［同二二］。フランシスコの内面を知らない世間の観察者たちは、彼を紋切り型の篤信行為を演じる金持ちの坊ちゃんとみなしたであろう。街の人々は彼を侮辱し罵った。あるとき、フランシスコは父と出会った。父のピエトロは、毎日公の場で恥をかいている子供への愛情から深く傷つき、フランシスコを叱り、怒鳴りつけ、呪うことすらあった。フランシスコは自分と一緒に歩き回るアルベルトという名前の食い詰め者を雇い、父が自分を罵るたびに大声で祝福を告げた［『会の発祥もしくは創設』第一章九］。

## 神が後継者を遣わす

ハンセン病者の世話をし、十字架の前で祈り、サン・ダミアノ聖堂を修復して一日を過ごす以外、フランシスコには生涯の計画、明確な目的がなかった。何にもまして彼は教会が大昔から惹きつけてきた信心深い取り巻きにいささか似ていた。一二〇六年の夏のハンセン病患者との出会いの後、彼の何にもとらわれない孤独な回心者の生活はほぼ二年間続いた。

素晴らしい服を脱ぎ捨ててしまったので、フランシスコは目立たない魅力の乏しい人物になった。彼は小さく、痩せて窶（やつ）れていた。彼の最も高貴な特徴は、おそらく黒い髪と目で、それと対照的にきれいな肌、小さな骨ばった顔立ち、白い歯をしていた。現代の意味での「肖像」はなかったけれども、スビアコのベネディクト会のサクロ・スペコ修道院にある「兄弟フランシスコ」のフレスコ画は、生存中ではなかったが、死後わずか二年以内に描かれ、最初期の肖像とみなされている。細い首、真直ぐな鼻、小さな口、まばらな髭がとても目立っている。フランシスコの死後に描かれたと思われる次に古い現存しているフレスコ画はそっくり同じ顔をしている。それは、一二五〇年頃に描かれている。一般的に認められている後世の伝説で、後継者の一人は、フランシスコは「魅力的ではない」と言っている。愚かな行動より外に、群衆の中でフランシスコを目立たせるものはほとんどなかった。

フランシスコは自分の孤独な隠遁者の生活を、まったくと言っていいほど変えようとは思っていなかったらしい。変化が生じたとき、びっくりしたと思える。後にフランシスコはあっけないほど簡潔に後継者ができたことを記している。

「主がわたしに兄弟たちを与えてくださった」［『遺言』一四］。

一二〇八年のある春の日、アシジから若者が、おそらく知人だったのだろうが、フランシスコを尋ねてサン・ダミアノ聖堂にやって来た。若者の名前はクインタヴァレのベルナルドで、かなり長い時間フランシスコと話し合ったのち、祈りと孤独と回心の生活に加わることに決めた。ベルナルドは持ち物をサン・ジョルジョ教会の外の広場に投げ捨てた。そこはフランシスコが少年時代勉強した場所で、ベルナルドはフランシスコとともに回心者として生きることになった。ほぼ時を同じくして、ペトロという名前がはっきり分かっているもう一人の人間が訪ねて来て、フランシスコの仲間に加わることを求めた。二人の男の来歴は非常に異なっていた。ベルナルドは安楽な生活をしており、ペトロはやや貧しかった。そこで、以前から彼らが一緒だったり、お互いに知り合いだったりしたことはありそうもなかった。二人に共通しているものは、二人とも俗世を離れたフランシスコの決意に刺激を受け、アシジのほとんどの市民とは違う真実の生き方をフランシスコに見たからだった。
二人の男は同じこと、すなわちフランシスコに倣った回心の実践を求めていた。しかし、二人の出現はまったく予想していなかったことだったので、フランシスコはどう二人を導いたらよいか、確信が持てなかった。サン・ダミアノ聖堂の管理人の司祭、ドン・ペトロはもはやその場にいなかったことが明らかだ。おそらくペトロはフランシスコに聖堂の世話を任せていた。グイド司教はアシジの外に出ていたようだ。数年後に、フランシスコ自身がひとつの短い文章の中で自分の立場を述べている。

「わたしが何を行うべきか、わたしに示してくれる人は、誰もいませんでした」〔同一四〕。

そこで一二〇八年四月一六日の水曜日、フランシスコと新参の二人の若者は、街のメルカト広場の下にあるフランシスコの家族が所属する教会、サン・ニコロ・ディ・ピアッツァ教会に出かけて行き、そこで主任司祭に会った。残念ながらその司祭の名はどこにも見当たらないが、フランシスコはその司祭とはごく親しい間柄だったに違いなく、司祭に事情を打ち明けるほど信用していた。
三人は司祭に「聖書占い（*sortes biblicae*）」——聖書を当てずっぽうに開いて神の意志が現れている最初に目に入った章句を読み取ることで、自分たちに対する神の意志を明らかにすること——を求めた。教育を受けた神学者たちはこの実行を迷信の一種だと考えており、当時の宗教法規学者たちはそれが許され得るものか否か議論していた。それにもかかわらず、信徒たちの間に流布しており、学者たちは一般的にその行為に寛容な態度を取っていた。

サン・ニコロ教会に入って、フランシスコはじめ三人の男は、司祭と一緒に祈り、司祭に「わたしたちの主イエス・キリストの福音」『会の発祥もしくは創設』第二章一〇〕を示すことを求めた。手元に完全な聖書がなかったので、司祭は祭壇にあるミサ典礼書を使った。彼らが実際に使った典礼書は現在、メリーランド州ボルチモアのウォルターズ美術館に収蔵されている。典礼書はわずかの飾り文字、唯一、一ページを使ったキリストの磔刑像の付いた、見開きの教会法の写本である。一一〇〇年代後半から一二〇〇年代早々の刊行で、使用された歳月を示す傷や摩耗や書き込みがある。一二〇八年に典礼書は美しく新しい本になった。フランシスコはおそらく家族とミサに出席したとき、教会で何度もその本を目にしていただろう。

「聖書占い」を行う際の慣習だったので、司祭は三度ミサ典礼書を開き、開いた典礼書の目に入った語句のそれぞれの意味を説明した。三人の回心者のうちだれもラテン語に十分通じていなかったので、司祭は三人に典礼書を解釈すると同時に翻訳した。典礼書を開いて司祭はまず本の一三二ページ、聖霊降臨祭後第五日曜日の週の水曜日の福音朗読箇所、マルコによる福音書一〇章一七―二一節を目にとめた。そこには次の言葉が記されていた。「行って持っているものを売り払い、貧しい人々に与えなさい。そうすれば、天に宝を積むことになる。それからわたしに従いなさい」（二一節）。

慣例通り、司祭はまた典礼書を開いた。二度目であり、今度は一一九ページが開かれた。ルカによる福音書九章一―六節だった。その福音は聖霊降臨祭の週の木曜日の朗読箇所で、次の章句があった。「旅には何も持って行ってはならない。杖も袋もパンも金も持ってはならない。下着も二枚は持つな」（三節）。

最後に、もう一度典礼書が開かれた。三度目、最終だった。二一六ページ、八月一一日の聖ラウレンチオの祝日の徹夜ミサの朗読箇所、マタイによる福音書一六章二四―二八節が現れた。司祭の指は次の言葉を指していた。「わたしに付いて来たい者は、自分を捨て、自分の十字架を負って、わたしに従いなさい」(三節)。

全体としてこの結果を見ると、三つの章句は衝撃的なほど、俗世の根本的な放棄を求めていた。貧しい人にすべてを与えよ、旅には何も持ってゆくな、十字架を抱け。三人は注意深く聖書の章句を暗記した。この三つの章句が、フランシスコが彼の「生活様式(form of life)」と呼んだものの核心になった。神自身がフランシスコになすべきことを示すために三つの章句を明らかにした。その場にいた人間の誰一人としてそのことを理解してはいなかったが、三人は「フランシスコ会」を創設する最初の一歩を踏み出した。

## 回心者たちのローマ行き

おそらくほぼ一年の間、フランシスコは神がサン・ニコロ教会で顕示した「福音の様式」を黙想した。「すべてを捨てろ」そして「十字架を負え」という要求は、自分の意志を捨て、神の意志だけに従うことを要求していることが、フランシスコにますます明らかになった。しかし、この選択はその中に間違った信念の危険を潜ませていた。それは個人の、おそらく自己本位や間違った信念と神の要求とを同じものにしてしまうことだった。神はフランシスコに「福音の様式」を明らかにした。しかし、後継者も遣わした。この場合、フランシスコのような従順なカトリック信者は、この計画への教会の賛同を求めた。教会の賛同が、フランシスコの生活の規則が本当に神の意志に沿うものであることを保証した。

フランシスコはまた、他者の意志に従うことで、自分の意志だけに基づく自己本位からの自由を求めた。彼の霊的指導者グイド司教は教会の仕事で不在、ドン・ペトロは事情を知らないということで、フランシスコは神が明らかにしたと自分の信じた結果に対する最終的賛同が、司祭の中の司祭、ローマ教皇自身からのものであることに決めた。ある人々は、フランシスコがこの決定に至るまでに、まず神学者や教会法の専門家に相談したのではないかと疑っている。しかし、それを示唆する証拠は一切存在しない。フランシスコが教団の創設に法的正当性を与えたものとして教皇の賛同を考えたか否かもはっきりしない。最もありそうなことは、フランシスコが自分自身と二人の仲間の生活様式としての妥当性のみに教皇の賛同を得ようと考えたことである。その決定の内実がどうであろうと、三人の男はローマにグループとして旅することに決めた。

三人の出発に先立って、フランシスコは聖書占いによって得た章句のごく短い要約を書きとめることに意を用いた。残念ながら、書きとめられた要約は残存していない。それでその要約を調べる手立てはない。フランシスコがそれを書きとめるために書記や代書人、ましてや神学者や教会法学者を雇った証拠は存在しない。おそらく、店で習った初級ラテン語を使って、自分ができる最善のこととして三つの福音書の言葉を書きだし、その三つの言葉を首尾一貫させるための必要に応じた聖書の言葉を書き加えたのだろう。フランシスコはこの「生活様式」が自分の言葉であるよりも神の言葉であることを望んだ。フランシスコは三人の集まりの隠者的な生活の形式とハンセン病の病院での奉仕活動を関連付ける聖書の言葉に彼自身の推敲を重ねた短い言葉をつけ加えたかもしれない。現代の伝記作者たちはこの記録をフランシスコ会の最初の「会則（Rule）」と呼ぶようになった。しかし、会則はこの生活様式よりもっと規則として磨かれた文書であることを示唆している。これはフランシスコの「計画（*propositum*）」――フランシスコが提案した生活様式――と呼んだほうがよい。出発に先立って、自分の願いが神の意志に従うことで、自分の意志に従うことではない徴として、フランシスコは三人の指導者として誰かほかの人物、彼が属し従うべき人物を選んだ。決定は簡単だった。三人はフランシスコと最も長い間一緒にいて、フランシスコに勝る社会的背景を持つ、クインタヴァレのベルナルドを指導者として選んだ。

三人はアシジを後にして、アシジからローマまで通じている巡礼街道、フランチジェナ街道を辿った。数日のうちに、三人は教皇の住むラテラノ宮殿に到着した。そこで三人は予期していないことだったが、グイド司教に出会った。司教は驚き、少しも嫌な顔をせずに、街に入った。フランシスコの初期の伝記作者たちは司教の反応が「とても」否定的であったと述べている。回心者として、また教会の聖職にある人間として、フランシスコは司教に責任を負っていた。グイドはフランシスコと宗教的規則については論じたが、生活の仕方を止める議論は一度もしなかった。事実、グイドはおそらく、特別な動きをしている者としてフランシスコとその新しい仲間を見ていなかった。グイドにとって、三人は信徒回心者の同類の集団の一つに過ぎなかった。その後、三人は立ち去り、自分たちのための会則と考えられるものを作り出した。いまや、彼らはフランシスコ自身の助言や方向付けだけでは不十分であることを示唆する会則について、教皇と相談することを望んでいた。実際、フランシスコは教皇庁の幹部に受け入れられた。

フランシスコはグイド司教に自分の意図を説明した。その場では、フランシスコがベルナルドよりむしろ積極的に説明を買って出て、指導者としてのベルナルドの役割があっという間に終わってしまったことを示している。事実、ローマ訪問の全行程を通じて、フランシスコ自身が説明役を担った。フランシスコはいま自分たちが真正のカトリック教徒であることを司教に納得させることに力を尽くした。フランシスコがグイドの教会法的管轄権の下にあると最終的に説得された。フランシスコの意図がただ神の意志の実現にあると理解したとき、グイドは落ち着き、三人の男たちのローマ教皇庁訪問の手助けをすることに同意した。そこでグイドはいまや自分がフランシスコのグループの請願に責任を負っていると思った。三人は適度に読み書きができ、いくらか教養があり、物乞いでも貧民でもなかった。グイドはそのような生い立ちの三人が、賛同を求めてきた生活の仕方をどうしても諦めないことに疑問を抱いたかもしれない。三人を支援するというグイドの提言は驚くべき決定であり、フランシスコの説得力のすばらしさを語っている。三人の男たちは結局のところ、アシジの宗教的価値の重要で、極めつきの役割を果たした。いまや司教は教皇自身に三人を引き合わせる申し入れをした。

グイドは縁故を利用して、フランシスコと連れの二人を教皇庁内部の人間、すなわちサビーナの司教枢機卿であるサン・パオロのヨハネ（ジョヴァンニ・コロンナ）と接見できるようにした。コロンナはローマの最も高貴な家族の出で、枢機卿に登用されるまでは、ベネディクト会の大修道院長だった。コロンナが、以前は商人だったフランシスコが何をしようとしているか心の中で考えていることを十分理解していたと信じることは難しい。一方で、コロンナ枢機卿は大衆的な宗教運動を知っており、ワルド派だったウエスカのデュランドゥスを教会に復帰させた教皇インノセント三世とデュランドゥスの仲介役を果たしていた。彼がフランシスコの小さな一団を、普通の暮らしを営み、篤い信仰心をもって働き、（おそらく）回心を説くことを望む平信徒たちと、同じ類の一団と考えていたことが推測される。おそらくインノセント教皇と同じように、コロンナ枢機卿にとって、フランシスコの一団は、一二世紀の間に急増した、正統と異端が混在する「使徒的生活（*Vita apostolica*）」運動の小さな変種より以上のものではないと見えていた。フランシスコははるかに根源的な何ものかを表していたが、この初期の頃には、それほどはっきりしてはいなかった。

枢機卿は少し恩着せがましいところがあったにしても、フランシスコを親切に受け入れた。フランシスコを除いて、誰も驚かなかったことは、コロンナ枢機卿がよくある干渉主義的な忠告——伝統的な修道院に加わること、もしくは少なくとも修道生活の慣習的な様式を採用すること——を三人に申し出たことである。枢機卿は当初、三人を観想修道会、信徒隠修士のグループとして見ていた。また、三人への枢機卿の忠告の言葉を耳にすることができる。「どうぞ、教皇を一人にしておいてください、彼はとても忙しい人なのです」。枢機卿は「アシジから来た回心者たち」が何者なのか分かっている——修道生活を模倣している平信徒たちである——とおそらく思い込んでいた、三人は教会が「砂漠の師父たち」の時代から正規の教会員にしようとしてきた信心深い放浪修道士たちのようだった。フランシスコの「生活様式」は、修道士の父、聖ベネディクトが警告を発してきた何となく疑わしい「生活様式」のように思えた。フランシスコと二人の仲間は、枢機卿に彼らの意図を理解してもらおうとして、数日間、枢機卿と過ごした。その結果、コロンナ枢機卿はフランシスコたちを支援することを確約した。枢機卿は十中八九、友人のグイド司教に接するように三人を世話した。

コロンナ枢機卿はインノセント教皇との会見を設定し、そこで三人の監督者、もしくは代行者、法的代理人のようにふるまった。枢機卿はまた、三人の計画が教皇の喜んで受け入れる種類のものであると考えたかもしれない。インノセント教皇は異端の説教者集団をローマ教会に復帰させ、信徒の福音運動を励ます勇気ある動きを始めていた。教皇はその直近に、ローマ教会の権威と衝突した北イタリアの信徒集団――「フミリアティ［＝抑謙派］（Humiliati）」――と、元ワルド派の二つの集団――「貧しきカトリック者（the Poor Catholics）」と「［ロンバルドの］和解した貧者（the Reconciled Poor）」――を認可していた。コロンナ枢機卿は、おそらく、インノセント教皇が新しい運動や新しい理念に理解を示していたので、この見たところでは正統的な兄弟会の言い分は少なくとも、傾聴に値すると主張した。

もし普通の手続きが踏まれるならば、フランシスコの計画は、おそらく代行者としてのコロンナ枢機卿によって、あるいはおそらく枢機卿とグイド司教が一緒になって、正式の教皇秘密会議に提起された。枢機卿は三人の意図を「回心者として生きること、文字通り聖書の勧めに従うこと」と要約している。インノセント教皇には、この要約は、彼が対処してきた、正統から外れた多くの福音主義的な信徒説教者集団のように響いた。しかし、このグループはその正統性を請け合う枢機卿や司教の咎めようの無い信任状をもってやって来た。疑いもなくまた、教皇はハンセン病者たちの間での彼らの優れた仕事と教会の修繕の計画について耳にしていた。フランシスコは十中八九、その場に居合わせることさえなかった。思ったより早く、教皇と教皇補佐はコロンナ枢機卿を通したフランシスコの請願を受理した。その間、外では、仲間の二人がおそらくいらいらしながら待機していた。

数日以内に、まず間違いなく一週間以内に、フランシスコと二人の仲間は、代理人とともに教皇庁に出頭せよという召喚を受けた。フランシスコと二人の仲間は教皇が決定を発効したとき、おそらく部屋の中に一度も入ることすらなく、外で静かに立っていた。聖職者たちだけがおそらくラテン語で話し合い、この決定に与った。決定に従うことになった誰一人としてその場に居合わせなかった。最終的にインノセント教皇は、コロンナ枢機卿が代理を務める要請を受諾した。それから教皇は祝福を与えるために三人を招いた。フランシスコは教皇の脚に額(ぬか)ずき、従順を誓い、その後、他の二人がフランシスコの前に額ずき、彼に従うことを約束した。コロンナ枢機卿と同じようにベネディクト会に所属していた教皇にとっては、修道会の儀式にそっくりだったに違いない。

チェラノのトマスに従えば、インノセント教皇は三人に呼びかけ、これに効果を添える言葉を口にした。

「兄弟たちよ、主と共に行きなさい。主があなたたちを鼓舞してくださったように、すべての人に悔い改めを宣べ伝えなさい。全能の主が、人数と恵みにおいてあなたたちを増やしてくださったなら、そのとき、喜んでわたしの所に戻って来なさい。わたしは更に多くのものをあなたたちに与え、またより大きな信頼をもって、更に多くのものを任せるであろう」［チェラノのトマス『聖フランシスコの生涯』第一巻第一三章三三］。

これはフランシスコが期待していた委任とはまったく違っていた。これはインノセント教皇がコロンナ枢機卿とはいささか異なった観点で三人を見ていたことを示している。教皇は三人を信徒説教者のグループとして考えていた。フランシスコの計画（*propositum*）は、この贖罪の説教の認可によって、はっきりとというより、暗黙の裡に認可された。説教を命じたことで、インノセント教皇は、すべてのものを放棄し、十字架を背負い、キリストに従うという三人の意図の単なる認可というよりもっと多くのことを意図していた。生活の様式において、教皇は数十年の間に認可してきた様々な信徒説教者集団と三人を同じものだとみなしていた。それは三人にとってはまったく予期していなかった展開だった。

三人の生活についての口頭での承認は暫定的なものだった。三人は自分たちの価値を示し、新しい仲間を惹きつけ、自分たちにとって教皇が「更に多くのもの」を与える前に教皇庁に戻らなければならなかった。フランシスコたち三人の承認はインノセント教皇にとっては朝飯前の仕事だった。二週間も経たないうちに、アシジの回心者たちが教皇の記憶から永久に抜け落ちても驚くほどのことではなかった。しかし、おそらく違った。数年後、インノセント教皇は、そのイメージを驚くほどフランシスコに似せて、洗礼者ヨハネに関する説教を行った。ヨハネは、聖職者になることを拒み、金や地位をすべて断念し、断食と回心を説く生活に入った。ヨハネは小さきもの（*minus*）になることを決めたために、キリストは大きなものになった。おそらく結局のところ、インノセント教皇は、アシジからやって来た無名の回心者を一度たりと忘れることはなかった。

フランシスコをはじめ三人の兄弟たちは、いまや彼らの代理人、コロンナ枢機卿に対して責任を負っていた。フランシスコの修道会は説教する権限が付与されたことで、根底から変えられることになった。フランシスコは人々に、二人の仲間に対してさえ、何をすべきか自分が語ることを、一度も考えたことがなかった。彼は回心を褒め称えたが、回心を必要としている個々に語り掛けることはしなかった。フランシスコは言葉でよりも行動によって教えを説いた。実際、彼は慣習的な意味での「説教」を学んだことは一度もなかった。ボローニャで数年後、フランシスコの話を聞いた人々は、彼が説教者であるより、ヴァティカンの公式な主張に従って行動することを重んじていると考えた。フランシスコの後継者たちの誰かがいままで公式に語った証拠はない。枢機卿は万が一彼らが公式に説教を始めたら、フランシスコの一団は、聖職者たちの疑惑と信徒たちからの蔑みに出会うことを知っていた。何をなすべきか？　コロンナ枢機卿は、最善の方法は、彼らにヴァティカンの公式的地位を与えることだと決心した。そこで、コロンナ枢機卿は、聖職者であり正統的なカトリック信者であることをはっきりさせる髪型［＝トンスラ］に彼らの髪を剃らせた。これが枢機卿のフランシスコたちのためにしてやれるすべてだった。

教皇の認可は、自分たちの頭を剃ることを意味し、説教の権限を十分に行使することだとフランシスコが決める事態がいまや始まった。この二つの結びつきはいささかの動揺を招いた。それにもかかわらず、フランシスコはあまりにも早くそして簡単に教皇の認可が与えられたことに驚いた。三人がウンブリアに向けて旅立つ前夜、風評によると、フランシスコは夢を見た。彼は美しい大木を目にし、その木陰に入ろうと近づくと、自分の背丈があまりにも伸びていたので、木のてっぺんに手を置くことができ、自分がいる地上にまでその木を折り曲げることができた。翌日、彼はベルナルドとペトロに夢のことを話した。フランシスコにとってその夢は起こったばかりのことの徴（しるし）のように思えた。世界の宗教指導者インノセント教皇は、フランシスコの請願に耳を傾けるためにへりくだり、頭を垂れた。いまやフランシスコは自分の使命が自分の選んだ何ものかではなく、教会と神の意志であることを確信した。

フランシスコ、ベルナルド、それにペトロは使徒ペトロの墓を詣でた。それからスポレトの谷に戻る道を辿った。フランチジャナ街道を歩きながら、三人はインノセント教皇が彼らに与えた「警告と命令」に関して語り合うだけでなく、言い争いさえ始めた。インノセント教皇が認可した、聖書に基づく「生活様式」は、説教に関しては明確な指示を与えていなかった。平信徒の説教に関する権限は、新しくもなければ聞いたことがないものでもなく、ただ反対があった。回心の説教は、普通、一一〇〇年代初期から福音主義者の信徒たちによって行われてきた。一般的に、ベルナルドゥス・プリムやウエスカのデュランドゥスの後継者たちと同じくこの仕事を行った人々は、しばしば司祭や他の先達の支援を受けて、福音の勉強による恩恵を得てきた。三人は説教を全くしてこなかった。

回心と祈りという孤独な面と、説教という公の仕事とをどう結び付けるかで、フランシスコは精神的苦痛に陥った。彼の回心の核心は、孤独と静かな日々の労働へと世間から退くという形をとってきた。説教は聴衆に対して説教者の聖性と知恵が優越しているということを意味していた。これはフランシスコが自分自身を理解する方法ではなかった。彼の内面的な葛藤をめぐる悩みは、彼のその後の人生にとって天災といってもよかった。あらゆる面で、ローマ訪問の数年後まで、フランシスコと二人の仲間が、説教を行ったという確たる証拠は存在しない。説教に対する教皇の権限の委託があろうとなかろうと、フランシスコは自分たちの運動は回心者の説教や他のあらゆる種類の説教によって左右されるようなものではないと固く心に決めていた。

ローマからアシジに戻る道のほぼ半ば、約八〇キロのところで、一行は小さなオルテの街の教皇領ヴィテルボの近くで野営した。三人が何らかの食べ物や他の資産を持っていたとしても、路上で二日か三日過ごした後では使い果たされてしまっていた。三人は通りすがりの旅人にパンを乞い、見捨てられた墓の近くで寝泊まりした。家族からも、教皇の宮廷からも、家からも離れて、三人はそこで数日過ごした。肉体的な消耗と精神的な錯乱が交じり合い、不安が募った。おそらく、三人がアシジに着いたときは、安心と狂喜が爆発したであろう。

## 兄弟たちの友愛会

フランシスコは計画が全くないかそれに近い生活の後に、より秩序のあるしっかりした生活を始めることに決め、実行した。アシジから三キロほどのところに三人はやって来て、リヴォ・トルトの名で知られる蛇行した小川の湾曲部の近くにある、見捨てられた納屋に入った。そこが兄弟会の最初の拠点（*locus*）となり、最初の住居になった。この荒れ果てた惨めな場所での暮らしは、一二〇九年の終わりまで約三か月続き、後になって物語の素材をたくさん提供し、理想化された。生活の規則はなかったが、フランシスコ自身の経験と神が彼に示した福音によって、フランシスコはすべてをさし措いて、日々の労働の手本を示した。リヴォ・トルトはサン・ラッザロのハンセン病院の近くにあり、そこで兄弟たちはおそらく早くから働き、寝泊まりしていた。社会で最も蔑まれ、見捨てられた人々に自分自身を従わせることが、フランシスコの最初の回心であり、彼はその実践を持続した。

この回心を望まない人々は兄弟会の一員になる資格はなく、例外はない、とフランシスコは言っている。フランシスコの信奉者たちは自分たちの食物や必需品を得るために、どんな技能でも技術でも使って働いた。この時期に関する後世の物語は、兄弟たちの貧しさの真の実践としての物乞いや、ごく小規模の修養団だったので、兄弟たちをたった一人で物乞いに送り出したというフランシスコの話さえ、理想化している。後に振り返って、フランシスコは日々の労働の代替手段として、あるいは兄弟を雇った人々が支払を拒否したときに限って、物乞いに言及している。物乞いがリヴォ・トルトで大きな役割を果たしていたと信じる理由はほとんどない。彼らは日雇い仕事で暮らしていた。

この時期、もしくはその直後、兄弟会は服装に関する新しい規則を採用した。マタイによる福音書から読み取る「十字架を負え」と言う福音への文字通りの服従により、兄弟たちは簡単なTの形にざっと切り取って十字架の形にしたトゥニカを着用した。これはほとんど改造した農民の肌着で、教会法の意味での「聖職服」といえるほどのものではなかった。生地の色や形はどうでもよかった。フランシスコ自身は後に聖職服をベルトではなく紐で締めると述べている。聖人の最も初期の肖像画である、スビアコにある有名な「兄弟フランシスコ」のフレスコ画は、ゆったりとしたフードの付いた特徴のない灰茶色に聖職服を描いている。フランシスコの聖職服の紐は明るい色、ほとんど白で描かれ、二つの垂れた末端で結び合わされている。三つの結び目がついており、聖職服は足首の手前に垂れ、サンダルを履かずに裸足である。後の聖職服の形と粗末なことに関する論争はともかく、これはおそらくフランシスコの最初の後継者たちが実際に着ていた衣服の信頼できる表現であろう。フランシスコはコロンナ枢機卿の指導に従って、坊主頭（トンスラ）だった。しかし、後にフランシスコの仲間に加わった平信徒たちが聖職に就くために剃髪したという証拠はない。彼らは平信徒のままで、「信徒修道士(lay brother)」［=聖職（司祭・助祭などの上級聖職と下級聖職）に就いていない修道士］だった。

『遺言』の中で、フランシスコは兄弟たちが聖職服の下にズボンを穿いていたとつけ加えた［『遺言』一七］。この時代の修道士たちの間で、ズボンの着用は彼らが修道院で生活しているのではなく、路上を旅していることを伝えていた。その時、おそらく初めから、フランシスコはどんな特定の場所に定着することもなく、「路上に居る」存在として、イエスの後継者を理解していた。ズボンの着用が遍歴を意図した宣言であったか否かはともかく、初期の後継者たちの生活は定住することなく、いまだにいかなる一つの場所、リヴォ・トルトにすら結びついていなかった。それにもかかわらず、グループの単一の宗教的服装と一つの特定の場所に住んで増加する集団は、以前は回心者の臨時の生活だった方法の規則化へ向けての初めの一歩だった。

まもなく、予期していないことだったが、フランシスコはもっと多くの人々が彼の仲間に加わりたがっていることに気がついた。短い間に、おそらく二週間前後で（伝統として伝えられている日付は一二〇九年四月二三日であるが、それはおそらく二、三週間早すぎる）アシジ出身のもう一人の若者、エジディオが兄弟の仲間に加わった。エジディオはしばらくの間、留まるか立ち去るか心を決めかねたまま、いまだ平信徒の服を着て暮らしていた。ある日、貧しい男性がたまたま助けを求めてやって来た。フランシスコはエジディオを振り返り、「あなたのマントを貧しい兄弟に差し上げなさい」〔『完全の鏡』第三章三八〕と告げた。ためらうことなく、エジディオは古いマントを脱ぎ捨て、貧しい男性に与えた。これがエジディオにとっては転機の瞬間であり、エジディオは直ちに小さなグループの生活の仕方に従った。彼はフランシスコの臨終に立ち会っている。エジディオは、すでに聖職者として剃髪していた最初の三人に加わった、新しい友愛会の最初の「信徒修道士」であった。

フランシスコは、自分の少数の追随者たちを――特に困難な状況下で――世話する責任の重さをいち早く学んだ。リヴォ・トルトであるとき、一人の兄弟が真夜中に目覚め、腹が空いて死にそうだと叫び出した。魂についての敬意を払うべき医師にしたその感受性が示している通り、フランシスコは全員を起こし、兄弟と一緒に食事をした。そのために空腹を叫んだ兄弟は一人で食事をする恥をかかずに済んだ。このことはまた、困難をフランシスコと会員の間の単なる個人的な問題にせずに、グループ全体で解決にあたることにした。フランシスコはこの事件を断食と自己苦行の節度を協議する場として使った。初期の兄弟たちは、フランシスコに霊感を与えた福音書の内容とはほとんど関係のない誇張された破滅的な苦行へと傾きがちだった。ハンセン病者にフランシスコを導いたと同じ特徴、苦しみに対するフランシスコの自然な共感の念が、病人や錯乱した兄弟たちの世話においても現れていた。

少なくとももう一人の新人が、リヴォ・トルトの納屋の仲間に加わった。しかし、この男はフランシスコの仲間には適していないことが明らかになった。彼はほとんど祈らず、働かなかった。フランシスコはこの男を「兄弟蝿」と呼んだ。その理由は、生活のために働く蜂と違って、蝿は他人の働きに寄生し、浪費するからだった。最後には、フランシスコはその男に会を去るように告げ、男は一見して、何の良心の咎めも感じることなく会を去った。会は狭い区画での修道生活の葛藤と困難に遭遇していた。フランシスコは自分に権威を与え、責任者の役を割り当てることにした。納屋の中には寝たり座ったりする場所がほとんどなかったので、フランシスコは居場所についての諍いを避けるために、一人一人の寝場所について納屋の梁にチョークで兄弟たちの名前を記すことを余儀なくされた。納屋は狭苦しく、隙間風が入り、汚れていたが、少なくとも祈りをし、眠るための場所だった。

ひとつの事件が、より確実にリヴォ・トルトでの兄弟たちの滞在時期を明らかにする。オットー四世皇帝とその従者が一二〇九年の九月に街道のすぐ近くのウンブラの谷を通過したとき、フランシスコは兄弟たちに、出かけて行って、一行に見とれることを禁じた。しかし、フランシスコの許可を得たと思える一人の兄弟が、栄光に満ちた一行の通過に歓呼の声を上げるために出かけて行った。おそらくこれも、反皇帝、親教皇のフランシスコのグループの心意気をちょっとごまかす軽いジャブの一つだった。

## ポルチウンクラのフランシスコ

フランシスコはリヴォ・トルトを仮の宿と考えていた。兄弟会は寝るためのもっと広い空間を必要としていたばかりではなく、聖務日課を朗誦するための教会も必要としていた。頭を丸めることで、兄弟たちはいまや単なる信徒回心者の集まりではなく、聖職者の集まりになっていた。グイド司教との特別な関係に暗黙の裡に感謝しながら、フランシスコはまず彼のところに出かけ、自分たちの状況が変化したことを説明し、大きくなった兄弟たちの共同体が暮らして行ける自分たちの教会を求めた。司教はおそらく、相当の理由があって、要求を却下した。フランシスコはその後、おそらく以前住んでいた場所、この教会が司教によりも自分たちに属すると思っていたので、サン・ダミアノ聖堂に居を構える望みを抱いてサン・ルフィーノ大聖堂の参事会のところに出かけて行った。しかし、司教聖堂参事会員たちはフランシスコに提供する場所はないと答えた。最後に、フランシスコはスバシオ山のベネディクト会修道院に赴いた。ここの修道士たちは廃墟になっている聖堂、サンタ・マリア・デリ・アンジェリ［＝諸天使の聖マリア］聖堂を所有していた。この聖堂は「小さな畑」という意味のポルチウンクラとして知られていた地区のサン・サルヴァトーレ・デッレ・パレティのハンセン病療養所の先、市から南西に三キロ弱のところにあった。この聖堂の建物が使用されていなかったので、大修道院長は一年に籠一杯の魚で建物を貸すと申し出た。籠一杯の魚は、法的時効の原則によって賃借人が所有権を得ることを防ぐ、ごくありふれた名目的な賃料だった。

兄弟たちはサンタ・マリア・デリ・アンジェリ聖堂を修理した。一二一〇年の春に聖堂が使えるようになったとき、リヴォ・トルトの納屋を離れ、それを貧しいハンセン病者のグループに明け渡し、聖堂の周辺に自分たちで建てた泥壁打ちの一群の庵に居を定めた。いまや兄弟たちはそこで、世界を救うために十字架の上で死んだ神の独り子キリストを祝福し、天におられる父の栄誉を称える聖務日課を朗誦する場所を自分たちのために確保した。

気候が良くなると、フランシスコ自身がそれまでよりはるかにしばしば、アシジの周辺に姿を現した。フランシスコは聖堂や教会を訪ねながら、街やそのあたりを歩き回った。フランシスコが訪ねた教会や聖堂のいくつかは、維持する資金の不足や、完全に見捨てられてしまったために、不潔でむさ苦しく、フランシスコの美的・宗教的感受性の両方に不快感を与えた。彼は箒（ほうき）を携え、ガラクタをきれいに掃除した。言うまでもなく、祭壇の布を洗濯し、祭壇を飾った。人々がこの大掃除についてフランシスコに問いかけたとき（そこに住んでいる司祭たちの反応を想像できる）、彼は聖なる場所の手入れをすることと罪を悔い改めることとの関連を説いた。フランシスコは、常に最良の聖具と最高の準備のもとでのみ神への礼拝と秘跡の執行がなされることを保証したがっていた。

地元の聖職者たちの不機嫌あるいはこの清掃の勧めの進捗のどちらの理由か分からないが、フランシスコはますますアシジから遠ざかった。彼は注目の的になったが、そのすべてが悪い風評ではなかった。新しい志願者が到着し始めた。そのなかで最も重要な一人は、教会修復のための石材を法外な値段で売りつけた司祭だった。彼はすっかり心を入れ替えた、年上のドン・シルヴェストロだった。フランシスコの兄弟会は、いまや少なくとも四人の聖職者を有していたが、ついに叙階した会員を獲得した。ミサを挙げられないために不完全だった兄弟たちの新しい教会が、ミサを捧げることができるようになった。もっと大事なことは、シルヴェストロが聖務日課の朗誦のための十分な知識を兄弟たちに教えることができたことだった。一三世紀の聖職者全員が、世俗にあろうと、修道院にあろうと、日々、聖務日課を朗誦することを義務付けられていたとしても驚くに値しない。シルヴェストロの加入は、また、彼が典礼書と典礼用の道具を持参したことを意味している。兄弟たちは少なくともアシジの周辺に居て、自分たちのミサのために地元の教会に頼る必要がなくなった。

次の数か月の間、おそらくフランシスコをもっと驚かせたことは、さらに多くの人々が小さき兄弟会に参加するためにやって来たことだった。初期の伝記作者たちは新加入者たちの幾人かの名前――サバティーノ、マッセオ、ヨハネ、モリコ、フィリポ――を挙げているが、彼らについて、実際のところ、確かなことは何も分かっていない。マッセオはペルージア出身の騎士であるかもしれない。後の見解では、この時期にジネプロ、ルフィーノ、レオといったよく知られた初期の兄弟たちの入会を推定している。しかし最も信頼できる資料に彼らの名前は見えない。フランシスコは彼らの入会に同意しており、入会を希望した誰に対しても受け入れるだけだった。新入会者のほとんどが聖職者ではなく平信徒だった。さらに、知りうる限りでは、彼らはフランシスコと同じ階級、商人で、一般的には裕福な階級の出身だった。彼らは持てる資産をすべて投げ棄てた人々だったが、貧しい生まれではなかった。

こうして共同体がポルチウンクラに引っ越した時までに、フランシスコの霊的な世界は、彼がサン・ダミアノ聖堂の十字架の前でただ一人で祈りを捧げていた五年前とは、まるで違ったものになっていた。フランシスコの回心は、感受性の新たな方向付け、個人的な経験だった。回心によって彼は以前、嫌悪していたハンセン病者たちの世話をするようになった。その時、ベルナルドとペトロがやって来て、同じく宗教的回心をした。この予期せざる展開に対するフランシスコの対応は、サン・ニコロ教会のミサ典礼書を任意に開いて、その予言によって神の支援を得るというものだった。結果はすべてを振り捨てて、俗世を去るという画期的な召命だった。これが誤った理解であったか召命であったかは確かではなく、グイド司教は街を出ており、三人はローマへと赴いた。ローマでは単なる認可を受ける代わりに、回心を説教することを説かれ、聖職者にされた。

その後、新しい運動における説教することの役割に関する討議といくらかの混乱の時期が続いた。フランシスコは彼に委ねられた新しい責任の重さを感じた。自分の教会を持ち、伝統的な宗教生活と同様の何ものかを生み出すための決定は、フランシスコ一人で行われたようだ。何らかの理論もしくはヴィジョンによって導かれるというより、フランシスコは実際に起きた出来事への対応によって決定と選択を具体化した。そうすることで、一三世紀のイタリア人すべてが利用可能な模範――回心者の兄弟による実践、伝統的修道院での儀式の様式、前世紀の「使徒的生活（*Vita apostolica*）」の運動と結び付いた遍歴と説教、聖職者たちの代表的な典礼上の職務――を用いた。この一見乱雑なもろもろの霊的活動に共通する一貫したものは、フランシスコ自身だった。ベネディクト、アウグスティヌス、ベルナルドといった先行する創立者たちと違い、フランシスコは後継者たちに首尾一貫した規則ではなく、自らの行いによって規範を示した。ポルチウンクラでは、新しくできた共同体のメンバーは、彼らにとってフランシスコの行いが何を意味するものであるかを自ら見つけなければならなかった。フランシスコも同じように、自分の行いが自分にどんな意味があるのか見つけなければならなかった。

## 3　草創期の兄弟会

一二〇九—一二二五

伝記作者たちは、フランシスコが草創期の自分たちの運動の中で自分の使命をどう理解していたかに関して、いろいろ推測している。先行する霊的な師父たちに負っているものは何か、彼が集めた後継者たちのグループについてどう考えていたかといったことである。幸いなことに、少なくとも彼の自己認識について、フランシスコはこの時期の信仰の証を残している。それは一般には『すべてのキリスト信者への手紙　一』と呼ばれている、『第一の勧告』である。おおよそ、一二〇九年と一二一五年の間の日々に書かれており、フランシスコが霊的指導者としてのいくらかの評判をすでに得ていたということが分かるので、何篇かは一二一〇年以後に書かれたと推測される。大体のところは信徒回心者のために書かれているが、フランシスコの兄弟たちに向けても書かれている。兄弟たちはこの時期、まだ「アシジから来た回心者たち」と自称していた。

## 霊的指導者としてのフランシスコ

フランシスコはいつも自分が「罪の中」で暮らしていた生活と、「出家」後の生活との間にある深い断絶に目を注いでいた。同じ対比が、『すべてのキリスト信者への手紙　一』の中に証拠として存在している。そこで使われている言葉はきわめて神聖な言葉で、ほとんどが聖書の引用である。しかし、慣習的な用語を通して、フランシスコの個人的な情熱が輝いている。フランシスコはこの書簡体の本を二部に分け、第一部は「悔い改めを実践する人々」に、第二部は「悔い改めることのない人々」に宛てて書いている。第一部では回心者の四つの特徴を挙げている。

「主のみ名によって。心を尽くし、魂と精神を尽くし、力を尽くして主を愛し、また自分自身のように隣人を愛し、更に悪徳と罪とともに自分の体に対する憎しみを抱き、そして、わたしたちの主イエス・キリストの御体と御血を拝領し、悔い改めにふさわしい実を結んでいるすべての人々。このようなことを実践し、このようなことを固く守る限りにおいて、男であれ女であれ、この人々は何という幸いな、祝福された人々でしょう」〔『すべてのキリスト信者への手紙　一』第一章一―五〕。

要するに回心者は、肉体的禁欲主義を実践し、規則正しく聖体拝領に臨むという二つの偉大な訓戒に従い、善を行う。しかし、フランシスコは慣習に基づく中世の信仰を神秘的なヴィジョンに変える。回心者の生活に入った罪人は、父としての神と配偶者としてのイエスを受け入れる。聖霊によって回心者は身籠もり、全世界にキリストの誕生をもたらす。この変化を想像することによって、フランシスコは陶酔に至る。

「おお、何と栄誉に満ちた聖なる偉大なことでしょう、天に御父を有していることは。おお、何と聖なる、慰めに満ち、美しく、驚嘆すべきことでしょう、このような配偶者（夫）を有することは」〔同第一章一一―一二〕。

一方で、悔い改めない者は、自らを裏切り、自らの永遠の破滅を招く。「彼らはみな悪魔に欺（あざむ）かれており、その子供となり、その業を行っているのです」〔同第二章六〕。彼らは回心しなければ呪われるだろう。

「目の見えない人々、あなたたちの敵、すなわち肉とこの世と悪魔に欺かれている人々よ、見てください。体にとって罪を犯すことは甘美であり、神に仕えることは苦いものだということを。悪徳と罪はみな人の心から出て来るのです。主が福音の中で仰せになっているとおりです。また、あなた方はこの代（よ）においても、来（きた）るべき〔代（よ）〕においても何一つ所持していないのです」〔同第二章一一―一三〕。

罪の中にあるフランシスコと回心したフランシスコの間にある深い断絶は、あらゆる人間性の典型となった。実際に、もしフランシスコが小さき兄弟会と彼らを見守る人々へのメッセージを出したならば、それは死に対し生を選ぶことであり、「悔い改めの業」によって他の人々にその選択を示すことであった。このヴィジョンは選ばれたものと地獄に落ちたものとの間の黒と白のようにはっきりした対称のせいで、ほとんどマニ教の二元論である。だが、この恐るべき二元性は、フランシスコに対する主の限りない寛容さによって救済される。さらに、フランシスコが選んだものはすべての人々が選ぶことができる。

怖れを、実際に恐れを抱かせる、フランシスコの戒告の難題にもかかわらず、多くの目撃者たちはフランシスコに人を惹きつける魅力を見出した。おそらくそれはフランシスコの信仰の深さによるものだった。仲間の数が増え続けたことは、確かにフランシスコの個人的な人を惹きつける力を示唆している。一方で、フランシスコは宗教あるいは他の分野の指導者に一般的にみられる特質を一つも持っていなかったように見える。フランシスコは兄弟会の成功が自分に押し付ける責任を負うことを、あからさまに嫌った。結果として、サンタ・マリア・デリ・アンジェリに安定した共同体を建設し、宣教の旅に仲間を派遣するといった、新しい目標を立ち上げたが、それは正しいことを行うといった個人的な確信から発したというより、教皇に対する従順から出たものであるという面が非常に強かった。フランシスコは小さき兄弟会を自分の意志にかかわらず創立したのである。

兄弟たちの集団が成長すべきか否かについては、少なくとも現存するフランシスコが書き残した文書の中からは、彼の心を占めていたとはとても思えない。彼の関心はいつも仲間に加わる個人に向いていた。仲間の一人が病気になったときは付き添い、誰かが気落ちしたときはその人を慰め、誰かが空腹のとき、寒さに凍えているときはそこで世話をしたが、責任を負った人物としてそれを行うというより、他人への手本として行う面が強かった。人生の終わりに近く、フランシスコが小さき兄弟会の草創の日々を思い返していたとき、彼は三つの光景だけに心を集中していた。兄弟たちが自分の持つすべてを捨て去ったこと、教育のある兄弟たちが「ほかの聖職者と同じように」〔『遺言』一八〕聖務日課を朗誦したこと、そして全員が自分たちを養うために日々の労働に励んだこと、の三つにだけである。フランシスコがこれを書きとどめたとき、やや懐古的になってはいたが、兄弟たちを誰一人として極端に理想化したり、英雄化したりしていないといえる。

フランシスコは、草創期の生活については、一見したところほとんど些細（ささい）なことをとても多く述べている。神は彼に「主があなたに平和を与えてくださいますように」〔同二三〕という指示を示し、フランシスコが身をもって示す手本になった。最後の病気の間、兄弟レオのために、羊皮紙に書いた自筆の短い祝福の手紙にそれを記している〔『兄弟レオに与えた小さな羊皮紙の書付』より『兄弟レオに与えた祝福』二〕。彼が有名な「小鳥たちへの説教」の前にベヴァーニャの小鳥たちに挨拶したときに使った言葉である。この一節は命令でもなければ、教訓的な指示でもない。祈りである。この一節の使用は、一一世紀のグレゴリオ一世教皇の改革の時期にさかのぼる中世の「平和運動」の中にフランシスコを位置づける。しかし、この言葉の使用は、その斬新な点で、革命的であった。すべての同時代人のなかでこのような挨拶を思い出させる唯一の人間と言えば、フランシスコが回心する以前に、歩きながら「平和と善、平和」〔『三人の伴侶による伝記』第八章二六〕と叫び、ときどきアシジの街を通り過ぎて行った信心深い放浪者だけだった。

フランシスコは神だけから挨拶を学んだと主張した。そのことは、彼の「生活様式」と同様に、その挨拶を彼が聖書の中に見出したこと、それがローマ教会から認められたことを意味すると言ってよい。挨拶の形式は、実は民数記六章二四―二六節に見出せるが、おそらくフランシスコの出典はルカによる福音書一〇章五―六節の「どの家に入っても、まず、『この家に平和があるように』と言いなさい」というキリスト自身の指示である。後者の形式は、病者の家の訪問にあたって、司祭が使う典礼上の定式になった、「この家に平和（*Pax huic domo*）」である。しかし、この定式と違って、フランシスコの挨拶は、司祭の祝福に必要な義務として用いるものではなく、むしろ、司祭のあらゆる権威を棚上げにして、神が聞くものに平和を授ける祈りだった。この挨拶にまつわる何ものかが、あまりにも人の平静を乱し、奇抜であったので、フランシスコがおそらく草創期の兄弟のベルナルドかエジディオのうちの一人と旅をしていたとき、人々はその挨拶に困惑するか怒った。人々の反応に困惑した、フランシスコと共に旅をしていた兄弟は、もうその挨拶はしないようにと求めた。

それにもかかわらず、その祝福への否定的な反応は、兄弟たちがその祝福を用いたとき、祝福を聞いた者たちが、分不相応に司祭の持つ特権を兄弟たちが用いているように思ったか、おそらく、それを聞いた者たちが、平和の破壊者であると自分たちが暗に非難されていると思ったことを示唆している。中世の説教者たちは、一般に、市民の不安の根底にあるものとして個人の道徳的堕落や異端を理解したのと同じように、平和の業を悔い改めと結び付けた。このことはあまりにありふれていたので、フランシスコは、インノセント教皇の依頼が、神が彼に顕示した平和の挨拶の推奨として回心を説教することだと解したのであろう。フランシスコをその前後の中世の平和主義者たちと分かつ唯一のものは、フランシスコには法的あるいは社会的改革の何らかの目標がまったく無かったことである。彼は社会的病理や都市の不安の道徳的な根を診断しなかった。むしろ彼はそうしたものを無くすために神に祈った。フランシスコが他人に対して権威を求めなかったこと、実際的な宗教的目標を負わせなかったこと、聞き手の行動についての判断を差し控えたことがひとたび明らかになると、挨拶は予期せざる効果をもたらした。挨拶はフランシスコの存在と結びついていたので、それを耳にした多くの人々に心の平安をもたらした。彼の言葉や存在が根本的な心の平安をもたらしたことは、アシジやイタリア各地の男女に対するフランシスコの人を惹きつける磁力に由来する。

## アシジ周辺の道で

フランシスコと草創期の仲間たちは、文字通りの意味で、自分たちの目標の実行にキリストの言葉を添える方法を見出した。ベルナルドは有り余る資産を持っていたが、それを売り払い、貧者に金を分配した。ペトロは資産家ではなかったが、持てる者を貧者に与えた。ポルチウンクラに引っ越した後も、兄弟たちは地元のハンセン病院への訪問と支援を続けた。兄弟たちはいつも現金の施しを受け取ることを避けていたように見えるが、食物その他の施しを受けると、その代償に人の嫌がる仕事をした。人生の終わり近くに、フランシスコは支援の手段として、忙しくして誘惑を避ける方法として、手仕事の重要性を強調した。フランシスコが施しを求めて支援を得るための手仕事を好んだことは、物乞いが初期の支援を受ける兄弟たちの基本的な手段ではなかったことを示唆している。手仕事の傍ら、フランシスコはアシジの周辺部（コンタード）の見捨てられた多くの教会を再建し、修繕した。そうした教会は人里離れ、都市の喧騒を逃れ、眠り、祈る場所を提供した。

まもなく、兄弟たちはアシジを離れた場所やその周辺地域に出かけ始めた。一二〇九年のローマ行きの後、あるとき、スペインのサンチャゴ・デ・コンポステラへの巡礼の旅を意図して、ベルナルドともう一人の兄弟、おそらくペトロは、フィレンツェを目指し、北へ四、五日巡礼した。フィレンツェに着くと、二人は一夜の宿を求め、戸口から戸口へと歩いた。ある女性が、自分の家の中に入れることは拒んだが、とどのつまり玄関の屋根の下にあるパン焼き場で寝ることを許した。彼女の夫がすぐに異議を唱え、二人の存在は不用心だと言い出した。妻が、パン焼き場には薪以外盗まれるようなたいしたものはないと応じた。当時の回心者の兄弟たちの典型的な行動に倣（なら）って、二人は朝早く三時か四時には起き出して、近くの教会の早朝の祈禱に出かけた。その朝、女性がミサに姿を現すと、疑いもなく前夜の二人の男が、合唱隊の使う内陣の十字架の前で、主の祈りをすでに唱えている姿を見出した。

ミサの後、しばしば貧しい人々に施しを与えていた地元の男性――いくつかの資料ではグイドと呼ばれる――が、ウンブリアから来た二人の男に近づき、銀貨を与えようとした。二人はそれを断り、女性をとてつもなく驚かせた。そのグイドという男性が、なぜ二人は他の物乞いたちと同じように施し物を受け取らないのかと尋ねると、ベルナルドは、自分たちはキリストの愛のために「自ら進んで貧しくなったのです」〔『三人の伴侶による伝記』第一〇章三九〕と応じた。二人は貧しい生まれではなく、金を求めていなかった。二人は、言葉通りに、食物あるいは一夜の宿を得るために仕事をした。〔隠棲修道院の〕修道士――教会の「貧者」――でさえも施しを受けたから、これはまったく予期しなかった返答だった。グイドと女性は、その答えに非常に感動したので、それぞれが、二人の男にフィレンツェ滞在中の宿を提供することを申し出た。おそらく彼女の夫の拒否的な態度が記憶に残っていたので、二人はグイドの家に滞在した。

二人の兄弟がフィレンツェを訪問していた時期に、フランシスコはアンコーナのマルケに向かって陸路を辿っていた。この旅についてはほとんど何も分かっていない。しかし、フランシスコがこの時期とほぼ同時期に、回心前は俗世で吟遊詩人だったマルケ出身の新しい兄弟パチフィコとともに行った別の旅行についてはいくらか分かっている。フランシスコとパチフィコは、トレヴィという荒廃した町の近くにあるハンセン病療養所に、働くために立ち寄った。この旅は、町が再建される一二一五年より前に行われた。ある晩、ハンセン病者の世話をした後、二人は別の荒廃した村、ボヴァラまで行き、サン・ピエトロ教会に入った。二人はその見捨てられた建物の中で聖務日課の終課を朗誦し、その後、フランシスコはパチフィコにハンセン病療養所に戻るように求め、その晩、一人で夜を過ごした。翌日、パチフィコが戻るとフランシスコはまだ起きており、内陣の仕切りの内側で、祭壇に向かい祈りを捧げていた。パチフィコは信徒修道士として、フランシスコが内陣から出てくるまで、その外で磔刑の十字架のイエスに祈りを捧げた〔『完全の鏡』第四章五九―六〇〕。

この挿話は、この時代の托鉢修道士の旅についての他の記録によって裏付けられる。彼らは手仕事とハンセン病者の世話をしながら、街から街へと転々とした。祈りを捧げるための孤独を得る隠れ家を求め、地元の教会で夜を過ごし、そこで仲間の中の聖職者が聖務日課を唱えた。フランシスコたちを目撃した人々にとっては、兄弟たちは信仰篤い浮浪者のように見えたに違いない。時に、兄弟たちは神への愛と回心への決意を語った。だが、これは個人に対して行ったことでグループや似通った集会に対して行ったのではない。フランシスコは下手なフランス語で賛美歌を歌った。何人かのその場に居合わせた人々は教化されたが、もっと多くの普通の人々の反応は、異端の放浪者と諍い（いさか）があった時代の反応と同じ、忌避と拒絶だった。コソ泥やその日暮らしの貧民と、粗末な服装でみすぼらしい兄弟たちを区別するものは何も無かった。女性たちは兄弟たちを避けた。生活は苦しかったが、フランシスコはアシジから離れると、知り合いはいなくなり、もはや家族や隣近所の知り合いの人々の罵倒の対象ではなくなった。

　フランシスコは、回心の説教をすることを要求した教皇に従うことを望んだ。そのことと同じように、伝記作者たちが初めからこの小さな集団を説教者たちとして描いていたとしても、彼らが放浪する修道士として行ったことのほとんどは、フィレンツェの無名の女やグイドのような人々との散発的で個人的な交流だった。司祭のシルヴェストロを除いて、草創期の兄弟会の誰一人として、公共の場や群衆に向けて語り掛けることはそれまで一度もなかった。フランシスコが、芝居がかった身振りをし、熱狂的で真摯な態度によって聴衆を惹きつける彼の生来の才能に頼ったことは驚くに値しない。フランシスコや兄弟たちが、公衆の面前で服を脱いだり、おそらく下着一枚になることを意味する「裸」を説いたりしたことは、よく耳にする。目撃者たちは、説教に熱が入ったあまり踊り出したフランシスコや、後にグレッチオにおいて「ベツレヘムの幼子」についての有名なクリスマス説教で行ったように、話をする際に動物のような音を立てるフランシスコについて述べている。

初期の伝記作者たちは、兄弟会が国境を越えて広がった後の伝記で、広範な人々が最初の数年間でフランシスコの会に加わるためにやって来たことを示唆しているが、実のところ、この点に関しての確たる証拠は存在しない。一二〇九年後の少なくとも三年間、フランシスコの運動は、アシジ近郊のサンタ・マリア・デリ・アンジェリ聖堂に何かしら結びついていた回心者たちの一風変わった集団程度にとどまっていた。一二一六年の末、高位聖職者のジャック・ド・ヴィトリがフランシスコ会を認可するために訪問したとき、兄弟たちはまだイタリア中部では受け入れられていなかった。兄弟たちが他の都市を放浪したとき、人々は彼らに疑いの目を向け、時には呪いを浴びせ、殴打した上で、追い払おうとさえした。兄弟たちは、お前たちは何者か、「フミリアティ（Humiliati）」や「貧しきカトリック者（the Poor Cathclics）」といった何らかの新しい宗教組織に属しているかどうかと問われたとき、「アシジで生まれた回心者たちです」と答えるだけだった。人々はおそらくインノセント三世教皇が犯したと同じ誤りを犯していた。人々は彼らが、［「フミリアティ」や「貧しきカトリック者」といった］二つの新しい修道会同様、多分異端から回心した信徒説教者集団だろうと推測していた。

この時代、信徒回心者は制度化された組織ではなかったから、兄弟たちは自分たちの立場を、回心者の一般的な立場であり、アシジの出身だとしか答えようがなかった。運動はどう見ても「修道会」ではなく、信徒会にさえ見えなかった。兄弟たちは巡礼の後、ポルチウンクラに集合した。しかし、この事実は兄弟たちが自分たちで修復した教会の仲間の一人であり、そこに寝泊まりしていることを意味するだけだった。教皇の承認にもかかわらず、兄弟たちが伝統的修道会とどれだけ異なっているかということはすぐに忘れられた。ポルチウンクラを手に入れた後にも、兄弟たちはそこに定住せずに巡礼した。しばしば路上や森の中の人里離れた場所に身を置くというフランシスコにとっては救済と思える考えを兄弟たちに抱かせることに、何の利点もなかった。つまるところ、兄弟たちは、信心深い放浪者の世界に暮らす、中世の回心者や巡礼者の文化の周辺的存在だった。その評価はよく見てもまちまちだった。

フランシスコに惹きつけられた人々のうちの何人かでさえ、彼の生活の規則を理解することが難しかった。マルケであるとき、一人の男性が兄弟会に加わりたいと訪ねて来た。フランシスコは、クインタヴァレのベルナルドに言ったと同様に、持てるものすべてを貧者に与えなければならないと彼に告げた。男性は出かけて行き、それほど裕福とは言えない彼の親戚たちに資産を与えた。彼が戻ってくると、フランシスコはリヴォ・トルトの怠け者の会員を「兄弟蠅（はえ）」と呼んだのと同じように彼を呼び、仲間に入れることを拒否した「チェラノのトマス『魂の憧（が）れ（え）の記録』第二巻第四九章八〇」。家族はフランシスコの見解に同調せず、喜捨をすることをけっして肯んじ得なかった。わずかなイタリアの市民だけしかこの態度を理解しなかった。というのは、フランシスコがこの数年間、彼の仲間たちのことで戦ってきたのは、安楽な生活を愉しむこととではなく、家族のしがらみと戦ってきた。

実際、貧しい人々に対する思いやりが、フランシスコにとってはいつも第一だった。この思いやりがしばしば自己矛盾的な行動に彼を導いた。アシジの周辺部（コンタード）の小さな町を訪問したとき、フランシスコは箒（ほうき）で教会からゴミを掃き出していた。やや単純な農民だったヨハネと名乗る男がやって来て、箒を求め、一緒に掃除した。ヨハネがその後、兄弟に加わりたいと申し出たとき、フランシスコは財産を放棄するように彼に求めた。しかし、ヨハネが家族の牛を街の貧しい人々に与えると言い出したとき、貧しい農民の家族が生活の手段を失うことを防ぐために介入した［『完全の鏡』第四章五七］。「兄弟蠅」への憤慨と一見矛盾するこの態度はフランシスコにとっては十分理にかなったことだった。なぜなら、親戚の貧乏にではなく、ほんとうに貧しい人々に対してつねに共感を求めたからである。このヨハネという男に限って言えば、唾を吐いたり、咳をしたりすることやそのほかの仕草さえ、フランシスコの愚かな模倣をすることで知られるようになった。フランシスコはこの男を「聖ヨハネ」と呼ぶことにした。兄弟たちの最大の財産あるいは贈り物は、フランシスコからのそうした種類の称賛を得ることだった。

フランシスコは、兄弟たちが模倣によって学ぶことを当然のこととした。兄弟たちに従うべき規則や組織を与えることは、彼にとっては単なる困難ではなかった。規則や組織に兄弟を従わせることは、自分が痛みを感じる優越的な地位にフランシスコを置くことになった。彼は自分の兄弟たちを規則や行動に関する明確な基準で縛る目標を置くことが何としてもできなかった。このことはとりわけ、草創期の兄弟会で明らかだった。フランシスコがのちに採用した方針の多くは、いまだはっきりせず、固定化してもいなかった。新しく加入した兄弟たちは、俗世の財産を捨て、手仕事に勤しみ、労働の対価を受け取らなかった。それにもかかわらず、フランシスコ自身さえ、特別に教会の修復や病人の必要のためには、硬貨による施しを受けたと思える。数年後に、コルトナで病気にかかったとき、フランシスコは物乞いに自分の着ていたマントを与えた。兄弟たちが物乞いにマントをフランシスコに返すように求めたとき、フランシスコはマントの代金を物乞いに支払うように主張した。明らかに、だいぶ時期が経ってすら、兄弟たちはまだ現金を使っていた。

フランシスコは貧乏を大事にする自分の態度においても、決して型にはまった小商人ではなかった。兄弟たちは身近にいてフランシスコを見守り、その意を汲むために最善を尽くさなければならなかった。出家へのフランシスコの召命は、非常に深刻で、個人的なものであったので、彼はそれを十分に説明し、いわんや、それを具体化し実践に移す目標を描き出すことができなかった。フランシスコの自分の自由を捨て、自分の運命をすべて神に委ねた決定は、たとえ特定の方向に彼のヴィジョンを具体化することができたとしても、他人に命令や指示を与えることを彼が恐れていたことを意味する。神の意志に従うことは、フランシスコを他人より偉大にし、こうして彼はもはや「小さき兄弟」ではあり得なくなった。

兄弟たちは、ローマからの帰還後、インノセント三世教皇による説教についての委任をすぐに行動に移さなかったけれども、一二一二年の初頭までにウンブリアの街々で説教を始めたことが明らかになっている。これは兄弟会の運動が初めて公になった間違いなく最初の例である。説教者として兄弟たちが何らかの成功を収めなかったら、フランシスコの運動は、アシジ周辺の隠遁者の回心者たちの小さな運動のままだったかもしれない。フランシスコと兄弟たちが「回心を説教した」ということはつまり、道徳的な生活に回心すること、告解を行うことを人々に説いた。訓練を積んでおらず、ある場合にはほとんど読み書きができなかったので、兄弟たちは（秘跡へのカトリック信徒としての献身を勧める以外に）教理について語ることはほとんどなかった。彼らの大部分は、聖書の解釈を避けた。

フランシスコ自身は厳格なカトリックであったが、異端に対して説教したことの信じるに足る記録は残っていない。あるとき、ドミニコ会の修道士が、異端を論破するために役立つ聖書の文言をフランシスコに指し示した。フランシスコは、フランシスコ個人が聖性の手本になることができれば、異端に誘惑された人々はそれだけで彼らの信仰を正道に戻すことができる、と応じただけだった。ドミニコ会の修道士は「啓発され」、立ち去ったと語られている。

　フランシスコはけっして社会的改革の目標を提示しなかっただけではなく、宗教的改革の目標も提示しなかった。フランシスコの権威は神への従順に根差しており、彼の最も偉大な説教はつねに彼自身の生活に発していた。その結果、フランシスコと兄弟たちはいくつかの説教法の技術を見つけ出し、主題としきたり通りの雛型を配分した説教を生み出すことができた。しかし、それほど洗練された説教をすることは初めの時期には無理だった。フランシスコはつねに言葉ではなく、具体的な例を示すことによって説教した。この草創期の日々にフランシスコに魅かれた人々は、ほとんど真似することができない行動をフランシスコの行動に見出した。準備もなく送り出され、巡礼の目標とする道もほとんど示されることなく、兄弟たちは自分ができることを説教した。それは、フランシスコが成功も失敗もほとんど気にせず、少なくとも、彼の周囲の人々の説教を成否にかかわらず評価したことを意味する。

　兄弟たちの説教は、個人の道徳を超えていた。この時代の「回心した説教者たち」すべてと同じく、彼らは平和と和解を説いた。時とともに、兄弟たちの言葉は、政治的社会的特徴を帯びていった。そうした特徴は草創期には存在しなかった。いくらか後に――おそらく一二二一年に――、フランシスコが有名になってだいぶ経ってから、ペルージア市民の内紛に向けた説教の詳しい記録が、平和主義者フランシスコの活動を示している。フランシスコがそれなりの数の群衆に向かって市の広場で説教をしていたあいだに、若い騎士の一団が、群衆を蹴散らし、フランシスコをからかいつつ、競って広場に乱入してきた。若い騎士たちはアシジの者だと叫び、亡命した党派の一味だった。フランシスコは、若い乱暴者たちは街の流血の惨事と混乱の原因であり、神は彼らの悪事を罰せずにはおかないと指摘した。おそらく群衆は歓呼して応えた。フランシスコが、生活を改善することと乱暴者たちが神の下に還る前に、連中が引き起こした損害を回復することを人々に語ったとき、群衆はさらに大喜びしたに違いない。もし若い乱暴者たちが、損害を回復し、悔い改めの生活をしなければ、神は内戦で彼らを罰し、連中の暴力は自らの頭に降りかかるだろうと宣言した。フランシスコの言葉に刺激を受けたことで、ペルージアの市民は数日後に立ち上がり、街から始末に負えない騎士たちを追い払った。結果として連携する無法者の二つの党派は、それぞれの財産を破壊する暴力的な紛争を招くことになった［チェラノのトマス『魂の憧れの記録』第二巻第八章三七、『完全の鏡』第一〇章一〇五］。彼内戦について予言したことによって、フランシスコは見事な予言者として知られるようになった。彼の評判は拡がった。

フランシスコはいつも注意深く念入りに練り上げた言葉よりも、行動と仕草の人間だった。聴衆には彼の話した言葉よりも、話しぶりと彼の人柄が最大の影響を与えた。一二二二年にボローニャのマッジョーレ広場でフランシスコの説教を聞いたある人物は、神学的なメッセージや聖書の言葉によってよりも行動への鼓舞とその熱狂ぶりによってフランシスコの説教を覚えていた。説教の主題は天使と悪魔だったが、フランシスコが聴衆に、――彼らが人間として悪魔や天使にはできない何ものか――心を入れ替え、自身の肉体によって回心することを懇願する場合に用いる説教だった。

フランシスコはまた、場合によっては踊ったり歌ったりさえして、群衆に話しかける熱っぽさで知られていた。実際、歌うこと（いつもフランス語であったが）はフランシスコの才能の一つであり、それは説教することにもまして彼には自然なものになった。ときどき、彼は想像上のヴァイオリンとして杖を使い、歌うにつれて右手でその杖を弓代わりにした。しかし、フランシスコにとって音楽は単なる気晴らしや娯楽ではけっしてなく、相変わらず彼の心は霊的問題に向いており、神の最大の贈り物、独り子の十字架上の死を思うと涙さえ流すほどだった。人前での説教をやめて数年経った後でさえ、フランシスコはサン・ダミアノ聖堂の修道女たちへの最後の説教に一切言葉を使わず、身振りで行うことを選んだ。姉妹たちへの最後の説教を求められ、回心の詩編、ミゼレーレ［＝現行の聖書では詩編五一編］を地面に座って朗誦し、頭に灰を降りかけられた［チェラノのトマス『魂の憧れの記録』第二巻第一五七章二〇七］。回心を演じることは、回心を説くことにはるかに勝った。

説教はますます頻繁に行われ、フランシスコは人を引きつける魅力的な人柄の人物として、とりわけ予言を語る人物として伝わり始めると、聖性があり神に近いという評判が広がった。フランシスコはいかなるカルトの生成にも寄与しなかったが、聴衆が集まるようになってからは、公の仮面を外せなくなった。エジプトから帰還した後のある時、司教の宮殿の外の広場で、テルニの人々に説教した。一二一八年にホノリオ教皇に叙任されたラニエリ司教は、名高いフランシスコを見にやって来た。説教が終わると、司教は信徒たちに語り掛けるために立ち上がった。司教はこの「貧しく惨めな軽んじられた者、単純で、無学な者」［チェラノのトマス『魂の憧れの記録』第二巻第一〇三章一四一］だが、それにもかかわらず神によって遣わされた男の言葉を聞くことを住民に許している間に、町が神に負っていた負債を思い出した。その後、フランシスコは司教とともに教会に入り、司教の足に接吻するために型通り床に身をかがめた。フランシスコは司教が自分を「聖人」と呼ばないことに礼を言った。中世の聖人のほとんどがそうであったように、フランシスコは生きているときにすでに、奇跡を起こし、神の前で他者に許しを取りなす力によって、聖人とみなされるようになっていた。

この「聖人」という名称は、フランシスコを他者に対する霊的に優位な立場に据え、彼の心を深く痛ませる何かであった。次のような文章がある。

「実に、祝されたフランシスコは聖者と言われたり称賛されたりしたときには、次のような言葉をもって、それに答えていたのです。『今でもまだ、息子や娘たちを持つことはありえないほどに、わたしは安全ではないのです。いつの日か、主がわたしに賜ったご自分の宝物をわたしから取り上げられたなら、肉体と魂とのほかに一体何がわたしに残されるのでしょうか。そんなものは不信仰な者たちでさえも持っています。それよりも、主がわたしに賜ったほどの善いことを盗人や不信仰な人々にお与えになったなら、それらの人々のほうがわたしよりもずっと主に対して忠実な人になったはずです』」［『完全の鏡』第四章四五］。

フランシスコの聖性についての評判は、広場ではなく兄弟の中で内々に始まった。しかし、最初に、真っ先に、フランシスコは兄弟たち、とりわけ誘惑され、霊的な問題を抱え、鬱病にかかった兄弟たちに、深く同情した。当時は鬱病をまったく残酷な権力に委ねる時代だった。フランシスコは鬱病にかかった人々を慰める特別の才能を持っていた。フランシスコの長い間の同志であった兄弟の一人が、献身と篤信が十分ではないという苦悩から逃れることを求めて、断食と鞭打ちに訴え、告白を繰り返していた。フランシスコは勘の良さで、兄弟の救済を助ける手段はないことに気がついた。もし何かすれば、その兄弟の抱える問題をますます悪化させた。フランシスコは何はともあれ、兄弟に告解を禁じ、一日に七回「主の祈り」を唱えることで満足するように話した［チェラノのトマス『魂の憧れの記録』第二巻第八七章一二四］。

フランシスコの言う通りにしたところ、兄弟は自分の魂の黒雲が消えたことに気がついた。人は、自分が叱責されることはない、もう自分を苦しめる必要はないと感じたときに初めて救済を得る。兄弟はそれを奇跡とみなしたが、その通りだった。後に「霊的指示」と呼ばれるようになったものに関するフランシスコの才能の話は、兄弟会の外に拡がった。ペルージアの近くのサンタ・ジュスティーナの大修道院長はアシジの近くを旅する間にフランシスコを尋ね、祈りを依頼した。大修道院長が旅立つと、フランシスコは祈り始めた。家路に就いた大修道院長は、素晴らしい喜びと温もりを味わい、神への祈りに突き動かされた。再度、優しい出会いが奇跡をもたらした。大修道院長はそのまま自分の修道士たちへの説教の中で、フランシスコの祈りによる奇跡を列挙した［同第六七章一〇一］。

フランシスコの能力が教会や修道会の世界以外で知られるのに長くはかからなかった。口汚く罵る夫に悩むリミジアーノ出身の高貴な若い女性が、兄弟たちが町を通り過ぎたとき、その後を追った。

そのことがフランシスコの耳に達し、彼はその女性を待った。彼女は修道女になる望みを告げながら、フランシスコの祝福を懇願した。彼女がどんなに望んでも、フランシスコは夫を捨てるように彼女に告げることができなかった。フランシスコはキリストの受難を引き合いに出して彼女の苦難を慰め、彼女のために祈ることを約束し、自分ができる最善を尽くした。フランシスコは彼女に、家に戻り、夫と共に神を求めるように告げた。彼女が家に戻ると夫が出て来て、どこに行っていたのかを問い詰めた。彼女はフランシスコに会いに行ってきたこと、フランシスコが家に戻るように告げたことを説明し、そのことで夫婦は共に自分たちの魂の救いに励むことができた。間違いなく、夫は自分が耳にしたことに驚き、その気質が突然変化し、自分がフランシスコの指示に従うようにすると告白した。最終的に、夫婦は貞潔の誓いを立て、信徒回心者の生活に身を捧げることになった。何年かの後、二人は同じ日に天に召され、隣人たちからは聖人とみなされた［同第九章三八］。

ひとたびフランシスコの神聖な力が評判になると、奇跡を求める人々が続々と現れた。フランシスコがこれまでこうした評判を促したという証拠はないが、彼の行為と動作は聖人に典型的な奇跡と見られるようになった。最も素朴な奇跡の記録集は、この出来事がフランシスコ自身にはほとんど関係なく、彼の身に起きたことを明らかにしている。兄弟の一人が急性の発作を起こしたあるとき、フランシスコは彼に憐れみを感じ、彼のために祈り、簡単な信心業を行った。病気は治り、二度と発病しなかった［チェラノのトマス『聖フランシスコの生涯』第一巻第二五章六八］。この話が広がった。グッビオで、手足の不自由な女性がフランシスコに町に来て自分を訪ねてくれるように懇願した。なんとも心の優しいフランシスコは出かけて行った。女性がフランシスコに手を触れると手足は自由に動くようになった［同第二四章六七］。サン・ジェミニに住む別の女性が癲癇で苦しんでいた。彼女の夫が助けを求めて、フランシスコと兄弟のところにやって来た。兄弟たちがその夫と一緒に祈ったが、夫はまだ満足しなかった。フランシスコは自らその女性のところに出かけた。中世では癲癇は一般的に悪魔が引き起こすものと考えられていたから、フランシスコは助祭の聖務日課を終えた後、特別に悪魔払いの祈りを唱えた。たちまち悪魔は消え失せ、彼女は健康を取り戻した［同第二五章六九］。ある時はトスカネッラで、子供が死にかけていた。両親はフランシスコに子供に手を置いてくれるように頼みこんだ。通りがかっていたフランシスコは、家にやって来てその息子を祝福した。その子は回復し、すべてはフランシスコの聖なる力のおかげだということになった［同第二三章六五］。

フランシスコは自分が治療者として知られることになれば、注目の的になり、著名になることを自覚していた。だが、「最も小さき兄弟」になるという目標とは容易に結びつかなかった。アレッツォで、一人の女性が分娩中に生死の間をさ迷っていた。フランシスコがおそらく意図してその女性の家の前の道を通らなかったとき、彼女の兄弟が来て、フランシスコが乗っていた馬の馬具を奪った。それはうまくいった。馬具を彼女に当てると、彼女は回復した［同第二二章六三］。これを見たり聞いたりした人々は、密かに奇跡が実現される方法を知った。人々は祝福のためにフランシスコに食物を提供した——一見無害な行為だった——が、その時人々は、食物を病気治療のために使い回したのである。チッタ・デッラ・ピエヴェの近くのヴァルフレドゥチオで、ある男性が、フランシスコの衣服から数本の糸をもらい、飲むと病気が消えるようにと水に浸した。治癒が実現した［同六四］。心ならずも、フランシスコは病気治療を押しつけられた。ナルニで、ペトロという名前の男性が、五か月の間、麻痺状態に陥っていた。フランシスコが治療行為を好まないことを知っていた男性は、司教宛てに伝言を送り、司教はフランシスコにその男性を訪ね祝福するように命じた。フランシスコがその命に従うと、彼は回復した〔同第二二章六六〕。

ポルチウンクラでの草創期の数年間の物語や記録を解釈することは、とても難しい。しかし、一つのテーマがはっきりしている。フランシスコは宗教運動の指導者や公人としての新しい役割に適応することに困難を覚えていた。二年以上の間、フランシスコは後世の伝記作者が「この上なく激しい霊の誘惑」〔チェラノのトマス『魂の憧れの記録』第二巻第八一章一一五〕と曖昧に呼ぶものと闘っていた。彼はしばしば一人で祈りの時間を費やすためにすぐ近くの森に避難場所を求め、ポルチウンクラを抜け出した。ある時には、フランシスコがすすり泣きながらポルチウンクラの近くの森の中をさまよう姿が目撃された。何が悲しいのかと尋ねられたとき、フランシスコは「わたしの主のご受難を泣いているのです。そのためなら、大きな声で泣きながら」世界中を放浪して歩きたい〔『三人の伴侶による伝記』第五章一四〕と答えただけだった。一人の目撃者には、フランシスコの目が泣き腫らし、真っ赤だったので、血で一杯になっているように見えた。キリストの受難は、フランシスコの受難だった。フランシスコ自身の霊性の衰弱への対応は、典型的な中世の対処法だった。断食を開始し、苦行によって自らを苦しめ、兄弟たちのほとんどが寝に就く夜の大部分を、普段より長い時間、祈りに費やすことだった。

フランシスコは様々な誘惑に関して、問題を始終起こした兄弟につけたと同じ名、「蝿」という名で語った。この結びつけは気まぐれではない。一つのことがこうした物語によって明らかになるとすれば、少なくとも場合によっては、兄弟たちから離れることが彼の切実な願いだったということである。隠遁と放浪への希求は、フランシスコの小さな集団が伝統的な修道会へと成長し、発展しているまさにその時に、単に彼の心の葛藤からばかりではなく、指導者として新しく受けた挑戦に対処するにあたっての無能力によって生じた。彼は兄弟会を捨て、自由になることに激しく惹かれた。フランシスコは、回心直後の彼の生活に象徴される霊的状態に戻ったように見受けられた。その時期、彼はサン・ダミアノ聖堂の十字架の前でだけ、慰めを得ることができた。祭壇の前で祈り、受難の十字架を受け入れるときだけ、安息と平安を得た。フランシスコをめぐるこうした問題は、変化を告げていた。

最終的にフランシスコは新しいやり方で自分の十字架を負わなければならないと決めた。アシジを去り、聖地エルサレムに旅することに決めたのである。おそらくエルサレムで、キリストの名を説くことによって、イスラム教の刑を受け、殉教することに決めたのだろう。一二一一年の夏に、名前の知られていない修道士と共に、アドリア海の沿岸まで陸路を取った。そこで東方に向かう船を見つけた。船長を説得して二人は船に乗り込み、出帆した。しかし、港を出て数日で大嵐が吹き、船をダルマチアの反対側のアドリア海の港、おそらくはドゥブロヴニクかスプリトの港に吹き寄せた。夏が終わろうとしていて、聖地に向かう船を見つけられなかったので、二人は一緒にアンコーナに連れてゆくように船乗りたちに懇願した。案の定、船長は、運賃を払う金もないみすぼらしい二人の放浪者を船に乗せることを断った。おなじみの衝動的決意に駆られて、二人は船にひそかに乗り込み、出航した。だが、もう一度嵐が襲い、短い渡航に失敗し、船は数日間、波間を漂った。フランシスコは隠れていた場所から出て、携えて来た食料を皆に分け与えた。それが望まれざる船客と船員たちを和ませる何らかの役に立った。最終的に、船は、イタリアの西岸に接岸した。フランシスコは故郷に戻ったが、逃亡計画は失敗に帰した。

## クララの回心

アシジに戻ってから半年前後の間に、フランシスコは生涯にわたる腹心の友になり、困難の時に彼を支援するようになった二人の人物に出会った。一人は司祭のレオであり、もう一人は兄弟ルフィーノである。レオはフランシスコの修道会付き司祭であり、聴罪司祭となった。ルフィーノは、あるアシジの貴族の女性――コリアノの領主モナルドの姪に当たる――の従兄弟だった。彼女の名はクララ（キアラ・ディ・ファヴァローネ・ディ・オッフレドゥッチオ）で、フランシスコが若い頃、その社会に属することを望み、模倣した地主の貴族階級そのものの出身の女性だった。ルフィーノがオッフレドゥッチオの家族と身近で仲のいい関係にあった以外のことは何一つわからない。おそらく、ルフィーノはフランシスコとその運動についてクララに多くのことを教えた。一つの例を挙げれば、ある日、ルフィーノは自分の女のいとこがフランシスコに会いたがっているとフランシスコに話した。フランシスコは兄弟会の女性の支部が生まれることなど思ってもみなかった。フランシスコは男たちの運動にもほとんど期待していなかった。フランシスコは、クララをポルチウンクラの彼と仲間の小さな会に加わるのではなく、回心した姉妹の生活を始めようとしている若い女性だと予想していたと思える。

クララはフランシスコより一一歳ほど若く、フランシスコとの面会を希望した一二一二年にはほぼ一八歳だったと理解していいだろう。一三世紀のイタリアの女性では、クララの年頃は、両親、とりわけ貴族の両親によって、結婚か修道会への入会の準備のために注意深く躾をされる年頃だった。フランシスコはクララと会い、彼女のもくろみについて話し合うことに同意した。会合はクララの両親に気づかれぬように手配された。シャペロン［＝若い女性を監督する責任者］のボナ・ディ・グエルフッチオに伴われてクララはやって来た。一方、フランシスコは彼の新しい仲間、兄弟アルティのフィリポ・ルンゴと共にやって来た。シャペロンのボナは、フランシスコが若い女性が回心の生活を始めることを説いていた時期の内々の会合のもってこいのメンバーとしてクララを伴ってきた。その後、後の記録や伝説で知る以外に、彼らがどんな話をしたのか、知る術はない。しかし、会合の結果、ほぼ七年前のフランシスコと同じように、クララの「出家」のための計画が練られた。

一二一二年の「枝の主日」［＝聖週間の始まりとなる日曜日（受難の主日）］の朝、クララは一家の女性たちとサン・ルフィーノ大聖堂のミサに出席し、グイド司教の手から棕櫚の枝を受け取った。司教はみずから親しく棕櫚の枝をクララに渡した。クララを棕櫚の枝の配布を受ける女性の列から外すことを目立たせないためだったように思える。おそらくグイドは何が始まろうとしているか知っており、これはグイドがその行為に賛成しているという合図だった。その夜、（ボナがたまたまローマへの巡礼に出かけていたので）妹のパチフィカを伴って、クララは安全な扉を通って、家を抜け出した。この扉は、煉瓦とそれを支える梁を動かさないから音を立てなかった。道路に面しているいつも使う扉ではなく、この出口を選んだのは、クララが両親の願いに逆らっていたこと、少なくとも外出を知られたくなかったことを示唆している。

クララと妹は夜のうちにポルチウンクラに到着した。二人は蠟燭の明かりに照らされた祭壇の間で祈って彼女を待ち受けていたフランシスコと兄弟たちと落ち合った。フランシスコはクララの髪を切り落とし、兄弟たちと同じ修道服を与えたが、ヴェールが付いていた。後にクララが回想しているのだが、儀式の前に彼女は直接フランシスコへ、修道生活での服従を誓願した。フランシスコは当時の修道会指導者の例に洩れず、修道生活に入る人々が、入門前に献身の誓約を行うことは当たり前のことだと考えていた。ポルチウンクラで生活するための女性にとっての規定がまったくないことを除いては、クララの誓願に変わったところはなかった。フランシスコはいまや新しい問題――自分の最初の女性の弟子と何をなすべきかという問題――に直面した。他のいくつかの場合に用いたように、フランシスコはベネディクト会の修道院を思い出し、バスティアのサン・パオロ女子修道院にクララを預けた。その女子修道院は、アシジから約二・五キロの場所、ペルージアに行く途中にあった。一行は夜遅くに女子修道院に着いた。クララがサンタ・マリア・デリ・アンジェリに朝まで滞在できなかったからだった。この手配は計画を実行に移す前に十分練られていたに違いない。しかしこれは、せいぜい当座凌ぎの配慮だった。クララの家族はすぐに彼女がサン・パオロに居ることを見つけ出し、修道女になることを阻止しようとした。クララは髪を剃り落とした頭を見せ、父や叔父たちを近づけなかった。一族はそれ以上抵抗することなく、彼女の決意を黙認したように見えた。

二日も経たないうちに、フランシスコは、アシジの反対側から二・二キロ離れたところにその頃あった、パンツォのサンタンジェロのベネディクト会の修道女たちのところにクララを再び移した。この修道院はスバシオの大修道院長の管轄下にあり、ポルチウンクラはこの修道院に属していた。フランシスコが領主を通じて新しく手配したと思える。パンツォのサンタンジェロで、再び両親の同意なしに、妹のアグネスが女子修道院に入った。この時、家族は力づくで姉妹を家に連れ帰ろうと、兵隊を連れてやって来た。再度、クララは父親を巧みに言いくるめた。父親は娘たちを家に連れ戻さなかった。フランシスコはその後、公式にアグネスの着衣式［＝修道志願者へ修道服を与える儀式］と誓願式を執り行うためにやって来た。フランシスコの次の動きは、グイド司教が初めからこの一件に関与していたことを強く示唆する。二か月経たぬうちに、フランシスコは一存で、二人の姉妹をサン・ダミアノの司教座聖堂参事会教会に移した。これが、フランシスコ運動の最初の女子修道院になった。司教の保護の下に、二人の姉妹は平和に暮らした。教会を使ったことは、フランシスコとその運動を支持する、信仰に篤い司教の最後の意思表示であったように思える。というのも、その年の九月までにグイド司教は亡くなったようで、同じグイドという名前のもう一人の司教が彼の後を継いでいる。フランシスコはクララの依頼に応え、彼が一二〇九年に作った計画（*propositum*）とまったく同じように見える「生活様式」を姉妹のために用意した。その規則によってクララ姉妹は「聖なる福音の完全性に従う」ことを命じられた［『クララと姉妹たちに宛てられた生活様式』二］。

不思議なことに、この時からフランシスコが最後の病に伏す時まで、クララは完全にフランシスコの生活から消えている。二人は手紙をやり取りし、最後の病気の際に、フランシスコは姉妹に会うためにサン・ダミアノ聖堂に戻っているが、それ以外の訪問の証拠はまったく残していない。フランシスコは、クララが回心したいという願いを受け入れ、彼女を修道女と認め、彼女に生活の規則を与えた。現代の伝記が物語仕立てにするための苦心を重ねているにもかかわらず、その後、フランシスコは登場しない。「サン・ダミアノの貧しい婦人たち」の発展を監督すること、および彼女たちの絶対的貧しさの生き方への召命を見守ることは、クララひとりに責任が委ねられた。

ただ一度、一二三八年に『プラハのアグネスへの［第三の］手紙』で、クララはフランシスコとの往来に関するすべてを告げている。クララは、フランシスコが四旬節の肉の断食を、日曜日、クリスマス、マリアと使徒たちの祝日、それに病気治療のための中断を除いて、一年通して守ることを指示したことを記している。この指示は、フランシスコの典礼を遵守する信仰の篤さを表して余りあるが、伝統主義からするとごく当たり前のことだったようだ。フランシスコからまったく予期していなかった連絡があったが、兄弟たちへ話しかける場合と同様、フランシスコは彼女にも同じように、言葉や指示ではなく自分の行動と個性で意思を伝えた。そこで、クララはフランシスコが彼女に直接話しかけたといってもよい指示を選び出した。

フランシスコはほぼ一年かけて、クララの安住の地を手配し、「サン・ダミアノの貧しい婦人たち」の組織化を進めた。おそらく一二一二年の秋か、一二一三年の冬に、責任から解放され、フランシスコは再びアシジを離れることに決めた。この時、フランシスコは海難事故を避けることにして、スペインを通る陸路を使うことで、イスラムの地に到達し、殉教を可能にすることにした。彼はアンダルシアに向かって出発し、その後、モロッコに入ることを目指していた。彼はモロッコで、ムワッヒド朝のカリフ、ムハンマド・アル・ナスィールとして西欧で知られていた、ミラマモリンの宮廷に伝道する計画を立てていた。このイスラムの指導者は、一二一二年、ラス・ナバス・デ・トロサの戦闘でカスティーリャ王アルフォンソ八世に率いられ一致団結した、キリスト教勢力に敗北を喫していた。この勝利はいまやキリスト教の伝道者たちが、イスラムの支配下の西端に達していることを明らかにしていた。

フランシスコの新しい逃避計画は、シリアへの最初の計画以上に成功がおぼつかなかった。スペインに達する以前に、おそらくイタリアを発つ前に、重い病気にかかり、家に帰らなければならなかった。ムハンマド・アル・ナスィールはすでに一二一三年の初めにマラケシュで死んでいた。この知らせをフランシスコはおそらく耳にしていなかった。イベリア半島の国境線に達したときにこの知らせを聞いたのだろう。病気と共に、この知らせは帰国のもう一つの理由になった。

## フランシスコは新しい成長に向き合う

一二一三年五月八日、フランシスコはおそらく会の運営が重荷になり始めていたとき、霊性の再生の必要に応じて行われたのであろう寄付を受けた。権勢を振るっていたカエターニ一族の一員であった、キウジのオルランド伯爵が、カゼンティーノの谷の真上にあるトスカーナのアペニン山脈に連なる遠くの山をフランシスコと兄弟たちに、口頭で授けたのである。山の名はラ・ヴェルナで、ラテン語ではアルヴェルナという名前だった。伯爵は「ひたすら信仰のゆえに」山を寄付したと考えられるが、そのおかげで「フランシスコと兄弟会はヴェルナの山で暮らすことができた」。オルランド伯爵は自分の領地を旅するフランシスコをしばしば歓待し、同時にフランシスコが旅の間に使った品々を大切に保存した。フランシスコがイタリアの貴族の一員から多くの捧げものを得たことは、フランシスコの運動が、いまや貴族階級の人々の関心を惹きつけていることを裏付けている。

一二一三年から一二一六年までの間は、フランシスコの人生の中で一番分からない時期である。この時期はフランシスコが最初に運動の発展に実際に対処し、アシジを超えて拡大する兄弟会のために挺身しなければならなかった時期だけに残念なことである。この時期にフランシスコの兄弟たちは最終的に彼らの会の名称を与えられたと伝えられている。草創期には何気なく使われていたに過ぎない「アシジから来た回心者たち」という名前が、ベルナルドゥス・プリムの「カトリックの貧者たち」とか異端の「リヨンの貧者たち」に対比される、「小さき貧者たち」という名に置き換えられたようである。おそらくフランシスコはこうした「貧者」を名乗るグループと暗に比較されることを好まなかった。なぜなら、一二一六年までに、フランシスコは自分の仲間を「フラトレス・ミノレス(*Fratres Minores*)」と呼び始めていた。この語は「小さき兄弟会(Lesser Brothers)」という訳語にぴったり合う。

会の名前の統一は、第四ラテラノ公会議でたまたま提起された。この公会議はインノセント教皇の下で、一二一五年一一月一一日から三〇日まで開催された。公会議はあらゆる修道会に「集会(カピトゥルム)(chapter)」――聖書を開き、そこで目に入った「章」を読むことでそう呼ばれることになった――という会合を開くことを要請した。その後、シトー会の修道士たちの助言によって、集会の構成と目的が論じられた。シトー会の修道士たちは新しく集会を開くための指南役として奉仕した。フランシスコがこの公会議に個人で出席したことはあり得ないことではない。しかし、一四世紀に、スピリトゥアル派フランシスコ会のアンジェロ・クラレーノによって出されたこの件に関する最初の証拠の主張は支持を得ていない。何人かの現代の歴史家たちも、フランシスコは公会議の開催中に会則の新しい版を提出したと示唆している。しかしまた、そのような計画に関する同時代の証拠も存在しない。いずれにしてもフランシスコと兄弟たちは、一二〇九年のローマからの帰還以後すでに巡礼の合間にポルチウンクラに定期的に集まっていた。こうした初期の集まりを、ラテラノ公会議の法令のような教会法規上の言葉である「集会（カピトゥルム）」と呼ぶことは難しいだろう。正規の原則に基づく教会法上の公式な集まりは、ラテラノ公会議以後に初めて、フランシスコ会で開催されるようになった。

一二一五年の夏、ラテラノ公会議が開催される以前にも、もう一つの節目を迎えることとなった。それは、コロンナ枢機卿（サン・パオロのヨハネ）がローマで亡くなったことだった。枢機卿はフランシスコが一二〇九年にアシジへ帰還した後にも助言を与えていた。コロンナ枢機卿を通じて、フランシスコと兄弟たちは、ローマで知られるようになり、何人かの枢機卿の家で歓迎されるようになった。その後一年以内、一二一六年の七月一六日に、ペルージアの教皇庁別荘でインノセント〔三世〕教皇が亡くなった。フランシスコを支援していた「グイド」司教、霊的父親だと考えていた「インノセント」教皇、そして誰にもましてフランシスコの運動の保護者として力を尽くした「コロンナ」枢機卿がみな世を去った。フランシスコは、たとえ、増え続ける修道士たち、信奉者たち、それにおそらく姉妹たちに囲まれていたとしても、孤独だった。

その後まもなく、シリアのアクレの司教に新しく選ばれたジャック・ド・ヴィトリが、教皇からの聖別を期待してペルージアに到着した。期待とは裏腹に、ジャックは、夜中に泥棒によって体から衣類を剝ぎ取られ、裸のまま腐り、司教座聖堂に横たわっている教皇の遺体を目にした。この光景に彼は息を飲み、人間の栄誉が一時的な物であるという考えを抱いた。ジャックは、インノセント教皇の後継者、ホノリオ三世が教皇位に着座したのちの日曜日に司教に聖別された。ジャックはホノリオ教皇の信仰の深さと度量の大きさに感心したが、教皇庁は、訴訟と謀略に奔走する権力に飢えた教会法の専門家たちの根城になっていることをジャックに思い知らせた。

ウンブリアがジャックに与えた一つの幸福な印象は、フランスにおいてはまだ知られていなかったようだが、あらゆる階級の男女を惹きつけて止まない新しい宗教運動の存在だった。こうした新しい形の修道生活を実践している人々は、ジャックが耳にしたところでは、「小さき兄弟姉妹たち」として知られていた。ジャックはおそらく兄弟会のまったく新しい発展を十分に理解していなかった。彼は二か月後に、ジェノヴァからリエージュに戻った友人に宛てた手紙で、フランシスコの運動を初めて目にした感想を記している。この新しい運動のメンバーは、祈りと徹夜で夜を過ごし、日中は村から村、街から街へとキリストの魂を求めて出かけると記している。兄弟たちのグループが到着したところではどこでもメンバー以外の人々が仲間に入りたがる。教皇と枢機卿を含むすべての聖職者が、彼らに高い評価を与えていると、ジャックは言っている。彼によれば、フランシスコの仲間は、トスカーナ、ウンブリア、ナポリ王国で目につく。毎年、食事をするために集まり、相互に助け合い、自分たちの規則を作り、その後、教皇の認可を受けるために規則を教皇庁に送付したと主張している。

運動に惹きつけられた人々の中に、教皇の聴罪師でカサマリ修道院のシトー会修道士、ドム・ニコラスがいた。敬虔な聖職者だったニコラスは教皇庁の運営に呼び出されたときだけ、教皇庁の仕事を優先することでフランシスコの運動に加わった。ジャックは、ローマ教皇庁のこうした優位な立場が誤った指導をしたと考えているように思えた。奇妙なことに、ニコラスはフランシスコに言及することが一度もなかった。このことから判断すると、彼はおそらくフランシスコに一度も会っていなかった。ジャックにとってはフランシスコの兄弟会は注目に値する仲間だった。事態は、ラテラノ公会議以前から、運動に変化を及ぼしていた。ジャックの手紙以前に、フランシスコの運動がスポレトの谷以外の地にまで何らかの影響を及ぼしたという証拠は存在しない。ジャックの実地見聞以前に、神がフランシスコの運動を成功させているかどうか確かめるために、インノセント教皇が三人の修道士をフランシスコの本拠に送ったが、その日以前に、ローマ教皇庁と教皇が、何らかの関心をフランシスコの運動に抱いたという証拠は存在しない。いまやフランシスコの運動は中部と南部のイタリアで活発になり、教皇庁に知られるようになった。

ジャックは兄弟たちの生活の規則化——例えば集会（カピトゥルム）の招集——を述べているけれど、いまだ流動的な状態にあると記している。彼は男性会員たちの居場所がまだでき上がっていないと耳にしており、女性会員たちが都市の近くの宿泊所で暮らし、手仕事で自分たちを支えていると言及している。この運動は非常に自由な形を取っているように思える。おそらく、フランシスコとその兄弟たちと緩やかな関係にあるが、回心の生活を送っている男女の会員でほぼ成り立っていた。集会（カピトゥルム）と呼ばれる会合が、活動の中心としてポルチウンクラで行われることを示唆しているだけで、手紙の中のどこにもフランシスコの名前は出てこない。「小さき兄弟姉妹たち」という名前さえ「自分たちでそう呼んでいる」とあるだけで、非公式の名称に見える。何人かの歴史家たちは「小さき姉妹たち」はオランダに帰ってから知った異端の嫌疑をかけられていたベギン会修道女たちと同類の修道女会とジャックがやや思い込んでいた節があると示唆している。それというのも、「小さき姉妹たち」のために、ジャックはそのとき教皇の承認を求めていた。しかしまず間違いなく、この段階で兄弟会の緩やかな組織があったので、フランシスコに見習い、その助言を求める回心者の兄弟姉妹たちが存在していた。こうした人々は、フランシスコの『第一の勧告』が宛てられた敬虔な平信徒たちだった。ジャックが述べている、活動のあっという間の広がりの中に、不思議なことにフランシスコその人の姿は見えない。

ジャックは『西洋の歴史（*Historia Occidentalis*）』の中で約五年後にこの運動の広がりについてじっくり腰を据えて述べているが、その中で、彼は「フランチェスコ」と呼ぶべきところを、「フランチーノ（Francino）」と間違って記している。ジャックはエジプトでフランシスコと会った後にまで、この誤りを踏襲している。それにもかかわらず、イタリアでのこの運動の初期の成長はフランシスコ自身の尽力の結果であり、次の数年間、ヨーロッパ中にその運動が急激な広がりを見せたのが彼の仲間たちの成果であったこととは違う。アシジ周辺の自発的な世捨て人として始めたことだったのだが、フランシスコはすでに中部イタリアでは著名な宗教人の一人になっていた。これはフランシスコにとっては不幸なことだった。ジャックも、フランシスコを疑いの余地なく見習っていた「小さき兄弟会」が、「彼らが予期した以上に聖職者や平信徒によって持ち上げられたことにフランシスコが深い悲しみと迷惑を感じていた」ことに注目している。

会に参加したいとやってくる人々をフランシスコが断わり切れなかったことが、運動の成長を促進した。フランシスコは、説教師や管理者として、ましてや新加入者の支配者としての訓練を受けていなかった。枢機卿としてのジャック・ド・ヴィトリの後継者、トゥスクルムの司教枢機卿、シャトールーのエウデスは、後に不思議に思っている。「フランシスコが回心の後に行ったことを考えれば、だれしもただ愚かさを見出すだけだろう。修道会の創立について何も知らず、その経験もない人間にとって、修道会を作ることは純粋に愚かな行為ではなかろうか？　イスラム教徒に説教することと――何をわたしは言っているのだろう！――キリスト教徒そのものに説教することは愚かで狂ったことであろうか？」。だがフランシスコはその結果、説教を始め、最初から新加入者を受け入れた。ジャックは簡潔に、「フランシスコは見境なく誰でも受け入れた」と論評している。フランシスコが緩やかな入会の方針と新加入者に対するあらゆる霊的訓練の欠如について批判されたとき、いつもの習慣通り、さりげなく一風変わった譬え話でこれに応じた。偉大な王の愛人になった田舎の女性がいた。そして王の息子を授かった、とフランシスコは語っている。その後、息子が成長すると、彼女は王のところに行き、王は息子の父であることを認め、息子への支援を手配した。フランシスコは、神が御言葉によってフランシスコを受胎させ、多くの霊的な息子たちを与えたので、神御自身も彼らを養わなければならないだろう、と言葉を継いだ［『三人の伴侶による伝記』第一二章五〇―五一、チェラノのトマス『魂の憧れの記録』第一巻第一一章一六―一七参照］。

挿話の非常に自虐的な調子はフランシスコそのものを思わせる。心から喜んで神に献身し、行動することは、フランシスコを述べて欠けるところがない。宗教的戦略と計画に伴うフランシスコ自身の強い思いは、「フランシスコが兄弟たちを持ち始めた」時期に始まったもう一つの出来事に反映されている。おそらくポルチウンクラで、兄弟の中の料理人が、通常の料理法で、料理する前夜に豆を水に浸したことを知った。これは「明日のことを思い煩う」ことになるから、料理当日の朝の朝課が唱えられるまで待つように指示した。豆を調理するために水に浸すちょうど良い時間は六時間なので、時間が短くなったが、料理人はフランシスコに従った。フランシスコの兄弟たちは、「長い間、特に町に住んでいる間」は、この指示に従い続けたと伝えられている［『完全の鏡』第二章一九］。

フランシスコはキリストの多いとは言えない実践的指示に従うために努力していたが、自分が指示に従う場合はそれほど深く考えなかった。ある時、アシジの街を歩いていると、一人の物乞いの女性が彼のマントを欲しがった。彼は着ていたマントをすぐに彼女に与えた。その後で、兄弟たちのところへ行き、街での出来事が自分の虚栄心によるものだったと告白した。フランシスコは単に物質的な欠乏に身を置いて暮らしていたのではなく、霊的満足を求めて暮らしていたのである［チェラノのトマス『魂の憧れの記録』第二巻第九五章一二三、『完全の鏡』第四章六二］。この物語の後の考察の多くは、未完成のフランシスコ会の人々や他の聖職者たちのための教訓に仕立てられているけれど、フランシスコにとって福音の卓越したヴィジョンに従う点での他人の失敗で、不快になるといった緊張状態はここには存在しなかった。彼自身に自分が不適格者だという認識があったからだ。しかし、フランシスコの純粋性は世俗的でしばしば訴訟好きな当時の聖職者と比較すると、一一世紀以来のラテンのキリスト教世界を覆っていた改革への熱意の波に強く訴えるところがあった。福音生活の完成は、運動に加わる新参者の数の多さに現れていた。しかし、中部イタリアでは、新規加入のそもそもの誘因は、フランシスコの卓越し、魅力的な個性だけだった。

# 4 拡大と強化

一二一六―一二二〇

一二一六年までに、フランシスコは少なくとも中部イタリアでは宗教的な有名人になっていた。その小さな徴(しるし)を、今日、アシジのサンタ・マリア・マッジョーレ教会で目にすることができる。教会にある一二一六年の日付の碑文は、「グイド司教と兄弟フランシスコの時代までに」教会の内陣に修理が施されているとはっきり述べている。運動の拡大に伴い、兄弟フランシスコは回心後の時期に過ごした森の中の隠遁生活から自分がますます離れていくことを感じていた。この年以後、自分について語ったフランシスコ自身の著作や物語は、世間から徐々にひっそりと去ることへと、彼をいつも誘う独居や自然の世界を語っている。

## フランシスコと自然

フランシスコは生きとし生けるものと深い一体感を感じていた。野の百合や空の鳥のような生き物は、自ら進んで自然に、神への完全な信頼を説く福音の教えを生きていた。フランシスコが野の百合や空の鳥を信仰の模範として考えていたか否かはともかく、野の百合や空の鳥はフランシスコの弟子たちの何人かよりははるかに、神に対する完全な信頼という福音に従っていた。彼らには指導者も罰も必要としない、「宗教的共同体」があった。フランシスコが人間の兄弟たちとは結べない連帯感を野の百合や空の鳥に抱いていたとしても不思議ではない。フランシスコの自然への親近感は、しかしながら、自然の世界を理想と考える譬えによって導かれたものではなく聖書によって導かれたものだった。彼は、著作の中で、時々、動物を象徴的に使うことで、隠された現実を直接的に深く表現する経験を味わった。フランシスコは生き物を愛した。生き物はフランシスコを祈りへ、とりわけ動物そのものに対する憐れみへと突き動かした。フランシスコの自然への最初の反応は、その創造者である神を褒めたたえ、創造された物を愛することだった。動物たちは彼にとっては、説教をし、教会財産を得る機会ではなく、贈り物だった。フランシスコと自然との関係を語るに際し、フランシスコを個人的に知っている人々は、彼の鳥への説教については黙している。むしろ彼らが強い印象を受けたのは、動物に対するフランシスコの深い親和力、愛情を込めて動物に語りかける習慣だった。フランシスコはその偉大な単純さにおいて動物たちにそっくりだった。

フランシスコが自分の著作の中で自然によって得たイメージを使う場合、二つの方法を用いた。まず、彼は聖書から引用した言葉や直喩――「狼の中の羊」、「空の鳥」――や、後にはグレッチオの飼い葉桶の描写における「雄牛と驢馬」を使った。次に、彼は批評の手段として修道士たちに動物の名前――怠け者で役に立たない兄弟に対しては「兄弟蝿」、どうにもできなくなったことが明らかになった自分の身体には「驢馬の兄弟」——を付けることを好んだ。こうした言葉には、しばしば批評的な一方で、フランシスコと自然との親和力を身近に感じさせるおどけた要素がある。自然のイメージのこうした使い方は両方とも、フランシスコのとびきり有名な夢の一つ、自分の失敗を批判するために使った夢と同じである。彼は自分が黒い雌鶏（めんどり）になった夢を見たが、雌鶏は自分の翼の下に無数に散らばる雛を庇（かば）うことが滑稽なほどできなかった。フランシスコにとって、夢はこの急速に成長する運動に関係する修道士すべての面倒を見ることができない自分の能力の欠如を象徴するものだった。彼は自己批判とおかしさをひっくるめて、自らを弱い小さな生き物の同類とみなした。聖書から得たインスピレーションだった。というのも、キリストがエルサレムについて語る時、そっくりのイメージを使っていたからだ——「エルサレム、エルサレム、預言者たちを殺し、自分に遣わされた人々を石で打ち殺す者よ、雌鶏が雛を羽の下に集めるように、わたしはお前の子らを何度集めようとしたことか。だがお前たちは応じようとしなかった」（ルカによる福音書一三章三四節）。しかしフランシスコは不従順な修道士たちを責めず、自分だけを責めた。フランシスコが夢の中であまりにも複雑で美しいイメージを見たことは、生き物との同化が彼には自然に起きたことを示している。自然の生き物を含む、「あらゆるものの僕（しもべ）」として、フランシスコは「兄弟蠅」といった渾名をつける以外に、他人への教訓として自然や自然の比喩的描写を使うことはなかった。彼が説教や教訓の中で、教訓的に自然を使ったとき、そのイメージは経験から得たものというより、聖書から得たものだった。

神の創造物への愛において、フランシスコは全体を統一するものとしての自然に出会った。死に接し、彼は『兄弟なる太陽の賛歌』を編纂し、神聖な体と四つの古典的元素（土、空気、火、水）に言及した。彼はいかなる生き物にも言及しなかったが、間違いなく、創造の全体の一部として生き物を見ていた。他の著作では、フランシスコは創造物と動物にごく稀に言及するだけだった。彼は二度だけ、弟子たちに動物の使用についての規則を与えている。「馬に乗ってはならない」「何らかの動物を所有してはならない」。こうした規則は貧しさについてのほんの一部だった。規則は物体や所有物として動物を扱わないように修道士たちに奨めた。馬に乗る場合について、フランシスコの規則は修道士たちを騎士道の誇りの世界から切り離した。病気になり馬に乗ることを強いられても、フランシスコはいつも驢馬に乗った。晩年になってフランシスコは、非常にはっきり、鳥や動物が彼らなりにキリストの誕生を喜べるように、クリスマスには鳥や動物に特別の餌を出すように説いた。

自分の著作で、フランシスコは自然のイメージを、直接自然からではなく、聖書の描写から取り入れた。会則以外で動物に触れた五箇所のうち、たった一度、聖書に依らないイメージを用いた箇所では、神への従順の手本として動物が持ち出されている〔『訓戒の言葉』V・二〕。フランシスコの自然への親近感に汎神論を暗示するものはない。動物は存在することによって神を称え、神への従順のモデルである。聖体と同じく、動物が神と一体化されることはない。創造物のままである。フランシスコの自然との一体化には、また聖書の規則とであるが、もう一つの限度がある。福音の教え「あなたの前に置かれたものを食べなさい」を実行することで、フランシスコは中世の修道会創立者や改革者の中で唯一肉食——彼自身が従った規則——を許可している。彼は断じて菜食主義者ではなかった。

フランシスコは、とりわけ動物が反応したとき、動物との出会いに自然な喜びを覚えた。ポルチウンクラで一度、フランシスコの死後、庭師の兄弟ラニエリが住むことになった修業用の一人部屋で、フランシスコはドアの外の無花果の木の枝に蟬を見つけた。彼は蟬をそっと自分の指に載せ、「歌いなさい、わたしの姉妹蟬よ」と言葉をかけた。蟬は歌った。一時間、彼は蟬と共に純粋な喜びに浸った。一週間、毎朝、フランシスコが外に出ると、同じ蟬に見える蟬が目に入り、蟬は彼のために歌った。これはフランシスコに大きな慰めを与えた。その後、彼は蟬を解放した。彼は蟬が行きたいところどこへでも行ける「許可を与えた」。蟬は飛び立ち、飛び去った［チェラノのトマス『魂の憧れの記録』第二巻第一三〇章一七一、聖ボナヴェントゥラ『聖フランシスコの大伝記』第八章九］。

　動物の自由や尊厳に対する敬意は、フランシスコのきわめて繊細で魅力的な面を示している。彼は肉食の宗教的理由による禁止を拒否していたにもかかわらず、食用の目的であっても、生き物が罠にかけられ、殺されることに耐えられなかった。フランシスコと兄弟たちが、雨上がりのウンブリアの街道を歩いていたときに、彼は水の中に逃れようとして道をのろのろと這っている虫を拾い上げ、手を貸すために立ち止まった。虫を人々が踏み潰すと考えることに耐えられなかったのだ。彼は自分や兄弟たちのために食用に供せられる動物たちに同じような同情を感じていた。一度、グレッチオで、一人の兄弟が仲間の食事に供することに得意満面で、罠に懸けた兎を運んできた。フランシスコは兎を取り上げ、手に持って、兎を何度か叩いた。それから兎を外に出し、逃がしてやった。兎はフランシスコの傍に居れば安全だと気がついたに違いない。というのは、フランシスコの傍を離れなかったからだ。追い払っても、フランシスコの足元に戻って来た。その結果、フランシスコは兄弟の一人に兎を深い森の中に連れて行かせた［チェラノのトマス『聖フランシスコの生涯』第一巻第二一章六〇］。兄弟会以外の人々から贈られた生き物もまた彼は逃がしてやった。リエティの湖を渡っているとき、一人の漁師が彼に鯉を捧げた。フランシスコは「兄弟鯉」を受け取ったが、その後、鯉を湖に戻した〔同六一〕。エデンの園のアダムを思わせる動物との親和力は、中世では高潔さの模範の一部と見なされていた。しかし、フランシスコは何かそれ以上の動物に対する個人的な愛着や愛情を示した。至るところで自然が資源を得るものとして利用され、また危険を及ぼすものとして恐れられていた世界で、フランシスコを知っている人々は動物に対する彼の愛着や創造の喜びについて言及している。

あるとき、フランシスコは福音とその伝えるところを考える機会に動物を使った。フランシスコが兄弟パウロと、パウロが奉仕者を務めていたオシモに向かって歩いていたときに、二人は真ん中に一匹の子羊がいる山羊の群れを連れて歩いている農夫の傍らを通った。フランシスコは子羊と山羊を使ったキリストの寓話的な話を思い出した。農夫の子羊が、受難の前にファリサイ派の人々と祭司長の間に、一人でいる神の羊、イエス・キリストを思い出させたので、フランシスコは泣き始めた。兄弟パウロは自分が貰った施し物で、子羊を買い取り、二人の兄弟はオシモの司教にその子羊を無事手渡した。フランシスコにとって、子羊はいつも神のイメージであったが、何にもまして、子羊たちの無垢と弱さが彼に愛情と憐れみをかき立てた。また、一度マルケで、フランシスコは市場に二匹の子羊を連れて行く農夫と出会った。子羊が食用に売られ、殺されることを聞いて恐怖に襲われ、二匹の哀れな泣き声に心を動かされ、子羊と自分のマントを交換した。チェラノのトマスでさえも、この心を動かす物語を文字通りに解釈し、寓話風に解釈することはしなかった〔同第二八章七七―七九〕。

何にもまして、フランシスコは鳥を、とりわけ雲雀を愛した。この特別な愛着の理由をフランシスコ自身に帰する話が存在する。

「姉妹ラウダ」〔＝雲雀〕「は修道者のように頭巾を被っており、謙遜な小鳥です。何かしら穀粒を見いだそうとして、好んで道端を歩き、汚物の中に見つけようものなら、それを摘まみ出して、食べるからです。地上の物から目を背け、その国籍は天にあり、その関心は常に神を賛美することにある善良な修道者のように、飛び交いながらいとも甘美に主を賛美します。その衣服、つまり翼は地面を思わせ、優雅で色鮮やかな衣服をまとわず、安価で土色をした、他のものに比べて見劣りするものを身に着けるよう、修道者の模範となっています」〔『完全の鏡』第一二章一一三〕。

この種の道徳化は、動物に対するフランシスコの態度においては珍しい。この挿話は、彼の自らの喜びや愛着の理由を説明することに比べ、教訓的な色合いは薄い。

一度、スポレトの谷にあるベヴァーニャを旅していて、フランシスコは道の傍らの野原に沢山群れている小鳥たちを見つけた。小鳥たちの群れに喜んだフランシスコは、近づいて行き、小鳥たちに親しげな挨拶をした。

「主があなたに平和を与えてくださいますように」〔『遺言』二三、『三人の伴侶による伝記』第八章二六〕。

フランシスコは群れの真ん中を歩いても小鳥たちが飛び立たないことをとても喜んだ。フランシスコはこの場に接し、神を大声で賛美し、姉妹の小鳥たちにも神を賛美するよう呼びかけた。小鳥たちは歌い、翼を広げ、フランシスコが十字を切り祝福すると飛び立った。素晴らしい出来事だった。この出来事は、後に、有名な「小鳥たちへの説教」で詳しく語られる。動物たちが彼らを作った神の賛美に導かれ、フランシスコを怖れないとき、自然の存在が悦びとなり、その喜びがますます大きくなる、フランシスコの自然との関係の例証とされている。

## 教会生活への統合

フランシスコと兄弟たちの運動が、スポレトの谷間の一地方の運動のままだった間は、基本的に、兄弟が根城にしていたアシジの教区の司教の監督下にあった。一二一二年まで、この教区の司教は、フランシスコの回心を見届けたグイド二世司教の後継者であるグイド三世だった。グイド三世は慣例に従って、グイド二世の任務を継いだ。グイド三世は前任者とは大いに異なる個性の持ち主だった。彼はすぐかっとなるたちで、任期期間中にはとりわけ修道会や病院に敬意を払うことで、彼の権威を行き届かせるための訴訟を数多く抱えていた。しかし、フランシスコとその運動には支援を惜しまず、ポルチウンクラをしばしば訪れ、時々何の予告もなくフランシスコの一人部屋にやって来た。

兄弟たちの年一度の集会（カピトゥルム）の行われた一二一七年五月一四日までに、フランシスコにきわめて多くの兄弟たちがいたとはとても言えないが、あらゆる国々に福音を伝えるというキリストの使命を十分実現できる程度に運動は発展していた、と言われている。フランシスコは中部イタリア以外のカトリックの信仰が行われている地で活動する兄弟たちのグループの指導に当たる「奉仕者（ミニステル）［＝管区長］(misnister)」と呼ばれる指導者を選んだ。兄弟たちは運動がまだ知られていない地域、イタリア北部のロンバルディアやヴェネツィアといった地方に出かけて行った。フランシスコは他のグループを、フランス、ドイツ、ハンガリー、スペイン、それにアルプスを越えた他の地域に派遣した。これは大事な使命の遂行を任された兄弟たちを、外国に派遣する最初の試みではなかった。前回、一二一六年の集会で、中東の十字軍の遠征地に派遣された、使命を担った修道士の小さな一団の指導者に信徒修道士であるアシジのエリヤ（彼は普通誤ってコルトナのエリヤとして言及されている）を任命した。その兄弟たちはフランシスコが数年前に二度試みて失敗した、まさにその旅を成し遂げた。

二回の集会によって派遣された宣教団は、全くその場限りのものだった。当時のいくつかの地域に派遣された兄弟団に地理上の管区はなく、明確な指揮系統も存在しなかった。さらに、運動に加わった新しい参加者の承認に、フランシスコが一人で責任を負う状態は変わらなかった。こうした旅には、兄弟たちの多岐にわたる個人的な目的があったが、共通の目的は存在しなかった。この旅に参加した兄弟たちの旅は、フランシスコと兄弟たちがサンタ・マリア・デリ・アンジェリ教会での最初の定住以来行ってきた旅に似ていた。ドイツへの宣教団には約六〇人が参加していた。シリアを目指す宣教団を含む、他の六つの宣教団が史料に記録されており、それで、一二一七年にフランシスコにはどのくらいの兄弟がいたか、推測できる。各宣教団がドイツに送られた宣教団と同程度の規模であれば、三〇〇人から四〇〇人の兄弟たちが存在していたことになる。史料は、中部と南部のイタリアに止まったフランシスコの兄弟団が半分以下だったことを示唆している。そこから推測すると、フランシスコの兄弟団の総数は、一二一七年の春には、いまだ八〇〇人以下だった。

外国とイタリアのウンブリア以外の地域への宣教団の兄弟たちの出発の後、一握りの兄弟たちがウンブリアのポルチウンクラに残った。多くても一〇〇人以下、おそらく五〇人かそれ以下だっただろう。サンタ・マリア・デリ・アンジェリ教会の兄弟たちの大集団を指導し、指揮する重荷から解放されて、フランシスコは自分も外国に旅に出る解放感を味わっていた。一応の相談をした程度で、フランシスコはウンブリアを離れ、フランスに旅に出た。フランスの旅は、個人的・霊的な動機によるものだった。すでにフランシスコはフランス語にはある程度通じており、若い頃からフランスの詩や歌を愛してきた。目的地の選定にはもう一つの理由があることを兄弟たちに話している。フランスのカトリックは他のどの国のカトリックより聖体の秘跡に熱心だった。ホスチア［＝聖体］への献身は、回心して以来のフランシスコの霊性にますます大きな位置を占めるようになっていたが、この旅の決定にあたっての、最大の要因に思える。フランシスコが同行する兄弟たちの中に、兄弟団に最初に司祭として加わった兄弟シルヴェストロを選んだことは当然だった。フランシスコが旅の途上で聖体拝領を欠かすことは一度としてなかっただろう。

フランチジェナ街道を北へ向かう旅をして一行はアレッツォに着いた。アレッツォでは内紛による市街戦が勃発していた。市内に入れず、市の内紛が悪魔の影響であることを見抜いたフランシスコは、シルヴェストロに悪魔払いの祈りをするよう求めた。後に二人はすぐに不安が消えたのを知り、フランシスコは市の内紛が悪魔の仕業であることを確信した。しかし、まだ平和が取り戻せるかどうか分からなかったので、一行はフィレンツェへの旅を続けた。フィレンツェに着くと、フランシスコはそこにオスチアのウゴリノ枢機卿がいて、トスカーナ、ロンバルディア、トレヴィゾのマルケの教皇特使として職務を行っていることを聞いた。枢機卿はジェノヴァとピサの紛争の調停を試みたばかりだった。フランシスコは聖職者に敬意を払う彼の習慣に従って、枢機卿のところに表敬訪問に出かけた。枢機卿は、フィレンツェの内紛問題、おそらく異端の弾圧で、とても忙しくしていた。

二人が以前に会ったことは一度もなかった。ウゴリノは、ローマ教皇庁での仕事を通じて、アシジの回心者たちの兄弟会の成長ぶりを知らないことはなかった。ウゴリノは、コロンナ（サン・パオロのヨハネ）のような兄弟会に好意的な枢機卿や、一二一七年五月の教会法上の問題に一緒に巻き込まれていたアシジの新しい司教、グイド三世から、報告を受けていたかもしれない。だがまず間違いなく教皇庁でのウゴリノへの情報提供者は、フランシスコ派の真価を認める第三者、ジャック・ド・ヴィトリだった。ジャックはフランス人の神学者で、当時、シリアのアクレにある十字軍の要塞の司教に選ばれていた。フランシスコのためにウゴリノ枢機卿が時間を割いたことは、彼が新しく極めて革新的な宗教運動に好意的であったことを示している。しかしそのことでフランシスコのために長い時間を割くことはなかった。二人の会見はウゴリノの好意により設定されたが、あわただしく短時間だった。ウゴリノはフランシスコが兄弟たちを外国に送り出し、いまやアシジに残る少数の兄弟たちを見捨てようとしていることを聞いて衝撃を受けた。フランシスコは一徹だった。自分の目的を説明し、兄弟たちの宣教団以前の彼の渡航の失敗の恥を濯（すす）ごうと試みた。

ウゴリノ枢機卿はそのことに関しては何も言わなかった。彼はフランシスコにアシジに戻り、彼の大きな責任、すなわち成長する運動の指導者たることに専念するように命じた。枢機卿はフランシスコの個人的な指導力が重要だと述べた。なぜなら、教皇庁や高位聖職者の中にフランシスコに匹敵するほどの新しい運動の指導者として適性のある人物がいなかったからだ。フランシスコは習慣となっている聖職者への敬意の念から、枢機卿の提言に従うことに同意した。ウゴリノはフランシスコの隠しおおせない失望に気がついていたが、その代償として教皇庁での教会法上の助言者としてまた弁護人としてフランシスコの任務に報いることを申し出た。フランシスコは申し出を受け入れ、ポルチウンクラでの次の聖霊降臨祭の集会に臨席するよう枢機卿に求めた。フランシスコは、自分がフランスに行かないと決めれば、その旅を止めさせたウゴリノが、アシジで彼が背負う重荷を分担してくれることに気がついたと見える。ウゴリノは聖霊降臨祭の集会出席を受け入れた。教皇特使として責任を負っていたウゴリノは、一二一八年と一二一九年の集会に限ってポルチウンクラの集会に参加するために時間を割いた。フランシスコは兄弟パチフィコと他の何人かの兄弟をフランスに派遣し、自分はアシジに戻った。

ウゴリノ枢機卿とフランシスコの会見は偶然のように思えるが、アシジを去るというフランシスコの決意へのウゴリノの反対は、運動におけるフランシスコの中心的な役割をウゴリノが理解していたことを示している。フランシスコの「生活様式」は「承認されていた」が、「確定」はしておらず、まだテスト期間中だった。運動の参加者の増大は、「何人か」の司祭たちが兄弟たちの正統性、服従、弟子について関心を抱くところにまで達していた。フランシスコ自身も、広範囲にわたる弟子たちを監督することがいままでより困難になっていることに気づいていた。ウゴリノ枢機卿によるアシジへの帰還命令は、フランシスコに不満を抱かせるほど、運動の現況に対する場当たり的な対応だった。しかし、枢機卿のポルチウンクラの集会への一回か二回の参加は、フランシスコの地位、運動、教皇庁の位階との関係における大きな変化の合図だった。枢機卿の集会への参加は、ポルチウンクラを、新しい、厳粛にして権威を帯びた存在にすることになった。

## フランシスコの手紙の発信と使命

アシジに戻ってから一年も経たないうちにフランシスコが書いた最初の手紙が残っている。彼がフランスに行く決意をしたきっかけは、フランスでは聖体拝領が厳格に遵守されているからだったが、いまになってはフランスへは行けなくなった。その代わりに、彼はこの手紙を書いたが、それは二通の『聖職者への手紙』のうち最初の手紙だった。手紙に記された言葉には熱がこもり、痛みが疼き、ほとんど錯乱していると言ってもいいほどの調子だった。手紙の中で彼は自分を聖職者の中に交えており、彼がすでに助祭に叙階されたという喜ばしい兆しを示していた。フランシスコを突き動かしたものは、フランスへの旅の時と同じ熱情、彼の聖体拝領への愛情だった。「主イエス・キリストのいとも聖なる御体と御血に対して、また書き記されたいとも聖なる〔主〕のみ名とみ言葉に対して、御体を聖別する〔主〕のみ言葉に対して、一部の方々が抱いておられる大きな罪と無知」『聖職者への手紙　一』〔二〕に、フランシスコは憤慨していた。どうしたら罪そのものを暴き、それを癒すことができるのか、フランシスコはそれを明らかにしている。

「これほどいとも聖なる秘義に奉仕する人々は皆、特に、不法な仕方で奉仕している人々は、その御体と御血が聖別される場であるカリス（杯）とコルポラーレ（聖体布）と祭壇布がどれほど粗末であるか、とくと思い巡らしてみなければなりません。〔主の御体が〕多くの方々によって、粗末な場所に置かれ、放置され、嘆かわしいありさまで携帯され、不相応な態度で拝領され、また分別もなしにほかの人々に拝領させられているのです。また書き記された〔主の〕み名とみ言葉も時として足で踏みにじられています」〔同四―六〕。

フランシスコは聖体が「大事な場所」に保管され、封印され、聖書の言葉やイエスの名前が記されている羊皮紙の断片が集められ、ふさわしい場所に保管されることを指示する。彼の手紙を受け取った人々は、祭壇の亜麻布をきれいに洗い、ためらうことなく聖杯を磨いた。こうした指示は繰り返しフランシスコの手紙に現れたが、これほどの怒りや情熱をもって記されたフランシスコの手紙は滅多に見られない。

フランシスコはこの時代についての他の著述の中でも、聖体拝領を尊重することがいかに大事であるか、繰り返し述べている。フランシスコの『すべてのキリスト信者への手紙　一』に、シトー会の書簡に見出されるミサに関する神秘的理解の影響が少しは見られたにせよ、そこで述べられた考えは、間違いなくフランシスコ自身によるものだった。彼にとって、パンと葡萄酒からキリストの体と血とへの実体変化は、受肉〔＝三位一体の第二位である子が人類救済のため、人間の姿をとってナザレのイエスという歴史的人物になったこと」そのものだった。キリストは、使徒たちが自分の体を目にし、手で触れることを許したのとまったく同じように、聖体［＝ホスチア］を目にし、聖体を拝領する人々に自らを与える。この聖体拝領によって、キリストはこの世の終わりまで信者と共に存在する。フランシスコの「神秘主義」、キリストとの直接の結びつきを可能にする彼の信仰の中心は、あくまでミサにあり、自然にも貧者への奉仕にもなかった。こうして、聖体の存在を無視する人々に対するフランシスコの辛辣な言葉は、他に類を見ないものだった。聖体拝領を無視する人々の罪がかくも深くフランシスコを傷つけたことに比べると、平和の破壊者や虐げられた人々を迫害する人々に、フランシスコがそれほど辛辣な言葉を使ったことは一度もなかった。フランシスコはつねに言葉よりも行動や身振りによって意を伝えることを好み、掃除をし、清潔を保つことで教会への崇敬の念を表した。しかるべき器で聖体を保管しない聖職者の怠慢への対応として、フランシスコは一度、活動しているすべての地域の修道士たちに貴重な聖体容器を持ってこさせようとしたことがあった。聖体を取っておくために、他にそれなりに立派な容器がないときは、それらを用いるよう求めた。フランシスコの貧しい兄弟たちの粗末な身なりを考えると、聖体保存用の銀の容器を小教区の聖職者に与えた効果が想像できる。実際に、兄弟たちがフランシスコの願いをかなえていたとしたら、その影響は目を見張るほどのものになっていただろう。

手紙の中に、頭を剃った聖職者になっても傍（そば）に近づくことができなかった祭壇に近づけるようになった助祭への叙階が記されていたとしたら、繊細な感覚のフランシスコは、遠くから彼が崇めていた聖体が、司祭たちによってあまりに無作法に、無頓着に扱われていることを、現在奉仕しているミサで直接目にしてあきれ果てたであろう。フランシスコの目の前の祭壇には、無作法で無頓着な司祭たちが神を敬うためにこれで十分と考えていた安物で光沢を失った聖杯と汚れた亜麻布が置かれていた。フランシスコの美や品位に対する感覚は、貧しさと放浪の中で生きることを選んだことで抑制されてきた。しかし、衰弱してはいなかった。その感覚はもはや自分の見事な衣服や食事に向けてではなく、彼のために十字架で死んだキリストに捧げられる品々に対して生きていた。

『聖職者への手紙』の中で、フランシスコは祝された秘跡［＝聖体拝領］に対するのと同じように、司祭たちに対する崇敬の念を熱く語っている。彼は自分が会ったどの司祭の手にも口づけすることで献身の意を表した――司祭たちは聖なる香油で聖別され、聖体を扱っている。フランシスコの聖体に対する崇敬の念を表す行為は、フランスでは珍しくなかったが、イタリアではいままさに広がり始めているものだった。彼は馬上の司祭、とりわけ聖体を運んでいる司祭に会ったとき、司祭が馬から降りるのを待つよりもむしろ馬の蹄に口づけするように兄弟たちに求めた。「すべてへの服従」はフランシスコの回心に大きな比重を占めるが、フランシスコは兄弟たちの間で「すべてへの服従」が生きと存在することを望んだ。

司祭のいい加減な奉仕に対するフランシスコの怒りは、初期の頃に限っていえば［カトリックの世界では］珍しいことだった。一三世紀半ばになると、イタリアの他の回心者たちや敬虔な平信徒たちから、同じような批難が奔出するからである。聖職者たちは信徒たちの間にひろがる霊的な熱心さに後れをとらないよう奮闘した。ついに、一二一九年一一月二二日、ホノリオ三世教皇は、フランシスコがまさに求めていたことを『サネ・クム・オリム（*Sane cum Olim*）』と『エクスペクタヴィムス・アクテヌス（*Expectavimus Hactenus*）』の二つの教令で要求した。すなわち、ミサに用いるに適した清潔な用具、封印された貴重な容器での聖体の保存、ミサを挙げるのにふさわしい式服の着用の三つの要求がそれである。ホノリオ三世教皇は、保存された聖体の前と、ミサでの聖体の奉挙の間に信徒は低頭すべきという点ではいまだに積極的ではなく、やや時代に遅れていた。数か月前に、フランシスコは、当時の信徒の信心を表明するために、兄弟たちに跪くよう指示していた。ホノリオ三世教皇がフランシスコの手紙について知っていたかどうかは分からないが、フランシスコは教皇令について耳にしていた。フランシスコは一二二〇年の中東からの帰国の後に、この新しい法令を取り入れるために、もともとの手紙を書き直している。二年後にも、聖体の適切な安置についての彼の教宣活動は終わっていない。

フランシスコの最初の手紙は、その注釈的な関心事以上に、彼の霊的発展を知る手掛かりを与える。フランシスコの当初の信仰は、磔刑像の前での祈り、教会の修繕もしくは清掃、司祭たちへの畏敬の念に絞られていた。すべてが、十字架上のキリストの象徴的な、もしくは神秘的な顕現、神が住居として選び、ミサの間に天上から神を降臨させる力を持つゆえに司祭たちが住む教会に関係していた。フランシスコの信仰は、いまや世界における神の最も現実的な顕現――聖体そのもの――に集中していた。秘跡において神がキリスト教徒の前に現れること、すべての存在を超えて聖体が尊崇されるべきことだというますます強くなる感覚をフランシスコは育んでいた。聖体と御言葉の両者によって、キリストの試練の御業は信者に伝えられる。聖体はキリストの真の体、我々のために受難し、死んだキリストと同じものだった。とりわけフランシスコが関心を抱いた聖なる言葉は、ミサの式文に使われる言葉と、新約聖書の最後の晩餐に出てくる言葉だった。これらの言葉は、「受難の前夜に」弟子たちにキリスト自らが示した行動を書きとめている。

現代の研究者たちは、羊皮紙の断片に書かれたものへフランシスコが関心を強めていることに、いささか厄介で当惑させるものを感じている。敬虔なキリスト教徒でも、今日では、神の具体的な顕現のこうした感覚を失ってしまっている。しかし、一三世紀においては、フランシスコがユダヤ教やイスラム教の慣習から取り入れたこうした態度は、奇妙なものではなかった。当時のキリスト教徒にとって、聖書の言葉は、単に、過去の出来事や道徳的な基準を思い起こさせる教訓的助言だけではなかった。神の言葉として、聖書の言葉は力の源泉だった。司教が春の祈願祭［＝主の昇天の祝日前の三日間の祈禱日］の行進の際に、東西南北それぞれの街の門に向かって四つの福音の冒頭を読誦する時のように、聖書の言葉を読み上げるだけで、悪魔的な力を消滅させる。アレッツォの街で兄弟シルヴェストロによって聖書の言葉が読誦されたとき、神の言葉はその言葉自体が持つ力によって、市の内紛を終息させた。いま、フランシスコが助祭として福音書の言葉を歌い始めたとき、フランシスコ自身によって神の言葉の力を発し、宣告をした。かつて、困惑した兄弟の一人が、羊皮紙の屑のような断片を収集するフランシスコの行為について尋ねた。その時彼は答えた。

「我が子よ、そこには文字が書かれているからです。それらの文字によって、主であり神である方のいとも栄えあるみ名が記されるからです。どこにあろうと善いものは、異教徒とか他の人々とかに属するのではなく、あらゆる善いものはその方のものである、神にのみ属するものなのです」［チェラノのトマス『聖フランシスコの生涯』第一巻第二九章八二］。

フランシスコたちが明らかにする名称と実在のこの一致は、中世の感受性の陳腐な常套句に過ぎないとだけ言って済ませるわけにはいかない。それは、ただいまここで、具体化され、出来事や物事についての極めつきの慣習的な文言で、フランシスコの神の存在に関する根源的な感覚を語っていた。書くことがわずかながらできるフランシスコのような平信徒にとって、文字それ自体が神秘的でいささか神聖なものであった。修道士たちは、フランシスコが文章を書き損じたとき、書き損じたところを消してしまうことで「文字を殺してしまう」ことよりもむしろそのままにしておいたことをよく知っていた。

以前のフランシスコは聖務日課で朗誦する聖歌として、ダビデの詩編を歌っていた。いまや、助祭として彼は、キリストの言葉そのものを読んだ。荘厳ミサにおいて、フランシスコは真北に向いた。北は、暗黒に面する方位、中世的思考では異教の方位である。かくして彼は暗黒と異教を退散させた。こうした力ある聖なるテキストを一部の聖職者たちが畏敬の念を持たずに取り扱うことは、フランシスコの鋭い霊的感覚を踏みにじった。床の上やふさわしくない場所に聖書を放置することは、それ自体で聖体への冒瀆に等しい、神をないがしろにする行為であった。フランシスコは絶えず真剣に、十字架の前での彼の祈りと、彼を変えたハンセン病者との遭遇を結び付け、言葉と秘跡によってキリスト教徒一人一人に仲介なしに直接与えられる神の存在に加え、完全に福音を生きること、神に委ねられたことを結び付けた。

ジャック・ド・ヴィトリは、フランシスコと兄弟たちが一年に一回、お互いに励まし合い、宣教の計画を立てるために会合を開いたと記している。こうした会合で、フランシスコは普通、ほとんど準備無しに、むしろ聖霊に促されたように、説教や霊的指導を行った。フランシスコの『訓戒の言葉』として知られるコレクションの中のいくつかの断片は、おそらく、彼がこうした会合で話した話題を扱っている。彼がいままでよりも厳格になっていたとしたら、兄弟たちよりずっと安楽な生活を送っている聖職者や平信徒の誰に対しても見下さないことを兄弟たちに気づかせるときだった。兄弟たちは単にその行動においてだけではなく、自分自身に対する認識においても小さき兄弟たちであるべきだった。他者への裁きを受け流すこと、別の人間の上位に自分を置くことを拒否することで、修道士たちは真摯にフランシスコの平和の挨拶に必要な心の平安を得ることができた。聖体と司祭への畏敬の念を持つことはフランシスコにいともたやすかった一方で、裁きを自制することは違った。実際に、自分が望まない指導者としての役割において、いまフランシスコは他者の誤りを糺す責任を負わされていた。兄弟たちはなかなか批判を受け入れなかった。

一度ある集会で、フランシスコは、集会での説教が終わった後に、兄弟たちが手に負えない説教を拒否し、フランシスコをこの会合から締め出しても、彼自身は本当の小さき兄弟であり、最も大事なことは、これが本当に自分の受け入れるに値すると仕打ちだと認めたことである。フランシスコの繰り返したこの説教に籠もる情熱は、兄弟たちが、集会からフランシスコを締め出すほどではないが、ことあるごとに指導を拒否していたことを示唆している。裁きを無視することを止めるよりむしろ、兄弟たちは習慣的な宗教行為への適応、徹底した懺悔、断食、それに折檻を採用することに同調した方がうまく行くと知っていた。健康を損ない悪化させる過度な肉体的懺悔を繰り返す後進たちを叱ることで知られていたフランシスコの唯一の責任は、小さき兄弟たちの義務を、あらゆるものに対して優越することはおろか平等であることまで認めず、あらゆるものの僕（しもべ）として自分をみなすことに置き換えたことだったと言われている。

フランシスコには取り組まなければならない管理や統制という喫緊の課題が存在した。しかし、フランシスコは自分の才能や資質を顧みて、それが自分には向いていない仕事であることを知っていた。フランシスコはラテラノ公会議の推奨に従って、ポルチウンクラの集会に招いた神学や教会法に精通した人々に頼ったと同様に、組織化の技術に長けた修道士に頼り始めた。招かれた人々の中にはシトー会の修道士や一二一八年の集会にはおそらくウゴリノ枢機卿がいたと考えていいだろう。

一二一七年の兄弟たちの宣教団の出発から一年も経たないうちに、アシジにごく近い北イタリアを除いて、宣教団からの落胆せざるを得ない報告が入って来た。一つの問題は、言葉の習得が決定的に欠けていたことだった。奉仕者の兄弟ペンナのヨハネとドイツに行った六〇人の兄弟たちは、空腹かどうか尋ねられて「はい（ja）」と言ったところ、とてもうまくいくことに気がついた。しかしロンバルディアからの異端者、カタリ派か否か問われた時も同じく「はい」と答えたところ、収監され、打擲（ちょうちゃく）され、事態は悪化した。言葉の壁がさらに大きいハンガリーでは、兄弟たちは泥棒どもに襲われた。泥棒どもは兄弟たちが金を持っていないと知ると、マントを奪い、兄弟たちを殴りつけた。兄弟たちは自らのトゥニカを差し出したが、ますますひどく殴打された。とうとう兄弟たちは下着を差し出したが、効果はなかった。裸を覆う布を恵んで貰ってから、この一団もイタリアに帰国した。他の宣教団も同じように不満を抱え、打ちのめされて、イタリアに戻って来た。ロマンス語を話す地域では兄弟たちはもう少しうまく事を運んだ。パリに着いた兄弟たちも異端の疑いを抱かれたが、司教や大学の教授に自分たちのことを十分うまく説明することができ、無事に過ごすことができた。その時でも、兄弟たちの正統性の確認をホノリオ教皇から出して貰わなければならなかった。言葉がイタリア語に一番近いスペインに行った一団は、他の国で遭遇したような目にあうことはなかった。しかし、二年も経たないうちに、北アフリカのイスラムの国に達し、結局は殉教してしまった。

使命はうまく行かなかったが、宣教団は見るべき成果を残した。フランシスコとその運動はイタリア以外の国で知られるようになり、同時に話題になり始めた。一二一九年までにイギリスの説教師シェリトンのオドは、彼の聴衆全員が、フランシスコが誰でどんな人物であるかを知っていることを前提に、すでに話をしていた。オドはフランシスコを、教皇をはじめ誰とでも心を割って話し合える人物の見本として使っていた。また、フランシスコが指導のために譬え話や物語を好んで使うことを知っていた。オドは遠いイギリスで暮らしていたが、フランシスコについての理解は正確だった。

宣教の旅に出た兄弟たちは、自分たちが平信徒よりも聖職者に冷遇されることに気がついた。教会当局にとっては、兄弟たちが教皇によって正式に認可された規則を示すことができないことが問題だった。一二〇九年の生活様式の原型の認可は、間に合わせのものであり、おそらく成文化されてはいなかった。傷ついた修道士たちが打ちのめされ、失望して故国に戻ったときに、フランシスコは兄弟たちが拒絶の受け身の受容を、徳として考えていなかったことに気がついた。旅に出た兄弟たちの幾人かが——おそらくある聖霊降臨祭の集会で——彼らが抵抗を受けた地域を通過できる教皇の特権と、さらには司教の許可なしに説教する権利を要求するよう、フランシスコに頼みにやって来た。フランシスコは要求を厳しくはねつけ、不平を言わずに高位聖職者たちの拒絶を受け入れなかったことに対して兄弟たちを叱りつけた。高位聖職者たちは教皇の命令ではなく、その兄弟たちの従順と謙遜によって説得されるべきだった。

ウゴリノ枢機卿が——おそらく一二一八年の——集会に臨席したとき、修道士たちは彼に会うために列に並んだ。枢機卿は馬を降り、威厳に満ちてポルチウンクラ教会に入った。ウゴリノは荘厳司教ミサを挙げ、修道士たちは歌い、フランシスコは助祭として奉仕し、福音を朗誦した。フランシスコはおそらくフィレンツェで一二一七年の夏に初めてウゴリノ枢機卿と出会ったときと、この一二一八年の聖霊降臨祭の集会での出会いとの間に助祭に叙階されていた。フランシスコの助祭叙階は、ローマ教会の位階における兄弟たちの立場の改善をはかるこの時のウゴリノ枢機卿の他の動きと、軌を一にしていた。

ローマ教皇庁の認可を求めることに対するフランシスコの頑固な拒絶は、兄弟たちが密かにウゴリノ枢機卿の下に足を運び、支援を訴えたことを阻止するには至らなかったようである。枢機卿は教会の権威主義的な行動を兄弟たちから耳にして驚いた。兄弟たちの申し立てに対するウゴリノ枢機卿の反応は、兄弟たちの要求を高位聖職者が受け入れることへの教皇の認可を予想していなかったとしても、フランシスコの大きな怒りを買った。ウゴリノは兄弟たちの正統性を保証する教皇の推薦状を手に入れた。やはり、ウゴリノの尽力によって得た教会内での運動の合法化は、フランシスコに以前にはなかった自由を与えた。一二一九年六月三日の聖霊降臨祭の集会後、フランシスコはついに外国に行き、異教徒にキリストを教え、おそらく殉教にさえ到る、彼の長きにわたる夢をかなえた。六月の末、フランシスコは自分が不在の間、彼の名で兄弟たちを指導する二人の代理人、ナポリのグレゴリオとナルニのマタイを指名し、中東へ旅立った。

## フランシスコ外国へ

一一八七年の第三次十字軍の間にイスラム軍に奪われたエルサレムの再占領は、インノセント三世教皇の目標だったが、いまやホノリオ三世の目標になっていた。挫折した計画の数年後に、ついに十字軍はエジプトのアイユーブ朝のスルタン、アル・アーディルに対して攻撃を仕掛けた。アル・マリク・アル・アーディル(一一四五―一二一八)は、彼の尊称「サイフ・アッディーン」に由来する「サファディン」としてフランク族に知られていた。アル・アーディルは、兄弟のサラディン[=サラーフ・アッディーン]の死[一一九三年]に続く不穏な状況と内戦を通じて権力を確立し、ビルベースの戦闘で勝利したことでエジプトとパレスチナを統一し、スルタンを名乗り[一二〇〇年]、十字軍諸国との友好関係を築き、交易を促した。それにもかかわらず、十字軍が奪還の目標としたエルサレムを占拠していた。そこで、一二一七年に至るまでにヨーロッパとシリアのキリスト教徒の指導者は中部アナトリアのルーム・セルジューク朝のスルタン、カイカーウス一世と同盟を結んだ。カイカーウス一世は、自国の支配をシリア南部に広げることを求めていた。彼はパレスチナのスルタンに圧力をかけ、その間に十字軍が直接エジプトのデルタ地帯を襲った。このエジプトへの侵略は第五次十字軍として知られるようになった。一二一八年の六月に、十字軍の勢力はナイル川のデルタ地帯に達し、ダミエッタの港を包囲した。ダミエッタは、カイロにあるエジプトの首都を攻撃するための基地として役立つことになった。

アル・アーディルは北部のエジプト人とパレスチナ人の部隊を統合した後、九月の作戦で死ぬまで、十字軍に対して野戦を挑んだ。高齢だったにもかかわらず、アル・アーディルはとびきり優れた将軍で、有能な司令官だった。彼の息子のアル・マリク・アル・カーミル（一一八〇―一二三八）は、軍人としての能力もエネルギーも父親に及ばなかった。むしろ彼は、慈悲深さと優れた人間性で知られていた。一二一九年に、アルバーノのペラギオ・ガルヴァニ枢機卿が、十字軍の指揮を執るために到着した。十字軍は競争心と派閥争いによって分裂の危機に瀕していた。アル・カーミルは十字軍の包囲攻撃の停止とエジプトからの撤退と引き換えにエルサレムを解放することを仄めかしながら、和平交渉を持ち掛けた。十字軍の世俗の指導者、とりわけエルサレムの名義上の君主だったジャン・ド・ブリエンヌは、交渉に前向きだった。しかしガルヴァニ枢機卿は、エジプトの脅威の除去とイスラム支配下で暮らすキリスト教徒への支援を抜きにしたスルタンの提案では、持続的な安全保障は得られないと信じていた。枢機卿は和平の申し込みを拒否した。

この旅で、フランシスコは仲間のペトロ・カタニオ（この名前は彼の生まれたベヴァーニャの近くのグアルド・カッターネオにちなむ）を同伴していた。ペトロは最近兄弟会に入ったローマ法学者だった。フランシスコのエジプトへの旅は運動の指導者が加わっていた点で特異だったが、一二一九年の集会の宣教団派遣計画の一環だった。

この旅のルートが典型的な東回りのルートを取っていれば、フランシスコは南イタリアのバリもしくはブリンディジから旅立った。彼の乗った船はその後、ギリシアの沿岸を航海し、クレタ島の北岸に沿って進み、おそらく物資の供給のためにロードス島かアクレの十字軍の要塞に寄港した。次から次へと港に立ち寄り、船はナイル川のデルタ地帯に向かって、南へ進んだ。兄弟たちの何人かはすでに十字軍と合流しており、他の兄弟たちはフランシスコと一緒に旅をしていた。後の史料に、兄弟の中のイルミナートとレオナルドの名がフランシスコの仲間の中に示してある。計画が十分とは言えなかったフランスへの旅の時の状況とは違い、フランシスコによる代理人の指名は、フランシスコが不在でも彼の兄弟会の運営に支障がないことを請け合った。

フランシスコが現地に到着したとき、十字軍はダミエッタを包囲していた。兵営での軍隊生活は、フランシスコの心を深く乱した。兵営生活は惨事の予感を抱かせ、心の傷となった若き日の戦闘の記憶を蘇らせた。彼は仲間の一人――おそらくはペトロ・カタニオ――に、自分が何をなすべきか問いかけ、不安を口にした。その修道士はフランシスコに自らの本能に従えと告げた。そこで、いささか場違いな小柄な修道士のフランシスコは動き出し、兵営の周辺を徘徊して、兵隊たちに自分の不安を――どう見ても元気はなかったが――大声で伝えた。荒っぽい十字軍の兵隊たちにとって、フランシスコは冗談の種になった。十字軍の指導者たちにとって、彼は兵士たちの士気を削ぐ存在だった。だが、フランシスコの不安に根拠があったことが明らかになった。十字軍は一〇月二九日の市壁を目前にした闘いで、大敗を喫した。後の物語では、この出来事はフランシスコの先見の明に富んだ恐れを知らない予見が的中した、と書き換えられている。一方で現代の伝記作者たちは、平和主義、反戦の説教としてこの出来事をしばしば再構成している。フランシスコの本当の動機は、非常に個人的なもので、予見でもイデオロギーに基づくものでもなかった。

いずれの場合にしても、フランシスコは臆病ではなかった。彼はただちに敵の前線を越え、イスラム軍の陣地に入り、スルタンのアル・カーミルにキリスト教を伝えようと、許可を求めた。ペラギオ枢機卿はこの申し出を即座に却下した。一般的に、イスラム教徒に棄教を迫ろうとする人間に下される罰は、棄教した全てのイスラム教徒に下されるのと同じ、死刑だった。フランシスコは怯まなかった。彼と同伴者——後の史料でイルミナートとされている——は、ペラギオを悩ませ続けた。二人は許可を得るだけで、ペラギオの指示を得るのではないから、二人に何が起ころうといかなる責任もペラギオ枢機卿には無いと言い張った。ペラギオは高位の聖職者外交官であり、管理者であったが、フランシスコとその運動についてほとんど何も知らなかった。ペラギオは、二人の意図がどこにあり、エジプト軍の陣地に入りこむことがどんな結果をもたらすか、知る術がなかった。ペラギオは、二人の計画が神の計画であるか悪魔の計画であるのか知る術がないからと言って、再び二人の申し出を却下した。最後に、二人の不屈の意志に根負けしたペラギオ枢機卿は、二人がエジプト軍の陣地に入ることは止めないが、どんなことがあっても二人と自分との間に何らかのやり取りがあったということを誰にも告げるなと口止めした。

ペラギオ枢機卿は、妥協して「二人が危害を加えられ、収監され、殺されても、わたしからの援助は一切期待するな」と言って、表向きはこの問題から手を引いていた。しかし枢機卿の第一の関心事は、二人の訪問が交渉を拒否する強硬路線をとる彼の立場に何らかの変化があると、アル・カーミルが考えないようにするところにあった。十字軍の世俗の指導者たちは、フランシスコの戦線越えが、和解交渉再開への可能性をもたらすことに大いに期待を寄せていただろう。フランシスコはおそらく彼の尽力が政治的に利用される余地があることに、気がついていなかった。いずれにせよ、武器を携行しない二人は、十字軍の陣地を後にし、ナイル川を渡り、イスラム側の要塞に到達した。守備兵は、二人がキリスト教の信仰を放棄し、イスラム教の信仰を受け入れるつもりの棄教者だと思い込み、捕まえた。二人にイスラム教を受け入れるつもりがないことがはっきりすると、守備兵たちは二人を虐待し始めた。フランシスコはアラビア語をまったく知らなかったが、彼が知っているたった一つの言葉――「ソルダン［＝スルタン］」――を繰り返し叫び始めた。困惑した守備兵たちは二人をスルタン、アル・カーミルのところに連れていった。

どの記録も、アル・カーミルは二人が事実上、和平交渉の再開を託された新しい使節だという望みを、まず間違いなく抱いて、フランシスコたちを歓待した、と述べている。アル・カーミルは、二人の剃り上げた頭と宗教者の身なりをしているところから、キリスト教の聖職者としてフランシスコたちを捉えただろう。アル・カーミルは疑いなく、通訳を使って、二人が十字軍の使者なのか、それともイスラム教を受け入れるつもりなのか、あるいはその両方なのかと尋ねた。フランシスコは十字軍の指導者からの伝言についての質問を無視して、単刀直入に話題の核心を突いた。彼は主イエス・キリストの使者であり、スルタンの魂の救済のためにやって来た。フランシスコは心を込めてキリスト教を説明し、擁護した。これはアル・カーミルのまったく望んでいないことだった。彼は自分には神学上の議論をする時間がなく、二人にイスラム教の真髄を示すことのできる宗教の専門家がたくさんいると答えた。

フランシスコは、自分の伝言に耳を貸すさらに多くの聴衆がおり、討論について合意を得たことを悦び、スルタンとその助言者たちが、フランシスコの話によって説得されなかったなら、自分の首を切り落としてもよいと言った。スルタンの宗教上の助言者たち数人が、ムハンマドの信仰をフランシスコに説くために召喚された。フランシスコは自分の信仰を説明することで、彼らに応じた。反応は迅速だった。フランシスコは助言者たちを何とか棄教させようとし、それ故に危機に陥った。イスラムの宗教上の専門家たちは、イスラムの教えとムハンマドに逆らう説教をしたことで、二人を死刑にするようアル・カーミルに一致して進言した。イスラム教の専門家たちは、二人の話すことが危険でさえあるから、二人の話を聞かないようにとスルタンに警告した。宗教的指導者たちはその後引き上げた。フランシスコは臨席していたイスラムの宗教指導者の一人に、肯定的か否定的か、どちらかの印象を与えていた。イスラムの法学者、ファフル・アッディーン・アル・ファーリシーがアル・カーミルと共に、「キリスト教の修道士の事件」に巻き込まれたことが、彼の墓石に刻まれている。

アル・カーミルはしかし、フランシスコたちを死刑にもしなければ、退出させることもしなかった。それどころか、二人だけをおそらく通訳と一緒に残したままにした。彼はフランシスコの死をも恐れぬ信仰の深さと真剣さに深く心を動かされたように見える。アル・カーミルは、宗教の問題を自由に話し合ったのちに、そこで、政治的交渉についても忌憚のない話し合いをおそらく望んだ。こうしてフランシスコとイスラムの指導者アル・カーミルとの長時間にわたる会話が始まった。フランシスコは十字架で死んだ主イエス・キリストに関するキリスト教徒の信仰と救済の約束を話し続けた。アル・カーミルは、小さなイタリア人、フランシスコの説教に政治的打診が隠されていないかどうか、折に触れては確かめながら、熱心に耳を傾け続けた。アル・カーミルは、助言者の強硬な意見にもかかわらず、フランシスコの信仰の表明にほとんど異を唱えなかった。ジャック・ド・ヴィトリが書きとめているように、イスラム教徒は、イエスを褒め称えることに反対しなかった。話し手がムハンマドの託宣を貶しさえしなければ、彼らにとってもイエスは預言者だったからである。フランシスコは誰に対しても悪口を言わないのと同じく、ムハンマドの悪口もけっして口にしなかった。後に、他のフランシスコの兄弟たちが、戦線を越えて、ムハンマドに反対する説教をしたとき、幸いなことに、むち打ちの刑を受けるだけで済んだ。

数日をかけて何回か討論をしたのち、この討論が政治的な前進をもたらさないことに気がつき、アル・カーミルは討論を打ち切ることにした。最後に、スルタンは申し入れをした。二人がこのままとどまり、イスラム教を信じれば、二人が何不足なく過ごせるようにすると。フランシスコと仲間が、改宗することはあり得ず、キリストの教えを説き続けると再び口にし、スルタンの申し出をきっぱりと断った。そこでスルタン、アル・カーミルは中東の典型的なもてなしに取り掛かり、高価な布や金銀の装身具を並べたテーブルを持ち出し、贈り物として受け取るように二人に申し出た。フランシスコは、自分たちの修道生活ではいかなる高価な贈り物も、お金も財産も受け取ることを禁じていると言って、アル・カーミルを大いに驚かせた。一方で、その日の食事は喜んで食べた。アル・カーミルが——一部のキリスト教側の史料が主張しているように——フランシスコに自分のために祈ってくれと求めたかどうかは分からないが、喜んで豪華な食事で二人をもてなした。その後、二人を十字軍の前線まで送って行くように命じた。

フランシスコはスルタン、アル・カーミルを改宗させることこそできなかったが、一緒に行ったイルミナートとされている仲間とフランシスコの二人は、アクレの司教だったジャック・ド・ヴィトリを含むダミエッタにいたキリスト教の聖職者たちに強い印象を与えた。司教の不興を買いはしたが、アクレの聖ミカエルの十字軍教会の主任司祭ドン・ラニエリは、フランシスコの小さき兄弟会に入るために、師を捨てた。ラニエリの近くにいた二人の他の聖職者、イギリス人のコリンと、聖十字架教会のミカエルもやはりフランシスコの会に入った。一二二〇年の二月末か三月の日付のある祖国の友人に宛てた手紙で、ド・ヴィトリは、志願者の吟味とふるい落としの失敗と、準備も整わないのに世界各地に熱狂的に人々を送り込む行き過ぎた熱意は、フランシスコの運動の急激な発展によるものだとした。ド・ヴィトリの意見では、運動に惹きつけられた多くの人々もまた、気まぐれで、若者が多く、遍歴生活と隠棲修道生活抜きで宗教的生活を送る危険に対する準備が不足していた。フランシスコが一二一六年に北イタリアに戻り、ウンブリアという一地方の信徒修道士たちを惹きつけていただけのころは、ド・ヴィトリは、フランシスコの運動に好意的だった。いまや、敵陣に入りこむというフランシスコの無分別な熱意と彼の異例の速さで教会内の位階を上ることへの執心という点から判断して、ド・ヴィトリの見解は、ずっと複雑になっていた。ド・ヴィトリは友人たちに宛てて、詠唱者カンブレーのヨハネ、聖職者アンリ、それに他の幾人かをフランシスコの運動に加入させないことに成功したと書き送っている。こうした離反の出来事は、一二一七年にイタリア以外へ派遣された宣教団に続いて兄弟会が経験した、会員数の急激な拡大の一部であった。

しかしながら、フランシスコがアクレの司教や聖職者たちに与えた衝撃は、短命に終わった。それはフランシスコがすぐにエジプトを離れたからだった。一二一九年一一月五日の十字軍のダミエッタ征服後しばらくしてフランシスコはエジプトを離れることにした。ダミエッタの市壁崩壊後の十字軍による略奪の恐ろしさが、コッレストラーダで兵士として戦った自分の経験を、痛みをともない、悪夢のように再現して見せた。フランシスコは八月の終わり頃にエジプトに到着していたから、彼のエジプト滞在は最大でも二、三か月続いたに過ぎない。フランシスコの仲間の多くが十字軍と共にエジプトに留まり、ダミエッタ市内の教会に奉職するものもあった。フランシスコ自身はシリアに向かったが、そこにはフランシスコ宣教団が、二年前に到着していた。

シリアに到着すると、フランシスコはイタリアから不安な知らせを受け取った。彼の不在中に代理人のグレゴリオとマタイが、悔い改めの規律に、今日では些細に思える変更を加えたのだ。当時一般的に採用されていた教会の規律によれば、兄弟たちは金曜日——カトリックの断食の日——に肉食を禁じられていた。フランシスコ自身は土曜日——ラテン教会の伝統的な悔い改めの日——にも肉食の禁止をつけ加えていた。他の日には兄弟たちは肉を食べることができた。代理人たちは、断食しない日に兄弟会は施し物として自発的に施された肉だけを食べるべきで、自分たちで一切調達してはならず、施し物であっても月曜日には肉は食べないと決めた。これに加えて代理人たちは、水曜日と金曜日には、彼らに施し物として与えられたものでなければ、肉と同じように乳製品も禁じることにしたのである。ある信徒修道士は、代理人たちが生活様式に禁止令をつけ加えたことに憤慨し、戒律の写しを盗みだし、無断でイタリアを抜け出した。

その兄弟は十中八九、アクレの十字軍の要塞でペトロ・カタニオと他の兄弟たちと昼食を摂るために座っているフランシスコに会うためだけの理由で、シリアに到着した。昼食にはこの新しい戒律にはかかわりなく以前通り、肉食禁止の日ではなかったので、肉が供されていた。その兄弟は戒律を盗み、「従順の掟」を破ってイタリアを抜け出した罪を告白した。彼の衝撃的な振る舞いには目をつむって、フランシスコは新しい戒律を読み、ペトロに手渡した。ペトロは訓練を積んだ教会法の専門家だった。フランシスコはよくおどけてするように、法学者の名誉の徴（しるし）を彼に与えたらと、ペトロに問いかけた。「わが主ペトロ、我々は何をすべきだろう」と。ペトロは間違いなく笑みを浮かべ、「どうにでも気の向くままに、主フランシスコ。ここではあなたが権力者です」。フランシスコは「それじゃあ、福音書にある通り、我々の前にあるものを食べることにしよう」と応じた。その信徒修道士を含めた一団はそれから昼食の席に着いた。聖書や公の教会法を逸脱した新しい戒律は、フランシスコの固い信念、兄弟たちは福音のみによって生きるべきだという信念に背いていた。

地中海東岸のアフリカの地への旅の間に、フランシスコは一度もエルサレムを訪ねていないように見える。なぜかと言えば、イスラム支配下にある都市を訪れたキリスト教徒に、ホノリオ三世が科すことになる法で定められた破門の罪に、フランシスコがそれまでに陥った記録が存在しないからである。もしフランシスコが聖地のどこか他の遺跡を訪れていたとすれば、最高の記録がその地に関して眠っていることになる。短期間で、おそらく三月初めか四月初めに、フランシスコはペトロ・カタニオ、アシジのエリヤ、それに多分、アシジのエリヤによって入会を認められた新しい修道士、シュパイアーのカエサリウスによって勧誘された新しい聖職者たちと一緒に、おそらくアクレからイタリアに向けて旅立った。

# 5 フランシスコの帰還

一二二〇—一二二一

フランシスコはおそらく一二二〇年の晩春に肉と心の悪霊と向き合うために、シリアから帰還した。フランシスコは、まず間違いなくマラリアと様々な感染症にかかっていた。病気は死に至るまでに、時々刻々と悪化していった。肉体的な病気は彼にとっては大きな重荷にはならなかった。彼が留守の間に生活の規則に加えられた変化の数々が、フランシスコ抜きに、フランシスコのヴィジョンと相いれない実践が、仲間たちによって何の気兼ねもなしに導入されたことを明らかにしていた。あの従順を無視した信徒修道士がいなければ、ずっと後になるまで、代理人のナポリのグレゴリオとナルニのマタイによって導入された逸脱に、フランシスコは気がつかなかったかもしれない。いままでは帰還して、彼個人をいっそう打ちのめす状況に直面していた。フランシスコは運動の指導者や指南役の立場から逃げ出すわけにいかなかったが、これは彼の性向と霊性にまったく相反する何ものか、誤りを裁く審判に立ち会い、訂正を下すことを意味した。急速に拡大する運動の中での指導的立場は、福音に反するように見えた。福音は、すべての者よりも「小さく」あるべきことをフランシスコに求め、すべてのことにおいて他者に従順であることを求めた。指導的立場は、他者を彼に従属させた。霊的には、これは耐えられない重荷であり、彼が一刻も早く一掃することを願ったものだった。

## フランシスコと枢機卿

一二二〇年の春から一二二一年の春までの一二か月は、フランシスコの「恐怖の一年（*annus horribilis*）」、彼の人生の中で最も痛ましい一年になった。グレゴリオとマタイの指導と、二人より年上の修道士たちの会議らしきものの下で、運動はフランシスコに休息を強いる方向に変化して行った。指導者たちはいくつかの新しい苦行の実行を規則に入れていた。その中で一番重要なものは、象徴的、規制的な理由で、食物に関する新しい規定だった。それがフランシスコの中東からの慌ただしい帰還を促す引き金になっていた。あらゆる他の修道会の規範となっている菜食主義を押し付けてはいなかったが、新しい規制は、教会法が禁じていない日に肉と乳製品を食べることに制限を設けた。これらの新しい規制には、どう見ても実際に「修道生活的」なるものは存在していなかった。金曜日以外の日々の肉食禁止の習慣は、普通の平信徒の習慣で、その上、非常に古い時代の習慣だった。兄弟たちがおそらく肉を食べているところを、信心深い平信徒が目にしたことで、何らかの批判を受けたのだろう。食物についての新しい規制は、信徒たちの兄弟会への期待に順応する方向への目立たない足取りだった。

信心はフランシスコにとって苦痛ではなかった。彼を怒らせるのは、聖書に記述がないこと、とりわけ「目の前にあるものを食べよ」と要約されるキリストの教えに反する規制を科すことだった。それ以上に問題になるのは、この食生活の規制の変更が、節制に励んでいる他の修道士たちとの不愉快な比較や批判を避けることを修道士たちに許したことだった。フランシスコにとって、福音に従うとは、まさにこの種の批判に対峙して自分自身を磨くための第一歩だった。問題は兄弟たちが「隠棲修道院の」修道士になることでも、いわんや断食したり肉食を禁じたりすることでもなかった。兄弟たちが信仰上の誤解に基づく苦行をいやいや耐え忍ぶことだった。

その上、食生活の変更はフランシスコを悩ませた一番大事な問題ではなかった。イタリアに帰って、フランシスコは二つの他の難題に直面した。彼の初期の仲間の一人、兄弟カペラのヨハネが急に態度を変えて、ハンセン病者の介護施設を立ち上げた。その施設は、物乞い、ハンセン病者、信心深い男性、それに女性をも含む入りまじった集団で成り立っていた。この緩やかな組織および貧者との関わりは、現代の研究者から見ると、回心直後のフランシスコの活動の焼き直しのように見える。そのような組織の発表の何が問題なのか？　しかし、ハンセン病者に適応した介護の問題は、後に見るように、ヨハネの集団が解体した後になっても、フランシスコを悩ませ続けた。ヨハネのハンセン病者の介護計画に対するフランシスコの厳しい反応の背後に横たわっていたものが何であったか、おそらく何としても分からないだろう。もしかすると、フランシスコはハンセン病者に科される「隔離」をその修道士が無視したことで受ける、世間の批判を心配したのかもしれない。しかし、この見解は、「小さき兄弟たち」の指導者にはふさわしくない。むしろ、おそらくは、ヨハネの組織に介護サービスの専門化の兆しがあったからであり、それでほとんどの修道士たちがその仕事を回避するのを認めていたのだろう。さもなければ、フランシスコにとってハンセン病者の介護の経験は大きな意味があったし、修道士たちがハンセン病者の助けになることを大いに望んではいたが、彼の修道会がソーシャルワーカーや看護人の集団になってしまうことは、何としても避けたいと思っていたのだろう。小さき兄弟たちは福音に従って生きるために召命されたのであって、特定の慈善活動を行うために召命されたのではなかった。

一方で、もう一人の初期の仲間、兄弟フィリポ・ルンゴは、クララと「貧しい婦人たち」に責任を負っていたが、その修道女たちを悩ます人物は誰でも破門する権威を自分に与え、彼女たちを保護する許可を願う手紙を教皇庁に送っていた。このことがなぜフランシスコを悩ませたかということはたちどころに理解できる。そのようなやり方は、フランシスコが全面的に拒否してきた、まさに悪に立ち向かうに権威に頼る類の方法だった。小さき兄弟たちは、キリストの教え、「あなたの頬を打つ者には、ほかの頬も向けなさい」（ルカによる福音書六章二九節）に従って、いかなる状況の下でも、いかなる手段によっても、悪に報いることはしない。

食生活における禁欲主義、社会的活動、教皇の保護を寄せ集めた運動の発展は、意見の衝突の原因となり、結局、兄弟会は分裂した。矛盾対立があまりにもフランシスコを悩ませたので、フランシスコは自分の代理人や不従順な兄弟たちと、直接、立ち向かうことができないことに気がついた。その代わりに、彼は助けを求めに走った。彼の人生においてたびたびそうしたように、フランシスコは夢という苦心の譬え話を使って苦境を説明した。彼は小さな黒い雌鶏になった夢を見、雌鶏の下にあまりにもたくさんの雛が孵化したので、もう自分の翼の下に雛を庇いきれなくなったことを語った

［『三人の伴侶による伝記』第一六章六三、チェラノのトマス『魂の憧れの記録』第一巻第一六章二四］。雌鶏が必死になって雛を庇い、守ろうとしても、雛は雌鶏の翼の下から飛び出し、逃げ去った。この意味は残念なほどはっきりしていた。フランシスコは神が彼に与えた母親の役目を果たしきれなかった。失敗したのだ。

サン・ニコロ教会で聖書占いをした後にローマへ行ったように、フランシスコは直接、ホノリオ三世教皇の下に出かけて行った。彼は教皇を教皇領の都市のひとつ、おそらくヴィテルボかオルヴィエトの教皇庁に尋ねた。一二〇九年の最初の訪問の時とは大違いで、彼はすぐに教皇に面会でき、直接話をすることができた。フランシスコは教皇の部屋の扉をノックすることはせず、教皇が部屋から出てくるまで外で待っていた。フランシスコは教皇に「父なる教皇、神があなたに平和をお与えになりますように」と挨拶した。教皇は、「息子よ、わが主があなたを祝福しますように」と応じた。フランシスコはどれほど教皇が忙しいか分かっており、小さき兄弟会の生活の細々したことを相談することが無理だと知っていた。フランシスコはただ一言で説明した。「あなたはわたしにたくさんの教皇をお与えになった」。その言葉はフランシスコの傲慢な兄弟たちを意味していた。「あなたの立場でわたしが必要な時に話ができ、わたしの問題や修道会のメンバーと話し合える人物を、いま、わたしにお与えください」。教皇はフランシスコが心の中で思い浮かべている人物が誰であるか、尋ねた。フランシスコは即座に「オスチアの主」――ウゴリノ枢機卿――と応じた。

ホノリオ三世教皇はフランシスコの要請を尊重した。ウゴリノ枢機卿はすでにフランシスコと兄弟たちに助言を続けており、少なくとも一度、聖霊降臨祭の集会に臨席していた。この要請を受けて、ウゴリノの役割は劇的に変化した。ウゴリノは、教皇の立場に立って、運動に対して直接権威を発揮した。実際には、ウゴリノはフランシスコに助言し、暗黙の裡に教皇の権威を背景にフランシスコの決定を後押しした。フランシスコは彼の新しい「教皇」、ウゴリノに重荷になっていたすべての問題を預けることに時間をかけなかった。フランシスコがアシジのポルチウンクラに戻ると、教皇の問題解決者、ウゴリノはローマに出かけた。ウゴリノは、フィリポ・ルンゴが「貧しい婦人たち」を悩ます人々に対するひときわ目立つ教会法上の制裁を手にした手紙を取り消した。また、カペラの兄弟ヨハネがハンセン病患者とその介護人たちのための修道会を造る計画を握りつぶすことに教皇庁で成功した。計画の拒否は穏やかには進まなかった。そのことはフランシスコがどれほどこの違反を重く見たかを示している。ヨハネは彼の自尊心を傷つけた教皇庁を去り、二度と再び兄弟の下に戻らなかったと思われる。

フランシスコは権威を笠に着ることを嫌った。ウゴリノはフランシスコのためにうまく取り計らった。本当の権威と権力がどこにあるのか、いかなる疑問もまったく生じなかった。この時期について、ジャック・ド・ヴィトリは、本書ですでに触れた手紙の中でフランシスコと彼の運動に関して記している。ド・ヴィトリはいまやフランシスコが国境を越えた組織の頂点にいることを理解した。ド・ヴィトリは、数年前に手紙で、フランシスコ会について、体制面では一年一度の集会(カピトゥルム)以外はほとんど関係のない緩やかに組織された運動であると話している。彼はいまやフランシスコの指導力を『西洋の歴史(*Historia Occidentalis*)』の中で、君主的と評していた。ド・ヴィトリがフランシスコに用いた名称は——先導者(*summus prior*)、指導者(*magister*)、優越者(*superior*)、建設者

(*fundator*) と――定まらなかったが、このことは宗教的権威の普通のモデルにフランシスコが当てはまらないことを反映していた。ド・ヴィトリはこの時期の新しい宗教運動に精通していたが、その一体性が創立者の人格と強固に結びついている集団には一度も出会ったことがなかった。

さらに、フランシスコは指導者の立場に身を置くことに居心地の悪さを感じていた。フランシスコの指導者であることに対する意欲の欠如は、彼のエジプト滞在中に、運動が漂流し、混沌となった原因の大きな部分を占めていた。兄弟団は指導者の喪失、孤立感、見捨てられた思いを感じていた。フランシスコが死んだという噂は彼が帰還するまで流れていた。フランシスコの指導力の欠如は、責任の重さを担った教会の権威、ウゴリノ枢機卿によって修復された。新しい役割を担うと、フランシスコは中東から一緒に帰って来た修道士たちの支援に戻った。修道士はペトロ・カタニオ、シュパイアーのカエサリウス、アシジのエリヤの三人で、いずれも法律や行政に精通していた。三人全員が次の年には中心的な役割を演じた。ウゴリノ枢機卿と共に、フランシスコに助言し、彼の決定を実行する彼の私的諮問機関、キッチン・キャビネットとしての役目を果たした。この内部組織はペトロ、カエサリウス、エリヤが持つ実務的知識に匹敵する知識を持つ人々で構成されていた。フランシスコは兄弟レオのような単純で敬虔な司祭や兄弟エジディオのような文字が読めない信徒修道士たちからは助言者を登用しなかった。レオやエジディオの仲間――そして彼らの現代の称賛者――はけっしてフランシスコの決定を受け入れないか、理解しない。しかし、この登用はフランシスコ自身がただひとりで行ったものである。自分の限界を知る点で、フランシスコは賢明な登用を行った。

フランシスコがエジプトに発つ前に、兄弟たちは高位聖職者たちがいつも彼らを快く受け入れない、教皇の特権が必要だと不平を鳴らしていた。フランシスコはその時は兄弟たちの考えを受け入れなかった。帰還後は、兄弟フィリポの要請した修道女たちに対する教皇勅書をためらうことなく握りつぶした。しかし、中東への出発前に始めた現実的対応の尊重は変えぬままだった。ローマ教皇庁の好意的な人物、おそらくウゴリノ枢機卿は、教皇と共にフランシスコの運動の地位を向上させた。現存しているフランシスコ宛ての最初の教皇書簡は、その事実を明らかにしている。書簡は特権や保護を記したものではなく、単なる紹介の書簡だった。一二一九年六月にホノリオ教皇によって出された教皇書簡『クム・ディレクティ・フィリイ（*Cum Dilecti Filii*）』は、その年の聖霊降臨祭の集会の直後、おそらくフランシスコがエジプトへ発つ直前に届いていた。フランシスコに宛てられていたので、彼の役割についての熱意はさほど感じられないにしても、要請はフランシスコの意見を得て書かれたと思える。書簡には、教皇庁がフランシスコの仲間たちを「忠実なカトリック者たち」であるとして受け入れることを、司教たちに想起させる以上のことは何も書かれていない。書簡は兄弟たちに説教をさせ、住居を建設させることについては何も触れていない。しかし、教皇の保護はそれ自体で力になる。ウゴリノの指名は、その保護のもう一つの徴（しるし）であった。

この時代を目撃し、貴重な年代記を書いた修道士、ジアノのヨルダヌスは、ウゴリノ枢機卿が小さき兄弟会の責任者に指名され、問題になっている兄弟たちを教導すると、フランシスコはすぐに集会が来春ポルチウンクラで開催されることを告げた、と記している。その集会は兄弟会の最大で最も重要な集会になるはずだった。ウゴリノは兄弟たちの問題とこの集会に直接関与した。運動の責任者に教皇から指名されると、ウゴリノは司教たちに、フランシスコの運動の正統性を保証する手紙を送り、彼と同じように事を運ぶよう他の枢機卿たちを説得したと思える。一二二〇年五月二五日にホノリオ教皇によって出された小さき兄弟会宛ての二番目の教皇書簡『プロ・ディレクティス・フィリイス（*Pro Dilectis Filiis*）』は、書簡による宣教活動の最中に送られて来ており、効果を上げただろう。教皇じきじきだった。はじめ、教皇はフランシスコの小さき兄弟会をオルド（*ordo*）——教会法上の修道会——と呼び、司教たちに兄弟たちを認め、兄弟たちが住居を所有することを許可するように命じた。これは兄弟会の修道士たちが彼らの反対者に対抗して使える力になった。

　フランシスコはこの最初の二通の教皇書簡を無効にすることは一度としてなかったと言われている。人生の終わり近くに、フランシスコは『遺言』の中で、保護に関しての教皇の書簡を将来的にはこう使いたいといういかなる要請も怒りをもって拒否しているが、彼がこれらの最初の教皇書簡を拒否したり批判したりした証拠は存在しない。二通の教皇書簡の内容は、兄弟フィリポが求めた保護や破門の権限とはいささか類を異にする。書簡の内容には、小さき兄弟たちに対する強制的な言辞や非常に横暴な権力の発動は見られない。年ごとに教皇庁の小さき兄弟会への肩入れはました。一二二〇年一一月二二日に教皇は修道士たちに新しい教皇書簡『クム・セクンドゥム（*Cum Secundum*）』を出したが、その中で一年にわたる修練期——新会員に対する訓練と試験の教会法上の見習い期間——の完遂なしに入会を許可することを、フランシスコ会の「長（priors）や保護者（custodians）」に禁止した。ホノリオ教皇は同じ時期にドミニコ会にも同じ制度の採用を命じた。教皇がドミニコ会と親密な交流を持たなかったことは、書簡の中でドミニコ会の「修道院院長」という言葉を使っていることでよく分かる。フランシスコのような説教者たちは、求道者を習慣になじませる前にすぐに修道志願者にしてしまっていた。フランシスコは、とりわけエジプトからの帰還後に、野放図に修道士を受け入れることで問題に直面していた。フランシスコは、求道者自身がもっと良く自分自身で適性を見極めることを望んでいただろう。

『クム・セクンドゥム』は、フランシスコを名指ししていなかった。そこでフランシスコは教皇の叱責を免れた。しかし、小さき兄弟会に入会を望む者は「誰でも入会できる」というフランシスコの周知の方針に対する非難が教皇書簡の背後に窺えた。ジャック・ド・ヴィトリはいち早く一二一六年に「野放図な入会許可」を非難していた。教皇書簡はフランシスコの運動に加わることを許可できる決定権を持つ唯一の立場、エジプトへ行く前から彼が代理人たちと共有していた特権を、フランシスコから剝奪した。フランシスコは再び、彼の自由放任政策のツケを十分に払わされることになった。彼がこの変更に何らかの異議を唱えた痕跡はない。同じ書簡は、「従順」の掟を破って前線を越えて敵の陣地に入りこんだ兄弟たちに科す教会法上の懲戒（破門、もしくは聖務停止処分）をフランシスコに加えることも無かった。この書簡は、修道院内の生活や宗教的規則に直接かかわっていた。

この書簡で、兄弟会入会許可に関するフランシスコの方針は完全に転換したが、その背後には一二二〇年晩秋のフランシスコのローマへの旅とウゴリノ枢機卿訪問という事実があるのだろう。後の伝説は、枢機卿の卓上の豪華な食事に代わる食物をフランシスコが願いでた逸話と、この訪問を潤色して関連付けている。ウゴリノ枢機卿との夕食は、もう一つの作り話、フランシスコとドミニコ会の創立者、グスマンのドミニコとの出会いの場面をつけ加えることになった。ドミニコが、この席上でおそらく両者の運動の合併をフランシスコに申し入れ、拒絶に遭ったという場面である。こうした話にはこれと言った証拠はまったく無く、伝説の世界で広く流布している。この訪問の際に実際に起こったことの方が、ずっと大事で、今日に至るまでその重要性を失っていない。

教皇庁がフランシスコ会の運動とその実態についての知識がほとんどなく、連携もなかったと認めることは、ウゴリノ枢機卿が、個人的に枢機卿たちや教皇庁の聖職者たちにフランシスコを紹介したことを明らかにする。フランシスコの運動は大きくなり、発展していた。フランシスコはいまでは国境を越えて有名になり、教皇庁への出頭は兄弟会の顔見世だった。フランシスコの「修道会（order）」は、教皇の認可を受けた信徒会として機能するままだった。会はいまだにきちっと組織されておらず、だいぶ前に亡くなったインノセント三世教皇から口頭だけで認可を受けた「会則」によって統治されていた。兄弟会は――ベネディクト会、シトー会、それに新しく創立されたドミニコ会と同等の地位にある――カトリック教会の確立された修道会になる必要があった。

ウゴリノ枢機卿は、フランシスコをローマ教会に紹介する最善の方法は教皇の枢密会議でフランシスコに説教させることだと決めた。枢機卿の思いつきそのものがフランシスコを怯(おび)えさせた。フランシスコは一二〇九年の最初の訪問の時、彼の監督者、コロンナ枢機卿を通じて以外教皇庁に話をしていなかった。「自分は単純で愚かな者」で話すことはできないとフランシスコは主張した『三人の伴侶による伝記』第一六章六四］。これはいささか誇張し過ぎである。この時までにフランシスコは助祭に叙階されており、毎日の聖務日課ではラテン語で詠唱していた。ウゴリノは自説を曲げず、説教の草稿を読むこともできれば、そのほうが良ければ記憶に頼ることもできると示唆した。フランシスコはためらいつつも同意した。しかし、ウゴリノが教皇庁に現れたフランシスコを目にした時、フランシスコは覚えたことをまったく忘れてしまっていた。フランシスコは即興で、感動し、心の底から湧き出てくる話をし、自ら述べた考えに興奮したあまり、熱狂して踊り出しかねなかった。ウゴリノは間違いなく「しまった」と思った。そのような振る舞いで教皇庁の時間を無駄にすることが愚かに思えたのである。しかし、フランシスコは何から何まで正しかった。書かれた文章を読むことは彼の柄ではなかった。ウゴリノの不安をよそに、教皇と枢機卿たちは魂を奪われ、すっかり参っていた。フランシスコのキリストと悔悟の説教は、教皇庁の高官たちの涙を誘ったのである。

ローマ訪問の間にどんな問題が解決を見たのかは、史料がないので分からない。しかし十中八九、フランシスコは彼の法律顧問ペトロ・カタニオと編集秘書シュパイアーのカエサリウスと一緒に、彼がその時筆にした「生活様式」についてウゴリノ枢機卿やこの問題の他の専門家と相談している。兄弟たちが一二〇九年からそれに従って暮らしてきた「会則」は、インノセント三世教皇によってフランシスコに許可された聖書の短い数行から、思いがけない形で発展していた。初期の集会で、いくつかの条項、フランシスコがいつも具体的な状況や問題に応じて用意しつけ加えた他の条項が加えられた。教皇の公式の認可を得るために提出された規則は、注意深く練られ、書き直され、より一般的で体系的なものになったに違いない。そうした抽象化と論理化による規則の再編は、事の性質上、フランシスコ自身の経験、選択、受容から得られた直接的で具体的な内容を失う恐れがあった。そうした改定作業がフランシスコに加えた重圧は大きかった。フランシスコは自分が計画を立て、統治するといった仕事には不向きだと考えていた――あまりにも多くの雛を抱えた黒い雌鶏だった。フランシスコはそれとは知らずに、彼がいなくても修道会が存続できるための憲章を手探りしだしていた。

フランシスコがウゴリノの密接な協力者だった枢機卿、レオーネ・ブランカレオーネのところに滞在している間、緊張のあまり、フランシスコの頭に異変が生じた。この訪問の年次を明らかにする史料はないが、頭の異変は一二二〇年の晩冬のフランシスコのウゴリノ訪問の時期とぴったり一致する。サンタ・クローチェ大聖堂の司祭枢機卿ブランカレオーネは、北イタリアの教皇使節としてウゴリノと一緒に聖務についていた。そして、ウゴリノと同じように、フランシスコとその運動に感動を受けていた。ウゴリノと共に滞在している間に、フランシスコはおそらく四旬節の隠れ家として、ブランカレオーネの住居で数日過ごすという招待を受け入れた。ブランカレオーネ枢機卿はフランシスコが祈りの時間を過ごすことができる市壁の中にある塔を所有していた。ローマの冬の寒さと雨の中を、エジプトからの帰国以来体調がすぐれないフランシスコが旅することは愚かなことだった。フランシスコに同行していた草創期以来の仲間、兄弟アンジェロ・タンクレディは、申し出を受け入れるように勧めた。ブランカレオーネ枢機卿の塔は市の隠者の住居さながらだった。フランシスコがこの時期にまた作成していた『隠遁所のための規則』での用語を用いれば、アンジェロはフランシスコの物質的な必要を満たし、食事を提供する「母親」になるはずで、一方、フランシスコは祈りと隠遁で日々を過ごす「息子」になるはずだった。それは実際的な配慮であるように思えた。

塔でのまず初めの夜に、フランシスコは助けを求めてアンジェロに叫び始めた。アンジェロはおそらく高熱に浮かされ、譫妄（せんもう）状態に近く、汗まみれになったフランシスコを目にしたに違いない。フランシスコがエジプトで罹ったマラリアの発作であったと見ていいだろう。しかし、フランシスコにとって、苦痛はすべて霊的なものだった。肉体を殴打するように思える悪魔の暴力的な一連の攻撃を、フランシスコはアンジェロに詳しく話した。フランシスコはアンジェロに一緒にいてくれるように懇願した。一人になることが怖かったからだ。二人は一晩中寝ないで起きていた。フランシスコはアンジェロの問いに答えて、胸の内を吐露した。思い当たるような深刻な罪を犯してはいないが、神は彼を罰するために、神の「番兵（*gastaldi*）」、悪魔を遣わしたと話した。フランシスコは、神は時々、いつもより厳しい態度で人々に自分の良心を調べるさせるために、知らないうちに罪を犯した人々を罰する番兵を使うので、自分がいくつかの記憶にない罪の罰を受けているに違いないと推測した。このごくありふれた悪魔論はフランシスコにはごく当たり前のことだった。フランシスコの良心を咎めていたものが何であったかを明らかにする直接的な証拠は存在しない。しかし、彼の翌朝の行動が手がかりを与えてくれる。翌朝早々にフランシスコはブランカレオーネ枢機卿のところに出かけ、自分がもはやローマに留まることはできず、兄弟のところに帰らなければならないと告げた。小さな黒い雌鶏は、雛の群れを捨てるという罪を犯したか、犯そうとしていた。枢機卿はフランシスコの決定を尊重し、出発させた［『完全の鏡』第四章六七］。

フランシスコとアンジェロの二人は、リエティの近くのフォンテ・コロンボにある兄弟たちの拠点に向かう道へと出発した。そこでフランシスコは会則の改訂作業をすることになっていた。フランシスコは弱っていたので馬に乗り、一方、アンジェロはフランシスコの傍らを歩いた。食べるときと寝るとき以外は、フランシスコはアンジェロと聖務日課書を朗誦する時だけ馬から降り、しばしば、晩冬の雨の中にずぶ濡れになって立っていた。旅をしながら、フランシスコは、ブランカレオーネ枢機卿の塔での悪魔の攻撃について考えを巡らした。フランシスコの兄弟たちの証言を集めた『アシジの編纂文書』は、フランシスコの口にした次の言葉を記している。

「清い祈りと他の徳となるような行いから生ずる敬虔な思いと喜びとを消し去ったり、少しでも阻止することができたときには、悪霊どもは喜び躍るのです。もしも悪魔が神の僕のうちに自分の入り込む隙を手に入れることができたとして、聖なる行い、痛悔、告白、償いの力によって、できうる限り早急に、それを拭い去り破壊するほどに賢明でも思慮分別に富んでいなかったなら、瞬く間に、一本の毛髪から一本の梁(はり)を作り上げ、ますます力を発揮することになります」

［『完全の鏡』第八章九五］。

こうした言葉が本当にフランシスコの霊的な直観を示しているとすれば、どうすれば自分の計画が兄弟たちの心を動かすことができるかについて悩み続ける良心の咎めを振り払おうとするフランシスコの姿を目にすることができる。フランシスコは自分の前途に横たわる苦渋に満ちた選択と過酷な労働に対して準備していた。

## フランシスコの辞任

会則を六か月前後検討した後、一二二〇年秋のポルチウンクラでの小さき兄弟会の定期集会で、フランシスコは兄弟たちをアッと驚かせた。彼は会の指導者の立場を降り、後任として兄弟ペトロ・カタニオを指名する意図を告げた。後に、目撃者と思われる人物が、この出来事について述べている。

「修道〔会〕のすべての兄弟たちの前で長上職を辞任して言いました。『これから、あなた方にとって、わたしは死んだのです。兄弟ペトロ・カタニオに、わたしも、そしてあなた方全員が従いましょう』」〔チェラノのトマス『魂の憧れの記録』第二巻第一〇四章一四三〕。

すると兄弟たち全員が大きく叫び声をあげ、激しく泣き始めた。しかし、祝福されたフランシスコは兄弟ペトロの前に額づき、彼に従い敬うことを約束した。そこで、ペトロ・カタニオは以前、ナポリのグレゴリオとナルニのマタイが使っていた名称、フランシスコの代理人を名乗ることになった。しかし、以前の場合とは異なり、フランシスコはそのまま会に居続け、姿を見せ続けた。フランシスコはいまや、ペトロに服従する立場に身を置き、自分が新しい役に就くことを語り出した。指示を出す指導者としてよりも模範的な兄弟、人間性と従順の模範を兄弟に示す人物になった。繰り返しフランシスコは、「守護者（guardian）」、それどころか新参者を望んでいると主張し、すべての面において彼が従うことができる者に地位を譲り渡した。指導者であり創立者であるフランシスコは、いまでは新参者よりさらに低い地位になった。こうした新参者たちは『クム・セクンドゥム』以来、平等の立場にはなく、会をいつでも辞めさせられることができるようになっていた。

理屈で言えば、衝撃的なほどの立場の逆転だった。小さな黒い雌鶏、フランシスコは兄弟たちへの責任を他の人間に手渡し、すべての者に従属し、誰にも優越しないという素朴な小さき兄弟の生活、彼が望んだ生活に思い通り復帰できた。誰一人として期待に背く者はなく、いわんや教皇とフランシスコ会の指導に背く者は存在しなかった。フランシスコが事実上の指導者のままだった。生涯、フランシスコは小さき兄弟会の統治に介入し、会規を制定し、会の指導者たちの誤りを正した。彼はもはや「公式には」その立場におらず、他の会員たちの「上に」いなかったから、いまでは良心に従ってこれらのことを行った。フランシスコの代理人たちは事実、自分たちの従属的役割を認め、フランシスコが生きている間は後に代理人に付された名称「総長（minister general）」を一度も使用したことがなかった。彼らはフランシスコの「代理人」のままで、自分の権限を持つ指導者ではなかった。誰もがペトロがシリアで「あなたが権限を持つ」とフランシスコに言ったときのように、本当のところを知っていた。

辞任と後任の指導者の選定は、フランシスコがエジプトに行き不在の間に大きくなった危機の解決に至らなかった。「服従者」としてのフランシスコの行動は、どちらかと言えば、危機を悪化させた。ペトロ・カタニオは強い意志を発揮することはなく、あらゆる場合に何かしようと決心したとき、フランシスコにお伺いを立てざるを得なかった。ある記録によると、フランシスコはある時、どう自分に命じるかを自分の「上位者」に伝えなければいけない立場に自分が置かれていることに気がついた。フランシスコはポルチウンクラに戻り、兄弟単純なヤコブ――フランシスコが特に気に入っていた、あまり賢明とは言えない兄弟――が、一緒に食事をするためにあるハンセン病者を修道会に連れて来ているのを見つけた。ヤコブはハンセン病者の療養施設で生活しており、フランシスコは病状の急激な悪化のためこのハンセン病者に自分の看病を特別に指名していたのだが、ヤコブはハンセン病者の患部に触れることに何の懸念も示さず、患部をきれいに洗った。その一方、フランシスコは教会の周辺にハンセン病患者たちがいることを人々が知ったら、教会に来ることを避けるだろうということを理解するほど冷静だった。加えて、ヤコブがハンセン病者を連れて公共の場所を徘徊する習慣は、人々のあざけりの的になっていた。

フランシスコは――カペラのヨハネの不始末による危機のせいでまだ仕事をしていただろうが――自ら単純な兄弟ヤコブを次のように言って叱った。

「キリストの兄弟たち」――フランシスコはハンセン病者をこう呼んでいた――「をこのように連れ出してはなりません。あなたにとっても、この人々にとってもふさわしいことではないからです」〔『完全の鏡』第四章五八〕。

この叱り方のように穏やかにではあったが、フランシスコは結局、「すべてに従順である」という自分の願いと正反対のことをした。フランシスコの行為はヤコブやハンセン病者の邪魔になった。後悔の念に打ちのめされて、フランシスコはすぐにペトロ・カタニオの下に行き、過ちを告白し、自分がハンセン病者と一緒の皿で食事をするという自ら選んだ償いを科すことをペトロに頼んだ。

「兄弟ペトロは、そのためにしばしば思い悩んでいたのですが、敢えて〔フランシスコ〕に反対することができないほどに〔フランシスコ〕を敬い畏れていたのでした」〔同〕。

こうした状況は実に異様だった。すべてに従順であるフランシスコは、自分に何を科すべきかを上位者たちに告げていた。

「これを見て、兄弟ペトロとほかの兄弟たちは、聖なる師父への畏怖と尊敬に圧倒され、何一つ口にすることができませんでした」〔同〕。

フランシスコの行動は、従順の模範を示すというよりも、公然に認められたように、フランシスコの「上位者」に恐れを抱かせるものであった。

フランシスコは彼が引き受けた「模範」たるべきことの重圧との戦いをますます強いられた。一二二〇年の冬の間、フランシスコはおそらく中東で罹（かか）ったマラリアの「熱」に何度も苦しめられていた。病気の間、肉と、肉汁から作ったスープが付いた食事を許された。フランシスコの生活の模範は節制を含んでいなかったし、菜食主義の修道会ですら病人には肉食が許されていたのだが、フランシスコは自分が悪しき先例となっていると思い込むことになった。アシジの中央広場で説教した後、フランシスコは聴衆に広場を去らないようにと告げた。フランシスコはペトロ・カタニオともう一人の兄弟を連れてサン・ルフィーノ大聖堂に行き、灰の鉢と縄を用意した。フランシスコは兄弟たちに縄で縛って自分を広場に連れ戻し、それから、彼が群衆に向かって自分の「誤り」を告白している間に、その頭に灰を撒くように告げた。名前の知られていない兄弟がはっきり拒絶の意思を示した。

「兄弟ペトロはその兄弟に告げた。『兄弟、あなたの気にいること以外何も、わたしにも、あなたにも行うことはできませんし、するつもりもありません』」〔同第四章六二〕。

フランシスコの今までの協力者である代理人は、泣きながら縄と鉢を手に、灰をフランシスコに振りかけた。

フランシスコはその行為をとても好んで行ったが、この行為は他の兄弟たちの生活の模範として役に立たなかった。小さき兄弟会はいまでは大きくなり、国境を越えて広がり、多くの兄弟たちがフランシスコと個人的に接することはまずなかった。おまけに、指導者は規定と行動の規範となる、より抽象的で実際的な何ものかを必要としていた。フランシスコの自分の指導者としての立場を放棄する決定は、彼にとっての新しい緊張と霊的な板挟みの状態をもたらした。それはフランシスコの晩年を際だたせる誘惑と霊的苦難が繰り返し生じる発作の始まりの合図となった。彼はこの恐るべき時期の強迫観念と言ってさしつかえないひどい発作について記している。時に発作は肉体を襲い、疲労を残した。他の時には間をおいて襲い、信仰の危機に至った。困惑した判断力にとって、発作の原因を突き止めること、少なくとも原因の一部を突き止めることは、おそらく悪いことではなかった。フランシスコが巨大で国際的になった修道会の運営の頂点に立つことに自分が向いていないと認識していたにもかかわらず、彼は「神が彼に与えた」兄弟たちのための生活の模範となる必要から逃れることはできなかった。彼は祈りと孤独の中だけに十分な安息を見出せたが、そうした避難は、兄弟たちから彼を孤立させ、生活の模範としての存在を兄弟たちから奪うことで、おそらく彼の疑惑と悪魔の試みをより強めることになった。神はフランシスコに彼が背負いきれない重荷を与えた。フランシスコがその重荷から逃れることはできず、引退することとさえ叶わなかった。

## さらに多くの書簡と霊的な遺言

フランシスコが一二二〇年春にイタリアに戻ったときに見つけた兄弟たちの間の混乱に対処する一つの方法は、彼が特別関心を抱いているグループ宛てに書簡を書くことだった。フランシスコはしばしば「平信徒」として、また主に「口頭の」文化の出身と描かれており、それはある程度彼の一面を表していたけれど、彼はまたイタリア人であり、読み書きの能力は北方ヨーロッパよりもイタリア半島に早くから育まれていた。フランシスコの時代には、ほとんどのイタリアの都会人は、書けなくても読むことはできた。中世のフランシスコの伝記作者たちは、フランシスコが手紙を書いたことを述べており、この時代より幾分遅く書かれた、彼の自筆の原稿が二つ残っている。フランシスコの書簡のほとんどは、二つの自筆原稿と同様、短く、個人的である。フランシスコがイタリアへ帰ってから書いた手紙は当時の彼の霊的状態についての貴重な証言である。手紙はフィリポ・ルンゴ、カペラのヨハネ、それにフランシスコの代理人たちが生み出した危機の後のフランシスコの主要な関心事を列挙している。そのうちの二通は、現存する草創期の手紙の改訂版である。改訂版の手紙は、過去四年前後の間にフランシスコの考え方がどう発展したかを明らかにしている。

フランシスコはラテン語で書いており、彼が信頼していた代筆者や編集者のラテン語の洗練されていることを示しているが、内容はフランシスコのものである。実際、ラテン語の洗練の水準に応じて彼がコミュニケーションを重視していたことが分かる。手紙が形式を守っている度合いで、その手紙が偶然書かれたものではなく、彼が意図して書いた内容であると確信できる。フランシスコ自身は、反復、類似の語法、時によって韻を踏んだ散文による細事にこだわらない修辞を多用するイシドールス風文体（*stilus Ysidorianus*）としてしばしば際立つ個人的なラテン語の文体の助けを借りて、自分の文体を磨いた。フランシスコのラテン語の文章は、こうしてきちんと同じ修辞法を使う『兄弟なる太陽への賛歌』に見られるようなイタリア語の文章に驚くほど似ることになった。この文体はまた、ラテン語の詩編書の文体であり、それを用いて彼は毎日の聖務日課に際して、数時間、歌いかつ朗誦した。フランシスコは自分の意志ではなく神の意志に従う望みを実現するためにもう一つの規範として聖書の文体を真似た。フランシスコのラテン語は、神学者や教会法学者の使うラテン語ではなく、聖書の言葉としてのラテン語であり、さもなければ、イタリアの詩人の使う言葉を平気で規範に用いた。ラテン語聖書［＝ウルガタ］が、著作家としてのフランシスコを生んだ。

フランシスコは司祭たち、会の奉仕者たち、イタリアの都市の統治者たちへ――おそらく一二二〇年のうちに――手紙を書いた。フランシスコの手紙の宛て先は、修道院の内外を問わず、すべてが指導的地位にあり、世論を形成できる人々だった。元はエジプトに行く前に書いたかつての手紙の改訂版に当たるある手紙［＝『聖職者への手紙　二』］の中で、フランシスコはもう一度、祝された秘跡［＝聖体］と、ミサに使われる布や容器の品質と清潔さを重んじるように強調している。今回の改訂で、フランシスコはホノリオ三世教皇の教令『エクスペクタヴィムス・アクテヌス』（一二一九年一一月二二日）への直接的な言及を含むことができた。この教令の中で教皇は、聖体拝領がそれにふさわしい場所で滞りなく行われ、聖体の前で、とりわけ奉挙の際には頭を下げて畏敬の念を表すことを指示していた。司祭が聖体を病人の前まで運ぶとき、臨席者は聖体の現臨への人々の注意を促すためにトーチや蠟燭を持って病人の前に出ることになっていた。司祭たちの聖体の保管に対するみっともない間違いとミサの挙行に際してのいい加減な態度に危惧を抱いていたフランシスコは、ローマに強い味方を見出し、安堵したに違いない。聖体奉挙の際に、跪く（フランシスコが好んでいた平信徒の態度）のではなく頭を下げる（聖職者の仕草）ことだけを教皇が［司祭たちに］義務付けたことには、おそらくフランシスコはいささか失望していたと思える。フランシスコはこうした義務を怠った司祭たちに、「わたしどもの主イエス・キリストのみ前で申し開きをしなければ［ならないこと］を知らねばなりません」［『聖職者への手紙　二』一四］という彼自身の厳しい警告をつけ加えた。

司祭たちに手紙を出すだけでは満足せず、フランシスコは兄弟会の各地元の上位者たち――保護者たち――にも回状［＝『保護の任にある兄弟への手紙　一』］を送っている。その手紙の中で、兄弟会の仲間たちが、聖体にふさわしい敬意を払い、ミサのための立派な容器や聖具を備えるよう直接彼らに責任を負わせている。司祭より上の立場に自分を（あるいは兄弟たちを）置くことに不本意であることを示す典型的な例として、フランシスコは保護者たち――彼らはしばしば信徒修道士であった――に指示を与えた。

「聖職者の方々に謙遜にお願いしてください、わたしたちの主イエス・キリストのいとも聖なる御体と御血は、すべてに勝って尊ばれなければならないことを」〔『保護の任にある兄弟への手紙 一』二〕。

加えてフランシスコは、司祭たちに宛てた手紙〔=『聖職者への手紙 一』〕で最初に言及された、エジプトへの出発以前からの主題に立ち返った。彼は、神の聖なる御名（主、イエス、聖霊、その他）あるいはミサでの聖別に使われる慣例の言葉（「これはわたしの体」、「これはわたしの血の杯」）が一つでも書かれている羊皮紙のすべての断片を敬うべき場所に拾い上げ、保管するために必要な容器を求めた。ここでは聖職者の協力は必要なかった。すべての修道士が聖なる言葉への敬意を示すことで済んだ。司祭に叙階されていない兄弟たちへも司祭たちへと同様の手紙の書き方だったので、フランシスコは聖職者の伝統を顧慮せずに、彼自身の霊的嗜好をこの手紙で表現したことがはっきりする。ホノリオ三世教皇の〔聖体奉挙の際の〕低頭に代えて、フランシスコは次のように呼び掛けた。

「あなた方が行うすべての説教において、人々を悔い改めるよう諌め、主のいとも聖なる御体と御血とを拝領する人以外は、誰一人として救われえないと戒めてください。また、祭壇の上で司祭によって犠牲がささげられるとき、またほかの場所へと携帯されるときには、すべての人々は跪いて、生ける真の神である主に、賛美と栄光と栄誉をささげなければなりません」〔『保護の任にある兄弟への手紙 一』六―七〕。

説教に関するこの指示は、兄弟が叙階されていようがいまいが関係なく、以前からその場所で頭を下げることになっている聖体の前で、さらに感動をこめて謙遜に跪くよう勧めるフランシスコの決意を示している。フランシスコ自身が平信徒の祈りと崇敬を表すこの新しい態度における指導者であった。彼はこの伝言を非常に重く考えていたので、その年のうちにまた小さき兄弟会の保護者たちに宛てて、もう一通の回状〔＝『保護（クストス）の任にある兄弟への手紙　二』〕を書いた。最初の手紙で記した指示を保護者たちに思い出させ、説教が広場の前の人々に対して行われようが、「統治者、執政者、そして支配者たち」〔『保護（クストス）の任にある兄弟への手紙　二』六〕の前で行われようが、聖体の秘跡に対する敬意の念を思い起こさせることになった。自分の意志を周知させるために格好の地位にいる人々に、この課題に関する手紙を再度書いたことは、この時期のフランシスコの気分を窺わせる。

　兄弟会の修道士たちが悔い改めと聖体への崇敬を説くために、現世の支配者に訴えた、一二二〇年に書かれたもう一通のフランシスコの伝言〔＝『諸国の民の支配者への手紙』〕がある。「すべての統治者、執政者、裁判官、支配者」宛てに書かれているので、手紙は短く確信に満ち、死と裁きを思い起こさせる内容になっている。

　「死の日が近づいていることをとくと思いめぐらし、目を凝らしてください。それ故、わたしにできます限りの尊敬の念をもって、皆さまにお願いいたします。あなた方が抱くこの代（よ）への配慮と思い煩いのため、主を忘れ去り、〔主〕の戒めに背くようなことがありませんように。〔主〕

を忘れ去り、その戒めに背く者はみな、呪われ、〔主〕に忘れ去られるからです。そして、死の日が到来すると、自分が持っていると思っていたものは皆取り去られてしまいます。しかも、この代において、知恵に富めば富むほど、権力が絶大であればあるほど、陰府でより大きな責め苦を耐えることになるのです」〔『諸国の民の支配者への手紙』二―五〕。

それからフランシスコは、「そこで」と書き始め、支配者たちが、被支配民の間における主への熱情の共有を受け入れ、主への賛美の念を抱くべきであると書くことで、彼の好みの話題、聖体拝領に転じていった。

「もしもそうされないのであれば、裁きの日に、皆さま方の神である主イエス・キリストのみ前で、申し開きをしなければならないことをお知りおきください」〔同八〕。

ある人々は、この手紙の中の差し迫る死のことさらな強調は、十字軍に従軍した際のフランシスコの闘いの経験によるものだと示唆してきた。しかし、フランシスコはすでに、若いときにコッレストラーダの闘いで軍事的虐殺を直に経験しており、〔手紙で強調される〕汚穢にまみれた死と痛みは、ハンセン病患者への奉仕の日々に出会ったものである。肉体的な死は、残忍なものであっても、フランシスコにとっては、地獄での永遠の死の淡いイメージに過ぎない。いまや小さき兄弟会の仕事の一つになっている、悔い改めの説教は、後者についてであり、前者についてではない。

こうした一群の手紙は、この時期のフランシスコの関心について多くのことを告げている。しかし、この時期のフランシスコの真の「霊的な遺言」は、『第二の勧告（すべてのキリスト信者への手紙二）』として知られている短い論文である。この『第二の勧告』は、おそらく一二二〇年春のフランシスコの帰国後まもなく書かれ、一二二〇年の『第一の勧告（すべてのキリスト信者への手紙一）』を書き直しており、ラテン語の注意深い用法と説得力の点で、フランシスコはこの小冊子を、回心と霊的生活に関する自分の見解の永続する声明として意図していたことを示している。この小冊子は、すべての平信徒に宛てて書かれたものではなく、ある特定のグループ——フランシスコが回心したときから所属していた「回心した兄弟姉妹たちの会（Brothers and Sisters of Penance）」——に宛てて書かれている。『聖職者への手紙』同様、この文書は、過去五年以上にわたるフランシスコの考えの変化を探るために、以前の版と一緒に読むべきである。

この小冊子は、『第一の勧告』と同様、二部に分かれている。第一部は美徳と秘跡の生活を実践するキリストの信徒たちに宛てられ、第二部は美徳と秘跡の生活を実践しない人々に宛てられている。新版においては、第一部のほうがずっと大幅ではあるが、第一部、第二部共に入念な神学的かつ聖書に基づく推敲が加えられている。第二部への加筆はほとんどが短いが、例外は死に関する新しい瞑想と、死の床にふさわしい告解と悪事の償いの重要性である。第二部における変更は、「良き死」を迎えるための罪人へのどちらかといえば慣習的な勧告と同じである。

『第二の勧告』の中で最も重要なのは、第一部の文章に入念に推敲を加えた部分である。その部分は、いままでの敬虔な信者と回心者に向けて書かれた部分である。『第一の勧告』は、「主を愛し、また自分自身のように隣人を愛し、更に悪徳と罪とともに自分の体に対する憎しみを抱き、そして、わたしたちの主イエス・キリストの御体と御血を拝領し、悔い改めにふさわしい実を結んでいる」『すべてのキリスト信者への手紙 一』一―四］人々であると想定された読者に向けての叙述から始まっている。『第二の勧告』は、こうした主題の一つ一つをさらに大幅に推敲している。フランシスコは『第一の勧告』には欠けていた、聖体拝領と受肉の結びつきに関する瞑想についての長い一節から著作を始めている。ここでフランシスコは、もっと短い手紙のなかの、典礼書の注釈や典礼規範についての神経質なこだわりとも思える関心事に、神学的な表現を与えている。いまやフランシスコは、どうして主なる父の言葉がすべての被造物に勝り、いかにしてすべての被造物を超えた御父のみ言葉［＝キリスト］が、自らを低くして処女［マリア］のうちに受肉したか――すなわち「貧しさを選ぶこと」［『すべてのキリスト信者への手紙 二』五］である行為――について思いを巡らしてしている。これは一二二〇年から一二二一年にかけてのフランシスコの手紙の中で、「貧しさ」に言及している唯一の部分である。ここでの「貧しさ」は所有物の放棄には関連せず、簡素な生活、その日のためだけの生活のことである。フランシスコは聖書によって規定された人間の肉体的条件そのものをこの貧しさと同一視している。

フランシスコは「貧しさ」それ自体の中にも安住していない。フランシスコは、肉とされた御言葉［＝キリスト］がどのようにして受難の前夜――［最後の晩餐で］パンと葡萄酒を手に取った時――に自分自身を弟子たちに与えたのか、またどのようにして――「これはわたしの体である」と「これはわたしの新しい契約の血である」という言葉によって――自分自身を弟子たちに食物として与えたのかについて触れている。フランシスコに再び推敲されることなく、イエスの自分を与える行為は、イエスの犠牲と罪人たちのための十字架上の死とに結びつけられる。弟子たちに与えられた血の杯は、イエスが父なる神への祈り――「父よ、わたしからこの杯を取り除いてください」〔マルコによる福音書一四章三六節および並行箇所〕と「汗は地に流れ落ち、血の雫になった」〔ルカによる福音書二二章四四節〕――において話したのと同じものである。それからイエスは最後の晩餐で聖体の秘跡を制定し、そのことでイエスは――十字架という祭壇上の犠牲として――「わたしたちがその足跡に従うように、と、わたしたちのために模範を残された」〔『すべてのキリスト信者への手紙　二』一三〕のである。

『第二の勧告』は、フランシスコの回心後の生活に一貫して現存している、あるテーマに光を当てる。それはすなわち、すべてに勝り、聖体のいけにえのうちにある、キリストの自己犠牲の行為――それは「世界の教会のすべてにおいて」現実となり実体となった――の模倣である。最後の晩餐においてキリストは、自分がしたと同じようにせよと弟子たちに命じ、パンについて語り、パンを食べることでキリストのまことの体を受け入れることを命じる。霊的交わりにおいて生けるキリストと十字架上のキリストの体を信者が自分の中に取り込むこと、ミサの聖体奉挙でキリストの体を敬い、それに匹敵することを行うことは、キリストの言葉に抱擁され、本当の貧しさを経験することになる。キリストの言葉は、他者のために肉を与え、涙をそそぎ、受難に遭い、血を流し、そして死ぬことを意味している。フランシスコは、「主がどれほど甘美な方であるか味わおうとせず、光よりも闇を愛し、神の掟を守ろうとしない人々は、呪われています。このような人々について、預言者を通して言われています。『あなたの掟から逸れる者らは呪われています』」〔同一六〕というキリストの命じたことに無関心な人々、あるいは敵意すら抱いている人々にショックを受けた。フランシスコが他者に対して「呪われています」と書いた箇所は他のどこにも見当たらない。秘跡にあずかることが自己無化に至る道であることを指摘した後、彼はすべてに勝って主を愛し、隣人を自分の如く愛せというキリストの偉大な訓戒を『第一の勧告』によって一語一語逐語的に説明したことを再述する。信者たちが「霊と真理」［同一九］においてキリストの礼賛者になることで「昼も夜も」［同二一］神の前の礼拝で祈りを捧げて止まないことで、神の愛と一体になることを説明した。

フランシスコの『第一の勧告』に関する次に重要な改訂は、キリストの御業（みわざ）と秘跡に関するこの瞑想の後に現れる。フランシスコは以前には、「回心」を断食や身体上の苦行といった肉体的なものにほとんど完全に結びつけ、ほとんどそのこと自体で完結させていた。いま、『第二の勧告』のより発展した教えの中で、フランシスコは回心——ここで、司祭に対する秘跡的な告解［＝罪の告白］という文脈の中ではっきり理解される——を直接、聖体拝領を受け入れる準備に結びつける。告解の後に、フランシスコは三種の回心の行為に焦点を当てる。権力を持つ人々、自分たちの意志を他人に押し付けることができる人々は、権威を抑制し、裁きよりも慈悲を行うべきである。多くを所有する人々は施しによって所有を断念すべきである。最終的に、すべての信者は、権力も富もない人々すらも、「悪徳と罪」を断ち、断食と祈りを実行することができる。フランシスコは述べている。

「わたしたちは……カトリック信者でなければなりません。またたびたび、聖堂を訪れ、聖職者を、彼らが罪人であるならば、彼らの故にではなく、キリストのいとも聖なる御体と御血との職務と授与の故に、尊び敬わなければなりません。この人たちが祭壇で〔キリストの御体と御血を〕犠牲（いけにえ）としてささげ、拝領し、他の人々に拝領させるからです」〔同三三〕。

フランシスコの思考における論理、もしくは改善された詩的連想は振り出しに戻ることになった。教会にキリスト信者が従うことは、キリストが、信者と同じ罪人である聖職者を、ミサを通じて世界にキリスト自身の自己無化を表すために選んだという理由のみによって、意味を持つ。フランシスコにとって、ミサにふさわしく参加することは、「すべてを超えて神を愛すること」を意味することに他ならない。

『第二の勧告』にはまた、隣人への愛について多くのページが割かれている。フランシスコは、隣人への愛、実際は敵への愛は、「わたしたち自身を捨てて、わたしたちがそれぞれ主に約束したとおりに、わたしたちの体を奉仕と聖なる従順という軛（くびき）の下に服させなければな」らない〔同四〇〕ことを意味すると説く。兄弟の一人一人が従うことを義務として負うほかに本当に「より小さき者」になることはない。他者への愛とは、相手の意志を行うことを意味するのであって、自分の意志ではない。この意志の服従のみが人を「小さき兄弟」にする。兄弟たちの間で、権威を行使する人々は、「兄弟の一人ひとりに、自分が同様の状況にあったなら、そうして欲しいと思う憐れみを実行」する〔同四三〕ことによって、自分たちが支配する兄弟たちの意志に自分たちの意志を従わせる。ぎりぎりの禁欲を実践するのと同じように従順を説明して初めて、フランシスコは肉体の回心と肉体の軽視へと至る。神そのものが背負ったへりくだるという最も偉大な行為の中で身体に関する瞑想は、人類すべてが「哀れなもの、腐敗したもの、悪臭を放つもの、虫けら」〔同四六〕という認識に導く。肉体的回心は、「神のために、被造物であるすべての人間の僕、臣下でなければなりません」〔同四七〕ということを教えるときだけ、現実のものとなる。肉体的禁欲はそれ自体では完結しない。

フランシスコは『第一の勧告』の結びの部分を『第二の勧告』でも変えることなく、そのまま残した。この部分は、フランシスコが書き直す理由を見出さなかった唯一の箇所である。この部分は、聖書学者たちがヨハネによる福音書一七章一―二六節の「大祭司の祈り」と呼ぶ箇所の一連の引用ですべてが成り立っている。最後の晩餐の結末部分のこの祈りによって、イエスは自分と同席していた弟子たちを、世界を救うためのいけにえとして、父なる神にささげた。フランシスコはこのイエスの祈りを自分のものとし、自分と兄弟たちが主の下に完全に一つになることを求めた。そのために、世においてであって世に関してではなく、すべての人々は人々をではなく、人々に神が送った一人を見るだろう。そして、父なる神の栄光においてイエスと共に人々はすでにそこにいることになる。その栄光は、イエスが人間の体となり、限界と受難のすべてを負ってへりくだった後にすら聖書の中に残っている。こうした限界と受難の共有の中で、イエスを信じる者はイエスの栄光を共有する。

## 兄弟エリヤと一二二一年の集会

兄弟ペトロ・カタニオは、六か月弱、フランシスコの「上位者」として奉仕した後、一二二一年の三月一〇日に死んだ。新しい兄弟会の長として、フランシスコは中東から一緒に帰還したもう一人の修道士、兄弟アシジのエリヤを選んだ。フランシスコの決定のすべての中で、後の研究者たちには、この選任を理解することが一番難しかった。エリヤにはフランシスコのような長所もなかったし、そのうえそれなりの短所もあった。エリヤは尊大で、人を引き付けるカリスマ的な魅力にも欠けていた。後のスピリトゥアル派フランシスコ会にとって、エリヤはわがままで放縦だった。後のフランシスコ会の聖職者の指導者たちにとって、エリヤは粗野な信徒修道士だった。実際には、フランシスコの選択は十分意味があり、彼の鋭い自己認識を明らかにしている。フランシスコには組織や管理に関するすべての才能が欠けている一方で、エリヤは生まれながらの管理者だった。フランシスコは他人に命令することを求められるたびに、恐ろしい霊的危機を感じていたが、エリヤは大きな喜びを感じて命令を下した。フランシスコは、エリヤに自分には欠けている正確な技術と気質を見出していた。

フランシスコは自分に欠けている法律的能力を備えた人物、彼の「教皇」としてウゴリノを選んだのと同じように、エリヤを選んだことは、フランシスコが認識していた自分の管理や命令に関する弱点を相殺した。おまけに、エリヤはフランシスコと同じく、育ちや視座の点では平信徒であった。二人は同じ地平――修道院や学校の教室の文化ではなくイタリアの地方都市の文化――を共有していた。フランシスコが人生において賢い決断をしたというなら、それはエリヤを代理人として選んだことだった。フランシスコが下手な決断をしたというなら、それはフランシスコの死後、エリヤが単独で修道会の指導者になったときにどんな事態が起きるかを予測できなかったことだった。フランシスコは長期の計画を立てることが得意ではなかった。少なくとも、差し当たってのところは、二人の足並みはうまく揃った。

エリヤは三月のペトロの死後、すぐに代理人の任に就き、一二二一年三月の末に開かれた聖霊降臨祭の集会（カピトゥルム）を取り仕切った。この集会はそれまで兄弟会が開いた中で最大の会合だった。集会に出席したジアノのヨルダヌスは、出席者数を三〇〇〇人と記録に残した。それは大きな数字だったが、達成不可能な数字ではない。新参者たちでさえもこの集会に出席したが、そのことはフランシスコ会の修練期の非修道院的でまだ発展途上の性質の徴（しるし）であった。兄弟たちは二三のテーブルに配置されて食事をし、間に合わせに仕切った場所で生活した。アシジの人々は、フランシスコとその兄弟たちを熱狂と大盤振る舞いで迎え、一週間にわたる集会の終わりまでには、修道士たちは食事と他の捧げものにうんざりせざるを得なかった。

ウゴリノ枢機卿はこの時、ロンバルディアにいた。しかし、元シトー会士でサンタ・マリア・イン・コスメディン大聖堂の助祭枢機卿を務めるラニエリ・カポッチィ枢機卿が上位聖職者で出席していた。同じように、他の司教たちが出席しており、おそらく、他の修道会を代表していた。枢機卿の指示で、他の司教の出席者の一人がミサを挙げ、そのミサでフランシスコは自分の役目を果たすために聖歌を歌った。フランシスコは集まった兄弟たちに詩編一四四編の冒頭の詩句「わが岩、主をたたえよ、わたしの手に戦いを教える方」について説教した。フランシスコはこの詩句を道徳的闘いに適用した。しかし、十字軍から帰還してすぐだったので、おそらく、中東での経験を事例や比較として用いただろう。

心中、指導者の立場を放棄していたフランシスコは、集会を通じて兄弟エリヤの膝元に座り、エリヤをこの会合を主宰する象徴として椅子に座らせていた。フランシスコを「兄弟」と呼ぶことが慣例となっていたが、「兄弟」は何か言いたいときいつでも、エリヤの白いトゥニカを引っ張った。エリヤはフランシスコが自分に伝えたいことを囁（ささや）くのを聞くために、身をかがめた。それからフランシスコの囁いたことを集まった人々に伝えた。兄弟たちはこの伝達方法を後になって、フランシスコの健康の悪化と衰弱のせいにした。しかし、フランシスコは衰弱しても助祭としての奉仕や説教を行っていたので、十分あり得ることだったが、この変わった配慮のおかげで、フランシスコは椅子に座らず、エリヤが代行することで命令を下さず、へりくだった姿を身をもって示すことができた。エリヤは命令することを愉しみ、十分自分の役目を果たした。集会ではフランシスコの同意抜きにしては、何事も起こり得なかった。なぜなら、フランシスコはあらゆる単なる上位者（スペリオール）、長（プリオール）、奉仕者（ミニステル）、代理人のすべての彼方に存在する「兄弟」だったからである。多くの奉仕者［＝管区長］や代理人がいたであろうが、そこには常に一人の「兄弟」だけが存在していた。

　伝え聞くところによれば、集会では一人の修道士が、ロンバルディアの異端やテュートン族［＝ゲルマン民族］の残忍な異教の「熱狂」から神が教会を救い出すことを、繰り返し繰り返し祈っていた。この祈りそのものが、イタリア人修道士たちの大多数が、ドイツについてほとんど何も知らないことを明らかにしている。なぜなら、バルト海とそれ以東の地域を除き、ドイツ人は八世紀あるいはそれ以前からキリスト教徒であったからである。それにもかかわらずこの素朴な修道士はフランシスコにいくつかの未完の仕事を思い出させた。集会が終わりに近づく間際に、フランシスコはエリヤの白いトゥニカを引っ張った。ローマに旅したドイツ人の巡礼者の長い苦難に満ちた旅は、フランシスコにスペイン、フランス、イタリア、それに海外の国々のカトリック教徒たちと同じように、ドイツ人修道士もまた修道士の代表に間違いないことを示していた。しかし、最初期のドイツへの宣教の旅で遭遇した困難は、ここにいるドイツの修道士たちがまもなく受ける苦難を告げていた。フランシスコは、海外の国々への困難な宣教に従うよりも、ずっと大きな困難に遭遇することに進んで従う人々だけがドイツへの宣教に行くことを申し出るべきだと強調するようにエリヤに指示した。フランシスコの訴えは効果があった。約九〇人の志願者がドイツ行きを申し出た。

一二二一年六月初旬のドイツ行き宣教団は、お祭り気分が目立った。ゲルマン人の異教への「熱狂」に対抗していた修道士は、スペインでイスラム教徒に殺された修道士の名前が一人も残されていないことを悲しみ、新しい宣教団に加わるすべての人々に、名前と出身地を訪ねて回っていた。出発前にどうやって「ドイツの殉教者たち」を知ったのか詳述しておくのは大事なことだろうと考えていたからである。彼が近づいた宣教団の一人が、兄弟モンテ・ガルガーノのパルマリオだった。パルマリオは自分の名前を告げてから口にした。「あなたはわたしたちと一緒に行くことになる！」。その宣教団の指導者に選ばれていた、兄弟シュパイアーのカエサリウスは、その選択に同意した。そこで、その兄弟の抗議にもかかわらず、兄弟エリヤはその兄弟が望んでいるかどうかは関係なしに、ドイツ行きに従うよう命じた。それゆえ、その兄弟は旅立った。こうしてフランシスコの人生の最良の目撃者の一人が失われた。その修道士とは——年代記の作者でありフランシスコの史料の編纂者の一人だった——兄弟ジアノのヨルダヌスであった。この日から、ヨルダヌスの年代記はドイツにおける修道士たちの歴史には重要になったが、そこからフランシスコについての目撃資料はもはや得ることができなくなった。

# 6　会則と引退

一二二一―一二二三

一二二〇年の秋の引退から、翌年の春の聖霊降臨祭の集会（カピトゥルム）まで、フランシスコはシュパイアーのカエサリウスの助けを借りて、『第一の会則』、『一二二一年の規則』あるいは『勅書によって裁可されていない会則（*Regula non Bullata*）』として知られている文書の改訂に多くの時間を割いた。カエサリウスが集会後にドイツに出発できたことは、この作業がその時までに終わっていたことを示している。学者たちはこの会則について多くのことを推測しているが、背後に存在していた戒律についてのは本当のところほとんど分かっていない。どのように会則の中に戒律が組み込まれたのか、どうやってこの会則が編纂されたのか、フランシスコとカエサリウスの他にこの会則の最終稿の制定に尽力した人物は誰か、といったことは曖昧模糊（あいまいもこ）としたままである。この会則が一二二一年の聖霊降臨祭の集会で議論されたかどうかについても確かなことは分かっていない。集会でこの会則が発表されたか否かについても証拠は存在しない。それにもかかわらず、『第一の会則』はフランシスコの一二二一年と一二二二年の関心の所在を知り、『第二の会則』もしくは『勅書によって裁可された会則（*Regula*

*Bullata*)』の土台となったことを知るための証拠として重要である。『第二の会則』は一二二三年に教皇に承認され、フランシスコ会の公式の会則になった。

フランシスコの一二〇九年のインノセント三世教皇との最初の謁見以後一一年、兄弟会は確定した「会則」を持っておらず、教皇に間に合わせに「認めさせた」に過ぎない「生活様式」があるだけだったことに関しては議論の余地がない。この兄弟会が結果として正式な教会法上の規則もしくは基準を受け入れたことは、おそらく兄弟会の活動を神が後押しするか否かを見定めた後に「認可する」という、インノセント教皇の約束が暗黙の裡に存在していたということだ。厳密に言えば、フランシスコ会は会則の正式の認可によってのみ成立した。そのときまで、その兄弟会は緩やかな組織であり、ほとんどフランシスコに依存しており、伝統的修道会というよりむしろ信徒会（confraternity）と呼ぶのがふさわしかった。

## フランシスコの作業案

兄弟会の存続・発展は、フランシスコが「辞任」した後になっても、彼に頼るところが大きかった。正式に認可された会則と統治の機能的システムの欠如によって、会はフランシスコ抜きには存続できなかった。フランシスコは自分に負わされた要求に霊的にも情緒的にも苦痛を感じていた。最終的な形に会則を仕上げるという決定は、少なくともその一部は、権威を持つ立場から退きたいというフランシスコの強い願いに間違いなく基づいていた。少なくとも最初のうちは、会則作成はローマ当局やさらに年上の兄弟たちがフランシスコに押し付けた作業ではなかった。指導的地位からの引退と同じように、会則の作成はフランシスコ自身の決断だった。フランシスコは承認を得た会則だけが自分を指導者としての個人的な責任から解放し、望んだとおりの「最も小さき兄弟」になることを可能にするからその作業を引き受けたのである。

会則の作成はフランシスコには全くと言っていいほどふさわしくない仕事だった。フランシスコは多くの天分に恵まれていたが、法律家ではなかった。それに彼の仕事は膨大だった。兄弟会の成長により会は批判にさらされた——修道院的な生活と適切な組織の欠如、宗教的生活を捨て去った、あるいは許可なく徘徊する修道士たち、さらには異端という批判さえも。こうした批判は——最後の異端という批判を除けば——皆よく当てはまった。修道士ではない人々が間違って兄弟たちのために豪華な家を建てたときを除けば、誰も貧しさの掟に違反しなかったと同様、異端の兄弟たちという批判を裏付ける同時代の史料による確たる証拠は存在しない。修練期——新しい修道士が誓願を立てる前の一年間の修行から成る——に関する教皇の要求は、一二二〇年九月二二日に出された。このとき、ホノリオ三世教皇は教令『クム・セクンドゥム・コンスィリウム（*Cum Secundum Consilium*）』を発布した。教令に続いて、地域の長ではないとしても地元の長の任命についての最初のはっきりした証拠が見られた。『第一の会則』に関するフランシスコの作業は、こうした改革の流れに属している。はっきりした形のない兄弟たちの集団を整え、規律に服させる決定は、兄弟たちの自立を促す結果を生み、フランシスコへの依存を減らすことになったが、フランシスコ自らが下した決断だった。

『第二の会則』の改訂は、基本的に、『第二の勧告』の作られた時期とほとんど重なる一二二一年の冬と春の間に行われた。このことに関しては本書の五章で述べた。(実際に二つの文書の用語と文章はそっくりである。)また、ほぼこの時期に、それまで緩やかに組織された信徒回心者のグループの「回心した兄弟たちの会」も、自分たちの「覚書(*memoriale*)」あるいは「会則」を作成し、認可を得るために教皇に提出した。後世の言い伝えでは、この独立した信徒運動は、後に「フランシスコ第三会」として知られるようになった敬虔な平信徒組織へと置き換わったが、フランシスコはその文書には直接手を入れていない。フランシスコは、そもそもは自分もその一員だった組織に、おそらくは霊感を与えた。

『第一の会則』は結局のところ、実際には教会法に準じた規則ではなかった。これは、兄弟たちがフランシスコに依存することなく日々を過ごせる「生活様式」を作る計画のためのフランシスコの「作業案(working paper)」として理解することが最も理にかなっている。兄弟会のどの集会でもこの文書について討論あるいは投票が行われた証拠はないし、フランシスコが認可を得るためにこの文書を教皇に提出したことは一度もなかったと言っていい。さらに、「小さき兄弟会(lesser brothers)」という言葉は、たった一度使われているが、まだ組織の名称にすらなっていない。『第一の会則』は、兄弟会が直面する非常に特殊な問題に対応するために様々な時に作成された異なる資料から成り立つ合成した記録である。フランシスコがその最初の起草者だったことは疑いないが、ポルチウンクラの集会に出席した草創期の兄弟たちも、意見を述べ、討論し、行動によって貢献した。手仕事に関する分科会といったいくつかの分科会は、一二二〇年代初頭の現実の条件に照らしてみると時代遅れに見える。どちらかというと、そうした分科会は、兄弟会が自分たちの手仕事で暮らしていた信徒回心者たちで構成されていた時代の遺物のように思える。兄弟会が非常に多様になった一二二〇年までは、フランシスコにとって手仕事は重要だった——彼は『遺言』の中で手仕事を称賛している。兄弟会には司祭、伝道者、説教者も加入し、その中の何人かは非常に学識があった。手仕事は兄弟会の生活手段の一つとしてそのまま残っていたが、当時までに、手仕事はもはや兄弟会の性格を規定する一つではなくなっていた。フランシスコ自身も一二二三年以降のどこかに、パドヴァのアントニオ宛ての手紙の中で、少なくとも教育のある修道士には手仕事に代えて研究や神学の授業を、気が進まないながら認めるようになった［『兄弟アントニオへの手紙』二］。

『第一の会則』は、フランシスコの理想の抽象的な宣言ではない。フランシスコは彼の個人的な経験と環境に深く影響されていたが、彼の「生活様式」の抽象的な説明を文字にすることには積極的ではなかった。『第一の会則』は二四章に分かれており、文法的に正確なラテン語で記されていたが、それは会則がシュパイアーのカエサリウスや他の学識のある修道士たちの校訂を経ていることを意味している。『第一の会則』は、フランシスコがそのある部分は、サン・ニコロ教会での聖書占いを通して、神が彼の生活の方法を明らかにしたことを理解するようになって以来、完全な意味を持つに至った何ものか、彼の理想を、例証し、説明するために無数に引用した聖書の言葉が重要な意味を持っている。フランシスコは聖書の引用に関してはカエサリウスの神学的知識におそらく依拠していたのだろうが、聖書の引用は間違いなく直接にフランシスコの理想を表現している。引用はほとんど潤色されていない。会則には多くの人の手が入っているにもかかわらず、『第一の会則』はフランシスコの目標であり、すべてに勝って、一二二〇年代初頭の彼の関心、必要、悩みを反映している。その複雑さはフランシスコが生きてきた生活の仕方、指導者を引退した後に兄弟たちに望んだ生き方を文章化する際の苦心を反映している。

フランシスコが『第一の会則』で検討を加えた最初の項目は「従順」についてである。一二〇九年にフランシスコはインノセント三世教皇とその後継者たちに従順を誓った。その後兄弟全員がフランシスコとその後継者たちに従順を誓った。従って、最初の章は兄弟としての生活を次のように要約している。

「この兄弟たちの会則と生活はこれである。すなわち、従順と貞潔のうちに、何一つとして自分のものとせずに生きること、そしてわたしたちの主イエス・キリストの教えと足跡に従うことである」［『勅書によって裁可されていない会則』第一章一］。

「従順と貞潔のうちに、何一つとして自分のものとせずに」という言葉は、インノセント三世教皇が、一一九八年に別の新しい修道会――三位一体修道会――の会則を認可したときに使った用語に一致する。その流れの中では伝統的な修道院の誓約以上のものは存在しなかった。そのとき、フランシスコは自分の最初の回心の経験を要約した一連の聖書の引用によって、「キリストの教え」の要点を述べている。「すべてを捨て」、「十字架を負って」キリストに従う（マタイによる福音書一九章二一節、ルカによる福音書一八章二二節参照）ことへの勧告は、聖書占いに現れた聖句と重なり合い、対応している。

こうした文章に、フランシスコは母、父、家族を憎まない、キリストに値しない人々（ルカによる福音書一四章二四節）やキリストのためにすべてを捨てない人々（マタイによる福音書一六章二四節）に告げる福音の数行をつけ加える。フランシスコのすべての文章が、家族を捨てて回心の生活に入った自分の経験の要約であるならば、その文章はこうしたイエスの言葉を告げるものであった。本質的に、信徒回心者になるというフランシスコの決断は、彼のその後の活動の土台として残っており、それを――少なくとも一回はすでに教皇の承認を得ていた口頭の定式を用いて――貧しさ、謙遜、従順という伝統的な修道院の誓願と結び付けることはフランシスコにとって問題なかった。フランシスコが『遺言』の中で述べている通り、神はフランシスコの前に自らの命を現し、教皇はフランシスコに対してそのことを承認した。その結果は、全体としては慣習的で修道院的である一方で、キリストの文字通り厳しい言葉の中でも最も厳しい言葉に身を捧げるもう一面がある。

会則の残りの部分は、多様な関心についてであり、そのうちのいくつかはフランシスコも『第二の勧告』とほぼ同時期に彼が書いた手紙の中で扱っている。二〇―二三章の条文は非常に身近な問題に関する変更のように思える。二〇章では司祭の耳に、あるいは司祭が不在の時は平信徒の耳に伝える告解の重要性を力説している。これが、司祭がいるときにまた告解を繰り返す必要を除去するものではない、普通の中世の祈りの実践である。二一―二二章は、会則の何とも奇妙なところだが、回心者への模範的説教とみなしてよい。これらの章は、罪から立ち戻り、自分の敵を許し、自己否定の生活を受け入れることを聴衆に説く聖書の引用が大きな役割を果たしている。フランシスコは彼の初期の著作に見られるように、種蒔く人の寓話の教訓的解釈とキリストの「大祭司の祈り」からのさらに詳しい引用、彼の好みの聖書の聖句をこの後に続ける。二三章は非常に個人的な調子を帯びた神を讃える徹底した祈りである。その連禱風の祈りの形式は個人的な献身に関するイタリア語の写本ではごく普通になり始めたばかりの祈りにそっくりである。フランシスコは天国の主たちの名簿作りを愉しんでいる。教会の階級の順位、聖職者と平信徒、キリストの属性、それに神を讃えるフランシスコ的方法である。二四章で文章は終わる。

二〇―二四章をフランシスコの初期の著作と比較するとき、彼の好んだ霊的主題のいくつかが、いまや、流れるような文体とまとまりによって、切れ目のない全体に統合されていることが分かる。個人的また秘跡による回心で始まる霊性は、回心の生活の教会での一連の活動へと移り、その後、天国の聖人たちの栄光を前途に見る。何人かの学者たちは、フランシスコがエジプトへ行く寸前に兄弟たちに「遺言」として『第一の会則』のこの部分を用意したと示唆する。それが不可能だとは言えないが、まず間違いなく、エジプトから帰還した後にこれらの章を書いたと思われる。エジプトから帰還後、フランシスコは口頭による「生活様式」を文書化しようとしていた。

対照してみると、実践的・具体的な項目と思える二―一九章の内容は、様々に異なる時期に兄弟たちが直面していた非常に特殊な問題に向けられている。例えば、三章は、聖務日課の朗誦および断食を扱っている――フランシスコと二人の兄弟がコロンナ枢機卿から剃髪(トンスラ)を受けたことにより重要になった規則である。二章は、修練期に関心を払っている――一二二〇年一一月にホノリオ教皇がこの友愛会に適用を指示した規律である。四―五章は、奉仕者の任務と兄弟たちの矯正を扱っている。この任務は、フランシスコがエジプトへ旅していた頃に発展中だった兄弟会に対応したものであった。

会の大規模化は、兄弟たち全員とフランシスコの直接の結びつきを妨げた。この問題はすでに一二一六年までに尖鋭化しており、ウゴリノ枢機卿はフランシスコにフランスに行かず、アシジに戻るように告げていた。

象徴的な実践への関心――例えば修道士は馬に乗らないこと（一五章）、あるいは上位者は「長（プリオール）」と呼ばれることはないこと（六章）――の二章は、手仕事（七章）とつつましやかさの維持（一二―一三章）とに関するやや長い章の次に来るが、どこか落ち着きが悪いところがある。中傷の罪を避けることを記した一一章は、フランシスコがポルチウンクラでの集会で申し分のない勧告として提言した内容、霊的な協議の概要に類似している。この実践的な問題を記した二つの章は、イスラム教徒への布教（一六章）と説教（一七章）を扱い、もう一度、霊的な根拠と誘惑の観点からこの二つの問題を論じている。この二つの章は、一二〇九年にフランシスコがインノセント三世教皇に託された宣教の使命、および十字軍での自分の経験についての内省を表現している。要するに、これらの中心部分の章を戒律――フランシスコが「会則」の規範として集めたもの――の特別な部分としてみなすことはそれほど間違っていない。そして一章と二〇―二三章でこの会則の結論を出している。その部分で、フランシスコはさらに深化した彼の個人的かつ霊的関心を要約している。

説教調、具体的特徴、それに恣意的な順番によって、『第一の会則』はフランシスコが作り、自分の方針を残した個人的な記録の類と見ていい。これを注意深く読むと、この時期のフランシスコの中心的な課題についての明白な思い違いを払拭できる。例えば、書物や聖務日課に関する戒律は、この時期のフランシスコや兄弟たちの生活に対して、フランシスコの死後三〇年かそれ以上経った頃の彼の伴侶たちの回想とは、非常に異なった光を当てる。死後のその時期には、書物の発行は貧しさに関する論争の一部となっていた。しかし一二二一年のフランシスコの関心は、書物が、貧しさに関する何らかの違反ではなく、聖職者の地位や叙階への願望を象徴しているということにある。そこで、新参者の衣服についての規則のすぐ後に置かれている三章は、聖職者と平信徒の両方の修道士に、聖務日課の朗誦を要求している。とりわけ、たとえ平信徒であっても、読む能力がある人々には、詩編書の所持が許される。他方で、読む能力に欠ける人々は、いかなる書物も持つべきではないとされた。彼らは［聖務日課の］それぞれの時課で、一連の［ラテン語の］主の祈りを唱えることになっている。ここに現れている暗黙のメッセージははっきりしている。信徒修道士たちは読むことを学んだり聖職者になったりすることで「より上位の」地位を目指そうと努力すべきではないということだ。平信徒は平信徒のまま留まる。しかし、兄弟会に加わる聖職者はその地位のままでいる。この一連の指示は、フランシスコの『遺言』の中の次のような回想に反映されている。

「わたしたち聖職者は、ほかの聖職者と同じように、聖務日課を唱え、聖職者ではない〔兄弟たち〕はパーテル・ノステル（主の祈り）を唱えていました」［『遺言』一八］。

『第一の会則』はまた、この時期のフランシスコの運動が直面していた最も差し迫った問題に向けられる。すなわち上位者の役割と服従の性質である。フランシスコ自身の霊的発展は、本当に「すべての人に従順であり、小さき兄弟」になるために、神、教会、すべての他人に自分の意志を服従させることを熱烈に望むことが特徴になっていた。フランシスコは他人に権威をかざす人々が堕落するかもしれないこと、過ちを犯すだけではなく、事実上、罪深いことを命じることさえあることを認識していた。修道院の伝統における下位にある者の従順はけっして絶対的なものではなく、フランシスコが『第一の会則』をまとめる以前に起草されたドミニコ会の初期の会憲では、罪深い命令は廃棄され、部下の従順には上長を正す義務があると述べられている。対照的に、フランシスコにとって、神と教会への従順は、階層を意味し、絶対的なものだった。司教あるいは司祭が兄弟たちを誤って扱えば、兄弟たちは懲罰としてそれを受け入れることになった。上位者が罪深い命令を下しても兄弟たちは抵抗することはなかったが、軽蔑して立ち去ることになる。兄弟たちは罪深い命令に抵抗することはないが、それを避けることになる。

『第一の会則』は、けっしてフランシスコが従順を論じたただ一つの箇所ではあり得なかった。フランシスコの言葉のなかで従順は『第一の会則』よりも先行しているように見え、『訓戒の言葉』と呼ばれた文章の中の第三の項目として守られ、キリストに従うためには他の一切を放棄する指示、フランシスコが基本的な聖書の文章とした、ルカによる福音書一四章三五節の指示を練り上げたものだった。フランシスコはこの放棄を、基本的に、財産を捨てることについてではなく、従順を通してかたくなさを打ち破ることとして読み解いた。フランシスコは伝統的な修道院の資料を引用し、罪深い指示には従わなくてもよいという但し書きで、上位者に対する信仰上の意志の完全な屈服に対する平衡を保った。それにもかかわらず、上位者の厳しい指示を罪と勝手に解釈し、「我意という嘔吐物に戻る」［『訓戒の言葉』Ⅲ・一〇］修道士についてフランシスコは心配していた。

『訓戒の言葉』におけるフランシスコの教訓は、兄弟たちがいまだに絶え間ない変化に曝されている間の従順に関する彼の見解を反映している。一二二一年までに、フランシスコの指導者としての経験が従順に関する見解を緩和した。上位者に対する従順の個人にとっての霊的な問題は、兄弟会の中の従順に関する論争を処理する対策によって補足されなければならなかった、『第一の会則』で、上位者よりむしろ僕（しもべ）として行動することを奉仕者に課し、兄弟たちが明らかに罪深い指示には従わないと主張した後で、フランシスコは上位者が霊ではなく肉に従って行動するとき、下位にある者は、三度上位者に忠告し、それがうまく行かない場合は、注意を喚起するためにポルチウンクラの年に一度の聖霊降臨祭の集会に持ち出すことを提案した。引用こそしていないが、フランシスコは誤りを犯した修道士ばかりではなく、誤りを犯した上位者もまた正す扱い方を聖書のローマの信徒への手紙八章四節に見つけていた。中世の教会法は「福音による告発（Evangelical Denunciation）」としてこの手続きを理解していた。下位に立つ兄弟はまず個人で、次いで目撃者と一緒に、最終的には公の場で誤りを犯した上位の兄弟と闘った。とにかく奉仕者自らが、絶えず自分の行動を吟味し、最高の地位にいるものが最後に自分を置くべきだという主の御言葉を思い起こすことになる。本当の霊的権威は、他人の下に身を置くことからやって来るのであり、この会則に見られる責任ある立場の兄弟はまず「長（プリオール）」と呼ばれるべきではないということがフランシスコの主張の核心にあり、「上」もしくは「先頭」を意味する立場の兄弟は、なおさら「小さき兄弟たち」であるべきだということだ。

『第一の会則』の一八章は、年一度の会合、すなわち兄弟たちの「集会（カピトゥルム）」について記されている。この章は、フランシスコの著作の中での集会に関する最初の公式の討論に触れているので、統治構造の発展の一里塚となっている。一二一六年の書簡の中で、ジャック・ド・ヴィトリは一年に一度の「集会」に集まる兄弟たちに関して述べている。彼は一二一六年以後、その時期までにド・ヴィトリは『西洋の歴史（*Historia Occidentalis*）』に時々手を入れ、年に一度か二度、修道士たちが「総会（general chapter）」を開くと述べている。兄弟会の最初の頃は、そうした会合は流動的で、特別なものだった。『第一の会則』以前には、年一度の聖霊降臨祭の集会より外に何らかの特別な会合があったという証拠はない。『第一の会則』は地元の地域の規範を規則化したものである。修道士たちは地元の奉仕者［＝管区長］と一緒に、九月の大天使聖ミカエルの祝日に集まることになっていた。こうした地方の集会の一つが、ドイツ宣教に出た奉仕者シュパイアーのカエサリウスによって、一二二一年九月にトリエントで招集されたことが分かっている。

長い伝統を持つ、ポルチウンクラでの聖霊降臨祭の集会は、いまや特別の役割を果たしていた。草創期には兄弟たちの単なる地方の会合だったが、いまではそのような集会ではなくなっていた。会則は今ではイタリアの他の地域にいるすべての奉仕者に年に一度、外国在住の奉仕者には少なくとも三年に一度、この集会に出席するように要求していた。この項目は、『第一の会則』の中で最も実践的で、教会法的に洗練された項目の間にある。さらに、シュパイアーのカエサリウスやウゴリノ枢機卿が、その制度化に手を貸した形跡がうかがえる。しかし、フランシスコ自身は、この種の制度化は、自分が総長の役目を離れ、「最も小さき兄弟」の一人になれば必要になるということを認めていた。誰が会則を書こうと、フランシスコはそれに賛成した。

『第一の会則』は、フランシスコが直接貧しさについて語っている日付の確定した最初の文書でもある。さらにそれは、フランシスコの着想がまだ発展途上にあり、かなり融通無碍のところがあることを明らかにしている。八章では、修道士は金のために働かず、布施でも金を受け取らないという、フランシスコの行動による教訓を明らかにしている。兄弟たちは足元の泥濘よりも価値のないものとして硬貨を扱うことになる。とりわけ、フランシスコはいかなる目的にも金を強いて求めることを避けるように、たとえ彼が切実に心を寄せたハンセン病患者たちの必要のためであっても金を得るな、と兄弟たちに命じた。しかし、彼はすぐにこの厳しい規則を緩め、きわめて緊急を要する事態に際してはハンセン病者のために施しを集めることを許した。「金銭にはくれぐれも用心しなければならない」［『勅書によって裁可されていない会則』第八章一二］と彼は警告を発している。この項目の混乱状態は、フランシスコの内面の葛藤を反映している。彼は紙幣や硬貨を嫌悪したが、その直感的な嫌悪の気持ちをもってしても、ハンセン病者、おそらく当時の社会から極端に排斥され、片隅に追いやられた人々に関しては例外を作らざるを得なかった。

　フランシスコは次に物質的必要を満たす方法としての物乞いを論じる。この場合、フランシスコが物質的必要を満たす普通の手段であるべきだと仮定した手仕事は用いられない。修道士たちは、軽んじられ、無力な立場に立つことで物乞いをすることになる。それは「小さき兄弟」になる方法、苦行の一種であった。困窮する人々への慈善が、施された硬貨の受け取りに反対する規則を無効にできるという意識は、報酬を得て働くことや、「病気の兄弟たちのために明らかに必要な」とき［同第八章三］に金銭を受け取ることでさえもフランシスコが許可することによって、再び強固にされる。こうした例外を設けることはフランシスコにとっては苦痛であったに違いない。しかし、特別な必要に迫られた人々――ハンセン病者や病人――に対する慈善はより大事な規則であった。

従順と貧しさに関連しているので、フランシスコの説教と伝道に関する扱いは、最初の兄弟二人が運動に加わってからの運動の変化へのフランシスコの対応を明らかにする。フランシスコが兄弟たちに、一四章で「この世を旅してまわる」と語るとき、この言葉は、何も所有するな、目の前に置かれたものを選り好みせず食物として受け入れよ、悪に抵抗するな、という聖書の禁止命令に関連している。これらの言葉はサン・ニコロ教会での聖書占いに関連しているばかりではなく、フランシスコの回心した後の活動に関する最も初期の記述の基本になっている。疑いなくフランシスコは、自分の「行動指針（mission statement）」として、聖書の引用のみを提示することを好んだ。しかし、インノセント教皇に認可された、説教をしてよいという予期しなかった権限は、さらに多くのことを要求した。教皇による説教の認可はフランシスコに難問をもたらした。つまるところ、説教は、聞き手が知らない大事なことを話し手は知っているということを意味していた。おまけに、上手な説教者は望むと望まないにかかわらず、賞賛を得た。こうした賞賛はときにフランシスコに生じたのと同様、霊能治療者もしくは奇跡の実行者といった評判を得ることにつながった。

一七章の説教に関する考察は、こうした誘惑についてのフランシスコの怖れを表している。修道士たちは自分の奉仕者の許可を得てのみ説教することになる。許可が取り消されたら、説教することを止めることになる。修道士たちはいつも良い結果を得て喜ぶわけではないが、みずからを慎むことになる。言葉でよりも行動で説教することが是とされていた。その場合でも効果があれば、神の働きによるものとされた。この章の断固として警告的な内容は驚くべきである。その内容は、イスラム圏に出かけた兄弟たち（一六章）は、イスラム教徒の間で静かに暮らすべきであり、実際の行動によって、とりわけ説教よりもむしろ虐待を堪え忍ぶことによってキリスト教を布教するという、フランシスコの願いに通じる。

フランシスコが隠遁の庵での修道士たちの生活を律するわずかな規則を決めたのは、この時期か、おそらくそれよりやや遅い時期だった。隠遁の庵は完全に孤独な場所ではない。二、三人の修道士が引き籠もり、全身全霊で祈りに身を捧げる、人里離れた場所である。この隠遁の実践は、フランシスコとベルナルド、ペトロが、一二〇九年に三人でローマに旅した頃に実践していた生活に立ち戻ることだった。中東から帰還後のフランシスコについての物語は、往々にしてフランシスコが隠遁の庵で暮らしていたこと、あるいはそこに向かう途上にあることを語っている。隠遁の庵で暮らすことで、フランシスコは統治の要請から逃避することができ、少なくとも短期間、回心後まもない日々の価値あるものに立ち返ることができた。この記録の中で、フランシスコは隠者の生活の理想、完全に孤独ではないがそれに近い暮らし方を描いている。聖務日課の励行によって一日を過ごすことを述べた章にもっとも多くの部分が割かれており、聖務日課は共に行われるわけではないが、個人的に行うわけでもない。しかし、何度も繰り返される孤独の祈りはフランシスコに強く訴えかけた。「砂漠」の中においてすら、フランシスコは何にもまして、教会の祈りの朗誦を好んだ。

『隠遁所のための規則』に、フランシスコは観想者と活動者という労働に関する伝統的な分担を導入した。一人の修道士は滞在して祈り、他方でもう一人の修道士は生活上の必需品の面倒を見ることになる。しかし、フランシスコはこの分担に新しい光を当てた。まず、二人の兄弟は時期を区切って役割を交代することにし、もっと大事なことは、世話役のほうの兄弟、つまり活動する修道士が――「父親」ではなく――「母親」と見なされ、一方でもう一人の、観想する修道士が「息子」と見なされるようになったことである。フランシスコは、食物を与え育てる立場に母親を置き、規律を与える立場に父親を置くという、当時の男性が抱くごく当たり前の見解の持ち主だった。しかしまた、フランシスコは伝統的な役割の驚くべき転換をやってのけた。隠遁の庵においての「上位者」は女性、養育者の立場であるべきであって、権威者の立場では――いわんやピエトロ・ディ・ベルナルドーネのような独裁者であるべきでは――なかった。かてて加えて、観想を活動の上位に置く中世の位階秩序を与えることによって、「母親」は活動する修道士ということになり、観想者にその役は与えられなかった。訓戒が与えられるとしても、それは訓戒を口にすることによってではなく、良い行動の手本を示すことで与えられた。指導者の役割は永続的なものではなかった。一時的目的でなされた訓戒はフランシスコがまがうことのない良心をもって受け入れた一つの指導の方法だった。

フランシスコは活動者と観想者の役割分担の手本として「ルカによる福音書一〇章三八―四二節に登場する」マリアとマルタの伝統的なイメージを用いることで、「母親（マルタ）」と「息子（マリア）」の役割を分け、それによって活動者の役割を観想者の上位に置いた。マリアはマルタの従属的地位にあった。「母親」は外の世界を取り扱い、「息子」を妨害から守ることに責任を負った。母性のイメージを使ったことは、ここでは、兄弟会の修道士たちである雛の群れを守ろうとする母親の雌鶏に自分を擬したフランシスコ自身のイメージの反映だった。

兄弟会の放漫な入会政策に関連してフランシスコが話した譬え話にもこのことは反響していた。その譬え話で、フランシスコは偉大な王様の息子を産んだ貧しい女と自分を比較している〔『会の発祥もしくは創設』第七章三五、『三人の伴侶による伝記』第一二章五〇〕。隠遁の庵においてすらフランシスコの「息子たち」は物乞いという自己卑下を実行することになる。フランシスコは息子たちが沈黙を破り、自分たちの「母親」について話すことで、「貧しい子供たちのように、神である主への愛のために、〔母親役の兄弟たち〕に施しを願うことができる」〔『隠遁所のための規則』五〕。二者の役割は不変のものではなく、「母」と「息子」は「状況に応じて」〔同一〇〕役割を交代し、変えるべきである。

## 会則の改訂と承認

会則を改訂した結果、ペトロ・カタニオが代理人として正式に認められていたとしても、フランシスコは兄弟会の代表として働き続けた。一方で、ペトロは少なくともフランシスコの観点からすると、命令することで誤りを犯していたので、自分がフランシスコに命令を下すことは難しいと分かっていた。一二二〇年代の初頭には、普通、修道士は聖務日課書を持っていなかったが、兄弟たちは聖務日課に使うための詩編書と福音書は持っていた。一二二〇年末から一二二一年初めにかけてのある時、読書することを学ぼうとしてかろうじて字が読める程度の新参者がペトロに近づき、詩編書を使いたいと申し出た。新参者はフランシスコの承認も得ようとした。フランシスコの反応は素早く、申し出を拒否した。この物語の流布している伝承によると、フランシスコは「会則違反」を防ぐことができなかったので、恐ろしいほどの危惧の念を抱いた。フランシスコは新参者を追いかけ、地面に自分の身を投げ出し、新参者が本を読まずに済ますことにフランシスコが失敗した罪で自分自身を責めた。

ペトロは教育を受け、おそらく教会法も学んでいたが、修道士が学ぶことを問題にしなかった。新参者の要求は、結果として当たり前になり、期待することになる一種の自己改革の望みを反映していた。フランシスコは聖職者たちに対して何も反対することはなかった——彼自身が聖職者そのものだった——が、平信徒の状態の修道士はそのままで止まるべきとした。非常に早い時期から、兄弟会の中には司祭が存在していた。この存在がフランシスコを悩ませることはまったく無かった。しかし叙階を受けていない修道士は叙階を求めてはならなかった。兄弟たちが聖職者になること、もしくは叙階を受けることを熱望し始めたとき、兄弟たちのその努力は、もはや兄弟たちが本当の「小さき兄弟」ではないことを明らかにした。こうした叙階への熱望が『第一の会則』三章のフランシスコの怒りの爆発の背後に存在した。そこでは、フランシスコは信徒修道士たちに、詩編書を持つことなく、他の文字が読めない平信徒同様、主の祈りを唱えることだけで満足するよう諭した。

フランシスコは書物や地位といった問題についての政策にかかわるばかりではなく、地元の奉仕者や上位者に関する実際的な問題も扱わなければならなかった。これがまた彼に自分の定めた規則の再考を強いることになった。一二二一年の聖霊降臨祭以前のある時、フランシスコは『奉仕の任にある某兄弟への手紙』を書いた。ある地元の奉仕者は、監督下にある兄弟たちにとても不満を感じているので、辞任して隠遁の庵に住みたいと、フランシスコに手紙を書いたか、あるいは報告を上げていた。これはフランシスコがよく理解できる誘惑だった。フランシスコは誤りを犯した人間を正す上位者の責任と、不服従によって起きる問題に関して考えた。フランシスコが設定した標準は高かった。上位者は彼の配下が不服従で、彼を粗末に扱ったとき、そのことを善意に考えるべきである。神から遣わされたものとしてこの重荷を受け入れることは、「あなたにとって隠遁所に勝るもの」『奉仕の任にある某兄弟への手紙』八」になる。加えて、フランシスコはどんなに罪が深かろうとすべての修道士を許し、万が一修道士が許しを求めなくとも、とにかく許しを申し出るべきであると、奉仕者たちに指示した。フランシスコは同じやり方で他の奉仕者たちを励ますことになった。

このフランシスコの勧告は高貴な感情であり、奉仕者は兄弟たちの中で最も小さき兄弟であって「すべてに服従する」べきだというフランシスコの願いを反映している。それにもかかわらず、神からの贈り物として服従者の不服従を悦び、改革への志を持たない人々を許すことは、奉仕者にとってのつらい霊的修行であり続けたかもしれないし、フランシスコの勧告は霊的な方策であり、大きな宗教組織においては災難だった。この手紙の写しのほとんどは、「フランシスコが」次の聖霊降臨祭の集会のために、従順の義務を怠った兄弟たちを矯正する点で実際の役に立つ手段を与える戒律を提案する一部分をつけ加えることで、集会に生まれる緊張の緩和を図っている。手紙は示されたことをよく守り、その指示を集会で提案するように奉仕者に命じる形をとっている。この点から、手紙の受け取り手、少なくとも加筆された手紙の受け取り手は、一二二一年の集会が間近に迫っていたときの代理人エリヤであったことがうかがえる。この実際的な提案はフランシスコによるというよりもエリヤの発案によると推測される。

フランシスコはもっと長い手紙の中で、上位者の下に行き罪を告白する「罪を犯した」すべての修道士を従順の下に結び付ける『奉仕の任にある某兄弟への手紙』一四―二〇］。罪を犯した本人がこれを実行しなければ、兄弟の修道士たちは問題点を論じたり、公表したりしないが、本人は上位者の下に連れて行かれることに服従することになる。上位者は罪人に対し慈悲をもって扱い、「行きなさい、これからはもう罪を犯さないように」という［イエスの］言葉［ヨハネによる福音書八章一一節］を実行するための禁止命令の他に、回心者に科すものはない。おまけに、修道士すべては、きわめて軽い罪を犯したとしても、司祭のところへ行き（あるいは司祭が近くにいない場合は、別の兄弟のところに行き）、告解［＝罪の告白］する義務を負わされている。賢明なことに、いまではフランシスコは服従者を矯正する仕事に関して上位者（と自分自身）を緩やかな立場に置いた。規律を正す行動は兄弟たちに任された。上位者の役割は適性について厳しく歯止めがかけられていたので、上位者が自分で、どう反抗的な人々を扱ったらよいのかとても分かりにくかった。それにもかかわらず、『第一の会則』の実践的解決の道が存在する。明らかに、義務不履行に対するより一層組織的な手続きと、上位者に対する強い懲罰的力を強化した五章は、大衆運動の教義の複雑さを分かりやすくした点で、フランシスコの考えがさらに歩を進めたことを反映している。

ここでは、エジプトから帰って後のフランシスコが実際的な問題を扱っている最上の例なので、新参者が詩編書を持つ件と欲求不満に陥った奉仕者の件の二つを、論じてきた。そして両者が現存する規則の母胎となった。フランシスコは最終的に悪しき意思決定をする指導者と兄弟たちの禁止すべき間違った態度に向き合った。どちらの場合にも、フランシスコはまったくの不得手と言っていい仕事、戒律の提案を成し遂げた。この作業の継続中にフランシスコは援助を必要としたが、この時期の仲間は全く役に立たなかった。ペトロ・カタニオは、自分の教会法の訓練のすべてが、会の統治にあたっては全く役に立たないと思っていたようである。シュパイアーのカエサリウスは、教会法の専門家ではなかった。結果として『第一の会則』はほとんどフランシスコの人格の個人的表現と言っていい一方で、「会憲」として機能するためには多分に説教調で、非組織的で、おまけに粗っぽいままだった。

フランシスコに対して、神は一二〇九年に占った聖書の文字を通して語り掛けた。フランシスコがこの神の顕現を過不足なく体系化して説明するには問題が多すぎた。それにもかかわらず、フランシスコはちょうど一二二二年の集会の討議のために間に合うように提出する会則の完成に向けて尽力していたように見える。この集会の間に、修道士の内の数人が、手本として以前に承認を得た会則の一つを使うことを進言したようである。フランシスコはいささか熱っぽく反応し、アウグスティヌスの会則、ベルナルドの会則、あるいはベネディクトの会則といった、いかなる手本も使いたくない、自分流の会則を作る、と助言者たちに告げた。神はフランシスコに「この世の新たなる愚か者」『完全の鏡』第四章六八〕になることを求めていると、彼は言った。より多くのものを求める人々は神の「番兵（*gastaldi*）」、悪魔によって罰せられるだろうとフランシスコは宣告した。フランシスコは最終稿を仕上げるために、リエティの近くのフォンテ・コロンボの庵に二人の修道士――フランシスコの聴罪司祭で腹心の兄弟レオと、ボローニャの兄弟ボニッツォ――を連れて行った。ボニッツォという人物についてはよく分かっていない。レオは少なくとも司祭になるために十分な教育は受けていた。この二人の伴侶がどれだけフランシスコの助けになったかは保証の限りではない。他の兄弟が連れ立って行ったかどうかは定かではないが、エリヤと他の修道士たちは、フランシスコが仕事をしている間に彼を訪ねたかもしれない。

フォンテ・コロンボでの隠遁の間に、フランシスコは、兄弟会の会憲として機能する規則へと一二二一年の会則を改訂する作業に取り組んだ。『第二の会則』として知られるこの改訂は、一二二三年九月にホノリオ教皇によって最終的に認可された。さらに教会法に精通したゴーストライターの手で書き改められた。『奉仕の任にある某兄弟への手紙』で提案された戒律や『第一の会則』に散見される特例的に作られた戒律については、注意深く改訂がほどこされてきた。一二二一年の集会と一二二三年の認可の間の一五か月にわたって、フランシスコは教会法と統治に通暁した専門家たちからの助言を得た。この改訂作業の経験はフランシスコにとっては欲求不満を昂進させるものだった。フランシスコは専門家を必要としたが、専門家は専門家にすぎず、彼らが教会法と以前に設立された修道会の慣例を知っているゆえの必要に過ぎなかった。

最終的に、フランシスコはますます兄弟会のメンバーではない友人のウゴリノ枢機卿に頼ることになった。ウゴリノ枢機卿はフランシスコが信頼するに足る人物だった。加えて、ウゴリノ枢機卿は一度も何らかの修道会の会員になったことがなかったので、修道生活の前例に捉われることもなく、先入観を持たないで改訂作業に加わった。一二二二年三月二九日にホノリオ教皇が、兄弟会の最初の特典となる『デヴォティオニス・ヴェストレ・プレチブス（*Devotionis Vestrae Precibus*）』を公布したことは、フランシスコとウゴリノが改訂作業でますます連携を深めた徴（しるし）だった。特典は宗教行事が聖務執行停止によって禁止されている場所においてさえ、聖務日課を唱える権利を修道士たちに与えた。これこそフランシスコが受け入れることができる祈りの権利、まさに「特典」の一種だった。

一二二三年の春までに、フランシスコはいつも「自分の会則」と考えていた規則を定め、理想の表現として兄弟たちに指示した。これは少々驚くことではあるが、少なくとも形式の面では、新しい会則は『第一の会則』の作業案といった内容とは全く異なるものである。『第一の会則』よりずっと短く、長さはちょうどその四分の一強である。会則からフランシスコが肉声で語った言葉はほとんど消えてなくなっている。すなわち、説教調の霊的な訓戒、貧しさの要請と現実とに折り合いをつけるための混乱し矛盾に満ちた試み、それに敬虔と祈りに関する個人的見解、そういったものはすべて削られていた。修練期の者への入会許可の項目のような章（二章）は、訓練を経た教会法学者の手になることが明らかで、直接に教会法から規範を取り入れている。修道士が生活する場所の風土に従って着る物を変える条文（四章）は、ベネディクト会からの借用で、一方修道女との契約の条文（一一章）はシトー会の規則の影響を示している。新しい会則は『第一の会則』を手本にしていないが、フランシスコはその条文が助けになれば進んでそれを借用した。ウゴリノ枢機卿は、フランシスコがまだ本当に自分のものにしていない修道会の伝統的な声を見出す手助けをした。

『第二の会則』は、兄弟会がリヴォ・トルトの草創の日々から、人数の増加による変化だけではなく、どれだけ大きく変化したかを明らかにしている。とりわけ、『第二の会則』は兄弟会内部の統治を合理的なものにするのに役に立つ。上位者と集会の役割（八章）、修行の手順（七章と一〇章）、それに聖歌隊の義務（三章）が詳しく説明され、明らかにされている。この四つの章にはウゴリノ枢機卿のような人物の影響が最もはっきり示されている。『第二の会則』はすべての修道士に可能な説教の務めをそのまま残しているが、一定の条項が信徒修道士による説教に歯止めをかけている。例えば、『第一の会則』では、上位者は単に、正統性とスキャンダルの危険について説教を監視するに過ぎない。しかし『第二の会則』では上位者は、優れた修道士に対して正式に「説教に関する奉仕」を授ける。この条文は、信徒修道士による説教に対して上位者に実質的な拒否権を与える。一一章では（ここではいつもの「兄弟たちに……させよう」という呼びかけではなく、「固く命じる」という表現が使われていることから、フランシスコ自身がこの文章を書いたことが分かる）、教皇庁の許可なく修道士たちが女子修道院に入ることを禁じている。スキャンダルという脅威が疑いなくここでのフランシスコの強い言葉の背後に存在していたが、その効果は修道士と修道女の間の以前からの自由な形の（そして非常に潜在的問題がある）関係を規制することである。会員の増加はこうした改革を必要とした。現代の研究者たちはこうした変更を非難するが、いまや巨大な兄弟会が――琥珀(こはく)の中で化石になった蠅(はえ)のように――一二〇九年の状態から変わらないままで存続可能だったと考えることができるのは、どうしようもないロマンチストだけである。フランシスコはロマンチストではなかったし、『第二の会則』はその事実を反映している。

フランシスコ自身の言葉は、これらの変化を明らかにするだけでなく、根底にある不変のものも明らかにしている。もちろん、一二〇九年にはフランシスコと一一人の兄弟は正式の修道士ではない、信徒回心者の自由な形のグループに過ぎなかった。フランシスコと一一人の兄弟によるローマ訪問の際に、三人は予期せぬ剃髪(トンスラ)をされ、説教の許可を得て、その結果聖職者になった。まもなく他の人々が彼らの仲間に加わったが、兄弟たちの生活の様式は、彼らの中の聖職者が聖務日課を唱え始めた以外に特別の変化は起こらなかった。フランシスコの運動は伝統的な意味での「修道会」ではなかった。彼らはシトー会のような隠棲修道士（monks）でもなければ、初期のドミニコ会のような修道参事会員（canons regular）でもなかった。フランシスコはもともと自分たちのグループを「友愛会（*fraternitas*）」とみなしていた。それは信徒回心者のグループに与えられた名称の一つだった。外部の観察者たちはまもなく、信仰の場（*religio*）もしくは「宗教運動」としてフランシスコたちの活動を語ったが、フランシスコ自身は「友愛会」という言葉を使い続け、『第二の会則』にその言葉を使うことさえした。『第二の会則』は「修道会（*ordo*）」という言葉をただ一度使っているが、その場合もごく緩やかな意味で使っている。

フランシスコとウゴリノは自分たちが伝統的意味での「修道会」のための会則を作っているとは考えなかった。フランシスコは自分たちのグループが既存の修道会とは全く違う何かだと確信していた。それにもかかわらず、会則の認可によって、教皇庁はフランシスコ派の運動を「修道会」とみなすようになり、それに沿った扱いをし始めた。兄弟たちはますます自分たちをシトー会の隠棲修道士（monks）やプレモントレ会の律修士（canons）のように考えるようになった。フランシスコでさえも時によって修道会という言葉を使い始め、その言葉を使うことに一度も反対しなかった。この言葉の変更は、完全にキリストに従うというフランシスコの個人的な大望の制度化を進めることを表している。数千人に膨れ上がった団体にフランシスコの理想を浸透させる他の方法を見つけることは困難である。

認可された修道会という教会法上の立場によって、フランシスコ会は信徒会（confraternity）の性格を希薄にし始めた。『第二の会則』三章に記されている通り、「ローマ教会の規定に則して聖務日課を唱える」という決定は、大きな変化をもたらすことになった。一二二三年以前は、兄弟たちは信徒回心者のグループがしているのと同じように、地元の典礼の実行に自分たちの祈りを従わせてきた。アシジの兄弟たちはグイド司教とその集会の典礼の慣例に従ってきた。兄弟たちはグイド以来修道士たちがしてきたように、一二二三年頃にローマ教会の典礼を採用した。フランシスコ自身はいまだに自分は司教の導きに従うものと考えていた。しかし、いまでは小さき兄弟会の修道士たちは、アシジにとどまらず、彼らの周辺の聖職者や司祭とは典礼の上で別扱いされていた。それはちょうど、シトー会やカルトジオ会、また（最終的には）ドミニコ会が、共同の典礼に基づく一体性によって、別扱いされることになったのと、まったく同じだった。

フランシスコ会は、ローマとその隣接地域の外でローマ教会と同じ聖務日課を行う最初の修道会になった。この典礼の、いわばブランド化は、聖職者の典礼執行に基づく国際的な一体性を兄弟会に与えた。フランシスコは何の臆するところもなくこの進展を受け入れた。おそらくこの典礼を気に入ってさえいた。いずれにしてもその年の年末までのある日に、フランシスコは、教皇庁の無名の役人が一二一六年から一二二三年まで使っていたローマ教会の聖務日課書の個人的な写しを、贈り物として手に入れた。フランシスコは毎日曜日の霊的読書のために、この本の背を綴じて、その年のミサの福音書に使った。彼は死ぬまでこの聖務日課書を使い、修道士たちの手に渡った。修道士たちはフランシスコの伴侶である兄弟レオが最終的にサン・ダミアノの姉妹たちに与えるまでそれを使った。この聖務日課書は今日に至ってもなおアシジの聖遺物箱の中に保存されている。

このおそらく避けがたかった制度化にもかかわらず、『第二の会則』はフランシスコの生活の規則の多くの革命的要素を取り除いていない。そのうちのいくつかはフランシスコ自身の行動によっていっそう過激になった。会則作りに励むかたわら、フランシスコは旅にも出て、修道士たちを訪問し説教を行った。あるときヴェローナに旅をし、ウンブリアに戻る途中で、フランシスコはボローニャを通るつもりでいた。しかし兄弟たちがそこで新しい「兄弟たちの家」を建てていると耳にすると、その家を捨てるように指示する伝言を兄弟たちに送った。従順の実行によって、病人さえも「家を追われ」、路頭に投げ出された。フランシスコは不快を示すために街に入らなかった。フランシスコは後になって初めて寛大になり、ウゴリノがその建物の法的所有者は兄弟たちではなく、自分であることを説教の中で告げたとき、兄弟たちに家に戻る許可を与えた〔『魂の憧れの記録』第二巻第二八章五八、『完全の鏡』第二章六〕。

新しい住居に対するこの反応が、おそらく一二二二年の聖霊降臨祭の集会の準備期間中にアシジで再度生じた。アシジの人々は、多くの修道士がその会合のためにやって来るけれど生活する場所がないことを知っていたので、修道士たちのために大きな住居を建てた。フランシスコは建設がほとんど終わりかけたのを見に戻ってきて、屋根に上り、屋根のタイルを剝がし、それを投げ落とすことで大きな住居への抗議の意志を示した。フランシスコは他の修道士たちのところにやって来て、彼が建物の破壊に手を貸すように命じた。アシジの騎士たちが、その建物は市の所有物であり、フランシスコが市の公共の財産を破壊していると叫び出したときはじめて、フランシスコは破壊を止め、屋根から降りて来た〔『魂の憧れの記録』第二巻第二七章五七、『完全の鏡』第二章七〕。この二つの出来事は、兄弟会の初めの単純な生活からの徐々に進んでいる逸脱、つまり貧しさへの冒瀆に対するフランシスコの反応の確実な証拠が存在する唯一の事例である。死の間際にフランシスコは再び、豪華過ぎる住居を修道士が受け入れることに対して、『遺言』の中で叫びをあげることになった［『遺言』二四］。

修道士の貧しさを危うくしかねない住居についての懸念は、死に至るまでフランシスコを悩ませた。ボローニャとアシジの家をめぐる事件は、フランシスコの死後約四〇年、兄弟会を悩ませることになる貧しさに関する論争の最初の小競り合いだった。しかしながら、フランシスコの生存中、仲介者を通じた金銭のやり取り、高価な食物の貯蔵と消費、豪華な衣裳の着用といった後代に見られる悪弊がすでに表れていたはっきりした証拠は存在しない。しかし、少なくともボローニャとアシジにおける豪華な住居の取得は、来るべき問題の兆候だった。

これらの痛ましい事件のはっきりした痕跡が『第二の会則』に残っている。『第一の会則』における住居に関する条文は思いつきに見える。

「兄弟たちは、隠遁所であれ、ほかのどんな地所にいても、いかなる地所も自分のものと主張したり、ほかの誰かから守ろうとしたりすることのないよう注意しなければならない」［『勅書によって裁可されていない会則』第七章一三］。

『第二の会則』の対応部分はより明確になっている。六章の、家と喜捨に関する条文でフランシスコは記している。

「家屋も土地も、他のいかなるものも、自分のものにしてはならない」〔『勅書によって裁可された会則』第六章一〕。

この条文は思いつきではない。フランシスコは力強く、決断をもって語っている。修道士の数の増大は住むためのより広い場所を要求した。しかし、修道士たちは「自分のものにすること」を絶対に禁じられた。ボローニャやアシジの場合がそうであったように、他人の所有のままにされる。しかし、フランシスコは不安がひどい時に限って相手の身になって私有財産を認めた。かつて巡礼者として異邦人として世界で暮らすことを兄弟たちに経験させたときと同じような燃えるような熱意をもって『第二の会則』をフランシスコは力強く表現している。兄弟会の速度を増す成長が、他人の所有する大きな建物を住居に使うことを修道士たちに許すことをフランシスコにせまったとき、どういうやり方で彼がそれを禁じることができたのかはよく分からない。

よくある誤解とは反対に、『第二の会則』は一二二一年の会則より、貧しさに関してより厳しくなっている。金銭に関する条文を記した四章において、ハンセン病者や病人のために現金による施しを受けることを兄弟たちに禁じた『第一の会則』に見られた抜け穴をフランシスコは閉ざした。いまや兄弟たちは直接もしくは仲介者を通して、現金を受け取ることがなくなった。正確に言えば、奉仕者は病人のための世話が必要な時、「霊的な友」に頼ることになる。「霊的な友」は後に大きな財源を扱う制度化された手段になったが、一二二三年においては、「霊的な友」は兄弟たちのための一種の法律上の仲介者ではなかった。いわば、兄弟たちが援助を頼める知り合いだった。フランシスコは修道士たちが金銭を扱うことはけっしてないという彼の願望の抜け道となる慈善を許す気はもはや毛頭なかった。兄弟たちはもう金銭を蓄えなかった。兄弟たちはいまや他人――まさにフランシスコが欲しているそのもの――に頼ることになった。同じ意味で四章は、『第一の会則』の対応する戒律よりも一層厳しくしている。

手仕事ができる兄弟たちがそれで金銭を得る要求を維持する一方で、『第二の会則』は兄弟たちが取引の個人的手段を持つことの容認を抹消した。手仕事に対応して、物乞いがいまや非常に強調され、すべての修道士たちが単に手仕事の報酬を補うものとしてではなく、そもそもへりくだりと霊的鍛錬として、物乞いを実践することが取り入れられた。ある面で、この変化はおそらく兄弟会に入る手仕事による自助が不可能な（あるいはその気がない）人々、聖職者や知識人の数の増加を反映している。これは、兄弟会の大きな変化の分岐点であり、物乞い――一二二三年にはその例がまだなかったもの――が結果として肉体労働にとって代わり、フランシスコの運動の主要な道標となる過程の始まりを告げることになった。

会の成長と共に、様々な背景を持つ新しい修道士たちが加わったが、そのうちの何人かは非常に貧しく、フランシスコと兄弟たちが自分たちの暮らし向きのほうが彼らの家族よりずっと良いと思えるほどだった。ペトロ・カタニオが代理人を務めていた頃に、二人の修道士の母親である一人の女性――おそらく二人の修道士は母親のたった二人の息子――が、フランシスコを頼って助けを求めに来た。フランシスコはペトロの下に行き、「われわれの母親」――修道士たち全員の母親のために使ったフランシスコの言葉――の助けになるものを見つけるようにペトロに求めた。ペトロは施しのために売ることができるポルチウンクラにある唯一のものは、朝課の修行のために自分たちが使っている新約聖書だけだと答えた。フランシスコは、それを売って金を得ることができるように聖書を母親に与えるようにペトロに指示した［『魂の憧れの記録』第二巻第五八章九一、『完全の鏡』第三章三八］。祭壇にふさわしい奉仕と聖務日課への献身がフランシスコの最優先の関心であったことを考えると、この決断は難しかったに違いない。様々な兄弟たちが会に加わるにつれて、サン・ダミアノ聖堂やリヴォ・トルトの日々には想像できなかった重要なものか、兄弟たちの家族への義務を、フランシスコはいま感じていた。その当時、フランシスコは修道士たちが血を分けた親族に自分たちの持ち物を与えるという考えを拒絶していた。ところが、ここでは貧窮した家族の出身者の召命という状況が、フランシスコに原点である貧しさへの再考を促した。

修道士たちは間違いなく、一二二二年の聖霊降臨祭の集会で会則の最終案について議論した。最終案が一二二三年六月の集会で再び議論されたか否かは分からない。それにもかかわらず、夏の終わりまでに、その文書はローマ教皇庁に送られてしまった。ウゴリノ枢機卿は、教皇庁の官僚としてフランシスコの兄弟会に最も直接的に関係していたので、おそらく会則の最終案を承認するようにホノリオ教皇に請願する際に、フランシスコの監督者として働いた。ホノリオ教皇は、一二二三年一一月二九日の教皇勅書『ソレット・アンヌエレ（*Solet Annuere*）』において最終案を承認した。勅書によって認可されたため、『第二の会則』はしばしば、一二二一年の未認可の『第一の会則』と対比されて、『勅書によって裁可された会則（*Regula Bullata*）』と呼ばれている。

ホノリオ教皇が会則を承認したとき、フランシスコはローマにいなかった。おそらくリエティかそのすぐ近くの隠遁の庵にいたのだろう。教皇勅書そのものは会則が挿入された教皇庁の形式的書簡で、承認手続きの型にはまった性質を示す体裁である。これは、承認を求めて戒律がローマに提出された時の、修道会からの要請を承認するための共通の官僚的手順だった。一二〇九年のインノセント三世教皇の承認――仮のものであり、とりわけフランシスコの個人的・霊的な良心の咎めに関わるものだった承認――とは違って、教皇勅書『ソレット・アンヌエレ』は、いまでは兄弟会の活動がカトリック教会の確立された修道会であることを明らかにしていた。法的な意味で、勅書はインノセント三世教皇によって与えられた見習い期間の終了を告げていた。フランシスコは絶えず、兄弟会の会則として教皇に承認された本文について語った。フランシスコにとって、教皇勅書は、彼が兄弟たちに伝えることを望んだ生活様式の決定版だった。

フランシスコの代理人としての活動的で冷静なエリヤと教皇の承認を得た会則のおかげで、フランシスコはいまではますます自分の好む新しい仕事、兄弟たちの手本になる活動に打ち込んでいた。ほぼ二年後までに、その頃フランシスコはラ・ヴェルナに引退していたが、修道会は二人の上位者を戴く奇妙な体制にあった。上位者の一人のエリヤは、修道士たちが間違いなく会則の手紙に沿って暮らしてゆくことに対して責任を負っていた。もう一人のフランシスコは、その生活と行動によって、第二のいまだ文章化されていない規則を体現していた。この二つの「生活の規則」は時に葛藤し、時に互いに支え合った。

## フランシスコの引退への準備

『第二の会則』が承認された後も、くだらない制度上の問題と思えることについても、フランシスコは修道士たちと修道女たちの生活に巻き込まれ続けた。例えば、会則承認の五か月前の一二二三年六月一六日に、フランシスコは「貧しい婦人たち」の修道院のための証文を作成する教会法に基づく仕事に加わっていた。おまけに、エリヤと奉仕者たちが日々の管理に専念しているとはいえ、もっと深刻な問題が定期的にフランシスコに助言を求めて送られて来た。この官僚的な押し付けは、規律の適用が遅々として進まないことを意味していた。一二二三年一二月一八日に、ホノリオ三世教皇は、義務を忠実に履行しない兄弟たちを破門する際の強制力の弱さへの質問を記した。しかしながら、徐々に、意図によってか状況によってか、フランシスコの修道会への直接の関与は減少した。

兄弟たちのフランシスコに対する態度は矛盾に満ちたものだった。兄弟たちはフランシスコを敬愛し、自分たちの指導者であることを望んでいた。しかし、病気が重くなると、フランシスコは自分の世話をする「看護人たち」の言う通りにするとはっきり口にするようになり、看護にあたっていた修道士たちは、彼の生活を左右するだけではなく、修道会の問題についてフランシスコの助言をしきりに求めるようになった。フランシスコは多かれ少なかれ、自分の日々の生活を管理されたままだった。一二二三年の一二月半ばまでに、フランシスコはリエティの隠遁の庵を去ることにした。その庵で彼はクリスマスにグレッチオに旅するまで生活していた。湖を渡る間に水鳥をフランシスコに贈る漁師の物語『魂の憧れの記録』第二巻第一二六章一六七、聖ボナヴェントゥラ『聖フランシスコの大伝記』第八章八〕がこのグレッチオの旅を述べているとしたら、フランシスコは船で旅をしたことになる。

そのクリスマスの季節の間に、グレッチオの人々は、フランシスコの生涯の中で最も感動的でよく知られた出来事を目にしている。クリスマスのほぼ二週間前に、フランシスコは親しくしていた頼りがいのあるグレッチオのヨハネを呼び、藁で一杯になった飼い葉桶、雄牛、驢馬、幼子イエスの似姿の彫像のあるベツレヘムを模した洞窟をヨハネに作らせた。フランシスコは教会の祭壇近くの合唱隊席にそれを設置した。クリスマスの夜にグレッチオの街の人々がその光景をよく見ようと、たいまつを手にして集まった。修道士たちは「降誕徹夜祭」を祝い、それに続けてすぐに真夜中のミサが行われた。フランシスコは助祭としてミサのために奉仕し、聖歌を歌ったのちに説教壇に上り、救い主キリストの誕生について説教した。

フランシスコは、感動を何とか抑えて、その場の善男善女が、飼い葉桶の光景の周りで羊がメエメエ鳴く声を耳にしたと思うほどの身振りで、「ベツレヘムの幼子」という言葉を口にした。フランシスコは幼子の似姿の彫像を取り上げ、腕に抱え、善男善女に贈り物としてささげるためにその彫像を差し出した。グレッチオのヨハネは、フランシスコが以前目にした生命のない彫像に生気を吹き込み、生ける幼子のキリストとして再生させたと思った。ミサの終わりに、善男善女は祭壇に入り、形見として保存するために藁の一片をそれぞれ手にした。藁を食べた病気の家畜が健康を取り戻し、陣痛に苦しむ妊婦が藁に手を触れるとやすやすと子を産むことができたといった話が広がった。アシジの小さな貧しい男、フランシスコは、死の二年前にすでに奇跡を行う聖人になる途上にあった。フランシスコの列聖の後に、この栄誉を讃える祭壇がグレッチオの飼い葉桶の遺物の上に建てられることになった［チェラノのトマス『聖フランシスコの生涯』第一巻第三〇章八四—八七、聖ボナヴェントゥラ『聖フランシスコの大伝記』第一〇章七］。

みすぼらしさと家畜に取り囲まれた馬小屋で誕生した、神の子の恥辱は、フランシスコにとって霊的完成の手本だった。十字架の上で罪人のために死んだイエスは、弱い子供に生まれ、すべてに従うことを選んだ。フランシスコは動物ばかりか生命のない被造物にさえもクリスマスの嬉しい宴を分け与えることを望んだ。その後まもなくのある時、フランシスコはいつか皇帝に接見することがあったら、クリスマスには小鳥たちに餌を撒き、家畜に特別の餌を配給することを人々に義務付ける法律を制定することを皇帝に要求するだろうと宣言した。一二二六年のクリスマスの日が、キリストの処刑された伝統的な断食の日である金曜日と重なったとき、兄弟モリコはその日がクリスマスを祝う日であることを忘れ、悔い改めの日として語った。フランシスコはモリコに異議を申し立て、一二月二五日を決して「金曜日」と呼ばず、いつも「クリスマス」と呼ぶように命じた。

「このような日には、壁さえも肉を食べればよいと思います。それができないなら、肉汁を塗ってやればよいでしょう」［チェラノのトマス『魂の憧れの記録』第二巻第一五一章一九九］。

フランシスコは春までグレッチオに留まった。その時、気候と彼の健康は、マルケの最後の説教の旅ができるほど恵まれた。その説教の旅はフランシスコの最後の牧歌的な旅になった。

# 7　十字架の道

一二二三―一二二五

ホノリオ教皇が一二二三年一一月に会則を裁可した後、フランシスコは徐々に兄弟会から身を引き始めた。この後に続く歳月のフランシスコについて記した人々は、深刻な葛藤に曝された人物の姿を描いている。若き日のフランシスコのカリスマ的で喜びに満ちた霊性も、十字架との激しい一体化も完全には消えていなかった。しかし、病が重くなるにつれ、習慣になっていた篤い信仰心の実践を自制し、ますますそこから距離を置き、身を引くことになった。フランシスコはいままでよりずっと扱いにくくなり、すぐに欲求不満に陥るようになり、時には彼の周囲にいる人々を罵ることさえあった。後世の聖人伝の作者たち、とりわけ、スピリトゥアル派の伝統に立つ人たちは、フランシスコの癇癪（かんしゃく）の爆発を後継者の兄弟たちの間の放縦と貧しさの理想への裏切りに帰した。しかし兄弟たちの間にそのような堕落が存在したというはっきりした証拠はない。

フランシスコの闘いはより個人的で内面的なものであったと思える。フランシスコの常軌を逸した行動は自分自身の過ちと欠点に対する痛みに満ちた認識に根差していた。「小さき兄弟会」の中でも最も小さき者として、フランシスコは、もはや「小さき兄弟」ではなくなった兄弟たちに対する霊的な上位者として、修道士たちの良い模範となろうとつねに闘っていた。フランシスコが自分に科した仕事は内面的な一貫性を欠き、実現不可能な仕事だった。そこで、看護人との間に欲求不満が生じ、看護人たちの我慢の限界があった。その結果は目に見えなかったに違いないが、真に霊的な磔刑（はりつけ）だったに違いない。

## フランシスコの指導者からの引退

一二二三年の末から一二二四年の春にかけて、フランシスコはグレッチオの小さな街の隠遁の庵に滞在した。この場所はとりわけそこに住む修道士たちが謙遜だったので、フランシスコお気に入りの隠遁の家の一つだった。その庵には他の黙想用の一人部屋［＝修房］に比べてもずっと小さく質素な隠遁用の一人部屋の一つ、「より小さき一人部屋」があった。その部屋がフランシスコのお気に入りだった。フランシスコはおそらく一二二四年の四旬節をその部屋で過ごした。フランシスコは孤独になるためと健康の衰えのゆえに、ずっと一人部屋に住み続けた。彼は食事の時だけその部屋を離れ、その部屋で個人的に聖務日課の朗誦さえ行った。この例外として知られる一つに、フランシスコに逢うためにリエティから祝福を受けるためにやって来た兄弟が、部屋の中に入ることができなかったために外で泣きながら立っていた姿を見て、部屋を出て祝福を与えた例がある。冬の間、フランシスコは肉体的な衰弱のせいばかりではなく、不眠と極端な霊的・知的心労に苦しんでいた。

フランシスコの平信徒の友人、グレッチオのヨハネ――以前［クリスマスに］飼い葉桶の中の幼子キリストを作ってフランシスコを手助けした人物――は、フランシスコを支援するために尽力し、よく眠れるように羽毛の枕をフランシスコに贈った。贈り物は予期に反した。ある夜、フランシスコは隣の部屋で寝ていた仲間の修道士を呼び起こし、眠れないほど苦しいと訴えた。フランシスコはこれを枕の中の悪魔のせいにして、腹立ちまぎれに仲間の修道士に枕を投げつけた。修道士は枕を拾い上げ、庭に出て行った。修道士はしばらくの間、庭で、動けなくなる不気味な感覚に圧倒された。彼は最後に枕を投げ捨てフランシスコのところに戻り、そのことを伝えた。フランシスコは聖務日課の終課の後、悪魔が深い祈りを思い出すことを妨げてきたことをいまや確信した。枕の悪魔はまたフランシスコの眠りを妨げた。

この枕の出来事について最も信頼できる記録は、フランシスコの言葉をこう記している。

「その悪魔が非常に狡猾なのが分かっていました。わたしの魂に危害を加えることができないので、眠ることも祈るために真っ直ぐに立っていることもできないように、またそれによってわたしの心の敬虔な思いと喜びとを阻止し、病気のことで不平不満を口にさせようとして、肉体が必要としていることを阻止しようとしたのです」［『完全の鏡』第九章九八］。

この物語を後に語った人々は、フランシスコが豪華な枕を貧しさに対する冒瀆としてみなしていたから起きた問題だと信じ切っているが［チェラノのトマス『魂の憧れの記録』第二巻第三四章六四］、その解釈は曲解であり、根拠に欠ける。フランシスコ自身の言葉を借りれば、彼は募る不眠、霊の枯渇、忍耐の欠如を悪魔の仕業と見ており、自分を甘やかした結果であるとはみなしていない。優しい心根の持ち主だったので、フランシスコは仲間をぞんざいに扱ってきたことを怖れていた。彼の内面的な苦悩がどうであろうと、彼の心の唯一のよりどころは神の慈悲にすがることだった。

会則の承認後三か月も経たない、一二二四年の三月一八日に、ある修道士の一団が司祭となり、叙階された最初の修道士となった。その中には伝記作者のジアノのヨルダヌスが入っており、彼がそのことを伝えている。第二の件、聖職者になることを熱望するさらに多くの候補者の入会を促した出来事は、一二二四年六月の聖霊降臨祭の集会で起こった。そこにはフランシスコもいたようである。以前はフランシスコとその代理人だけが新参者の入会を認可できたが、いまでは認可の権限は各管区の上位者に帰属していた。助祭だったフランシスコや信徒修道士だった代理人のエリヤとは異なり、ますます多くのこうした上位者たちが司祭になった。各管区の上位者たちはそこでより高い地位を望む若い人々を入会させることに、いささかの不安を抱いていた。ただ詩編書を読むために学びたいという無学の信徒修道士たちに対するフランシスコの態度を考えると、いまや司祭になろうという野心のある未叙階の新参者たちについてフランシスコが何を考えていたか推測されよう。

フランシスコ会の聖職者養成所化への第一歩が踏み出された。貧しさに関するフランシスコの考えからの逸脱と思えるすべてにまして、この進展はフランシスコが想像してもいなかった変化だった。いまやフランシスコ会士たちが叙階を受けることになったということは、訓練を受けなければならないということを意味した。会則の承認以前においてさえも、修道士たちは訓練を行う人々から神学の講義を受けることを勧められていた。学習はフランシスコから受け継いだ生活の様式の変更を含んでいた。フランシスコは読み書きができ、助祭に叙階されていたが、聖書や典礼関連書以外の書物を読む読書人では決してなかった。それらの書物は、フランシスコにとっては学問の学習というより信心の対象だった。この変化は教団分裂後のコンベンツアル派［＝現実主義的な緩和派］およびスピリトゥアル派［＝理想主義的な厳格派］の両方に、さほどの無理なく受け入れられた。

フランシスコは概して司教や聖職者に払うのと同じように、神学者に大げさと思えるほどの敬意の念を払っていた。それにもかかわらず、修道士にとっては知的労働よりも肉体労働がふさわしいと考えていた。勉学を祈りに結び付けることは肉体労働を祈りに結び付けるよりずっと難しかった。その結果、兄弟の求めに応じて、フランシスコは会則が承認されてまもなく、碩学の元アウグスチノ会士、リスボンのアントニオに宛てて短い手紙を出した。リスボンのアントニオはイベリア半島に向かったフランシスコ会の最初の宣教団の殉教に触発されて、フランシスコ会に加わった。今日、世間で、パドヴァの聖アントニオとして知られている人物である。フランシスコは手紙に書いている。

「わたしの司教である兄弟アントニオに、兄弟フランシスコよりご挨拶申し上げます。
あなたが兄弟たちに聖なる神学を教えることは、わたしにとって喜ばしいことです。ただし、会則に書き記されているように、この勉学において、『聖なる祈りと献身の霊を消すことのない』限りにおいてのことです」［『兄弟アントニオへの手紙』（引用を表す『　』は訳者が追加）］。

フランシスコは神学の教授たちに「司教」という言葉を使っており、フランシスコがこの手紙の中で使っているラテン語の語句 *legere theologiam*（ここでは「神学を教える」と翻訳されている）は、文字通りには「神学の学術的講義を授ける」ことを意味する。［この手紙の中の］引用は『第二の会則』第五章からであり、この言葉は現実に手仕事に充てられている。フランシスコの手紙が説教と聴罪を必要とする叙階された修道士たちへの指示だと十中八九思われる一方で、肉体労働と知的労働を同一に見ている点で、革命的である。

この動きの暗示するものは、修道士たちを司祭職に叙階することよりもはるかに大きな意味を持つ。フランシスコは読書を身につけたいという文字が読めない新参者たちを厳しく非難した。彼は『第一の会則』ですでに文字を読める修道士だけが本を所有し、その本は典礼用の本であるべきだと書いていた。この手紙の中の短い言葉によって、フランシスコは兄弟会内の革命に封をして、学術研究を許した。さらに自分が学術研究に携わることが「喜ばしいこと」であると表現した。彼がこの行為の意味するものを認識していたかどうかは不明である。後に、修道士たちはこの決定の結果を知ることになったが、彼らの全員が喜んだわけではなかった。

一二二四年の夏までに、フランシスコの健康は急速に悪化した。彼は扱いやすい病人ではなかった。彼の身体の不自由を考慮して看護人たちが用意した見事な宿泊設備にいらだった。そして自己卑下の公の実行の場に宿泊設備を変えようとした。フランシスコは秋の聖マルチノの四旬節［＝トゥールの聖マルティヌスの祝日（一一月一一日）に始まる、クリスマス前の断食節］の間、ラードで調理された食物を食べなければならなかった。油が彼の消化不良の原因だったからだが、彼はこの「贅沢」を隠遁の庵を訪れた様々な人すべてに吹聴した。彼の看護人たちが病気の回復に必要な特別な食物を用意するたびに同じようにいらだった。死ぬ年の冬のある日に、看護人が寒さから彼の胃を少しでも守ろうとして彼のトゥニカ［＝僧衣］を狐の毛皮で裏打ちした。フランシスコはそのことを非難し、もう一枚のトゥニカを外側に縫い込んだほうが良いと主張し、そのために全員が狐の毛皮の件を知ることになった。フランシスコは暖かくなるとたちまち狐の毛皮のトゥニカを脱ぎ捨てた。兄弟たちが膏薬を張ったり緩和剤を使ったりしようとすると、フランシスコは抗議し、自分の意識が肉体の必要とするものに向けられるといらいらさせられると不平を申し立てた。修道士の看護師の一人が、肉体以外で神に仕えることはできないことを彼に思い出させたときだけ、フランシスコは態度を和らげた［チェラノのトマス『魂の憧れの記録』第二巻第九三章一三〇、第九四章一三二、『完全の鏡』第四章六二］。

上位者として命令することが心底嫌だったので、はっきりとした指示を表明することの難しさに気がついていた。いままでは服従する者となったフランシスコは、上位の立場に他の人間たちが立った時に、彼らの指示に従うことが難しいと悟った。兄弟たちに対する道徳的な手本としての彼の立場と他者への完全な服従を結びつける内心の闘いは病気によって昂進した。周囲にいる人々の欠点を正す彼の主張は度を増し、自制しようと必死に努めたが、自分の権力を振るうことへの誘惑と懸命に戦わなければならなかった。フランシスコは兄弟たちの一人に対して、無力感に打ちのめされて権力を行使する誘惑を告白し、沈鬱な思いで、激しい非難から慈悲だけが彼を救うことを認めた。

「もしわたしが望みさえしたなら、世界中で臣下からこれほど恐れられる長上は誰もいないほどに、主はわたしが兄弟たちから恐れられるようにもされたでしょう。しかし、修道〔会〕においてより小さな者として、すべてにおいて満足することを望むという、この恵みを主ご自身がわたしに与えてくださったのです」〔『完全の鏡』第四章四六〕。

フランシスコがいつも自己抑制できないことは弱さの表れである。フランシスコは看護人たちが不注意であるとき、あるいは看護人たちの自分に対する言葉に欠点を見出した時、孤立の中に引きこもり、助けを求めて祈った。フランシスコは他の修道士たち、新参の修道士たちにさえ、自分に替わって従順を命じる立場に立つように主張したが、修道士たちは自分たちがフランシスコの欲求不満を解消するためにはいかなる指示を案出すべきかに苦心した。最終的に、フランシスコは看護人たちの世話は、自分を「一人」にすることが基本であるから、彼にあてがわれた看護人たち全員を放免するよう代理人に求めた。もっと正確に言えば、たまたま目の前にいる誰かに、あるいはたまたまある場所からある場所に彼と一緒に旅をする誰かに指示されるほうがずっとましだと言い張った。そのような融通の利く看護は、また、ある看護人が彼の嫌う指示を出したとしても、次の看護人がその指示を十分変更できることを意味した。

一二二四年の夏まで、フランシスコはまだ旅することはできたが、病気が回復せず、自分の死が差し迫ってはいないが遠からずやって来ることに気がつき始めていた。彼は兄弟エリヤと共にフォリーニョに滞在していたが、真夜中にエリヤはフランシスコが重い病気にかかっている悪夢から覚めた。チェラノのトマスは、エリヤの夢はフランシスコが後わずか二年の命だということをフランシスコに告げる白い姿の神々しい司祭の夢だった、と記録している［チェラノのトマス『魂の憧れの記録』第二巻第八章一〇九］。このお告げは正しかったことが明らかにされる。

## ラ・ヴェルナの山で

生涯を通じて、フランシスコは祈り、禁欲、孤独によって自分の魂を浄化するために遠隔地や隠遁の庵に身を引いた。最後の病気の時には、しばしば、フランシスコを目にすることを望む、あるいは彼の祈りからご利益を得たいと望む、信仰心より好奇心からの訪問客に悩まされた。この重荷から逃れるために、彼は隠遁することを決意した。フランシスコは、天の父、聖母マリア、大天使聖ミカエルを記念して「四旬節」［＝四〇日間の断食］を行いたいと告げた。聖ミカエルの祝日は来たる九月二九日にあたっていた。フランシスコの健康は思いのほか悪化していて徒歩で旅することができなかったので、おそらくエリヤと一緒に、滞在していたフォリーニョにある隠遁の庵を去り、数年前に地元の信者から贈り物として受け取ったラ・ヴェルナ山の隠遁所まで借りた馬に乗って行った。山の隠遁所に着くと、フランシスコは彼の仲間の一人である兄弟ペトロに馬を所有者に返しに行かせた。ペトロがアレッツォの周辺部（コンタード）にさしかかると、難産で苦しむ女性の家に近付いた。彼女の夫はフランシスコが妻のために祈ってくれることを望んでいたが、ペトロからフランシスコの乗っていた馬の手綱を借りることで満足しなければならなかった。妊婦の夫は妻の胃のあたりに手綱を当てた。すると彼女はたちまち子供を産み落とした［チェラノのトマス『聖フランシスコの生涯』第一巻第二二章六三、聖ボナヴェントゥラ『聖フランシスコの大伝記』第一二章一一〕。フランシスコはまだ死んではいなかったが、すでに奇跡を行う力のある聖人とみなされていた。

ラ・ヴェルナ山での最初の夜、自分の選択と行動が神の意志に沿うものであったかどうかというい ままでの不安について、フランシスコは神託を求めた。神託は翌朝に現れた。フランシスコが一人部屋を出ると、鳥たちが挨拶した。鳥たちは大きな群れではなかったけれど、あたかも彼一人のためだけであるかのように、次々に歓迎の愛らしい歌を一羽一羽が歌った。それは彼が望んだ神託だった。それにもかかわらず神託はフランシスコの悩みに満ちた心を癒さなかった。彼はエリヤに毎晩、悪魔の攻撃を受け、恐ろしい誘惑を受けていると泣かんばかりに告げた。エリヤにフランシスコは言った。

「悪霊どもがどれほど大きな、どれほど多くの艱難と苦痛をわたしに加えているか、兄弟たちが知ったなら、わたしに対して同情の思いと憐れみに駆り立てられない〔兄弟〕は一人もいないことでしょう」〔『完全の鏡』第九章九九〕。

フランシスコと一緒にいた人々が、彼の苦悩と孤独を理解したかどうかは分からない。親しい仲間の小さなグループ、そこには彼の告白を聞く兄弟レオ、それに兄弟イルミナートと兄弟ルフィーノがいたと思われるが、兄弟会の状態についての自分たち自身の悩みにさいなまれていたように思える。しかし、彼らの心の状態をようやく知ることができたのは、フランシスコの死後三〇年かそれ以上経ってからのことだった。彼らの後の記憶におけるラ・ヴェルナ滞在は、フランシスコの兄弟会が始まったばかりの頃のリヴォ・トルトに戻ったかのように、夢を追い、昔を再現するようだった。現実はもっと複雑だった。ラ・ヴェルナに到着してまもないあるとき、小鳥のお告げだけでは満足できなかったフランシスコは、回心したときの初心に戻って聖書占い（*sortes biblicae*）による聖書のお告げで神の意志を知ろうとした。彼は隠遁の庵の祭壇に――おそらく聖務日課書に綴じこまれた――福音書の写しを置き、神の導きを求めて祈った。フランシスコは十字を切り、福音書の写しを取り上げた。彼は三度それを開き、開くたびにイエスの受難を記した章句を目にとめた。彼が人生の手本として受け入れ、取り上げることを選んだイエスの十字架上の受難を深く瞑想しながら、彼は隠遁生活を送ることになった。フランシスコはキリストの受難と死の神秘にいままで以上に深く観入してラ・ヴェルナ山でほぼ一月過ごした。

ラ・ヴェルナ山ではミサが毎日行われなかったので、フランシスコはミサに出席できないときのいつもの習慣、兄弟が日に三度の食事の前にその日の福音を彼に読み聞かせることを求めた。この読み聞かせはフランシスコの日々の霊性の滋養源であり、孤独な瞑想の主題であった。おそらく弱気になったフランシスコは、「引退」を促すようにますます消極的になった。周辺に生じる事態に対する反応は、気が進まないのか、その気が失せたのかして表れることなく、いままでに増して自分に引きこもった。ある日、フランシスコへの読み聞かせを終えた二人の兄弟が、厨房のある部屋に戻ると、調理中の炎が天井を覆っている様を目にした。料理人は炎を消す助けを求めて叫んだが、フランシスコは睡眠中に体に掛ける毛皮を一枚摑んだだけで、すぐ近くの森の安全な場所に逃げ出した。幸いなことに、離れたところにいた兄弟たちが煙を目にして火を消すために駆けつけて来た。毛皮への愛着はフランシスコの心を深く乱すことになった。食後に、彼は兄弟たちに宣言した。

「わたしの貪欲のために、兄弟なる火がこの〔毛皮〕を食べ尽くすのをわたしは望まなかったのだから、これからはこの毛皮を身に掛けることはやめましょう」〔『完全の鏡』第一二章一一七〕。

この「貪欲」に発する行為が、光や火にますます目が耐え難くなっても、病気の間中、しつこく彼を悩ませ続けた。

ひたすらキリストの受難に向けられていたフランシスコの祈りは、この事件後、いままでより熱意の度を増した。キリストの受難は病気に耐える強さを彼に与え、誘惑と闘う彼を慰めた。この例は、フランシスコの『主の受難の聖務日課』として知られているちょっとした信心の著作に見ることができる。フランシスコはこの作品をおそらく長期間にわたって作成していたが、それにはラ・ヴェルナでの祈りの内容のいくらかが示されている。この祈りを行うために、フランシスコは聖木曜日から復活の日曜日までのキリストの生を比喩によって述べるか、この物語の出来事への反応を示すことを、詩編書からの引用で行った。事実、フランシスコの肉声は一つも入っていなかった。そればかりではなく、彼は瞑想への導きに聖書を用いた。それにもかかわらず、この作品は独創的だった。例えば、彼は初めて、聖母マリアを「聖霊の花嫁」と呼んでおり、驚くほど独創的な称号を使用している。

『主の受難の聖務日課』は二部に分けられる。受難の部では、聖金曜日の典礼上の聖務日課に限って行い、復活の部では、復活祭の典礼上の聖務日課に限定して行った。フランシスコは修道士が聖務日課のそれぞれの時課の後に一節を朗誦し、二つの受難の聖務日課が四季を通じて行われるように意図した。復活の聖務日課は、待降節とクリスマスを挟んで、復活祭から四旬節まで、それに神聖な宴のときに実行された。ラ・ヴェルナ山で過ごした時間を含むその一年の残りの日々は、受難の部の聖務日課が使われることになった。

それぞれの時課の瞑想は、マリアの入祭唱で始まり、フランシスコがラ・ヴェルナへの引退を捧げた二人の聖人、聖母マリアと大天使聖ミカエルの助けを願って行われた。終課［＝寝る前の祈り］のための夜の祈りの言葉は、ゲツセマネの園で弟子たちに見捨てられたキリストの悲しみに焦点を当てた。朝課［＝真夜中過ぎの祈り］の言葉は、ほとんど首尾一貫していなかったが、神への信頼によって和らげられた自己無化の主題に集中している。一時課［＝午前六時の祈り］で、フランシスコはイエスに対するピラトの非難に直面して神の正義と慈悲を切望する言葉に焦点を当てている。三時課［＝午前九時の祈り］は荊棘(いばら)を冠ることとその苦しみに関連する詩編の聖句で構成され、一方で、六時課［＝正午の祈り］は裏切りと非難に直面したキリストの自己放棄と悲しみに焦点を当てている。九時課［＝午後三時の祈り］――キリストが十字架上で亡くなった時刻に唱えられる時課――は、キリストの衣服の兵士たちへの分配、喉の渇きを訴える叫び、死を描写している。この時課のイメージは、生き生きとして怖ろしく、悲劇的である。しかし晩課［＝午後六時の祈り］ではその代わり、フランシスコは十字架上の歓喜と免罪の詩編の一節を選んでいる。この十字架とは、ヨハネが福音書で述べているように、キリストの栄誉の頂点であり、罪と死に対するキリストの勝利である。フランシスコがこれらの語句を使って、あるいは彼の一人だけの自由な祈りを通じてそう祈ったかどうかはともかく、ラ・ヴェルナ山での日々をフランシスコが救済の出来事を通じて生きていたことを想像できる。フランシスコは山での日々、自分が望んでいた［キリストの］秘義と、ますます一体となった。

ある朝、隠遁用の一人部屋を出た後、フランシスコは不思議な、しかし慰めとなる幻影を見たと兄弟たちに告げた。聖書に描かれている天使とぴったり同じ、天使セラフィム［＝熾天使］のような六枚の羽根を付けた「人間」を彼は見ていた。フランシスコはその幻影の人間を現実の天使セラフィムと同じものと考えた。彼が突然現れた天使セラフィムを見つめているうちに、それが何を意味するのか不思議に思った。小鳥たちのさえずり以上に、セラフィムが見せた愛想の良い様子は、フランシスコに平安と慰めをもたらした。同時に、この世のものならぬ存在であるセラフィムは、フランシスコに恐怖を与えた光景、十字架につけられているように見えた。幻影の矛盾した性格、慰めとなるが驚きでもある性格は、フランシスコを混乱させ、不安を残した。これはおそらく、いつも祈っているときに神が示すものを、フランシスコが決して他人には打ち明けないいつもの習慣を、内心の葛藤によって破ったということだった。フランシスコはこの幻影に深く心を動かされた。フランシスコはセラフィムがその上に現れた石を洗い、油で塗るように兄弟ルフィーノに頼んだ。神の存在が示された具体的な場所に対するこのような特別な崇敬は、フランシスコの敬虔な信仰にいつも見られる極めつきの態度である。

この幻影を見た後、フランシスコの身体に不思議なしるしが現れ始めた。両方の掌と両足の付け根に爪先とは似ても似つかぬ肉の突き出た小片が出現した。足の裏と手の裏に他の新しい爪先に似たものが現れた。左右の脇腹には血が滴り落ちる傷が現れた。両手と両足の症状からは一滴の血も流れなかった。その代わりに、薄黒い肉の突起のように見えた。フランシスコはそれらのしるしを隠していたが、後に、おそらくラ・ヴェルナ山を去った後に、兄弟のうちの何人かが、そのしるしを見つけた。ある時、兄弟ルフィーノがフランシスコを洗い、体の両脇にある傷に手を触れたことがあった。フランシスコは痛みで跳ね上がり、手を突き出し、神の助けを求めて叫び出した。フランシスコは誰にも傷のことは明かさないようにとルフィーノに命じた。フランシスコの代理人、エリヤもおそらく少なくとも一度は両脇腹の傷を見ている。しかしフランシスコが生きている間、エリヤはその傷について一度も他人に話すことはなかった。

フランシスコの肉体に現れたこれらのしるしは、フランシスコが毎日瞑想していたものと同じ傷、キリストの傷そのものの再現だった。これらの傷はフランシスコの内面的な裁きによる霊的な痛みと同じような肉体的な痛みとなった。これらの裁きと同じように、フランシスコは最も親しい兄弟だけに傷のことを打ち明けたが、それも黙っていることを前提にしてのことだった。フランシスコの死とこれらの肉体的なしるしの出現後まもなく、これらのしるしは「聖フランシスコの聖痕」として知られるようになり、フランシスコの聖人としての推挙の重要な要件となった。兄弟たちの報告とフランシスコの死後傷を見たアシジの市民たちの証言を記した証拠となる記録を与えられて、ほとんどすべての現代の歴史家たちは、フランシスコの聖痕は本物であると結論を下している。それにもかかわらず、世界中に聖痕の件が告知されるとたちまち、批評家、とりわけフランシスコ会に所属していない批評家たちが聖痕に関しての疑いを表明した。フランシスコの聖痕はある人々にとっては、キリストに対するフランシスコのほとんど冒瀆的な一体化に思えた。彼らが聖痕の存在を認めた時でも、ある人々は聖痕を自ら付けたもの、あるいは何らかのほかの詐術の結果とみなした。最も有名なのはペトラルカの場合で、彼は一三六六年一一月九日のガルボのトマスに宛てた手紙の中で、聖痕はセラフィムによって刻印されたものではなく、霊的な説明よりも心理学的な説明を好む現代の歴史家たちに共通の考え、受難に関する深い瞑想に起因するものだと示唆した。

奇跡か否か、いくつかの自然な原因で説明するには無理がある。後になって描いたものとは違い、聖痕はフランシスコの手や足に空いた穴ではなかった。身体の爪先のような不自然な肉芽を作る詐術、もしくはそれらを心理学的に生みだす条件を想像することは難しい。どうであれ、聖痕はフランシスコの回心以来の、キリストとの完全な一体化を目指す人生の頂点であった。フランシスコは祈りの際の自分の個人的経験についてはほとんど、あるいはまったく語らなかった。さらに、聖痕のことを語らないように兄弟たちに戒めていた。

フランシスコはセラフィムとの出会いについてほとんどもしくは全く語らなかったけれども、兄弟レオは、セラフィムの夢の直後に、フランシスコが夢への感謝を捧げる『兄弟なる太陽の賛歌』の一連を書き綴ったことを告げている。こうしてフランシスコの感謝の念は彼自身の手によって現在まで伝えられている。兄弟のレオは、自分が誘惑を経験したときに、形見もしくはお守りとして役立つ何らかのものをフランシスコから得ることを望んでいた。フランシスコの文章は自発的なものであり、レオによって要請されたものではなかった。ある日フランシスコはレオに、瞑想していたときに胸中に浮かんだいくつかの詩を書きとめるために、羊皮紙とインクを求めた。フランシスコはその詩句を自分で学んだ商売用の筆跡で上質の羊皮紙の小さな断片（約四×五・五インチ、もしくは一〇センチ×

一四センチ）に書きとめた。フランシスコは出来の良くない幅の広いペンの乱暴な筆跡で、広い紙面を使って書き下ろした。それにもかかわらず、詩句の形式は正しく韻を踏んでいた。

フランシスコはその羊皮紙を手に取り、レオが死ぬまで手元に置くようにと告げて、レオに渡した。後に、羊皮紙の裏に、フランシスコは回心者のための典礼の祈りに影響されたと思える、民数記六章二四―二六節を引用した短い祝福の言葉をつけ加えた。フランシスコはレオの言う通り、間違いなくゴルゴタの丘の十字架を意味する髑髏（どくろ）の上のギリシア文字のタウ（τ）を引用につけ加えた。フランシスコの指示に反して、レオは死ぬまで羊皮紙を手元に置かなかった。それどころか、ほぼ一二五六年頃に、サン・ダミアノの姉妹たちにフランシスコの聖務日課書と一緒にそれを手渡した。

自分の経験を語ることをつとめて避けていたので、フランシスコは自分の著作でセラフィムの夢を直接仄（ほの）めかしたことは一度もなかった。しかし、歴史家たちは『兄弟レオに与えた小さな羊皮紙の書付』が、聖痕に対するフランシスコ自身の反応を記録していることを示唆してきた。頌詩は大まかではあるが構成が似ている一連の歓喜の叫びであり、いかなる他の修辞上の工夫よりも冗語法［＝必要以上の語句をつけ加えて表現すること］が特徴になっていた。一連の言葉は一三世紀半ばの他のイタリアの平信徒の祈禱文に似ている。頌詩は表裏ともに同時代のイタリアの平信徒の文章の典型的な特質を備え、イタリア語というよりもラテン語で記されており、聖書の言葉を取り入れている。しかし、頌詩はフランシスコならではのいくつかの際だった性格を備えている。この自筆の詩句はいままでに知り得たフランシスコの口から洩れた祈りに最も近い。

フランシスコの関心のすべては、主、三位一体の神、天と地の王に集中している。フランシスコが頌詩を記した目的は、神の中の最高の神、至高の神を述べることにあるが、取り入れられた特質は、神の尊厳を反映することではなく、個々のキリスト信徒の忍耐、へりくだり、安全、休息、喜び、愉しさ、希望、節度に神の存在がもたらす効果を表現する言葉の選択である。神以外に人間が満足のために必要とする富はない。十字架の道は慰めと蘇生に至る。これは現代人が、フランシスコの病と弱った体に出現した聖痕の痛みに満ちた負担を考える方法ではない。フランシスコにとって、彼の受難は肉体的な不自由さではなく、極限に至るまでの十字架上のキリストの受難を経験することである。受難は神の存在の積極的な経験であり、その果実は素晴らしい。

「あなたはわたしたちの希望、
わたしたちの信仰、あなたはわたしたちの慈愛。
あなたはわたしたちの全き甘美」。

〔『兄弟レオに与えた小さな羊皮紙の書付』より『いと高き神への賛歌』七〕

これが死の二年前にフランシスコが磔刑に曝された意味である。

## フランシスコ、山を下りる

一二二四年の九月の末近くのある日、フランシスコは隠遁生活を打ち切り、ラ・ヴェルナ山の隠遁の庵を出た。フランシスコの健康は極度に悪化し、いまでは看護が必要になっていた。そこで、サン・ダミアノのシスターたちの看護を受けるためにアシジに向かった。フランシスコが戻って来た兄弟会は急速な変化を遂げていた。ホノリオ教皇は教令『クイア・ポプラレス・トゥムルトゥス（*Quia Populare Tumultus*）』を一二二四年九月三日に公布し、修道士たちが住んでいる場所に持ち運びできる祭壇を設けることを許し、それでミサの挙行が容易になった。この教令に続いて、持ち運べる祭壇の使用を修道士たちに禁じたパリの司教を懲戒する手紙が送られた。フランシスコがどれだけこうした展開を知っていたかは分からないが、知られている限りでは、フランシスコはこの特典に一度も反対していない。実際、フランシスコの修道会付き司祭である兄弟レオは、さまざまな隠遁用の庵での持ち運べる祭壇を使い、フランシスコのためにミサを挙げることができた。それにもかかわらず、パリの司教に対する非難は、まさにフランシスコが一貫して拒否してきた教皇の保護の一種だった。

フランシスコの静養と帰還は、『会全体に宛てた手紙』の背景となっており、この手紙はある意味で彼の公の別れの挨拶だった。口語調はフランシスコ自身の手になるものであることを十分に示唆していたが、ラテン語は十分に練られ、秘書たちの手による訂正はほとんどない。兄弟たちの足にキスをするいつもの挨拶の後に、フランシスコは本題に入った。最初の話題は彼の手紙を読んだすべての人にとっては親しいものだった。できるだけの畏敬の念がキリストの身体と血のために捧げられるべきであり、司祭は最高の畏敬の念をもってミサを挙げるべきである。ミサの挙行を扱う箇所において、フランシスコの口調は激しく、実に厳しく有無を言わせぬものである。神殿に犠牲を捧げる決まりを犯した旧約の祭司たち同様、身分不相応にミサを挙げる新約の司祭たちは断罪され、呪われる。司祭の尊厳と司祭の召命への高貴な性質を大いに讃える司祭についての長い章句の記述について念入りに推敲を行っている。最初の頃の手紙の主要なテーマではないけれども、聖職者に対するフランシスコの良く知られた畏敬の念が言葉の端々に窺える。後継者たちに宛てた結語で、フランシスコが最も重要視した問題は、貧しさでも従順でもなく、聖体拝領に対してふさわしい畏敬の念だった。

フランシスコは彼の手に余る出来事——持ち運びのできる祭壇の支給、最初のフランシスコ会の叙階式、叙階されたフランシスコ会の司祭によるミサの挙行を司教が認めるという教皇の指示——に反応している。「司祭であるわたしの兄弟たち」〔『会全体に宛てた手紙』一四〕と語りかけながら、フランシスコは司祭たちに、自分たちが旧約の律法の祭司の立場に立っており、処女マリアと同じであることを思い出させている。マリアは罪無きまま、キリストを胎内に宿した。司祭たちもキリストに手を触れる際に罪無き者でいなければならない。フランシスコは記した。

「主である神がこの奉仕職の故に、あなた方をすべての人に勝って尊いものとしてくださったように、あなた方もすべてに勝って、この方を愛し、崇め、尊んでください」〔同二四〕。

全宇宙はその司祭の働きの前に、怖れをもって打ち震えるべきである。

その後、どこからともなく、フランシスコの他の特別な指示と同様、ある特定の同時代的な出来事に関連しているに違いない指示が出ている。その指示は次の通りである。

「それ故、主において、わたしは戒め、また勧めます。兄弟たちが滞在している所では、一日にただ一つのミサが聖なる教会の様式に従ってささげられますように。もしも一つの所に複数の司祭がいるならば、〔神の〕愛への愛ゆえに、誰か一人の司祭のささげるミサに、他の〔司祭〕はあずかることで満足しますように」〔同三〇―三二〕。

フランシスコがミサと司祭の奉仕を賞賛した後で、これはミサを挙げる回数を制限する、腑に落ちない禁止令のように見える。フランシスコは、共同体内のそれぞれの司祭による毎日のミサの挙行が、会内に他の人々の上に立つ「聖職者階級」を生み出すであろうことを心配していたからだと推察できる。そのように、多くの現代の研究者たちがフランシスコの指示を読み解いている。フランシスコの死後、叙階された修道士たちは信徒修道士のエリヤを職務から外し、修道会を本質的に「聖職者の組織にした」。しかし、そのような解釈を裏付けるフランシスコの手紙はどこにも存在しない。

この指示は、人間の行うあらゆる務めの上に立つ司祭職へのフランシスコの賞賛の後にくるが、さらに重要なことは、その後すぐに、一番清潔な布と礼拝にふさわしい容器だけを用いる緊急の指示が続くことである。以前の手紙で触れている通り、聖書の語句や主の名前が記されている羊皮紙も大事に保存され、尊重されるべきことにフランシスコは繰り返し注意を喚起している。こうして、修道士の奉挙するミサの数は一日一回に限るというフランシスコによる制限は、ミサに対する畏敬の念を長々と述べた条項の中心に来ており、修道士間の区別への関心は設けられていない。まず間違いなく、聖職者の数の増大と持ち運びできる祭壇の恩恵によって毎日のミサの挙行が容易になったことで、フランシスコ会の典礼の儀式は、フランシスコが聖職者に関して最も忌み嫌う罪そのもの、機械的でぞんざいな行為になっていった。実際に、それはフランシスコが厳しく非難した唯一のことだった。そしていまやミサを挙げる際の無頓着さが、修道士たちの間に露呈してきていた。流れ作業方式で一列に並んで手早く自分たちの私的ミサを済ませたり、それどころか他の兄弟たちが聖務日課を唱えている間に脇祭壇でミサを呟いたりする（これがミサの回数の増加に対する解決策として当たり前に行われた）。このようなことはやめ、司祭修道士たちは、助祭、副助祭と共に、そしてふさわしい奉仕者と典礼を整えて、荘厳に歌われる共同体の礼拝を交替で挙げなければならない。司祭たちは最大の注意を払ってこれを実行すべきである。さもなければ、彼らは永遠の罰を科される危険に曝される。

この手紙の残りの部分は、フランシスコが修道士たちに別れを告げようとしていることを明らかにしている。彼は主キリストに、マリアに、フランシスコ会の総長エリヤに、さらに「わたしたちの会の司祭方、そしてほかの祝されたわたしの兄弟たち」〔同三四〕に罪を告白し、自分の罪の深さを認めた。貧しさを守らなかったことではなく「怠惰の故に、虚弱さの故に、わたしが無知で、愚かな者であるが故に」〔同三九〕正しく聖務日課を唱えなかったことで、実際に会則を犯したことに関して自分を責めた。フランシスコ自身の告白は、司祭修道士たちに見られた数々の罪――崇高な宗教的召命についての典礼上の義務を正しく果たさなかったこと――と同一である。フランシスコはエリヤに聖職者たちが正しく聖務日課を唱え、すべての兄弟たちがフランシスコと同じように平安の内に暮らすという会則に確実に従わせるように命じた。フランシスコはこうしたことをことごとく行うことを約束していたので、他の兄弟たちに同程度のことを期待した。これを守らない連中がいれば、フランシスコはその連中を兄弟ともカトリックの信徒としてもみなさなかった。彼はそのような兄弟たちが懺悔するか回心するまで、口を利くことさえ拒否した。

この手紙の内容を守り、兄弟たちに定期的に読んで聞かせるようエリヤと奉仕者たちに命じた後、フランシスコは祈りを終える。その言葉は、記録に残るフランシスコの最も初期の祈りと神秘的にこだましていた。その時、フランシスコは回心した当時のサン・ダミアノ聖堂の十字架の前で跪（ひざまず）いていた。彼のフランシスコ会の頭（かしら）としての最後の祝福だった。

「全能、永遠、正義、慈しみの神よ、惨めなわたしたちに、あなたご自身の故に、あなたが望んでおられるとわたしたちが知っていることを実行し、あなたのみ旨にかなうことをいつも望ませてください。わたしたちが内的に浄められ、内的に照らされ、聖霊の火によって燃え立たされて、あなたの愛する御子、わたしたちの主イエス・キリストの足跡につき従うことができますように。そして、いと高きお方よ、ただあなたの御恵みによって、あなたのもとに辿り着くことができますように。あなたは三位にして完全、一体にして純真なるものとして生き、治め、栄光に輝く全能の神にまします。代々（よよ）の代々に至るまで。アーメン」［同五〇］。

フランシスコはこの遺言書のような手紙を記すと時を同じくして、兄弟レオへの短い個人的な覚書を書くために時間を割いた。今日スポレトの大聖堂に保管されているこの短い覚書は、フランシスコ自らの手によるもので、『いと高き神への賛歌』［『兄弟レオに与えた小さな羊皮紙の書付』に含まれる賛歌」と共に、現存する唯一の聖人直筆の遺品である。フランシスコのこの覚書は曲解され、誤解されてきた。ある人々は聖痕の痛みがフランシスコの書写能力を奪い始めたと示唆する。覚書の場合は、おそらくラ・ヴェルナからフランシスコと一緒に降りて来た二人の人物との間のいくつかの早い時期の会話から成り立っていた。フランシスコは、貧しさと従順を生きるにふさわしい道を見出そうとする時の神の導きを信じるようにレオを励ましている。いつも躊躇い、フランシスコに頼り切っていたレオは、過去にはこの忠告を受け入れることは難しいと思っていた。『隠遁所のための規則』に概略が記されている「息子」に対する「母」の立場に立ちながら、フランシスコは記している。

「わたしはあなたにこう言います。我が子よ、まるで母親のように。道々、わたしたちが語り合ったすべての言葉を簡潔にこの一言にまとめ、助言とします。今後、助言を求めてわたしのもとに来る必要はありません。次のように、わたしはあなたに助言するからです。どのような形であれ、これこそ神である主のお気に召されること、〔主〕のみ跡と貧しさを追い求めることになるとあなたに思われることを、神である主の祝福と、わたしへの従順のもとに行いなさい」『兄弟レオへの手紙』二―三。

根本的に、フランシスコは、もろもろのためらいや疑問を抱えて自分のところにやって来ることを義務だと感じないようにレオに告げていた。「息子」は霊的に成熟することを必要としていた。これは厳しいメッセージであり、自分に助言を求めに来るなというレオに対する命令は無情すぎるとフランシスコは決めていたように思える。手紙を出す前に、フランシスコはもう二行つけ加えている。その二行はインクの色が異なり、より一層痛々しい判読しがたい筆跡で記されている。

「あなたへのほかの慰めのため、あなたの魂にとって必要であるのなら、またわたしのもとに来ることをあなたが望むのであれば、おいでなさい」［同四］。

フランシスコはギリシア文字タウ（τ）の形をした十字架の特別な印章で覚書に押印した。ちょうどそのとき、フランシスコの健康は急速に悪化していたので、かき乱された魂を静めることができなかった。レオはこの手紙を残りの人生においてお守りとして、護符として胸に抱きつづけた。今日、この手紙はひどく擦り切れ汚れている。それは、フランシスコが――書き記された神の名に対するほとんど迷信的といっていい敬虔な思いと共に――承認した決定だった。

## 『兄弟なる太陽の賛歌』

冬が近づくと、フランシスコはサン・ダミアノ聖堂に付属する葦の莚（むしろ）の小さな小屋に滞在した。寒さが彼の健康の衰えを加速した。兄弟エリヤは医療が受けられ、健康の回復がもっと促進される場所に移るようにフランシスコに強く進言した。フランシスコの両眼はいまや夜になっても光によってひどく冒されていたが、目の手術のための「季節ではなかった」ために、手術は春になりもっと暖かくなるまで待たなければならなかった。そこで、五〇日間、フランシスコはおそらく一二二五年の三月下旬まで、昼も夜も隙間風の入る小屋に留まった。フランシスコはトラホームとおそらく結膜炎に侵されており、加えてアフリカで罹ったマラリアとラ・ヴェルナ山での食生活による栄養失調に苦しんでいた。害虫や鼠が原因の不潔な環境が、夜の不眠の原因となった。日中、害虫や鼠がフランシスコの食物にたかり、汚染した。フランシスコは害虫が普通の害虫ではなく、悪魔が送り付ける試練だと確信するようになった。

フランシスコはキリストの試練と自分の誘惑を同一視し、苦難において歓喜する自分の意志を表現する新しい「神への賛歌」を生み出そうと望んでいることを兄弟たちに語った。新しい作品は彼がラ・ヴェルナの山中で作った「賛歌（*lauda*）」［＝『いと高き神への賛歌』］の詩を補完するもので、同様にキリストの受難に毅然として従うことを再び容認しようとしていた。このフランシスコが作った作品――『兄弟なる太陽の賛歌（Canticle of Brother Sun）』――は、イタリアの土地の言葉［＝ウンブリア方言］で書かれた最初の偉大な詩である。この歌は、後の中世イタリアの平信徒の信心を特徴づける日常語による賛歌（*laude*）の最も優れたものである。フランシスコはこの偉大な作品の中で、太陽、光、それに火――彼の極めつきの肉体的な痛みの原因となった諸力そのもの――に対して賞賛を捧げた。『兄弟なる太陽の賛歌』の中で、あらゆる賞賛の対象として父なる神に呼びかけた。キリストと十字架は後景に退いたが、当然のこととして表に出ないだけだった。

「いと高き、全能の善き主よ、

賛美と栄光と栄誉とすべての祝福は、ただあなたのもの。
いと高き方よ、それらはただあなたにのみふさわしく
人は誰もふさわしくあなたを語ることはできません。

賛美されますように、わたしの主よ、あなたがお造りになったあらゆるもの
特に、わたしの主君、兄弟である太陽の故に、
この兄弟は真昼の光、この〔兄弟〕によって、あなたはわたしどもを照らしてくださいます。
この〔兄弟〕は美しく、大きな輝きをもって光り輝き、
あなたのお姿を帯びています、いと高き方よ。

賛美されますように、わたしの主よ、姉妹である月と星とによって、
あなたはそれらを明るく貴く美しいものとして大空にお造りになりました。

賛美されますように、わたしの主よ、兄弟である風によって、
また、大気と雲と晴天とすべての季節によって、
これを通して、あなたはすべての造られたものらに支えを与えてくださいます。

賛美されますように、わたしの主よ、姉妹である水によって、

この〔姉妹〕はいとも有益で謙遜で貴く清らかなもの。
賛美されますように、わたしの主よ、兄弟である火によって、
この〔兄弟〕によって、あなたは夜を照らしてくださいます。
この〔兄弟〕は美しく心地よく、逞しく力強いもの。

賛美されますように、わたしの主よ、姉妹であり、わたしたちの母である大地によって、
〔大地〕はわたしたちを支え、治め、
さまざまな果実を実らせます、色鮮やかな花々と千草とともに。

賛美し、ほめたたえよ、わたしの主を、そして感謝せよ、
謙遜の限りを尽くして主に仕えよ」。

『兄弟なる太陽の賛歌』

奇妙にも、この詩は天体（太陽、月、星）とアリストテレスの地上の四元素（空気、水、大地、火）を数え上げ、神を賞め称えているが、ラ・ヴェルナ山に出現した、火の天使セラフィムへ遠回しに触れた火についての言及一つを除いて、いかなる生き物にも言及していない。フランシスコにとってはとても愛しかった小屋にいる鼠や害虫のような生き物が、どうしたわけか、彼を誘惑し攻撃する悪魔のせいで出没するようになったという感覚を追い払うことができなくなった。動物や自然の愛護者の

フランシスコにとって、このことは苦痛だった。フランシスコはまた、この賛歌につけるメロディーを作曲しており、この詩の最古の写本では、言葉に音符が付いている。残念ながら、曲の写しは一度も作られず、楽曲は失われてしまった。賛歌は、この世界へのフランシスコの音楽的な――同様に霊的な――遺言であった。

この賛歌がフランシスコの肉体的苦痛に投げかける光が何であろうと、それはとりわけすべての祈りを超えた、感謝の祈りである。英訳では、イタリア語の前置詞 per（〜に対して）を through（〜によって）と訳しており、そのようにフランシスコも一種の神秘的な方法で、「兄弟である太陽」とほかの元素「によって（through）」神を讃えているものの、やや正確さを欠くことになるかもしれないが、諸元素「のために（for）」神を称賛しているともみなせるだろう。フランシスコは太陽や火が彼の目の苦痛の原因そのものだったので、「兄弟である太陽のために」そして「兄弟である火のために」神を賞賛する必要があった。太陽や火を賞賛することは、十字架のキリストを賞賛することであり、『主の受難の聖務日課』のような典礼用の文章の背後に存在する繊細な感受性に声を与えることだった。フランシスコは、心の奥底にある典礼や聖書の言葉を使わずに、何らかの祈りや詩を作ったことは一度もなかった。『兄弟なる太陽の賛歌』と強い共鳴があるものには、「三人の若者の賛歌」（ウルガタ聖書のダニエル書三・五七―八八［聖書協会共同訳では旧約聖書続編の「ダニエル書補遺　アザルヤの祈りと三人の若者の賛歌」三四―六五として収録］）――フランシスコはそれを毎日曜の朝、聖務日課の賛課［＝早朝の祈り］で歌っていた――があり、また詩編一四八編「主を賛美せよ（*Laudate Dominum*）」――フランシスコは毎朝、同じ典礼の時課で歌っていた――があった。どちらの歌も被造物やすべての生き物に主を賛美することを命じる。『兄弟なる太陽の賛歌』の中で、フランシスコはすべての生き物の声に自分の声を添え、同じようにその声を通して、その声と共に神を讃えた。

フランシスコの音楽による遺言は、彼にとっては生きている文章であり、二度の機会に追加修正がなされた。一つ目の追加は、『兄弟なる太陽の賛歌』を作ったすぐ後だった。葦の小屋の生活においてさえも、彼は身近にある矛盾に満ちた世間を逃れることはできなかった。彼は、おそらく法廷での裁判権をめぐって、アシジの市長のドン・オポルトゥロと司教グイドが仲違いしたことを耳にした。司教は市長を破門し、市長は司教を法律上の犯罪に処した。いまや、アシジの街の不和が、フランシスコの試練――肉体の苦痛、病疫をもたらす害虫、厳しい冬の寒さ――につけ加えられた。フランシスコはいまでも彼が使える唯一の能力である声を用いて、司教と市長の不和に対処した。彼は十字架上のキリストのように自分たちの敵を許し、平和の裡に暮らす人々を称賛する一連を、『兄弟なる太陽の賛歌』につけ加えた。へりくだることで、彼は市内の不和をそそのかした悪人たちと共にあると自分をみなした。すべてが悪を耐え、平和を見出すために神の助けを必要とした。

「賛美されますように、わたしの主よ、あなたへの愛の故に人を赦し、
病と艱難(かんなん)とを耐える者らによって。
心安らか(イン・パーチェ)に耐える者らは何と幸いなことでしょう。
いと高き方よ、この人々はあなたから冠を戴くことでしょう」。

〔同〕

フランシスコは市長と議会に司教の宮殿の外に集まるようにという言葉をかけた。ドン・オポルトゥロはフランシスコの言葉に従った。おそらく、ドン・オポルトゥロは、すでに民衆の目には聖人と映っていたフランシスコが、自分のために有利な裁定を下すことを期待していた。市民の揉め事への有徳の人物によるそのような裁定は、一三世紀半ばには知られないではなかった。フランシスコは裁定を下す代わりに、両者が居合わせるところに『兄弟なる太陽の賛歌』を歌う兄弟を二人遣わした。市長は身振りによって感動を露わにして立ち上がり、自分が揉め事の原因だったと告げ、赦しを求めて司教の足下にひれ伏した。司教は市長に続いて赦しを求める以外に選択肢はなかった。二人は抱き合い、良識とまた法律で内紛の終結を知らせるために、和解の接吻を交わした。この物語には目撃者の証言がある。この物語を詳しく語った修道士たちは、「祝されたフランシスコと共にいたわたしども」『完全の鏡』第一〇章一〇一」と署名した。フランシスコは死の直前にもう一度、詩に手を加えた。しかし、しばらくの間は平和と和解の祈りで詩を結んだ。

春がやって来ると、医学的な治療を受けるためにサン・ダミアノ教会を離れるようにという圧力が強くなった。フランシスコは体が不自由なために姉妹たちを尋ね、励ますことができなくなることに悩みつつ、姉妹たちと別れなければならなかった。そこで再び、市長と司教に行ったように、詩に立ち戻った。その結果生まれた『聞いてください、貧しき娘たちよ(アウディテ、ポヴェレッレ)』は、クララとその姉妹たち——フランシスコが回心の生活へと導いた女性たち——への遺言になった。彼女たちが世界の至るところから召命されたことを思い出しながら、フランシスコは「真理のうちに生き」ること、聖なる従順に生きること、その中で聖霊を育み、世俗を無視することを彼女たちに求めた。フランシスコは、受け取った施しものを処分する際には思慮深さを発揮するように彼女たちに命じた。これは持って回った言い方ではあるが、彼の詩の中で貧しさに言及した唯一の箇所である。病んでいる人々、彼らを世話する人々に対して、フランシスコは、アシジの市長や司教にしたと同じように、「心安らかに耐え忍」ぶよう姉妹たちに懇願した。こうした言葉は、おそらくフランシスコが、姉妹たちに対してと同じように、自分自身や兄弟たちに言い聞かせた言葉だった。最後にフランシスコは、すべての姉妹が、すべての修道女の手本である処女(おとめ)マリアと一緒に、天国で戴冠されることを祈った。

それはクララに対するフランシスコの別れの挨拶だった。一二二五年の六月、フランシスコは代理人のエリヤと枢機卿ウゴリノの要請を黙って受け入れた。彼はアシジを去り、治療を受けるためにリエティに向かった。

# 8　回心者から聖人へ

一二二五—一二二六

## 失敗した医学的治療

フランシスコは一二二五年六月にサン・ダミアノの修道院を去り、リエティの郊外、コンティリアーノ村の近くのサンテレウテリオの隠遁の庵に居を定めた。様々な病気を抱え、いまやほとんど目が見えず、食べることもままならず、おそらく眼炎からくるひどい目の炎症と、瞼(まぶた)の内側に垂れる細胞膜から分泌される粘液に苦しんでいた。この炎症が原因の光による目の痛みとまぶしさは耐えがたいほどだった。不自由な体を何とか動かそうとしながら、フランシスコは自分ではどうすることもできず、体力を消耗してしまったことに耐えなければならないことに気付かざるを得なかった。病床から繰り返し身近な人々に「兄弟たちよ、主への奉仕を始めよう、いままでわれわれは主への奉仕をほとんどしていないか、まったくしてこなかった」と言い募った。ほとんどの場合、彼は召命に気づいたときに従事していたハンセン病者の看病に復帰することを懐かしそうに語った。すぐ身近にいる人々から選ばれた修道士のグループが看護人に任命された。フランシスコは聞き分けのいい患者ではなかった。看護人たちのグループは、フランシスコが居を移したそもそもの理由、医学的治療を受けるように言い聞かせた。しかすぐ、にべもなくフランシスコはその勧めを拒絶した。

あるとき、看病を託された兄弟の中の一人がフランシスコのために聖書を朗読することを提案した。「そうすれば、あなたの霊は主において喜び躍るでしょう」。フランシスコが日々のミサで福音を耳にすることを切望していることはよく知られていたが、この場合、敬神にかこつけた看病にうんざりしていたようで、「既にわたしは聖書に駆り立てられているのです。それを瞑想し思い巡らすだけで十分なのです。我が子よ、もはや多くはいりません。十字架につけられた貧しいキリストをわたしは知っているからです」と兄弟にきつく言い返した［チェラノのトマス『魂の憧れの記録』第二巻第七一章一〇五］。フランシスコはそれから彼が病気の間にしばしば引用していたように、ダビデの詩編の言葉を引いた。「わが魂は慰められることを拒絶する」。病気中のフランシスコの行動はわざと反対のことをするように見えた。病気が悪化するにつれ、薬だけでなく食物も同じように拒んだ。フランシスコは特別に用意された食物だけを食べることに同意したが、兄弟たちがその準備に手間暇かけるようになると、その食物を拒んだ。自分は他の修道士の手本にならなければならず、自分だけが食べられる特別な料理を摂ることは避けなければならないと言って、看護人を叱りつけた。いまや夏が近づいていたけれど、フランシスコは寒気に襲われていた。暖かくするために、継ぎで裏打ちした単衣のトゥニカを着ていたが、このわずかな恩恵さえ、負担に感じていた。

一二二五年の六月下旬のある日、兄弟エリヤが代理人としての権威を行使して、目の病気を専門にする医者の治療を受けるためにリエティの街に戻るようにフランシスコに命じた。もうフランシスコは歩くこともままならず、馬に乗って旅をした。一行がリエティに着くと、ローマ教皇庁を住居にした。そこで、フランシスコが十分私生活を守れるように、エリヤは目の治療がフォンテ・コロンボの隠遁の庵で行われるように手配した。ある晩、広範囲にわたる問診の後、フランシスコは兄弟たちに、医師に晩餐を提供するように求めた。兄弟たちは貧弱な食材しかなく困っていた。ところが皆が食卓に着くと、一人の女性が「上等のパンと魚、海老入りのパイと蜂蜜、そしてぶどうがぎっしりと詰まった籠」を持ってやって来た［チェラノのトマス『魂の憧れの記録』第二巻第一五章四四、『完全の鏡』第一一章一一〇］。兄弟たちはそれを奇跡として記録に残している。フランシスコにはほんのわずかな喜びさえも味わうことが難しいことが分かっていたが、自分が何とか聞き分けのいい患者であろうと努力した。胃の具合が悪かったが、少しでも効き目があるとされたら、いくらかの鮫（スクワロ）や口当たりのいい魚の干物を口にした。看護人はフランシスコの意に沿うように努めた。看護人の中にいたリエティの奉仕者、兄弟ジェラルドは、街で手に入るようになった鮫と海老入りのパイの入った籠を、配達人を使ってフランシスコに届けた。フランシスコは少なくともそれをいくらか食べることができた［『完全の鏡』第一一章一一一］。

あらゆる苦難にもめげず、フランシスコは音楽への愛を失わなかった。ある日、フランシスコは、リエティに移ってテオバルド・サラチェーノの家に滞在している時、修道会に入る前にリュート［＝ギターや琵琶に似た弦楽器］を演奏していた兄弟と一緒に座っていた。フランシスコは、非宗教的なリュート音楽が現世的でむなしいものだと知っており、自分が兄弟たちへの悪い手本になることを怖れていたものの、兄弟に密かにリュートを手にして、神を褒めたたえる言葉を付けた曲を演奏することを望んだ。その兄弟は、フランシスコがまたリュートを演奏していることが広がったら、人々は彼が吟遊詩人として世俗の世界に戻ったと考えるだろうと言って、反対した。その夜、フランシスコの望みはかなえられた。彼の部屋の窓の下の通りで、誰かがとびきり美しい音色でリュートを奏で始めた。晩鐘時刻が過ぎても、演奏は一時間以上続いた。フランシスコは無垢な心で、これを奇跡だと考えたことが報告されている［チェラノのトマス『魂の憧れの記録』第二巻第八九章一二六］。おそらく、吟遊詩人の兄弟が内心の変化を経て、フランシスコの強い思いが自分の良心の疚(やま)しさを覆したのだと判断したのだ。このような出来事が、彼を看病する人々によって報告されたフランシスコの折々の見るに忍びない、物分かりの悪い行状についてのイメージを和らげてくれる。

いよいよ目を完全な闇の中で守るために頭巾の前に縫い合わせた布の切れを垂らすまでに眼炎は悪化した。炎の明るささえもひどい痛みの原因になった。しかし、この痛みを、フランシスコはキリストの受難を共有する機会と見ていたが、外部の人々には奇妙に見え、合点のいかない行動を生むことになった。ある時、フォンテ・コロンボで、フランシスコは寒さを避け、暖を取るために火の近くに座っていた。フランシスコがもっと暖まろうと火に近づくと、彼がいつも着ていた少し長めのズボン下に火が燃えついたことに看護人の兄弟が気づいた。兄弟が火を振り払おうとすると、フランシスコが抵抗した。兄弟はフランシスコに火を振り払わせるために世話役を、大声を出して呼ばなければならなかった。フランシスコは自分の不眠と身体の不自由のせいで必要になる気遣いが、彼を世話する兄弟たちの負担になっていることを知っていた。時折、兄弟たちの重荷が明らかになり、兄弟たちが不平をこぼすことがあった。「これほどの労苦を背負っているのだから、わたしたちは祈ることができない」『完全の鏡』第六章八九〕。後の記録を信じれば、フォンテ・コロンボである時、フランシスコは看護人たちがその寛大な精神によって、神を負債者にしているとみなして、看護人たちを慰めることさえあった。フランシスコ自身は、神は当然、天国で看護人たちに負債を返済すると確信していた。

主治医は、フランシスコの顎（あご）から悪い方の眼の瞼（まぶた）まで顔の筋肉を焼灼（しょうしゃく）する必要があるとフランシスコに告げた。フランシスコは兄弟エリヤがやって来るまで手術を延期するように頼んだ。これで恐ろしい手術はやや先延ばしにされた。最終的には、ウゴリノ枢機卿が一二二六年一月三一日に教皇庁のあるリエティを去る前のある日、手術の必要性を力説する兄弟たちの声に同調した。フランシスコもついに同意した。医者が真っ赤になるまで鉄を熱したとき、フランシスコは火に話しかけるように言った。

「わたしの兄弟、火よ、ほかの〔被造〕物らがうらやむほどに美しいものよ、いと高き方は力強く美しく有用なものとしてあなたを創造されました。今このとき、わたしに好意を示し、丁重に扱ってください。これまで、主においてあなたを愛してきたからです。あなたを創造された偉大な主に祈ります。あなたの熱を和らげ、わたしが焼き鏝（ごて）を心地よく耐えることができますように」〔チェラノのトマス『魂の憧れの記録』第二巻第一二五章一六六〕。

熱された鉄の上で十字を切り、フランシスコは医者に手術を始めるように促した。兄弟たちは部屋を去った。灼熱療法はフランシスコの目から出る膿を止めることを目的としていた。しかし、その効果はまったく無かった。別の医者がフランシスコの耳に穴をあけることを勧め、手術が行われたが、これも効果がなかった［チェラノのトマス『聖フランシスコの生涯』第二巻第五章一〇一、『完全の鏡』第一二章一一五］。フランシスコは一人悲嘆にくれるだけだった。

サンテリアのすぐそばの村から、フランシスコの目を洗うために使った水を求めて村人たちがやって来た。病気（*basabove*）にかかって苦しむ雄牛にその水を振りかけるためだった。兄弟たちはそれを断った。しかし一人の果敢な農民が翌朝こっそり忍び込み、フランシスコが手を洗うために使った水を盗み出した。記録によると、雄牛は完治した［聖ボナヴェントゥラ『聖フランシスコの大伝記』第一三章六］。

こうした効果のない医療を受けた後に、フランシスコはリエティの司教の宮殿に移動した。この移動はフランシスコを隔離することで、彼の行動をもっと身近にもっと注意深く見守ることを目的としていた。どちらかといえば、この移動は、必要と要請がある人々がフランシスコに身近に接することに役立った。自分の衣類を配ることは、フランシスコがいまだにできる看護人たちをとても困らせる慈善行為の一つだった。一度、目の病を抱えていた貧しい女性が、マキローネから医者の診察を受けにリエティにやって来たが、彼女は医者に支払う代金を持っていなかった。医者が自ら女性のことをフランシスコに話した。フランシスコは兄弟に自分のマントを一着取り出し、兄弟会が作っているパンと一緒に女に与えるように命じた［チェラノのトマス『魂の憧れの記録』第二巻第五九章九二、『完全の鏡』第三章三三］。この行動は気前よく模範的であった一方で、フランシスコの病状を悪化させたので、自己破壊的な面があった。看護人たちからの直接の指示だけが、同じように継ぎの当たったトゥニカを彼女に与えることを防いだ。自分が震えているフランシスコが与えた数着の衣類をフランシスコの看護人たちが取り戻さなければならなかったことは一度だけではなかった。

フランシスコと同じように病み、健康の問題を抱えた人々が祈りと癒しを求めて彼の下にやって来た。そうした連中の一人に、リエティの教皇庁の聖職者のゲデオンがいた。彼は世俗的な生活を愉むことで知られていたが、治療の見返りに生活態度を改めることを約束した。フランシスコの祈りと祝福がゲデオンの衰弱の原因になっていた背中の痛みを癒したことが記録に残っている。しかし、彼の悪しき生活態度は変わらないままだった［チェラノのトマス『魂の憧れの記録』第二巻第一二章四一、聖ボナヴェントゥラ『聖フランシスコの大伝記』第一一章五］。初秋までに、十中八九、フランシスコをなるべく人から遠ざけ休息を与えるために、修道士たちは彼をサン・ファビアノという小さな町に移し、兄弟たちによく知られていた貧しい教区司祭の家に住まわせた。この移動は、病室にやって来る病の治癒を求める人々や訪問者が作る、フランシスコの心身を疲労させる行列を止めることには、まったく効果がなかった。枢機卿を含むローマ教皇庁のメンバーが毎日決まってフランシスコの部屋へ往来した。貧しい修道士がフランシスコの住居の隣にブドウ園を持っていたが、収穫期になると、教皇庁の人々がそこを通り、決まったようにブドウを摘み取って食べた。食べ残したブドウは足元で踏みにじった。フランシスコと一緒にいた修道士たちは後になって、フランシスコは心を取り乱したその修道士を、教皇庁の人々が摘み取ったブドウの実の代価としていつもよりたくさんの収穫を得られるようにすると約束することでなだめたと報告している。結果はその通りになった［『完全の鏡』第一〇章一〇四］。

一二二五年から二六年の冬の間中、まず間違いなくフランシスコは術後の回復のためにリエティで過ごした。四月の初め頃、奉仕者たちはより良い医学的治療を求めて、もっと大きな町、シエナにフランシスコは行くべきだと判断した。フランシスコは彼を診察していた医師の一人を伴って旅をした。ロッカ・カンピリアの平原を通り過ぎる途上で、三人の貧しい女性がフランシスコ一行に施しを求め、医者がそれに応じた。フランシスコは、卑しい立場の人々の中にさえつねに神を求めていたので、三人の女性を神による裁きの際に彼を助けるために送られた三位一体の顕現としてみなした［チェラノのトマス『魂の憧れの記録』第二巻第六〇章九三、聖ボナヴェントゥラ『聖フランシスコの大伝記』第七章六］。シエナに着くと一行は修道士たちの住居に滞在した。そこはボナヴェントゥラという貴族の寄付した土地に最近建てられた建物だった。フランシスコはその一人部屋の一つに滞在したが、その部屋の状態はおそらくリエティの粗末で荒廃した一人部屋と同然の状態だった。

シエナでフランシスコが受けた医療はどんなものであれ、リエティで受けた治療同様、効果がほとんどないか全くないもののようだった。一人部屋でのある晩、フランシスコは血を吐き始めた。いまになっての診断は困難だが、おそらく栄養失調とストレスによって悪化した胃潰瘍か胃癌だった。まず間違いなく、マラリアによる衰弱、一般的な疲労、体力の消耗の結果だった。フランシスコの衰弱した体力ではこうした苦痛のすべては起こるべくして起こったものだった。フランシスコは自分でも体調が深刻であること、彼の死に対してだけでなく死後に関しても兄弟たちのために準備する必要があることを感じていた。

フランシスコが危機的な状態であるという伝言は、すぐに兄弟エリヤに届き、エリヤは仕事を放り出し、フランシスコの下に駆け付けた。あくまで実際的なエリヤは、兄弟たちに向けて最後のメッセージを書くことをフランシスコに示唆した。フランシスコの身体にとって長期にわたる計画や実際的な指示を出すことは好ましいことではなかったが、フランシスコは、事の重大さを理解していたに違いなく、まず「遺言」を記そうとした。フランシスコは、司祭であり、読み書きに通じた兄弟ピラトロのベネディクトを呼び、次のように求めた。

「〔今現在〕修道〔会〕にいるわたしの兄弟たち、またこれから代の終わりまでに来るわたしのすべての兄弟たちに対するわたしの祝福を書き記してください」〔『完全の鏡』第六章八七〕。

他にどんなことを兄弟ベネディクトが書いたかは分からなくなってしまったが、残っている記録にはフランシスコの兄弟たちへの指示が以下のように要約されている。

「それは……常に互いに愛し合うこと、わたしたちの尊い姫君貧しさを常に愛し遵守すること、聖なる母なる教会の長上ならびに聖職者方に信頼し服従するものであり続けることです」〔同〕。

「姫君貧しさ」という言葉が使われていたかどうかは、フランシスコの筆跡ではないのでここでは疑わしいが、要約された精神はおそらく正確である。フランシスコはまた兄弟たちに、どんな人々に対しても躓き（つまずき）を与えることがないように命じた。ここに記されたのと同じテーマが、次の六か月間のフランシスコの会話と筆記に、いくつかは切迫した調子で、いくつかはそれほど切迫した調子ではなく、再び現れる。

真夏になると、急速に悪化したと同じように素早く、フランシスコの病気は軽快した。フランシスコは一二一一年にコルトナの近くのチェレに建てた隠遁の庵に兄弟エリヤと一緒に旅することができた。しかし、あっという間にフランシスコの腹が、浮腫の兆候を示して膨らみ始め、もはや食べたものを消化できなくなった［チェラノのトマス『聖フランシスコの生涯』第二巻第七章一〇五］。フランシスコはいまだに彼の身に着いた慈善を行おうとした。チェレにいる間にフランシスコは一人の貧しい男に外套を与えた。看護人たちの負担は、夏だったので代わりの外套を見つける必要がなかったので軽かったに違いない。最後に、フランシスコは自分を故郷に、アシジに連れ戻すように、エリヤに懇願した。

## アシジへの帰還

七月の末か八月の初めに故郷の街、アシジに戻ったフランシスコは、まずポルチウンクラに滞在した。しかし、ほんのわずか滞在しただけで、修道士たちはノチェラの近くのバニャーラに新しく建てた家にフランシスコを連れて行った。アシジの夏の暑さはおそらくひどくなっていた。フランシスコはバニャーラに「多くの日々」たぶん一か月ほど滞在した。フランシスコの浮腫はとりわけ脚と足の部分が悪化していた。衰弱の知らせはアシジに届き、アシジの市民たちはフランシスコが他の土地で死なないように、さらに彼の遺物の管理ができるように、フランシスコを連れ戻すために騎士の一団を送って、介入した。帰郷の途上、アシジの周辺部(コンタード)の村で夜の間に歩みを止めたが、騎士たちは食物を買う店が一軒も開いていないことに気がついた。しかしフランシスコの言葉に従って、食物を乞い求めて家々をめぐると、溢れんばかりの食物が手に入ったという〔『完全の鏡』第二章二二〕。村人たちは、すでに自分たちが地元の聖人とみなしていたフランシスコに手を差し伸べることに疑いなく嬉々としていた。騎士たちはフランシスコをアシジの司教の宮殿まで連れて行った。司教は不在だったが、宮殿は病人には快適な住居で、医療をすぐに受けられることが確実だった。騎士たちは夜になると宮殿の周囲に守衛を配置したので、万が一フランシスコが死んだとしても、兄弟たちがフランシスコの身体を運び出そうとしてもそれを十分防ぐことができた。小さき貧しき人は市の宝になっていた。

フランシスコはいまだ音楽を愛し、兄弟たちに自分のために『いと高き神への賛歌』を歌ってくれるように頼んだ。夜になると、守衛たちは『いと高き神への賛歌』の歌声を耳にした。病床のフランシスコに付き添っていた兄弟エリヤは、兄弟たちの喜びに満ちた歌声が、フランシスコに死を怖れる気持ちがまったく無いことを見事に表現している一方で、その『賛歌』の歌声を聴く人々に、罪人たちが自らの死という運命におもむく道についての誤解をもたらす、とかつて述べていた。エリヤは人々がどう思うか推測した。『『死が間近なこの人は、どうしてこのように喜びを示すのだろうか』、『死について思い巡らさなければならないのではないか』と言い合うかもしれません」〔同第一三章一二一〕。フランシスコは二年前のフォリーニョでのエリヤの予言的な夢以来、絶えず死について瞑想してきたが、いま、神を讃えることができる間は神を讃えることを望むと答えた。

「兄弟、わたしが主において喜ぶのを、病弱のうちにあっても主への賛美に〔喜ぶ〕のを許してください。聖霊の恵みに支えられて、わたしはわたしの神と一致し一つに結ばれているからです。〔神〕の御憐れみによって、いと高きお方ご自身のうちにあって、わたしは喜びに浸ることができるのです」〔同〕。

修道士たちは、アシジがまもなく神と人をとりなす人として、奇跡を実現する人として天国に地元の聖人を持つことになるという街の人々の期待を背負うことになった。ある日、フランシスコを看護している人々は、彼の毛皮の縁のついた頭巾と特別な粗布のトゥニカについて言及した。

「あなたのぼろぼろの服の全部を、いくらで主にお売りするつもりですか。今はぼろぼろの服をまとった、あなたの貧相なこの体は、多くの天蓋と絹の布で覆われるでしょう」〔同第一〇章一〇九〕。

フランシスコは歳にふさわしく愚かではなく、何が彼の周りで起きているか理解できた。彼はおそらく予期された以上の諦観をもって答えた。

「あなたは真実を語っています。わたしの主への賛美と栄光のために、そのとおりになるからです」［同］。

見込みはなかったが、フランシスコの病状の相談に乗るために宮殿への往診を続けた医者たちは、通例、助かるか、ほとんど助からないか、おおよその見当をつけていた。医者の中の一人、アレッツォのドン・ボンジョヴァンニ（ボヌス・ヨハネ）は、フランシスコと面識があった。二人はちょっとした冗談を言い合う仲だった。フランシスコは「神おひとりのほかに善い者はひとりもいない」というイエスの言葉に敬意を払っていたから、医者をボンジョヴァンニと呼ばず、ボン［イタリア語で「良い」という意味］を省いてジョヴァンニといつも呼んでいた――それは「良きヨハネ」よりも「ヨハネ」と呼ぶことと同じだった。いつもの医師の病状についての遠回しの言葉を聞いて、フランシスコはついに本当のことを自分に告げるように医師に要求した。フランシスコは臆病ではなく、真実に面と向き合うことができた。医師は真実を告げることに同意し、運が良ければ、フランシスコが生きている期間がどれくらいになるかを推測した。「わたしどもの診断によれば、あなたの病気は不治の病であり、九月の末か一〇月の四日には、あなたは亡くなるでしょう」［『完全の鏡』第一三章一二二］と告げた。その日は一〇月四日だった。それを聞いてフランシスコは両手を広げ、彼がまもなく『兄弟なる太陽の賛歌』につけ加えることになる言葉を呟いた。

「ようこそおいでくださいました、わたしの姉妹である死よ」〔同〕。

この時代の習慣に従って、死者に付き添う人々は、とりわけ家族の人々は、死者の「良き死」の特徴となる回心と献身の遂行を請け合う責任を負っていた。病人は直接死と向き合い、彼の罪を改め、かくして傍観者を啓発し、他者の手本となることが必要だった。フランシスコを看病しているとてつもなく鈍感な兄弟の一人が、フランシスコが死につつあること、彼を見舞う兄弟たちが記憶にとどめるに値する人の心を打つ価値ある死を見ることを期待していることを思い出させた。自分の置かれている悲惨な状態にもかかわらず、フランシスコは姉妹である死と神において結ばれることを強いられた。いまや姉妹である死をフランシスコは待ち望んでいた。そこで彼はその修道士に告げた。

「間もなくわたしは死ななければならないことが、わたしの主のみ心であれば、わたしのもとに兄弟アンジェロと兄弟レオを呼んでください。姉妹である死について歌ってほしいのです」〔同第一一三章一二三〕。

それが『兄弟なる太陽の賛歌』の最終節を生んだ。

「賛美されますように、わたしの主よ、姉妹であるわたしたちの肉体の死によって、生きとし生ける者は誰ひとりとして、この姉妹から逃れることはできません。死に至る罪のうちに死ぬ者は何と不幸なことでしょう。あなたのいとも聖なるみ旨のうちに自らを見いだす者は何と幸いなことでしょう、第二の死はこの人々に何の危害を加えることができません」。

［『兄弟なる太陽の賛歌』］

最後に残した詩の言葉で、フランシスコは彼の回心の核心となる信仰を変えてはいない。回心するために出家することは単なる個人の選択ではなかった。少なくともフランシスコの場合、死は、永遠の救いの核心だった。彼が述べた通り、「罪のうちに」死ぬようなことがあったとしたら、彼は愚かだったことになるだろう。彼の周囲の人々にとっても同じことだった。詩節は彼が昔説教調で書いた詩を思い出させた。しかしまた、『第一の会則』の非常に詩的で感動的な一節だった。

「悔い改めのうちにあって死ぬ者は幸いである、その人たちは天の国にいることになるからである。悔い改めのうちにあって死なない者は禍（わざわい）である、その人たちは悪魔の子らとなり、その業を行い、永遠の火の内に入ることになるであろうから」［『勅書によって裁可されていない会則』第二一章七―八］。

自らが死の床に横たわっているいまこのとき、フランシスコは長年の間、「罪を償う」ために、そして同じように「出家する」ためにした決心を改めて言葉にした。彼は兄弟たちの手本になったが、警告にもなった。兄弟たちはいまやフランシスコの肉体がまもなく聖遺物になることを期待に満ちて待っていた。

## フランシスコの遺言

死を迎える最後の準備には遺言、あるいは遺書の作成が残っていた。遺言を書くことは、最後の誓約においてキリスト教徒が生きている間に犯したすべての罪を償うから、「良き死」を迎える儀式の一部だった。フランシスコはおそらく彼の死後に続いてなすべきことを前もって兄弟たちに指示していた。しかし、兄弟たちは決定版として書き下ろされた言葉をいま受け取った。死んでゆく人々は自分たちの形見分けの準備をすることになっていた。フランシスコは唯一の大事な所有物、聖務日課書を持っていた。これはすでに兄弟レオとアンジェロに与えられており、フランシスコはすでに盲目になっていたので、二人がフランシスコのためにこれを読むことができた。兄弟レオはフランシスコの死後もその聖務日課書を持ち続けた。

フランシスコはもっと大事な霊的な物を兄弟たちに与えなければならなかった。彼は回心した日から今日までの自分の経験を書こうとしており、さらに修道士たちがいま直面している問題について熟考しようとしていた。フランシスコは死の床にある者が学識のある助言者を招聘（しょうへい）するという普通に行われていた慣例に従って、彼の考えを書き留めるために名前の知られていない学識のある修道士を求めた。その修道士は書記として、すべての死に行くキリスト教徒のためにしてきたと同じように、フランシスコの遺言をラテン語に翻訳して書き留めた。フランシスコはまとまった遺産も修道会の未来についての組織立ったヴィジョンも提供しなかったが、もっと大事なもの、彼自身の生涯という贈り物を残した。フランシスコは「まだ罪の中にいたころ」どれほどハンセン病者を見ることがつらかったかを思い出しながら、彼の回心の最初の頃を語った。さらに、神がどうやって彼をハンセン病者の間に連れて行き、彼の全感覚を変えたかを語った。受け入れ難かったハンセン病者の姿は、フランシスコの魂と体にとって甘美な姿になった。

フランシスコは「出家した」ときに神が彼に与えた霊的な贈り物に焦点を当てた。最初は、彼の「教会［＝諸聖堂］に対する信仰」――教会の栄誉に満ちた祈りを生み出すことにフランシスコを導いたもの――であり、それは聖週間の典礼から引用している。

「主イエス・キリスト、わたしたちは、全世界のすべての聖堂において、あなたを礼拝し、賛美します。あなたは聖なる十字架によって、世を贖（あがな）ってくださったからです」［『遺言』五］。

フランシスコは抽象的な世界に住んではいなかった。イエスが実在の場所であるゴルゴタの丘で、実際に十字架の上で死んだのと同じように、神は具体的な場所、すなわち教会で見出された。次に、神がフランシスコに与えたものは、それらの教会で奉仕する司祭たちへの同様の信頼であった［同六

—九]。司祭たちが「ローマ教会の様式に従って生活する」[同六]限り、フランシスコは司祭たちを彼の主として仰ぐことを欲した。これをフランシスコは司祭たちの生活のどのような実際的な聖性にも結び付けず、司祭たちが祝う聖体祭儀の現実性に結び付けた。中でも最も重要なことに関していえば、聖体[＝ホスチア]はすべてにまして褒め称えられるべきであり、ふさわしい場所に保管されるべきであった[同一〇—一一]。また同じように、聖書の言葉や神の名が記された羊皮紙の断片のすべても、保存され、称えられるべきであった[同一二]。最後に、彼は神学者たちへの自分の信頼を記録している[同一三]。教会、司祭、聖体、カトリック神学への敬意の念——こうしたものは、フランシスコが後継者たちに、ハンセン病者に出会ったことで得た成果、および彼の回心の選択として記憶するように望んだものだった。

それに続いてフランシスコは驚いた様子で、神が彼に後継者たちを遣わし、進むべき新しい道を示したことを語った。

「主がわたしに兄弟たちを与えてくださった後、わたしが何を行うべきか、わたしに示してくれる人は、誰もいませんでした。しかし、いと高きお方ご自身が、聖なる福音の様式に従って生きるべきであることをわたしに啓示してくださいました。そこで、わたしはわずかな言葉で単純に書き記させ、教皇陛下はわたしのために裁可してくださいました」[同一四—一五]。

その後、フランシスコは兄弟会の草創期の簡素な生活を述べた。修道士たちは自分たちの所有するものすべてを貧者に与えた〔同一六〕。彼らは一枚のトゥニカと一本の紐という簡素な修道服で満足した〔同一七〕。聖職者は聖務日課を唱え、信徒修道士たちは主の祈りを唱えた〔同一八〕。すべての兄弟が、日々の糧を得るためにできるだけ怠惰に陥ることを避け、手仕事に勤しんだ〔同二〇―二二〕。最後に彼は記している。

「主はわたしに挨拶の言葉を啓示してくださいました。わたしたちはこのように言いましょう、『主があなたに平和を与えてくださいますように』」〔同二三〕。

兄弟会の草創期を述べるにあたって、フランシスコはどうみても差し迫った要件や関心を度外視して話した。しかし、話しているうちに、彼が受け入れることを選び取った謙遜と簡素からの逸脱に話が及ぶと、情熱的になり、時に怒りさえ示した。続く『遺言』での一連の断固とした命令は、病気と共に彼を悩ましている兄弟会の変質と発展への見通しを明らかにしている。彼は兄弟たちに二つの指示を与えている。

「兄弟たちは、聖堂、小さな貧しい住居、そして自分たちのために建てられるすべてのものが、会則の中でわたしたちが約束した聖なる貧しさにふさわしいものでなければ、決して受け取らず、常に〔他国からの〕寄留者ならびに旅人として、そこに留まるように心がけましょう。すべての兄弟に従順によって固く命じます。〔兄弟たちは〕どこにいても、自分から、あるいは仲立ちとなる人を通して、聖堂や他の地所（兄弟たちの住居）のため、または説教を口実に、あるいは肉体に対する迫害を逃れるために、ローマ教皇庁に敢えて書簡を願ってはなりません」〔同二四―二五〕。

ここでのフランシスコの語調は、彼の言葉が抽象的な思索によってではなく現実の出来事から生じたものであることを示唆している。その他の証拠がこの点を明らかにする。ほぼ一二二一年以来、目撃者たちは、ボローニャやアシジにある建物を兄弟たちがどうみても私有していることへのフランシスコの怒りを記録している。それは、枢機卿ウゴリノやアシジの町が自分たちで建物を所有したままで、兄弟たちには建物を使用させるだけだという言い訳でフランシスコの反応の裏をかいた策略によるものだった。フランシスコは修道士たちの住居として他人の家が提供されることは認めており、そのことを非難はしなかった。アシジやボローニャの兄弟たちの居場所が、贅沢なものであり、「貧しさを放棄した」ものであったという証拠はない。フランシスコはもしそうでなければ示唆しなかった。むしろフランシスコは、気前の良さを讃えられる寄贈者たちが、その気前の良さによって兄弟たちの簡素な生活を堕落させるおそれと、兄弟たちが寄贈という名目によって豪華な建物に住むごまかしに加担するおそれに非難の矛先を向けた。兄弟たちはごまかしに加担することになった。彼はこの点について修道士たちに「警告を発する」必要があった。

しかし、フランシスコの心をもっと苦しめ、危機感を抱かせたものは――彼の「従順によって固く命じます」という言葉の使用が明らかにしているように――教皇の保護と教会の特権に頼る兄弟たちの習慣だった。この濫用は本当で、前年、フランシスコ会の会員もしくはその友人たちのどちらかからの救援要請に対する教皇の応答が目についた。一二二五年一〇月四日、ホノリオ三世教皇はフランシスコ会の聖職者に対する免責特権という法的特権を拡大し、一人のフランシスコ会修道士を監獄から釈放するようにミラノの大司教に指示を与えた。一二二五年一〇月七日には、教皇はトレドの大司教とその地域の諸侯に、トレドの教区でのフランシスコ会の活動を支援し、保護するように指示した。一二二六年一月二日に教皇は、フランシスコ会の宣教師を保護するように世俗の有力者に指示した。最後に、一二二六年三月一七日に教皇はまた、フランシスコ会の宣教団への支援が適用されるように、高利貸しに対する罰金を認めた。

仮定された貧しさの放棄よりもむしろ、これらの特典が小さき兄弟たちを他人に対する権力的立場に立たせた。もはや兄弟たちは「すべてに従うもの」ではなかった。逆説的に、この状況はフランシスコが最も嫌った極めつきの立場、他者に命令し指示を与える上位の立場に、フランシスコ自らが自分を置くことを強いた。ここには、フランシスコが読書を学ぼうとした信徒修道士を非難したのと同じ出世欲と自己宣伝があった。『第一の会則』においてはこの点について、フランシスコは怒り心頭に発していた。フランシスコの語調は、これがすでに理想の喪失であることを意味していた。フランシスコの心の痛みは明らかだった。

本来の自分自身に戻ることがフランシスコにとっては当然だった。フランシスコは自分が自分の代理人や地元の上位者たちに従順に生きることを望んでいたことを、兄弟たちに思い出させた［同二七―二八］。しかし、彼は一つのことを要求した。それは、聖務日課をフランシスコのために唱える聖職者がいつもフランシスコと共にいるべきだということである〔同二九〕。この聖職者の義務の後に、二度目の感情の爆発が続いた。それは現代の伝記作者たちが、『遺言』の「刑罰条項（Penal Section）」と呼ぶものだった。病めるフランシスコの厳しい言葉は、一二二四年のコッレ・ヴァル・デルザでの、ある一人の脱会したフランシスコ会員、兄弟パウロの異端的説教がきっかけかもしれないが、何と言っても、フランシスコの心にまず引っかかったのは聖務日課の誤った朗誦だった。

「会則に従って聖務日課を唱えず、他の方法に変更しようと企てている者や、カトリック信者ではない者らが見つかった場合には、兄弟たちは皆、どこにいても、従順によって次のように行わなければなりません。すなわち、どこでそのような者を見つけても、その見つけた所で最寄りの保護(クストス)の任にある兄弟のもとに、彼を連れて行かなければなりません。そして、保護の任にある兄弟は、自ら彼を奉仕の職務にある兄弟の手に引き渡すまで、自分の手から奪われることのないように、彼を囚人のように、昼夜厳重に看守するように、従順によって固く義務づけられていま す。また、奉仕の職務にある兄弟は、彼を囚人のように昼夜看守するよう兄弟たちに命じて、本兄弟会全体の主君であり、保護者であり、矯正者であるオスチアの〔司教〕陛下に手渡すまで、彼を護送させるように、従順によって固く義務づけられています」〔同三一―三三〕。

現代の読者にとって、この一連の文章はフランシスコの書いたすべての文章の中で心から驚かざるを得ないものである。贅沢な家に住むことの是非の問題はもちろん、いかなる問題についても、これほど断定的に権威を振りかざし、事前に命令を下した文章は他に存在しない。厳格なだけではなく、フランシスコは正統な信仰を強制するためにあらかじめ地元の司教の権威を用いて、義務不履行者たち——典礼を疎かにし、正統な教義から逸脱した誤った信仰を抱く者たち——を、ローマ教皇庁のウゴリノ枢機卿その人の下に直接送還するようにと命じている。フランシスコは兄弟たちの信仰の正統性について懸念を抱いていたが、この懸念を典型的な平信徒の方法で表明した。彼の心に萌したこの懸念は、神学的是非ではなく、むしろ修道士たちが聖務日課をふさわしい方法で唱えているかどうかだった。この関心は、修道士たちが司祭たちに対して、そしてとりわけ主のからだ（*Corpus Domini*）、すなわち聖体に対して相応の敬意を払うことへのフランシスコの懸念と瓜二つだった。教会に対する公の敬意の念は、すべての面で、神聖であり、犯されることなく保持されなければならなかった。フランシスコにとって、公同性（Catholicity）は理念についてだけではなく、事実や行動においても存在した。病床にあってのフランシスコの最大の懸念は、この素朴な信心を、彼の後継者たちが、知的な抽象化を誇ることや、宗教組織上の肩書きの強奪に代えてしまうことだった。

これは見当違いの懸念ではなかった。フランシスコはこの『遺言』を、頻繁に引用した長い文章で終えており、これは「もう一つの会則」ではなく、「一層カトリック的に」会則を遵守するための訓戒であると説明している［同三四］。とりわけ、修道士たちは会則に何かをつけ加えたり、あるいは会則を修飾したりすべきではない。修道士たちは言葉の書かれていない意図や意味を勝手に推測することなく、ひたすら会則を守るべきである［同三五—三九］。もしこの通り実行したら、彼らは真から祝福されることになるだろう［同四〇］。

## 兄弟たちとの最後の日々

一二二六年九月半ば、フランシスコは死を迎えるために、ポルチウンクラのサンタ・マリア・デリ・アンジェリ聖堂まで自分を連れて行くように頼んだ。この小さな教会は、フランシスコが一二〇九年にローマから帰還した後の最初の日々と密接に結びついていたので、フランシスコにとっては特別に大事な場所であり、彼の回心後の最初の仲間たちとの喜びに満ちた日々を象徴する場所だった。そこは修道会の生活が始まったところであり、神が初めて会員を増やしてくれた場所だった。フランシスコが医者や兄弟以外の人々と共に司教の宮殿で死ぬよりも、兄弟たちと共にポルチウンクラで死にたいと思うことは自然なことだった。兄弟たちはフランシスコがもう歩いたり、馬に乗ったりできなかったので、担架で彼を運んだ。兄弟たちの一行が街を通り、病院に差し掛かると、フランシスコは兄弟たちに担架を地上に下ろし、街に向けるように求めた。フランシスコはかろうじて故郷の町アシジを見ることができた。それほど彼の視力は落ちていた。フランシスコは自分の家族と自分の生まれ故郷——そこで彼は戦争に従軍した——を捨てることを選んだものの、いつもアシジの市民のままだった。彼はインノセント教皇に述べた通り、つねに「アシジから来た回心者たち」の一人であるフランシスコだった。フランシスコは別離の祝福を贈り、アシジの町と住民のために祈った。サン・ダミアノ聖堂では、最初の女性の仲間、クララが重い病気にかかっていた。このことを知ると、フランシスコはクララに慰めと祝福のメッセージを伝えた『クララと姉妹たちに書き送られた祝福』、『完全の鏡』第一〇章一〇八]。ポルチウンクラで、修道士たちはフランシスコを瞑想の一人部屋の一つに安置した。死への看取りが始まった。

死の前の週、フランシスコは修道会での最後の用件を果たした。彼はいまでは、兄弟たち、とりわけ前半生は医者だった名前の知られていない兄弟とだけ一緒にいた。非常に疲れていたので、この兄弟に自分が食べかつ飲むべきものを決めるように指示した。さらに忙しなく、司祭の兄弟がいつも一緒にいて、彼のために聖務日課を唱えるだけではなく、そこにいれば自分が忘れていた罪を思い出したときに告解ができるようにすることを求めた。修道士たちはフランシスコをできるだけ居心地よくすることに努め、消化を助けるためにはパセリが良いとフランシスコが考えれば、パセリを摘むために飛び出して行くことすら辞さなかった。暗闇の中すぐ探しに行かなかったのでフランシスコは料理人を叱りつけたけれど、パセリはほんの少しは助けになったようである［チェラノのトマス『魂の憧れの記録』第二巻二二章五一］。最後までフランシスコは手の焼ける患者だった。

部外者は一人の例外を除いてフランシスコに面会することを許されなかった。一人の例外とは、死の直前のフランシスコを語った物語からかろうじて知られている一人の女性だった。彼女の名はヤコバ・デ・セッテソーリ、著名なローマの一族出身の高貴な夫人だった。おそらくこの女性は、隠遁した姉妹プレッセデ——同じくフランシスコが好意を抱いていた女性——も入っていた敬虔なローマの女性たちの会に所属していた。ヤコバ夫人はフランシスコのローマ訪問の際に宿を提供し、フランシスコは彼女をとても好意を抱いて覚えていた。彼女はおそらくフランシスコがそれまでに友情を育んだ唯一の女性で、非常に親しかったので、彼女を「兄弟」と呼び、修道院から女性を排除した規則の例外とした。フランシスコは彼女に自分が死に瀕しているという伝言を送るように兄弟たちに求めた。フランシスコはヤコバ夫人にシトー会の修道士たちが使う埋葬用のローブを見本にした埋葬用の灰色の布を用意するように頼んだ。郷愁に耽りながら、フランシスコはまた、ヤコバ夫人を訪問した際に彼女がよく作ってくれた、ローマ人がモスタッチョリ（*mostacciolo*）と呼ぶアーモンドと蜂蜜のお菓子をいくつか送ってくれるように頼んだ。

実のところ、フランシスコが瀕死の状態にあることはすでにヤコバ夫人に伝えられていた。伝言が届く寸前に、彼女は修道院に到着していた。訪ねて来た女性をどう扱うか尋ねられて、フランシスコは昔と同じように、彼女は何としても彼に会うために非常に遠くからやって来たのだから、修道院の規則を適用しないように修道士たちに告げた。そのことが分かっていたので、ヤコバ夫人はすでに埋葬用の灰色の布と葬儀用の香料と蜜蠟（みつろう）、それにモスタッチョリを作るために必要なすべての材料を用意していた。兄弟たちは彼女の布と葬儀用の蠟燭を作る申し出を受け入れた。ヤコバ夫人はお菓子を用意したが、フランシスコの病状はいまではひどく進んでいたので、ほとんどひとかけらもお菓子を食べることができなかった［『完全の鏡』第一一章一一二］。

その後すぐ、おそらくその日の晩、フランシスコは痛みが激しく、眠ることができなかった。次の日は木曜日ではなかったが、フランシスコは木曜日だと思い込んでいた。木曜日は最後の晩餐でキリストが聖体祭儀を制定した日だったので、フランシスコはこの日を兄弟たちと正式な別離を行うにふさわしい日だと決めた。彼は兄弟たち全員を身のまわりに呼び集め、「一人の兄弟から始めて」［チェラノのトマス『聖フランシスコの生涯』第二巻第一六二章二一五］、最初の一人はおそらく代理人エリヤだったが、全員を祝福した。彼はパンの塊を求め、それを祝福した。病気が進み過ぎていたので、フランシスコは自分でパンを割くことができず、彼のためにパンを割き、それを兄弟各々に与えるように兄弟たちに頼んだ。兄弟たちは不在の兄弟たち、将来兄弟会に加わる人々を思い起こしながら、皆一緒に割いたパンを食べた。フランシスコの最後の晩餐だった。「そこにいた兄弟の一人は、自分〔に与えられた〕パンの一部を保存していました。そして、祝されたフランシスコの死後、大勢の病人が、その〔パンの欠片〕を口にすると即座にそれぞれの病気から解放されたのでした」〔『完全の鏡』第六章八八〕と伝えられている。

そのとき、あるいはそのすぐ後で、フランシスコは死んでゆく者の慣例に従って、粗い布をまとい、床に横たわり、灰をかけるように頼んだ。それからヨハネによる福音書の中のキリストの受難を読み聞かせてくれるように一人の兄弟に求めた。中世の死の慣例に従って、一人の兄弟がその準備をすでに済ませていた〔チェラノのトマス『聖フランシスコの生涯』第二巻第八章一一〇〕。土曜日の晩、日の暮れる直前に、雲雀(ひばり)の大群が空をさえずりながら、フランシスコが横たわっている一人部屋の外を旋回した。雲雀はフランシスコが大好きな鳥だった。彼がしばしば言っていたように、雲雀はちょうど修道士のように、茶色の「修道服」と「頭巾」をまとって、いつも立派な信徒が聖歌を歌うように神を褒めたたえる歌を歌っていたからだった〔聖ボナヴェントゥラ『聖フランシスコの大伝記』第一四章六、『完全の鏡』第一二章一一三〕。

その夜、フランシスコは死んだ。一二二六年の一〇月三日だった。

## 死から祭壇へ

その晩、修道士たちは古くからのしきたり通り、フランシスコの遺体を守り、詩編書とその他の死者のための祈りを唱えながら、夜を明かした。翌朝、アシジの町からの弔問客のためにフランシスコを横たえたとき、修道士たちはフランシスコの手足がまだ生きているときのように、柔らかくしなやかであることに気がついた［チェラノのトマス『聖フランシスコの生涯』第二巻第九章一一二、『魂の憧れの記録』第二巻一六三章二一七］。これがフランシスコの死後、最初に記録された奇跡だった。後になって、多くの奇跡がフランシスコの死の際の話につけ加えられた。兄弟たちばかりではなく、アシジの町の司教にも、天に上ってゆくフランシスコの姿が目に入ったという奇跡が語られている。一般の兄弟たちがフランシスコの聖痕を目にするのは初めてのことであり、彼らはその場にいる人々にそれを見せ、それを見た人々にはアシジの当局者も含まれていた。兄弟エリヤはすぐに回覧状で、修道士たちに聖痕の存在を告げた［兄弟エリヤ『聖なるフランシスコの帰天についての回状』五］。聖痕と称される傷のごくわずかな先例は、嘘っぱちか、自分でこしらえたものであることが知られており、兄弟たちの中でさえ、そのような驚くべき出来事について疑いが確かに存在していた。ウゴリノ枢機卿自身も疑いを抱いたままだったし、［フランシスコの伝記を書いた］聖ボナヴェントゥラでさえほぼ四〇年後に認めた［聖ボナヴェントゥラ『聖フランシスコの大伝記』第一五章四］。それにもかかわらず、聖痕を目にした幸運な平信徒たちの証言と、爪先の奇妙さを勘案すると、自分でこしらえた傷とはとても思えず、結局のところ、懐疑主義は退けられた。

二四時間も経たないうちに、街の人々と聖職者は葬列を組み、アシジの町にフランシスコの遺体を運んだ。葬列に加わった人々はオリーブの枝をかざし、頌歌を歌った。彼らはまずサン・ダミアノ聖堂まで行った。そこで一行は教会の鉄の格子を取り外し、フランシスコの身体を持ち上げ、クララや姉妹たちがその体に触れ、口づけできるようにした。修道女たちは約一時間、遺体に敬意を払い続けた。葬列の一行はサン・ダミアノ聖堂からアシジの町に入り、サン・ジョルジョ教会まで進み、そこで鎮魂のミサを挙げ、遺体をエリヤが前もって購入し設置しておいた石の棺に納めた。フランシスコはおそらく――ドミニコ会の創立者、グスマンの聖ドミニコがボローニャで修道士たちの足元に葬られたように――粗削りな木製の箱に納められることを望んでいたであろうが、エリヤの選択した棺はフランシスコの望みに満更かなわぬものではなかった。フランシスコの棺は家畜の飲み水を入れる桶として使われていたやや荒削りな昔風の石の棺だった。

遺体はフランシスコの頭を載せる石の枕と一緒に納められた。それから籠の形をした鉄格子が棺を閉じるためにその周りにしっかり括りつけられた。石棺のもともとの蓋は久しい以前に失われてしまっていたので、鉄格子が代用に使われた。サン・ジョルジョ教会を訪問した人々は、鉄格子の小さな穴を通して中を覗き、聖人の遺体を見ることができた。参観者は遺体に触れることはできなかったが、聖遺物に触れるために布を差し込むことができた。ある人々は小さな奉納品を投げ入れた。一九世紀に棺が開けられたとき、いくつかの小さな硬貨とガラス玉、それに一つの指輪が聖人の足元にあった。まずあり得ないが、指輪がヤコバ夫人のものだったら、ロマンチックな話になるだろう。愛の贈り物として少なくとも指輪は、硬貨よりはいくぶんかはましである。フランシスコの遺体は、四年間サン・ジョルジョ教会に置かれたままで、教会の地下聖堂に葬られていた。その間、石の棺は特別な場合や信者の礼拝のために開けられるように、より大きな木製の箱――アルカ（arca）――の中に安置されていた。この木製の箱は、四九〇ポンド［＝約二二〇キログラム］の石の棺の重さに耐えられるように、とても頑丈で恒久的な作りでなければならなかった。

アルカは、四脚で支え、収納箱とほぼ同じ高さで床の上に置かれた。そのため信者が棺の下を這って通る――一三世紀の聖人廟でごく普通に行われていた習慣――ことができた。床から離れているこの墓所の配置によって、サン・ジョルジョ教会にフランシスコが葬られたまさにその当日、フランシスコの死後最初の奇跡が起きた。ねじれた首に一年以上も苦しんでいた少女が、そこに連れて行かれ、アルカの下に置かれた。突然、彼女の首は正常な状態に戻り、ショックと驚きのあまり、彼女は泣きだした。彼女の頭が首の変形によって不自然な場所にあったことを示すように、くぼみが彼女の肩にいつまでも残っていた［チェラノのトマス『聖フランシスコの生涯』奇跡一二七］。不思議なことに、聖職者たちはフランシスコの列聖の申し立てをしなかった。むしろ最初の列聖への動きは、フランシスコの古い友人であり保護者であったウゴリノ枢機卿から、死後二年も経たないうちに起こった。おそらくウゴリノ枢機卿はフランシスコ死後の最初の二年間の日々の大部分は、特権と保護の勅書によってフランシスコ会を強化することに忙殺されていたのだろう。ウゴリノは他にも多くの用件に巻き込まれていた。

一二二七年三月一九日、ウゴリノ枢機卿は、兄弟たちが信じていたフランシスコの予言通り、教皇グレゴリオ九世に選出された。半年も経たないうちに、新教皇はイタリアに進攻してきたフリードリヒ二世皇帝の軍隊から逃れるために、ローマからの亡命を余儀なくされた。教皇はまずリエティへ、次いでスポレトに、それからアシジに行った。最終的には六月一三日から七月一三日まで、ペルージアで安全かつ平穏に過ごすことができた。一二二八年の六月一六日にペルージアで開催された枢機卿会議で、グレゴリオ教皇はこの小さく貧しき人をカトリック教会の聖人にすると宣言した。教皇は記している。

「いとも聖なる〔フランシスコ〕のいとも聖なる生涯には、奇跡による証明など無用である。わたしたちが自分の目で見、この手で触れたのであって、教師である真理をもって、わたしたちが証明したことである」〔チェラノのトマス『聖フランシスコの生涯』第三巻一二四〕。

三日後に、教皇は列聖の勅書『ミラ・チルカ・ノス（*Mira circa Nos*）』によってフランシスコの列聖の決定を世界に公表した。

兄弟エリヤは――彼はこの日的のために兄弟会の総長を辞任していたのだが――アシジにサン・フランチェスコ大聖堂の建設を始めた。エリヤは建設を迅速に行い、一二三〇年の春までに新しい大聖堂は聖人の遺体を受け入れる準備を終えた。その年、ついにグレゴリオ教皇はローマに戻ることができた。五月に教皇は、最終的な安息の場である大聖堂へのフランシスコの遺体搬送を統括するために、アシジに旅した。グレゴリオ教皇はまずサン・ジョルジョ教会に行き、フランシスコの聖遺物を拝するためにもともと置かれていた霊廟に向かった。それはフランシスコの遺体が、教皇と聖俗両方の高位の人々の目の前で新しい聖堂に運ばれることをもくろんでのことだった。しかし、エリヤは搬送の間にフランシスコの遺体を盗もうとするペルージアの人々の計画を耳にしたようである。少なくともその計画の話は拡がっていた。サン・ジョルジョ教会に置いてあった間は、聖遺物を守るための特別な警戒はなされていなかった。

あらゆる場合に備え、エリヤは前もって、十分に聖遺物の新しい保管場所を安全にする計画を練っていたに違いない。一二三〇年五月二五日、予定されていた搬送の日の三日前、真夜中になろうとする頃、修道士たちは遺体を大聖堂に移し、そこに葬った。彼らは教皇、その側近の枢機卿たち、都市共同体、もしくは搬送に立ち会うために遠隔の地から旅して来た人々の誰にも知らせることなしに、この搬送を行った。穴倉のような部屋が、大聖堂の翼廊の交差部分——現在は主祭壇が置かれている——の床の下にあった岩に掘られた。鉄格子にすっぽり包まれた石の棺はこの空間に降ろされた。人足たちが大きな石灰岩の厚板を棺の上に載せ、穴の石壁に三本の鉄の棒を差し込んでセメントで固め、その場に棺を固定した。次いで、寸法がきっちり合った石が、下に安置されている石棺への接近を完全に遮断するために、上に置かれてセメントで固められた。その上にさらに、三番目の石材がコンクリートを使ってその場所を封印した。

この三番目の石は、小さな「コンフェッシオ（*confessio*）」［＝内陣の地下に設けられた墓室］や進入通路においては、床と同じ高さだったと思われる。まず間違いなく、ヴァティカンの聖ペトロの墓に入るのと同じように、中世の主祭壇の前の短い階段を降りて、人はフランシスコの墓に入った。もともとはどのような配置であろうと、この三番目の石は――一八一八年に［原著の一八二八年は誤り］ついに蓋が開けられたとき――その上部の表面が無数の巡礼者たちの膝や足ですっかりすり減らされていることが分かった。エリヤが注意深く練った計画のおかげで、小さく貧しき人の聖遺物は、フランシスコの死後六〇〇年の間、冒瀆的な眼差しやペルージアの泥棒たちから守られることになった。

中世においてさえも――遠く離れたスペインの農民たちが、初めのうちはフランシスコを「商人」の聖人とみなして［自分たちの聖人として］受け入れなかったことからも分かるように――すべての人が自分たちに好ましいものとしてフランシスコへの信心を受け入れたわけではない。しかし、フランシスコ会の兄弟たちが、彼らの赴いたどの地でもフランシスコへの信心を拡げたことによって、フランシスコは大衆的人気の点で、同時代のすべての聖人を凌ぐことになった。小さく貧しき人の輝かしい聖堂は、巡礼者にとって、そして観光客にとっての人気のある目的地になった。このことは今日まで続いているが、おそらくこれからもいままで以上に人気のある目的地であり続けるだろう。

# フランシスコをさらに知るために
## ――日本語版読者への文献案内

本書の原著には読者に向けてのフランシスコに関する簡単な文献目録が付されているが、英語文献のタイトルと著者名をそのままここに訳出してもあまり役に立たないと思うので、日本語で記された文献と日本語に訳された文献とを紹介する。

日本でも明治時代からすでに聖フランシスコの紹介は始まっているが、その概略を順不同で紹介する。もちろん完全な文献目録ではなく、わたしの手元にあり、目を通した文献に限られる。

### 日本人による著作

（1）片桐すみ子編『わが心のアッシジ』（人文書院、一九九四年）

（2）姉崎嘲風（ちょうふう）「聖者の故郷アッシジ」（一九一〇年、『現代日本文学全集13　高山樗牛集・姉崎嘲風集・笹川臨風集』改造社、一九二八年所収）

（3）下村寅太郎『アッシシの聖フランシス』（南窓社、一九六五年）

（4）宮崎安右衛門『アシジの聖者聖フランシス』（春秋社、一九二一年）

（5）永井明『アッシジの聖フランシスコ』（中央出版社、一九六三年。サンパウロ〔アルバ文庫〕、一九九八年）

（6）八巻頴男（てるお）『アシジの聖フランシスコ』（大翠書院、一九四九年）

（7）須賀沢公男『太陽の歌人――アシジの聖フランシスコ』（光明社、一九七二年）

（8）河合隼雄／ヨゼフ・ピタウ『聖地アッシジの対話――聖フランチェスコと明恵上人』（藤原書店、二〇〇五年）

（9）山川紘矢・亜希子【文】、北原教隆【撮影】『アッシジの丘――聖フランチェスコの愛と光』（日本教文社、一九九九年）

## 外国人による著作の翻訳

(1) パウル・サバティエ、中山昌樹訳『アッシジの聖フランチェスコ』(洛陽堂、一九一五年)

(2) カスバート、姉崎正治・山本信次郎監修、深山衛夫訳『アッシジの聖フランシスコの生涯』(日本カトリック刊行会、一九二六年)

(3) オ・エングルベール、平井篤子訳『アシジの聖フランシスコ』(創文社、一九六九年)

(4) イエンス・ヨハンネス・ヨルゲンセン、永野藤夫訳『アシジの聖フランシスコ』(講談社、一九七七年。平凡社ライブラリー、一九九七年)

(5) G・K・チェスタトン、生地竹郎訳「アシジの聖フランチェスコ」(『チェスタトン著作集6 久遠の聖者』春秋社、一九七六年所収)

(6) ジャック・ルゴフ、池上俊一/梶原洋一訳『アッシジの聖フランシスコ』(岩波書店、二〇一〇年)

(7) キアーラ・フルゴーニ、三森のぞみ訳『アッシジのフランチェスコ』(白水社、二〇〇四年)

（8）ベラルド・ロッシ、小平正寿訳、マリオ・カンドゥッチ監修『聖フランシスコとその時代』（サンパウロ、二〇〇九年）

（9）R・D・ソレル、金田俊郎訳『アッシジのフランチェスコと自然』（教文館、二〇一五年）

（10）D・フラッド／W・ヴァン・デック／T・マトゥーラ、フランシスコ会日本管区訳『フランシスカン・カリスマの誕生――聖フランシスコの第一会則についての研究』（教友社、二〇〇八年）

（11）ルイ・アントワーヌ、小島俊明訳『アシジのフランシスコを読む』（聖母の騎士社〈聖母文庫〉、一九九四年）

フランシスコの生涯をテーマにした以下のような小説も、西欧の作家たちによって多く書かれている。

（12）ジュリアン・グリーン、原田武訳『アシジの聖フランチェスコ』（人文書院、一九八四年）

（13）ニコス・カザンツァキ、清水茂訳『アシジの貧者』（みすず書房、一九八一年。新装版一九九七年）

(14) アベル・ボナール、大塚幸男訳『聖性の詩人フランチェスコ』(白水社、一九七六年)
(15) フェリックス・ティンメルマン、田中峰子訳『フランシスコの竪琴』(中央出版社、一九五八年)

以上の訳書もフランシスコを知るうえで欠かせない翻訳であるが、現教皇フランシスコの二つの回勅『回勅　ラウダート・シ――ともに暮らす家を大切に』(カトリック中央協議会、二〇一六年)、『回勅　兄弟の皆さん』(カトリック中央協議会〔ペトロ文庫〕、二〇二一年)と『教皇フランシスコ講話集1』(カトリック中央協議会、二〇一四年)は、その力強く簡潔なメッセージの中で、繰り返しアシジのフランシスコに言及し、フランシスコの信仰と行動が現代世界に持つ意味を明らかにし、カトリック信者以外にも十分理解できる内容となっている。

## フランシスコ自身の著作と同時代人による資料

(1) フランシスコ会日本管区訳・監修『アシジの聖フランシスコ・聖クララ著作集』(教文館〔キリスト教古典叢書〕、二〇二一年)
聖フランシスコおよび聖クララ自らが記した手紙、会則、遺言をはじめとする全著作を網羅する。
(2) フランシスコ会日本管区訳・監修『アシジのフランシスコ伝記資料集』(教文館〔キリスト教古典叢書〕、二〇一五年)

チェラノのトマスによる初の公式伝記『聖フランシスコの生涯（第一伝記）』『魂の憧れの記録（第二伝記）』や、『聖フランシスコの小さき花』など、研究に不可欠な基本的資料を収録する。

（3）ウルフギャング・ベイダー編、大島澄江訳『聖フランシスコの祈り』（ドン・ボスコ社、一九九九年）

## その他の参考文献

このほか、フランシスコに多くの影響を与えた中世南欧の時代的風潮を知る文献として、以下が参考となる。また、これらの書物に付されている「参考文献」に網羅的にそれぞれの分野を知るために必要な書物が紹介されている。

（1）ジャンヌ・ブーラン／イザベル・フェッサール、小佐井伸二訳『愛と歌の中世——トゥルバドゥールの世界』（白水社、一九八九年）

（2）W・S・マーウィン、北沢格訳『吟遊詩人たちの南フランス——サンザシの花が愛を語るとき』（早川書房、二〇〇四年）

（3）上尾信也『吟遊詩人』（新紀元社、二〇〇六年）

(4) レオン・ゴーティエ、武田秀太郎編訳『騎士道』(中央公論新社、二〇二〇年)

(5) フランシス・ギース、椎野淳訳『中世ヨーロッパの騎士』(講談社学術文庫、二〇一七年)

(6) トマス・ブルフィンチ、野上弥生子訳『中世騎士物語』(岩波書店〔岩波文庫〕、一九四二年。改版一九八〇年)

(7) ミシェル・ロクベール、武藤剛史訳『異端カタリ派の歴史――十一世紀から十四世紀にいたる信仰、十字軍、審問』(講談社選書メチエ、二〇一六年)

(8) アーサー・ガーダム、大野龍一訳『偉大なる異端――カタリ派と明かされた真実』(ナチュラルスピリット、二〇一六年)

(9) ピーター・ミルワード、中山理訳『素朴と無垢の精神史――ヨーロッパの心を求めて』(講談社現代新書、一九九三年)

(10) G・バラクロウ、藤崎衛訳『中世教皇史』(八坂書房、二〇一二年。改訂増補版二〇二一年)

（11）甚野尚志『中世の異端者たち』（山川出版社〈世界史リブレット〉、一九九六年）

（持田鋼一郎）

# 甦るアシジの聖フランシスコ
## ――訳者解説にかえて

二〇一三年三月一三日、コンクラーベ（教皇選出選挙）が行われていたヴァティカンのシスチーナ礼拝堂の煙突から白い煙が上がり、第二六六代ローマ教皇が選ばれたことを告げた。新しい教皇はアルゼンチン出身のホルヘ・マリオ・ベルゴリオ枢機卿だった。

ホルヘはイタリア移民の息子として一九三〇年、アルゼンチンの首都ブエノスアイレスに生まれた。経済的には比較的裕福な家庭であったが、父のマリオ・ホセ・ベルゴリオは働くことの価値を重視し、子供のころからホルヘに労働の価値を教えた。ホルヘは一七歳のとき告解の最中に突然、神に呼びかけられた思いが湧いた。産業技術専門学校で化学を学び、実習先の研究所でそのまま働き続けたが、二一歳の時、神の道にすすむことを決意し、イエズス会の修練院に入った。その後、ホルヘは神父の修行と教育者の仕事に打ち込み日々を過ごし、一九六九年に司祭に叙階された。

以後順調に司祭としての道を歩んだが、一九七六年の軍事クーデターによって生まれた政権下で、激しい精神的苦痛を味わった。解放の神学を唱え、軍事政権の過酷な弾圧に抵抗する若い司祭たちを守るために塗炭の苦しみを味わったのである。しかし、ホルヘはイエスへの限りなき信頼だけを頼りに自らの行動を律し、この苦難を乗り越えた。だが、軍事政権と妥協したのではないかというぃわれなき非難を後にたびたび浴びせられることになった。自分から弁解することは一切なかったが、ホルへをよく知る人々の弁護によって誤解は消えていった。

その後、司祭としての優れた資質が誰の目にも明らかになるにつれて、補佐司教、協働大司教、大司教へと進み、二〇〇一年にヨハネ・パウロ二世教皇によって枢機卿に叙任された。枢機卿になってからもホルへの貧しい人々への献身は一貫して続いた。そうして新教皇に選ばれたのである。

ベルゴリオ枢機卿は教皇名にアシジの聖フランシスコにちなんだフランシスコを選んだ。

ローマ教皇は言うまでもなく、世界に存在する一三億人近いカトリック信者を率いる最高責任者である。新教皇は、翌一四日、パウロ六世ホールで世界のメディア関係者への最初の挨拶を行った。その挨拶の中で、フランシスコを教皇名として選んだことを次のように語っている。

「(コンクラーベでの)得票数が三分の二になると、恒例の拍手が起こりました。教皇が選出されたからです。フンメス枢機卿はわたしを抱擁し接吻して、こういいました。『貧しい人々のことを忘れないでください』。貧しい人々。貧しい人々。このことばがわたしの中に入ってきました。その後すぐに、貧しい人々との関連で、わたしはアッシジのフランシスコのことを考えました。それからわたしは、投票数の計算が続き、すべて終わるまで、戦争のことを考えました。フランシスコは平和の人です。こうしてアッシジのフランシスコという名前がわたしの心に入ってきました。フランシスコはわたしにとって貧しさの人、平和の人です。被造物を愛し、守った人です。現代においても、わたしたちは被造物とあまりよくない関係をもっているのではないでしょうか。フランシスコという人、この貧しい人は、この平和の精神もわたしたちに与えてくれます」（『教皇フランシスコ講話集1』カトリック中央協議会〔ペトロ文庫〕、二〇一四年、一八―一九頁）。

この挨拶に新教皇の根本的なメッセージが簡潔に、力強く述べられている。

現代の世界は貧富の二極化が進み、少数の富裕層と多くの貧困層との間に大きな分断が生じている。世界で豊かな国と思われているアメリカでは、二〇〇五年に飢餓状態を経験した人が三五一〇万人（全人口の一二パーセント）存在した。このうちの一二四〇万人が子供である。いまでも世界の人口の一〇パーセントにあたる人々は、一日一〇〇円以下での生活を強いられている。同時に、ウォールストリートの社長たちは五〇億円を超えるボーナスを手にすることが珍しくない。日本でも子供の七人に一人は最底辺で貧しい日々を送り、食事もろくにできない日があると言われる。高齢層の貧困化も進み、生活保護受給者が年々拡大している。生活保護と同程度の年金で暮らす膨大な数の高齢層も存在する。一方で国民総所得の一〇パーセントを占める一パーセントの富裕層が存在する。

もちろん、どの社会にも貧富の差が存在することは言うまでもないし、それがある程度は社会の活力を生み出す刺激になることもあり得る。しかし、大きすぎる格差は社会の安定を損ない、自殺者や犯罪者の増加を招きかねない。なによりもこうした社会は人間の尊厳を大きく傷つけ顧みないという点で人道に叛く社会である。

日本は島崎藤村が『仏蘭西だより』で述べているように、戦前から中流層の厚い社会で比較的平等だと言われてきたが、一九八〇年代末の東証株価の暴落に始まるバブルの崩壊後、新自由主義経済学が力を得るにつれ、非正規雇用が大幅に増加、格差は拡大を続け、新たな貧困層を生み出しつつある。二〇〇六年には、日本の相対的貧困率はOECD諸国のなかで、格差大国と称されるアメリカに次いで二位になった。二〇二二年三月の読売新聞の世論調査では、日本の格差は深刻だと答えた人が八八パーセントに及び、この格差が今後さらに拡大すると答えた人が五〇パーセント、このままの状態が続くと答えた人と併せると九二パーセントに達する。国民の九割以上が日本は格差大国だと認めているのである。

フランシスコ教皇の「貧しい人を忘れない」というメッセージは、今日の日本人にとっても重要な問題を指摘している。

平和の重要性の指摘も日本人にとって無縁ではない。すぐお隣の共産主義の大国、中国は、太平洋への進出を軍事戦略の大きな目標とし、尖閣諸島周辺の海域に連日軍艦を遊弋させている。まさに一触即発の危機にあると言ってもいいだろう。中国のこうした覇権主義には自衛隊と日米安保も抑止力として重要だが、フランシスコ教皇の平和が何よりも大事だという主張に則り、国際世論を味方につけることが、紛争を避けるうえで何よりも有効な外交的武器になるだろう。

本書の刊行を準備していた二〇二二年二月に、ロシアがウクライナを侵略した。マリウポリをはじめとする都市は廃墟と化すまでに破壊され、多くの人命が失われた。またブチャをはじめとするキーウ近郊の都市ではロシア軍の撤退後、多くの残虐行為が行われていたことが明らかになった。それに、老人、女性、子供が数百万人単位で戦火を避けるためにウクライナを出国し、他国に逃れざるを得ないという事態が出来している。日々テレビの画面に映し出されるウクライナの破壊し尽くされた都市と、そこに散在するウクライナ国民の死体を目にするたびに、戦争の恐ろしさと平和の尊さが否応なく伝わってくる。

さらに、「現代においても、わたしたちは被造物とあまりよくない関係を持っている」という教皇の言葉には、開発を大規模に進め、地球温暖化の原因となる自然環境の破壊をもたらす巨大資本への厳しい批判が含まれている。エコロジーの守護聖人とされるアシジの聖フランシスコを教皇名とした、フランシスコ教皇ならではの言葉であろう。

教皇は「聖フランシスコは、傷つきやすいものへの気遣いの手本であり、喜びと真心をもって生きた総合的なエコロジーの模範であるとわたしは信じています。彼はエコロジーの分野で研究や仕事に携わるすべての人の守護聖人であり、キリスト者でない人々からも大いに愛されています」と述べ、また、「聖フランシスコは総合的なエコロジーが、数学や生物学の言葉では言い表せない実在領域への開きを求めるものであり、人間であることの核心へとわたしたちを連れていくものであることを理解するのも助けてくれます。……彼は被造界全体と心が通じ合っており、花々にさえ、『まるでそれらに理性があるかのように、……主を賛美するように』説きました」と語っている（教皇フランシスコ著、瀬本正之・吉川まみ訳『回勅　ラウダート・シ――ともに暮らす家を大切に』カトリック中央協議会、二〇一六年、一七頁）。

貧しい人々への眼差し、平和への希求、自然環境との共存を願ったアシジの聖フランシスコの思いは時空を超えて現代の世界に甦ってきている。

◇　◇　◇

一二世紀から一三世紀へかけて北イタリアで生きたアシジの聖フランシスコが現代に甦ってきたのは、一九世紀末のヨーロッパにおいてだった。

その先駆けとなったのが、フランス人のプロテスタントの牧師、ポール・サバティエである。サバティエは一八九四年に出版された『アッシジの聖フランチェスコ』によって、近代社会に聖フランシスコを復活させた。聖書の中の超自然的要素を極力排除して、イエスの崇高な人間性を強調したルナンの影響を受け、宗派を超えて輝く人間性に焦点を当てて、聖フランシスコを論じた。

サバティエは、聖フランシスコが、一三世紀のローマ教会の堕落腐敗に抗して貧しい人々の圧倒的な支持を受け、南欧の各地で発生したワルド派やカタリ派といった清貧を至上の信仰の表現とする異端との残虐な戦いにイタリアを巻き込ませなかったことを高く評価する。フランシスコは自らあらゆる物質的欲望を放棄し、また弱者や病者への限りない共感を表すことによって多くの人に人格的感化を与えた。サバティエは、教理や神学によってではなく、人格的感化によって人々を新しい信仰に導くところにフランシスコの大きな価値を見出している。キリストに一番近い人間としてフランシスコを描くことによって、フランシスコの持つ意味を明らかにしたと言えよう。しかし、サバティエのこの本はフランシスコをプロテスタントにひきつけて解釈しすぎているということで、ローマ教会から禁書扱いにされてしまった。

次いでデンマーク人の詩人、ヨルゲンセンの『アシジの聖フランシスコ』が一九〇七年に刊行されると、ドイツ語をはじめヨーロッパ各国語に翻訳され、ロングセラーになった。ヨルゲンセンはフランシスコが知識を鼻にかけることを何よりも嫌い、貧しさの中に真の人生の価値を見出し、暴力を排したことを、彼の行動を詳細に追うことによって明らかにしている。

また、一九一二年にイギリスのカプチン・フランシスコ修道会司祭であったカスバート師の刊行した『アッシジの聖フランシスコの生涯』も、英語で記されたフランシスコについての基本文献として高く評価されている。カスバート師は「清貧」がフランシスコの信仰の基本であることを重視し、「富の暴虐の手段としての金銭」について述べ、金銭を悪魔として捉えている。

さらに、ベルギーのプロテスタントの牧師だったオメール・エングルベールが、一九四七年にパリの出版社から『アシジの聖フランシスコ』を刊行した。この本は当時までにフランシスコについて記された膨大な文献を渉猟しているが、フランシスコ自身の記した文書をつねに参照しつつ文献を利用している。

こうした宗教者のみならず、西洋では多くの作家がフランシスコに多大な関心を示し、その生涯と信仰を扱った作品を残している。

フランスの作家、ジュリアン・グリーンは八〇を超えた年で『アシジの聖フランチェスコ』を刊行している。この作品は何よりもフランシスコに見られる「信仰の初心」に重点を置いた作品であると言えるだろう。厳しい戒律と周囲の人々や動物や小鳥たち、自然への愛とが矛盾することなく共存する信仰の不思議を解明していると言っていい。

ギリシア人のニコス・カザンツァキの『アシジの貧者』もフランシスコについての小説を語るときに逸することのできない一冊である。フランシスコの信仰の厳しさをやや重苦しいと思える筆致で書き綴ったこの作品はカザンツァキ自身のナチや軍事政権との軋轢という体験が色濃く反映している。

G・K・チェスタートンの『アシジの聖フランチェスコ』も、重要な一冊である。彼は一九二二年に、「ローマン・カトリックだけがアシジの聖フランシスコを生むことができたから」と述べ、プロテスタントからカトリックに改宗し、その後すぐにこの作品を書いた。チェスタートンは「子供のような」フランシスコの信仰を簡潔に描き出している。

以上に加えて、わたしの目に触れた限りの本を文献案内に記したが、それらはフランシスコについて記された書物のほんの一部を紹介したに過ぎない。しかし、今日の西欧世界がいかにフランシスコに深い関心を示しているかを知る縁（よすが）にはなるであろう。

◇◇◇

日本でも二〇世紀になるとアシジの聖フランシスコへの関心は高まり、大正時代にはすでにサバティエの『アッシジの聖フランチェスコ』の翻訳が刊行されている。

さらに日本の場合、特徴的なことはキリスト教徒やカトリックの信者以外の哲学者たちが、聖フランシスコに深い関心を示していることである。

そうした一人に姉崎嘲風（ちょうふう）がいる。姉崎は東京帝国大学哲学科で学んだ後にドイツやイギリスに留学し、宗教学を学んだ。著書に『宗教学概論』『印度宗教史』『復活の曙光』『法華経の行者日蓮』『切支丹禁制の終末』など、訳書にハルトマン『宗教哲学』、ショーペンハウエル『意志と現識としての世界』などがあり、東京帝大をはじめ、ハーヴァード大学、シカゴ大学、エール大学、パリのフランス学芸大学などで教壇に立った、世界的な評価を得た学者だった。

その姉崎は、一九〇七年から翌年にかけて、カーン資金を得て世界を周遊した折にアシジに立ち寄り、フランシスコに関心を持つに至った。この旅に想を得て著されたのが「聖者の故郷アッシジ」(一九一〇年、『現代日本文学全集13』改造社、一九二八年所収)である。日本にフランシスコを紹介した最初の文献と言っていいだろう。アシジのみならず、カルチェリ、グッビオなどフランシスコゆかりの地を訪ね歩き、折に触れて歌を詠んでいる。その歌の中から五首紹介する。

名に恋ひしアッシジの都近づきぬ、高根のすそに一むらの家

世をてらす法の光の始めをばここに見そめし我が聖のあと

百千たび聖のすぎし足の跡、目には見えねど我尋ね来し

音すみてきよらにひびく鐘の音はひじりクララの心なりけり

さつき来と、オリヴの十字立し野に幸あれかしとわれも祝はん

学者としての立場を離れ、フランシスコを慕う気持ちの素直な流露が見て取れる。こうしたところからもフランシスコが民族や国境、学識や教養にかかわらず、多くの人を惹きつける聖人であることがよく分かる。ちなみに、姉崎はフランシスコと法然の共通性を力説し、「復活の曙光」においては

キリスト教と仏教がともに霊と肉の融和をもたらすもので、人間精神の同じ根から発するものだと繰り返し述べている。

下村寅太郎はライプニッツ、自然哲学、西田幾多郎の研究者として知られる哲学者であり、キリスト教の信者ではない。しかし、アシジに一夜を過ごしたことがきっかけとなってフランシスコへの関心が高まり、「聖者の限りなき単純と素朴」な生き方に感銘し、大部の著書『アッシシの聖フランシス』を著すに至った。フランシスコの伝記的事実や哲学的問題を厳密な学問的態度で論じているが、下村が強調するのは貧者フランシスコの「精神の貴族主義」である。

「貧困の貴さは持てる者によってはじめて意識される。フランシスの初期の仲間は実際はアリストクラットである。所有に飢えているものは無所有の徳を理解しない。貧困の奴隷ではあっても貧困の主人、貧困の支配者ではない。フランシスの真の伴侶は貧困を支配する「貴族」である。フランシスの貧困道は単に貧困であることでなく、単なる所有の欠乏でなく――単なる貧困は飢渇である――貧困にやすらう者、貧困を喜ぶ者、所有の絶対否定者である。内的精神的な貴族である。フランシスコ教団の堕落はこの貴族主義の喪失による。捨てることに悦びを持たない、或いは捨てるべきものをもたない賤民の潜入による」（下村寅太郎『アッシシの聖フランシス』南窓社、一九六五年、一四七頁）。

かなり過激な記述であるが、下村のフランシスコへの傾倒の根拠を示している。物質万能主義、金権主義へのアンチテーゼとして傾聴に値する。

若いころは戦闘的無神論者を自称した林達夫も、フランシスコを絶賛する一人である。戦後まもなく書かれた「邪教問答」という短いエッセイの中で、「私の最も好きな書物が『聖書』と、中世の素朴な聖者伝たる『黄金伝説』と、そして聖フランチェスコの『小さき花』だと申し上げたら、あなたは多分びっくりなさるでしょう。かつて戦闘的無神論者と号して反宗教運動の歴史を書いたことのある人間が！」と記している（林達夫『歴史の暮方・共産主義的人間』中央公論新社〔中公クラシックス〕、二〇〇五年、二五四頁）。

鋭利で柔軟な思考によって社会や人間に潜む根源的な矛盾を指摘し続けた林が、「自分の原点はアシジのフランチェスコにある」と語っていた事実は、フランシスコが人間にとって最も愛すべきもの、大事にすべきものを思考の根底に置いていたことを示していると言っていいだろう。

エッセイストの鶴田静（しずか）は「エコロジストの守護者　フランチェスコ」のなかで、「多くの自然賛美者や環境保護家、平和主義者が、直接フランチェスコの精神を受け継いでいる。自然を師としてその美を画布にとどめ、自然を模倣して数々の器具を発明したレオナルド・ダ・ビンチ、彼の友にはフランチェスコ会の修道士がいた。自然と田園生活を愛したルソー、かれもまたフランチェスコ会の修道士を友人に持っていた。農夫として働き、伯爵の身を清貧にやつしたトルストイ、彼は自分をフランチェスコの弟として描いている。『動物の権利』を擁護したヘンリー・ソルト、その論文の中では、フランチェスコに言及することを忘れてはいない。反戦のための食物拒否で死んだフランスの思想家、シモーヌ・ヴェイユ、彼女は、フランチェスコと同じ体験をしたいと願い、アシジを訪ねている」と述べている（片桐すみ子編『わが心のアッシジ』人文書院、一九九四年、一四七頁）。
ちなみに、一九七九年、フランシスコはエコロジストの守護聖人となった。小鳥に説教し、オオカミを友としたフランシスコほどエコロジストの守護聖人にふさわしい人物はいない。

このほか、和辻哲郎、平山郁夫、井上靖、田中耕太郎、有島武郎といった人々が様々な理由からアシジを訪れ、フランシスコに触れている。

現代の日本人に、アシジの聖フランシスコが多くのことを問いかけ、それを解決に導く道を指し示していることが、こうした事実からも明らかになっていると言えるであろう。

最後に本書の著者、オーガスティン・トムソン（Augustine Thompson, O.P.）について簡単に紹介する。

トムソンは、カリフォルニア大学バークレー校を卒業し、カトリックのドミニコ会神学・哲学大学の歴史学教授を務めるが、同時にドミニコ会の神父でもある。著者には本書の他に、*Cities of God: The Religion of the Italian Communes, 1125-1325* (Pennsylvania State University Press, 2005), *Dominican Brothers: Conversi, Lay and Cooperator Friars* (New Priory Press, 2017) の著書がある。前者は中世イタリアの都市住民の宗教生活を托鉢修道会、女性の聖性、異端の発生に焦点を当てて論じており、アシジのフランシスコや兄弟会についての言及も多い。後者はドミニコ会の修道士、聖人、福者、殉教者について語っており、ほとんど一般に知られることがなかったドミニコ会の歴史が明らかにされる。アシジのフランシスコについてはフランシスコが手仕事を重視した点などについての言及がある。また、日本への宣教団の派遣、殉教の実態などについてのかなりページを割いた言及があり、著者のトムソンの視野の広さと学識の深さが窺える。また聖体拝領をルターやカルヴァンがどう捉えたかを扱った John Williamson Nevin の *The Mystical Presence* (Wipf and Stock Publishers, 2000) を編集している。カトリックを超えたキリスト教全体の歴史への広い視野と深い学識は、エキュメニズム運動が普及しつつある今日のキリスト教に貢献するところ多いと言っていいだろう。

（持田鋼一郎）

# 訳者あとがき

トムソンは本書の原著（*Francis of Assisi: The life*, Cornell paperback, 2013）を刊行する一年前に、本書の内容を前半に、フランシスコに関する詳細な書誌を後半に、併せて一冊とした『アシジのフランシスコ　新しい伝記』（*Francis of Assisi: A New Biography*, 2012）を刊行している。後半の書誌的な記述の部分は専門的で、フランシスコを学問的に扱う読者に向けて書かれているので、前半の伝記の部分を一般読者向けの版として刊行した二〇一三年の版を翻訳することにした。後半の「資料と討議」において、トムソンはフランシスコの伝記的事実について、各種文献を徹底的に照合・比較し、詳細な検討を行ったのちに自分の見解を述べる。「伝記」執筆に当たってトムソンが歴史学者としての自分の立場にいかに忠実であろうとしたかが、手に取るようにわかる。そのうえでトムソンは自分の信仰に基づく解釈を付け加えている。

とにかく欧米でのフランシスコについての文献は硬軟取り混ぜて、汗牛充棟ただならずといった観があるが、本書はそのような本の大群の中にあって、間違いなく第一に読まれるべき本の一冊であると言えよう。

フランシスコの日本語表記については、「フランチェスコ」「フランシス」なども行われているが、本書はカトリック教会の典礼で一般的であり、フランシスカン・ファミリーと呼ばれる修道会・在世会が採用している「フランシスコ」の表記を採用した。地名・人名などの固有名詞についての日本語表記は、フランシスコ会日本管区の訳・監修による『アシジの聖フランシスコ・聖クララ著作集』および『アシジの聖フランシスコ伝記資料集』での表記に従っている。

本書の翻訳に当たっては、畏友鈴木直・前澤浩子夫妻に英文の解釈について多くのご教示を得た。しかし、訳文についての最終的な責任がわたしにあることは言うまでもない。カトリック取手教会の図書委員佐藤美子氏には訳文を通読していただき、分かりにくいところなどのご指摘に与り、訳文の推敲にご協力いただいた。この作業のために取手教会のマイケル・J・コールマン神父様は場所を提供してくださり、励ましの言葉をかけてくださった。わたしにとって、マイケル神父様はそばにおられるだけで、心洗われる思いのする方である。

また、渋谷の日本基督教団聖ヶ丘教会で司牧されているときに、エレミヤ書をはじめ、聖書についていろいろご指導いただき、本書刊行にもお力添えいただいた山北宣久牧師に深い感謝の意を表したい。山北牧師のご尊父はわたしの父の受洗に際しての牧師であった。

教文館出版部の髙橋真人氏には本づくりの過程で大変お世話になった。髙橋氏は奇しくも『アシジのフランシスコ伝記資料集』と『アシジの聖フランシスコ・聖クララ著作集』の編集を担当されたカトリック信徒であり、訳文について、多くの誤訳・悪訳・脱落を指摘していただいた。一冊の本を刊行するには、どれだけ編集者の力が大きいかを改めて痛感した次第である。本書は著者、編集者と訳者のわたしが文字通り「三位一体」となって仕上げたものだと思っている。天国の聖フランシスコも喜んでくださると思う。また、個人的な感慨になるが、本訳書と拙著『良寛』（作品社、二〇一八年）

を刊行したことで、アシジの聖フランシスコと良寛の伝記を出すというわたしの晩年の課題を二つとも果たすことができ、喜びに堪えない。その意味でも髙橋氏に心から感謝したい。

二〇二二年八月

絹の台アミティー桜公園四―二〇四号室にて

持田鋼一郎

## マ行



## ヤ行・ラ行

## サ行



## タ行・ナ行



## ハ行

# 人名索引

立項はフランシスコの同時代人を中心にし、
聖書の登場人物、近現代の人物は割愛した。

## ア行



## カ行

《訳者紹介》

**持田鋼一郎**（もちだ・こういちろう）

1942年東京都生まれ。1965年早稲田大学第一政治経済学部卒業。筑摩書房勤務を経てフリーに。歌人、紀行・伝記作家、翻訳家。大東文化大学外国語学部非常勤講師などを務める。

**著書**　『エステルゴムの春風――東欧の街と人』（新潮社、1995年）、『ユダヤの民と約束の土地――イスラエル感傷紀行』（河出書房新社、2000年）、『高島易断を創った男』（新潮新書、2003年）、『世界が認めた和食の知恵』（同、2005年）、『良寛』（作品社、2018年）ほか。

**歌集**　『夜のショパン』（花神社、1987年）、『欅の歌』（不識書院、1992年）、『異郷逍遥集』（ながらみ書房、2005年）、『此岸と彼岸』（同）、『愛河波浪哀歌』（同、2022年）。

**訳書**　ゼーン・グレイ『最後の一人まで』（中央公論新社、1984年）、キンタ・ビーヴァー『私はトスカーナの城で育った』（河出書房新社、2000年）、ゲール・E.メーヨー『夢の終わり』（みすず書房、1997年）、『ガンとともに生きる』（作品社、2003年）、『生きてこそ輝く』（PHP研究所、2007年）、ハル・A.ドレイク『日本の戦後はアメリカにどう伝えられていたのか』（同、2009年）、ウディ・レヴィ『ナバテア文明』（作品社、2012年）、デヴィッド・コソフ『マサダの声』（ミルトス、2012年）、ポール・ホフマン『ウィーン――栄光・黄昏・亡命』（作品社、2014年）、ウリ・バル＝ヨセフ『モサド最強のスパイ』（ミルトス、2020年）ほか。

# アシジのフランシスコの生涯

2023年4月20日　初版発行

訳　者　持田鋼一郎
発行者　渡部　満
発行所　株式会社　教文館
〒104-0061　東京都中央区銀座4-5-1
電話03(3561)5549　FAX 03(5250)5107
URL http://www.kyobunkwan.co.jp/publishing/
印刷所　モリモト印刷株式会社

配給元　日キ販　〒162-0814　東京都新宿区新小川町9-1
電話03(3260)5670　FAX 03(3260)5637

ISBN 978-4-7642-6754-1　Printed in Japan

## 教文館の本

| | |
|---|---|
| アシジのフランシスコ／アシジのクララ　フランシスコ会日本管区訳・監修<br>〈キリスト教古典叢書〉<br>**アシジの聖フランシスコ・聖クララ著作集**<br>A５判 312 頁 4,800 円 | フランシスコが遺した全作品の集成。「兄弟なる太陽の賛歌」に代表される賛歌と祈り、手紙、会則、遺言など、師父の神理解と福音的精神を伝える文書群。教会史上初めて女性のための会則を編んだ後継者クララの全著作も併録。 |
| フランシスコ会日本管区訳・監修<br>〈キリスト教古典叢書〉<br>**アシジの聖フランシスコ伝記資料集**<br>A５判 820 頁 7,800 円 | 中世最大の聖人に関する最初期の証言を集成した源泉資料集。チェラノのトマスによる『生涯』、聖ボナヴェントゥラによる『大伝記』『小伝記』、文学作品として名高い『小さき花』など、初の邦訳を含む聖人伝８作品と付録を収録。 |
| R. D. ソレル　金田俊郎訳<br>**アッシジのフランチェスコと自然**<br>自然環境に対する西洋キリスト教的態度の伝統と革新<br>四六判 334 頁 2,800 円 | “自然を愛した聖人”の自然観に関する初の包括的論究。「鳥への説教」の挿話や『兄弟なる太陽の讃歌』の詩は何を意味するのか？　綿密な資料研究を通してその思想を正しく分析し、現代の生態学的な問題探究への基礎を提供する。 |
| 小高 毅<br>**よくわかるカトリック**<br>その信仰と魅力<br>四六判 288 頁 1,800 円 | カトリックの特徴とは何か。その魅力はどこにあるのか。2000 年の伝統の重みと近年の刷新の波の中にある現代カトリック信仰のありのままの姿を教父研究に通じたカトリック司祭が明快に描く。 |
| N. タナー　野谷啓二訳<br>**新カトリック教会小史**<br>A５判 320 頁 3,200 円 | 数多くの難問に直面しながらも世界宗教に発展し、2013 年、突然の「教皇退位」報道で全世界から注目されたカトリック教会。その膨大な歴史を、エキュメニカルな視点でコンパクトにまとめた、歴史と伝統を理解するための必読の書。 |
| L. S. カニンガム　青木孝子監訳<br>**カトリック入門**<br>A５判 432 頁 4,200 円 | カトリック教会が信じるものは何か？　その信仰はどのように実践されてきたのか？　10 億を超える信徒を有するまでに発展した教会の歴史と現代における課題を、さまざまなキーワードから多面的に紹介する最新の概説書！ |
| L. S. カニンガム　高柳俊一訳<br>〈コンパクト・ヒストリー〉<br>**聖人崇拝**<br>四六判 264 頁 1,800 円 | 人はなぜ聖人を崇拝するのか？　聖人とはどのような存在なのか？　東西両教会における聖人崇拝の歴史とその変遷を解き明かしつつ、マザー・テレサや他宗教の聖人を通して、現代そして未来の聖人像を考察する。 |

上記価格は本体価格（税別）です。

# 生きる場の
# 思想と詩の日々

花崎皋平
HANAZAKI Kohei

藤田印刷エクセレントブックス

# 生きる場の思想と詩の日々

# 生きる場の思想と詩の日々＊目次

# はじめに

これからたどってゆくのは、わたしの悩みと彷徨、その後の決断と転換の歩みである。自分についての物語は、必ず手前味噌を含むことをまぬがれないことを知りつつのもので、自己顕示ともみなされる恐れのある記録である。

私は一九三一年東京に生まれた。日本の中国東北部(旧満洲)への侵略が始まった年である。父は千葉県出身で、海上火災保険株式会社の社員であった。母は当時、私立中学校漢文科教員であり、二人は前田夕暮氏の短歌会で知り合い、恋愛して結婚した。母は結婚を機に退職し、すぐに私が産まれた。その後、弟と妹が生まれている。小石川、池袋を経て荻窪の郊外の借家で育った。桃井第二小学校に入学し、途中で新設の西田国民学校に転校させられ、一九四四年に卒業。東京府立第十中学校に入学し、学制改革で同校は東京都立西高等学校となり、一九五〇年に卒業した。

はじめに祖先と父母について触れておきたい。父は房総半島の中ほどの稲作地帯、地主の家に生まれた。幕末の頃は江戸の文人墨客が清遊に訪れたところだったようで、漢学者鷲津毅堂も訪れており、その縁でか、私の父の姉が永井荷風の弟鷲津貞二郎に嫁している。父はもと本吉姓であるが、養子となって花崎姓を継いだ。

私の母の曽祖父石井宗謙は長崎へ留学し、ドイツ人医師シーボルトから医学を学び、岡山勝山藩の蘭学医になった人、その息子信義も医者であった。母の父哲吉は三井物産の社員として渡米中、結核に罹患し、看病した妻と共に若くして亡くなり、母は三歳で父母を失い、伯父の家で育てられた。伯父は穂積重頴（しげかい）といい、宇和島藩伊達家の家令であった。その妻、穂積銀は、日本女子大学の教員として三十年勤めた。学問を好み、自家を家塾として子供たちに学問への愛を育ててくれたという。母に対する銀の影響は多大であった。伯父の二人の弟陳重、八束は明治の法学者として知られている。

父は、実業人として生活を送ったが、晩年は、アマチュア画家として油絵を描いて過ごした。母は生涯、中国の詩文学に親しみ、翻訳や鑑賞にかなりの数の著書を残した。また、『東方文芸』と題する個人誌（不定期刊）を作って発表の場とした。

# 第1章　青春前期の悩みと彷徨

**一九四五年**

一四歳のとき。日本は敗戦し、大日本帝国は亡びた。

敗戦から受けた衝撃は、一挙にではなく徐々に襲ってきた。敗戦から二年間ほど、軍国少年だったところからの精神的な立ち直りに時間がかかった。

**一九四六年から一九四七年**

一五歳—一六歳のころは乱読に明け暮れた。倉田百三、トルストイ、ロマン・ロランの『ジャン・クリストフ』、ロジェ・マルタン・デュ・ガールの『チボー家の人々』、ゲーテ『若きウェルテルの悩み』、ヘッセ『春の嵐』、ドストエフスキー『罪と罰』などを読んだ。ヨーロッパの近現代の文学や思想、日本の近代文学、アメリカやフランスの映画などが、周囲になだれ込んできた。それらを餓えた野犬さながら貪り始めた。

高校二年生の時、祖母の死に会い、祖母が信者であった日本基督教団富士見町教会（飯田橋）に通い始めた。牧師の説教をかみしめるように受け止め、実践しようとしているが、その当為要求に応えられない自分に悩んでいる。

**一九四八年**

一七歳—一八歳　信仰しきれないことに悩みながら、聖書、特に旧約聖書を通読した。

一九四八年夏、高校二年生の時、アルバイトで、芝浦の埠頭の米国船の貨物を運ぶ沖仲仕の仕事をして得た労賃で、和辻哲郎の著書『ゼエレン・キェルケゴオル』を買った。哲学関係の本に接した最初である。それをきっかけにキルケゴールに魅かれて、当時、飯島宗享訳で次々に出版されたその著書を耽読した。その影響でキリスト教の神学校に進もうかとも考えた。

読書のノートが残っているが、キルケゴール『哲学的断片後書』、アンドレ・ジイドの『狭き門』、『背徳者』、ヘルマン・ヘッセの『デミアン』、『シッダルタ』からの抜き書きと共に、英文で、キリスト教の思想家 Reinhold Niebuhr 〝The Nature and Destiny of Man〟とか東大仏文科の助教授だった森有正の学外講義「福音と最近欧州思潮」のノートなどが当時の模索の跡をとどめている。

秋には、日本神学校公開講座を聴講し、山本和の「実存的なものと社会的なもの」の詳しいノートを残している。その講義には、当時のキリスト教界（プロテスタント）を代表する神学者の一人である山本和の見解があらわれていた。キルケゴールに代表される実存哲学とマルクスの社会理論双方の意義を認めつつ、神への愛即隣人愛・社会的愛のキリスト教的立場によって総合されなければならないというのが結論であった。マルクス主義を否定するのではなく、理解し、受け入れながらキリスト教の立場を擁護する論調である。

一九四八年（高校二年）から御茶ノ水のアテネ・フランセでフランス語を学び始める。大学に入ったときには中級に進んでいたので、古典研究会サークルにはいり、デカルトの『方法序説』をフランス語テキストで読むゼミに参加することができた。

この頃から詩作（習作）を始める。

## 一九四九年

**一月二〇日**　日本基督教団上原教会の赤岩栄牧師が共産党入党決意表明を行った。私は、政治的な現実変革と福音による神の国建設とは区別すべきではないかと疑うが、赤岩牧師の講演を聴き、友人と赤岩氏の自宅を訪ね、赤岩氏の信仰と唯物弁証法にもとづく社会的実践との二元論について次第に理解するようになる。神学校に行こうか、しかし、学問したいという思いに悩む。ドストエフスキー『カラマーゾフの兄弟』を手がかりに宗教や愛について思索している。

**六月**　今井正監督の映画『青い山脈』の試写会を見て、主演の杉葉子が感想のお手紙をくださいと語ったのを真に受け、手紙を出した。思いがけなく封書の返信が来て、交流が始まり、以後、生涯の友人となった。

**八月**　房州九十九里海岸を一人で三日間歩く。歩きながら考える癖はこの頃から始まった。

### 房州旅行の詩（一部）

海が見えて
松林がふいとさえぎる
草原で小さい斑牛が草を食んでいる
松林も草原もキンキンと光って
遠くの海がささやきかける

松林がすぎ去り
また草原に出た
房州を汽車で行く
晴れたはつあきの午前
鳥が旋回し　五位鷺が白く舞う
一方は目が痛くなりそうな
青い　青い海だ
水平線で雲が手をつないでいる

これから歩こう

天地に一人であることの自由をかみしめ
当年とって十九歳
孤独に親しみ
感傷にふけり
口笛を吹きながら歩いて行く
水を飲み
肩の荷をゆすり上げ
秋風とともに
とんぼたちのように歩き
埃をかぶる
見るものみななつかしく
いっぱいにふくらむ　わたし

---

**九月**　ドストエフスキー『白痴』、オルダス・ハクスリー『Eyeless in Gaza（ガザに盲いて）』（原書）を、ノートをとりながら詳しく読む。ヤコブセンの『ニイルス・リイネ』に感銘し、その延長でリルケを知り、『マルテの手記』に心をうばわれる。イタリア映画『戦火のかなた』を観て、イタリアのネオリアリズム映画に心を動かされる。シェークスピアの『ハムレ

ット』を原文と坪内逍遙訳とを往復しながら読む。

**九月二五日**　ソ連の原爆実験が報じられる。

**一一月六日**　品川から夜中歩いて鎌倉の円覚寺へ行き、「接心」（泊まり込みの禅の修行）に参加する。なぜそんなことになったのか。覚えはない。思うに岩波文庫の『寒山詩』『正法眼蔵随聞記』などを読んだ所為であろうか。夜一一時品川駅から歩き始め、午前一〇時、鎌倉に着く。円覚寺前の松林で、秋の日を受けながら寝る。箒目のたった境内で茶会に行く美しい女たちを見た。かすかに風が鳴り林を抜けてくる光は涼しかった。禅、悟り、苦行、禁欲、ぼくらの性の目覚めは、とぐろを巻く内部の蛇がぼくらを追い、ぼくらは不安な真昼の谷底を駆けていた。ぼくらの言葉は渓流の淵に投げる小石である。心細い音から何か大きな獲物を夢見ているのだった。

**一二月三一日**の日記に、「この一年はいままで経験した歳月のうちで、いちばん苦しかったときであった。物質的肉体的には栄養失調に苦しんでいた戦争中の方がもちろん比較にならぬほど辛かったが、その頃は別にたいして苦しいとも思わぬだけの精神の素朴なファナティシズムがあった」とある。

# 第2章　嵐と大波に呑み込まれた時代

## 一九五〇年

**二月一三日**　一日中歩きまわった。荻窪から大泉を過ぎてしばらく行くと進駐軍第八軍の巨大な軍用地に出た。元の朝霞陸軍予科士官学校だ。第八軍のマークを染め抜いた巨大な建物がたくさん立ち並んでいる。歩いていると赤い旗が立っていて、機関銃射撃地区などという立て札があるので、立ち入り禁止地帯に入ってしまっていた。空は一点の雲もなく澄んで、富士山や丹沢山塊が手に取るように見えた。富士山が澄み渡る時の通例で風は猛烈だった。しかし、それも歩くときには気持ちが良い。小麦の浅緑が実に美しい。「孤独を一つの砦としたい」（リルケ）。「松のことは松に習え、竹のことは竹に習えと師のことばありしも、私意をはなれよということなり」（芭蕉）

我々は見て歩かねばならない。それ以外に詩人の任務はない。歩くという昔ながらの方法に支えられ、自分自身と語るすべを学ぶのだ。

**三月**　今井正監督の映画『また逢う日まで』を見て深く感銘する。杉葉子さんへの手紙の下書きから、「あの映画を観ていたら、このように人間を引きずって行く戦争に対する憎悪を筆舌に尽くしきれません。私自身、軍人になろうと思っていましたから、なおさら耐えがたいのです。自分の戦争中のことを考え、あの映画に出てくる前途には暗い殺し合いしかない学生たちの虚無的な生を考えると居ても立ってもいられないほどです」。

**三月二九日**　上智大学の入学試験を受けるが、東大にも上智大にも一向に行きたくない。

**四月二日**　詩人の吉田一穂氏の講演を聴き、その造形精神、詩に対する厳しい姿勢に感銘する。

**四月**　大学へは行きたくない気持ちが強かったが、他に選べる道もなく、上智大と東大を受験したらどちらも受かった。神学が学べる上智大に行きたかったが学費の負担の差を考えてあきらめ、いやいやながら東大に入った。鬱症状とシニシズムにとりつかれていた。その時書いた詩の一節「俺は俺の死骸を　この春雨の降る朝早く　遠くの町へ売りに行った」（「挽歌――東大入学記念」）。

キルケゴール『不安の概念』、アウグスティヌス『告白』などを読む。

学校の授業には出ず、日仏会館での佐藤朔、ノエル・ヌエット、森有正らの講座を聴く。西田幾多郎『善の研究』を読む。古典研究会というサークルに入って、デカルトの『方法序説』、ミルトンの『失楽園』を原文で読むゼミに参加する。ラテン語、ギリシャ語を学び始める。

カミュの『ペスト』をフランス語で読み、たくさん抜き書きしている。この頃は、リルケや日本の「荒地」の詩人たち（鮎川信夫、黒田三郎、北村太郎、田村隆一など）の影響を受け、自分も詩人になりたいと思ってもいた。詩人とは、存在へ思弁的・観照的に関わるのではなくて、存在の核心へ自らの体を持って情熱的に関わるものであると理解する。詩人はまず自ら生きて歌う。哲学者は考えはするが、生きようとはしない。むしろ自分が平静に生きるに相応しいように思想を内に引き込む。私は講壇哲学者には断じてなりたくない。

学内に設立された「詩学研究会」に入る。

**六月**　図書館で立原道造全集を耽読する。詩作を試みるが、観念的なモノローグを脱せず、作品にはならない。キリスト教を信仰しきれない精神的悩みが深くなる。

**六月二五日**　朝鮮戦争勃発。北朝鮮側の侵入という報道を信じ、幻滅を覚える。この夏、大学から赤い教授を追放せよという勧告（イールズ声明）に対する反対が大学内に高まる。その勧告には断固反対だが、東大教養学部自治会のそれに反対する試験ボイコット・ストライキという手段は適切ではないと考えてボイコットには参加せず、一部の試験を受けた。このスト破りの直後から政治情勢についての無知、無関心だったことへの強い反省が生じ、政治・社会問題への関心と学習を強めるきっかけとなった。この秋も、西田幾多郎『自覺に於ける直観と反省』、アリストテレス『形而上学』などをわからないながら読み、キリスト教思想、宗教思想の枠の中で思索をしていた。親鸞の『歎異抄』にも手を染めているが、一一月からエンゲルスを読み始め、コミュニズムとの接点を探りはじめた。

**一二月二〇日**　日記から。人生のたたかいのための最良の武器として、「証言」としての詩を書くという意思をのべている。

そして「個人を個人として、個人の責任において生活させぬ社会、それが現在、私たちの前にある社会である。（中略）現代では、戦争はどちらの側にとっても好んでするのではなくて、どうにも致し方ない防衛であると主張される。防衛体制、防衛のための準備ということがつねに叫ばれる所以である。(中略)平和運動を展開しているソヴィエト側でも、相手が戦争をしかけざるを得ない必然を説き、戦争防止を叫ぶ。それにも拘わらず現実には朝鮮で戦争が行われ、人民がかり出され、双方で殺し合いをやっているのだ。この社会のメカニズムをこそ私は憎みたい。人間の善意というものが一方の側にのみあるなどということはまったく荒唐無稽な話である。人間のエゴイズムも然り。どちらもおなじ人間であり、人間が作った制度である。その制度がのっぴきならず人間を締め付けてくる。そのメカニズムをこそ徹底的に知り、憎むべきだ。

このような権力関係メカニズムをもたらすものが階級であることは疑う余地はない。(中略)権力というものは階級的構造そのものの産物であるといってよいと思う。権力の作用下にあっては、個人は個人として動きながら、結局は個人の良心如何にかかわらず客観的にはこの階級的構造に規定された動き方をするようになる」。

朝鮮戦争にぶつかって、こんなようなことを考え始めていた。行動しなければならない。「二つの世界の谷間は底知れず深く、知性の貞潔を保ち、手を汚さないようにということを考え出したなら、私たちは二つの世界のどちらにも絶望し、手を引いて政治と断絶するという判断を持つか、判断中止に身を置かねばならないであろう。だがその間にも世界は動いていく。政治は休まない。(中略)戦争はなにひとつ問題を解決しないばかりではない。

まったく非合理な暴力なのだ。反戦運動が宙に浮かないためにも私たちはコミュニズムの力を借りなければならない」。

こういうような思考の回路で、コミュニズムにコミットしていかなければならないという当為要請に突き動かされていた。アメリカに対し、警察予備隊二〇万の増加を要請し、軍需生産の一部を負担して、失業対策にあてようという論が新聞に載ったりしていて、共産党員になること以外に具体的な抵抗の不可能な時代がやって来る、という危機意識が生じていた。

## 一九五一年

**一月二五日**　作家宮本百合子の葬儀に、全学連の学生として学友とともに参列して詩を作る。詩集『明日の方へ』に掲載したものをのちに推敲した。

---

### 速鳥

からぬをしほにやき　しがあまりことにつくり　かきひくや
ゆらのとの　となかのいくりに　ふれたつ　なつのきの　さやさや
古事記　下巻

今　倒れて行く高い樹よ
おまえ　幾度となく「冬を越す蕾」をはぐくみ育ててきたものよ
もうすぐやってくる春を前に
咲ききれぬ沢山の蕾を抱いて　なぜおまえは倒れねばならなかったか

この樹の影は　朝に夕に　島影をあわせ
ごうごうたる風雨に耐えて　ふかくくいこむ根元から
常緑のいらかを葺き上げてきた幹まで　抱きかかえていた

日の照る丘に　月のない夜道に
この上ない目じるしだったお前の姿よ
霜どけの地面に　枝をふるわせ
集まった多くの人たちの上へ　静かに
朝露を降り注ぎながら横たわった

若い樹々が庭を埋めて立っていた
樫や橅や櫟　杉もあったろう　その間を

夜更けや炎天　黒い氷の暁を
葉を振り落としながら耐えていた一際太く高い樹が
音もなく　横切った

風はさやさやとは歌わなかった
ああ　かつて風は葉末をなぶり　蜻蛉を浮かべ
雲は手をつなぎ　心ゆくまで輝き
この美しい樹と妍を競っただろうに

大きな樹が倒れた
この樹を船に作ろう
昔の人に倣って　早い鳥のような船に
船は天に続く銀河を分けて進むためだ

この樹で　塩を焼こう　琴を作ろう
地の塩を　七里(ななさと)にきこえる琴を
多くの人にこの味を分かち

多くの人とこの音を聞くために

この船に乗って　奔騰する天への流れを
突っ切るために舵を握ろう
行手に向かって　告げ知らせよう
豊かな蕾を押しつぶし
ぎりぎりと鋸で引き続けたのは誰なのか

大きな樹が倒れた　薄明にひびく
その重く　低い地鳴りよ
未知の海へ船出していった船の
とどめていったどよめき　明滅する
帆柱の赤いともしび

それを出発の合図とするために
ともしびよ
いつまでもやみにとどまれ

**四月**　戦争・再軍備反対の街頭宣伝活動が占領政策違反に問われ、東大学生一六名が逮捕され、軍事裁判にかけられる事件が起こった。その救援活動に加わる。学内では、全学連・反戦学生同盟系と共産党再建細胞・民青系とが指導権を争っていて、どちらに従うべきか迷うことがしばしばあったが、反戦学生同盟（AG）に賛同して入る。AGはアンティ・ゲール、フランス語で「反戦」の略。

その最中に書いた杉葉子への手紙の草稿。

「前略、御活躍のことと思います。ぼくも反戦学生同盟の仕事が猛烈に忙しく、心身ともに消耗してしまうので、ご無沙汰しております。現在何故そんなに忙しいかというと僕らの友だち男一五名、女一名が些細なことに言いがかりをつけられて軍事裁判にかけられようとしているのです。世間の人たちはまるで誰もご存じないことなのですが、大学内では非常に大きな問題となっているのです。その反対運動で毎日奔走しています。第一回の拘留開示公判の記録『吾が友に告げん』ができましたから差し上げます。どうかお読みください。（中略）今のままで歴史の歯車が軋んでいったならばきっと僕たちは大学をまともに卒業できないのじゃないか、明日のことがわからない時代が眼前まで来ているのではないかという危惧に襲われてなりません。その時になって後悔のないように、現在できる限りのことをしたいと考えています。（中略）僕は決して共産主義者でないつもりです。しかし共産主義的人間ではあるかもしれません。なぜならば僕には共産主義者が考えているような将来——未来の共産主義社会——に対する確信はないからです。やっぱりぼくは未来を先取してはいない。とにかく、できること、やらなければならないことをやるにすぎません。だからぼくは協力者なのであって、革命家でも政治家でも建設者でもありません。協力者としての運命、それを僕は甘受しようと思っています。現在の社会からも、将来の社会からも見捨てられている存在、それが協力者の運命です。でも詩を書くと言うこと自体が、こうした孤立性を根本持っているのでもありましょう。自分勝手なモノローグばかりでなく、少しは対話に発展させたいのですが、今日はこれでやめます」。

この後、実際に、同級だった武藤一羊や東大学生自治会の幹部だった吉川勇一、その他何人もの学生が退学処分を受けた。私も協力者にとどまることはできず、共産党に入党する。

**六月三日**　「荒地」の詩人黒田三郎宅を訪問した。静かで控え日であり、人間としての温かみが感じられた。

秋、朝鮮戦争反対を掲げるキリスト者平和の会が発足し、会員となる。カール・バルトの『教義学要綱』を読む。英米仏の現代詩をたくさん読む。日仏学院で、カンドウ、アヌーイ、ロゲンドルフなどの神父の講義に刺激を受ける。

## 一九五二年

**一月**　警察予備隊の保安隊への改変計画。再軍備には憲法の改正が必要であり、そのための国民投票法のようなものを考えなければならない、と報道される。

**三月**　新日本文学会に関わり出す。

アメリカのロバート・ロウエル、フランスのサン・ジョン・ペルス、ジャン・ケイロール、ピエール・エマニュエルなどの現代詩に親しむ。

**四月**　本郷、哲学科へ進むが、哲学研究室には、その高慢な雰囲気を嫌って卒業まで近づかなかった。

**五月一日**　メーデー（人民広場の血のメーデー）に、全学連の一員として参加する。卒業した高校で教わった国語の教員、一年下の田所泉（後の新日本文学会書記長）、哲学科の高田求らが逮捕される。別の事件で親友の重岡保郎（後に愛媛大学教授、イタリア史）逮捕、救援活動をする。

**六月**　破防法反対全学連ストライキ。

詩のサークル「明日の会」を、山本恒、粂川光樹、小田島雄志、小海永二、入沢康夫らと結成し、詩誌「ぼくたちの未来のために」発行。その創刊の辞を書く。

「『ぼくたちの未来のために』、これが僕たちの共通の目標である（中略）ぼくたちにとって生きるということが、未来に対するはっきりとした希望と目的を有する人間的なあり方として意識されたのは、一九四五年八月一五日からだ。（中略）かっての暗い時代の影が、これが現実だと言わんばかりに姿を現し始めている時に直面し、ようやくぼくたちがまるで煙をつかむように掌に握ってきたもの、かき集めてきたものが、曲がりなりにも自由というレベルを貼られるものであったことを意識している」。

このような時代認識に立って、「人間を守る」という価値基準で詩作をしたいという思いを述べている。

このグループは約四年間続いた。

メーデー事件と破防法反対闘争を契機に共産党入党を決意する。キリスト教の平和運動に従事していたため、非公然党員として文化部活動家細胞に所属し、非合法機関紙『平和と独立のために』の配布も担当する。

キリスト者平和の会の事務局員として機関紙製作に従事し、割り付け、組版の技術を覚える。

**八月二九日**　サン・テグジュペリ『空の開拓者』（改題『人間の土地』）より。

「雪の中では自己保存の本能が全く失われてしまう。二日三日四日と歩きつづけていると、人はただもう睡眠だけしか欲しなくなる。僕も眠りたかった。だが僕は、自分に言って聞かせた。僕の妻が若し、僕がまだ生きているものだと思っているとしたら、必ず、僕が歩いていると信じているに相違ない。僕の僚友達も、僕が歩いていると信じている。みんなが僕を信頼していてくれるのだ。それだのに歩かなかったりしたら、僕は意気地なしといふものだ」。

この言葉が心に残る。また責任と義務についての言葉も。

「人間であるといふことは、とりもなほさず責任を持つことだ。人間であるといふことは、自分には関係がないと思はれるやうな出来事に対して、忸怩たることだ。人間であるといふことは、自分の意志をそこにすえながら、世界の建設に加担すると感じることだ」。

**九月一九日**　野間宏『真空地帯』を読む。これは真正面から軍隊と取り組んでその非人間性を暴露して成功した作品であるといえよう。

**九月二五日**　映画『原爆の子』を見た。力作であった。今度大戦が起こったら、生きていればいるだけ惨めさと悲惨さを経験せずにはおれないだろう。もうそこでは殺し合い自体が目的になるのだ。なるべく多くの人間を、しかも効果的に殺す事が絶対的な要請になってしまうのだ。

人間が人間らしく生きるということは、自らの手で働いて生活の糧を得るとともに、自らの働きが自らの未来のために、祖国の人民のために、自分の幸福のために、息子、娘たちのために役立っている喜びを感じ得られるような生き方ではないだろうか。

**一二月五日**　昨日ルオー展を観る。銅版画集「ミセレーレ」がよかった。「母たちの恐れる戦争」、「律（おきて）は堅くとも律である」、「我らが洗礼を受けしはキリストの死によりてなり」

などという題の絵は、私には戦慄的であった。「道化師の顔」は、醜いと通常言い習わされている造作の顔であるけれど、ルオーによって描かれた、この地上の醜さを示す顔は輝いて見える。こけた顔と尖がった頬骨、黒い隈のあるくぼんだ大きな眼、怯えるように盗み見しているその眼の光を見ているだけで一時間ぐらいは考える種が尽きない。われわれを自己自身に引き戻す絵である。地上の美しさは骸骨に過ぎず、地上の苦しみや悲しみが決してそれだけに尽きぬことを端的に教え、われわれの慰めを与えてくれる絵である。

**一二月二四日**　伝えられるアメリカの日本再軍備プラン（マーフィー・クラークプラン）は、

1、　地上軍　一四個師団、三二万人、

2、　海軍　護送用、沿岸防備用、上陸援護用艦艇を中心とし、（小型空母を含む）三〇万トン、

3、　空軍　ジェット機九〇〇機、ヘリコプター八〇〇機、軽爆撃機四〇〇機、偵察哨戒機四〇〇機　その他二八〇〇機。

完成目標を、アメリカ本国の軍需生産がピークに達する一九五四年度末としていること、海空軍の復活を明らかにしたこと、この二つの特徴がみられる。

一九五三年は再軍備と憲法改正を問う激しい闘いの年になろう。

## 一九五三年

**一月二日**　トレルチの『アウグスティヌス』を読む。とても面白い。一九世紀ヨーロッパ精神史に対する関心が増大する。

豊増昇のピアノ演奏で、バッハの「半音階的幻想曲とフーガ」、「パルティータ第二番」をラジオで聴く。感動をもってあの純粋な音楽を聴くことができた。旧約聖書の「詩篇」のようなヴァリエーションである。

ヨハン・セバスティアン・バッハの言葉。

「全低音(ゲネラール・バス)は音楽のもっとも完全な基礎である。この場合、左手はその定められた音符を演奏し、右手はこれに和音、不協和音を加え、併せて美しく共鳴する和音を生み出し、かくて、神を讃えまつり、且つ心情に許さるべき愉安を得るのである。すべての音楽と同様に、全低音も亦、神を賛美し魂を歓喜せしむるを持って一に究極の目的となすべきである。

これを念頭に置かざるときは、およそ本来の音楽は存せず、ただあるものは邪悪なる叫喚と無味単調なる喧騒のみ」。

妻のマグダレーナによれば、「宗教は彼にあっては、決して表に現れることのない、うちに潜むものであり、しかも脈々と存在して忘れられることのないものなのでした」。

**一月一〇日**　『資本論』を友人との研究会のテキストにして読み始める。

**一月一二日**　マックス・ウェーバーの『社会科学と価値判断の諸問題』を読む。

**二月二二日**　カール・バルトの『教義学要綱』読書会。バルトがいうように、救いと罪が問題の焦点である。「神の人となり給うた此処でこそ、総体的な罪に応ずる総体的な苦痛という人生の最も深い真理があらわとなる」と彼はいっているが、もうこのことには理性的な判断は及ばない。信仰なくしてこの事実を知ろうとしても可能ではない。イエスの苦しみと死、この事実において一番根本的な信仰の問いが私たちに投げられている。ここで本物かどうかが問われている。そして私は本物ではない。

「われわれが大小の事柄に関して犯す罪において、また互いに犯す罪において、この根底を認識せず、自分がキリストの苦しみにおいて告発されていることを見ず、そこで行われている神に対する人間の反逆の中に自分が居ることを今一度認識せぬ限りは、一切の罪認識の告白は空しいであろう。なぜかと云えば、このような認識を抜きにした一切の罪認識ならば、われわれは、丁度水にぬれた尨犬が身ぶるいして駆け出すような具合に、自分から今一度振り捨てることができるからである。われわれが悪を、まだその真の本性において見ない間は、（たとえ自分の罪について強い言葉で語るにしても）『われは天に対し、また汝の前に罪を犯したり』と告白することを余儀なくされない」。

このムク犬のようでしかないことを、私は、現在はっきりと感ずる。私としては理性的には弁証法的唯物論の説く世界観に立たざるをえない。そして理性的には、それが日々証明されてゆく過程であることを承認せざるをえない。人間が自然物である以上、それが自然史的必然性に従うことを認めざるをえない。そして、私にとってイエス・キリストという人格のみは問題として残る。私は求道者までしか至っていないことを、このごろまた強く感ずるのである。どんなに私が唯物論に徹底しようとしても、私がなおぶつかるものは、人間の深い悲しみといったものである。罪ということを意識しうる人間の生きることへの悲しみ、苦しみを離れて私を突き動かすものはない。この内面の心情にとらわれている限り、社会的実践に全身全霊で取り組む主体とはなりえない。

四月ごろ卒論をヘーゲルの『精神現象学』に決める。

**六月一日**　李承晩政府社会部婦女局の発表によると、南朝鮮では五〇万を超える戦災未亡人が餓死線上にあえいでいるという。戦災未亡人のうち炊事婦や針仕事にありつければいい方で大部分は接待婦か売笑婦に転落してしまっている。それでも食えないため餓死する者が全未亡人の三パーセントを占めている。またこれらの戦災未亡人には五六、六六〇名の子どもがおり、その家族数は全部で一五〇万（朝鮮中央通信）とある。こういう事実をどう受け止めたらいいか。こうしたことを、我々に共通の問題とし連帯のうちに捉えるべきものである。

**六月二日**　久保栄の戯曲『日本の気象』の上演を見る。非常に優れた創作劇であった。武谷三男が読書新聞に、星野芳郎がアカハタに批評を書いていた。武谷は、この戯曲が現代の典型を技術インテリゲンチャに置いていることの空しさとその内面の苦悩の把握が描かれていることを指摘していた。気象台長が、自分は自由党の世には自由党、社会党になればそれに従う以外はない。それ以上の世の中になったらさしずめ絞首刑でしょうな、というのに対して、滝澤修が扮した技手が「あなたはそんな刑罰まで予想しなければならないようなこの社会を憎みたいとは思いませんか」と語るところに深く響くものがあった。

中尾技手（宇野重吉）が引用するピエール・キュリーの言葉がある。「たとえどんなことがあろうとも、魂を失ったもののようにならなければならないとしても、我々のなすべきことは仕事なのだ」。これを中尾が言った時、ドキンとした。私の中学生だった暗い時代の導きの火であったこの言葉、この言葉はかつてどれくらい私を力づけ励ましてくれたかわからない。マリー・キュリーが書いた夫ピエール・キュリーの伝記にあった言葉である。もう一度自分のために私はこの言葉を差し向けたい。

「日本の気象」を見ている隣で、夜学生で昼間会社勤めをしているらしい人が友達に語っていた。「何のために生きているのかわからない。毎朝起きると、あーあ、という気がする。なんの楽しみもない、前途に希望なんかありゃしない」と。他方で慶應の学生が二人、切符売り場で並んでいて、歌舞伎やアメリカ映画の話に次いで、新丸ビルの一、二、三階ぐらい借り切ってオフィスが持ちたいなあ、といった話をベラベラとしていた。哀れみといった感じがした。これもやはり希望を失った姿だからだ。

**六月三〇日**　思想が根付くために風土的なもの、伝統的なものに結びつかなければならないとしたら、それは近代日本においてどこに求めたらよいのか。内村鑑三などその好例ではないか。民族の心をとらえるためにはその伝統への沈潜が必要であり、それなくして真に生きた思想とはならないであろう。内村鑑三が武士道へ固執しつつ、且つ最も先進的な学問をなし、キリスト者であったということ、『代表的日本人』、『後世への最大遺物』などのような著作が示す通り、実学としての学の意義を深く身につけた人であって、且つ世界観的な、体系的な広さを有していたことは注目に値することではないだろうか。

ぼくたちの国、ぼくたちの思想。それがいまじつに問題である。そのためにみんなして苦しまなければならない。日本のマルクス主義はまだ観念の上のものではないだろうか。生活に根付いた思想の行き方を持ち得ていないのである。

**七月四日**　哲学、と専攻をいうとみんな敬遠する。しかし考えてみるのだが、このまま興味にまかせて哲学をやっていると、何かとんでもない方向へずれていってしまうように思う。日本という土地での、我々の思想の問題を考えるのではなくて、フッサールやハイデガーやカントの中でしか問題を考えないようになってゆくのではなかろうか。そのことが一番問題だ。

**七月**　松川事件被告佐藤一さんの友人である神学生井上平三郎さんが提起した松川事件キリスト者救援会に参加し活動を始める。

**八月初旬**　茨城県の結核療養所「村松晴嵐荘」を訪ねて、キリスト者救援会のメンバーの他、同所入所中のいいだもも氏に会い、以後交流を深める。

**八月三一日**　カフカの『城』を恐る恐る読んでいる。できるだけ遠くへつきやるという形でしか読むまいと思うのだが、回転速度がとても速いので、いつか引き入れられてゆく。カフカが示し、求めたところだけを、彼が開いてくれたパースペクティヴの中で受け取り、自分のパースペクティヴをもっと別な面で開いてゆく助けにしたい。ぼくがヘーゲルを読んでゆくのが、「城」にでてくるKの仕事や探求の仕方にひき比べられそうである。ヘーゲルというのは、巨大な城だ。道の煩わしい枝道を有し、その内部へ達することが困難な城である。この城を見上げては、ほとんど絶望したくなる。

**九月一五日**　ヘーゲルは『精神現象学』で哲学的態度の原型のようなものを示しているように思える。ここで初めて社会というものが哲学の主要な領域に本質的に組み入れられ、正面切って取り上げられ、苦闘が続けられている。彼の場合は個体性を精神というカテゴリーで捉えて展開してゆくために、社会はその根から浮かされてしまいがちであるが、あくまで社会に組み入れられたものとしての人間を問題にし続けている。精神という規定を我々はどう捉えるか、社会と個体性との関係はどうかなどが主要な問題となる。

**一〇月五日**　私の将来の問題をもう一度考えてみなくてはならない。大学を出てから大学院で勉強することに一応考えを定めたところだったのでなおさら重要である。Mさんから労働を愛し、貧しきものの友となるという生き方を教えられる。労働を愛するということとを、私は自分の生活の見通しの中で勘定に入れただろうか。否。貧しきものの友となることを、私は自分の生活の企ての中で勘定に入れていたか。否である。そうとしか答えられない。学問がいけないのではない。芸術が間違っているのでもない。自分のベルーフ（召命）が何であるかの問題なのだ。私の学問、これはまるでものすごい引力で私を引く。私は学問がしたい。しかしそれは決して正しい願いとばかりは言えないのだ。

**一〇月二〇日**　午後の日が美しい。今日も一日ほとんど無言で、一人で生きている。ケーテ・コルヴィッツの『種子を粉にひくな』と題した日記と手紙を読む。

**一〇月二三日**　『希望（エスポワール）』という雑誌の座談会で、丸山眞男氏、日野啓三氏と私たち学生が出席した。座談会は、インフォーメーションの豊富な丸山氏や日野氏が多く喋るのに押しまくられた格好になった。学者、教授の通弊かもしれないが、一緒に、その場で考えようとすることよりも、持っている自分の知識、分析などで引っ張ってしまうのである。問題を取り上げるパースペクティブの違いを強く感じた。こちらとしては手のひらに熱く感じる感覚の導きの中で、対処の仕方を考えるパースペクティブから、世界的な問題へ押し広げて行く形なのだが、あの人たちには、客観的に一貫した国際関係の知識と把握があるから、それを出してくれれば喋れるわけである。こちらが消極的であることも、なかなか一緒に議論できない理由であるが、思考のテンポの相違もあって困った。自分の弱さを感ずる。

**一一月二日**　昨日近代美術館で中村彝の遺作展を観た。中村氏の絵が持っている明治後期から大正初年頃のロマンティシズムの香気は、私には非常に好ましい。中村彝や青木繁には、デッサンの確かさがある。それと同時に絵を支える人間の問題が強くあらわれている。単なる技術や感覚では、絵は無意味なものになってしまう。

**一一月五日**　イッポリートの『ヘーゲルの精神現象学の生成と構造』(仏文)を読み始める。この本では、精神は歴史(イストワール)としてとらえられている。歴史として、精神をとらえることは十分成り立つと思う。

**先日**　フランス映画『禁じられた遊び』を観た。子供を主役にしてもので、しかも立派な反戦映画である。

**夕方**　友人の家でリパッティのショパンのワルツを聴かせてもらう。すばらしい演奏である。清潔、「明晰判明」(クラール・エ・ディスタンクト)のフランス伝統の中での見事な結実である。のちにリパッティはルーマニアの出身であることを知るが。

**一一月六日**　最近毎朝七時半からのラジオでバッハを聴いている。今朝はイザベル・ネフの平均律ハープシコード曲集第一巻。バッハを聴いていると生きる勇気と喜びを感ずる。静かな力に満ち溢れ、まるで陽の光にように染み入ってくる。単純で、完成された旋律である。

**一二月五日**　ぶどうの会公演「風浪」五幕を観た。熊本。明治八年から一〇年まで。激動する時代の中を生きた青年たち、インテリゲンチャの姿が、ひしひしと迫る真実さを持ってとらえだされている。そこに現れた青年たちの生き方に、一九三〇年代に、戦争を苦しみながら真正面に受け止めようとした木下順二の誠実な苦悩の表現を見る。これはある意味で木下氏が自分を納得させるために描いたのではなかったろうか。佐山健次の生き方にそれが感じとられる。戦争！それをどう受け止めるか。誠実な人がここで皆苦悩してきた。本当には信じきれない。しかし、そのままじっとしていることは許されないと思う。誰か他ではない、この自分にできる生き方は何か？そういう問い方の真実を私も深く受け止めながら、しかし、と私のうちに生ずる抵抗があった。佐山に、作者はあまりにもつきすぎていないか。佐山は確かに間違って、どんなに誠実であろうと間違って死んで行くということをもっときびしく感じさせてくれなかったら、観客はこの芝居に引き込まれたまま、彼らの絶望から出て行けない。河瀬に未来を言葉の上で示させることではどうにもならない。河瀬と佐山は当量の絶望に在る。河瀬も流されている。佐山を間違わせたのは歴史だ。熊本の歴史、日本の歴史、そして佐山の家の歴史、佐山個人の精神の歴史、生活の歴史、それが佐山の誠実さのゆえに、純粋さのゆえに、佐山をあやまらせた。しかし彼に、ほかのどんな生き方があったか、ああした青年が封建反動の乱に加わって死んでいったことだろう。そしてそれがすべてマイナスではなかったかもしれない。他の人々に、間違いであったにせよ、誠実に突き詰めた姿で、自らを実験台として示すこと、歴史の進行方向を告げる仕方、あれでは骨身にしみて、佐山の間違いを皆が感じないだろうと思うのだ。佐山を肯定してしまうだろうと思うのだ。それが問題だ。

しかし、こんなにも歴史というものを身近に感じさせてくれた芸術作品は他にない。歴史が流れる、その風と波をヒタヒタと受けとめさせてくれたものは。

**一二月二二日**　夜行列車で仙台に行き、仙台高裁の松川事件控訴審判決集会に参加し、拘置所で被告たちに面会する。のちに「判決第一報」「夜の巡りに」「報告者のささやかなうた」の三篇の詩を書いた。第一詩集『明日の方へ』に収録。そのうちの一篇を写す。

### 判決第一報

「死刑が出ました　死刑が！」
さっきまでフラッシュの閃いていた高裁三階の一室から
投げつけられてきた一言が
広場に群がる三千の人々の間を縫った
鉛色の空　そこ冷えのする路上
一瞬　目の前でその人々が殺されたかのように
息を飲んだ　男たち　女たち

一体なんということです
鈴木信　死刑です
佐藤　一　死刑です
杉浦三郎　死刑です
本田　昇　死刑です
これはなんですか
これが公正な裁判でしょうか
無気味な静けさがあたりをつつむ
血の引いてゆく顔　前をいっぱいに向いたまま
凝固してしまった人々の顔
言うべきことばを失って
わたしたちはきびしく黙る……

「死刑が出ました　死刑が……」
どさっと大きな雪崩がかぶさったように
背中をはげしく突かれて窒息したように
人々には深い沈黙がながれ

からだじゅうをかけめぐる血の速さがききとれ
インターがわきおこるまえのひととき
人々の怒りと涙のいりまじるまえのひととき
物音ひとつたてず　ひとびとはみもだえていた
巨きく　おおきく……／ああ　その沈黙は幅ひろいものだった
北のはてから　南のはてまで
少しずつ　時のずれるたび
いちだんとふかまり　よろめき
このくらい知らせに
ニッポンジンの血を　背筋から指先まで
しん　とひやした　その沈黙
(わたしが仙台へ行ってきたというと
友らみんな言うのだ
自分があの判決を聞いたときの状況を
そしてひとしく黙る……)

——その夜

仙台には
　しんしんと雪が降った

わたしの沈黙は　夜にも続く
雪の降りしきる坂の上で
わたしたちはしっかりと手をにぎりあった
永く別れていた友と逢えたたのしさも
〝じゃ元気で　しっかり〟といいあった後の
しめくくりの沈黙に飲み込まれ
この白く雪つもる坂
おりてゆくわたしの背で
やがて父親になる　その人が
この国の暗さに心をからめられ
おのれの子が　わたしほどにもなるときには
祖国　変えられきっていようかと佇んでいた
全身をつたわるつめたい勾配の
夜の　杉並木のある坂よ

抗議大会までの道に
わたしがふみのこしてゆくあしあと
四年間というもの　未決房で
被告達のふんできたあしあと
雪がふる
それを消し去るように雪がふる
白い雪にまじって
わたしたちの心を深く裂いて流れた
血の色の雪も　涙の味の雪もふりつむ
日本の上　仙台の上
地裁の赤煉瓦の
非常警戒をするＭＰの上
赤いちょうちんを振ったデモの上
公会堂の前庭の花壇の上
安達太良山の上　北上川の上
松川に立つ慰霊塔の上に

「死刑が出ました　死刑が！……」

**一二月二五日**　仙台から帰ってすぐ、卒業論文『ヘーゲル「精神現象学」における主体としての精神』を提出する。この論文は、キリスト教とマルクス主義の狭間でもがいていたもので、ヘーゲルの実存主義的な解釈（フランスのジャン・ヴァールなど）を参照する一方、カール・バルトの弁証法神学の立場からのヘーゲル解釈に惹かれる姿を示している。『精神現象学』の叙述を追って、主体としての精神の歩みを捉えつつ、ヘーゲルにおける社会的実践の位置付けは、思索が普遍者へと上昇して行く途上のものであることを述べ、自分はそうした学的知識優位の立場に止まれないことを述べた。この論文は、研究というよりどの方向へ探求を進めて行くかについての模索を示していた。後から振り返ってみると、その後の私の歩みは、実践の優位において思索するという道をたどってきたと言える。

## 一九五四年

**三月八日**　東京都立大学哲学科大学院を受験することに決めて、主任の山本光雄教授に会う。大学院では、ヘーゲルの論理学を学びたいと言った。ヘーゲルだけではなく論理学を勉強したい。

**三月一四日**　都立大大学院入試。

**三月一八日**　東大大学院入試。両方の試験問題を比べてみて、都立大の問題の方が断然良かった。ドイツ語は、近世の哲学思想史についての文、もう一カ国語はフランス語で受けた。ラボアジエの科学論で、フランス語が難しかったが、どちらもいい問題だった。東大の方は、「哲学と科学の関係の歴史的変遷を述べよ」という問題と哲学史の細かい問題ばかり一〇題。前者はともかく、後者は実につまらない。何も物知りになりたくて大学院に来ようというのではないのにと、うんざりした。自分がよくできないからではなくて、その要求が変だと思う。口述で、「君は都立大と両方受けているが、両方受かったらどうするのかと訊かれて「都立大に行きます」と答えた。試験の出来も良くなかっただろうが、東大は不合格だった。

ビキニ水爆実験で第五福竜丸被爆。原水爆禁止運動が始まり、参加する。東京大学を卒業する。

**四月**　東京都立大大学院人文科学科哲学専攻課程に入学する。

**四月七日**　高橋哲夫『福島自由民権運動史』を読む。毛沢東の諸著作『文芸講話』、『実践論・矛盾論』などを読む。モーリス・トレーズ『人民の子（Fils du Peuple）』を読む（原書）。

**四月一三日**　平野義太郎『日本資本主義社会の矛盾』を読み、田中正造について書かれた部分に特に興味を覚える。田中正造についてもっと知りたい。神崎清編『大逆事件記録』を読み始める。

**六月三日**　ロシア語を始める。ヘーゲルの論理学を研究課題の中心にする。

**六月二四日**　『愛する者に』という反ナチ闘争で殺された人々の遺書を読んだ。みんな名もない抵抗運動の活動家である。共産党員、カトリックの人、労働者、市民といった誠実で勇敢な民衆がいかに毅然と、怒りをこめて闘ったかがよくわかる。美しい、痛ましい記録であった。

数人が、ベートーヴェンの第九交響曲の合唱部「歓び、美しい神々の火花」のことを書いている。ドイツ国民の魂の故郷であろうか。彼らは恋人や妻に語りかける。世界史の必然を、自分たちの正しさを。

「愛するケーテ！

あなたがこの手紙を受け取る時には、ぼくはもう生きていません。あと三〇分間のうちに、この心臓は鼓動をとめてしまうのです。ぼくたちは、これまでよく戦ってきたように、今もまた立派に死んでゆきます。ぼくたちを忘れないで！ぼくたちを忘れないでください！あなたのブルーノー」。

彼　ブルーノー・テッシュはブリキ職人、二〇歳で一九三三年八月一日　絞首刑。毅然として怖れを知らぬ闘いを闘った。

**六月二八日**　大学院の大村晴雄ゼミは、マルチン・ルターの「決定あるいは贖宥状の効力に関するテーゼの解明と証明」。宗教改革の始まりを告げる、いわゆる九五ケ条のテーゼがテキストで、一七世紀の古いドイツ語の、しかも旧字体（ひげ文字）で四苦八苦する。ゼミ生は三人だけ。サボることはできず、必ず下読みをしていかなければならなかったが、ルターを読めることで、私は喜んで参加した。自分の読書では『資本論』を読み進めた。

**一〇月二日**　杉並区公民館に、原水爆禁止協議会の安井郁氏を訪ねて面談する。やがて同協議会の事務局にボランティアとして関わる。

**一一月四日**　静岡県焼津に、第五福竜丸事件で被害を受けた家族を訪ねて話を聞く。一日中、よく晴れて焼津港の水揚げ場は、夕方、綺麗だった。祈る大漁の旗を立てて出航準備をしている船もあり、修理中の船もあり、港らしい趣があった。

## 一九五五年

**四月**　東ドイツの詩人シュテファン・ヘルムリンの詩集『鳩のとびたち』を翻訳して出版する。

**七月**　ヘーゲル『大論理学』を読み始める。

**八月**　共産党第六回全国協議会決議が発表され、共産党方針の大きな転換が生じた。

**一〇月一〇日**　武市健人の『ヘーゲル論理学の体系』を読み始める。唯物弁証法は、ヘーゲル論理学の裏返しであるとして、ヘーゲル論理学の存在論的立場を深めようとしたものである。弁証法的唯物論が存在の論理として充分徹底していないということは確かである。しかしヘーゲルの裏返しと言って済ますことはできまい。矛盾の概念を存在論においてどう深めるかが問題である。ヘーゲルの場合のように存在論的一者としての概念の自己運動ではなくて、多元的な主体の相互媒介の論理が明らかにされなければならない。多元性と統一性の綜合が追求されなければならない。

この間、修士論文執筆のため、ヘーゲル論理学に集中する。同時に多くの詩の習作を試みている。

《戦前のプロレタリア詩をめぐっての覚書》
（その評価と限界）

本来詩が持つべき「歌う」という面が欠けている。戦争中に民衆の中にしみこんで、灯となり生き続けるということがなかった。うたが軽視されていた。一度読んだら忘れられず、口伝えにでも広がるという可能性を持たなかった。これは今に続いている弱さである。

権力の捉え方が概念的で、形象的認識になっていない。なかで、金子光晴「灯台」、「鮫」、中野重治「雨の降る品川駅」、槇村浩「間島パルチザンのうた」、「生ける銃架」など。あるいは田木繁の「拷問に耐えるうた」などは一度読んだら忘れられずに残り、心に権力の姿を刻みつけてくれる。

詩は人の心に深く刻み付けられ、困難や迫害に耐えるモメントとなり、退廃に陥ることを食い止める力になること、そういう普遍的な感動を作り出すものでなければならない。そういう高い倫理性、愛、認識の結合がなければならない。

詩とはやはり認識であって、かつての日本の詩が持っていたような、うたい流すものではない。うたい流すという場は、観念性と結びついている。一九二六年から三一年頃にプロレタリア詩が詩として成立する。そして中野重治の活躍した時期に真に詩としての価値を認められるようになる。それ以前の過程は中野がいうところによれば、「詩における民衆の発見、民衆というものの実体の発見、階級と階級闘争との発見、民衆の生活と政治との関係の発見」という価値転換があったことを述べている。

「多くの人々は、ここで、何はおいてもまずこぶしをあげたのであったから、詩の言葉はそのものとして不十分であり、しかし真の詩の言葉はどこで生まれるかを明らかにしたものであった。その一層の発展のための自覚的な努力が、ここにつくられた大きな基礎の上でのこれからの詩の発展ということになろう。詩の言葉ということを切りはなして取り上げるとしても、この時期には、予想以上に言葉の砂金は多いのである」(中野重治)。

一九三一年、「雨の降る品川駅」中野重治
一九三二年、「生ける銃架」槇村浩
一九三四年、「稲作挿話」宮沢賢治
一九三五年、「飛ぶ橇」小熊秀雄、中野重治詩集

一九三七年、「鮫」、金子光晴などが特筆される。

**一二月一三日**　プロレタリア詩には、愛が成立したものが少ない。敵への憎しみの強さに弾力がなく、味方への愛になって実っていない。うすら寒いのだ。敵を倒せという叫びが本当なら、いかに味方の被害を少なくするか、また、味方の犠牲を愛惜し、血を持って闘いとらえた経験を大事にすることにおいても厳しいはずだ。それでこそ戦いの真の力なのだ。

日本人にとって愛とは非合理的なものと同義語であった。合理的であることは冷たいことというエモーショナルなパターンが作られている。真の愛は合理性と相関関係にある。愛情の意味を人間の独立、尊厳と結びつけて捉えられるようになったのは、近代の出来事である。人情（これが日本における愛の型である）や義理（これが日本的社会関係である）という感情の型の中で愛は歪められ、窒息させられてきた。人間が人間として尊重されないところに愛はない。人間を大事にするということは、人間を部分としてではなく、全体として、機能としてではなく、個々の具体的人格として、固定されたものとしてではなく発展においてみること接することを意味する。

戦前のプロレタリア詩の中で、すぐれた愛の詩は乏しい。考えねばならないことである。

## 一九五六年

**一月**　都立大大学院大村晴雄教授の著書『近世哲学』を読む。トマス・アクイナスにおけるインテレクトゥス・アーゲンスの思想が、ドゥンス・スコトゥスとウイリアム・オッカムへ展開して行く過程が述べられていて興味ふかい。トマスにおける近世的要素、それは存在の形而上学のうちに含まれている自然的理性の働きにある。自然的理性における神の認識は、能動的理性の働きなしには完成されえないが、しかし認容され基礎とされうるものなのである。その自然的理性が、ドゥンスでは直覚的認識において個別を捉えることに発展する。そうして感性的なものの基礎性が生じてくる。個別者が、一般者から奪い取られたものとして一般者から自己を取り戻そうとして反抗する。この反抗は意思的なものであり、意思的なものとして個別者が主張される。オッカムにおいては、この個別的なものが、レアリタスであり、一般的なものは印や概念として高い抽象の産物であるとされる。それが近世的な形態であろうというのである。

この『近世哲学』は名著であり、やがて大村教授は、私にとって生涯の師となった。

レーニン『唯物論と経験批判論』を読む。

**一月二八日**　詩的精神史の覚書を作る。

1、詩への目覚め。現象を自分の感情や気分に引きつけてとらえる段階。ここで自己への目覚めも生ずる。私の場合、高校三年から大学一年ごろ。

2、たんなる自己表現の形式としての詩作から詩というジャンルの持つ特殊性を意識する段階。このことを肯定的意味で教えてくれたのがリルケであり、否定的意味ではキルケゴールであった。当時私は生きることの拠り所として、また詩を組み立てる基盤として、キリスト教のメタフィジークを置いていた。しかしそれは、後から考えると借り物の思想であった。借り物でしかなかったにもかかわらず、あたかも自己のものであるかのように錯覚していた。そのためにそれを根拠にして生きようとする場合、現実との矛盾、混乱が大きかった。この時期、西欧の伝統的思想と詩との絡み合いに強く興味を惹かれていた。アメリカのハート・クレイン、ロバート・ロウエル、イギリスのT・S・エリオット、イーディス・シットウェル、フランスのピエール・エマニュエル、ジャン・ケイロール、サン・ジョン・ペルスなどを乱読した。

3、前提としたメタフィジークの解体。この時期は、政治的激動が、もろい基盤しか持たなかった思想を突き崩して行く。破防法反対、単独講和とメーデー事件がそのきっかけであった。人民広場を夢中で走りまわり受けた衝撃が、私のバベルの塔を突き崩した。私はキルケゴールから離れ、その主観的立場を抜け出て、ヘーゲルからマルクスへの思想の歩みをたどってみようと志し、ヘーゲルの『精神現象学』へとさかのぼって行った。ヘーゲルの難解さとの半年間の悪戦苦闘の中で、私が抱いていたキリスト教的メタフィジークはほころび、もう一度出直しを迫られた。そこから、「うた」としての詩の可能性へ眼が向くに至っている。

４、現在、解体されたメタフィジークは、しかし、捨てられたのではない。旧約が持つ「うた」というところに、詩の原型を見ることができるのではないか。形象的認識に基づく感性的に豊かな詩を求めている。このような方向での私の意図を支えてくれる詩人は、チリのネルーダ、トルコのナジム・ヒクメット、アメリカのラングストン・ヒューズ、キューバのニコラス・ギレンなどである。

**四月**　私立高校非常勤講師となる。都立大学院博士課程へ進学する。

ジャン・マルスナックの「パブロ・ネルーダ論」を翻訳する（自分のため）。特にそのうちのイマージュについての考察に教えられる。イマージュは、理性の指標である。「想像は理性の前触れである」とゲーテはいっている。それはわれわれを真理へみちびく。それは現実的なものを統合し、宇宙の全体との交流のうちに置く。詩人は、愛を持って存在の無限の多様性に挨拶をおくる。「詩的行動は外部世界の事物（それはあるがままではわれわれに未知であるが）をより完全に同化しうるものに変化させるという大胆な試みである……確かに詩にはイマージュしかない……しかしイマージュは、すぐれて現実に近づく手段である。現実を人間の能力に十分に同化しうるところまで導くという目的で」。

イマージュによる思想は、人間の能力の指標であるという考えに励まされる。

**六月**　この頃、レーニン全集の第一巻から第七巻くらいまでの、若いレーニンの論文を読み、内容の新鮮さに感銘する。

七月九日付の「週刊　東京大学学生新聞」に座談会「現代詩の問題点を衝く　詩に歌をどう取り戻すか」が掲載されている。出席者は飯島耕一、加藤周一、清岡卓行、千早耿一郎、花崎皋平、山本太郎の六名。

花崎の発言は「現代詩が、現在の場所から抜けだしていっそう広い場に出るためには、いろいろなことが考えられますが、その中で詩の持つ『歌』という側面の可能性をどう考えるかについて話したいと思います。詩が本質的な意味で生への肯定であるということには異論はないわけですが私は歌ということで、そのことをたしかめたかったのです。生への肯定、人間への信頼へむかって自分が生きてゆく、その緊張の中で書かれる詩はただ口当たりがいいとかなんとかを越えて、自分も人をも支える響きなり、言葉を持つと思うのです」。

こういう意図から詩に歌を取り戻したいと考えた。

**七月二一日**　トーマス・マンの『ヨセフとその兄弟』（第一部）を読む。このなかでマンは、端緒の問題を、人間の意識・行為の原型を論じている。人間のある姿とあるべき姿の統一を、人類史上に後付けようとしている。彼は、端緒とは常に相対的であり、矛盾のうちにあるのだと述べている。人間の意識は過去の人類の意識を背負い、それを現在の状況の中で変様してあらわすのであり、運命とは自己の行動についての歴史的規制に他ならず、それを意識することが、自己の生に忠実となることだ、自己を豊かにすることだと考えている。マンの作品『ファウスト博士』『選ばれし人』『欺かれた女』などはいずれも運命を知悉しているものとしての語り手が登場する。マンの場合、運命は人間に外的なものではなく、内的なものである。マンは、人間が自己の存在の深層に依拠し、自己を信頼し、自己を発現することを勧める。それはいちじるしく悲劇的な姿を辿り（ファウスト博士）、また恩寵の姿を取り（選ばれし人）、あるいは喜劇的な姿（欺かれた女）になるにしても、それ以外の生き方はないのである。この生には不安はつきものである。自己を未知のものとして尋ね進むことは不安に満ちたことである。まして自己が運命を先取しているとき、そこには悩みがつきまとう。しかし、自己と運命の全き分離は不可能であり、もしわれわれが、課せられた課題を解こうとするならば、自己と自己の運命との一致を求めて努めねばならないことを知るとき、その生にはよろこばしい肯定が生まれるだろう。

『ヨセフ物語』の第一巻は、ヤコブの物語である。ヨセフの父としてのヤコブの生活は、祝福され、長子権を与えられた男の悲哀と喜びの物語である。彼は自分が祝福された男であることを確信して生きる。二十五年間、ラバンのもとでの生活の後、ラケルとレアと十二人の息子、娘を連れて帰る。それは、最愛の妻と愛児を得るための苦しい労働の生活をくぐり抜けてである。この叙事詩は、なんという肯定に満ちていることか。ラケルは旅の途中で死ぬ。それは単なる悲劇ではない。人が生命を受け継ぎ、役割を果たし、夫を愛し、愛されて去るという肯定がそこにある。それは生きることに対する彼女の参与をありありと示している。

**七月二三日**　パブロ・ネルーダの『カント・ヘネラル（大いなる歌）』のドイツ語訳の冒頭部分を仮訳する。私は今日に至るまでネルーダの叙事詩『大いなる歌』を、もっとも愛し、尊重している。

第一詩集『明日の方へ』を国文社のピポー叢書26で刊行する。この詩集は一九五一年から五四年までの四年間に作った詩を載せている。宮本百合子の葬儀に列して作った挽歌「速鳥」や松川事件の判決を聞いての三篇の詩など出来事についての詩が含まれている。

**一〇月**　都立大大学院に在籍のまま、板橋区立板橋第五中学の専任教員となる。

**一二月**　『明日の会詩集　ぼくたちの未来のために』が、書肆ユリイカから刊行される。私は刊行の辞と作品「空について」「始まり」「二重唱」「つめたい陽」を発表する

刊行の辞では、「ぼくたちの未来」が一九四五年八月一五日以後の時代を意味し、その時代がいま閉ざされようとしているという危機意識に立って、ぼくたちは曲がりなりに自由を得てきたことの証人とならなければならないという自覚をのべた。そして、詩作は人間を守る仕事であり、その仕事を果たすことによってのみぼくたちはぼくたちの未来を獲得することができるであろう、と結んでいる。

# 一九五七年

昨年から詩稿をたくさん書く。一九五九年に『年代記』としてまとめたものの草稿である。

三月　山本健吉『古典と現代文学』に思索を触発される。彼が一貫して共同体のなかでの民衆との関連において文学をとらえ、個性的なものの上に全体的なものの反映と全体への奉仕を説くのは一見識であると思った。詩の自覚の歴史を、人麻呂―世阿弥―芭蕉ととらえてくるところがいちばん興味深かった。彼の目的は抒情詩以外にはらまれていた多様な詩的形式について考えてみることだったようである。人麻呂が吟遊詩人として集団の求めに応じて代作するような例を挙げて、鎮魂という宗教的儀礼とのつながりを説明し、長歌の反歌として成立した短歌が、長歌の部分でありながら一つの独立した作品として人麻呂における ほどの高さにそれ以後到達することがなかったことを、長歌との関連性において示していること。能が一人のシテのなかに二重ないし三重の人格を観ているところにかろうじてドラマを成立させているといい、本来、能が鎮魂の意義を担っていたこと、猿楽が民衆の卑俗な芝居、所作として持っていたエネルギーを汲み上げていることなどを解き明かしているのは興味深かった。また芭蕉が連歌の発句を俳諧として独立させた点に、彼の偉大さをとらえているのも妥当であろう。芭蕉が「東海道一筋も知らぬ者、風雅におぼつかなし」といって、民衆の中での生活、風俗、習慣への深い関心を示していた点、また、モノローグではなく、挨拶や次句を引き出すダイアローグとしての面を持ちながら俳諧が生じた点などをのべている。

このような遺産整理と目録作成からどのようにして出発したらよいのだろうか。我々にとって共同体とはなんであろうか。そしてその共同体への呼びかけの形態とは？

**八月**　夏休みに北海道を旅行し、アイヌ民族が居住する地域を中心に歩きアイヌ民族の生活と文化への関心を深くする。

北海道旅行の印象から。

阿寒湖のアイヌ集落は一二戸だった。鶴の舞は鶴の羽ばたく姿を模倣している。歌は九句程度の歌詞の反復である。豊年の踊りは労働の歌舞と祈願の振舞いとが混じりあっている。

森はえぞ松、とど松が生えているところと白樺が生えているところが分かれている。白樺は土地が痩せ、農耕に適さない火山灰地に生える。えぞ松、とど松では樹齢二〇〇年くらいのものも残っている。霧が多いため湿気を好むサルオガセが生え、白い髭のように松の枝から垂れている。そして松は立ったまま枯れて死ぬ。そのことにある感動を覚えた。ふきは、あかぶきとあおぶきの二種があり、大きいものは六、七尺に達するものもある。あかぶきは乾いた土地に生じる。あおぶきが食用に適する。アイヌの神コロポックルはこのふきの葉の下に住むのだという。ダケカンバは寒冷な高所の風景を表しているし、森の中のシダや笹も興味ふかい。オホーツク海は流氷の素晴らしさが想像され、漁獲量が多い割に漁村はは貧しい様子である。網走は街全体に魚の匂いがする。道東は、北欧のようで湖沼が多く、風景は美しい。

この旅行は、以後の私の精神史にとって大きな意味を持った。私はアイヌ民族の生活、文化、思想に強く引きつけられ、のちに北海道で暮らすようになって深くアイヌの人々と交わるようになった。

チリの詩人パブロ・ネルーダ氏への手紙の草稿が残っている。彼は「ALGUNAS ODAS（いくつかのオード）edicion del 55」という一五ページほどの小詩集の巻頭に、ニューヨーク市とアイオワ市、中国の龍純市から送られてきた手紙と共に、日本からの私の手紙を掲載してくれた。この小詩集は、チリ大使館の職員によって私の住所にとどけられた。ネルーダ氏への手紙の草稿を乗せておく。

## パブロ・ネルーダ氏への手紙（草稿）

親愛なパブロ・ネルーダ！

あなたに日本からお便りできるのはたいへんうれしいことです。おそらくアジアの一島国日本にあなたの熱心な読者がいるとはお考えになったことはないでしょう。しかし少数ではありますが、あなたの作品の若干は読まれ、親しまれております。私はずっと以前からあなたにお便りしたいと思っておりました。

しかし、日本に入るあなたに関するニュースは僅かです。あなたがチリをのがれてヨーロッパやアジアへ旅された後の消息を、私たちは知ることができませんでした。本年八月、わが国で開催された原水爆禁止世界大会の外国代表のリストに、チリ代表としてのあなたおよびあなたの夫人の名前を見つけたとき、私は大きな喜びと期待の思いでみたされました。だがその予定が実現しなかったので、非常に落胆いたしました。私が、あなたが再びチリに戻られていることを知ったのは偶然の機会からです。わたしは本年発行された、ドイツ民主共和国の詩人シュテファン・ヘルムリーン氏がドイツ語に訳したあなたの詩集を読みました。彼はあなたの作品の翻訳と紹介を行っておりましたが、そのなかであなたが一九五二年以来、チリに暮らしている旨の記述がありました。これが私にとってもっともあたらしいニュースですので、この手紙が到着するかどうか危ぶみながら出版社ナッシメント気付でお送りする次第です。

私のことを自己紹介させていただきます。私は二十六歳になる日本の詩人の一人です。私はまだ人に注目されるような作品は書いておりませんが、『明日の方へ』と題する小さな詩集を出版しました。そのほかにはシュテファン・ヘルムリーンの『鳩の飛びたち』を訳して出版しております。

私は東京大学でヨーロッパ哲学を学びました。在学中、アメリカ占領軍の統治に反対する学生運動に参加し、日本共産党に入党しました。私は最初キリスト者であり、キルケゴールの哲学研究を志しましたが、マルクス主義を知ることによって思想的立場が変化し、マルクスとヘーゲルの研究を大学院で続けました。しかし、一方で詩作に心を惹かれ、哲学者になるよりも詩人として人民に奉仕する道を歩もうと考え、研究室をはなれて中学校の教員をしながら詩作と詩の勉強をしております。

私があなたを知ったのは、日本のロシア文学研究者があなたの作品のロシア語訳を紹介したことからです。彼らの努力によって、私は『大いなる歌』の一部「逃亡者」や「きこりよめざめよ」を読むことができました。わたしはその叙事詩的広がりと高い叙情性に惹きつけられました。私が何度か現代詩の空虚さに絶望して詩を離れようとしたとき、私に進むべき道を示してくれたのは、ネルーダ氏、あなたの作品です。その後、私はフランスのセゲルス社の「今日の詩人叢書」「パブロ・ネルーダ」編を入手して読みふけりました。それは私の心を全くとらえてしまいました。それからというもの私はあなたの作品の独訳、仏訳を買いそろえました。

私はあなたから、あなたのすべてをまなび、あなたの歩んだような道を進みたいと思っております。（一部略）

ここでわたしは日本のおかれている現状と日本文学の様子についていくらかお話ししたいと存じます。

日本は、現在アメリカ政府と軍隊の強大な影響下に置かれております。軍事基地が、全国各地に設けられ、重要な産業はアメリカ帝国主義の金融的な支配下にあります。本島から南の小さい島、沖縄には、誘導弾や核兵器の基地が設けられ、日本全体が中国とソヴィエトに向けられた不沈空母だとさえいわれています。現在の日本政府は、そのようなアメリカ政府に協力し、同盟して、人民を抑圧しています。日本の人民は、これらの権力に対して次第に力を強め、何度か大闘争を組織して闘っております。原水爆禁止の運動は全世界に先駆けて多くの人々に支持され展開されております。しかし、我々の共産党は敗戦後の一時期、極左冒険主義に陥り、多くの大衆の失望を買い、未だに少数です。このことが原因となって現在の民衆の要求を十分に組織することができないでおります。イデオロギー上の闘いにおいても、進歩的な文学運動は十分な成果を上げることができておりません。また資本主義国に共通な現象として、詩の読者はきわめて少数で、詩集の出版は非常に困難です。多くの詩集は二百―千部ぐらいの少部数しか売れません。このような状況で詩人として生きようとすることは多くの困難を伴います。まして共産主義の立場に立つ詩人として生活することは難しいことです。しかし、私には、あなたの実例が知らされています。あなたがチリの人民の間で困難を乗り越えて書き上げた偉大な作品を知らされています。私もいつかあなたのような叙事詩を書いてみたいと願っております。

私は、あなたに一度是非お目にかかってみたいと念じております。あなたの作品を読んでからというもの、あなたの国を訪れ、あなたとあなたの国の歴史、文化、あなたの愛されている人民の姿を深く知りたいと思いました。私にはどのような手段を講じたら、あなたの国へ行けるのかわかりませんが、あらゆる手段を講じてあなたの国に渡って、あなたにお会いしたいと思っております。パブロ・ネルーダ氏、どうか笑わないで下さい。私は真剣にそのことを望んでいるのです。ご意見をお聞かせ下されば非常な幸いです。

親愛なパブロ・ネルーダ！

あなたがチリと世界の人民のために日夜、労しておられることを私は知っております。その大きな仕事の一端を私も担いたい。わたしも社会主義と人民の幸福のためのよき活動家になりたいのです。どうかあなたが私に必要だと思われる忠告と批判を与えて下さい。お返事を心からお待ちいたします。

あなたとあなたの夫人の健康を祈ります。

花崎皐平

---

気恥ずかしくなる内容と表現もあるが、このような手紙を出した。

一九五九年になって、前述のように在日チリ大使館員によって小冊子が届けられた。やがて私は、詩人となる能力が自分にないことを自覚するにいたったが、その後も断続的に詩作はつづけて今日に到っている。叙事詩を書きたいという願望は、二〇〇九年に長篇物語詩『アイヌモシㇼの風に吹かれて』を書いて、曲がりなりに果たした。ネルーダ氏からは、自分の作品どれでも翻訳してよいという許可を得ていたが、ドイツ語からの重訳を試みただけで、スペイン語からは果たせないまま今日に到っている。

## パブロ・ネルーダ『カント・ヘネラル』から
## 第1部　地の上のランプ

### アメリカへの愛

かつらと絹の燕尾服より前に
多くの川　動脈としての川があった
コルディレラがあった　その荒涼とした波の上に
コンドルと雪が身じろぎもしない姿で見えていた
火と密林があった
まだ名前のない雷鳴や遊星の大草原があった

人間は大地であった　容れ物
ふるえる泥のまたたき　　粘土の形
カリブ族の壺　チブチャ族の石
王の盃　またアラウカニヤの石英であった
彼は優しく　血まみれだった　だが彼の
ぬれた水晶でできた刀の切っ先には
大地のイニシャルが書かれていた

だれも　あとになって
それを思い出すことはできなかった　風は
それを忘れていた　水の言葉は
埋葬され　鍵は失われていた
あるいは沈黙に　あるいは血に沈められた

いのちは失われはしなかった　牧人の兄弟たちの
だが一茎の野生のバラが一滴の赤い滴を
密林の中に落とすように

大地のランプは消え去った

私はここにいる　歴史の歩みを語るために
野牛の平穏から　大地の果ての　南極の光の高まる泡の中の
波にかきむしられる砂まで
ヴェネズエラの平和の　険しく入り立った岩穴で
不安を抱きながら
私は求めた　おまえを　私の父よ
おまえ　暗闇と銅の戦士よ
あるいははおまえ　婚礼の名残り　撫でつけられない髪
鰐の母　鉱石の鳩

私　壺のインカ
私は石にさわって言った
誰が
私を待っているのか　そして私は手のひらの上に
空の水晶をつかんでいる

だが私はツアポテカ族の花園に歩み行った
そして光は柔らかかった　ノロジカのように
そして影は緑のまぶたのようであった

名前のない私の土地　まだアメリカではない土地
赤道の刺繡用の布　深紅色の槍
おまえの香りは　登ってくる
私の根を通って私が飲んだ杯まで　私の唇からまだ生まれていない
もっとも秘めやかな言葉まで

花崎皋平訳（ドイツ語訳とフランス語訳を参照した重訳）

このほか何篇か試訳を試みている。

チリには二〇〇八年に単身で旅し、サンチャゴとバルパライーソにあるネルーダの記念館を訪ね、永年の宿願を果たした。

## 一九五八年

**二月一七日**　ラングストン・ヒューズ詩集『ニグロと河』を読む。カリブ海の日没のイマージュなど水夫としての体験なしにはありえないし、ハーレムの数々の詩も体験抜きにはありえない。若い娼婦を歌った詩やダンスを歌った詩にこもる熱情に心を揺さぶられる。斎藤忠利氏の翻訳も見事だ。

**三月**　思想の科学研究会編共同研究『転向』を詳しく読む。

**四月**　勤務評定反対の東京都教組全日ストライキに参加し訓告処分を受ける。この頃の私たち若い教員は校務や組合活動で積極的に発言し行動し、訓告処分などを少しも恐れなかった。

## 一九五九年

**四月**　東京都立烏山工業高校社会科教員となる。

日本唯物論研究会が発足し、会員として活動を始める。季刊雑誌「唯物論研究」第一三号に「現代キリスト教と神学」、第二一号に「現代世界の道徳的諸側面」という論文を書いている。第一三号の論文は、キリスト教と神学の分析と批判であり、主としてカール・バルトの神学と赤岩栄の見解を取り上げて、その実存的立場について、私の一応の批判をのべたものである。

この時代には、弁証法論理学への関心がつよまり、記号論理学からの発展としてのサイバネティックスまで関心が及んでいた。

フランツ・ボルケナウ『封建的世界像から近代的世界像へ』を読む。内田義彦『経済学の生誕』、マルクス『剰余価値学説史』、など経済学の勉強を始める。

# 第3章　東京から北海道へ　一市民となる過渡期

## 一九六〇年

烏山工業高校社会科教員として勤務しつつ、東京都立大学人文科学科大学院哲学専攻課程に在籍し、弁証法論理の研究をする。その一方、日本共産党教員細胞に所属して活動していた。

六月の安保闘争には東京都の教員組合の一員として参加した。

八月には、ひと夏を費やしてマルクスの『グルントリッセ（経済学批判要綱）』の読解に当たる。このグルントリッセ（要綱）をテキストとして、その読解に務めたことは、予期しなかったが、一九六〇年ごろからのヨーロッパでの新しいマルクス研究の潮流に加わることであった

九月になって共産党政治指導部が提起する方針や見解に疑問を抱き、高校細胞内で異論をのべ次第に孤立する。樺美智子さんが殺されたことについての共産党書記長宮本顕治の見解は、彼女をロシアの血の日曜日での挑発者、僧侶ガボンにたとえていた。そのことに反撥する。

新左翼党派をトロツキストと決めつける非難に対しても、教条主義的な共産党絶対主義に同調し得なくなる。

**九月二五日**　「最近になって、党のなかでの批判が難しいものだということを痛切に感じている……組織の拡大強化のカンパニアのなかで矛盾にせめられながら立っていると、今

まで意識したことのない絶望感が湧いてきた。『このままでいったらいったいどうなるのか』という危機的な意識である。トロツキスト及びその同調者という一連の攻撃カンパニアにもそれを感ずるし、ともかく一種の家元意識のようなセクト的態度があって、神聖なタブーを破った者に対する攻撃の仕方はモノマニアックなところがある。もっと自由な相互批判と自己批判がおこなわれてしかるべきではないか。それなしには硬直と言われてもやむを得ないのではないか」。

**一〇月一日**　蔵原（惟人）氏の書いた知識人に関するものに納得できぬ。党への批判でも善意の批判は拒まぬというが、結局、あたりさわりのない批判や部分的、現象的、技術的批判だけならよいということではないか。方針や政策に関する批判に対しては一切聞こうとしないかのようだ。また個人の内発性、自発性を鉄の規律と対立さすことも正しくない。

**一〇月二日**　共産党中央を批判することに対する反対を、幹部会員のTはこう書いている。「大会であれば、多くのながい経験を経てきた幹部が、どうして現段階で、このくらいのことで日和見をおこしたり、動揺したりするだろうか。昔の人類は十七世紀にガリレオが出るまでは、地球が静止していて、太陽が動いていると考えていた。党中央が動揺していると考えたくなったら、まず自分が（地球が）動揺しているのではないかと振り返ってみる必要がある」。

全く愚かで独善的な思想であると思う。

また別の論者Tはこう述べている。「マルクス主義を日本の現実に適用しようとすれば、日本の現実から学び、人民の闘いに学び、共産党の理論と実践に学ばねばならず、共産党の実践を離れて生きたマルクス主義はありえないし、発展させることもできない」。すなわち、共産党の実践＝生きたマルクス主義＝党中央の方針。ゆえに党中央の方針は正しい、という論理である。なにをか言わんや！

**一一月二七日**（日） 第一回唯物論研究大会に出席する。出席者一六四名。盛会であった。第1部研究報告「論理反映論の是非について」寺沢恒信、「上部構造論について」榊利夫、「転向の問題をめぐって」高田求、「生活と道徳」小牧治、第2部シンポジウム「現代における精神的労働の役割」問題提出者 芝田進午。

**一二月一三日** 石光真清『城下の人』を読む。明治元年に生まれ、西南戦争や神風連の頃の熊本で育った著者の自伝である。明治的人間像においては、「人格」という統一理念が他の諸関連に優越していたことがわかる。西南戦争で敵味方が相互に賞賛しあう姿や、武士が子どもや部下に接する態度にそれが表れている。「人格」という理念は今どこに行ってしまったのか。「人民」の理念を中核とした新しい「人格」の復権が課題とされて良いであろう。「人格」は一つの統一的人間像なしにはありえない。それは世界観の問題である。現在のわが国では、疎外と分裂のきびしさが、容易に「統一」をえがかせえないけれども、疎外の本質が統一の欠如であることを忘れてはなるまい。

## 一九六一年

**七月一七日**　共産党中央委員春日庄次郎氏が声明を発して離党を選択したことは深刻な波紋を投げている。反独占社会主義革命の立場に立って綱領草案に反対するとともに、誤った路線を維持するために党内民主主義を破壊しているというのが、主な理由である。

私の見解。党内民主主義が部分的に冒されていると、私も判断する。すなわち意見の相違、中央の決定に対する反対、保留意見ゆえの排除がある。反対意見イコール党の上に個人を置く、という理解が行われている。少数意見に対してきわめて粗雑で、一面的な態度が見られる。ともに真理を問うという態度、綱領を仮説として考える柔軟な態度を欠いているということは認めざるを得ない。私は内容的に春日氏の発言に同感する点を多く持ちながら、離党はしない。党に留まりながら批判を続ける。

**八月**　研究論文「弁証法的論理学研究」を書く。二百字詰め三八五枚。この論文は、ヘーゲル論理学のカテゴリーを踏まえた上で、マルクスの『資本論』と『経済学批判要綱』の論理を分析し、「条件―過程―関係」という三つのカテゴリーによって組み立てられる論理構造をとらえ出したものである。『経済学批判要綱』(グルントリッセ)の研究は、ヨーロッパのマルクス研究者がほぼ同時に取り組みだしたもので、その潮流に竿を差す営みであった。

**九月一五日**　宮本顕治書記長の第七回党大会についての報告の中で、党の綱領討議における意見の相違について述べているが、意見の相違を不団結とし、それが下部での不団結を再生産すると述べている。この論理は、驚くべき考え方である。意見の相違が不団結の基礎であるならば、団結とは信仰箇条に依るのがもっともよい。正統と異端という宗教的裁断に依ることになる。このような見地に基づく多数決は真理へ至る道としてのものではなく、自民党の多数決となんらかわらない。形骸化した民主主義である。

## 一九六三年

四月から都立大哲学科助手となる。

**四月四日**　武藤一羊、いいだもも、私の三人で文化の現状についての討論、研究の場（文化研究会）をつくることにした。共産党内での綱領批判派の形成も視野に入れていた。

**五月一四日**　バーミングハムで黒人の人種差別事件反対闘争が大きな事件に発展してM・L・キング牧師を中心とした大デモが画期的といわれる協定をかちとって終わったが、それに不満な白人のテロがきっかけに、黒人大衆の怒りが爆発した。おそらくアメリカ社会変革のもっとも奥深い原動力は、この黒人の闘争にあることであろうし、それゆえに白人は黒人の立ち上がりをおそれているのであろう

これからの仕事として、「啓蒙主義と歴史主義」というテーマが浮かんできている。歴史主義における有機的自然観と発展観、個体性の原理は、啓蒙の理性主義より古く、保守的、非合理的な要素を含みながら、人間感情への権利賦与に即して評価され、啓蒙主義の機械

論への補足、反定立として現れ、近代思想としての権利を獲得しつつヘーゲル、マルクスに流入している。今日のマルクス主義への反省と一側面として、歴史主義の特質を解明する必要がある。マルクス主義を啓蒙主義と歴史主義の統一としてとらえるべきではないか。マルクス主義美学でいう革命的ロマンティシズムと社会主義リアリズムとの統一と言われているものの哲学的内容としてとらえること。

**六月四日**　田村隆一の詩集『言葉のない世界』を読む。ここには管理されることをいさぎよしとせず、あくまで管理されまいとする意識で立っている人がいる。彼は、従って全く孤立し、ますます暗く、ますます苛立ち、垂直に佇立し続ける。彼の行き着くところは、垂直に佇立して一歩も踏み出さぬとかたくなになることである。これは、我々の選ぶところではない。

**六月一九日**　中国共産党からソ連共産党への書簡(要旨)が発表される。その内容は、ソ連共産党第20回大会以後の路線のほとんど全面的否定である。これは容易ならぬ事態である。

**八月三一日**　ドイツ近世の哲学者ヘルダーの『人類史の哲学への構想』、全集の一三、一四巻　約九〇〇ページを読み上げ、論文執筆に着手する。

**一一月三日**　「ヘルダーと有機的自然観の問題」約八〇枚を都立大哲学会紀要『哲学誌』に寄稿する。

## 一九六四年

**三月一六日**　ジャン・リュック・ゴダール監督の映画『女と男のいる舗道』を見る。その中で老哲学者と娼婦ナナの会話が出てくる。老哲学者が考えるためには生きることを中断し、それを dépasser しなければならないと言っていた。dépasser すなわち超え出る必要があるという言葉に共感した。確かに私にとってここしばらくは、penser-dépasser の時であってほしい。そしてもう一度、s'engager の時へ復帰したい。

**三月**　新日本文学会大会で、中野重治たち共産党の文化政策を批判する知識人、文学者と共産党支持派（のちに新日本文学会と別れて「人民文学」を創刊する）との分裂が決定的になる。私は出席して批判派を支持する。この行動と唯物論研究会で批判派を支持した反党的行動により、共産党を除籍される。

**四月**　北海道大学文学部哲学科に、花田圭介教授の推薦で講師として就職する。

**七月三〇日**　札幌へ来てから四ヶ月経った。この四ヶ月間は檻の中から急に野原へ出された動物のようで、ただ歩き回ったり、いろいろやってみては疲れたりしていた。ある空虚感が襲ってくる。なんのために北大へ来たのか？なにがしたいのか。いろいろ考える。どういう筋道で人の役に立って行けるのか、疑問が湧いてくる。判断するにはまだみじかすぎる時間しか経っていないのであるから、今はここで精いっぱい努力することが大切である。

**八月一一日**　ほんらい文学と思想、哲学とは、デカルトにせよ、パスカルにせよ、アランにせよ結びついている。ゲルツェンの『過去と思索』もそうである。それが切り離されるところに問題がある。日本でも、『善の研究』『三太郎の日記』『哲学ノート』、もっと前では、内村鑑三、中江兆民、河上肇などの書くものにはその結びつきがある。敗戦後には、まだめぼしいものがない。

**一一月一〇日**　佐藤栄作が首相となり、新内閣が発足した。「寛容と調和」がうたい文句であり、「社会開発」が路線とされている。調和とか社会開発の路線は、民族共同体への誘導路ではなかろうか。　中ソ論争、フルシチョフ退任、中国核実験、原子力潜水艦寄港、佐藤内閣登場といった政治状況下で。安保改定、中国国連加盟、憲法問題、植民地体制のいっそうの崩壊といったことが起こるだろう。

## 一九六五年

**三月二〇日**　ヘルダーに関する論文「ヘルダーと国民学としてのドイツ近世哲学」、あるいは「ヘルダーの感性学と人間学」を書き始める。

ヘルダーを近世ドイツ国民文化のイデオローグとしてとらえるとともに、哲学がドイツの近世を公式に代表するものとしての国民学であることを論じた。それはドイツの哲学革命の問題であるし、ヘーゲルにおける完成、マルクスの転換という全体を見通す視点として有効となりうる。

**五月一七日**　ヘルダー論文を書き上げる。北大の空気はよどんでいて心を重く沈ませる。自由で明るい空気はない。現在では日本全体がそうなのだが、北大文学部は、少なくとも哲学的な仕事をするのに適当なところではない。次第に自分のもっとも嫌っていた生き方にひきこまれそうで孤立感を深める。

**九月**　北海道ヴェトナム詩集の発行に関与し、作品を書く。

**九月一六日**　モスクワより来信。留学を希望していた哲学研究所への招待が決まる。

**一〇月五日**　モスクワ行きは、結果として実現しないことになる。理由は学部内の事情で留学の許可が下りなかったのである。

## 一九六六年

**五月四日**　「唯物論的歴史観の全体的構想について――『ドイツイデオロギー』第一章新版から」(約五〇枚)を『思想』誌へ送る。翻訳は合同出版から出ることになった。これはソ連科学アカデミー哲学研究所の機関誌『哲学の諸問題』に掲載された、ゲ・ア・バガトゥーリャによるマルクス「ドイツイデオロギー第一章」の新しい編集版を訳出したものである。

「展望」誌九月号で、遠山茂樹氏が「学問と思想と政治」という論文を書いている。その中で、戦後の研究史の検討を通じて歴史学に対する国民的課題の自覚化を提唱している。歴史学に対する国民の要求をどう受け止め、それを専門領域の学問的課題とすればどうなるかをお互いに話し合おうというのである。

この提唱には極めて重要な視点が示されているように思う。

哲学ではどうか。どのように課題が立てられねばならないか。私は、マルクスの哲学が全体としてどのようなものであるかを描きたい。弁証法を教条化から救い出し、ヘーゲル主義から区別されるマルクスの弁証法の特質を明らかにすることはまだなされていない。長い見通しとしては、マルクス研究を通して、国家から自由な人民の立場を現代の条件の中で明らかにする仕事へと繋げて行きたい。

**六月二日**　この年の二月に東京で始まっていた「ベトナムに平和を！　市民文化団体連合（ベ平連）」から、札幌で講演会を企画してくれないかという要請があり、「アメリカの良心と日本の声」という題の講演会を開催した。講師は、ボストン大学教授のハワード・ジン、黒人学生運動の委員長ジョン・ルイス、作家の小田実の三人であった。講演会は大きな成功を収めた。この講演会の実行委員であった人々が、札幌でもベ平連を作ろうと話し合い、一一月一六日に一三人でベ平連を結成し、二六日にガリ版刷りのニュース第一号を発行した。そして一二月八日に「ベトナムに平和を！　札幌市民集会」を開催し、活動を開始した。

一一月　ルソー『告白』を読みあげる。『社会契約論』から読み始めて私のルソーへの尊敬はいっそう深まった。

## 一九六七年から一九六八年

七月二三日　札幌べ平連の定例デモが始まる。第一回は八名の小さいデモだった。このデモは一九七二年後半まで続いた。

一九六七から六八年の二年間は、私にとって激動と充実の綯いまじった時期だった。

1、『ドイツイデオロギー』第一章の訳出、出版。

2、新左翼党派「共産主義労働者党」の発足に加わる（一九六六年二月）。これは武藤一羊氏らと思想、行動を共にした結果である。

3、一九六五年一〇月から、少数のなかまと札幌べ平連を立ち上げ、活動を始める。

4、フランスの哲学者アルチュセールを初めとする構造主義哲学関係の文献の翻訳、紹介などを行う。

この時期の主要な研究、執筆活動は、『マルクスにおける科学と哲学』という著書となった。この本は、かねて研究の中心に据えてきたマルクスの弁証法の構造を、『資本論』のノートである『経済学批判要綱』の分析を軸にして明らかにしようとしたものであった。私のアカデミーでの研究生活は、この著書をもって終わった。

**六月二九日**　戦没学生田辺利宏の詩と手記『夜の春雷』を読む。待望してきたもの。その克明な日記は、詩人の魂のふるえに満ちていて、読み進むのが惜しい本である。

**七月二二日**　チェコの哲学者。カレル・コシークの『具体的なものの弁証法』を読む。後半生の座右の書となる。

**一一月中旬**　アメリカ軍からの脱走兵を助けるべ平連の活動、ジャテックに加わる。

**一一月一六日**　札幌での佐藤訪米阻止のデモで逮捕され、二泊三日拘置される。

**一一月三〇日**　一〇、一一月闘争をぼくはぼくなりにのぼりつめて、いま、その結果、ひらかれてきた展望を、来年からの課題としてうけとめている。

## 一九六九年

**一月一八日**　東大安田講堂事件

**二月七日**　一月二二日付「国家秩序の暴力から東大の解放を」という声明へ賛同して署名する。

この二つのことが私にとってここしばらく深刻な問題となって突き刺さっている。北大のなかでは、私は教授会に命ぜられた学生委員であり、民青執行部諸君との団交の相手をつとめねばならず、その際一定の弾圧者の役割を客観的には演ずる場合が出てくる。それを否認するときは、これまでの全秩序へ挑戦することになるだろう。それへの恐れと不安。

他方では、ベ平連、新左翼党派をつうじての学生、市民との連帯、そこでの直接民主主義、直接行動への志。この双方の間に立って矛盾で引き裂かれそうになる。こういうときに、引き下がるべきではなく、矛盾を引き受け、自己否定を媒介にして、新しい次元へ出て行かねばならない、と思う。しかし、自分自身のなかにある気弱で妥協的な部分の重い引力を認めざるを得ない。そのためにますます苦しく感ずるようになる。

自分が一転機に立たされていることを痛感する。北大というものをどう自分との関連で位置づけたらよいか？　大学院の学生を主体に、特色ある研究者集団形成をめざすのは、たしかに一つの目標である。それから、学生運動家たちへの理論指導の仕事もある。しかし、日々の大学内での仕事はどうもうまく位置づけられない。研究活動も教育活動も今のままでは展望が出てこない。

**五月二〇日**　昨日、司法修習生の某氏と話す。現代が問いかけていることに答えない哲学者、思想家なんてものは無意味だ。哲学者として、北大の学生、教職員になぜ発言しないのか？と問われる。

自己の破産を告白し、ともに闘う思想的営為を始めようと決意する。

滝沢克己『万人の事としての哲学』より

「人が人として真に自由に生きかつ闘う道を行くこと以外、『現代における哲学』にとって、どんな『使命』がありえようか。いなそれは、ただ哲学者だけの特別なつとめではない。

現代に生きるすべての人、いないな、その時代と社会、性と年令、職業と資質、国籍と階級の如何にかかわりなく、この天地に生きとし生きるすべての人の、まず第一に心に留めるべき光栄あるつとめである。一見まったく無内容な、このひとつのつとめのなかにのみ、現実の人の真実確かな幸福と世界の平和の尽きることなき源泉がある。哲学者はただこの事実をできるだけはっきりと見きわめ言いあらわして、物心両面の形の動き、正邪、善悪、高低、精粗それぞれに異なる人生、社会の現実を、それとして的確に処理する道を、すべての人に指し示そうとするにすぎない」。

「私の内部は、全部が私じゃない。時々、はっきりそう感じるんだ。何か絶対に撲滅できないものが、非常に高貴なものが、内部に巣食っている！世界精神のかけらみたいなものだ。君はそう感じることはないかね？」（ソルジェニーツィン『がん病棟』第二部、小笠原豊樹訳）。知恵とは何か、という問いに対して、「自分の目を信じること、人の言葉を信じないことだね」という滝沢の一節も響いてきた。

**六月一日**　人生の一転機に立って、これから悲愴がらず、おそれず、なし得ることを、否、なしえないと当初思われることであっても、なさねばならぬことを問い、考え続けて行きたいと思う。

第一になすべきこと。大学立法と破防法への個人声明。

第二に大学闘争への主体として参加する決意表明。

第三に自己の哲学的営為への反省と再出発のための作業。

六月二〇日から二七日まで、べ平連北海道反戦キャラバンで、小田実、前田俊彦氏らと道内各地を回った。キャンペーンは、全体として成功であった。

**九月一五日** ヴァルター・ベンヤミンの『歴史哲学テーゼ』を読む。

「歴史の均質な経過の中から、一つの特定の時代を打ち出す。さらに時代から特定の人間を打ち出し、その人間の仕事から特定の仕事を打ち出す」。その成果は「一つの仕事の〈なかに〉その人間の仕事が、一人の人間の仕事の〈なかに〉時代が、一つの時代の〈なかに〉全歴史の過程が保存され、止揚されているというところにあらわれる。歴史的に把握されたものは、いわば滋養のある果実であって、その内部に、味わいは深いが、趣味的な味は持たない核として、時間を宿しているのだ」。

# 第４章　大学を辞め、生き方を変える　そしてウーマン・リブとの出会い

## 一九七〇年

**九月二一日**　日本哲学会シンポジウムの報告「力と理性」レジュメのためのアフォリズム、理性を弁証法的理性の意味でとらえること。その意味は、理性の冷たさ(冷たい理性)は、他方で非理性、非合理の熱さ、狂気、憤怒、打算、力に沸き立つものにおいてのみ冷たさとしてはたらく。

理性が理性として機能するのは、それが内側から噴出するものとの必死の葛藤において辛うじてはたらくときである。その意味で、真の理性は弁証法的理性である。

1、したがって、自己の対立物を持たない理性性は、理性の退廃した姿である。コントロールすべき内実を持たなければ、それは死体を数える操作でしかない。生きた、活動的な自己表現としての理性ではない。

2、弁証法的理性とは、内的な力の発揮、発現、開示である。

この年は法廷活動に追われた。情状を明らかにするため、学生たちの行動の軌跡を捉え、その思想を明らかにする準備活動に力を注いだ。

**一一月**　北大全共闘による大学の封鎖占拠を解除するため、機動隊による封鎖解除が行われる。それに抗議して五名の学生が、本部建物に立て籠って逮捕された。学生被告の起訴罪名には現住建造物放火罪があった。法定刑が懲役五年以上無期、死刑の重罪であった。この重罪攻撃と闘うために、裁判が始まるに当たって、被告側は学内の教員に弁護のための特別弁護人依頼を行った。私は、特別弁護人を引き受けた。私のほかに教養部の教員二名が加わり、計三名であったが、そのうち一名は特別弁護人を引き受けることでだけ連帯し、裁判での弁護活動はしないという立場をとった。

## 一九七一年

**七月一四日**　北大全共闘学生の北大本部立て籠もり事件公判での最終弁論を終える。公判活動では、大学側の証人（学長、評議員など）への尋問で、学内の事情を明らかにし、情状を酌量することを求めた。

フランスの哲学者モーリス・メルロー・ポンティの次の言葉にはげまされた。

「哲学者の全使命を再発見するためには、われわれは次のことを思い起こす必要がありましょう。つまり、われわれは読まれたり、また我々自身がそれでもある〈著述家としての哲学者〉でさえ、実は、物を書きもせず少なくとも国の講座で人にものを教えたりもせず、町で会う人びとに話しかけ、世論や権力に逆らってことを起こした一人の人を自分の守り神と考えなかった試しは一度もなかったということです。われわれは、ソクラテスを思い出さなければならないのです」。モーリス・メルロー・ポンティ「哲学をたたえて」『眼と精神』。

**九月一六日**　北大本部事件判決がある。懲役三年、執行猶予なし。すぐ収監される。私は、七一年七月一四日の法廷での最終意見陳述で、次のようにのべた。

「この事件は、どこまでも北海道大学の場で、学生と教師が文字通り円卓をかこんで、あるいはあの中央ローンに場所をもうけて、とことんまで討論し、相互批判・自己批判の過程をへて、お互いの責任についても明らかにされあうべきものであった。（中略）この事件で、私をしてこの席に座ることに、むなしさと矛盾をおぼえさせてきたのは、私もまた文部教官・北海道大学助教授・文学部というレッテルを身につけたことに責任があるということである。その私が被告諸君を弁護するというこのむなしさと矛盾である。この被告諸君は、我々によって弁護さるべきではなく、我々も本来弁護などすべきではない。ここでの弁護人という位置づけは、真の関係をおおいかくす。（中略）大学のなかで、我々はギリギリのところで対立しあわざるをえなくなる。学生諸君は、我々にむかって、あなたは文部教官であることによって無罪ではないとせまる。我々は、君たちも受験勉強によって他の人々をけ落とし、決まった大きさのパイの分け前にあずかっていることにおいて無罪ではないと言い返す。そうしたところではじめてなにか共同の場がひらけてくる。そこに、教師らしさと学生らしさでよそおわれない関係がひらけてくる。

いまの我々の関係は、被告と特別弁護人との関係である。この関係はいま終わろうとしている。（中略）この席を降りることは、私にとってはひとつの解放である。（中略）私が、そこで、やれやれ苦しかった裁判は終わった。あれだけやればまあよかろうと自分に言いわけして、研究室へ戻り、六九年に読みさしておいた本をひらいて読み出すとしたら、私と被告諸君とのつながりはまた切れてつながらぬものになってしまうであろう。そうならないために、この際この席をおりると共に、もうひとつもっている席の方もおりることにしようと思う」。

**九月二八日**　かねて最終陳述でのべていたように、大学の職を辞することを各方面に伝える。これは一種のコンヴァージョン（回心）であり、ドロップ・アウトであり、生き方の転換なので、なんといわれても覆せない。身軽になって〝like a rolling stone〟生き始めようと思う。

現在の年齢は四〇歳。生き方を変えるとしたら最後の機会であると考えた。この機会を逃せば、あとはずるずると既成のコース（大学教員）を続けるしかないだろう。教授になり、大学行政に組み込まれて役割を果たすことになるだろう。その道からはずれたいのなら、いま決断すべきである。自分の思想を実践する生き方をしたい。

山本周五郎『さぶ』より。

飲み屋「すみよし」に働くおのぶは、栄二が「男が女房を稼がせるようになってはおしまいだ」というのを聞きとがめる。

「ずいぶん思い上がりね」という。

男が稼いで女を養ってやるっていうのは思いあがった考えだ。「男だって女だっておんなじ人間じゃないの。この世で男だけがえらいわけじゃないのよ」。

「男が稼いで妻子を養うのはあたりまえじゃないか」

おのぶは静かに首を振った。「とんでもない、冗談でしょ。人間が人間を養うなんて、とんでもない思い上がりだわ。栄さんが職人として立ってゆくには、幾人か幾十人かの者が陰で力を貸しているからよ。さぶちゃんはよく云ったでしょ。おれは能なしのぐずだって。けれどもさぶちゃんの仕込んだのりがなければ、栄さんの仕事だって思うようにはいかないでしょ」。

こうした言葉がわかるようになったこと、それが私にとってここ数年の収穫だった。大学をやめることが少しも惜しくはない。

## 一九七二年

一月四日　「事実」ということについて考える。『資本論』における「事実」の重さ、追求の徹底的なこと。労働の状態、労働者の状態を全体的に捕まえることへの執念。事実への追求と全体を見通すこととは、相互に緊張関係にあるのではないか。事実をどこまでも追うことは、全体を我が物にしようとする意思と一体であり、かつ、相互に対立しあって人を突き動かすのではないのか。本多勝一『事実とは何か』はこういう。客観的事実というものはない。あるのは、主観的事実のみだ。立場によって事実の選択はことなる。このことは、現実へ一歩踏み込む時に、痛いほど知らされることである。

しかし、矛盾をそのように整理してしまったのでは底が浅くなるのではないか。絶対的に客観的事実がある。それとの緊張関係において、個々の事実に接するときに、初めて個別的事実もまた真剣にとらえられてこよう。それは形式においては主観性と立場において選び取られたものであるが、その内容においては、絶対に客観的である全体的事実＝真実と繋がっていなければならない。そうでなければ迷夢であって事実ではない。

**五月一三日**　伊達火力発電所建設反対の花見総決起大会が有珠善光寺境内で開催される。満開の桜の木の下で、漁師がたと飲んで飲みつぶれる。

**五月二八日**　野間宏『青年の環』全巻を読み終える。城山三郎『辛酸』も読む。

**六月一二日**　開高健『夏の闇』を読む。

ベトナム反戦運動の五年間が、私を変えたことを事実として現にある。私はこの五年間で、人間の生き方についての価値の転換を経験したといってよい。

**七月三日**　エルンスト・ブロッホ『チュービンゲン哲学入門』を原語で読む。とても面白い。読み進むうちに、次の表題に出会った。「必要＝窮乏が思索することを教える（Not lehrt denken）」人間存在の基本のところを示す思索である。この命題は、私にとって重要なものとなった。

**七月**　エルンスト・フィッシャー『回想と反省』から。

「人間とは、自分自身をつくりだすべく努力する存在である。つくり手は自分の作品に責任を持たなければならない。彼が行うことは彼の作品を顧慮してみるときに意味があるのだ。彼は構想を立てることによって多くの可能性のうちの一つを選ぶ決心をした。その可能性を実現することは彼の義務である。人間の可能性はつきない。それを最大限実現する決意を固めることは、われわれの責任である。個別のものに還元された個々人は、この最大限の実現として人類を予感する。彼がどのような意味のあるものになりかかっているのかは、彼が何を先取りするかによってまだ存在しておらずこれから生成していくもの、つまり人類を尺度にして計ることができる」。

フィッシャー自身が述べているように、この命題は古いヒューマニスムと親和的であるが、この可能性—構想—先取りという考えは、ブロッホの Noch-Nicht-Sein すなわち「いまだ—ない—存在」を存在の範疇に入れる考えと相通じる。

可能性の素材としての自己にたちもどること。つまり自分は諸種の可能性から一つの道を選んで今日まで来ている。その選択以前の自己において今の自己をとらえてみる。そうすることによって、今の自己の中に埋もれている可能性の範囲に目覚め、新しく選択しなおすことができる。未展開に残したものをはっきりさせる。否定したもの、選ばなかったもの、押さえ込んだものを吟味し直してみる。そういう作業が必要である。

**九月二一日**　波多野精一『時と永遠』を読み始める。ブロッホを読み、波多野を読み、心躍るものがある。波多野における、自然的生と文化的生の対比は次のようである。自然的生の立場は、あくまで自己主張する主体が、実在する他者と直接的な関係交渉をする。その場合、他者は抵抗、緊張、自己主張を誘発する実在者である。しかし、実在者と実在者の直接的な、したがって外面的な接触は衝突であるため、主体にとってそれは他者よりの圧迫、侵害、また存在の喪失である。自然的生を生きるかぎり主体は存在を獲得しつつしかも同時に喪失する。生ずるは滅ぶ。来るは去る。現在が時の全体を包括する。主体と他者は存在の真の共同に達しない。他を滅ぼし、自己を滅ぼす。

文化的生は、そこからの解放ではある。客体を成立させる。観想する。ここでの主体の自己主張は、客体のあり方の特異性に応じて、他者を排斥しつつ自己を貫徹しようとする形を捨てて、他者においてかくれた自己をあらわになしつつ、自己を実現する働きとする。自己実現こそ文化の基本的動作である。他者性を可能的自己ととらえ、お互いの関係を表現する関係とする、それぞれが主体の自己表現となる関係である。文化の世界における自己表現は、他者を自己表現の道具とするために、実在的他者を喪失し、孤立化と安定を見ぬ緊張に陥る。

こうした論理を受け止めようとしていた根底には、具体的な人間関係に悩み、苦しんでいたことがあった。

**一〇月二三日**　札幌べ平連の仲間のMさんが言った。何度も会計士や経理士の免状を取ろうと思ったが、その都度思いとどまった。非常に迷った。しかし、何の免状も持たずに生きてみようと思った。それは非常に困難なことだとわかるが……。ただの人、自覚した人の生き方の覚悟がそこにある。ただの、一人の生き身の人間として、帆を張って広い海原を走る、その不安とそこで感ずるものに賭ける生き方である。その覚悟に深く感銘する。

**一〇月二六日**　和書のほとんどを売る。本棚が空になった。寂しさと不安につきまとわれる。しかし、こうしなければならない。本にたより、本の中で生きてきた自分を解き放すために。どこまでさすらって行くのかわからないが、はじめからやりなおし！

**一〇月二七日**　ベトナム戦争が停戦になった。ベトナム戦争は、私たち日本人にとって何であったのかを問わなければならない。私にとって何であったのか。ベトナム戦争反対運動に関わったこの五年間が、私を変えたことは事実である。私はこの五年間で人間の生き方についての価値の転換を経験したといってよい。この間、反戦活動は、少数とはいえ日本の中で山崎博昭、由比忠之進、榎本重之、糟谷孝幸などの死者を生み、多数の負傷者や起訴され有罪を宣告された活動家を生じさせた。

ベトナム反戦運動は、我が国の政治、権力構造そのものに迫る草の根の運動の発火点になった。大学闘争へ、沖縄—安保闘争へ、現在の地域住民闘争へ、われわれ日本人民が、人間であることの叫びとして、アジアの人民の一部分として復権しなければならないことを、ベトナム戦争はわれわれに告げてくれた。

ベトナム停戦は、日本人がアジアの人民として復権を遂げる道のきびしさを照らしだすものではなかろうか。

アメリカの七年間にわたる北爆と侵略、皆殺し戦争、それが世界第一位のGNPを誇り、世界最高の科学技術を持ち、高度な文明を持つアメリカによってなされ、ついにアメリカ国民になにひとつ価値をもたらすことなく敗北し、引き上げて行かねばならない。日本人の人間としての復元、アジアという地域に住む住民としての復元が、今こそ問われるのではないか。今、地域住民運動が、全国各地に澎湃として盛り上がっているが、その運動は、地域に住む者としての復元、自覚化、自治への求めを含んでいる。その地域への自覚はひろくはアジア地域に住む住民としての目覚めにつながるだろう。アジアへの侵略基地や侵略拠点としての日本全国の全土武装化（新全総はその土台形成ではないか）、全土くまなく権力の意思で包摂する動きを、地域の自立性、開放的な自立と連帯の方向で打ち破って行くうごきがそこにはある。

われわれはアジア人として、アジアの一部としての日本列島居住民として自己を復元せねばならない。

**一〇月二七日**　金時鐘が『朝鮮研究』一九七二年九月号に「朝鮮人の人間としての復元」という文章を載せている。新宿駅でスキー客がスキーを林立させて列車を待っている姿を見、そのあいだをかいくぐって歩きながら、彼はいい知れぬ恐怖にとりつかれたという。

「それはもはや人間群落というより、昆虫か何かの群れではないかとさえ思ったほどでした。何もバカンスであるとか、スキーに夢中になるとか、私はそんなことを問題にしているのではありません。ただ、そういう一切の無関心を決めこんで、ただの量としてかたまって時間を待っているということ。何の感慨もなく何時間でも待ち続けている。新聞などを見ると、一昼夜ぐらい待つのはざらにある。そのような無関心の『量』の中をかいくぐってゆく。無関心が絶対量となった中を、私は針で縫うように点にいたらねばならない。それでいて、この群落は私を『朝鮮人』として識別できる触覚だけは万全である。このときに感じる恐怖というものは理屈ではない。個として朝鮮人が日本人の絶対量の中をかいくぐる時の恐怖。それは『私』という『個』が背負いこんだ絶対の恐怖であります。私の網膜の中へ電車がすべりこむ。車掌がおりたって、お前たちの行くところはあそこだ、と指を指す。そのリュクサックはみるみる背ノウになりかわり、林立したスキーは銃剣に早変わりして、彼らはなんのへんてつもなく移動を開始するのです。私はこの恐怖を『日本人』に知らせる手立てを持ち合わせません」。

私は、この金時鐘の一文を忘れることができない。われわれはアジア人として自己を復元しなければならない。日本列島の居住民であることをこの機会に徹底して自覚しなければならない。

私にとってベトナム戦争は生き方の根本を揺すぶることとなった。朝鮮戦争の時、学生だった私は、かなり観念的に純粋にそのことを考えることができた。三〇代後半でベトナム戦争にぶつかり、大学教師としての日常からはみ出し、その延長上に大学闘争を迎え、大学をやめ、生き方を違った方向へ進めようとしている。私には新たな価値の感覚が生じてきている。

**一一月三〇日**　伊達火力発電所建設反対を新全国総合開発計画という枠組みとともに考えて行くと、文明観、歴史観の問題にぶつかる。農工両全といい、開発のスローダウンを説き、第一次産業の擁護へ傾くとき、政治的自治、国家機能の縮小といった方向でいいのかどうかを含めて、資本主義的発展をどのように否定し、越えるのかという問題が提起されてくる。

中央権力の打倒、プロレタリア独裁の国家権力の樹立という古典的な革命のイメージは、理論的にも、現実的にも成立しえなくなった。過渡的政府による構造改良の道も挫折と幻滅で、迎えられるのではないか。そうなると一方でのアナーキズム的な自治管理志向、他方での抽象的世界主義への両極拡散が出てくる。歴史への志向を持たねばならないことをおぼえる。歴史に問う以外に答えを得られる道はなさそう。しかし、いかなる歴史にか？

**一二月四日**　北大裁判の被告三人が懲役刑で下獄する。彼らの懲役と同じように、私もまた時代に撃たれ、負傷したまま、二度と幸福な日常には戻れなくなったようだ。爆弾の落ちた穴から生じる問いにあらためてぶつかる。

ベトナムの民衆の心に少しでも通うものがあるとしたら、それは今のような気がする。時代の大波が私たちを撃って通り過ぎた。私たちは前線にいた。そして闘いながらその大波にまともに突っ込んで四散した。多くの人々がその波の中で傷つき、もがき、囚われ、今も闘っている。私も自分に正直である限りこの道を進むよりほかはない。

**一二月一九日**　北爆再開。ベトナム戦争史上最大の北爆。

## 一九七三年

**一月一九日**　伊達火力発電所建設差し止め訴訟公判が開かれる。傍聴券取りに前夜から札幌地裁のそばの路上にテントを設営し泊まり込む。

地裁前のテントの隙間から冬の夜明けを見た。黒々とした木々の枝が空を編み、その背後の空が白んでくる。その美しさ。それが、テントの片側の布を跳ね上げた三角の枠で小さく切り取られて見えるところがまたいい。その風景が、心を洗うような味わいを持っていた。夜が明けるときのひととき。水銀灯が青白く光を落としている。人通りはまだない。そうしたいっときを見られるのも、徹夜の傍聴券取りのおかげだ。大地の冷たさ、雪との親しい接触。夜明けとの出会いだ。

**一月二六日**　ベトナムの戦火がやむ。アメリカの軍隊がベトナムから出て行く。沈黙してそのことの意味を感じ取っていたい。「時代」の大きな波が引いてゆくのだろうか。いろいろなことが浮かんでは消える。自分の受け止められる以上の量の事態にぶつかる時、人は断片的にしか反応できないのかもしれない。

この五年ばかりの間、一緒にデモをした多くの人々のこと……ことに初期の頃一緒にいた若い人たちのことが心に浮かぶ。そして大波に突っ込んで傷ついた人たちがこの「和平」をどう受け止めているか。

ベトナムの一人一人の人たちのことを考える。戦火が終わった時から、この戦争で死んだ肉親や愛する人のことが思い浮かんでくることだろう。悲しくてならなくなるだろう。戦火が続いている間は、自分にも死者と共通の苦しみ、不安、運命がつきまとって絆となっていたけれど。自分が生き残ったことを通じて死者から遠ざかる思い、死者がもう帰らないことへの痛みとなってやってくるだろう。

**六月**　札幌べ平連についての、会社員の村山トミさんの総括文書から。

「……べ平連があって、自分がそこに含み込まれてきた関係を、個の原理とは何か、と問い直すことによって、逆に自分の個を持ってべ平連とのかかわりを創り変えて行かないかぎり、本来の在り方に立ち戻れない……『私たち』をばらばらの個にもどし切ってもう一度集合した『私たち』であらねばならない……そう気がつくと、ことは簡単だった。べ平連の当初を思い出しさえすればよかったのだ。『したい人がする』それだけでよかった。……

自分にとってしないではいられないような、したいこととは何か。だれがしたい人なのか。その人とどのようにして、どのくらいつながっていけるのか……札幌べ平連の仲間たちと、北電の伊達火力建設反対に取り組んでいた有珠へ行ったのは四月八日だった。そこには、ベトナムの人たちを通して知った『人間の生きる』と重ね合わさる『生きる』を必死で守ろうとする人たちが住んでいた。だから私の心は片思い的に重ねあわさっていく。

「真にベトナムを考えることは、この地、この足元から人間の生きる立場を築きあげていくことなのだと、自分の生き方を問いなおすことでもあった。家の問題、自分と親、家族、家庭との関係、男との、男社会との関係が見え始めてくる。そこでなおも、自分が生きるということを、身をもって知ろうとする時……女の置かれた地位、ことに解放され始めた感覚で男＝愛に向かったとき、女と男の関係性に目をこらさなければならなくなり、あらためてウーマン・リブの問題がつきささってくる。

ベトナム戦争が、単にベトナムの戦火が止むだけでよいというのではなく、それを見つめた人間の生き方に関わったとするならば……体が二つも三つもないことが……自分の中に起こってくる諸々の問題に関わりきれないことの原因だったとしても、常にその痛みをかかえこむことになるだろう。……そうした個々の事柄が排他的にならず一つの流れに合流することが出来たら、せめて個人の中でまじりあう形になったらと、思わないではいられない。……身一つゆえに感ずる心に痛みを、それなりの自分の身で感じ続け、心に分業させず、それらすべてを自分の心に抱えこみ身いっぱいになり、みぐるしい部分が出てこようとも自然の心と身体を一緒にして全体的な『生』を生きてみたい」。

この総括は札幌べ平連が生んだすぐれた総括といえる。こういう総括が導いた活動の具体的な方向は「新全総（新全国総合開発計画）」の勉強会であり、この勉強会をつうじての伊達火発建設反対の現地の人々を支援する運動であった。

彼女をつうじて、反戦運動から個の生き方へ、そして生き方としてウーマン・リブへ、その歩みを経て反開発地域運動という歩みが形作られていった。

**一月二九日**　朝日新聞で、ベトナム解放戦線のメンバーが高い木に登って旗を掲げ降りてくるところ、子どもが両手を左右に広げ、躍るような姿で、体いっぱいの喜びを表しているところ、二枚の写真を見た。この二枚の写真が、「ベトナム」に対する親しさを喚起した。このベトナムと繋がっていきたい。Mさんが言った。最低あと二ヶ月、デモでアメリカ軍の撤退を送りたい。札幌べ平連のデモなど、吹けば飛ぶようなデモだ。笑われようとどうだろうと、私たちがベトナムへの一本の花束を贈るとしたら、そういうデモしかない。心を贈るデモ。

**二月五日**　北大の学生たちが中心の「札幌水俣病を告発する会」のニュース「汚点」第六号にのっている秋山夕子さん（仮名）の「一粒の砂がつぶやくこと」という文章の持つ思想に触発された。少し長くなるが引用して感想を述べたい。

「私は人との出会いが恐ろしい。他人の眼差しのなかで自分が一粒の砂でしかないことを教えるものだから」。精薄児施設でヒサユキくんという自閉症の子と付き合う中で、ヒサユキくんが話しかけてくれた経験をこう総括する。

「ヒサユキくんが誰かを大切に思い、その人がヒサユキくんを大切に思ったとき、ヒサユキくんが自閉症だということが、その人とヒサユキくんにとって支障になるとは思えない。(中略)

水俣病患者の上村智子ちゃんには、智子ちゃんが愛しくて愛しくてたまらないお母さんがいる。だから智子ちゃんが笑うことに大きな意味がある。けれども、映画『水俣』で誰かが上村智子ちゃんの笑うシーンを見ることに何か大切な意味があるだろうか。(中略)上村智子ちゃんは、この生を選びはしなかった。この生を強制したのは、そして強制し続けるのはチッソだ。だから、それを告発しなければならないと思って、私はビラをまく。けれども、智子ちゃんがチッソに強制された生を、今、現実に生きている事実の前に、私の感情は微妙に揺れてしまうのだ。巨視的な世界で、水俣病への企業責任を追求することをやめてしまえば、今度は、智子ちゃんの生そのものを完全に否定してしまうだろう。(中略)そのことを意識してなおかつ私は智子ちゃんが生きていて、お母さんの笑いかける事実に困惑する。この状態がひどいといえば、智子ちゃんの生命に一つの判断を下してしまうことになる。どうしようもない葛藤。智子ちゃんの生活から遠く離れ、智子ちゃんにとってまったく関係ない世界で生き、智子ちゃんにとっては出会うことすらまったく必要でない私が智子ちゃんの生命に一つの判断を下すのは冒瀆だ。生活を破壊し、生命をうばい、健康を脅かし続ける企業の犯罪性、それを擁護する権力機構を暴露すること、それは、私が掲げてきたし、これからも掲げて行くであろうスローガンだけれども、ふと、その時私にとって智子ちゃんはいつでもそこから恣意的に逃げ出せる世界にいるということを黒雲のように、私を包む。

こんな風に葛藤しながら、この世界にとって、一粒の砂のような私が地下街に立ってビラを撒く。私にとっては砂のような大勢に人たちが私には目もくれずに通り過ぎてゆく。私には世界が広すぎてたまらない」。

出会いから始まる濃密な人と人との関係と一粒の砂としておかれている広すぎる世界との隔たりに悩む姿が心に響く。広すぎる世界にかかわらずには、人の生存の実態が抹殺されてしまう。しかしまた、巨視的な世界にのみ立っていては流され、一粒の砂としか扱われない。「出会い」と「コミットメント（関わり）」から開かれる行動の原理との葛藤が生まれる。

ずっと後になって、私は水俣の「遠見の家」を生活の場としている上村智子ちゃんと出会った。「おいくつになられましたか」と問うたら、「五〇歳」であった。お母さんも一緒だった。言葉にはならない感銘が走った。そして、秋山夕子さんはどうしておられるかなと思った。

**二月一六日**　寺井美奈子さんが、雑誌「展望」に、「預かり人の思想」という文章を書いていた。寺井さんは私的所有意識の止揚を、「共有」に求めるのではなく、「預かっている」という「共生」に求めようとしている。モノと人との共生関係としての「預かっている」という意識は、相手に主体があることを認める意識である。それは、「客観性」のとらえ方に通じる。自分自身の行為や思考を、自分から切り離して眺めるという仕方での客観性のとらえ方である。自分とのつながりを切ってみる、そこに客観化の始元的な働きがありそうなきがする。それは、痛みをともなうことであり、有限性の自覚をともなうことである。

**二月二二日**　ブダペスト弦楽四重奏団は非常に長命だったが、その理由は、四人のメンバーが、意識して別々の生活を求め、一緒に旅行することさえしないほど徹底したものだったという。その中の一人、アレグザンダー・シュナイダーはこういう。

「私たちはリハーサルのとき存分に話し合っている。政治はもとより、人間性とか、世界情勢に至るまで、話題にならないものはない。多面、私たちはまったく別のパーソナリティを維持するために、できるだけ別々に離れていることが大切だった。同質性（ホモジェニティ）ということは、音楽では一番悪いことだ」。

音楽ではそうだとして、男女の間ではどうか。くっきりとした個性と緊張があればあるほど良いのではないか。それを養うには孤独が必要だし、それぞれ別の経験に媒介された相互了解が必要なのではないか。

**三月三日**　アイヌ解放同盟（結城庄司が中心）主催の「アイヌ解放の夕べ」が開かれた。シンポジストは金城朝夫、結城庄司、三好文夫、河野本道の四人。金城氏は沖縄とアイヌの類同性を沖縄に即して語り、作家の三好氏が皇国史観との闘いを焦点に和人はアイヌ人のよきシサム（隣人）たれとのべ、考古学者の河野氏は、アイヌ先住民の北海道に対する主権の復権を目指して、アイヌ人民裁判で権力を糾弾せよと語り、結城氏は北方領土返還におけるアイヌ不在などに触れながら、アイヌの自覚を促す自らの使命をのべた。

発言者たちは、自然破壊との闘いの文脈にアイヌ民族の復権の闘いを位置づけようとしていたが、それは具体性を持つ。新全国総合開発計画（新全総）は内国植民地化を含む帝国主義的経済構造の強化に通ずるものであり、それが沖縄処分と蝦夷処分の両面を含むゆえ、当面の闘いの標的である。

その際、アイヌがいま共有しようとしているアニミズム的な自然観の批判的な捉え方が必要になる。たんにロマン主義的にそれを賛美するところからは、闘いの基盤としての積極的な自然観は生じないであろう。アニミズム的自然観が持つ自然との共生意識を今日どのように復権するのか。自然のうちに霊性を感じ取る在り方を、感性やエートスの形で賦活させることの重要性は注目してよいように思う。

**五月一日**　チャップリンの映画『モダン・タイムス』を観た。二度目だが、前には観えなかったものが観えた。ポーレット・ゴダードの野性味にあふれた美しさ、事にあたる際に全身で全てを出し尽くすようにしてかかわってゆく姿。自分を出し惜しみしない姿。他人にたよらずに生きる生き方が魅力的だった。

チャップリンの機械工は小心で小市民的な生活を夢みる男だったが、女の野生的で奔放な生き方に惹かれて自分のなかに新しい力を発見して、これまでとは違った生き方へと突き進んでゆく。パンを盗んだ彼女が逃げる。出会い頭にチャップリンと彼女は抱き合って倒れてしまう。起き上がったとき、彼女はパン屋に捕まってしまう。パンはチャップリンが持っている。事情を飲み込んだチャップリンが、盗んだのは私だという。二人の生き方がかさなり合う。拘置所から釈放された彼を迎える彼女の姿も魅力的だ。ものかげに身を潜めていて、飛び出して彼に目隠しをする。そして抱きつく。彼女は一茎の花を指先にかざす。野の花を頬のそばにかざし微笑むことで、豊かな愛が表現されている。チャップリンは照れて草をむしってパッとほうりなげる。このお互いの愛の表現は美しい。ボロ小屋での彼女の振る舞い、床が抜ければ机をサッと横にずらし、つっかえ棒が外れれば全身の力を込めて入れ直し、チャップリンが川に落ちればすっと足を出してつかませる。チャップリンを愛しながらもたれたりしない。自分は自分、相手は相手。カフェに就職したチャップリンが歌を歌うのに歌詞をなくすと、なんでもいいから歌えと、脇で励ます。彼女の全生命的な、自由な生き方によって、チャップリンの優しさが強さに転じてゆく。夜明けの一本道を、一本の線の両側を二人が手をつないで歩いてゆく。二人の間を一本の線が仕切っていて、ふたりはふたりとして自立し、もたれあわないで歩いてゆく。しかし手をつなぎあって。そこに現れるＤＡＷＮ（曙）と現れる文字の美しさ。

**五月一三日**　ウーマン・リブの活動家、田中美津の評論集『いのちの女たちへ』を読む。読むのが苦しい本であった。その中で、人間の生命の本質がやさしさにあると、田中美津はいっている。その直観に通ずる思いが自分にもあることに気がついた。「個体としてしか生きられない生き物の哀しみを、わかちあっていきたいというやさしさ……コミュニケーションと言われるものの根底にはやさしさが流れている。コミュニケーションとしての性とは、やさしさの肉体的表現なのだ」と彼女はいう。

『生きる場の哲学』を書いたとき、「やさしさ」を思想のカテゴリーとしたことの一つのきっかけは、この田中美津から得たものだったことに気がつく。

**六月一四日**　伊達火力発電所強制着工の日。朝四時に起きて現地で座り込む。機動隊に守られて北海道電力が行動を始めたのは午前五時。昼過ぎまでごぼう抜き、くり返し座り込みの攻防が続いた。有珠の海をまもる会の漁師たちの阻止行動は、労働組合や学生が隊列を組んで座り込むのとは正反対。個人、個人で動く。一見ばらばらに見えるが、お前がそうなら俺はこうとお互いに呼応し合って動く。機動隊はその動きに対応できない。ここでも個人が軸になった振るまいが見られた。自前のアナーキズムというべきか。

**六月一六日**　有珠の漁師のＨさんの家に泊まり込んで、昆布干し、ホタテ籠の整理、ワカメの種糸作りなど漁の手伝いをしながら数日間を過ごした。ひいおばあさん、祖父母、若夫婦、弟、二人の娘の、八人家族。当主の祖父は、日中戦争時、機関銃隊で各地を転戦、北満警備についたあと一度除隊になるが、昭和二〇年、再召集され樺太へ派遣される。敗戦後シベリアに送られ三年間強制労働に従事したのち帰国した。静かな、口数も多くない老人である。毎日コツコツと仕事をしている。奥さんはらいらくな感じの明るい人。体はゆったりと太っている。長男のYさんは明るい感じの三〇代前半の青年漁師。有珠の海を守る会の若手活動家の一人だが、温厚さを備えている。Yさんのお嫁さんは、きかない感じが目のあたりにただよっている美人。強行着工時に、北電の作業員と向かい合っている写真が北海道新聞に大きく載せられていた。

一日雨、浜で仕事をしていると心が安らかになる。顔を上げると東側になだらかな山が新緑に映えている。この有珠山が目に飛び込んでくるごとに、あっと息を呑みたくような気持ちになる。もう一軒、Nさんの家も八人家族で、おじいさんは青森県出身で戦前の共産主義運動を身近で経験した人だった。労農党のこと、渡辺政之輔の妻丹野セツさんのこと、大杉栄の名前も出てきた。

この両家ともアイヌの血筋である。

有珠海を守る会の会合を傍聴した。いちおう会長のCさんがまとめ役なのだが、熱が入るとみんな自由に喋りだし、収拾がつかなくなる。しばらく経つと声の大きい人がみんなへ向かってしゃべる。すると、ふっと話が途切れてみんな聞く。それからまた誰かが意見を言う。するとそれへの応答が始まり、また、てんでんにしゃべる。そんな繰り返し。まとまらないといえばまとまらない。しかし、ごもっともごもっともという盲従や誰かに無言で従うのではなく、感情的だったり、客観的ではなかったりするが、個であることがはっきりしている。

のちに宮本常一の本で読んだ、対馬の古村の寄り合いでの物事を決める仕方に似ていた。直接民主主義の原型はこういうものかもしれない。

六月下旬から、伊達火力反対の運動を記録する冊子を作ろうということになって、有珠の歴史を調べる役割を引き受け、北大の北方資料室から手書きで筆写された松浦武四郎の『近世蝦夷人物誌』を借り出してコピーして読む。すごく面白い。これが武四郎との出会いであった。これをきっかけに松浦武四郎への関心を深め、その地理取調日誌をほぼ全部読み、足跡をたどり、のちに本として『静かな大地――松浦武四郎とアイヌ民族』を書いた。

**七月四日**　札幌べ平連の総括の話し合い。個としてのおのれ、をくっきりさせようという問題提起について考える。そのとき、個を成立させる共通の基盤を問う必要が出てくる。様々な問題に関わる自分、しかし関わりきれない自分を痛みとして引き受け、心に分業をさせない自分、自然の心と体を分裂させない全体的な生き方を求めたい。他者の存在を抱え込んだ自分、他者と共通の場に進み出る自分に目覚める時、それは痛みを通じて感じられるであろう。他者が「個」に目覚めることを招くようなあり方はできないものだろうか。私にとって個の原理とは、私の持ち物を手放すことに耐える、といったことかもしれない。自分の持ち物を増やそうとしたり、少しでも良い暮らしを求めたり、諸々の階段を上へ登ろうとする自己を肯定しながら、「個」を主張したりすることはしたくない。だとしたら、共通の基盤とは何か。生きることに必死の戦いをし、生きるという課題の真正面に向き合う努力へ無条件に手を差し出すありようを共通にしたい。

**七月二四日** 有珠の浜で、夜、星を見ていて、北斗星はあっちだこっちだと言いあっていた時、私が、それじゃないよ、こっちだよと言った。その声がいかにも自分だけが知っている、そんな星を北斗七星だなんてばかだなあと嘲るような調子だった、とTさんにきびしく言われた。浜の雰囲気と溶け合っていれば、あんな声が出せるわけがない、と言われた。これは骨身にしみる批判だった。私には、自分の持ち物を誇ろうとするところが根強く残っていることを指摘されたからである。Tさんのこの批判は、私に愚かな己へ目覚めさせてくれるものであった。愚かにも浮き立つ己の姿を見据えて、地面に足を付け直さなければならない。

この間(一九六八年から一九七二年まで)に書いたものは、『力と理性』という評論集に収めてある。この著書は、北大在籍時から退職した時期にかけてまたがっている。その内容を抜粋して紹介する。

『力と理性――実践的潜勢力の地平から』（一九七二年刊）

この本の最初の問題は理論と対置されたものとしての実践とその具体性についてであった（序章）。

1章は、1節、高度福祉社会とマルクス主義哲学、2節、人格的潜勢力と自己表現の弁証法、3節、希望の原理としてのマルクス主義の三節からなる。

いずれも一九六八年、六九年、七〇年の激動期に書かれたもので、1節では急進的合理主義としての構造主義（アルチュセールなど）を、マルクス主義の歴史主義・人間主義的な解釈の一面性を克服する契機としてとらえ、マルクスの『経済学批判要綱』の中の労働様式の質的変化における諸個人の発展論でそれに答えようとした。この点は、後にアントニオ・ネグリも着目し、彼のマルティチュード論の柱としている。

資本を前提とした社会的再生産の循環・蓄積過程は、生産力の発展を、広義の固定資本の蓄積過程とする。生産過程は単純な身体を駆使する労働過程から、知識と熟練の蓄積が固定資本の性質として吸収された「機械装置―自動機械体系」を運転する科学的過程に変わる。それにつれて労働様式にも質的変化が起こる。

自動機械体系における使用価値形成過程の主導因は、産業過程に転化された自然過程、すなわち機械自身であって、労働者は生産過程の外部に、その横に、はみだすようになる。

産業化された自然過程が生産の主導因であるということは、人間が科学と技術という形態で社会化された普遍的生産力の持主であるということ、そしてそれは共同的な結合作業としてのみ発揮しうるということを意味する。

ここまでは現実の姿であるが、そこから労働者が身につけた労働力能の潜勢力を自覚し、発展させようとすれば、その力能の商品化を否定する意識の発展が生ずるだろうと見通していた。しかし、その後に生じた事態は、労働者からのその力能のいっそうの搾取であり、企業システムへいっそう組み込まれ、服従して行く過程であった。企業システムは制御の力を強め、労働者が制御に服従させられる度合いは強まっている。労働組合は、社会変革の主体としての実践力を失い、経済要求と労働条件の改善、雇用の安定に活動範囲を限るようになった。ソ連型社会主義・共産主義の失敗とともに、目指すべき次の社会の姿は見えなくなった。

2節は、東大闘争、全共闘運動に触発された哲学的思索である。山本義隆東大全共闘議長が『攻撃的知性の復権』という一文で、「自己否定をかさねて最後にただの人間、自覚した人間になってあらためて一物理学徒として生きてゆきたい」と宣言した。この山本義隆の発言に呼応した九大教授滝沢克己は、「物心両面の私した持ちものへのとらわれから脱して、本来無一物の自己成立の根底、人間成立のかの低みに立ち返ること」が肝要であるとのべた。この二人の発言に触発されて、「私がこれこそ私のものだと誇れるもの……がなにもないという自覚、あるいはそうしたものから自分をひきはなして素手の人間であることに徹しようとする自覚が、「ただの人間」の低みに立つことであり、そこでの自由をわがものにすることこそ、いわば物的富の弁証法的否定としての人格的富の発見につらなるのだ」と書いた。そして、「われわれは、現実の全体を直観しうるためには、意志的に選びとられた実践主体の立場に立たなければならない。そしてその実践主体の立場を現実的にあらわす在り方として、「ただの人間」であること、……脱―私有態としての人間の在り方、を考えた。この在り方は、さらにいうならば、一個の人間的「自然」へと、自己を帰着させ、その「自然」としての自己から出発した交通様式をつくって行く在り方である」とした。

この思想はただ思想として紙に書かれたのではなく、大学の職をやめ、実際にただの人としていき、自然としての自己から出発した交通様式をつくって行く実践となった。

3節の「希望の原理としてのマルクス主義」は、ルイ・アルチュセールの構造主義的マルクス主義批判とチェコのカレル・コシークの『具体的なものの弁証法』への共鳴についてのべている。アルチュセールは、実践を特定の人間主体の、意識によって導かれるふるまいとしてとらえることを、「実践」概念の人間主義的イデオロギーによる歪曲としてしりぞけ、実践概念を一定の構造性（対象―手段―動力）を持った対象の形態変換の過程とし、こうした諸実践の複合的統一において現実の総体をとらえようとした。サルトルは、アルチュセールを歴史と人間に対して構造を特権化して主体を消去すると批判し、実践と構造を弁証法的な相互性においてとらえるべきであると説いた。

これに対してコシークは、実践の存在論的把握を中心に据える。「人間とは、その存在が、社会的――人間的現実の実践的生産ならびに人間的現実と人間外的現実、要するに現実一般の精神的生産によって特色づけられるところの存在である」。実践は人間存在の本質的使命であり、そのような意味での実践は人間のすべての表出にあらわれる。このような意味での実践は労働だけではなく、実存的な契機を含んでいる。すなわち人間的主体の構築、人間的自由の実現過程でもある。

「『普遍――人間的なもの』、『歴史の全領域に共通である〈非歴史的なもの〉』を歴史から消去してしまえば、それは相対主義に陥るし、逆にそれを歴史の外に押し出してしまえば、形而上学的な存在論に逆戻りする」。そうしたものを「あらゆる歴史的局面に普遍的な条件であると同時に、特殊的な所産として、具体的総体性としての歴史的現実に包摂」し、「歴史的実践とそれの創造物においてだけ、彼の永遠性をみずからに創造する」(カレル・コシーク)。コシークはいう。歴史は上演の原理で考えるべきではないか。歴史は大衆と個人、階級と民族、大個人と平均的個人などのすべてが一定の役割を担って参加する劇であり、演技者と観客――相互にその位置を変えあうものであるが――とをふくむ人間の実践的関係の総体ではないのか。政治の本質は、「なにが人間のなかに生じ、目覚めているか、そこではなにが解放され、なにが抑圧され、眠りこまされているか」に左右される。「権力の行使によって人々の間に不満、私的利害、偏見、低級な本能がめざめさせられ、人々の心の中の正義感、真実感がにぶらされ、かれらが卑俗さと暴力にかりたてられるか、それとも逆に、芸術的に、自由に、生きようとする性向、情熱、能力、可能性を、自己の力量、支柱として発展させられるか、という点にこそ政治の本質がある」。

このあと、哲学的存在論、すなわち歴史とは、時間とは、人間とは、なにかを問う問いを、マルクス主義哲学はとらえなければならないと論じている。美とか倫理とか宗教という領域で扱われてきた非定量的な、意味と価値の問題へ開かれた把握である。これはマルクス主義の歴史観とされてきた史的唯物論を相対化し、西洋哲学の本流である人間と自然の総体的な把握としての存在論に立ち戻ることになる。

私自身は、ここまで哲学のカテゴリーの中で思索してきたが、以後はより現実の実践に重きを置く方向へ進んだ。

2章は、1節、七〇年代変革のための思想についての走り書き

1平田清明氏の問題提起に即して　2滝沢克己氏の哲学　3現代における《危機》と実践

一九六六年は、マルクス主義理論上の目印となる年であった。マルクスの「経済学批判要綱」研究である平田清明『経済学と歴史認識』、内田義彦の『資本論の世界』、そして、「ドイツイデオロギー」の新編集版発表など、新しい成果がでた。その後、大学闘争、反戦運動

の高まりが生じ、その過程で、帝国主義と市民社会とを串刺しに批判しなければならないという課題が意識されるようになった。企業システムが市民社会を乗っ取るようになり、システム操作の指示命令―服従の行動様式が市民社会を支配する事態が生じてきた。『自由人の連合』を目指す市民社会論が現実性、有効性を失うようになった。この状況の理論的認識の一つは、物象化論であった。

## 2節、物象化と潜勢力の弁証法

### 1、歴史の蓄積＝再生産的把握――『要綱』と『資本論』の対比から　2、物象化を生みだし超克する潜勢力

マルクスの弁証法の論理を見ると、物象的世界に対立するものは、純粋に非物象的なものとしての力能と活動そのものである。この純粋な力能の支出は、対象に吸収されてはじめて自己自身を表現し、自己自身を知る。物象的な社会関係の進展は、逆に、この非対象的な力能の疎外を促進する。人間的力能が、物象的関係世界の中に組み込まれ、隷属させられ、抽象性と盲目性のままに発現させられるかぎり、その担い手は物神崇拝と惰性的で功利的な日常実践に埋没し続けることになる。自分の理解できない支配の構造が運命として彼（彼女）をとらえ、彼（彼女）の力能の支出を命じ、服従を強いるので、彼（彼女）はその構造を所与のものとして受け取った上で、自分に直接降りかかる害を避け、利益を確保しようとする。これが今日まで支配している社会現象である。

欲望の管理と欲望充足の商品化という今日進行している事態は、結果として労働力再生産過程の管理のみならず、人間の生命活動そのものを個から引きはがして、交換可能な物象性の形態のもとに置こうとする。

そうした状況に立ち向かう手がかりは、この段階では〈やさしさ〉と〈理性〉と両者の結合した〈実践〉に見ようとしている。無知の暴露によって愛知の要求を高めるというソクラテスの否定の弁証法にまなびながら、欠如や欠乏は、その欠如の意味や価値を知ることによって、それを取りもどす潜勢力を呼び起こす可能性を持つといった、まだ抽象的な提起にとどまっている。

3章は、この四節からなる。

1節、人としての自由——滝沢克己とソルジェニーツィンにふれながら

2節、北大・1969——私はこう考える

3節、一九六九年秋——断想と手控え

4節、幻の大学の立ち処——北大本館封鎖解除事件公判の特別弁護人の座をおりて

一九六九年、七〇年、七一年に書いたこれらの文章では、講壇哲学者の座をおりて、「ただの人」として生き始めたことが現れている。特権と差別の否定へ人をむける力を持つ学問、「精神の営みとしての学問」という思いがはっきりしてきた。

1節では、滝沢克己の「哲学」とソルジェニーツィンの「文学」における自由、囚人とい

うすべての自由を奪われた状況の中でも、自分自身の心を失わず、持ち続ける在り方があることを教えられ、一九六九年の学園とそれを取り巻く社会に立ち帰って考えてみると き、その虚偽性が露わになったのをみてしまった上は、いわゆる「正常化」に自己をなじませることができなくなるとのべていた。

2節は、北大の学生教職員にむけた問いかけと所信の表明として、自分で作成したパンフレットである。

3節は、六九年一二月に、雑誌『ユリイカ』に発表したエッセイである。このときすでに次のように書いている。

「沖縄施政権の掌握を機に太平洋、日本海、東シナ、南シナ海からさらにマラッカ海峡、インド洋を窺う「国策」の登場、（中略）沖縄施政権返還とともに「戦後」が終わる。そしてすぐつぎの「戦前」である」。その後の政治過程は、この予言の通りに進行しているといえるのではないか。森崎和江、石牟礼道子そしてデカルトなどを引きながら、知的作業が気晴らし逃避の役割をする中毒としての研究を乗り越え打ち壊すには、役割人間であることへの拒否、そこからの「ドロップ・アウト」を生き方の根底にすえつけなければならないとのべている。

4節は、全共闘運動の敗北を、必然の結果として総括しながら、その敗北後の決して亡びることはないと思われる思想とは何かを問いかけている。北大本部立て籠もり事件の公判最終弁論の一部を引きながら、自分に垣間見えてきた一つの世界の側へ移り住むという選択をのべている。ちなみにこの選択を、それ以後今日まで後悔したことは一度もない。大学にとどまればよかったという選択を考えたことはない。あちこちの大学、四、五箇所から招きがあったけれども、すべて断って翻訳やエッセイ、評論などを書きながら市井に暮らす道を選んだ。

４章は、１節、力と理性　２節、人民の「道理」とはなにか　３節、「対等」の思想　４節、運動と論理　からなる。

１節では、ヴァルター・ベンヤミンの『暴力批判論』とジャン・ジャック・ルソーの「良心」論を手がかりに、現代の危機における実践についてこうのべている。

「今日、われわれの日常性はすみずみまで「技術的合理化」の実践の網の目におおわれている。技術的発展の論理は、人間の合目的的なふるまいをだんだんに技術化し、機械的手段に模写する過程である。手と足の機能はもとより、エネルギー増殖機能から頭脳の制御中枢機能までが、サイバネティックスとして技術化されるにいたっている。この方向は、社会というシステムを技術的に設計・管理することを目指しさえする。こうした管理社会が、外からの刺激で操作される行動制御モデルによって計画され、人々の意識までもが、変項の一つとして間接的な管理と制御のもとにおかれる様相は、すでに我々に親しいものである」。

それに対しての対抗として、「生産的実践の彼方に、それを越えた実践の活動圏を措定し、その活動圏を人間の本来的な意味での実践の圏域としてとらえ、実践の主体に良心、想像力、理性の三つの契機の人格的統一を措定する」という考えを述べた。この三つの契機は、「どうしても許すことのできないもの」、「どうしても曲げることのできないもの」、「どうしても耐えられないもの」という否定的な形態で具体的に歴史と日常の生とむすびつく。今これからどうしても果たさなければならない課題、闘わねばならぬ闘争の力の場に自分をすでにおいているときでなければ、実践一般についての反省も力を持ちえないであろう。

「歴史は、徒手空拳の人民やひよわな『学生』に過重な役割を担わせて、その存在を押しひしぎながら何ごとかを語ることしばしばではなかったか。(中略)万人の、自己を告白し、自己の人としての権利を宣言する行為——たとえそれが高校生であれCO中毒や水俣病で意識まで奪われた人であれ——においてこそ、世界の真理が語られうること、その点で如何なる知識や権威も人をわけへだてるものではない」。

2節では、マックス・ウェーバーの宗教社会学の概念である「エートス」をとりあげてまなびながら、三里塚や沖縄での、国家との緊張をはらんだ闘いの場で語られる「人民の道理」こそ、ウェーバーの言う「エートス」に当たるのではないかと考えた。そして、全共闘運動がその特徴を帯びていた都市蜂起型あるいは反乱型の運動が、次の段階では、長期の個別的あるいは地域的な闘争と主体形成の過程に入らなければならないことは、歴史に照らしてあきらかであると考えている。

３節の「対等の思想」では、宮沢賢治の最後の手紙と詩の思想的な含意やソルジェニーツィンの小説『煉獄のなかで』、囚人学者ネルジンが民衆の一粒としての自分を発見する姿から触発され、「人と人、人と自然との対等なつながり」ということを考えるようになる。そして、その現場である伊達市有珠海岸の石油専焼火力発電所反対運動に関わること、田中正造にまなぶことが、同時に進行し始めている。

４節の運動と倫理――小田実『世直しの倫理と論理』を中心にでは、このあたりから、私の問題の把握の仕方と文体が変わり始めている。例として、このエッセイの冒頭を引いておく。

「『連合赤軍』のような政治的行為としての『殺人』がある。またその反対の極で、三島由紀夫や川端康成の『自殺』がある。（中略）東京のチッソ本社前では水俣病患者の人々が坐り込みを続けている。ベトナムでは、はげしい戦闘が続いている……そうした時間の波打つ中に身をおくことは苦しいことだ。それを苦しいといってしまうことは、心情に甘えて事柄を理性的にみつめないことにつながる。しかし……その苦しさにある、自分が自分として感じられる感覚は抑圧すべきではないだろう」。

こういう思考と文体である。

この当時は、ウーマン・リブが声を上げたときでもあった。「自分の中にこそすべての可能性が胎まれている、ということを〈予感〉できないヒトは権威主義のアミの目からのがれられない。マルクスが『明日』をきめるのではない。『明日』はわれわれの中に胎まれ、それを外化させるのもわれわれだ。弁証法とはわれわれ自身の矛盾の中に息づく。なぜならば、われわれ一人一人が〈世界〉を反映しているのだから」。

一九七一年夏のリブ合宿の情宣ニュースの一節である。日常性批判として、ウーマン・リブの告発が演じた役割は大きかった。私はリブの若い人たちから男としての自分を見つめ直すようにうながされた。それは自己を省みる貴重な機会であった。

このエッセイでは、小田実の言うところに寄り添いながら、その近代主義の枠組みの中での個人主義とそれを徹底する生き方としての「タダの人」論を吟味している。そして「フツウの人」と「タダの人」とは違うのではないか。「タダの人」に徹底するということは、自分が自分を所有することはできない、自分がそれにあずかっている生命は自然につながり、その自然を映している。「生命」表現と自然との物質代謝（循環と再生産）の接点にあるものとしての自己を言い表すものが「タダの人」なのではないか、と論じている。

「あとがき」で、私は、自分の哲学についてこうのべている。「『哲学』はわたしにとっては、私がくりかえし言葉にのぼらせてきた「目に見えないもの」、しかしたしかに存在しているものをあきらかにしようとする人間の知性の業だといえるように思う……その目に見えないものの客観性、必然性、可能性をたずねもとめ、論理化すること。それが『哲学』なるもののふるくてあたらしいつとめなのではないだろうか」。それに気づいたことが、わたしにとってあたらしい地平への出発点となったとのべている。

ここで、「哲学」を、目に見えないものの把握と論理化という課題にかかわるものとしてとらえていることは、アリストテレス論理学の枠組みを超える論理についての探求として、今も念頭にあるが、以後の歩みは、より世俗的具体的な諸課題へのかかわりが主になり論理の枠組み内での努力からは遠ざかっている。

# 第5章　アイヌ民族の権利回復運動

## 一九七四年

一月　「朝日ジャーナル」新年号に久野収氏が「神は細部に宿りたまう」という文章を書いていた。少数派の抵抗運動を論じている。アウトサイダーたちは理論と書物を世に残さず、逆に多数派の理論と書物の中に、侮蔑の対象とされる姿しかとどめておらず、自分で残したものはせいぜい断片に過ぎないのはなぜか。それは、彼らが自分たちの理論は自分たちの実践のバネの一つにしかすぎず、本来大切なのは自分たちの首尾一貫性だと考えていたにちがいない。実践の首尾一貫性を手放して理論体系の構築を誇るのは実は本末転倒である。体系とは実践であって理論はただの媒介物にすぎない。重要なのは理念と理念を実践する一人一人の人物であって集団の組織とかではない。

久野さんは、このエッセイの最後で記録の問題について書いている。石牟礼道子さんの記録を「石牟礼個人は記録の中に姿を消し、表面にくっきり出てくるのは、ミナマタ住民の、それも何代も何代もつみかさねられた共同経験である。（中略）石牟礼の主観を通じて、ミナマタ住民の歴史が客観的に姿をあらわすのである。そこでは、語る個人の目と耳と鼻とヒフを通じて。結果としてはイムパーソナル（非人称的な）記録が生まれてくる」と書く。

私は、このイムパーソナル（非人称的な）にひっかかる。書き手の人格は消えはしない。個人の営みが人格の底で普遍にぶつかり普遍を担うため、それがナンノタレベエであるかというような名前はどうでもよくなるのではないか。人格がより普遍的な人格として輝くのではないか。

**二月一四日**　昨日、ロシアの作家ソルジェニーツィンが逮捕された。ソ連大使館へ釈放を要求する電報を打った。ソルジェニーツィン氏をすぐに釈放し、作品出版の自由を保障せよと。今朝の新聞は、かれが西ドイツへ追放され、到着したことを告げた。後にチェリストのロストロポーヴィチ氏が、自分の家にソルジェニーツィン氏を寄宿させていたことを知った。そのため、ロストロポーヴィチ氏も亡命を余儀なくされたと聞く。

**二月一五日**　石牟礼道子さんが復刊された大鹿卓の小説『渡良瀬川』の解説で述べている。

「わたくしは、おのれの水俣病事件から発して、足尾鉱毒事件史の迷路あるいは冥路のなかにたどりついた。これは、逆生へむけての転生の予感である。もはや喪われた豊饒の世界がここにこそある。人も自然も渡良瀬川の魚たちも足尾の山沢の鹿や猿たちも。そのようなものたちを心の底に恋い暮らすよりほかに、いまの日本のごときに生きていられようか」。

「実存世界とは、つねに一切世界の病いを身に負う体現者としての下層民の世界である」。

「その個々の受難者像に近づき見る気があらばそこに未知なる神の居るごとき人間存在の不可解さと深淵を垣間見ることができる」。

こういう思想を、脚下を照らすともしびとして歩まねばならぬ。

**三月二二日**　内田義彦さんからいただいた新著『学問への散策』の中に、「憂いと献身」という一文があった。

「ゾルゲ」についてこんなことが書かれている。「ゾルゲ」には二様の意味がある。その一つは「トウ・テイク・ケア」で、心をわずらわさせてやるはずのことをきちんとやることであり、もう一つは顧慮、取り越し苦労である。心をわずらわさずには仕事が進まないし、取り越苦労は実行、つまりは仕事を阻止する。この両者が現実には「配慮」の形でからみついている。森鷗外の「ファウスト」では「憂」と訳されている。

不断は空想が大胆な翺翔を擅にして、
希望に富んだ勢を以て、永遠の境まで拡がっても、
「時」の渦巻に巻き込まれて、狙った幸福が一つ一つ毀れると、
流石の空想も萎靡して、狭い空間にせぐくまる。
その時直ぐに心の底に、「憂」と云ふものが巣を食って、
ひそやかな痛の種を蒔き、自分も不安らしく身をもがいて、
人の安穏と歓喜とを破る。
此憂は種々の仮面を取り替へて被る。
家になり、地所になり、女房になり、子供になる。

火になり、水になり、匕首になり、毒になる。
貴様は常にその中らぬものゝ為に戦慄して、
その離れ去らぬものゝ為に泣かなくてはならぬ。
いや。己は切に感ずる。己は神々に似てをらぬ。
塵芥の中に蠢く蛆に己は似てゐるのだ。
その塵芥に身を肥やして、生を偸んでゐるうちに、
道行く人の足に踏まれて、殺されて埋められるのだ

今「ゾルゲ」を知った人間とそうでない人間とのはっきりした違いが、人間を分ける一つの基準であろう。その上で「ゾルゲ」とどう付き合うかが出てくる。

なべての心遣いには「ゾルゲ」が含まれていよう。「ゾルゲ」の哲学は大事である。

**三月二四日**　『アヌタリ　アイヌ』(3～5人の若いアイヌが発行していた新聞形式のオピニオン誌)第八号、一九七四年二月二〇日発行。

佐々木昌雄「『アイヌ学』者の発想と論理——百年間、見られてきた側から」は自分自身がアイヌである立場から、「アイヌ学」者を舌鋒するどく批判している。その後沈黙し、身を潜めた。この講演草稿が提起している内容は重要だ。学問全体の事へ及ぶ。まず、金田一京助批判として、

①彼が北海道に住み、その日常を「アイヌ」と共にしていなかったことの自覚がないこと。
②アイヌ研究の動機の中に、学者の責任についての独善があるとともに、学会での出世欲（その裏返しも含めて）が隠されているのに正直でないこと。「アイヌ研究は世界の学会に対する日本の学者の責任であり、使命だという責任の倫理」と「すぐにもアイヌ文化は滅びてしまう」という滅亡の認識、この合言葉が研究を推進するのにどれほど強力な役目を果たしたか。

これへの批判として佐々木昌雄はいう。

まず「学者の責任」という倫理観についていえば、この倫理には一つの錯倒がある。（中略）学問に従事することは、あくまで個人の恣意であり、集団の成員たちから挙げて委託されたものではない。（中略）その学問に従事したいという恣意を持つ人間が集まって成立しているのが学界であり、学界もまた恣意の集団にすぎない。（中略）学者を殊更な何者かと想い込む幻想がある。これが第一の錯倒である。

この第一の錯倒から第二に錯倒が生ずる。つまり個人の恣意がそのまま集団の恣意なのであるからには、世界の学界に対する日本の学者の責任というとき、その責任とは、自分たちの願望から生まれた思い込みに対する責任であるにすぎない。これが第二の錯倒である「自分の研究活動を個的な幻想ではなく、学会という集団の全体意思によるものとするすり替え」がそこにはある。

このような「学者の責任などというものは……自らと他の誰かとの関係から生ずる責任という名に値するものではない」。

ここから第三の錯倒をあげる。それは学者が外へ向かって行動を起こすときに生じてくる。つまり、研究対象である「アイヌ」に調べられる責任と使命（もしくは義務）を押しつける錯倒である。世界の学界のために！『『アイヌ学』者のみならず、かなり多くのアカデミシャンがこの錯倒に陥っており、『アイヌ学』者はまだまだ真理に対して誠実ではない」。

以上の批判は、アカデミー学問一般への根本からの批判を含んでいると思う。まず「学者の使命と責任」が特権と独善に根ざすことがきわめて多い事への指摘として。学界へ顔を向け、学界での名声を目指して研究、あるいは直接そうでないとしても、学問共和国というものを、市民共和国に君臨する天上の国として描き、それへの献身を美化したりする幻想への跪拝がそうである。学問における市民性、在野性の欠如。それは思想の欠如といってもよい。学問公害であり、学問における自己疎外である。

佐々木氏は「第二の錯倒」で、「学界」を物神崇拝し、学界に対する責任の名の下に、自己の研究を美化する学者の在り方を衝いているが、この辺の追求はやや甘い。学問することは、個人の恣意にもとづく営みであるということが前提として立てられている。この文脈で「恣意」を強調することは重要であり、その面を抽象することによって、第三の錯倒を引き出す伏線が引けるから割引すべきではない。

たしかに、それは「恣意」であると自覚すべきことがらである。だが同時に、こうした〈恣意〉は、市民社会関係のなかで、普遍的なものであることをも押さえておくべきだ。つまり、「自由」ということと裏腹だからだ。「恣意」において自覚するとき、高次の「自由」への道が模索されはじめる。「学問の自由」というときの「自由」とはなにか、という問いである。「自由」もまた、自己の自己に対する責任に根ざす。それをトートロジー、自閉症といってしまったのでは一定の批判の座は確保できるが視野が狭まる。そこで、自己と他の誰かとの関係を含み込んだ自己の自己に対する責任意識があるかどうかが問われる。それが「恣意」と「自由」とをわける。あらためて「真理」とは何かが問われはじめる。

真理は人を自由にする。つまり、他者との実在的な関係を含んだ自己への責任へと導くものでなければならない。諸関係のダイナミックな調和の中にあるものでなければならないだろう。そうしたことを踏まえたものとして、佐々木氏の批判は根本を突いている。

アイヌ語が滅びるというのなら、いまのうちにそれを記録するというのではなくて、アイヌ語を話す地域社会の回復を目指す活動をなぜ開始しないのか、という問いかけにそれは端的にあらわれる。

**七月二八日**　金芝河救援の署名カンパ活動に参加する。東京では、鶴見俊輔、針生一郎、李進熙氏らがハンストに入っている。

**一〇月二四日**　ベトナム戦争のルポルタージュで、イタリアの女性ジャーナリスト、オリアーナ・ファラーチが執筆した『愛と死の戦場』（原題「無、ただそれだけなのよ」）で、グエン・ヴァン・カムが言う言葉に惹かれた。「妻はわたしより一つ年下で、わたしより背が高くすこし肥っている。丸顔で、色は濃く、とうてい美人とはいえない。しかし彼女の美しさは優しく明るい双つの瞳にある。彼女はしとやかで威厳にみち、貞節で戦場では勇敢で、いつもわたしを愛してくれた。わたしの息子を産んでくれた。祖国を愛していた。そしてわたしとおなじように、わずかなものしか人生に期待していなかった。それゆえ、わたしも彼女を愛していた」。

ここでいう「わずかなものしか人生に期待しない」ということは、無くてはならない基本的なものと無くてもよいものとをはっきりと区別しているのではないだろうか。自分の人生が自律的で、内面的な充実に媒介されている場合には、無くてならないものは多くないであろう。

**一〇月二九日**　学生被告で刑務所に入れられていた三人のうち最後の一人が釈放されて出てきた。これで若い彼らは新たな生活へと出発することができる。

**一一月二八日**　伊達火力発電所建設反対運動への関わり方をめぐる反省として、伊達への関わりの主体性を、意思と選択の自由に基づけていたことの皮相さが意識されてきた。なぜ伊達に関わるのかは、単に「自由な選び」ではなくむしろ「自分の矛盾と痛み」という内在的な要因に基づくことに気づく。それは客観的現実から差し込まれる必然なのである。けっして自由ではない。端緒は純粋の受動である。身一つと広がり（思いにおける）との矛盾をはっきり矛盾として直感し、洞察すること。そこで視点が定まる。「私」が、伊達問題への関わりによって何を得ているか。そのことによって伊達及び伊達以外の問題へのどのような広がりを得ているか。自分の解放への光源としての伊達を、自分の側から照らし出す作業、何によって自分を満たしてゆくのかという問題と絡む。受動性が徹底して純化されて行った時、最後に能動と受動がまさにそこから分化する一点に行き着くのではないか。そうだとしたら、根源的受動はまた根源的能動とは表裏一体である。それは既成性としての受動性ではない。また、単純な能動性でもないという否定性にはさまれた「無」である。「無」だということは、そのつどの決断を通してしかあることにならないことを意味する。「そのつど」性を原理の位置に据えれば、「主体」は連続的実体であることをやめる。「主体」は「ある」とはいえない。それは「あった」とはいえるし、「なる」ものではある。そういう「そのつど性」を基底に据えたい。このような自分の思想、物の見方の欠陥を洗い出し、厳密にしてゆく作業を繰り返して行きたい。

## 一九七五年

**四月三〇日**　サイゴン完全解放。ベトナムはついに解放された。感銘は尽きない。ベトナムからの贈り物は、わたしにとってかけがえがない。

北海道新聞に頼まれて所感を書いたが未掲載に終わったので、その一部を載せておく。

サイゴンの陥ちた日に

「（四月）三〇日　ハノイは歴史的な勝利の歓声の日を迎えた。……一斉に労働者、職員、大人も子どもも戸外に飛び出して、肩を叩き合って、『サイゴンを解放したぞ、南ベトナムを解放したぞ』と叫び拍手をかわした。雨でぬれた道路に狂喜する群衆で一時交通がしゃ断されたほどだ……。午後から全国で祝賀集会。これにはみんなが一番美しい服をきて参加した」。（ハノイ、三十日＝日本電波ニュース）

ハノイの様子をつたえるニュースで、「みんなが一番美しい服をきて参加した」のくだりで胸が熱くなった。……この日にめぐりあえたのは、私の生涯の幸せだと思う。南北ベトナムの人びとに解放万歳、勝利おめでとう、と心から語りかけたい。全世界の、そして日本の、ベトナム反戦運動につらなったすべての人びとと、よかったねと祝いあいたい。（中略）

わたしたちのよろこびや感動は、生死の境に直面しつづけてきた過去三〇年の重みをふくみこんだ、かの地の人びとのそれにはおよびもつかないだろう。けれども一種敬虔な思いとともに、そのよろこびの末の末であれ、つらなっているのをおぼえる。

「ベトナム」との出会いは、わたしに、宗教的経験でいう「回心」にちかいものを恵んでくれた、といま思う。……一口にいって人間としての生き方への覚醒をうながされた。……ベトナム解放のためにたたかった人びとは、未曽有の苦難をたんに受身に受難したのではなく、人間の名においてあえてそれを引き受けてきた。そのことによって正義のなんたるかを身をもってしめし、ついに不正な迫害にうちかった。このことがもつ意義はふかく、およぶ影響は広いだろう」。

## 一九七六年

**四月一四から一五日**　前田俊彦さんと有珠へ出かける。わたしは、アイヌ民族の心の深みに触れて衝撃を受けた。おまえらはインヴェーダーなんだぞ。おれはここで漁師として静かに暮らしたいのだ。自分たちは自分たちの思いを他人には語らない。行動で示すだけだ。わたしはうっかり「Mさんが書いたら」というと、「いや書いたりしない。俺は録音機をもってきたりしても絶対ことわっているんだ。金もうけに利用されるからな」。

「じゃ、Mさんがしゃべって T さん書いたら……」

ここで空気が一変した。「それはおれたちをバカにしている。おれが、字が書けないみたいなことをいう。そういうことをいうんなら出入りさせないぞ」。何気ない一言がいかに二人を傷つけたかがわかった。差別というのはこういうことなのだ、と血の気が引く思いがした。

みだりに書いたり、他人に広めたりすることの持つインチキさ、薄っぺらさをどやしつけられたように思った。いまでも心は重い。もっと真剣に有珠に関わろうと思った。

**四月二二日**　哲学の根源にあるものとしての「対話」ということ。これが「三人称としてのわたし」という形で考えてきたことにつながりそうである。きっかけは大丸(屋号)さん(有珠の漁師、発電所建設差し止め裁判の原告団長)の「魚にたのまれて反対するのだ」というひと言を、前田俊彦さんが「対話」に位置づけ、「問答」と区別したことから気がついた。

アニミズムとしてとらえられるものの主体におけるありようは、万物と「対話」するという姿勢である。物言わぬ万物にも語りかけ、それの声なき声を聞こうとすることである。そこには物の面白さ、物それ自体のありよう(質)への関心がふかくよこたわっている。

自分のからだとの「対話」として、野口体操がある。文字信仰、活字文化からの脱出は、「対話」の復活にあるのではないか。

「対話」においては、相手は一つの世界である。自分も一つの世界である。システムといってもよい。二つのシステムのコンテクストをかさねたり、ひらいたり、閉じたりしあう関係がある。「対話」の持つ批判性が現れ出てくるとき、「対話」には発展がはらまれる。

金芝河の『「恨(ハン)」こそ闘いの根源』(『不帰――金芝河作品集』)を読む。

「私は、この大韓民国の百姓(ペックソン)たち、すなわち民衆がこれまで個人的自我と同時に集団的自我のなかで、数知れぬ傷を受け、抑圧を受け、踏みつけられてきた過去の哀しい歴史のなかで蓄積してきた恨み、すなわち悲哀を重要視します。

この悲哀とは、それが最も極限化したときには、いかなる合理的思考や科学的判断、指導や指針も比肩することのできない巨大な力を持ちながら、同時に、巨大な破壊力を持ち、巨大な悪の存在としても登場することができます。(中略)われわれは、これを「恨(ハン)」と呼びます。この「恨」の正体こそ、わが民族のこれからの闘争における歴史と精神、その運動における重大な力学、その力学の内容を想像させ、力学の持つ運動の構造を把握させるばかりか、到来する運動の未来をも霊感させる唯一の根拠なのです。

そしてまた、この「恨」こそは、とてつもない世紀的な抑圧と蹂躙、デッチ上げ、欺瞞、搾取のなかで生きてきた第三世界のすべての民衆たち、その地域の民衆たちが、しばしば闘争において失敗し挫折しながらも、たゆまず前進し、勝利をめざしているその情熱の背後で作用している何らかの力と明らかに関係しているものだと私は信じます。現代をもっとも鋭く特徴づけている第三世界の進歩的な民主主義運動の背後で作用している何らかの力学と結びついているのです」。

金芝河のこの思想は、フランツ・ファノンの思想と並んで、現代世界の革命思想としてもっとも鋭く、深いものであるように思える。

**六月三〇日**　堀田善衛『方丈記私記』の巻末の部分で印象に残ったこと。

鴨長明が最後に到達したところを述べ、対極に立つ親鸞を呼び出している。

曰く。「歴史と社会、本歌取り主義の伝統、仏教までが、全否定をされたときに、彼には初めて『歴史』が見えてきた。皇族貴族集団、朝廷一家のやらかしていること、災殃(さいおう)にあえぐ人民のことと等価のものとして、双方がくっきりと見えてきた。そこに方丈記がある。すなわち、彼自身が歴史と化したのである」。

「私には、この時代について、及びこの時代の「世」について考えるとき、二人の、二つの極に立つ人の姿が見えてくる。長明が一方の極にある人として、さらにもう一方の極にある人としては、身みずから罰せられて『世』に出て衆生救済そのものと化した人としての親鸞が見えてくる」。

**七月一二日**　この三〇年間の日本の現実が、〈平和と民主主義〉という建前のもとでの空洞化、風化にすっぽりはまり込んでしまっているため、現実が見えなくなっており、その分だけ主体＝私というものも薄皮の表皮だけになってしまっている。

思想と理路に媒介されない限り、持続した〈主体〉の形成はありえない。同時にその主体は、即自的な〈私〉、この日本社会の中に安住している〈私〉の解体によってのみ、形成の端緒がつかみうるものである。

**九月九日**　毛沢東死去。巨星墜つ。

**九月一五日**　『中江丑吉の人間像』を読む。戦前、戦中、北京に独居して節を貫いた生き方、無名の大衆としての個の徹底した生き方に共感をおぼえる。「考えようによっては単純無意味な日常生活とまともに取り組み、その限られた狭い生活面を過ぎるあらゆる事象に対して、観察と判断と働きかけを怠らなかった」一人物に感服した。

**一〇月三日**　昨日の新聞に重機労連（同盟系）が武器生産を企業に向けて要求する話が出ていた。自主防衛論の立場からだという。不況対策、首切り合理化反対というだけではないということであろう。しかし、これはいかにも象徴的である。日本帝国主義の上部構造が本格的に構築されることを意味する。この帝国主義支配者とその下士官との一体化を突き崩すのは容易なことではないだろう。人民は動かず、前途は明るくない。

**一〇月四日**　カルロス・カスタネダ『呪師に成る　イクストランへの旅』（真崎義博訳）は、不思議な魅力を持った本であった。メキシコのヤキ・インディアンの老人ドン・ファン・マトゥスから著者が一〇年に渡って学んだことの記録である。後に偽書であるとされたようであるが、しかし面白く、学ぶことの多い本であった。ドン・ファンは言う。「狩人であることが、人間（＝男）の最高の生き方である。狩人であると、世界を色々違った仕方で見ることができる。風のドラマをみとる力、風に隠れている力を使うこと。物の世界だろうが、植物の世界だろうが、動物の世界だろうが、人の世界だろうが、力の世界だろうが、そんなことに関係なく、世界を控えめにていねいに使うんだ。狩人は自分の世界と親しくやって行くさ。しかも同じ世界にとって、そいつは近づきがたいんだ。そいつが近づきがたいのは、自分の世界を調子が狂うほど無理強いせんからだ。それに軽く触れ、必要なだけ留まり、やがて気付くこともできんほどの速さで去って行くのさ」。

**一〇月二七日**　前田俊彦さん提唱の「百人衆（革命運動の）」の集まりで人民綱領への煮詰

めをおこなうことが合意された。

私のイメージ。第一に「労働」という人間の活動を根本から立て直し、回復することが目指されなければならない。コシークがいうように、二〇世紀は、人間の「労働」を変質させ、それを「操作」に変えてしまった。いま、都市の内部で、いや、全社会的に行われているのは「労働」ではなくて物と人とへの「操作」である。では、「操作」ではない「労働」とはなにか、どういうものか。それについて根本的にとらえなおしたい。労働と人間の人格的・力能的形成との関係が、社会編成の原理としていかに回復されるべきか。それが、来るべき解放の第一の内容でなければならない。

それは「生の風景」の創造ということにつながって行くであろう。つまり、労働を基軸とした諸行為の有機的編成とその再生産である。生産的、社会連帯的、文化的、精神的クリマ(風土)の形成。この有機的統一の理念は「愛」である。また、「愛」でなければならないだろう。ここであらためて「愛」とはなにかもまた問題となる。もしそれが明らかにされえたとしたら、この解放のイメージの中には、老人、子供、女性の存在と、彼らとの感性的交流がきわめて大事になって来るであろう。「全体」はそうしたものとしての具象性をもたねばなるまい。

**一二月九日**　篠原一「政治的転換と選挙」(朝日新聞一一月一五、六日掲載)の時論を読む。この四年間は、列島改造、石油ショック、ロッキード事件、田中角栄失脚という特徴を持っていた。それは未解決の連鎖と累積である。それはまた政治的行動様式の面から見れば「戦略的問題の戦術的解決」であるという。私から言わせれば、弥縫(びぼう)策を積み重ねる「構造的日和見主義」であり、日本社会の抜きがたい文化パターンに則った「戦略」ではないのか。篠原は政官財の癒着構造の下で、惰性が支配するという。国民の間に作用している「不思議な心理」として「変動ないし未知へのおそれと、逆に変動へのかすかな期待との共存」があるという。「二〇年以上にわたる一党の支配とその下における高度成長は変わらぬことへの安住というか惰性の思考を作り出してしまった」という。私の意見ではこの傾向は強まりこそすれ、弱まる可能性は今のところ少ない。篠原は、小幅の改革を重視し、それが持つ結果影響への自覚を促す。

**一一月二九日**　北海道新聞論壇の作田啓一の評論「人間は変わりうるか」も面白かった。政治のロマンチックな概念として、政治を通して人間を変え、人間を救うと考えるルソーやマルクスの思想があったが、今日の日本では政治のロマンチックな概念はほとんど影を潜めている。「今日においては、人間性の考え方の違いに関する限り、保守と革新とのあいだの対立はかなり緩和されている」。

熱烈な理想主義は現実に適用すると破壊的な結果をもたらす可能性が大きいのを知ったからである。しかしながら、人間の変革をビジョンとしなくなった政治的プログラムは現実主義になった分だけ魅力を失う。人間は子供から大人になることによって失うものも大きい。「それゆえ、もう一度より充実して生きたいという願望には根拠がある。この根強い願望を政治的プログラムに取り込まないと、その願望は擬似的な宗教的な幻想と化したり、過激な行動への引き金になったりする」。

確かにそうだと思う。政治の現実主義化は、天下泰平の世がいつまでも続くという暗黙裡の前提に立ってのことではないか。人間の歴史は、この先も平安な推移をたどると予測させるほど、過去において立派なものではなかった。むしろ大きな変動の可能性を考え備える考え方を構築すべきではないのか。

## 一九七七年

**一月九日**　朝日新聞にチェコ「憲章七七」が掲載された。この憲章は、一九七七年一月一日付で発表され、知識人二五七人が署名している。

一九七五年のヘルシンキ会議で確認された市民的・政治的権利に関する国際条約と学術・社会、文化的権利に関する国際条例がチェコにおいて著しく侵害されていることを告発して次のようにのべている。

「両条約についての公表は同時に、わが国の市民の多くの基本的権利が、残念ながら、単に紙の上でだけしか通用しないことをわれわれに強く思い起こさせる。例えば、自由な意見発表の権利は完全に幻想でしかない。多くの市民は彼らの見解が公的見解と異なるという理由だけで、その本来の職につくことを不可能にされている。彼らはしばしば当局や社会機関のさまざまな差別やいやがらせの対象になる。弁護の可能性はすべて奪われ、実際に隔離政策の犠牲者となっている。（中略）多数の市民は、自分たちの信念を表明する際、自分自身あるいは自分の子供たちが教育に関する権利を奪われるという懸念を持たざるを得ない。

（中略）公の意見発表の自由は、すべての通信手段の中央管理によってまた公共の文化的機関によって抑圧されている。いかなる政治的、哲学的、あるいは学術的見解も、また文化的表現も公式のイデオロギーと美学の狭い範囲からほんの少しはずれただけで公表することができない。社会的な危機的状況に対する公然たる批判は不可能である。（中略）精神的文化的創造の分野での自由な討論が締め出されている。（中略）信仰の自由は、権力者に恣意よって組織的に縮小されている。

一連の市民的権利の制限あるいはしばしば完全といえる抑圧の手先となっているのは、党機関の指令や権力者であり、大きな影響力を持つ個人の決定に服従する国家施設、国家機関の全組織である。（中略）これらの状況はまた、労働者、勤労者の経済的、社会的権利の保護、労働組合設立の自由、及びストライキ権の行使などの諸権利を無視する。

その他の市民的権利——個人生活、家族、通信に対する恣意的な干渉の断固とした禁止——は、内務省がさまざまな方法で市民を管理することで著しく傷つけられている。例えば、電話や住居の盗聴、郵便の管理、個人に対する監視、家宅捜索、住民の間の密告者網の設立……などによってである。（中略）「憲章七七」は自由な、形式的でない、開かれた、さまざまな信念、宗教、職業を持つ人々の共同体である。われわれは個々に、あるいは共同で、市民および人間の権利をわが国そして世界に確立しようという考えで結び合っている。

（中略）

「憲章七七」という象徴的な名称は、今年一九七七年の初めに設立され、政治犯の権利の年に宣言され、さらに今年ヘルシンキ宣言の義務履行が検討される、ということを強調する意味である。

この宣言の署名者としてわれわれは、イリ・ハーエク、バツラフ・ハーヘル、ヤン・パトチカ氏を委任する」。

ほぼ以上のような宣言である。いま、この宣言を読んで、その驚くべき勇気と鋭い批判に心を揺すぶられる。署名者たちは、身に降りかかる逮捕、投獄、あるいは死をも覚悟してのことであったにちがいない。事実、署名者の代表となった哲学者ヤン・パトチカ氏は、この宣言の直後、治安警察に連行され、長時間の尋問で死に至らしめられている。最近になってそのことを知って、私はあらためてこの宣言と署名者たちの勇気ある行動に深い敬意を抱いている。

**二月**　歴史をつくっているもの、つくりつつあるものは、それを対象化しては語らない。

そのつどの自分の怒り、思い、恨とよろこびとして陳述（exclamer）するのである。歴史を作るものは歴史の中を泳ぐ。泳ぐときは常に手足を動かさねばならない。それを静態的に丸ごと対象化することは、ある意味で外側に立ってその対象を止めることになる。対象を殺すといってもよい。自分の闘いにするのであれば、ひたむきに闘うことしかありえない。

**六月二八日**　書評のために『コタンに生きる』と『炎の馬』を読む。『コタンに生きる』は、北見から始まった民衆史の掘り起こし運動の記録であり、そのなかでアイヌ連帯運動が次第に進んでくる様子が描かれていて、実践の厚みがあり、おもしろく読んだ。大正期の土人学校の教師の掘り起こしや給与地の実体など近代におけるアイヌ問題の追求がようやく始まったことを示すものだ。しかし、不満も残る。

第一に、戦後民主主義の枠内での人権と平等の実現へと帰着させていること。人権と平等がかりにも認められているシャモ（和人）における近代の行き詰まりのところへ巻き込んですむことなのか。たしかに、差別（不平等と人権の侵害）は、戦後民主主義以前の問題ではないかという議論があるだろう。しかし、この差別の問題に盲目にすぎてきたのも戦後民主主義だったのではないか。その終わりが告げられているときに、初めて「差別」の問題が深く問われるにいたったわけが、この枠組みではわかってこない。

日本帝国主義の対外侵略・抑圧のシステムができあがったところで、「差別」の問題が出てきていること。したがって、帝国主義の体制内でそれと闘いつつそれを越えてどう生き、なにを目指すのか、その共同性の中で「連帯」が語られなければならない。それはグローバルには第三世界との連帯と言うことである。

第二に、その連帯の内容は、帝国主義者の一翼を担わせられており、それに汚染されている、病んだ社会の病んだ自己を解体して行くことを一方で含み、他方で〈近代〉に遅れた世界の内にある、「近代」を癒やし、越える力を開き出しつつあらたな未来を志すのでなければならない。その力への尊敬と帰依なしには、アイヌ連帯は避けがたく優越感を伴ってしまうのではないのか？　われわれの価値転換（コンヴァージョン）を迫るものとして、アイヌ＝第三世界があるのであって、その上で「近代」をどう受け継ぎ、アイヌ自身がいかに自分たちのアイデンティティを確認して行くかが問題となるだろう。それは、われわれのアイデンティティの問題でもある。

**八月初旬**　武藤一羊氏と共同で『展望』誌に、「自力更生」論文を書くための作業を始める。

**一一月**　東京を経て宮崎県の志布志湾石油基地建設反対住民運動を訪ね、公害を防ぐ会の例会を傍聴させてもらう。藤後惣兵衛という病院の院長が中心で、地区労、大学教員などがメンバーだった。

それから鹿児島に出て船に乗り奄美大島の名瀬へ渡り、宇検村平田部落に新元博文さんを訪ねる。平田は、名瀬から南へバスで三時間、南の端である。新元さんは枝手久島に東亜燃料が計画している石油備蓄基地反対の住民運動の中心人物である。平田部落は、戸数七〇戸ほどの入り江に面した小さい部落である。家々は人の背丈ほどの垣を巡らした瓦ぶきで、ハイビスカスやクロトンを植えている。話を聞いてみると、この奄美の辺境を故郷とする人々の郷土愛は極めて強烈である。それは部落が強固な共同体を形成してきた歴史に基づいているためである。部落は一つのクニである、と新元さんはいう。半漁半農の自給生活が続いてきていて、魚をとると、集荷、運搬の便宜は整っておらず、自分で名瀬まで運ぶそうである。家には織り機があり、かの有名な大島紬を織っている。大変な手間のかかる仕事である。新元さんは奄美青年同盟を名乗り、独自の反公害思想を築こうとしている。

その後沖縄に船で渡る。南の海には夢幻の境への誘いがある。美しい海を見ていると、この海の彼方にニライカナイという楽園の地があると信じたという信仰がもっともなものに思えた。それと同時に、平田のような定住共同体の生活にあっては、時間は一様均質に未来へ向かって進むものではないことも実感できるように思えた。〝進歩〟を価値とする考え方は馴染まない。時間は循環的であり、永遠はごく近いところに現にあるものであった。つまり現在の水平線が永遠なのである。現在から永遠へはつながっていて、そこに生活の充実があり、満足があるといってよいだろう。巡り来り巡りゆく一年が、この世の出来事のすべてを含みうるのである。もちろん、自然の変化、人の変化がその中にはあるが、それらは基本構造を脅かすものではない。

**一一月一九日**　沖縄に着く。翌日、観光バスであちこちをまわるが、広大な中心部をアメリカ軍基地に奪われ、支配を受けてきたことの重みをひしひしと感じた。沖縄市のバー街を過ぎながら、基地依存の悲しさのようなものに触れて憂鬱さが強まり、沖縄は日本の底だなと思わずにはいられなかった。

**一一月二一日**　中部の屋慶名（やけな）へ。金武湾石油備蓄基地建設の場所である。タクシーで、平安座（へんざ）島の三菱石油精製基地、ＣＴＳ（セントラル・ターミナル・ステーション）建設埋め立て予定地、宮城島を見て回る。海中道路は、浅い浜辺を埋め立てて作ったもので、この埋め立てで付近の海はこれまでの美しいサンゴ礁や藻場を破壊されたという。平安座島、宮城島の両島は、さとうきび畑が広がり、ススキのような白い穂を一面にたなびかせていた。小さな入り江は静かで、時間が静止しているような浜だった。屋慶名村に金武湾石油備蓄基地反対の中心人物安里清信（あさとせいしん）さんを訪ねた。安里さんは、物静かで、沖縄の知識人とはこういう人かという風格だった。書棚には、沖縄の歴史書や文化論が並んでいる。三時間ぐらい、丁寧に金武湾の問題について話してくださった。東洋の哲人を思わせる安里さんの風格と思想に感銘する。海中道路やガルフの石油精製基地を見て安里さんのお話を聞き、本土よりも沖縄に対する資本と権力のやり方は、はるかに露骨であると感じた。

帰途、三里塚に寄り、前田俊彦さんと一夜歓談する。翌日、島寛征さんを訪ねる。石毛博道氏のイラスト集をいただくが、それに、島さんの「野遊びの歌」という散文詩が載っていた。見事な美しい文章で、深く心に残った。

**一一月二六日**　函館から普通急行宗谷で札幌へ向かう。ニセコ周りのこの電車の車窓の眺めは大好きだ。駒ケ岳が左右に移り変わり、大沼を過ぎて台地を走ると、森、長万部と海辺へ出る。それから倶知安にかけての山道が美しく静かに続き、ニセコの山あいを抜けて蘭島、小樽と日本海岸に出て、札幌に至る。

**一二月一一日**　相模原の「ただの市民が戦車を止める会」を訪ねる。山口幸夫さんの家で会合。この会には、山口幸夫、梅林宏道という二人の物理学者がいて、そこに若い活動家がのびのび活動していて、「ここには展望がある」と意気盛んであった。ここでは、三里塚、反基地、日韓連帯、労働運動、暮らしを守る運動が重ね合わされている。

## 一九七八年

**七月三〇日**　「伊達三里塚とともに歩む会」を結成する。

**九月九日**　ベトナムの哲学者チャン・デュク・タオの『言語と意識の起原』（フランス語）の訳出を終える。

森鷗外の史伝『渋江抽斎』、石川淳の『森鷗外』を読む。その面白さには文体が関わっている。文体は思想と感性との統一物だといってよいだろう。その文体を可能にしたのは、主体のきびしさ、深さであろう。

**一〇月一八日**　森鷗外『渋江抽斎』が、なぜ面白いのかがよくわからぬままに面白い。幕末の知識人の歴史を淡々とたどっているが、底光りのする何かがある。これはなんだろう。大きな宿題をもらった感じである。

**一一月七日**　スリランカ人のカトリック神父スタン・フェルナンド氏と会い、ACFOD（開発に関するアジア文化会議）のDWP（開発活動家プログラム）への参加について説明を受ける。来春、二月から六月まで、香港、韓国、日本、フィリピン、マレーシア、タイの民衆の暮らし、活動を調べて歩く長期の旅である。このプログラムへの参加については、武藤一羊氏の推薦があった。

**一一月二一日**　ベトナムのジャーナリスト、グエン・カク・ヴィエンが書いた『ベトナム、再び見出された祖国』という新書版のフランス語の本を読む。とても面白い。読了後、岩波新書に訳出できないかと打診したが、実現しなかった。

一一月二三日付朝日新聞の「読書特集」欄の、松田道雄さんによるチェーホフ『六号室』は印象深かった。作中のコレラの流行に無力な医学に絶望した田舎の医師と、戦時中の結核治療の無力に絶望した自分を重ねて、しかし、チェーホフが医学を捨てず「人民の中へ」はいった。絶望の中で彼を支えたものに、ストア派のマルクス・アウレリウスの「自省録」の一節があったことを述べる。その一節とは、「仕事が不幸で重荷だと思うな。絶えず働け、代償に賞賛と同情を求めるな、公共の益こそ活動の指針だ」。

私は、一四、五歳の時、マリー・キュリーが書いた『ピエール・キュリー伝』を読み、ピエールの「どんなことがあろうとも、たとえ魂を失うようなことになったとしても仕事をしなければならない」という言葉に励まされたことを思い出した。

## 一九七九年

**一月四日**　年賀状に韓愈の詩を引く。
長安交遊者　貧富各有従(むれ)　親朋相過時　亦各有次娯（楽しむすべあり）

サミール・アミン『帝国主義と不均等発展』を読み出す。

カンボジアで現政権打倒派がプノンペン近くに迫っている。イランでは国王パーレビの国外移住が具体化しつつある。

**二月一日**　ベトナムの哲学者チャン・デュク・タオの著書『言語と意識の起源』の翻訳ができてくる。この本は、人類の言語発達の過程を詳細に分析したものであった。フランスで学び、現象学とマルクス主義についての著書もある。明晰な文体を持つ人である。岩波現代選書で出版。

一九七九年、二月中旬から六月上旬まで、香港、韓国、日本、フィリピン、マレーシア、タイの六カ国の開発現場を歩く。メンバーは香港人、日本人、フィリピン人、マレーシア人、タイ人、各一名、それにフィリピン人のコーディネーターの計七人であった。

この旅行は、わたしにとってはじめての海外旅行であり、英語を話すのも殆ど初めてだった。各地の労働者、漁民、農民などの家に泊めてもらい、開発がもたらす底辺の人々への加害状況をつぶさに知ったことの衝撃と感銘は極めて大きく、その後の活動に影響することと多大であった。

旅したのは、次のようなところである。まず香港に集まってグループを結成した。香港からは法律を学ぶ青年、タイからレック（チビというあだ名）のタクシードライバーの労働組合員、マレーシアのペナンから環境保護協会の活動家、フィリピンから二人の労働者、それに日本から私。韓国から予定されていたクリスチャンの人権運動家は、出国ビザが下りず韓国で合流することになった。コーディネーターとしてフィリピン人のＡＣＦＯＤ（発展に関するアジア文化フォーラム）事務局メンバーがついた。一行はまず香港の下層日雇い労働者の暮らしを調査した。次に韓国に行き、キリスト教会が中心になった労働運動の現場を訪ねた。牧師の活動家が若い女性労働者の啓発を行っているソウル郊外、ヨンドンポの工場地帯、ソウルのキリスト教人権活動、大田（テジョン）のカトリック農民会などを訪ね、韓国の民衆運動の力強さを肌で感じた。一九七九年の春で、韓国社会は極度の緊張を孕んでおり、私たちのグループにも尾行がついた。この年の秋には大統領が暗殺された。韓国から日本へ移動し、成田の新東京国際空港建設に反対している農民に会い、労農合宿所に泊まった。それから大阪で工場占拠している田中機械を訪問した。次の訪問地は、フィリピン、バタアン半島の自由貿易地帯(輸出加工区)で働く労働者の居住地域だった。ここの訪問記は以下を見て欲しい。フィリピンからマレーシアに渡り、ペナンの海岸で貝の養殖をしている漁民に会った。そして最後に、タイ・バンコクで、東北部から出稼ぎに来ている日雇い労働者の実態を調査した。

## 貧しさの衝撃(旅の記録の一部)

香港、韓国、フィリピン、タイ、マレーシアと歩いた旅行で、いちばん衝撃を受けたのは、フィリピンのバタアン半島の輸出加工区マリベレスの貧しさであった。一人一人の貧しさだけではない。近代化、工業化、企業誘致が、他方の極におそろしいほどの貧困と地域破壊をつみあげる姿に衝撃を受けたのである。着いた日の夕刻、迎えてくれたレティとキャシー、二人の縫製工場つとめの女子労働者が、わたしたちの部屋を見にいらっしゃい、と案内してくれた。案内されてそこを見たときのおどろきは大きかった。ダブルベッドより少し広いぐらいの竹製の二段の棚に三人、八畳から一〇畳ほどのスペースの三方の壁にその棚があるから、一二、三人は住んでいる。うすぐらい部屋には、少しの衣服と手まわり品のほかなにも持物は見当たらない。……農村から流れ出してきた彼女たちには、楽しみといえるほどのものはなにもないようにみえた。また、実際に、なにもないという返事であった。いっさいのゆとりをはぎとられた生存ぎりぎりの生活が、赤むけの肌をヒリヒリと風にさらしているようなふうであった。それでも、いやむしろ、そのゆえにか、彼女たちは謙遜で、心根のやさしさをもっていた。羞じらいながら、つつましい希望、それは看護婦や経理事務の仕事をおぼえたいといった希望であったが、それに耳を傾けているうちに、わたしもおなじ小さな生きものにすぎないのだという、しみじみとした思いが引きだされてきて、そういう共感の場をひらいてくれる彼女たちが、抱きしめたいほどなつかしいものに思えてきた。

このマリベレスでの経験は、アジア遍歴の経験のなかでも特別な印象を残すものであった。

一〇月一九日　書き下ろしの仕事『生きる場の哲学』原稿を書き始める。

一一月一一日　「歳晩偶成」『伊澤蘭軒』より。

富人競富殆将顛　貧子憂貧亦可憐　有食有衣何所慕　書中楽地送流年

アイヌの作家上西晴治さんの長篇小説『コシャマインの末裔』に感銘ひとしお。民族の問題を感性の次元で深くえがいている。

この小説は、広尾源一を主人公とする四つ短篇からなっている。最初の「オコシップの遺品」では、十勝川の河口に近いアイヌの集落での子供の頃の暮らし、近隣の和人による差別などが主題で、源一は母から「アイヌであることを隠し通し、和人に互して出世せよ」と固く命じられる。二つ目の「ルイベの季節」で、差別と貧困から抜け出す望みを息子に託した母が死に、源一は故郷を離れ、東京の大学を出て札幌で大学教員の職を得る。しかし、はるか昔、和人と戦った偉大な先人コシャマインの末裔でありたいという願いを心に秘めた源一は、アイヌとしてのアイデンティティを裏切ることができず煩悶する。次の「トヨヒラ川」には、彫刻家の砂澤ビッキがモデルの中沢ヌップが登場し、二人が友達になる。アイヌ解放の運動が立ち上がる一九六〇年前後の札幌が描かれ、源一は和人になりすましてきた二〇年がやり切れなくなり、「はじめからやり直すことだ」と心に決める。最終章にあたる「アイヌ・モシリ」では、ヌップと源一が、天神山の上でたたずみ、ヌップがつぶやく。「わずか百年の間にできた街だ」。「百年前は、あの辺で鹿の群れを追いかけていたのよ」と昔、ユク・ニクル（鹿の森）と呼ばれていた場所を指さした。源一がいう。「どこへ行っても安住の地はないな」。ヌップが応ずる。「アイヌ・モシㇼがおれたちの願いよ」。

かつて読んだときより、ずっと心に染み込む作品であった。現代のアイヌを描いた文学の古典として読み継がれてほしい。

上西晴治は、この作品のほかに三冊の短篇集『ポロヌイ峠』、『原野のまつり』、『トカプチの神子たち』と、長篇小説『十勝平野』上下がある。私は、上西と親しく交わり、しばしば創作の苦労話を聞いた。

二〇一九年になって、四〇年を隔ててこの小説を再読した。そして切実に思った。アイヌ民族を自立の方向ではなく、日本国家に深く抱き込む方向のあたらしい法律が施行されようとしている今こそ、これらの小説を、特に若いアイヌの人に読んでほしいと思う。

**一二月七日から一六日**　東京、福岡、京都、大阪、三里塚を巡る旅。それぞれの場所で集会に出席する。

東京で、映画『ピロスマニ』と『ジプシーは空にきえる』を観た。どちらも記憶に残るいい作品だった。

**一二月一五日**　映画『旅芸人の記録』を観る。ギリシャ映画、監督はアンゲロプロス。四時間の大作である。非常に良かった。

# 第6章　ピープルズ・プラン21世紀国際民衆行事

## 一九八〇年

八〇年代前半は、列島各地原発反対の運動が盛り上がりを見せていた。高知県窪川町の原発誘致町長のリコール成立、宮崎県日向市でのウラン濃縮工場建設反対の市長選出、鹿児島県川内原発建設反対の運動、北海道の泊原発建設反対の運動などが活発であった。一九八六年のチェルノブイリ原発事故で、反対運動は加速された。

アジアでは、フィリピンのマルコス独裁政権が打倒された。ベラウ（パラオ共和国）などで非核独立太平洋運動が盛り上がった。ヨーロッパでは、ポーランドで連帯労組の運動が活発化し、ヤルゼルスキ政権を追い詰めていた。日本では中曽根政権が成立し、ナショナリズムを鼓吹し、核武装を視野に入れた国家主義を目指した。他方、労働運動は衰退に向かいつつあった。

私の活動としては、1、一九八〇年の札幌の活動家集団のイニシアティブで始めた地域運動をつなぐシンポジウム運動（「地域をひらく」シンポジウム）に力を注いだ。この運動は、一九九〇年まで一〇年間にわたって、交流と学びあいを目的に、列島各地の住民・市民運動体を順次開催主体にして行ったもので、川崎、富山、名古屋、金沢、米子、熊本、京都、静岡、松山の一〇箇所で開催した。それが終了したあとは、村田久さんと二人で「田を作る」という地域交流の運動を続けたが、村田さんの死によって終了せざるをえなくなった。

2、アイヌ民族の権利回復運動に力を入れた。一九八〇年代はアイヌ民族の自立、自決を求める運動が盛り上がり、アイヌ民族自身が起草したアイヌ新法案の実現を求める運動が活発化した。この新法案は、日本政府のアイヌへの差別、同化強制への謝罪を求め、アイヌを先住民族としての認知し、自立のための基金を設けることを求めたものであった。

差別を批判し、糾弾する活動も盛んになり、その成果の一つとして、交通公社のアイヌ差別広告を糾弾する糾弾会が行われ、その記録『近代化の中のアイヌ差別の構造』が出版された。アイヌ史の関係では、私の『静かな大地——松浦武四郎とアイヌ民族』が出版され、反響があった。

3、アジア連帯運動を積極的に担った。マルコス独裁と闘うフィリピンの活動家とのつながりが深まり、反マルコスの闘いを支援した。ルソン島北部山岳地帯コルディレラの先住民族とアイヌ民族との交流を図り、二度にわたって現地へアイヌの活動家と若者を案内した。

4、思想面では、韓国とフィリピンのキリスト教の活動、韓国の民衆神学、南米の解放の神学からゆたかな示唆を受けた。

**一月四日**　森鷗外『伊沢蘭軒』、コンスタンティーノ『フィリピン民衆の歴史』を読む。

**一月二八日**　この日から一週間、フィリピンの政治活動家を招いて札幌、旭川などで交流、連帯の集会を開催する。のべ二五〇名の参加があり、充実した内容であった。

**二月二四日**　林竹二『田中正造の生涯』を読む。ずっしりした感銘を受けた。

**二月二九日**　野口三千三『原初生命体としての人間』に出会う。私にとって極めて重要な書物であり、影響が後まで残るものだった。

**三月二九日**　上京して野口さんが開催する「野口体操」のレッスンに娘の攝とともに参加する。攝はその後ずっと参加して野口体操を受け継いでいる。

東洋文庫の新刊、イザベラ・バード『日本奥地紀行』を読みだした。アイヌ民族の生活見聞記として極めて貴重である。

**四月八日**　哲学者の山崎正一が「朝日ジャーナル」のインタヴューで述べている。人間の共同社会の原理として、「正義の原則」と並んで「信愛の原則」がある。正義の方は知性、信愛の方は情操による結合である。知性だけでは官僚主義になる。しかし、愛情はあまり広いところまでは及ばない。だから、小集団が重要になる。このことを整理して経験とつき合わせて提起してみたい。

**四月一三日**　人民解放講座と名付けた読書会で、パウロ・フレイレ『被抑圧者の教育学』を読み始める。ブラジルのスラムでの民衆教育実践を踏まえた名著で読書会には最適のテキストである。

**四月一六日**　サルトルが死んだ。

**四月一九日**　イラン情勢が悪化し、アメリカの軍事行動の可能性が出てきた。

**四月二五日**　サルトルは、晩年、友愛を根本的な理念として主張し始めていた。これは左翼の崩壊を通して、左翼の根本の原理への反省が生じていることを意味する。

**四月二六日**　アメリカのイラン大使館人質救出作戦が失敗した。失敗すれば大戦争になる掛けをして、ぶざまに失敗した。

**五月二三日**　韓国の学生が中心の、光州での人民蜂起が生じている。萱野茂『アイヌの碑』を、感銘深く読む。

**五月二七日**　光州の人民コンミューンは、すでに一〇日目に入っている。札幌でも、連帯のデモをする。

**八月三〇日**　「金大中を殺すな！　札幌集会」、一一〇名参加。

**八月三一日**　萱野茂さんの講演と記録映画『イオマンテ』『沙流川アイヌ・子どもの遊び』上映会に参加する。映画は、レヴィ＝ストロースが『野生の思考』でいう器用仕事（ブリコラージュ）を目の当たりするものであった。

**九月四日**　金大中氏救援緊急デモに参加する。

**九月一二日**　金大中氏に死刑の求刑が出る。

**九月一三日**　金大中氏救援労働者委員会が一五日までの予定で大通公園でハンストに入った。夜、現場に行く。ハンストのテントで自己紹介を聞いていたら酪農大のK君がこんなことを言った。

「良心」という言葉は、我々の言葉としては「死語」にひとしくなっている。だが、金芝河のスライドを見ると、それが生きた言葉として発せられている。自分を省み、「良心」という言葉を取り戻したいと思った。

これを聞いて「初心」ということを思った。初心に帰れ、初心が大事と言われるが、本当にそうである。その「初心」を大事にできないのが、また我々の日常でもある。

**九月一七日**　金大中氏に軍法会議で死刑判決が出る。

**九月二二から二三日**　金大中氏死刑阻止のハンストに参加する。

ハイネ『流刑の神々・精霊物語』を読む。ホメロスの神々がいかにキリスト教によって迫害され、抑圧されたかを語っている。ホメロス『オデュッセイア』も読んだ。

**一〇月一四日**　伊達火発建設差し止め。環境権訴訟判決が出る。原告敗訴。裁判官がかなり熱心に審理して、それなりに住民側の主張を聞き取ってくれたことは評価できるとしても、原告の生活の場と裁判所の土俵がまだ噛み合っていない。そのズレに対して、法のネットワークを争いの現実に近づけるのではなく、争われている現実を俯瞰して、結果として強者の作る既成性を追認する判決である。司法の求める基準が、いわば、近代合理主義の地の上での実証の狭い格子をくぐらなければならないものになっていて、その格子をくぐってくれなければ、お気の毒ですが勝訴させるわけにはいかないのです、という答えである。

この判決からも感ずるのは、文明と社会全体の枠組みがもっと揺すぶられて、社会編成のあり方が問い直されるようにならないことには、裁判で住民側が優勢になることは難しい。

この訴訟は、「環境権」を実定法上の権利として認めることを請求する趣旨を持っていた。この裁判では、それは認められなかったが、後に続く全国の環境を訴因とした裁判で、やがて環境権が認知されるようになった。その意味で、この訴訟は先駆的意義をもつものであった。

**一〇月一七日**　拙著『生きる場の哲学――共感からの出発』が、岩波新書で出版されることに決まる。

**一〇月二一日**　今日から二六日まで、札幌で富山妙子さんの画業の展覧会と「解放の芸術」についての講座を主催する。富山さんの絵と高橋悠治さんのピアノ演奏を組み合わせたスライドの上映会もある。

「解放の芸術」についての講座は、富山さんの体験に根ざした話が感銘深く、同時に開催した展覧会も大きな成功を収めた。

**一一月一日**　「一九八〇年総合安保を撃て！」集会。一二〇―一三〇名参加。講演、前田俊彦さん。

**一一月二日**　「地域をひらく」シンポジウム第一回を、札幌のグループの主催で開催する。埼玉、横須賀、相模原、富山、川崎、三里塚、東京、旭川から人が集まる。「地域をひらく」

シンポジウムは、以後、地方都市を一年に一回訪れて市民運動体を横につなぐ試みとして一〇年間続けられた。

一一月五日　金大中氏第二審死刑判決のまま、控訴棄却になる。

一一月一〇日　森鷗外『北条霞亭』を読む。

一一月二七日　鈴木亨の『宗教と社会主義』を読む。「存在者逆接空」の思想に注目する。

一一月二九日　「金大中氏を殺すな」緊急連絡会議を作る。推されて代表を引き受ける。

一二月五日　昨日から金大中氏死刑判決・処刑阻止のテントがふたたび大通公園に張られ、泊り込みの宣伝活動が行われる。

一二月一六日　網野善彦『日本中世の民衆像』、山本市朗『北京三十五年』（岩波新書）を読む。前者は単一民族、米作一元史観への、反省と批判に基づく多様な民衆像の探求である。

## 一九八一年

一月一日　今年は不安と危機の年である、と新聞が書いている。

一月四日　石牟礼道子『西南役伝説』を読み始める。題名の指すところは、西南の役の頃の百姓漁民の生きた姿とその思いということであって、西南の役そのものは頭上をかすめる嵐として位置付けられている。その視点ゆえに面白い。獄門の首がどっちらを向いていたかが気になり、山の方を向かされていたら、後ろに目をつけても振り返りたいと記すあたり尋常の感覚ではない。一〇〇年前という座標の取り方で現代を考えるところに共鳴する。

**一月二三日**　韓国で金大中氏の上告が棄却され、死刑が確定した。すぐ閣僚会議が開かれ、無期懲役に減刑される。日本各地で同氏を支援する緊急会議が結成され、札幌での救援デモに参加する。

**二月一日**　戸塚美波子詩集『一九七三年ある日ある時に』(創映出版)を読む。北海道開拓百年記念行事に、アイヌとしてのこの百年の苦しみ悲しみを訴え、大きな反響を得た若い詩人の詩集。どすんと胸に重い丸太を乗っけられるような詩集である。

**二月二日**　ベラウ(パラオ共和国)のルポをTVで観る。たった一万数千人で国家を作り、四〇〇年の植民地支配を脱しようとしている姿に涙が流れてとまらなかった。アイヌのTは、「四百年だよ！　それにくらべれば、百年位なんだっていうんだ」と述懐した。

**二月三日**　永井荷風『断腸亭日乗』第一巻を読み始める。大正六年から一四年まで、震災をはさんで簡潔な筆で日常が記録されている。面白くてやめられない趣である。

**二月四日**　母方の先祖石井宗謙の顕彰碑の除幕式が、出身地の岡山県真庭郡落合町で行われるのに出席するため、母と一緒に出かけた。

**二月五日**　除幕式。撰文に曰く。

寛政八年(一七九六)旦土村医師石井佐次郎左衛門信正の三男に生まれる。母は勝山の池田氏。

文政六年（一八二三）志を蘭学に立て、遠く長崎におもむき、シーボルトに従い医学を学び、学才ひときわ優れ、ことに産科は塾中比肩するものがなく、語学力も抜群で多くの翻訳がある。

天保三年（一八三二）勝山藩主三浦峻次に召し出され藩医となり、のち岡山に開業して名声を博した。

安政二年（一八五五）幕命により、函館奉行所通詞に招かれ、翌三年（一八五六）ぬきんでられて蕃書調所に出仕し、外国文書の翻訳に従事した。更には岡山と、この周辺で最も早く種痘を実施しようとした医家であり、また江戸在住の蘭方医とともに神田お玉が池の種痘館創立にも参画した。

文久元年（一八六一）五月二十三日、六十六歳で没し、芝白金台の真言宗永峯山高福院に葬る。

妻は津山藩士芦澤氏の女しげ。二男一女があり、長は信義、次は梅太郎、末はたかという。

先生は落合町に生まれ育ち、時勢で蘭学の蘊奥（うんおう）を窮（きわ）め、蘭学を持って安政開国の時期に活躍した。日本の歴史にとっても、また落合町の歴史にとっても、忘れることはできない人である。

東京大学名誉教授　緒方富雄額　垂水神社宮司筑澤慧撰　落合小学校長稲田晃書

式典で、縁故者一同を代表して挨拶をさせられる。

祝宴後、ひとつ山を越せば山陰の倉吉に至る渓谷にある奥津温泉に、母とともに泊まる。客は、私たち二人だけ。母と二人でのこういうひとときは貴重な時間であった。この温泉は、吉田喜重監督、岡田茉莉子主演の映画『秋津温泉』の舞台である。

家系自慢は天皇制に通じると、久野収さんからたしなめられてから、先祖の話はしないことにしてきたが、事実を否定することはできないので、記録だけはしておく。石井宗謙は、母の曽祖父である。宗謙は、産科術を学びに来たシーボルトの遺児楠本イネとの間に婚外子タカ(高子)を設けた。イネは産科医として東京で開業した。宗謙の長男信義(謙道)は大阪の緒方洪庵の適塾で、福澤諭吉と親しかった。医術を学び、東京で開業した。宗謙の次男梅太郎は、幕末、榎本武揚の軍に投じ、函館戦争の最中、幕府軍を偵察しに出て囚われ、斬首されたという記録が残っている。信義(謙道)の三男哲吉が母の父である。三井物産の社員として渡米したが、結核に侵されて帰国、三二歳で亡くなる。母の静子も看病して罹患、翌年亡くなり、母と弟は孤児となった。母の実家は、宇和島の士族穂積家で、祖父の重顗に引き取られて育った。穂積重顗は、伊予伊達藩の家令で、陳重、八束の二人の弟があり、二人とも法学者になった。重顗の妻銀は、永年日本女子大学の教員を務めた。母は、銀の薫陶を受け、中国の女性の詩文学を学んだ。

二月一一日　リブ仲間でお産の学校。妊婦三人と介助役二人、それに私。

二月一二日　森鷗外選集の評論篇第一巻読了。鷗外は、断簡に至るまで面白い。それは筆の運び、文章の高雅さの楽しみである。その楽しみは深く持続性がある。

二月一五日　ソヴィエト映画『鏡』（アンドレイ・タルコフスキー監督）を見る。少年の内面世界を詩的にえがいている秀作である。

二月一七日　今年は泊原発をめぐる攻防の年である。その攻防は、伊達火力のときと比べて反対する側にとって重たい。現地に、心がかようしっかりした闘争主体が作られなかったことからくる重さである。資本と権力の地域に対する根回しも格段にちがう。

二月二〇日　内田義彦『作品としての社会科学』を夢中になって読み終える。スミス論と河上肇論に感銘ことに深いものがある。内田さんの「学問が森のように育ってくる」ようなあり方という文言を実感として受け取ることができた。

二月二一日　江原光太の詩、大島龍の版画狼の色紙を購う。

〃詩を売るな
権威にあやかるな
詩とは
だれのための

ものでもない
自分のものだ
売るに売れない
怒りの歌
嘆きの歌
願望の歌だ〟

砂澤ビッキ氏の彫刻個展を見る。とてもたのしい。独特の紋様は、彼の民族的生理的な情念と深く結びついているとしか考えられない。

**三月七日**　昨夜、荒畑寒村さん死去。毎日新聞によると、いまの春闘について二月二〇日にこう語っていた。「ヒストリカル・ミッションによる運動が忘れられては困るね。どんな運動でもよって立つ基盤を忘れてはだめだ。もっとも運動組織が大きくなれば、〝右だ、左だ〟といってもおれないかもしれないが。だけど、風に吹かれたようにあっちになびき、こっちになびきではたいしたことはやれない。労働組合とその指導者が純粋な歴史的使命をとらえなおしてやってほしい」。

ヒストリカル・ミッションという言葉をかみしめ、掘り下げることが、いま労働運動にとって、ほんとうに必要ではないか。

**三月九日**　昨夜、高知県窪川町で、原発を拒否する趣旨での町長リコール成立。この運動の中心的な担い手の一人に、札幌のべ平連運動で活動していた酪農学園大学生で、卒業後、故郷に帰って農業者となっている人がいることを知って心強かった。政府自民党の計画では、昭和六五年度（一九九〇）には、原発の総出力を五一〇〇万キロワットから五三〇〇万キロワットにしたいとのこと。それによると今後実質九年間で出力一〇〇万キロワット級の原発二一基〜二三基の新規建設が必要という。前途がおそろしい。

**四月二日**　内田義彦さんの全快と新著出版を祝う会に参加する。

**四月三日**　高木仁三郎さんと対談する。

**四月七日**　大塚久雄、川島武宜、土居健郎三者による討論『「甘え」と社会科学』を読む。大塚さんの発言に関心を持った。家産制の許でのピエテート（敬虔）と甘えとをつなげて捉える視点は示唆に富む。

**四月八日**　リブの女性たち数人で中国鍼をおぼえてお互いに打ち合う実習の集まりに加わる。

**五月二日**　映画『ブリキの太鼓』を観る。ダンチヒ（グダンスク）を舞台に、自分の意志で成長を拒否したカシュバイ人の小人を主人公にした作品で、最底辺の被抑圧民族であるカシュバイ人、それから被支配民族ポーランド人とユダヤ人、その上に最優越民族であるドイツ人がいる構造とそのドイツ民族の興隆と衰亡を、自ら被差別者であることを選んだ小人を観察者として描いている。最後は、カシュバイ人のアイデンティティ宣言を暗示していて思想的に深いメッセージを含んだ物語になっていた。

**五月一〇日**　木下順二作『子午線の祀り』を、国立小劇場にて観る。深い感銘を覚える。

**五月一六日**　新日本文学会大会に出席。「運動と表現」分科会で菅原克己さん、玉井五一さんらと一緒。

**五月二二日**　上西晴治『原野のまつり』を読む。ウリベという羆とヤエンクルというアイヌのエカシの一対一の闘いであるが、ウリベが最後を迎える瞬間は胸が詰まるようであった。感銘ただならず。

**五月二三日**　非核三原則の改変を意図した核持込みの実態暴露がこのところ連日報道されている。軍事同盟化を内包する日米共同声明以後、急ピッチで進む政治的上部構造形成の歩みである。

内田義彦『経済学の生誕』を読みながら、マルクス主義を、社会科学的認識を根幹とする総体化の視点と方法へともたらさなければならないと考える。総体を精神的実践的に獲得しようという意思が一方の極に持つことによって、他方の極に、自由な自覚的個人の全面的発達が要請される。その自由な自覚的個人を、前衛としてのエリート＝選民として実体化したところに歪みが生ずる。

**五月二四日**　韓国光州蜂起一周年の連帯デモ。

**五月二五日**　光州一周年記念集会

**五月二六日**　内田義彦『経済学の生誕』読了。「歴史貫通的市民社会」という問題提起をどう考えるか。

**六月一日**　内田義彦編『河上肇集』を読み始める。以後、古田光『河上肇』、山之内靖の河上肇論、一海知義『河上肇と中国の詩人たち』を読み継ぐ。一海氏の本を読んで、あらためて漢詩に対する愛着を覚える。

**六月二二日**　共同で家を借りている仲間で、妊娠中のBの出産を介助する。全部で一三人集まった。初めて出産に立ち会う。お産は軽く、Bも元気だった。女の子で名前はゆい。仲間で協力して出産を介助するということは極めて意義があることだった。

**六月二七日**　この間続いてきたアイヌ語の勉強会「ウエカルパ」の合宿。テキストは、樺太アイヌ語のユカラ（ポーランド人徒刑囚として在住したピウスツキが採集したもの）である。

**七月三日**　「ウエカルパ」勉強会で、四宅ヤエさんの「オイナ」（昔話）のテープを聴く。「アペヤテーンナ　アペヤテンナ」という「サケ」＝祈りの「節」を持つ火の神の自叙伝である。そのゆるやかなリズムが心にしみる。アイヌ語がだんだんおもしろくなってきた。

**七月四日**　『中野重治を偲ぶ夕べ』の一六ミリ映画を観る。告別式の記録である。弔辞は、山本健吉、尾崎一雄、国分一太郎、石堂清倫、本多秋五、臼井吉見、宇野重吉、桑原武夫であった。国分、石堂、本多の言葉に万感の思いがこもっていた。友人代表挨拶は佐多稲子。

最後に原泉さんが立ったが、ほとんど倒れんばかりで、佐多さんの手を握っての挨拶であった。原さんの「いくばくかの余命をどう生きたらよいか」という言葉が胸に沁みた。

**七月八日**　母の著書『愛情の宋詞』が出来てくる。私が原稿を預かっての自費出版である。

**八月五日**　和田春樹『農民革命の世界』読了。チャヤノフのユートピア小説紹介の一節を引いておく。ユートピア的な農民ソヴィエト共和国の社会体制についての技師ミーニンの答え。「実際のところ、われわれはいかなる新しい原理も必要ではなかったのです。われわれの課題は、幾世紀にもわたって農民経営の基礎をなしてきた古い、年をへた原理を確立することにありました。われわれは、この偉大な、永遠の原理を確立し、その文化的価値を深め、精神的にそれを改造し、それが永遠につきものの、もっぱら消極的な抵抗力性をあらわすだけでなく、積極的な力、柔軟性、あえていえば、打撃力をもつような社会的、技術的組織を、その具体化に与えることだけをめざしたのです。

われわれの経済制度の基礎には、古代ルーシの場合と同様、個人農経営がおかれています。われわれはこれを経済活動のもっとも完全な類型だとみてきましたし、みております。ここでは、人間は自然と向かいあい、労働は、宇宙のすべての力との想像的な接触にたちいたり、新しい生存の形態をつくりだすのです。一人一人の勤労者が創作者であり、その個人性の発露は労働の基礎なのです」。

チャヤノフの究極的理想は、個性の発達にある。

「そのさい、われわれは、決して社会を偶像にしなかったし、国家を物神化しませんでした。つねにわれわれの究極的規準は、人間生活の内容の深化、全一的人間個性（リーチノスチ）でした。他のいっさいは手段です、この手段のなかでもっとも強力かつもっとも必要なものが社会と国家だとわれわれはみなしていますが、それが手段に過ぎないことを決して忘れないでしょう」。

**八月下旬から九月二九日**　ＡＣＦＯＤ（発展に関するアジア文化会議）の総会に出席のため、スリランカの首都キャンディで一週間を過ごした。その間、紅茶農園労働が、少数民族差別と結びついたものであることなど、スリランカの民族対立に根がある政治経済状況についてまなんだ。そのあとマレーシアのクアラルンプールの労働運動、フィリピンミンダナオ島の、日本向け石炭粉の焼結工場をまわって帰国する。渡辺勉さん、堀田博之さんと一緒。

**一〇月七日**　エジプトのサダト大統領暗殺。二年前、パキスタンのブット首相処刑、今年、イランの大統領と首相爆殺と、中東、南アジアは揺れ動いている。朴正熙暗殺から全斗煥大統領へ、という韓国の情勢も安定とはいえない。

**一〇月二七日**　山代巴の大河小説第一巻『霧氷の花』読了。何度か涙を誘われた。山代さんが治安維持法違反で服役させられていた三次（みよし）女子刑務所での二年間が綴られている。そこで生きる女囚たち群像がまことに共感を呼ぶようにえがかれている。下層の生きる人たちのあいだの助け合いの生き方、そこにおける個と人権の確立が、観念を通じてではなく感性における授受の関係を通じてえがかれている。山代巴という人の人物の大きさがわかる。

**一一月一二日**　名古屋で、大杉栄、伊藤野枝と共に数え年九歳で虐殺された橘宗一の墓に詣でる。父親が密かに建立したもので、裏面に「犬共に殺さる」と刻まれている。墓石も趣深く、感銘ただならぬものがあった。墓のあるところも見つからぬように隠され、敗戦後、発見されたとのことである。

**一一月一四日**　鹿児島県川内（せんだい）に行き、建設中の原発を現地で見る。川内川を挟んで北の火発。南に原発という立地の態様に一驚する。原発のドームのグロテスクさは風景の調和を根底から破壊している。

**一一月一六日**　水俣へ。石牟礼道子さんのお宅を訪れる。石牟礼さん手作りの昼ご飯をご馳走になる。いい香りのしいたけ五目ご飯に、豚肉のごぼう巻き、豆腐味噌、お汁。美味しくて心も体も喜ぶ。

そのあと、チッソ工場周辺をまわり、明水園へ向かう。石田明さんという重度の患者さんが書いた読めない文字で書いた原稿用紙一枚を頂戴する。私にとって宝となった。

石牟礼さんの童話のなかでは、めしい、みみしい、知恵遅れ、およそもろもろの障害を負う者が神さまとしてあると読んだが、現にそうだという思いがした。午後、砂田明さんが開いた乙女塚農園を訪ねた。石を除いて畑を耕し、その石を石垣に積み、苗床を作り、作物を丹精して育てている。畑の間を行くと寛永四年の年号の入った乙女塚がある。乙女塚には水子地蔵が祀られている。まわりは槙の木が生え、見晴らしのよい場所である。槙の木にも引かれるものをおぼえた。水俣病患者で、乙女塚農園で働いている田上義春さんにも挨拶した。

このあと、熊本で「三里塚に連帯する会」の集会に出席し、筑後川沿いの田主丸町在住の日野文雄さんを訪ねる。日野さんは、ベ平連時代、青森県三沢の反戦喫茶「アウル」のマスターをし、その後報道写真家になり、原子力船「むつ」をずっと追跡している人。筑後川には揚水水車があちこちにあり、心を動かされる。線香を作るために、ひのきの葉を水車で突いて粉にしている。

水田耕作のために営々として払われてきた努力のあとが石積みの疎水や灌漑路に見られる。広島原爆の火を懐炉に入れて保存しつづけ、町役場の庭に町が置いている山間部の小さな町へも案内してもらった。この町は、町ぐるみダム建設に反対を続けている由であった。この筑後川沿線の風景は、歴史の厚みがあり、家々の佇まいも落ち着きがある。大正時代に、農民が自分たちで近代劇を上演するために作った円形劇場跡も見せてもらった。

河童伝説がこの地域にはいろいろあるそうで、ある沢では河童はクワックワッと鳴いて沢をのぼるといい、他の沢ではチッチッというのだという。河童の石像が橋のたもとにあったりもする。

このあと筑豊炭田地帯を歩き、九州住民運動合宿事務局の村田久さんに会う。村田さんとは以後、二〇年以上、肝胆相照らす仲となり、思想、行動を共にした。三菱化成黒崎工場の一労働者でありながら、住民運動合宿を束ねて、ある人の言い方では「超人的」努力で活躍している人、いかにも気さくで人を警戒させない庶民気質を持った人である。

**一一月二〇日**　中津市に、火力発電所建設反対の運動を皮切りに、『草の根通信』を発行しながら、各種の社会運動にかかわり続けている松下竜一さんを訪ね、泊めていただく。父の代から豆腐屋さんで、今にも倒れそうな平屋の間口二間半の家。松下さんは寡黙な人で、ヌッと顔を出し、「まあ」と口の中でつぶやいて引っ込む。家に上がると、黙って座っている。話の接ぎ穂がなくて苦労した。虚飾なく、お世辞なく、世間話なし。個人通信「草の根通信」に仲間が書いていたが、二年ぐらい付き合うと、ようやくしゃべりだすとのこと。福澤諭吉の旧宅と記念館がすぐ裏にある。夕食に出してくださった豆腐がおいしいというと、ほんとうにおいしいのは手のひらにのせられないくらい出来立てのアツアツのとき。時が経つごとに味は落ちるという。だから、松下家では朝、昼、晩、日に三回豆腐作りをやっていたとのこと。

豊前火力建設反対運動は、事実上終わっていて、今は「草の根通信」を出すことだけが仕事になっている。松下さんはどこか寂寥感の漂う人である。しかし、笑うと心の無垢さがしみ出すようである。心のあたたかい民衆の思想家である。

**一一月二二日**　日向市での第二回九州・山口のエネルギー基地化とたたかう合宿討論会に参加し、玄海原発公開ヒヤリング阻止のためのキャラバンの成功の総括や今後に向けての地域横断的なエネルギー問題を基軸にした運動つくりの報告を聞いた。日向市長選で、ウラン濃縮工場建設反対の市長が誕生したこと、熊本の苓北火力での町長リコール運動など多彩な運動の報告が組み込まれていた。地元日向の報告のあと、特別報告として北海道の住民運動報告に時間を与えられ、伊達火発反対から泊原発建設に反対する動きについて報告した。

**一一月二三日**　札幌での「日本交通公社のアイヌ差別を糾弾する会」に出席する。「ジャパン・タイムス」紙差別広告問題をめぐる糾弾会である。この糾弾会は、交通公社がジャパン・タイムスに英文で、北海道観光旅行の広告を掲載した文中に「白老では毛深い(ヘアリー)アイヌを観ることができる」とあった。この広告の存在を教えてくれたのは、北海道を訪問中のオーストラリアのアボリジニの人であった。これを知ったアイヌと和人の私たち数名が糾弾会を組織したのである。

交通公社側は外人旅行事業部長ほか五名の出席、糾弾会側は一八名。公社側は追求にほとんど返答できず、次回を約束して五時前に終わってしまう。

**一二月九日**　泊原発公開ヒヤリング反対の現地集会にて、泊村の原発立地点でデモ。漁協の態度変更から公開ヒヤリングまで一気呵成にはこんだ企業と行政の作戦勝ちである。

**一二月一七日**　ポーランドでヤルゼルスキ政権が非常事態宣言を出し、戒厳令を敷いたのが一三日、その後事態は悪化し、連帯労組のワレサ委員長は軟禁、幹部の大量逮捕、軍隊の出動と続いている。

**一二月二二日**　ポーランド情勢が悪化し、労働者の抵抗がゲリラ的に続いている。

日本の変革について思うこと。(1)歴史的にみると、外圧あるいは外勢によるインパクトで国内の体制が変わる。それにいたるまでは、世論の等質化と管理の一元化を許してしまうパターンがある。したがって日本列島を、他民族(とくにアジアの)と共に居住するという多民族共生思想を培うことが変革のために重要である。(2)国内の階級構造は、西欧ふうの、資本家階級対労働者階級という二つの社会構造とその対立・闘争の形に収斂させられない。国家の枠のなかでの統合力の方がつよくはたらいている。地域格差構造とのからみを重視すべきである。下層労働力の汲み出しは、東北、北海道、あるいは九州・沖縄、裏日本僻地から。これは横断的階級構造とはまたちがう。それにさらに、アイヌ、琉球弧の民族的異質性が最下層に位置する。近代史全体をめくり返すかたちの闘いが、そこでの視点として出てくる。いちばんアジアの民衆に近い地平がそこにある。〈階級〉構造の分析を深めることが必要である。

## 一九八二年

**一月一〇日**　交通公社のアイヌ差別広告糾弾会がひらかれる。

**一月一三日**　アンドレ・グンダー・フランクの『従属的蓄積と低開発』を読み始める。フランクの最初の邦訳書『世界資本主義と低開発』よりも論争的で、それだけに問題点と欠陥がはっきり出ている。フランク理論は、一種の決定論（実践にとって外在的という意味）であるようだ。

大西巨人『神聖喜劇』第一巻を読み継ぐ。しんどいが実に面白い。文人性が厚みをもって現れている。大西巨人は教養の広く、ゆたかなること今日第一等の人物の一人ではなかろうか。また、志操（しそう）ただしく、孤高の生をつらぬく希有な人物と見た。

**一月三一日**　日本交通公社のアイヌ差別広告糾弾会が開かれる。今回ようやく本論に入り、差別問題についてやりとりが深まる。

**二月九日**　松尾蕙虹五〇歳。三井三池第一組合に所属する夫がCO中毒患者で、一八年間介護にあたってきた人。現在、炭鉱会社を相手取って家族への補償を求めて訴訟中。彼女の話は来会者の心を震撼させるものがあった。その個としての強さは、匹夫もその志を奪うべからざるなり、という成句を想起させるものであった。草の根に生きるとはこういうことであるかと感じ入った。まったく孤立の闘いから、現在は四家族の訴訟になっている由。

**二月一〇日**　松尾蕙虹さんと共に、夕張に、北炭夕張の大事故の被害者を訪ねる。

**二月一七日**　田中正造全集第一巻を、ノートを取りながら読み始める。時々笑ってしまう。田中正造という人はどこかおかしいところのある人だ。単純なものの美しさと創造性がある。

**四月四日**　日本交通公社のアイヌ差別広告糾弾会を開催。今日で基本的な討論は終わった。諸氏奮闘したといえよう。

**四月八日**　『神聖喜劇』全巻読了する。近来にない感銘を受けた作品で、終わり方は、主役の一人大前田軍曹が、野砲発射の指揮をとる姿と「保元物語」の為朝の姿を重ね、歴史への想いを誘う叙述で、余韻を残すものであった。面白さの秘密の一つは、文体の魅力である。短詩型文学や漢詩に深く親しんだ著者の素養と感性が、文体を律動あるものにしている。それに加えて、著者は、文章の論理性をとりわけて重要視し、その貫徹につとめている。それが、小生にとっては生理的快感につながるものであった。

**五月四日**　名古屋で第三回地域シンポジウム。約四〇名出席。各都市、名古屋、四日市、静岡、福生、横須賀、金沢、富山、京都、札幌、川崎、九州の他、東京自主講座、東京のアジア太平洋資料センターなどの参加もあって輪が広がった。

**五月二三日**　北海道ウタリ協会の総会が開かれる。約五〇〇名の出席で、広い会場は満席であった。議事の中では、旧土人保護法を廃して新法を、という方針と北方領土におけるアイヌの先住権を主張する中間報告が重要であり、この二点についての野村理事長の報告は立派なものであった。討論も、積極的に自己主張をぶつけていく機運が盛り上がりつつあり、頼もしくもうれしい姿が感じられた。

このころがウタリ協会（現アイヌ協会）の最も活気があった時期であった。この後、アイヌ新法獲得の運動がもりあがりを見せた。その頃にくらべると今日のアイヌ協会の活動は著しく弱まっており、政府の施策頼みで、先住権とか資源へのアクセス権とかの主張は強くない。

**九月二二日**　北大スラブ研究センター主催の、レゼク・ムリナーシュ氏の講演「チェコの春とポーランドの十六カ月」を聞く。同氏は一九六八年当時、チェコ共産党書記局員。小生の質問、チェコ二千語宣言が戦術的に行き過ぎだったとするあなたの立場からすると、ポーランド改革派の戦術も行き過ぎだということになるのか、これに対する答えは興味深かった。社会の水平的な、民主的関係が成熟しておらず、断ち切られている限り、一点突破はすべての傾向の噴出になり、ラディカルな動きも抑圧できなくなる。そのような際に、自制と迂回の選択に同意を組織することはむずかしい。その逆説に対する出来合いの処方箋はない。そういうときには、やはりリーダーシップが問われる。核になる人びとの集団的努力がなければならない。しかし、そこにも諸傾向が流入してくる。チェコもポーランドも、言葉に過大に依存しすぎ、権力の物質的な力を過小評価した。しかし、そこにも禁圧されていた言論の自由が獲得されたところからくる、やむを得ない傾向の力が働いていたという。

終わって夕食交流につきあわせてもらう。コシーク氏の運命について聞けて、大収穫であった。コシーク氏は年金生活をしており、膨大な手稿を手元にもっているが、いつまでたっても完成しない。「実践の哲学的意義」という題だそうだ。ムリナーシュの意見では、永久に完成しないのではないかという。外国からの招きをすべて断ってチェコにとどまり、一私人として暮らしている。大学教授を辞めて、彼は真に哲学者にふさわしい人になったという評価に深く肯定するところがある。

**一〇月二三日**　ベラウ（パラオ共和国）のネルソン・アンジャインさん（五四歳）とPARC（アジア太平洋資料センター）の山鹿順子さんが来訪。水爆実験による被爆、ミサイル実験場にされる、アメリカの軍事基地化の状況について語ってくれる。

**一二月一七日**　中曽根内閣がスタートし、全民労協が旗揚げする。情勢の見通しは暗い。この年は、私にとって転換の時期であった。地域活動に実践の足場を置き、日本の思想をまなび、民衆の視点での思想の在り方をさぐる方向が定まってきた。日本交通公社のアイヌ差別広告糾弾の活動を通して、アイヌ民族の権利回復の活動へのコミットもすすめることができた。

河上肇『陸放翁鑑賞』を少しずつ楽しんで読む。

## 一九八三年

**一月六日**　中曽根首相は訪米前に訪韓のスケジュールを発表。レーガン、全斗換、中曽根路線形成か、不気味である。

**一月二〇日**　河上肇『陸放翁鑑賞』より。

「私はマルクス主義者として唯物論を採る者である。しかし、私は、心に現象となって映じて来る外物を研究する科学の外に、自分の心を自分の心で認識するという特殊の学問(仮に之を道学と名づけておかう)が別に在るものだといふ立場を取って居り、且つそれと同時に、儒教、仏教、乃至基督教などには(色々な夾雑物と一緒になってではあるが)その核心にかうした道学が含まれて居るのだといふ見解を有って居るので、古来の道人に対し私は常に十分の敬意を捧げてゐる。私人、志士、道人といふ三つの面を有った放翁は、親しむにつれて益々親しみを覚える」。

**一月三〇日**　東京からの帰途、函館本線の車窓の風景が美しい。新雪が輝き、駒ケ岳が雪をかぶって鋭く映え、木々は繊細に化粧している。このような景色に恵まれることは至福というべきである。

**五月一日**　平取町二風谷に萱野茂さんを訪ねる。萱野さんの記念館や保育所などを見せてもらい、それから浦河町姉茶に、遠山サキさんを訪ねる。私はこれ以後、遠山サキさんの魅力に惹きつけられて付き合いを深くする。サキさんに山菜採りに連れて行ってもらう。

やちぶき、カタクリ、フクベラの花が咲き、林の中は夢見るようであった。

**五月二日**　襟裳岬の百人浜まで行ってハマボウフウをとった。ハマボウフウは砂丘に艶やかな小さい緑の葉を見せる香り高い野草である。根の白くて柔らかい部分を食べる。帰途、元浦河の上流カムイ橋の近くでコゴミやキトビロをとった。斜面一面がまるでキトビロの畑のようで興奮してしまった。帰りに、静内に寄り、口元にシヌエ（刺青）を入れた織田ステノ、藤山ハル、二人のフチを訪ねた。計良智子さんに同行してであった。

**五月二二日**　北海道ウタリ協会の総会を傍聴する。北方領土におけるアイヌの先住権、アイヌ史編纂、学校教育におけるアイヌ問題、観光とアイヌの問題などが課題とされ、アイヌに関する新しい法律制定に向けての議論でも、その前提をなす自らの憲章（精神的宣言）の必要が語られたことは注目に値することであった。

**六月一三日**　オーストラリアの先住民族アボリジニの反ウラン鉱採掘の大使（私設）ショーティ・オニールさんがアイヌ民族を訪ねてきた。アイヌとの交流への熱い期待を繰り返し述べる。

一七八九年にイギリスの囚人を乗せた船が私たちの大陸にやってきました。それ以来、私たちの悲しい歴史が始まりました、とオニール氏が語るとすぐに、村山トミさんが、その同じ年にアイヌが侵略してきた和人に対して組織的に挑んだ最後の闘い、クナシリメナシの蜂起がありましたと応じ、互いに抱き合って涙にくれた。一七八九年はフランス革命の年でもあり、世界史の表側で近代が幕を開け、人権が謡いあげられていた時、その裏側で先住民族に対する差別、抑圧の歴史が始まったことを教えられ、先住民族同士の出会いが歴史の出会いとなる現場に立ち会う思いであった。

**七月一九日**　季刊誌『歴史と社会』所収の丸山眞男、芦津文夫、脇圭平の鼎談「フルトヴェングラーをめぐって」での丸山氏の発言に強く惹かれるものがあった。

「ラツイオというのは幹や枝で、非合理なものっていうのは根だっていうんですね。これは地下深く広く張っている。見えないくらい地下に根を張れば張るほど、亭亭としてラツイオの木は天上へ向かって聳える。木や葉が亭亭と天上に向かって繁っているっていうことは、逆に言えばしっかりとイラショナルなものが地下に根を張っていることだ。それを地上に出してしまったのが近代人だっていうんです。過去の伝統との生き生きした連関を自分の内面に失ったから逆に、原始的衝動を追求の目標にし、しかも手段としては（つまり具体的に音楽で言えば、作曲の技法やオケの演奏技術は）機械的な精密さを磨きあげる」。

この丸山の発言はまだ続くが、合理と非合理の表裏の関係についての極めて重要な指摘である。

**七月二〇日**　田中正造における神とはなんであったか？　キリストは、彼にとっては聖人であったのではないか。その聖の観念はどこからくるか。儒教あるいは道教か？　自然神に近い神＝非人格神が彼の神であったのではないか。少なくとも仏教ではなく、キリスト教の神ともちがうのではないか。

**七月二一日**　田中正造全集第十一巻（日記）が面白くてやめられない。明治四二年が正造の一大転機であったことがわかってきた。谷中の一六戸の同志たちのうちの年長者の死に会い、治水論の哲学的深化の前提がつくられつつある記述のうちに、存在のロゴスを読む努力をしてみようと思う。正造論への心覚え。（１）エコロジー思想の先達、（２）所有と自覚についての思想を聞き取ること。つまり、無所有、無学、無力への徹底において最も広く深い存在了解に達していること、捨てること、捨て続けたことの結果がなんであったかを示すこと。

**九月一四日**　田中正造全集第六巻、県議時代の議事録。正造のくそ真面目なおかしさが面白い。法を徳義の具現としてとらえるとともに、議員活動を儒教のエートスとしての治とみなし、根拠に名誉という内面の徳を置いている。県議時代の姿勢は、下層の人民の利益を中心にしながらも、仁を以て臨む善政主義者である。これが後年、克服されて、いわば、自然に神を見る思想家になる。

田中正造全集全巻を読了する。

私にとって、この読了は、きわめて重要な出会いであり、影響は今後死ぬまで続くであろう。

**九月二八日**　テレビで上野英信の訪問番組を見る。彼は六〇歳を期に一切の私有財産を離れることを決め、筑豊文庫の所有地から裴老先さんという朝鮮人老婦人が住んでいた手作りの家を借りて住むことにする。このおばあさんの話を聞かせてもらう際の上野さんの態度は、誠にかくあるべきというものであった。すなわち、到底聞かせてもらえない話を、なさけによって聞かせてもらえた。これは全く予期しない幸せであった。そして、弱い自分を支えてくれるもの、すがれるものは、差別され、抑圧されて生きた人の存在であり、今自分はその魂と同居しているように思っている。

彼が、私有財産から脱出する理由も、在日朝鮮人は、財産を奪われ、土地を奪われ、言葉を奪われ、名前を奪われて、この日本で生きねばならなかった。その人と共に生きるには、自分たちだけのうのうと私有財産にくるまって生きるわけにはいかない……。

まことに襟を正させられる思想とその実践である。こういう思想に連なる生き方をしたいものである。

**一二月一一日**　PARC（アジア太平洋資料センター）の援助についての国際シンポジウムが開かれ、私は「日本の変革と国際連帯運動」という第一分科会の報告者を依頼され、「日本と日本人」を問い直すという軸を立てた。その夜、連帯運動マニフェストの執筆を武藤一羊さんに頼まれ、起草委員会での盛り込むべき内容の討論を経て、武藤さん、内海愛子さんそして小生の三人で更に文案の筋を決め、小生が書くことになった。このマニフェスト起草者を委嘱されて、その任を果たしたことは、この一〇年間の軌跡の思想的集約を反映させることができた。(このマニフェストと一九八九年の水俣宣言とは、運動と思想の遺産として、くりかえし顧みるべきものではないかと考えている)

## 一九八四年

**一月一四日**　金石範『火山島』第Ⅲ巻読了。

大西巨人の『神聖喜劇』とともに敗戦後日本語文学の最高峰と考える。韓国済州島で、南北の分断を越えた統一共和国をめざして闘う青年群像を描き出した傑作である。深い感銘を受けた。

このころ、　松浦武四郎の蝦夷地地理取調日誌を読み継ぐ。

**四月四日**　札幌の在日アジア人センター編の『民衆神学(ミンジュンシンハク)』の徐南同(ソリムドン)の三つの講演は非常に有意義なものである。

民譚、民謡、民間伝説を「民衆の言語」「民衆の社会的伝記」、ソシアル・ビオグラフィーとしてあらたに読み直す作業を重視し、その視角で福音をもとらえなおすという。ヒストリーに対してストーリーを対置し、民衆の物語を正史にかえて正面に据える。徐南同の「民衆神学」の研究題目は三つである。第一は「二つの流れの落ち合い、交流の概念」、第二は「恨」の神学、第三は方法論に関することである。第一の「二つの流れの落ち合い」とは、非キリスト者とキリスト者との落ち合い、プロテスタントとカトリックの落ち合い、さらに労働史の流れとクリスチャンの社会参加の流れの落ち合い、といったものを指す。

このあと徐は質問に答えて注目すべきことをのべている。それは、「罪」が支配者の言葉であり、「恨」とは支配されたものの言葉であるという思想である。この解釈はじつに創造的というべきである。罪ではなく、恨をいかに解くかが非常に切迫した課題である、という。

徐南同氏講演は、今までの神学に対する反神学の骨子を述べたものである。その例として「復活」についての考えがある。

第一に復活は新しい生き方に移ること。歴史的に前進であって引き返すのではない。新しい生の獲得である。第二に、復活は死んだものの復活ではなくて、殺された者の復活である。死の問題ではなくて殺しの問題である。義のための闘いに志し半ばにして殺された者の復活である。七〇、八〇まで平安に生きながらえて安らかに死ぬのは祝福であり、その上に死んで復活を願うのは欲張りではないか。神の進化論的創造の過程には、人の自然死は当然のこととして入っている。復活は、生を途中で絶たれた者、特に義のために進んで生命を捧げた者に対してのものである。第三にメシヤの到来による復活は、団体的復活であり、これは超個人的な社会概念である。それは、自由と平等と平和の新しい政治の開始の象徴的表現である。第四に、マルコ伝の終わり方は、「キリストの空の墓の前に白衣の青年がいて、主はガリラヤへ行った。そこで会えるだろう」と言って急に終わっている。これは意図的な終わり方である。イエスの力はガリラヤで新しい生き方で生き続けるのである。復活を指すアナスタシスは「起き上がる」という意味と同時に、「民衆の蜂起」をも意味する。復活は蜂起と同じである。イエスの新しい復活はガリラヤの民衆蜂起である。韓国の脈絡から言えば、一九一九年三・一独立万歳運動、一九六〇年四・九学生蜂起の復活である。

**四月七日**　夜、札幌のウーマン・リブの女性たちが組織した児童扶養手当制度法改悪反対の集会に出る。人数は三〇名ほどであったが、非常に内容の濃い集会であった。

出席者の発言がみな証言の姿をなしていたことにも感銘した。男の運動言語が、「われわれ」を主語としているのに対して、だれもが「わたし」という一人称単数で、自分が母子家庭、離婚、未婚の母という責任主体であることをのべ、その立場から語ってゆく語りかたであった。その話にはみな迫力があった。水商売をしている若い女性が、ここへでてこられる人はまだ恵まれている。多くの人は夜、すすきので働いていて出てこられる状態ではない、と語ったのも印象にのこった。男性主体の運動のあり方について考えさせられるところが多かった。

**四月一二日**　『老子』をひもとき、その創造性豊かな言説に驚嘆する。なかに「楽と餌に過客とどまる」という言葉があり、音楽と食べ物があるところに旅人は足を止めるというのは確かである。民衆運動に必要な知恵である。

**五月二七日**　北海道ウタリ協会の総会。画期的なアイヌ民族に関する法律（素案）を満場一致で承認する。萱野茂さんが、野村義一理事長の提案説明を全面的に支持し、「今日ほど理事長が大きく見えたことはない」と発言したが、小生も感銘深く聞いた。ウタリ協会がどんどん変わってきているのを感ずる。しかし、これからが胸突き八丁である。自力でこの事業を成し遂げて行くには、運動と闘争、特に闘争が重要である。下からの力量をつくることなしにはこの大事業の成功はおぼつかない。敵対するシャモに取り囲まれるのもこれからである。

**六月八日**　鶴見良行の『マングローブ』読了。鶴見さんが自分の文体と方法を確立したなと思う。臨場感のあるエッセイであり、歴史学である。終章は感銘ひとしお。抑制のきいた叙述のうちに、彼の思想が光る。

**九月二七日**　朝日新聞社刊の拙著『生きる場の風景』できあがる。

**一〇月二〇日**　計良智子、村山トミと三人で、フィリピンへ出かける。フィリピンの少数民族が集まる会合（キリスト教会組織が主催）に招待されて参加するためである。バギオでの会合は、アジアでの先住民族の連帯運動を進める上で有意義なものであった。私は案内と通訳。

**一〇月二一日**　マニラからジープニーでダバオに移動する。

**一〇月二三日**　少数民族のコミュニティを訪問する。ボントック族などが強制移住を迫られているところである。ボントック族は北ルソンの山岳民族であるが、次第に都市の下層に降りてきつつある。不法居住とみなされて住居を当局が壊しにきたが、住民の抵抗で阻止している。暮らしは織り物、賃仕事、土木作業などである。

**一〇月二五日**　会議が始まる。カントリーレポートが、マレーシア、スリランカ、タイ、日本、イリアンジャヤ、(インドネシア)、インド、オーストラリアと続いた。

**一〇月二七日**　「土地の観念、歴史、伝統」という議題に沿った分科会が始まった。タイのブガニャウ(カレン)族の青年は米作中心の生活と信仰を話し、村山トミはアイヌの考え方を話した。フィリピンの山岳民族は、部族間抗争の解決方法としてのピース・パクト(平和協約)の話をした。夜は文化の催しで、踊りや寸劇、ミンダナオのイスラム風結婚式の紹介、最後にみんなでの踊り。フィリピンの若者たちののびやかさ、その気風と闘争に心惹かれた。

**一〇月二八日**　午後いっぱい、分科会のまとめを話し合い、会議を終える。

**一一月一日**　川崎での第二回アジア、アフリカ、ラテンアメリカ文化会議に参加する。チリの作家アリエル・ドルフマンの発言が精彩に富んでいた。ドルフマンは著書『ドナルド・ダックを読む』が邦訳されていた。台湾の黄春明、エジプトのハサン・ハナフィ両氏の問題提起も良かった。会議では多彩な作家たちに接することができた。私は東洋の思想として田中正造の「愚」の思想を紹介したが、まったく通じなかった。武藤一羊さんから、あれでは通じないよと笑われた。アリエル・ドルフマンのその後の仕事は、『南に向かい北を求めて―チリ・クーデターを死に損なった作家の物語』が翻訳されている。

**一二月一一日**　N・グレーザー、D・P・モイニハン『民族とアイデンティティ』を読みながら、エスニシティの概念の問題発見的意味に気づかせられる。階級と民族に加えてエスニシティをとらえなければ現代の問題はとらえられない。そしてここには、歴史のマテリアリズム（質料主義）の演ずる役割もある。「風景」範疇も、ここで深められるし、「宗教」の再生の問題も、言語、文化、宗教、風土（土地）というかたちで総合されてエスニック・アイデンティティのうちに位置づけうる。所有関係に対抗するものは、エスニックな了解関係としてとらえることができるであろう。

**一二月一八日**　宋泉盛（ソンチュアンシエン）『民話の神学』を読み始めたらおもしろくてやめられない。七〇年代の金芝河、フレイレに対し、八〇年代はこの本がひとつの道標になりうるような感じである。宋泉盛は、台湾のプロテスタント牧師、神学者。この本は講演説教集である。西欧のキリスト教宣教が持つ、西欧中心主義への目覚めを促す内容を持っている

「私たちの神学を、アジアの奥底にある深い反響から生じさせよ。私たちの神学をアジアの魂の響きとせよ。そして、私たちの神学をして、アジアの大多数の民衆が負う苦難によって打ち破られる静けさを反響させよ。その後で、私たちはそうした神学をもって再び聖書やキリスト教信仰に立ち戻ろうではないか。そうすれば、私たちは、古池のほとりにたたずんで、聖書やバガヴァッド・ギーターや法華経典に言及されている、人間の心から生じる深い反響をいつのまにか聞きとっていることだろう。私たちがそこで出会うのは、冷

たい教理や過酷な法や人を脅かすタブーではなく、運命の力の前に無力な、死から逃れられぬ人間—この世にあって、この世を超越して希望を持ち続けるために、神の恵みを必要とする人間—である。そうした人間をイメージしうることが、アジアの神学の端緒なのである」。

**一二月一九日**　ユカラをすこし調べる。知里幸恵さん採録の「ふくろう神のオイナ」が美しく、知恵に満ちている。

**一二月二〇日**　武藤一羊さんからコピーをもらったジョヴァンニ・アリギ、エマニュエル・ウォラースティン、テレンス・ホプキンス三者共同執筆の論文「世界システム視座からの階級と身分集団の概念再考」を読む。私が今問題にしているところに合致していて大変面白かった。この論文に刺激されて、マックス・ウェーバーの『経済と社会』を読み始める。

**一二月三一日**　ソフィア・ローレン、マルチェロ・マストロヤンニの映画『特別な一日』を観る。ソフィア・ローレンに深みが出て、魅力が増す。

## 一九八五年

**一月六日**　京都比叡山のホテルでキリスト教聖公会の学習会で話す。

**一月九日**　哲学者元浜清海氏を訪ね、泊めていただく。元浜氏からますます清雅な印象を受ける。西田幾多郎、鈴木大拙の書を見せていただく。

一月一〇日　朝、淀川辺りを与謝蕪村生誕地の碑のあるところまで案内してくださる。蕪村の「春風馬堤曲」中の一句「春風や堤長うして……」が彫ってあった。蕪村は毛馬五丁目あたりに生まれ、二〇歳の折りに上京、その後、故郷を踏むことはなかった由。

一月一一日　山陰本線で米子へ。米子市政研究会で懇談。

一月一二日　岡山の市民運動グループと交流。

一月一三日　名古屋へ移動し、交流の話し合い。

一月二一日　クローバー『イシ』を読む。ヤヒ族最後の一人の物語である。

二月二〇日　中野好夫さん死去。面識はなかったが、はるかに尊敬してきた人である。東大でシェークスピアの講義を聞いたことを思い出す。

三月一〇日　東京府中での「東芝府中工場の職場八分をなくし上野仁君を守る会」総会に出席し記念講演ということで話す。熊沢誠さんが問題提起をする。集会に井汲卓一さん、斎藤忠利さんも参加されていた。斎藤さんは英文学者、ラングストン・ヒューズなどアメリカ黒人詩集の訳者で、学生時代の知り合い。久闊を叙す。

三月一二日　上野の東京都美術館での「人人」展を観る。富山妙子さんが第一回中村正義賞を受賞し、特別展示されている。ユーラシアの極楽のイメージと筑豊の地底の骨の図、空のイメージ、いずれも思想が絵の構想に溶け合ってしっくりしている。そのあと、武蔵境に鶴見良行氏を訪ね、東南アジア学、ナマコ研究などについての話を聞き、在野の学問の意義を力説する話に同意する。

**三月一五日**　トルコ映画『路』を観る。素晴らしい映画だった。何よりも人間たちの顔が美しい。苦しみと愛によって耕され、矜持を持ち続けている顔である。クルド族の自決の闘いがえがかれる。国家に帰属しない民の自決の闘いの、今日における意義を教えられる。

**四月七日**　アーシュラ・K・ル＝グウィンの『ゲド戦記』三巻を読み終える。とてもいい。

**四月二一日**　アイヌの青年Y君を伴ってフィリピンへ行く。先住民族の祭りに参加するためである。

**四月二三日**　夜行バスでバギオへ出発。全部で七〇名ぐらい。バギオからボントック、サダンガを経てベルワン村へ。暗くなり始めた山道を登る。行けども行けども辿り着かない。ライステラス（棚田）の細いあぜ道を暗夜に歩くのは慣れないため非常に疲れる。途中で激しい雨にあい下着まで濡れ、靴は水田に踏み入れて泥だらけ、疲労困憊して九時半頃到着した。食べ物をもらって寝た家は、納屋の埃を払って板の上にごろ寝である。出発してから、バス、ジープニー、徒歩で、二三―二四時間かかった。

**四月二四日**　朝早くからドラの音で目が覚める。起きてみると山の中腹に人家が密集して建っている。人口七〇〇人ぐらいとのこと。豚と鶏が走り、犬があちこちにいる。トイレは野外。灯りはたいまつ。朝食は青空の下。ライスに水牛の肉三切れほど。それに水牛を煮たかなり塩辛いスープと水。そこでコルディリェーラ・デイの行事が開かれる。集会はすべてイロカノ語だけで進められているため演説の内容は分からなかった。演説の合間に部族ごとの踊り、子供の踊り、バギオグループのドラマなどがあった。このドラマは迫真の趣があって多くの人が涙を流していた。暑い日差しの下で灼かれながら一日中集会が続いた。CPA（コルディレラ・ピープルズ・アライアンス）議長のクラヴェール弁護士の演説はそれこそ火を吐くように力強いもので、深い感銘を聴衆に与えた。周囲のライステラスの見事さは筆舌に尽くしがたいものがあった。

**四月二六日**　新聞を読むと、フィリピン経済の悪化に伴い、ストライキが頻発しつつあり、メーデーを前に社会不安醸成への政府の警告があり、労働者組織の反対声明がありで、状況が緊張している。リーダーの予防拘禁が始まっている由。ミンダナオでイタリア人司祭が郷土防衛軍に殺された記事もでている。新人民軍の活動が活発化しているとも。

**四月二七日**　マニラの都市貧民地区を訪ね、スラムの労働者活動家の家に泊めてもらう。主として大学関係の雇用者が住み着いているスクオッター地区で、立ち退き命令が出ていて、それに対する激しい抵抗がおこなわれているという話を聞いた。都市貧民の闘争がフィリピン社会の解放の一部であることへの自覚の重要性を強調していた。

**四月二八日**　朝早く「オオー」という太い声で目が覚める。トイレは石を積んだところへ用を足して手桶で水を流す。あの「オオー」という声は何を売るのかと聞くと「タフ」というものだという。よく聞いてみると豆腐のこと。ザラメを入れて甘くしてあるらしい。午前中は別の貧民地区に行く。そこで会った青年組織の議長の妻は、踊り子として日本へ四回出かけたことがあった。行きたくはないが出稼ぎに日本へ行く女性がここには多いとのこと。売春をしている人、かっ払いもいる。水道も電気もなく、盗電、盗水である。衛生状態は最悪で、子どもの病気や結核も多い。この二、三年で急速に組織化が進んで新人民軍の待ち伏せ攻撃に参加している。そこで頂いた昼ごはんは、豚の血の塩辛がおかずでとても美味しかった。

午後は、工業地帯ヴァレンズエラで争議中の工場労働者から話を聞いた。昨年の前回のストでは軍隊が出動し、二人の労働者が射殺されている。その写真を見せてくれた。日常のうちに市民戦争が孕まれている。フィリピン経済は悪化しており、インフレと失業が深刻化している。メーデーは、マニラ全体で一〇万人規模になるだろうという。予防検束の気配もあり、リーダーたちは、それと事後弾圧の両方に備えている。

**五月一八日**　大通公園のライラックが咲き始め、とても綺麗。爽やかな季節になった。しかし、昨日来、三菱大夕張炭鉱でガス爆発の大事故があり、六二人が死亡という。繰り返される惨害が下積みの民にしわ寄せされる。

**五月二一日**　内田義彦さん宅を訪れる。内田さん、鶴のごとく痩せ、経口的に必要な栄養をとるのは無理で、時々入院して栄養注射をすることにしたとのことでフラフラされているが、かなり元気。中村紘子のピアノ演奏のレコードを聴かせてもらって辞去。

**六月八日**　新地平社より清水慎三氏との共著『社会的左翼の可能性』到着。問題提起の本としてはまあ意味があるのではないかと自賛する。

**六月二四日**　交通公社アイヌ差別広告糾弾会の記録本『近代化の中のアイヌ差別の構造』ができてくる。

**八月一三日**　国立近代美術館展「モジリアニ」を見る。モジリアニの天才をつくづくと知らされる。イタリア人としての彼の感性のうちに、古代以来に美術に表現された民族の文化の質と型が個体発生としてあること、それが想起（アナムネーシス）されて浮かび上がって彼を支え、導いていることに感銘を受けた。原初的なものと個性化されたものとの弁証法的な関係についてのパラディグマ的象徴を体現しているモジリアニ！聖母マリア像と彼の女性像。ルネサンス絵画と彼の作品の一致、隠し味としての伝統がある。

**九月二一日**　九州玉名での地域シンポジウム。七〇名を超える大人数。前田俊彦、松下竜一さんたちと久闊を叙す。築城、博多、八代、西鹿児島、熊本、水俣を歴訪。

**九月二七日**　西鹿児島へ。旧知の川内原発反対運動の活動家東郷さんの車で知覧に連れて行ってくださった。旧武家屋敷群がそのまま残っている。低い石垣の連なる道と、うしろの山を借景にした枯山水の見事な庭を楽しんだ。知覧特攻基地の記念館にも行く。一七歳の特攻隊員の写真など、全く少年そのまま。説明役が、現在の平和は彼らの尊い犠牲のゆえであるという。ああ！　恐ろしいことだ！　胸が痛んで言葉にならない。

**九月三〇日**　水俣の相思社へ行く。太刀魚釣りに誘われ、湾からすこしでたところでは え縄式の糸を流すと三〇分ほどで一三尾も釣れる。銀白色で本当に太刀のように美しい平たい魚である。長いものは一メートルほどもある。歯は鋭く口は大きくて、噛まれたら大きい傷になるという。やがて夕日が山の端にかかる頃が手釣りの好機とて、一本の糸に二本の針で竿は使わず手で糸を引く。餌はきびなご。あごに鉤をさして細い針金で固定する。たちまち面白いように釣れ出しわたしも五尾ほど釣り上げる。約二時間、楽しい経験に恵まれた。

**一一月七日**　母の著書『中国の女詩人』の日本翻訳家協会翻訳功労賞の授賞式に同行する。

**一二月一二日**　松浦武四郎日誌を読み継ぐ。襟裳岬のエリモとはアイヌ語でネズミの意。岬の形がネズミに似ているからとのこと。

**一二月一五日**　武四郎日誌九の巻、広尾付近を読む。マチコル（婚礼）の二種の記述あり。幼年時からの許嫁もあれば、壮年になってからの嫁取りもある。結納はおよそ太刀一振り。いいなづけが成長したら、いつということなく妻（め）合わせして漁撈山猟にはげむ。舅の家にみつぐでもなく、銘々稼ぎである。仲人が嫁を連れてくる場合、自分の後ろにその女を隠して夜分にそっと入る。舅姑も知らぬふりをし、夫も見ないふりをして時節の話などしているうちに婿のそばに嫁を置く。いつきたのか家内のものが知らないのが上首尾である。そのあとメノコは、大変貞節で、夫を常に炉にあたらせ、帯解き広げにして一生暮らさせたいと願う。妾を抱えても嫉妬せず、妻妾睦まじい。武四郎は、「其の強勢真順称賛に堪えたり」という。

一二月二三日　農文協から著書『地域をひらく――生きる場の構築』が刊行される。

## 一九八六年

一月一〇日　トルストイ『戦争と平和』を読み始める。

一月一九日　『戦争と平和』アウステルリッツ会戦に差し掛かる。トルストイの力量に瞠目する。この作品の原題は「戦争と民衆」であった由。

二月二三日　母の訳詩集『中国の女詩人』を紹介する記事が毎日新聞に掲載されている。漢詩の日本語訳はこれまで男性詩人ばかりで、女性の名は知られていないが、花崎さんは、中国女性詩人の詩を紹介しているとして、

「わたしは／たにがわの　みず／たにのながれは　いしをはなれない／あなたのこころはやなぎのはなよ／かぜのまにまに／とびめぐる」という明時代の娼妓の歌を例に挙げ、「情緒纏綿、あふれるような詩句」と紹介。「ひらがなばかりの平易な詩句が、時を超えて読む者の胸を打つ」と評していた。

**二月二四日**　フィリピンでは、エンリーレ、ラモスという軍の最高幹部が、マルコスに叛旗をひるがえし、国防省とケソン基地にたてこもった。民衆も軍隊内も、なだれ現象でマルコスから離反しつつあるもよう。終日フィリピン情勢の推移をＴＶで気にしながらすごす。

**二月二五日**　ついにマルコス大統領、ヘリコプターで米軍クラーク基地に逃げ込み、無血革命が成功した。民衆の力に感動をおぼえ、北海道新聞の電話インタヴューにもその旨答える。かれらも二〇年間圧政に耐えて闘いを構築したことを思えば、われわれも次の二〇年間を構想すべきであろう。

**二月二六日**　フィリピンの無血革命の成功に深い感動を覚える。エドサ通りに四〇万とも五〇万ともいわれる人々が座り込んで戦車を阻止したという。民衆の偉大さが実証されたというべきである。

**二月二七日**　マルコス、ハワイへ亡命。アキノ新政権成立。

**三月一日**　有斐閣新書『解放の哲学をめざして――衆愚は天に愚ならず』擱筆。

**三月八日**　ビクトル・エリセ監督のスペイン映画『エル・スール』を観る。心に深い傷を持ち孤独に生きている父とその父が大好きな娘という設定。スペイン内戦と父の愛人への想いが背景にあり、父は家出し、最後に自殺してしまい、娘が一人取り残される。強烈な印象を持つ映画であった。

**三月一二日**　丸山眞男『戦中と戦後の間』を読む。

「外部的拘束としての規範に対して単に感覚的自由の立場に立てこもることはなんら人間精神を新しき規範の樹立へと立ち向かわせるものではない。新しき規範意識に支えられてこそ、ひとは私生活の平穏な享受から立ち出でて、新秩序形成のための苛烈なたたかいの中に身を投ずることができるのである」。

**三月二四日**　テオ・アンゲロプロス監督のギリシャ映画『シテール島への船出』を観る。静かなゆっくりしたテンポで、三二年ぶりにギリシャへ帰国した老革命家が、その時の社会主義ギリシャの現実に馴染めず、故郷の村のスキー場建設に反対して村を追われ、官憲によって国外追放にされ、浮きはしけで国際水域に置き去りにされる。それを知った老妻が運命を共にすることを決め、浮きはしけに乗り移り、ふたりでもやいを解いて海へただよいでる。映像が美しい映画だった。

**四月一〇日**　トルストイの『戦争と平和』を読んでいて、ロシアの将軍クトゥーゾフが、なるべく戦闘をしないように麾下の軍を抑制しつづけ、ナポレオン軍の自滅を誘うところに考えさせられた。在野で変革を目指すものとして、受動の持つ能動性こそ依拠すべきものだということについて考えさせられる。

**四月二〇日**　「思想の科学」四〇周年記念シンポジウム「民間学の可能性」に出席する。鹿野政直さんと私がゲストスピーカーだったが、討論の機会が設けられておらず、不満が残った。

**四月二二日**　内田義彦さんを訪う。宮大工であった父、星亭のところで女中奉公をした母の両方から受け継いだ民衆性が体にしみ込んでいると思う内田義彦という人格に傾倒する。

**四月二九日**　天皇在位六十年記念式典に反対するビラまきとデモに参加する。案の定、右翼の街宣車がなりたてる。天皇のバルコニーでの言葉は上から下へ言葉を下げ渡す口調である。この無力な老人にこうした役割を演じさせる政治の働きとそれをありがたがる民衆の情緒の根強さをよくよく見つめねばならぬ。社会科学の認識と民衆の自前の思想とのドッキングの不十分さ、弱さを痛感する。

**四月三〇日**　朝刊にソヴィエトのキエフ市に近いチェルノブイリ原子力発電所の原子炉溶融（メルトダウン）事故発生が告げられている。原発史上最大の事故らしい。

**五月一〇日**　名古屋での地域シンポの練り上げの場に高齢者、子ども、家族、女性のイニシアティブというテーマが浮上し、地域戦略の内容となる。オルタナティブ・エデュケーションへ視野が広がる。出席、報告、討論とも充実していて満足があった。

**五月二三日**　飛騨高山の『被差別部落の民話』第1集、第2集を読み終える。思想の糧として非常に重要なものである。

**五月二五日**　中曽根首相が記者会見で「国家と国民のために一片の私心もなく奉仕する」と言っている。嘘もはなはだしい。民主主義的市民社会は、私心をそれぞれが持っていることを前提して調整したり、衝突したりする中で公共的なものを探り当てるのでなければならない。

**六月一四日**　中村真一郎『頼山陽とその時代』から。

新宮涼庭（一七八七―一八五四）丹後由良の生まれ、蘭医、ある年の歳末の偶感。

「世事茫茫欲除　鬢毛恰似帯霜蔬　半生日月消磨盡　一架猶餘未読書」

**七月一〇日**　フィリピンのデ・ラ・トーレ神父の『フィリピン民衆の解放とキリスト者』を読む。「あいまいな観念には明確なイメージを持って対処せよ。なぜならこれは単純な真理だからです。私が農民に語ることができたどんな神学的な言葉も、私が書いたどんなことも、彼らが闘うとき彼らとともに居り、彼らの側に居るということに比べれば、半分の雄弁さも持たないのです」。

「創造的少数派にいかにしてなるのか？　いかにして権力の実態を知り、無知にとどまらないようにするか？　権力にのみ呑みこまれることや、支配欲をいかに排除するか？それが問題です。

新しい霊性が必要です。そうでない限り、私たちは敵と対峙した時、非常に脆く、弱い存在でしかありえないでしょう。「霊性」という時、私は「全体性」と「方向性」を指しています。思うに、それが「解放」ということではないでしょうか。個人から社会全体に至るまでの全レベルでの「全体性」ということです。私たちは、各自、違う任務を負っていますが、もしもこの全体性が踏まえられているならば、私たちは同じ立場を共有できます。

全体性は、基本的な思想的立場を明らかにします。すなわち、だれのために、だれと共に闘うのか、という……」

「貧しい人たちの短所を受け入れましょう。麦も雑草も、伸び放題にしておきましょう。麦の方が雑草より強いのですから。やがて収穫と、私たちの営為を総括する時が来るまで、私たちは忍耐するべきです」。

「行動は人を結びつけ、教理（ドクトリン）は人を分離させる」。

これらの言葉は闘う者の経験と思索が生み出したものだ。

**七月二八日**　秦恒平『北の時代』で、天保六年（一七八六）、蝦夷地開拓のため関東の被差別部落民を大量に移民する案が、時の老中田沼意次に提出されたことを知る。中国人・朝鮮人の強制連行、強制労働につながる思想がすでにここにある。

**八月三一日**　部落解放県政自立第一七回広島県民研究集会で講演する。終わって谷口修太郎さんらと交流する。部落差別の歴史と問題についてもっと学ぶべきこと、アイヌ民族解放運動と運動面でももっと交流すべきことを痛感した。委員長の小森龍邦さんは運動の指導者として抜群の力量の持ち主であり、非常な勉強家でもあり、信望を集めている。

**九月二日**　三重県松阪市に松浦武四郎の生家を訪ねる。当主の第一五代松浦清氏が在宅され、同家所蔵の屏風、書画、著書、地図などを見せていただく。生家も外郭はそのまま、離れに屏風三幅、カラフト大地図、熊の皮などが保存されていた。三雲町は平坦な水田地帯で、松浦家はそこの地士（郷士）として紀州藩の許にあり、土着の地主であった。当主はこの地の風土、歴史の許で勤王家としての武四郎という側面を重んじたい口ぶりであった。目に光があってどこか武四郎の風貌に通うようであった。武四郎の描いたアイヌの猟師像（矢の曲がりを見ている姿）の屏風は、闊達にしてユーモアがあった。アイヌの友だちに、いろは手習い文字を教えた書牘（しょとく）が屏風に仕立てられているなど興味は尽きなかった。

本居宣長の生家跡や記念館も見る。宣長の字は小さく神経質そうで、人柄は几帳面で、小心だったのではなかったか。

**九月三日**　伊賀上野に芭蕉の生家を訪ねる。昔の商家である。冬は寒そう。こうした地方の暮らしは、一面では甚だ窮屈であったろう。その小天地からの脱出への願望が、芭蕉や武四郎にあったのではなかろうか。

**九月一五日**　アウイヘッパハ『証言霧社事件』を読む。台湾の先住民族弾圧、虐殺事件（一九三〇年）の真相について初めて知り、背筋が寒くなる思いであった。アイヌに対する抑圧支配が、この時期に台湾で繰り返されている。台湾での方がより後であるためにいっそう近代兵器（飛行機、毒ガスなど）を駆使しての皆殺しであったことに、歴史の非進歩性を認識せざるをえない。

母からもらったカードの漢訳聖書哥林多（コリント）人前書十三の二を墨書してみる。

「雖有諸信致能移山　而無愛即無為」

**九月二三日**　静内のシャクシャイン供養祭に参加する。午後のカムイノミのゆっくりした流れが終わりに近づくとメノコリムセが室内でとりおこなわれる。そのあと広場で芸能交流の踊りと歌が始まる。

**九月二四日**　広尾から豊頃町茂岩に行き、十勝川を眺める。そこからバスで大津へ行き河口まで歩きスケッチをして十勝川沿いに浦幌まで戻る。武四郎の足跡を調べに行ったのだが、彼が歩いた場所に接して、茫漠たる十勝原野と十勝川河口、太平洋の泥波などに触れ、広い空を眺めたことに意味が十分あった。

**九月二五日**　釧路から厚岸へ。国泰寺、博物館などを見る。

**九月二六日**　霧多布へ向かう。バスで秋色を帯び始めた林の間を走る。人家なく人気ない。この「無人であること」の意味に気づく。木々がそれ自体としてあって秋の輝かしい陽とたわむれているのに心を打たれる。寂しさに貫き通されて自分が空っぽになり、無になってゆく解放感である。湿原は茶褐色だが、紫のリンドウの小さな花や名の知らない白い花が点在する。岬まで約四キロを歩く。陽に照らされて汗ばみながら緩やかな登り道を行くと台地に出て展望台に着く。この日は根室に泊まる。

**九月二七日**　根室からウタリ協会のバスに便乗させてもらい、納沙布岬を回ってクナシリ・メナシの蜂起でとらえられ殺害されたアイヌの人々を慰霊するイチャルパの場所、ノッカマップへ赴いた。

ノッカマップは小さい入江に番屋があり、少し登った岬にヌササンがしつらえてあった。カムイノミが夕方から始まる。番屋の中に囲炉裏を作ってウタリ協会理事長野村義一さん、阿寒、釧路、白糠、音別、旭川、登別、札幌などからのウタリ並びに和人の参加者、部落解放同盟栃木県連、奈良、横浜の各支部からの参加者がある。あわせて九〇名ほど。カムイのみが終わって祝宴。夜中の一二時にケウタンケの催しを岬のヌササンの前で行う。座って手をつなぎ、思い切りウオオーと危急を告げる叫び声を発すること数回。空は降るような星空であった。

**九月二八日**　ヌササンの前で、殺されたアイヌの人たち(クナシリ一四名、メナシ二三名)の慰霊祭が行われた。私はメナシアイヌのシトヌエの霊を供養するように呼ばれ、イナウを捧げてオンカミした。

**一〇月二〇日**　江賀寅三遺稿『アイヌ伝道者の生涯』を読む。江賀寅三氏が自ら綴った記録で、大正末期から昭和初期の、特に浦河町姉茶の教会牧師として伝道に従事した経験が記録され、当時のアイヌ社会が彷彿と目に浮かぶところがあり、貴重なものである。江賀寅三氏は長万部出身、静内の「土人学校」教師としても勤務している。

**一〇月二四日**　上野の国立近代美術館でエル・グレコ展を観る。中世宗教画のいわば職人的画家の面と肖像画のリアリズム画家とが共在する。内面的に深くはないが、イメージの絢爛さと強烈な色彩が目を奪う。宗教画に昇華されているエロティシズムに気づく。殉教者の青年の肉体美、キリストの美男子化、マグダラのマリアやその他の聖書の女性たちはスペインの若い美女さながら。

**一一月一七日**　昨日、足利市で講演をし、今日は佐野市で、田中正造の生家、雲龍寺、谷中村跡などを案内してもらう。谷中村は一面のよし原、ところどころにある土盛りの部分が屋敷跡。その上にたたずむと、あたり一面が見渡せる。この荒れた風景は心にしみる。

**一一月二〇日**　岩波ホールの試写会で、トルコのユルマズ・ギュネイ監督の映画『群れ』と『敵』を観る。『群れ』は素晴らしかった。遊牧民の若夫婦の悲劇の物語。トルコの羊飼いの誇り高い家父長制と血族中心の文化が家と家との敵対の中で、近代化に敗れ、没落しつつ、非合理な伝統意識に固執する。それが嫁という弱い存在に悲劇的な重荷となってのしかかり、破局に至るのであるが、その若い嫁の運命に引き込まれてしまった。体が弱く、流産を繰り返すことが、長らく敵対が続いている彼女の出自家族の敵意によるものと、家長の舅には信じ込まれている。彼女は、その家長の敵意と自責のため口がきけなくなってしまう。夫は彼女を心から愛している。夫と父との敵対関係は進むが、羊をアンカラに運ぶ仕事には息子たちの協力が必要である。お互いがその矛盾を引きずりつつ旅が終わる。羊の販売は失望をもたらし、若い嫁は死ぬ。夫は絶望して商人に暴行して警察に捕まる。家長はもう一人の息子にも逃げられ、近代化されたアンカラの街で途方にくれる。ロメオとジュリエット物語であるが、俳優たちが役を演じながら、自分の人生を生きていることがわかるものであった。

**一一月二八日**　国鉄分割・民営化法案が成立する。

**一一月三〇日**　東京で、中曽根首相の日本単一民族発言を批判し、アイヌ民族の存在を主張する集会を開く。三〇〇名出席の盛会であった。

最初に横山むつみさんが知里幸惠の『アイヌ神謡集』の序「銀のしずく、降る降る」を朗読し、経過報告、アイヌ史の概説、各界各層の意見（本多勝一、石田雄、田村すず子、小森龍邦、国会議員ら）、古式舞踊、アイヌウタリ全員が全員衣装を着て前へ出て声明を朗読して終えた。葛野辰次郎さんのアイヌ語でのメッセージ朗読もあって集会の印象を強めた。

**一二月二〇日**　島比呂志『海の沙』、玉木愛子『わがいのち　わがうた』二つとも癩を病んだ人の作品。このころからハンセン病関係の書物を読み始める。

**一二月二八日**　文益煥牧師の著書『夢が訪れる夜明け』を読む。旧約学者であり、獄中でヨガを実践し、韓国民衆史の根を説き、思想化しようとする姿は実に感銘深い。

本年の旅……全部で八九日。一年の約四分の一であった。

## 一九八七年

**二月二八日**　第二回全国アイヌ語る会が開催される。砂澤ビッキさんが委員長である。

まず萱野茂さんが講演。祖父母、父母、自分と三代の歴史を語ったもので非常によかった。とくに、父の貝澤清太郎さんがアキアジの密漁（！）ということで連行されるのを子供の時の鮮明な経験にもつことを語っているときには声を詰まらせ、涙を呑み込む姿があった。

そのあと「エカシ・フチと語る集い」となった。

**三月一日**　第二回全国アイヌ語る会二日目。砂澤ビッキさんの挨拶で始まる。在日韓国人牧師金権さんの挨拶、貝澤正ウタリ協会副理事長の挨拶。それぞれよかった。分科会は五つ。分科会の討議は必ずしも成功ではなかったようである。全日程を終了したのは七時ごろ。

夏から秋にかけて、松浦武四郎の足跡をたどって日本海岸、天塩川地方、宗谷沿岸など北海道の海岸部を歩く。

**一二月三一日**　今年はいろいろ区切りの年であった。『静かな大地――松浦武四郎とアイヌ民族』がともかく書けたし、アイヌの運動も活況を見せた。来年がどんな年になるか。世界的にはデタント（緊張緩和）の中で、経済の面での地ゆれがはげしくなりそうだ。

## 一九八八年

**二月一三日**　伊方原発出力調整実験反対の大抗議行動のニュースが、この間、マスメディアに載る。

**二月二三日**　チカップ（伊賀）美恵子さんの肖像権裁判出張審理があり、傍聴に札幌地裁へ赴く。この裁判は、チカップ（伊賀）美恵子さんが『アイヌ民族誌』の中に、無断で肖像を掲載された肖像権の侵害を訴えたものである。今回は原告側証人萱野茂、吉崎昌一、豊川重雄三氏の主尋問。萱野茂さんの証言が決定的な重みを持っていた。『アイヌ民族誌』が、そのおもなイデー、方法において、アイヌを客体として、死体解剖的に研究する仕方であることを弾劾するものであった。

**四月二四日**　日比谷での、チェルノブイリ事故から二年、原発を止めよう大集会へでかける。二万人を超す人びとの祭とデモを楽しむ。これが次の時代の民衆行動のスタイルであり、気運、文化であることを深く心に刻む。

**六月三日**　自衛官の夫が靖国神社強制合祀されたのを取り消すようにという、中谷良子原告の訴訟に対する最高裁判決がでた。原告敗訴。判決要旨および批判を読むと少数者のしかも真剣な信仰に対して、国家および多数派の、信仰といえないイデオロギー的宗教行為への寛容を強いるもので到底納得できない。

**九月二〇日**　天皇重体に陥る。昭和が終わる。共和制への道はまだ遠い。ビルマは軍がクーデターで政権を握った。反政府勢力は非暴力でたたかいを挑むという。これは賢いやり方だ。民衆らしいたたかいは、長期戦にひきずりこんで権力を混迷に陥らせ、分裂を誘って勝つところにある。

**九月二四日**　東京で、来年夏に開催が計画されている「ピープルズ・プラン21世紀国際民衆行事」の第一回実行委員会が開催される。九州が本格的に動き出して気運が盛り上がってきた。

**一〇月八日**　米子市で開催された第七回「地域をひらく」シンポジウムに出席する。約七〇名の参加であった。各地の報告と懇親会。

**一〇月二二日**　遠友塾と名づけられた読書会に出席する。北大全共闘として闘い、懲役刑を受けた工藤慶一君たちのイニシアティブで、岩波文庫『君たちはどう生きるか』をテキストにする。この読書会がきっかけとなって、自主夜間中学遠友塾が生まれ、その後発展してきている。

**一〇月三一日**　東京から沖縄へ。那覇からさらに石垣島へ行く。

白保空港建設反対同盟委員長　迎里清(むかえざと)さんの畑へ行く。迎里さんは六八歳。畑で水牛を使ってパイナップルの畑の土寄せをしていた。水牛と三角笠がよく似合う姿だった。明日から環境庁のサンゴ調査団が来島するとのこと。白保部落の古老宮良まつさん（八七歳）を訪ね、話を聞かせてもらう。戦前は牧畜で成功し、一七〇頭の牛馬を飼育していたが、戦争で、軍隊に食料として略奪され、自分は飛行場つくりにかりだされて苦労した。飛行場が作られるのは二度目なのである。国家と資本に痛めつけられることに変わりはない。真っ白な、筋目をはっきりつけた髪、やけた肌、温和な顔、話しぶりは、一つのことを聞くと、ゆっくりまわりから語り出して次第に問われたことに近づいて行く。頭も耳もしっかりしたものだった。

**一一月三日**　八重山博物館を観る。明治の頃の八重山の風俗画が展示されている。さながらアイヌへの松前藩のオムシャ（お目見え）儀礼と同様である。日の丸を掲げ、床几に腰掛けた洋服の役人が、長寿の男女へ褒美をつかわしたりしている。そのほか、琉球絣のすばらしい着物、芭蕉布の着物などが展示されていた。太平洋の紺碧の色を移す紺がすりは、インドネシア辺りからの伝来の由であった。

**一一月四日**　西表島に行き、リュウドウの滝などを見る。

**一一月六日**　竹富島を観て石垣島にもどり、さらに船で那覇にもどる。

**一一月二〇日**　東チモール人ジョゼ・グズマオさんを迎えて「東チモールに自由を！札幌集会」に出席。約六〇名参加。熱のこもった話しだった。

**一二月九日**　浄土真宗大谷派三河別院で「無縁と回心の会」に参加。

**一二月一四日**　オーストリア、タスマニア島の最後のアボリジニ女性マンガニニの物語『マンガニニのはてしない旅』を読む。実話に基づくというが、心に沁みる物語であった。

**一二月二九日**　鹿野政直『「鳥島」は入っているか』を読む。非常に意欲的で、主体的な歴史学に関する評論である。大いに刺激された。

**一二月三一日**　今年はよく動き回った年であった。前半は『静かな大地』の仕上げに精力を注ぎ、あとは旅。いい年だったというべきだろう。

## 一九八九年

一月三日　農民思想家渋谷定輔さん逝去。同氏と北沢恒彦氏との鼎談の本『朋あり遠方より来たる――現場からの哲学』がある。

一月七日　天皇の死が報じられる。天皇制は支配にまったく都合のよい道具である。そのことがむき出しになって見える。

一月一一日　田中正造を読み直してみると、晩年の自己への沈潜、自己省察のきびしさに、あらためて自分を省みて、このきびしさが、私には欠けていると思う。

一月二五日　砂澤ビッキさん逝去。天才彫刻家であった。早すぎる死を悼む。

二月一日　ケネス・ストロングの『田中正造伝』を読む。これはとてもよくできた伝記である。田中正造の姿が活写されている。

二月三日　北海道収用委員会から二風谷ダム強制収用採決が出る。

二月一三日　田中正造の盟友、独自なキリスト教思想家新井奥邃関係資料を読み始める。

二月二〇日　キルギスの作家アイトマートフの『一世紀より長い一日』を読む。素晴らしい小説。キルギス人の民族文化と宗教的心性、自然との深いかかわりに無名の鉄道員「吹雪のエジュゲイ」の追想を通して、単純で、無名で、その心で生きる民衆における愛が浮き彫りにされる。

**二月二五日**　梶田孝道『エスニシティと社会変動』を読む。エスニシティ問題は、錯綜がきわめて多い。国家を越える文脈と国家を獲得する文脈とでは、一つの事象のとらえ方が白と黒ほどもちがってくる。かんたんに進歩と反動という色は塗れない。しかし普遍性の文脈をたてることが出来なくてはならないし、立てうるという見通しが必要である。

武藤一羊『政治的想像力の復権』を読み出す。

**三月五日**　ＰＰ21北海道先住民族会議の打ち合わせに、非核・独立太平洋運動の事務局長でトンガ人のロペティさんが来る。

**三月八日**　鳩沢佐美夫を読み返しながら、ここ二〇年のアイヌに対する和人社会の意識変化の大きさをつくづくかえりみる。その歴史意識が大事である。

**三月一三〜一五日**　第一回アイヌ民族文化祭が開催される。

**三月一八日**　内田義彦さん逝去。七六歳。私の大切な師であった。深く哀悼する。

**三月一九日**　釧路ＮＨＫ主催の公開セミナー「松浦武四郎」で話す。

**三月二二日**　糠平湖の東大演習林内に生えている樹齢二五〇年の木を、カムイノミをして伐らせてもらう。イタオマチプ（アイヌの外洋航行用の板綴り船）を二五〇年ぶりに復原する船体のためである。樹が倒れる時には一種詠嘆の気分が湧いた。平野を隔てて富良野岳。規模の大きな風景である。

**三月二九日**　先日伐られた桂の木が舟型に削られ、内側がすこし掘られていた。それを見たとき感動で胸が熱くなった。船が出来つつあることではなく、木が姿を変えつつ、木としてあり続けていることに対してであった。それは、製作者に驕るなよと声をかけているようでもあった。

**三月二九日**　オーストラリアの牧師で、世界先住民族会議の資金供与団体である世界教会協議会（WCC）から調査に来たボブ・スコットさんを案内して二風谷の萱野茂さんを訪問し、会談の通訳をする。ボブさんの助言は誠に適切であった。つまり、土地評議会をウタリ協会とは別に、独自に作った方がよいという意見である。将来の民族自決のための機関を平行して発展させるという組織論であった。貝澤輝一さんとの話では、マオリの女性が強い発言力と権威をもっているということや〝ランゲージ・ネスト〟（言葉の巣）というマオリ語学習グループができていること、ワイタンギ条約にある土地や漁業権の五〇―五〇配分条項など興味ある話が聞けた。

**三月三〇日**　内田義彦さんを偲ぶ会に出席する。木下順二、平田清明、小林昇、野間宏、大塚久雄（テープ）、尾崎秀次、山本安英（テープ）など各氏のスピーチ。経済学史家の小林昇さんのスピーチがいちばん心に残った。感傷におちいらず、しかし思いを内側に盛って淡々と語られた。内田さんがマルクスをくつろがせたという卓抜な表現があった。山本安英さんのことばも日本語での語りの美しさをいやおうなく知らしめるていの雅やかな語りであった。

**四月一日**　大里康永『沖縄の自由民権運動——先駆者謝花昇の思想と行動』を読む。田中正造との交流に感慨を禁じ得ない。

**四月四日**　鹿野政直さんの『田中正造選集』第七巻解説稿を読む。読んで発見あり。「公共・協力・相愛」の思想。

**四月一二日**　デンマーク映画『バベットの晩餐会』を見る。パリの高級レストランの料理長であった女性が内乱でデンマークに亡命し、寒村の教会で家事手伝いとして暮らすが、そのお礼に豪華な料理を作って教会員たちに饗するという筋であるが、映画としてよくできたものであった。

**四月一三日**　文益煥牧師、ソウルへ帰って国家保安部に逮捕される。

**四月一六日**　ＴＶで「原発をめぐるテレビ討論」で、高木仁三郎、久米三四郎、藤田祐幸の三氏の健闘ぶりみごと。

**四月一七日**　『島々は花綵』編著のため、『伊波普猷全集』第二巻、第七巻などのコピーを取る。比屋根照夫『自由民権思想と沖縄』を読む。明治一二年の琉球処分あたりのことが中心である。

**五月五日**　代々木でのＰＰ21国際民衆行事第３回実行委員会に出席する。車座討論会、「地域から」の分散会。

**五月六日**　終日分散会。五つのテーマについて。私は、「共同の未来へ、民衆の魂、民衆の共同」の分散会に参加した。

**五月二〇日**　長野精一『怒濤と深淵——田中正造・新井奥邃頌』を読む。よく調べ、勉強している人だ。鹿野政直『婦人・女性・おんな』（岩波新書）読了。女性論、フェミニズムについては以前から勉強したいと考えてきた領域だが、鹿野氏のこの本に感心した。

**五月二一日**　中国、北京で学生をはじめとする大群衆が、民主化を求めて天安門広場でたたかっている。戒厳令が出された。

**六月四日**　夜TVで南アフリカの民衆劇「アシナマリ」を観た。すばらしい躍動感、楽天性。野上彌生子『森』を読み出す。こちらはまったく堅牢で知的な文体の味わいである。魅力満点で、読み出すと一つの世界がひろがる。ちょうど田中正造と同時代の人びとが出てくるのでとくに関心がある。

中国天安門広場へ軍の出動。死傷者が出つつあるとのこと。なんたること！

**六月五日**　北京では戒厳軍が学生市民を虐殺している。これで現実の社会主義はその命脈を終えたといってよかろう。人民解放軍が人民を虐殺する。無差別に！こんなかたちで社会主義の歴史は幕を閉じるのか……暗い気持ちにおそわれる。力によって立つ者は力によってほろびること必然である。ちょうど金によって立っていた日本の政府と自民党が、金によって没落しかかっているのとおなじことである。それにしても権力者、とくに独裁者は盲目になりうるものだ。二〇世紀前半の社会主義は、その本質のところでの死と転生、これまでとはちがった思想と倫理へ転換しなければ救われないことがはっきりしてきた。

**六月六日**　北京では戒厳軍の市民殺戮から軍同士の衝突。内戦の状態が生じ全国に拡がりつつあるという。中華人民共和国の国家解体の危機といっても云いすぎではなかろう。権力をだれがにぎろうと、当分、政権は安定しないにちがいない。鄧小平の個人独裁は、その必然の結果として軍事独裁・ファッショ化へと行き着いた。社会主義の革命後社会すべてが、共産党一党独裁のツケをいま支払っている。ポーランドが、同じ時に選挙で「連帯」の完全勝利という事態を迎えたことも象徴的である。

**六月一〇日**　中国情勢は保守派の権力掌握へと帰着した。これから活動家の逮捕や弾圧が始まりそうである。人権を柱にした支援活動が必要になりそうである。

**七月三〇日**　ロシアの女性作曲家グバイドゥリナ（タタール人）の曲、「オフェルトリウム」と「T・S・エリオットへのオマージュ」を聴く。前者は深い内面性に裏打ちされた曲であった。

**八月六日**　札幌で国際先住民会議が始まる。芸術の森で、アボリジニ・アイランダース・ダンシング・シアター「バンガーラ」の踊りを見に行く。すばらしい踊りだった。アボリジニの一日を表現する踊り。狩りの踊り、海びとの踊り、モダンな踊り。男たち、女たちの身体の美しさ、民衆性の大切な、大切な象徴である。

**八月七日**　会議が始まる。開会セレモニーは、「バンガーラ」が歌とゲームで雰囲気を盛り上げてくれた。萱野茂さんの基調講演につづいて非核太平洋運動の事務局長でトンガ人のロペティ・セニトゥリが基調報告。そのあと各地から来た人びとの短い話が続いてほぼ定刻に終わる。運営委員会は、ロペティ、カワイプナ(ハワイ)、エド・バーンスティック(カナダ)、成田(アイヌ)、シパセ(ブラジル)、デガワン(フィリピン)ら。

**八月八日**　会議第二日。ウタリ協会理事長野村義一さんの特別講演。午後は各地報告。

**八月九日**　移動日。支笏湖をまわって二風谷に着き、分散会が三つのチセで始まる。

**八月一〇日**　分散会、夜は文化交流。

**八月一一日**　旅行日。二風谷から釧路へ。

**八月一二日**　全体会議。分散会の報告と宣言、決議のための討論。

**八月一三日**　釧路湿原へ移動。展望台からの眺めはとてもよく、この道東の風景と草木はなにかなつかしい。タッコプ沼のキャンプ場内に、イタオマチップ(波よけ板取り付け舟)があった。長さの割に幅が狭く、安定がいささか問題。しかし美しい姿であった。午前一一時過ぎからカムイノミ。日川善次郎エカシと弟子豊治さんらが列席。チプサンケ(舟おろし)は、Aちゃん(女児)を乗せみんなで押して沼へ浮かべた。舟を清め、花矢を放ち、型を踏んで行われた。

インドからの参加者メノンが、ガンジーの塩つくりの故事を思い出すといった。あれから民族の目覚めが始まったように、これが新しい出発になるかもしれないというのであろう。夕方から文化交流が野天で行われる。宣言の起草委員会は、ローマン・ベドール議長、マーチン・エンダ書記が中心になって作業が進められる。途中で宣言文が著しく原案と変えられているのを発見して、サンドラとロペティを呼びだし、話し合いに入る。ロペティの怒りは爽快な怒り方であった。美しい怒り方！

やっと最初の文案に戻す。結論を出して寝たのは午前二時ごろ。

**八月一四日**　朝からどしゃ降りの雨。イタオマチプ製作用に作られた小屋のカムイノミの場所で最後の集会。海外参加者の感想の後、宣言、決議文の発表。最後のカムイノミは、八重清次郎さんによっておこなわれた。萱野茂さんの最後の挨拶は印象深いものであった。夜来の雨を、みなは恨めしく感じていたが、萱野さんは、アイヌには、清めの雨という考え方がある。この雨は清めの雨なのだ、と語った。この言葉を聞いて、みなはそうだ、そうだと納得し、雨を恨むのではなく、よろこぶ気持ちになった。アイヌの言葉の力をまざまざと示した出来事だった。

八重九郎さんがいつものどもる言葉で、自分にはアイヌの血は入っていないが、アイヌに育てられ、アイヌとして生きてきた。これからもこうしてカムイノミをしたりして死ぬまで生き続ける。こういうアイヌの人たちに、みなさんも感謝してほしい、とのべた。その言葉を成田得平さんが紹介するうち、彼も言葉を詰まらせ、多くの人が涙を抑えきれなかった。ここにＰＰ21の、民衆であることの一つの核心を見つけた思いであった。私も涙して、ローレンス・サレンドラ（インド）、ロペティ（トンガ）と抱き合った。よい終わりだった。

**八月一五日**　各地代表者とともに沖縄に向かう。沖縄では新崎盛暉さん、宇井純さんが迎えてくれる。東京からインド人ジャーナリスト夫妻、スリランカの女性があらたに加わる。

**八月一六日**　外国代表と南部の沖縄戦戦を巡る。詳しく当時の事情について説明を聞き、あらためて沖縄戦の生々しい模様を知る。糸数の壕に入り、そこでの自決について聞き、灯を消して黙禱し、そして戦跡記念館を見る。涙こらえきれず。

午後は中部の米軍基地をめぐり、チビチリガマに入る。ここは近年になってその真相が明らかになったガマで、集団自決のあとが残っている。金城実さんの平和の像が壊されたままになっていた。ガマでの五カ月もの生活は想像しきれない。いかに私たち日本人が戦争の実相についてまだ自覚できていないかを痛感する。

夜、ちょうどお盆でエイサーを見に行く。男女の組が太鼓と三線でみやびやかに男は男の、女は女の、情念をあらわしつつ踊るもので、じつによい。ゆるやかなリズムが基本だが、そこにダイナミックな転調がからむ。チョンダラーと呼ばれるコミカルな踊り手が群舞を導いたり、元気づけたりして色を添える。部落ごとにさまざまなヴァリエーションがあるという。宜野湾市で二種のエイサーを見た。小さい、街路でのエイサーの鼓舞者はいかにも中国風の服装であった。こちらではサンダといい、とくに上手な踊り手が演ずるのだそうだ。

**八月一七日**　残波岬で終日コンサート。夕方、照喜名圭さんにシムクガマに案内してもらう。ここでは千人ほどが生活し、ハワイで暮らしたことのある人がいて自決せず、全員救出されたという。

**八月一九日**　アジア太平洋・琉球弧住民交流集会。午後、沖縄を発って水俣へ移動する。

**八月二〇日**　水俣の実行委員会主催の全体会と分科会。全体会ではインドのアルン（ジャーナリスト）がボパールの大事故について、ロペティが太平洋の運動について、エド・バーンッスティックが先住民族問題について、カムラ・バシンが女性の運動について話す。エドとカムラの話がよかった。午後は分科会。夜は「日本を問う」パネル討論会。

**八月二一日**　終日、全体会議。午前中、武藤一羊氏の基調報告。そのあとは各会議の報告。カラワン（フィリピン）の歌。

**八月二三日**　朝九時から起草委員会の討論。私は疲労がピークの感じである。瞑想して生気を取りもどし、宣言文の草稿数葉を書く。討論は、民主主義の評価をめぐって困難をはらんだものだった。一応の話ののち、ラミスとジョモ（マレーシア）が宣言文を書くことになった。

夜、先住民族会議メンバーのお別れ会。エドが母からうけついだパイプにタバコを詰め、それをみなで回し飲みした。祈りがあり、全員が一言ずつ感想を述べた。パイワンから私にタヒチの大きな木の鉢と杓がプレゼントとされた。ロペティは涙を流し、私も涙が流れた。このグループはほんとうに心が通じ合った。

**八月二四日**　海はやさしく美しく、島々のシルエットは変化に富み、実に水俣は美しい場所である。今日は全体会議。宣言を採択し、実行委員長の浜元二徳さんの挨拶があり、砂田明さん夫婦の踊りと砂田明さんの作ったジャナカシャバ（こんなのではない世の中）の歌とで閉会であった。砂田さんの踊りを見ながら、また涙がこぼれた。

**八月二五日**　高群逸枝の墓へ詣でる。大きな石碑の前面に顔のレリーフと墓碑。裏側に橋本憲三との結婚の誓いの原稿を刻んだもの。右脇に歌碑が立つ。本人の字を手稿から採字したもの。いいお墓だった。そのあと石牟礼道子さんのお宅を訪ねる。石牟礼さんは年を取られてますますみずみずしく美しかった。後ろ姿など童女のようでもあり、内的に充実した女性性が感じられた。夫はいかにも邪気のないやさしい人だった。新しい家は、住む人の人柄をあらわした静かさと品のあるものだった。お昼をごちそうになり、たのしいひとときをすごさせてもらえ、芯からなぐさめられた。笑うと本当にかわいい顔。

**一〇月一八日**　北海道近代美術館でシャガール展を観る。白ロシアのヴィテブスクのユダヤ人集落で育ち、そのイメージを生涯描いた人。初期はゴーギャン風で不安と若さをグリーンの色に象徴する。その後、パリでのフォーヴィスムの影響、ロシアの革命直後、未来派（フトゥリスト）として活躍。ユダヤ人としてのアイデンティティの自覚、そしてパリ、アメリカでの大戦期、ユダヤ教への傾倒と赤。六〇歳以降の円熟期の作品がいい。特に七〇―八〇歳頃の深みと華やぎの微妙な重層が素晴らしい。

**一一月三から四日**　静岡県日本平で第八回「地域をひらく」シンポジウム開催。

**一一月六日**　能登原発現地に行き、共有地に建てられた鉄塔、団結小屋、風車を見せてもらう。原発敷地では建屋建設の前段工事中。浜には高いコンクリートの塀。美しい岩礁の浜が奪われてしまい無残である。

**一一月八日**　東村山の丸木美術館での富山妙子さんの個展を見る。朝鮮の紙を使ってのモジュール。巫女の魂招きの象徴空間。行燈の火と絵画。富山さんならではの、創造力に充ちた仕事であった。

**一二月一日**　『孟子』（巻第二）より

「大を以って小に事う（つか）る者は、天を楽しむ者也。小を以って大に事うる者は天を畏るる者也。天を楽しむ者は天下を保んじ、天を畏るる者はその国を安んず」。

これは大国―小国の文脈でのべられているが、人に即しても当てはまるであろう。

**一二月二四日**　高銀詩集『祖国の星』から

## 思想について

集まって　思想は生まれる
集まって
おまえとおれのあいだで生まれる
思想はまた　一つの行動だ

瞑想は思想を生むのではなく殺すのだ
滝も海もそれを知っている

おれが独りの時
極度に静かな時
その時もおれは独りではない
おれは君一人を迎えて
決定的に
何人かのシンポジウムをつくり　思想に到達するのだ
そうして　思想は広場ではじめて思想として公認される
青い空がその思想を支持し

夜がそれを暗闇の中で　遠くへ伝達する
思想は動物だ　動物は咆え猛り群れをなして疾走する

大野智世『障害者は、いま』（岩波新書）を読む。障害者の自立イコール就労という従来の図式が崩れて、より豊かで、創造的な生活とはなにかということが問われるようになってきていること。自立とは、①自分の生活のあり方を自ら決定して行くこと。②自分が望む生活目標と生活様式を選択して生きること。③その障害者に適した生活全体の内容や質を高めること。与えられる福祉からの脱却。福祉サービスの主体的選択。

## 年末随想

著作では、まず『生きる場の風景――その継承と創造』（一九八四年）は、「哲学、社会科学、人文学のあいだを自由に往来する思想的エッセイを、社会変革のための運動論、実践論と織り合わせて……立体的・総合的な風景がかたちづくれたら」（あとがき）という願いで編まれたものである。

I部の三篇、共感とレトリック、生を活かす場へ、風景の創造は、前著『生きる場の哲学』

の延長上にあり、そこでの「共感」論を深める営みであった。

大塚久雄、川島武宜、土居健郎の鼎談「甘えと社会科学」をとりあげ、そこで、大塚は、「甘え」を、家産制支配の特徴的な「ピエテート（敬虔）」感情に関連させて論じ、近代の官僚制支配はその否定としての合法性、形式性に基づくものであることを押さえた上で、古い甘えを昇華した人間感情をエートスとして復活させる必要性を説いていた。

私はその考えにまなび、水俣病患者たちのチッソ幹部への追求を例として、差別―被差別の関係をくつがえして人と人との対等の関係を回復するには、「ピエテート」を軸にした「共感」が必要だとのべた。

つぎに「共感」とレトリックについて、内田義彦さんから、共感と同感のちがいを教えられ、異なる諸個人が関係し合う場である社会では、直接の感情を通じて共感し合う二人称関係とは異なる同感、すなわち想像力を媒介として産み出される共感が有効であり、それを可能にするのがレトリックだという意見である。つまり共感を可能にする表現、人々が共通の道徳感情、規範感情を獲得しうる働きとしてのレトリックである。私はこの思想を、人と人との関係の場に働く力と表現の問題に応用して論じた。

その次の「生を活かす場へ」では、木下順二の「子午線の祀り」や宮沢賢治の最後の手紙などを引きながら、場の構造と有限な個人の交渉関係を論じ、前著の『共感からの出発』という提起をピティエ（憐憫）とピエタス（敬虔）の通底を見出し、ピエタスを受苦的共感として取りもどすことへと発展させた。三里塚空港反対運動での大木よねの生き方と言葉を具体的な例としてとりあげた。Ⅱ部は「田中正造の思想」である。これは私の後半生の基本となるもので、後に『田中正造と民衆思想の継承』という著書となる原型である。

以上の論考のなかでは、森鷗外「渋江抽斎」論が私自身に即しては重要である。鷗外が渋江抽斎の日常と研鑽を淡々と叙述する態度から学ぶところは多かった。田中正造論と平行して松浦武四郎の、幕末の蝦夷地を地理取調にくまなく歩いた記録から、当時のアイヌ民族の困窮、その生きる姿勢などをとらえだす仕事をしたのも、鷗外の史伝三作（渋江抽斎、伊沢蘭軒、北条霞亭）を読んだことと関係している。

またこの時期、私は経済学史家内田義彦さんから強い影響を受けた。私は、経済学史研究者ではなかったが、自宅にお招きくださり、親しく教えを受けることができ、学恩は多大であった。

一九八六年の著書は『地域をひらく』と『解放の哲学をめざして』の二冊。前者は、「地域をひらくシンポジウム」運動の呼びかけから実践のまとめおよび「人民的主体の形成と認識の問題」という講演記録などを収めている。「地域をひらくシンポジウム」運動は、一九八〇年から一九八九年まで一〇年間、全国各地の市民住民運動の現場に集まって交流と論議をする試みであった。

『解放の哲学をめざして』は、私としては学んできた思想、具体的には田中正造、石牟礼道子、内田義彦、パウロ・フレイレ、金芝河と韓国の民衆神学、フィリピンの解放闘争とキリスト教、台湾の宗泉盛の『民話の神学』などを咀嚼し、自分のものとして語ろうとしたものであり、私の哲学思想の骨格を示すものになっている。

一九八五年に行った対談『社会的左翼の可能性』は、労働運動の実践的、理論的指導者の一人である清水慎三の的確な情勢把握と展望に導かれながら実践の課題を論ずる試みであった。清水は、広義の左翼勢力が衰退に追い込まれつつある状況を踏まえて、「視野をひろく、視界を遠くにのばし、数世紀を一区切りとする人類の文明史的単位のなかで社会主義と自己を位置づけながら今日の課題と使命をとらえる方向への軌道修正」が必要であると説いた。そして「社会的左翼」とは、「価値観衰弱」「倫理空白」の現体制社会に対峙して対抗社会形成の過程をとり、主役交代を社会の深部から迫っていく運動」を指向するものと位置づけた。そして政治と経済の間に「社会」を定位させた社会的革新運動としての「社会的左翼」の可能性を時代的な要請として提起した。そして支配的な「競争原理」に対して、対抗社会の基軸的価値観として「平等と連帯の共同社会」といったイメージが考えられるとのべた。

私は、地域シンポジウムや女性運動、反差別運動などの例を挙げてその中に育っているあたらしい価値を論じ、地域に於ける教育機能を持ったセンターを産み出すことの重要性を説いた。

一九八七年の著書は、高木仁三郎との対談集『あきらめから希望へ』であった。

ここで語られた内容は、今日でも古びてはいないが、時代状況ははるかに悪化し、対抗文化、対抗社会の母体となるべき市民社会は企業社会に呑み込まれ、人々から判断の自由を奪い、上からの指示、命令への服従の秩序が、社会に行き渡っている。対抗文化の衰弱も著しい。しかし、沖縄の基地撤去、反原発の運動、集団的自衛権、秘密保護法、憲法改悪反対など火種が消えたわけではない。この状況に耐えて、長期的な抵抗を持続することが求められている。

一九八八年の『静かな大地——松浦武四郎とアイヌ民族』は、幕末の探検家で地理調査に蝦夷地をくまなく歩いた松浦武四郎の調査日記に記されたアイヌ民族の生活、思想、倫理、文化をとらえたもので、武四郎の目と経験を通してのアイヌ民族のリアルな姿を浮かび上がらせたものである。私の仕事のなかで、田中正造論とともに重要なものである。

『近代化の中のアイヌ差別の構造』は、日本交通公社が、英文紙「ジャパンタイムス」に掲載した北海道への観光旅行誘致の広告文が、アイヌに対する差別を持っていたことを糾弾する活動の記録である。この広告の存在を知らせてくれたのは、オーストラリアの先住民アボリジニの活動家であり、アイヌと世界の先住民との交流が生んだ成果であった。糾弾会は、アイヌ側が公社側に批判だけではなく、理解を深めるよう求める態度を取ったことにより、実りある内容となった。

# 第7章　沖縄で暮らす

一九八九年八月の「ピープルズ・プラン21世紀国際民衆行事」は、豊富な内容を持った運動であり、その成果も大きかった。北海道での世界先住民族会議は、準備し、運営した私たちにとって、背負うのに重すぎる仕事であった。先住民族の人たちと沖縄へ移動し、交流をかさね、水俣に移り、総括の会議を持ったときには、私は疲労が極限に達していた。だが、「水俣宣言」を共同の力でまとめることができたことで、行事全体の成功が目に見えるものとなった。「水俣宣言」は、その後、中米、ヨーロッパ、アジアの民衆運動に影響を及ぼし、一九九二年秋には、中米PP21が開催された。日本の私たちにとっては、この行事の成果を如何に定着させ、発展させるかが、次の課題であった。

福岡と札幌では、自主、自立のまなびの場として自由学校を立ち上げることができ、それ以来、今日まで継続して活動している。この学校の設立は、パウロ・フレイレの「被抑圧者の教育学」に影響された実践でもあった。

さっぽろ自由学校「遊」は、一九九〇年四月に開校した。世界先住民族会議を踏まえて、開設当初からアイヌ史、アイヌ文化の講座を、毎年必ず設けることにし、三〇年を迎えるいまでも継続している。地味な努力ではあるが、他にそうした試みはなく、札幌、北海道の市民社会にとって有意義な蓄積となっているのではないかと思う。

一九八九年は世界的に激動の年であり、五月末に、中国で天安門事件が起こり、民主化を求める市民、学生に対し、軍が出動し、鎮圧した。中国共産党政府の民衆弾圧は、以後くりかえされている。

一二月には、ルーマニアで民衆が蜂起し、チャウシェスク独裁政権が打倒され、東ドイツでは無血革命が成功し、政権が崩壊するなど、東ヨーロッパで激動が生じた。そして、ベルリンの壁が壊され、ソ連邦が解体されるという、大変動が起こった。

この年の仕事としては、『田中正造選集』第六巻「神と自然」の解説を書いた。この解説は、のちの正造についての著書の骨格となったものであり、最晩年の田中正造の思想を探り当てたもので、私としては大事な成果であった。

また、アイヌ史、アイヌ文化と琉球・沖縄史とを概観できる資料集『島々は花綵（はなずな）』を編むための準備作業をした。

## 一九九〇年

**一月二四日**　雑誌「世界から」三六号所収のニカラグアの思想家ハビエル・ゴロステアガの論文中、着目したところ。

「民族主義、民衆信仰と社会主義の結びつきを矛盾と感じる人もいます。デカルト主義的立場からすれば、マルクシズムと宗教の間には明確な矛盾がある。だからマルクス主義者であると同時にキリスト教徒ではありえないというわけです。これは典型的なヨーロッパ人の反応ですね。中米にはもっと有機的な文化があります。民族主義がよければ民族主義を採用する。宗教がアイデンティティを作り出すなら宗教を採用する。社会主義、マルクス主義が社会の仕組みを分析するのに役立つならそれも結構。このように、私たちはこうしたヨーロッパ生まれの様々な矛盾するものをひとつの有機的文化の中に消化してしまうのです。（中略）

アフリカやアジアの多くの国々では、大切なのはこうした現実なのです。私はこれを有機的文化と呼びます。あるいは、ラテンアメリカの場合、混血（メスティーソ）文化と呼んでもいいでしょう。それは、理論上の矛盾にあまりとらわれることなしに物事を混交する能力を持っている文化です」。

この考えは重要だ。

**二月五日**　画家富山妙子さんを迎える。一〇年ぶりの来訪である。六八歳になられるがとても若々しい。吟遊画家として、現代のアジアと日本の関係をスライドで描く仕事を続けるとのこと。

**二月六日**　富山妙子さんを迎えてスライドとお話しの会。スライド「海の記憶」はすばらしいものだった。アジアフェミニズムアートの実践である。

**二月一一日**　ネルソン・マンデラ釈放。ポール・サイモンの歌の歌詞

「ネルソン・マンデラが南アフリカのまちを歩くのが見たいよ

明日、彼をソエトに迎えよう

ネルソン・マンデラがウイニー・マンデラと手に手を取って
まちを歩くのが見たいよ」

このようなしなやかな政治的メッセージに感動した。

**二月二四日**　母の中国女性の訳詩集『花の文化詞』が出来上がってくる。

**三月二〇日から五月末まで**　沖縄で暮らす。沖縄、読谷村長浜に小さい民家を借りて居住し、沖縄の歴史や現在の民衆運動を学んだ。八畳と六畳の二間に土間の台所とシャワー。海のすぐ近く。敷地をかこむ風除けの大きなフクギの樹が香る。

**三月二一日**　朝、鳥の声で目がさめる。やもりがキュッキュッと鳴く。

**三月二三日**　夜、天井にヤモリが二匹現れる。トミさんが喜んで話しかける。

琉球新報を読むと、沖縄はすさまじい開発の波に襲われそうである。二一世紀にかけて「開発」という問題が浮上してくるように思われる。

**三月二五日**　残波岬で金城実作の残波大獅子に再会。二時から沖縄芝居と踊りを観る。まず琉球舞踊、八重山の踊り、夫婦の偕老同穴の踊り、いかにも波、海のイメージをつたえる八重山の踊りが印象的だった。芝居はウチナーグチのおどけた劇。「うや売ります」。おじい、おばあがたのしげに笑っていた。私たちはウチナーグチがわからず、せりふの面白さを楽しめなかったが、それでも雰囲気を十分に楽しんだ。

残波岬での偶感。少数者の一人称単数のマニフェストから出直すべきだろう。一〇〇年、二〇〇年とかけてその少数者の思想が熟して行き、遂になんらかの達成に至るのであってよいではないか。田中正造の百戦百敗の思想をいま学ぶべきである。腰を低くし、視線を下に向け、若い人々の自己実現をねがうねがいと対話すること、地域での具体的な問題に関わり続けること、少数者であることに心安らかにあり続けること、それを許さない権力支配と闘うこと。フェミニズム・女性解放に中心的位置を明けること。

**三月二九日** 夜一〇時ごろ人の訪れる声がした。「知花です」。戸を開けると知花昌一、下嶋哲朗、上山和男の三氏。缶ビールを携えて来訪された。歓談一時近くまで。知花さんの話しに聞き惚れる。魅力のある人物である。下嶋氏は地味ながらいかにもねばりづよそう。上山氏は「気流の場」が培った人間関係を想起させる人柄。

「開発」に関する話を知花さんからいろいろ聞く。残波岬のロイヤルホテルの西側海岸約二〇キロがすでに買い占められている。当初はミサワホームなどのジョイント企画だったが、三菱電機、全日空、川崎製鉄も加わっており、世界一という話題性を作り、プライベートビーチづくりを計画中だという。

読谷村は人口三万を擁してなお村にとどまり町にならないでいる。軍用地の返還がされても、跡地利用に少なくとも五年から一〇年の歳月がかかること。いまが読谷村を「どう変えて行くか」の岐路であるなど。

**三月三一日** チビチリガマの慰霊祭があり、周囲の清掃や準備、ガマ内部の石積みに加わる。三時から四遺族を中心に慰霊祭があり、終わって焼酎を飲みながらの交流会。右翼にこわされた金城実さん作の「平和の像」の再建をめぐっての話し合いがなされた。金城さんの提案は、来年八月ぐらいに再建委員会を発足させることにし、それまではしっかり準備する。新しい像は、ガマの左側に、石で大きな母子の頭部にしたいとのことだった。

**四月一日**　知花昌一さんの著書『焼きすてられた日の丸』を読む。抵抗権の主張と共に、読谷村が村長の方針と議会決議によって、日の丸の掲揚をしないと決定したこと、それを日本ソフトボール協会会長の弘瀬が、国体要綱にもとづいて日の丸を押しつけてきたことの二つをとりあげ、国体要綱より憲法に基づく読谷村の自治権のほうが優越するという法理をのべている。「したがって弘瀬の日の丸押しつけは、まさに憲法にもとづく読谷村の自治権の破壊以外のなにものでもない。逆に私の闘いは実際に読谷村村民の声を代表し、村の、日の丸を掲げないという自主的な自治権を守るために行った行動なのだ。ここにおいて私の行為がやむにやまれない抵抗権の行使としての正当性をもつことは明かだろう。

この抵抗権にもとづく私の行為の正当性の主張、これを裏付けるためにも、いままでのべてきた、日の丸が国旗であるか否かの国旗論争に内容的に決着を付けることが重要になる……日の丸を国旗とする法的根拠は一切存在していない。いわば法的根拠が存在しない。となると、日の丸は単なる「布きれ」でしかない。だが、問題はこの単なる「布きれ」のために、これを守らせるために沖縄は大きな犠牲をはらってきたのではなかったのか。布きれには布きれの価値しかない。だが、国家はこれを日本国民の、国家の、そして天皇のシンボル象徴として、国民に生命を犠牲にしてまでも守らせようとするのだ。だから私はこの布きれの価値を否定するしかない。そのようなものに民衆の犠牲を強制する国家など否定するしかない。そのような布きれなど焼いてしまうしかないのである。

私が今後裁判で訴え、主張するのは、こういうことである。これを私はもっと深く論証して、法廷で最後まで訴えていくであろう。

いずれにせよ私の日の丸裁判は、日の丸・天皇を裁く裁判として発展しようとしている。私はこの裁判闘争を一つの機会、あるいはテコとして微力ながら反天皇・反戦運動のあらたな高揚を作りだしたいと願っている。それがまた、安保下の基地の重圧のもとにおかれ、急速に戦争の方へ動員されつつあるこの沖縄を、反戦平和運動の高揚へ導く一つの道であると確信している」。

まことに堂々の論である。

**四月二日**　座喜味城跡へでかける。座喜味城跡は城の石垣の曲線がなんとも優美である。波のように曲線をえがき、一の廓、二の廓と二重になっている。城の住居跡は小さい屋形で、板葺きや茅葺きだった由。一五―一六世紀ごろのもの。城壁の上から長浜や残波岬がよく見える。

今日の沖縄タイムスに、沖縄の総合リゾート開発プラン特集があり、県の新垣振興開発室長へのインタビュー記事があった。

「マスタープラン策定に当たって、東京の……に委託したが、同社の長谷川芳郎社長は東京ディズニーランド設計者として知られ、リゾート開発の権威者でもある。長谷川社長のご指導をいただき、プランをまとめることができたのは光栄に思っている」。あほらしくて慨嘆に絶えない中味である。

ちょうどオーストラリアの日本研究者ガバン・マコーマックの論文を読んだばかりだった。彼は、日下公人の『ディズニーランドの経済学』を引いて、ディズニーランドを、千利休が一六世紀に成し遂げたことに匹敵する創造物だと褒め称えていることを示し、中曽根首相が「平和で自由で青々としたみどり」の日本という理想をのべたとき、彼が意味しているのは、人工芝のゴルフコース、高価なヨットの波止場、どんな深い山も貫いて走る有料の高速自動車道、ディズニーランドのイデオロギーと美学を大量に複製するリゾートといった国土である。そしてそこでは、消費があたらしい芸術の形式にまでみちびかれている。つまり、消費ではありながら、広告のような、より高度の芸術形式の達人たちの共同のコントロールのもとで、そうなのである。

まさにこの世界が、ここ沖縄でも九〇年代の姿として展望されている。

「アジア・アフリカ・ラテンアメリカ連帯運動ニュース」で、針生一郎が、チェコの現大統領ヴァーツラフ・ハベルの「言葉についての言葉」を紹介している。『社会主義』という言葉は、かつては公正な世界の代名詞として虐げられた人々を魅了し、その理想のために自分の生活や生命さえ犠牲にした時代があったのに、「私の国では『社会主義』という言葉がとっくの昔に変質し、ひねくれた成り上がりの官僚が自由な精神を持った仲間の市民に『社会主義の敵』とか『反社会主義勢力』とかいったレッテルを貼って、朝から晩までこれらを打ちのめす警棒に成り下がっている」。そしてハベルは「意味のペレストロイカ」を主張する。針生一郎はそれに「言葉に対する倫理的責任を明らかにすること」と説明を加えている。「言葉に対する倫理的責任」、「社会主義」という言葉に対する倫理的責任が問われている！『社会主義』のみならず、『革命』という言葉を奉じた倫理的責任を、我々は負わなければならない。

**四月四日**　長浜集落は、残波岬の北側にゆるく湾曲する海浜に面し、すぐに丘になっている。古くからの家々は瓦で葺いた平屋で、フクギやガジュマルを屋敷のまわりにめぐらして強風を防ぎ、海に近い場所に密に建てられている。道はサンゴ石の垣に沿って細くつづき、坂は石畳で丘の上へ曲線をえがいて登っている。新しい建物は、岡の中腹や上方にコンクリートで作られ、白い壁面の大きなつくりである。ほとんどが二階建てで爆音を防ぐ防音工事が施されている。古い家には品があり、静かさをたたえているが、新しい家は無骨で素っ気なく、卑俗である。そのまわりにフクギなどの樹がないのも特徴的である。スーパーは小さいものを入れて四軒。うち一軒は雑貨店に近い。鮮魚は売っておらず、すべて冷凍もので点数も少なく高価である。魚を日常に食べる習慣が少ないらしい。とくに焼き魚はしないようだ。

海は遠浅で、丘の上からみるとリーフのところで白波が泡立ち、サンゴ礁の浅瀬は濃いグリーンや茶色に染め分けられている。朝七時に七点鐘がなり、午前八時と午後五時にも合図がある。時々米軍機の爆音をとどろくと、テレビの画面が揺れて見えなくなる。

**四月五日**　沖縄北部の名護が一九九三年に植樹祭の場所として決まったと新聞が報じ、新天皇を招いた大がかりな行事になる由。沖縄にとって、また一つ苦難の種がふえたというべきであろう。学校現場では、日の丸・君が代の掲揚と斉唱もほとんどもれなく強制され終わったかのようである。教職員組合は、君が代に対して、立たない、歌わない、演奏しない、の「三ない」方針を立てている。

**四月七日**　夜、知花昌一さんがきて金武市のキャンプハンセン・ゲート前のバー・クラブ街探訪に連れて行ってくれる。土曜日の夜で、街をぶらつく米兵は多く、MPがパトロールをしている。海兵隊だそうで、若くて子どもの顔つきをしている兵隊も多い。ホステスはフィリピーナがほとんど。ビールは千円、ドリンクも千円。緊張して疲れた。

**四月九日**　今日は入学式で、日の丸・君が代の強制が夕刊・テレビの話題。「君が代」の「君」とは、ぼく、きみのきみで、国民のことだとは、まったく厚顔無恥な解釈である。大東亜共栄圏、八紘一宇、五族協和、王道楽土とまったく同じ言葉のまやかしである。

**四月一六日**　読谷村福祉共同作業センターと読谷山花織（ゆんたんざはなうい）共同作業場を見に行く。米軍飛行場用地内に作った平和の森球場と隣接している。知花さんが日の丸を下ろして焼いたスタンドがある。福祉センターの庭の金城さんの一角獣の彫刻も見た。

**四月一七日**　永山則夫の上告棄却、死刑確定。いったんは無期懲役になったものを最高裁が量刑不当と差し戻したあげくだったから、予想された判決ではあるけれど、死刑制度廃止の国際世論に逆行する日本国家の意志の表れである。内心の怒りを禁じ得ない。

**四月一八日**　柳宗悦『沖縄の人文』を読み出したらぐんぐん引きこまれる。彼の、本質をとらえる眼力におどろく。文章も質実で立派。たいした思想家だと感心する。

「人は文化の程度を、只土地の広狭で計ってはならぬ。只経済の多寡で数えてはならぬ。真の貧富はどれだけその国が多くの文化価値を有するかに掛かる。ここに価値とは正しき者、誠なるもの、美しきもの、健やかなるものを云ふ。是等の性質こそは文化の軽重を測る尺度である。文化価値をおいてどこに文化の意義があろう。かかる本質的価値に乏しいなら、如何に流行の先を進むとも、如何に膨大な施設を有つとも、如何に大きな販路を開くとも二次的な事に過ぎないではないか。

果して沖縄は小さいであろうか。小さいのは土地や人口や経済のことに過ぎないではないか。文化価値に於いても果して貧しいであろうか。小さい面積の中に、こんなにも多くの文化財を織り込んだ土地が、日本の何処に見出せるであろうか。沖縄が大きな沖縄だといふ認識は鬱然として興ってこなければならぬ」。

これは「沖縄人に訴ふるの書」の一節である。こういう雄勁な文書と緻密な観察が特色である。「芭蕉布物語」は、とくにみごとな観察と思索を盛っている。琉球絣を論じて、模様が恣意を許さないことは、同時に人間に過ちを犯す自由を許さないことであるとか、模様の「ずれ」や「ぼかし」が、手織であるがゆえに必然的におこること、それがまた美しさ、味を出していることを論じ、「ずれこそは、数理の模様たる絣にゆとりを与へるものである。もとより「ずれ」が余りにもひどかったら美しさを殺ぐでしょう。それはすでに自然さの性質を越えて人間の誤謬が著しく見えるからです。それ故絣が美しさを示すのは、必然さに因ることを見出すことができるのです。人間の作る絣ではありますが、自然の恩沢が厚ければこそ、それが美しくなるのです」。

芭蕉布は、また、どんなに美しく出来ていても個人の名をそれにつけたりはせず、大勢の人たちの日々の役に立てばよいものである。この世には名もない人から沢山美しいものが生まれている。名を出さなくともすむようなものでなければ出ない美しささえある。

こういうとらえ方もすばらしい。

**四月二四日**　那覇地裁での知花昌一、知花盛康両氏の裁判を傍聴する。被告の意見陳述があったあと、証人の沖縄ソフトボール協会の会長が話した。比較的被告に有利な証言であった。威力業務妨害に当たる事実は別に無く、進行に支障は無かった旨の証言であった。

夜、岡本恵徳さんと酒房「うりずん」で会う。篤実な人物であった。

**四月二五日**　小禄高校に高良勉さんを訪ねる。詩集『花染よ！』をもらう。そのあと奥武山公園を抜けて明治橋へ出る。途中、デイゴの真っ赤な花が咲いているのを見る。個性的で奔放な咲き方だ。そのあと首里城を見て帰る。

**四月二八日**　読谷村中央公民館で、「いま何が起こっているか！　——リゾート問題を考える」シンポジウムを聴きに出かける。一〇〇名以上が集まって盛会。安里英子さんの司会。

趣意書はいう。「県は先に『リゾート沖縄マスタープラン』を発表しました。それによると、宮古・八重山を含む沖縄全体がリゾート振興地として位置づけられています。

沖縄の島々は、日本復帰以来さまざまな開発が行われ、それに伴い多くの自然を失う結果となりました。ですから、いま残されている自然は、きわめて貴重なものと言わなければなりません。そこには何千年何百年と在り続けた貝塚や文化財、先祖の墓、あるいは島の神々が居られる御嶽やグスクなどがあります。

それればかりでなく、海や山は今なお私達が貝や海草を採り、生命をつないでいる大切な生きる場でもあります。ところが、今計画されているリゾート施設はその最後の聖域と重なり合う部分が多いのです。すでにいくつかの海岸線はフェンスで囲われて、自由にアーサを採ったり、夕涼みに行くことができなくなっています。

今回のシンポジウムで、今地域でどのようなリゾート計画がなされているのか、市町村や自治体、地域住民の立場から、それぞれの問題点を報告していただき、共に考えていこうではありませんか」。

パネラーとして出席した与那原町、西原町、那覇市、恩納村、宜野座村、名護市、読谷村の人から報告を聞き、高里鈴代（那覇市議）など四人のアドバイザーから提言を受けた。

終わって読谷村のリゾート予定地の見学があった。すばらしい海岸と入り日。そこがフェンスで囲まれ、墓は墓の団地に移転させられている。現地を見て慨嘆を久しくする。

明治初年、沖縄県を巡回した上杉県令の巡回日誌を読む（記述をすこし読みやすくした）。

「……この日、村中を巡回し親しく民情を熟察するにその蛮風陋習に今更喋々の弁を要せずして知るべきなり。唯、生の（私）大いに感覚する処のものは、人民確乎として動かざるの気風を存し、頗る頑愚なる者の如しと雖も近日、浮薄紙の如き人情に比すれば却って数等の上に出つるを信認す。その礼譲を尊び信義を固守するに於いては生儕（私ども）賞嘆せざることを欲するも得べからず」。

「この日、数ヶ村に臨み実際の景況観察し、生儕のもっとも感覧を惹き起こしたるものに二つあり。何ぞや。嚮（さき）に上地村番所に於いて九十余歳の長寿云う。鰥（かん）居（独居）にして他に依るべき者なく、親戚より輪番に来たりて看護の有無何等の時にあるやを尋ねらる答え。曰く当嶋古来の習慣にして齢八十才以上の老者へは家族の有無他に拘わらず親戚より必ず輪番に看護人一名宛を附け置き、若し其親戚なきときは輙ち隣保に於いてその義務を尽くすと云う。喜々その風俗篤しといわざるを得んや」。

**五月一日**　村内を歩くことを企て、今日はまず赤犬子の墓、阿麻和利の墓、尚巴志の墓、大城けいさんの織布を観て歩く。赤犬子の墓は、楚辺入り口でバスを降りるとすぐわかる小高い霊域。碑があり、岩壁が拝所になっている。琉球嘉陽の始祖とされる人物。阿麻和利の墓は看板、立て札の類がなく探すのにいささか手間取った。トリイ・ステーションのすぐ脇、畠のなかに残された小さい木立の小丘の中にあった。ここも自然墓。阿麻和利は勝連の護佐丸を討ったとされる人物。尚巴志の墓は国道を越えた軍用地側の林野に入った、奥まった森の中。スーパーの主人に道を聞くと、丁寧に地図を描いてくれたが、「ハブに気をつけて下さいね」といわれる。道はきちんと付いているが、カー（湧き水）をみつけ、そこから左側の斜面のほそい道をたどると奥まった場所の岩壁が墓域で幽邃な雰囲気につつまれて尚氏三代の墓があった。いかにもハブがいそうな山の中であった。こういう自然の荘厳さの中に眠るという墓の作り方は共鳴できる。王墓なのにほとんどなんの人為を加えられていない。簡素で心魅かれるものがあった。

ここからもどって大城さん宅へうかがう。糸繰りをしているところだった。作品の見本を見せてもらいながら一時間ほど話しを聞かせてもらう。一人で根気の要る仕事をもう十数年続けているという。さわやかな人。

**五月二日**　座喜味の村立歴史民俗資料館を観に行く。意欲的な展示である。美術館では金城実、金城次郎の作品が光る。女性と男性の若い歌い手像。沖縄と題したたくましい老爺像が気に入る。夕刻、太鼓の音がするので行ってみると、残波大獅子太鼓のメンバーが集まって演じていた。建てて一年になるペンションのお祝いの由。主催者の新垣さんたちと出会う。

岡本恵徳さんから頂いた『池宮城積宝作品集』を読む。短歌に佳作がある。

潮しずかに明るみて行く伊計平安座海の幸あらむこの雨あがり
走川はすみてあふれて迸りみどりのかげにつくる日はあらじ（金武走川）
こばでいじゅの若葉うすべに日に映えてはれがましやと恥じらへるごと（屋我地）
甘藷畑の向ふにそそる恩納岳高しとは見えず空の明るさ
伸びうれて大豆しみらに日を恋へば海軟風の霧雨はてる

**五月八日**　浦添城趾に行き、伊波普猷の墓所などを訪ねる。普猷の墓はとてもよい雰囲気の中にあった。顕彰碑が傍らにある。東恩納寛惇の撰並書である。それから中城城趾公園と博物館を観る。次に中村家家宅。昔の豪農の家は私の理想の家の感がある。木造平屋、鍵の手になっている。背後を小高く場所を取って台風を避け、前にヒンプンを設け、コンパクトで使い勝手がよさそうな家である。こういう家に書斎を設けたら落ち着くだろうな、と思う。

**五月一〇日**　夕方、浜にでると夕焼けがすばらしく美しい。一五分ぐらいのあいだに刻々と色が変化する。昨日、わが家の外トイレのなかで小さい蛇を見た。黒と赤の鮮やかな色だった。ハブかもしれない。

**五月一三日**　北山の城、今帰仁城跡（なきじんじょうあと）へ行く。ここはいちばん規模が大きいグスクとのこと。そこから東海岸の安波へ。そこにはふるい茅葺きの農家がわずかに残っていた。これはタイなど東南アジアの農家とつくりが似ている。西海岸の恩納あたりは、ものすごい赤水で海の汚染はおそろしいほどであった。安波から恩納村の都市ゲリラ訓練施設の反対闘争団結小屋へ行き、一四日からの演習実施の通告への対応などを聞く。

**五月一五日**　午後、おばあと畑の草取りに行く。涼やかな風が吹き、快晴で気持ちがよかった。ただ、眼下に見る浜は赤水汚染がくっきりと円弧を描いて、リーフのエメラルド色と対比されてあまりにも悲惨！　我が家の小ハブは裏の道で誰かに殺されてしまった。

**五月二三日**　南風原文化センターを見る。小さいけれどとてもよかった。軍病院の模型、沖縄戦での南風原町の惨禍、そして同町からの南米移民の記録、手紙などと民俗資料が展示されており、コメントや調査がていねいで心にしみるものがあった。そのあと摩文仁の平和資料館をゆっくり見た。

**五月二四日**　伊江島へ渡る。まず阿波根昌鴻さんの平和資料館を見る。伊江島の米軍基地反対運動の歩みと支援の檄布、当時の日用品などが展示されている。ここも貴重な資料館である。阿波根さんの非暴力抵抗の思想に感銘する。あくまでも真理に立脚して説得するという姿勢である。伊江島の住民も大変な苦労をなめてきたことを知る。

**五月二五日**　土の宿を経営している木村浩子さんのお話を聞く。左足一本で手に代わるすべての用を足し、絵を描き、ワープロを打つ。おどろくべき人だが、対応はやさしい。障害者が地域で生きるグループハウスの制度化要求に取りかかるという。

フェリーで本部港にもどり、名護市役所の建物を見る。建物を風が通り抜けるように風の道を作り、シーサーを建物の前面の壁に、字の数だけ置き、質素だが優美。建築物として抜群のものと思う。そのあと、町の通りの真ん中にあるヒンプンガジュマルと博物館を見る。名護の町は落ち着いたいい町である。そのあと源河のやんばる共同農場を見せてもらう。山の中である。養鶏、野菜畠、琉球藍作りなどをしている。

**五月二七日**　糸満のハーレーを観に行く。海神祭である。職域、高校、地域などの対抗競技で、船を漕いで速さを競う祭である。ウミンチュの模範漕ぎもある。最後がアガリハーレー。地域対抗の長距離決勝戦である。三チームが出て、赤が断然ぬきんでて優勝する。赤チームは全員が見事にそろって漕ぎ、美しい型を見せた。その美しさと力強さに感動する。

午後、幸地墓という沖縄島の最大といわれる門中墓を見る。破風墓で三基がならぶ。さらに玉城村の第一尚氏、六代目尚泰久とその子の墓所、知念村の斎場御嶽を案内してもらう。ここは沖縄で最高の御願所という。岩の裂け目をとおして奥へ行くとそこからアマミキョが天から降った久高島が見透かせる聖所がある。全体の神域の雰囲気が、岩のエネルギーとともに私たちを支え、浄めてくれるようであった。

**五月二九日**　今日で、この品のある、心の落ち着く家とお別れ。夢のような、竜宮城で過ごしたかのような日々だった。

知花昌一さんや照喜納さんなど沖縄の村民、知識人、活動家、詩人らと知り合えて、生活と文化について多くのことを学んだ。

読谷村を引き上げて札幌に戻る。

**六月六日**　岡本恵徳『ヤポネシア論の輪郭』を読む。沖縄の知識人のヤポネシア論は深みがある。南へと開くヤポネシア論に触発されるものとして、アイヌモシㇼ、樺太。クリール諸島(千島)、シベリア沿海州、カムチャツカ、アリューシャン、といった北方への開かれた文化の視点を入れた民衆の生き方と思想を探求してみたい。

**六月三〇日**　上智大学アジア文化研究所主催のシンポジウム「《ナマコの眼》からアジアがみえるか」に出席する。鶴見良行さんの大著『ナマコの眼』の出版を記念したシンポジウムで、読者からの話として発言する。

七月に双書「思想の海へ」第二五巻『ヤポネシア弧は物語る—島々は花綵』の解説「アイヌモシㇼの抵抗と文化　琉球弧の近代を問う」を書き上げた。先住民族の側、琉球弧住民の側から、日本列島を見ること、五〇〇を数える島々の連なりとして日本列島をみることによって、国民国家、しかも単一民族国家という虚偽のイメージを払拭する必要に根ざした仕事であった。

この資料集には、アイヌモシㇼ篇では、松宮観山、新井田孫三郎、菅江真澄、山辺安之助、知里幸惠、知里真志保、違星北斗、バチェラー八重子を収録し、琉球弧篇には、伊波普猷、喜舎場永珣、新川明、比嘉春潮、小原一夫、久志富佐子、山之口獏、新里金福、大城立裕の文業を収め、ヤポネシアの視座篇として、宮本常一と島尾敏雄を加えた。

**八月八日**　北海道立近代美術館で、「十九世紀ロシア絵画展」を見る。圧巻がレーピン。肖像画でも他の凡庸な画家と比べると格段に深みがある。

八月一五日の朝日新聞夕刊に、鹿野政直さんが、「八・一五になぜこだわるか」というエッセイを書いている。四五年前の自分を振り返り、老境の入り口に立っている私の前に、「わたくしたちは果たして、どこまで『戦前』から自立した『戦後』を造りえたか、の問いがある」。そして、天皇の「玉音」放送と新聞の論調を紹介し、その特徴が「あれだけの生命と生活の破壊を体験しながら、しかもなお、天皇の責任を問うよりは、みずからの至らなさを詫びようとする国民の姿勢」、そして「詫びることとは責任を認めることとして、この戦争で踏みにじった国や地域の人々への、責任観念の希薄さ」をあげている。「戦争責任の自覚がないところに、加害責任の芽生える余地はない」。この八・一五観は、「それを屈辱の日としつつ帝国日本の『栄光』への衝動をともかくしのぎつつ、現代日本を築いてきた」。今日の象徴天皇制は「豊かな日本人の精神のインテリアと化し、戦後初期のアジアに対する歴史認識は、吹き飛ばされてしまっている」。「国家が『戦後は終わった』と呼号して久しい。戦後の日が、そのたびごとに、例えば虐殺、侵略、指紋押捺、残留孤児、強制連行等々と、戦後の日本人が考えるべくしてなおざりにしてきた課題が、つぎつぎに噴き上げて、『戦後』を葬り去ることを許さない。それらを内なるものとしつつ、八・一五の自足的認識を突き崩してゆくことが、私たちにとって、ポスト戦後史としての同時代を、真に培うことになるのではないだろうか」。

史実に依拠し、戦後を生きてきた私たちの精神の弛緩を憂え、堅持すべき思想を示している論考である。私と同じ年齢の鹿野さんのこうした柔らかだが毅然とした論考に畏敬の念を禁じえない。

**八月二二日**　大城立裕『神の魚』を読む。作者の円熟を示す、懐の深い作品である。西表島祖納部落の開発と伝統行事の復活を志す若手の心を描いたものである。主人公の透のえがきかたはあいまいさを抱え込んだ重層性においてであり、伝統行事の復活を目指しつつ、開発の手が入ることも否定しきれない。女性のえがきかたもアンビバレントである。「グザ稷り」は女人禁制であるが、透の恋人は岬の上で漁を見つめ、漁は失敗する。タブーを破る女性の存在を非難できない若手たちの心のまま、作品は終わる。

**八月二四日**　台湾の候孝賢監督の映画『非情城市』(The city of sadness)を観る。三時間近い長篇で、一九四五年の台湾解放直後から、四九年の国民党政府に対する台湾人蜂起とその弾圧までを、基隆のヤクザの一家族を軸にえがいたもの。一家の長であるヤクザの兄とその兄弟たち、なかでも耳が聞こえない文清という青年と寛美と日本風の名前を持つ恋人との交情が軸をなす。終わりでは、文清が抵抗運動の巻き添えで連行され、行方不明になる。低くカメラを据え、長回しをする小津安二郎から影響を受けたという作風で、庶民の生活と感情をきめ細かく描いていて秀作であった。

**九月八日**　歴史シンポジウム「少数民族を考える――アイヌとインディアン」(榎森進、竹ヶ原幸朗、富田虎男の報告)。富田氏の「北海道旧土人保護法とドーズ法――白仁武とジョン・バチェラー」がすぐれた研究であった。インディアン保護法であるドーズ法を基にした、旧土人保護法成立沿革史研究の一端である。

**九月一五日**　田中美津『いのちの女たち』を感銘深く読了し、ノートを取る。田中美津の、おのれと女とを重ねつつ、たんなる自己同一性ではなく、動いてやまない矛盾に「取り乱す」弁証法的主体を追求するあり方は、きわめて重要である。これは七〇年代の最良の思想的達成といえる。

**一〇月六日から八日**　第九回「地域をひらく」シンポジウム。支笏湖国民休暇村で開催。好天に恵まれ、内容もまずまずであった。

**一〇月一五日**　臨時国会でいよいよ自衛隊の海外派兵法案(平和協力隊法案)の審議が始

まる。国政の重大な転機である。

**一〇月二一日**　道立近代美術館で、アンドリュー・ワイエスの展覧会を鑑賞する。ヘルガという隣人の農婦を三八歳から一五年間描き続けたシリーズ。対象への深い愛情と対象を捉える思索的な姿勢で含蓄豊かであった。心を満たされる。内面への沈潜が「超越」に通じる。その主題に触れる経験であった。

**一〇月二九日**　金沢反戦市民社の井沢幸治さんと京都トマホーク配備反対運動の吉田満智子さんが海外派兵法案に反対して防衛庁前でハンストに入ったというニュースを聞き、レタックスを送る。

**一一月一二日**　天皇即位の礼の日。新天皇は憲法への忠誠を繰り返し述べている。その辺りが新味であるが、儀礼は民衆の文化とはまったく無縁のものである。

**一一月一五日**　静岡県御殿場での宗教者の国際シンポジウムに出席する。テーマは大嘗祭で、日本からクリスチャンと仏教徒、韓国、台湾、フィリピンの牧師、神父が出席者であった。

**一一月一九日**　寄せ場の労働者であったアイヌの手室幸雄さんの傷害致死事件名古屋地裁での公判で、情状の証人として二時間にわたり証言する。大阪、川崎、その他、レラの会、部落解放同盟本部、解放センターなどから傍聴参加があり、広範に支援の輪ができていた。

# 第8章　転換期における世界的な民衆の主体形成

一九九一年は、世界史の大きな転換の年であった。米国がイラクを攻撃した湾岸戦争が起こり、中東のその後の混乱のきっかけを作った。また、ソ連邦が解体された。以後、米国の一極支配状態となり、全面戦争の危険は遠のいたが、地域紛争の時代になった。日本では、アイヌ民族の権利回復の運動が高まりを見せ、一九九二年には萱野茂さんの参議院議員立候補を支援する会が発足し、私もその活動に力を入れた。

理論、思想の面では、フェミニズムが力を付け、社会学理論の上で注目すべき業績が生じ、強く影響された。また、湾岸戦争を契機に女性兵士の軍隊内でのキャリアアップのために、戦闘員に門戸を開くべきだという全米女性機構の要求は、フェミニズムにとって是か非かという「フェミニズムと軍隊」論争が、さっぽろ自由学校を起点に広がった。私はその火付け役となった。

一九九二年一二月には、タイでPP21民衆集会が開かれて参加した。この時代は、アジアの民衆レベルの交流、連帯運動が高まりを見せ、この集会もその一つだった。集会そのものも有意義だったが、集会のあと、私たち日本からの参加者が、カンボジアのタケウに派遣されていた自衛隊の活動を調査するために同地に赴いてカンボジアの状況を現地で経験し、実情を調べることができたことは意義ある事であった。



# 一九九一年

一月三日　野間宏、中嶋静恵両氏の訃報を聞く。中嶋さんはキリスト者。京都でベ平連運動に参加。晩年北海道在住。野間さんの粘り、中島さんの晩年の毅然とした生き方を思う。

一月一〇日　ジュネーブでのイラク・アメリカ会談が決裂した。湾岸で戦争の危機が迫っている。湾岸情勢は一触即発のもよう。ブッシュが二千機の爆撃で壊滅させるといい。フセインが米兵を血の海に泳がせるというなど、権力者の醜い発言が続いている。

一月一六日　朝、米軍がイラクを空爆中との報道が入る、一挙に暗い気持ちに陥る。これで一九九〇年代の世紀末の暗さが決定づけられた。バルト三国へのソ連の弾圧などと合わせて明るい展望は見えない。

一月一八日　イラクは、イスラエルにミサイルを撃ち込む。心は重くなるばかりだ。

一月二八日　私塾のような研究会でお世話になった哲学者大井正さん逝く。

二月一九日　ハンナ・アーレント『パーリアとしてのユダヤ人』を読み始める。

二月二〇日　上野千鶴子『家父長制と資本制――マルクス主義フェミニズムの地平』読了。家父長制の克服が、どういう社会になるのか。仮説提示はない。難しい問題だ。

二月二四日　湾岸戦争はとうとう地上戦が始められた。短期的にはアメリカが力を誇示できても、長期的には世界の人心から離反し、アメリカ帝国の没落を決定的なものにするだろう。ソ連のアフガン侵攻とよく似ている。

湾岸戦争地上戦は、多国籍軍（米軍）が圧倒的に強く、イラク軍は総崩れの模様である。

**二月二八日**　湾岸戦争終わる。イラクの実質的無条件降伏である。

**三月三〇日**　堀田善衛『ミシェル　城館の人』がおもしろい。懐疑についてこういう。「相対的に、ある距離のある事物の方へ、自分から出向いて行って観察をし、再び自分に戻ってくるという往復運動をするということは、健全な懐疑というものの常道なのであった。しかし、このような往復運動を日常とする人は、信仰には向かない。信仰はつねに、神をも事物の中に含めることがもし可能であるとして、事物との直接性の問題である。分別と理性を超える大事業が必要となる」。

**五月二一日**　「国際先住民年とアイヌ民族」シンポジウムを聞く。パネリストは、上村英明、スチュアート・ヘンリ、野村義一、鳩山由紀夫でコーディネーターは常本照樹。基調講演は、国連先住民作業部会長エリカ・イレーヌ・ダエスであった。

**七月二八日**　岩内町へ、木田金次郎展を観に出かける。一九五四年頃から絵は変化しだし、一九五九年の岩内大火後、飛躍的にすごい絵になる。海や山や風景を凝視することですべての生命活動を表現できるようになる。こういう一致というものがあるのだな、という思いを深くする。生命活動をその一点に集中することのできる芸術表現である。相互貫入というべきか。カオスから矛盾対立を経て静と動が一体になるプロセスが一枚のタブローに盛られる。

**八月一九日**　ゴルバチョフ失脚。保守派のクーデターのニュースが伝わる。

**八月二〇日**　ソ連の保守派のクーデターは中途半端で情勢は流動的。

**八月二一日**　ソ連ではエリツィン共和国大統領が先頭に立ちロシア共和国最高会議ビル前に民衆が集まってクーデター派と対峙、小競り合いがある。戦車が出動して一触即発の様子であるが、クーデターはうまく行かず保守派の敗北に終わった。

**八月二五日**　ソ連は共産党の解体、ゴルバチョフの書記長辞任へと一気に進んだ。

**八月三一日**　夜、小生の還暦祝いパーティイ。河上肇、田中正造、荒畑寒村の六〇歳を調べてみた。

河上肇は出獄後二年余、閉戸閑人と称し、漢詩を賦している。一九三九年（昭和一四年）秋である。

一身痩せ尽くして纔に骨を存し
万巻抛ち来たって空しく詩を賦す
衰態蹌踉たり華甲の叟
半生の得失誰を待ってか知らむ

田中正造の六〇歳は、衆議院での有名な「亡国」の演説の年。以後七二歳の死にいたるまで、谷中村へ入っての奮闘と自己への沈潜である。彼にとっては晩年が最も輝いたときである。

荒畑寒村は、一九四七年（昭和二二）衆議院議員の時である。政治家の六〇歳は活躍の最中の年齢である。

**九月八日**　「「水俣」'91 in 大阪集会─水俣病は終わっていない」に出席する。出席者は六〇〇名近く、満員の盛況であった。原田正純さんの講演、私と最首さん、実行委員会の方がたの座談会「私にとっての水俣」、創作劇「浪速の水俣応援歌」、沖縄民謡グループの演奏など。

**九月二五日**　B・ドゥーデン、C・V・ヴェールホフの『家事労働と資本主義』がすごくおもしろい。家事労働と生命の再生産が、資本の増殖と根本的に矛盾するという考え方である。ソ連邦崩壊後の世界は、資本の世界支配がどこで、なにと衝突するかが問われる。中枢─半周辺─周辺の、三極構造はますます深化するのではないか。そして労働力の階層化と女性の搾取が根本矛盾としてはっきりしてこよう。植民地化の概念が、あたらしい段階と形態で必要となりそうである。そうしたことを考えるのに役立つ。

**一一月一日から七日**　今治、松山、広島と強行軍の旅。二日、三日、四日と、今治で「地域をひらく」シンポジウム。「女たちが生きやすい社会とは」、「拠点について」の報告をめぐって議論する。女と男の対話は、まだ、とば口で、これからというところ。

**一一月二七日**　PKO法案、国会特別委で強行採決される。

**一二月三日**　「世界人権ウイーク in 北海道」のオープニング・パーティ。東チモールからアジオ・ペレイラさんが来て、ギターの弾き歌い。心のこもった歌を聴かせてくれた。

**一二月六日**　韓国政治犯の康宗憲さんの講演会。現在四〇歳。二四歳から一三年間獄中生活を送る。決してアジらない静かな話だったが、受けた拷問のすさまじさとそれから立ち直ってのたたかいに深い感動を受ける。すばらしい不屈の人格と言うべきか。民族統一に賭ける情熱も感嘆に値する。二代、三代と親子で受け継いで闘っていく民衆の伝統形成力も、日本にはないものだ。

**一二月九日**　ロシア、ウクライナ、ベラルーシ三共和国大統領が会合して、ソ連邦消滅を宣言した。まさに音立てて超大国が崩れて行く。

**一二月一三日**　夜、テレビでセミパラチンスクの核実験場のすぐそばに住む村とその付近に生まれた障害者の施設を報道した。それはまるで「人権」など何処の話かというような軍事的専制体制を象徴していた。そうした帝国の解体は必然である。

**一二月二一日**　ソ連邦が最終的に解体された。エリツィン主導でゴルバチョフは完全に外される。世界が注目している中でのこのプロセスは、あたらしい独立国家共同体の道徳的威信を大いに下げたといってよかろう。ただバラバラになっただけである。

**一二月二三日**　グルジアで大統領退陣を求める側が大統領府を攻撃して、銃撃戦になっている。「独立国家共同体」を発足させ、ゴルバチョフをほうりだしたが、この非民主的なやり方のツケはやがて自分たちにめぐってくるだろう。

**一二月二四日**　中江兆民「三酔人経綸問答」を読んでいたら次の一節にぶつかった。

「英や、仏や、露や、独や、汝唯汝の児子中に、豪傑と称する怪物を出ださゞることを是れ務めよ。不幸にして豪傑の怪物出る時は、慎んで其言ふ所を聴くこと勿れ。汝若し誤りて其言を聴く時は、汝は終に汝の有と為すこと能はずして。怪物の有と為らん」

豪傑がリーダーになることの不幸が、思い浮かぶ事態である。

私の仕事としては、一九九〇年秋から、『アイデンティティと共生の哲学』の執筆に力を注いだ。

この本は、序章を『水俣宣言』からの出発」としたことにも示されているように、PP21の切り開いた地平を展望し、思想的、実践的に基礎づけたいという意図のもとに書かれた。序章で、日本・沖縄で企てられている開発ヴィジョンに対抗するオルタナティブなヴィジョンという問題を提起した。そして、

「私たちは、アジア太平洋地域に生きるピープルである。そこには、古くからの文化と宗教の伝統がゆたかにあり、人間の普遍性について考え抜かれた思想の富がある。それらもまだ、ピープルとしての未来へ向けての生き方の資源としては十分に活用されてはいない。

ピープルであることの充実のために、それらをまなび、享受し、あたらしい主体として自分を更新すること、その希望は私たちを鼓舞しないであろうか」と、宣言的にのべた。

第1章「普遍主義と特殊主義――戦後日本国家を考える」は、戦後日本国家についての、私なりの総括である。武藤一羊、樋口陽一、ユルゲン・ハバーマス、尹健次、内村鑑三らの

議論にまなびながら、人権と民主主義という普遍的価値理念を、独特な言葉や内容で内に含んでいるとしている日本の文化伝統と結びつけて着地させることが必要ではないかというのが言いたいことであった。第2章「普遍主義への批判と国際人権論」は、普遍主義の理念と現実との往復運動（実践）を通じて、普遍の具体化を追求する現場に近づいて考える作業を行った。その一つとして「民族的自覚」という問題を取り上げた。それは世界的視野においては「エスニシティ」の主張として登場してきていること、世界人権思想の深化発展の歩みとして具体化されていることを跡づけた。

第3章から第5章までは、「エスニシティ」をめぐる経験と理論を論じた。北海道での世界先住民族会議で経験し、考えたことを出発点として、視野にのぼってきたエスニシティという集団の理論的位置づけを調べ、現代において「エスニシティ」を問題とすることの意義を論じた。

私の問題意識は、世界的な視野のもとでの民衆の主体形成（アイデンティティ獲得）と社会生成、つまり自律と共生を理念とする社会の制度や文化をどう構想するかということであった。エスニック集団への帰属意識によって、自尊心を回復し、名誉感情をみたすということは、とくにその集団が差別されてきた歴史を持つ場合には、平等の主張をともなって支配的価値観を問い直すはたらきをする。

しかし、逆にエスニシティに依拠することが、差別意識や独善的集団意識を産み出す原因となり、憎悪や暴力へと民衆を駆り立てるきっかけにもなる。現在の中東での地域紛争は、複雑な原因、要素が絡み合っていて一つの要素でくることはできないが、宗教的な対立をともなうエスニック感情がつよくはたらいているようである。先進国の移民労働者の意識も、エスニシティが基層にあり、その人数の増大と共に、先住多数者とのあいだで、差別や排除のさまざまな社会問題を引き起こしている。

エスニシティの主張は、偶然的な特殊事情による意識の産物ではなく、人間生活に根ざし、人間の歴史に遍在する自覚である。人びとを行為へとうながす動機には理念と利害の二つの極が存在する。身分制度が制度的に否定された市民社会の水平秩序の地表へ、福祉、差別撤廃などの姿で湧きだしてくる要求は、正義と平等な配分を求める理念である。理念と利害の弁証法的な相互作用の見地に立つならば、物質的利害にだけ行為の決定因を求める立場を相対化し、名誉とかプライドとか尊厳といった物質的利害に還元できない行為の動因を重視しなければならない。

物質的利害が最終的な決定力を持つという立場は、資本主義近代へ向かって歴史が進化し、そこで停止するという歴史観と調和している。マルクスはその先に一種の終末論的な革命を想定し、物質的利益がみたされた歴史の彼方に人間性の全面的開花の時をユートピアとして夢見た。その終末論的なユートピア革命論は消えたけれども、それの裏返しのシニシズム(虚無思想)、つまり歴史は富と権力によって動かされ、人間は物質的利害によってだけあやつられるという歴史観・人間観もまたそうではないという挑戦を受けている。

中東におけるイスラム教の復興は、決して歴史のあだ花なのではない。今日、世界政治の既成の仕組みと秩序は激しく揺すぶられ、混乱の中にある。新しい価値理念とそれを実現しようとする勢力はまだ歴史を動かす力にはなっていない。国民国家中心のヘゲモニー争いと植民地獲得競争が歴史を動かす帝国主義の時代はすでに過去のものとなった。だが、新しい国家を超える秩序を形成する力はまだ微弱である。

日本国が、主権の行使としての交戦権を放棄した憲法を定めて六〇余年、「国民国家」の既成の観念から見れば、その状態は敗戦と占領が産み出した国家としてハンパな状態だとみなされている。暴力の正統化を基礎とした国家主権から、交戦権を抜き取ってしまったからである。それゆえ、制定の当初から改定論者の圧力を受け続けて、いまや集団的自衛権の名の下に制約のない交戦権を承認する憲法改定にいたろうとしている。しかし、現代の国民主権の実態という見地から考え直してみると、「国民国家」を単位とするシステムとしての世界体制は擬制性を強めており、その実態に即して、戦争や紛争の担い手もアメリカを主とする国家連合であったり、有志連合などと称される地域的な政府の連合であったりしている。地域やエスニックな集団が、主権国家という資格を請求しなくとも、世界政治のシステムに地位を得ることができるようにすべきだという主張が強まり、すでに部分的には認められつつある。これからの時代に求められる政治社会は、文化的宗教的個性を持つ集団を尊重しつつ、国民国家に制約されない自治政府のネットワークシステムであることが望ましいのではないか。一朝一夕にそうした変化が実現するとは思えないが、展望として持つべきではないかと思う。

エスニシティは多様性を祝福することへの呼びかけである。社会の分権と自治のスペースをひろげ、文化の多様性をうながし、個人とコミュニティ双方の自己肯定の条件となる平和の枠組みを強化することによってこそ、国際社会は安定し、発展するであろう。

第6章「反差別の論理と倫理」、第7章「女と男――分断と抑圧の精神構造の中で」、第8章「『開発』と『発展』についての物語と理論」との三章は、差別、ジェンダー、開発に関する各論に当たる。差別は、人間の集団の組み方と認識の仕方に深く根ざしており、人間関係につきまとう非対称性を把握して、対称性の関係を開くことが、反差別運動の基本であること、また人の「傷つきやすさ」への理解を欠いてはならないことなどを論じた。第7章では、男女差別を、自分に即してかえりみ、共生のモラルをどうやって獲得したらよいかを考えた。共生のモラルには、個人の身体と文化の次元における権力支配の排除、現代社会における家父長制の仕組みの克服が重要であると考えた。

第8章では、一九七〇年代に盛り上がった反公害の地域運動、それと平行して北海道近代の植民地支配の所産としてのアイヌ民族への差別と支配を克服する運動へのかかわりから、近代「市民社会」を理論的に問い直すという課題と取り組んだ。

第9章「ピープルとしてのアイデンティティと共生」と終章「ピープルはいつピープルになれるのか」は、哲学、倫理の領域に立ちもどっての総括である。「ピープル本位」の思想はあたらしいものではなく、挫折につぐ挫折の歴史があるだけである。民衆の政治参加は、全体主義に回路づけられもすれば、今の中東のようにアナーキーなセクト主義の跋扈と相互暴力の底なし沼に落ちこみもする。だが同時に、それだからこそというべきか、ピープルの自治ほど、人間と社会にとって切実な願いもまたない。

最後に、ヒトとしてどのような生き方をよしとするかについて考えた。競争に勝つことを目的とせず、ちがいを認め合うやわらかい秩序の社会が望ましいこと、おたがいにナニサマでもない者としてかかわり合う在り方の倫理として、対人関係の非対称性とヒトの受苦可能性(傷つきやすさ)について自覚すべきことをとりあげた。そして西洋近代の産物である「市民」「市民社会」は、その社会の外部に植民地を持ち、西洋とは異なる制度や文化の差別、排除してきたことへの批判を免れない。その非対称の関係を倫理の課題として位置づけなければならない。私たちは、私たちのアイデンティティを『市民』として定めるのでよいのか。歴史を踏まえ、権力支配と差別抑圧に対して批判を内に含む普遍的身分＝アイデンティティとして、「ピープル」を提起したい。「ピープル」は「市民」という身分を問う概念である。市の民ではない海の民、山の民、国民国家のメンバーとみなされず、あるいは国民としての権利や義務の網の目に掛からずに暮らしてきた民、そうした諸々の民といわゆる国民的市民とを対等に位置づけ、そうした差異を認め合う具体的普遍概念として「ピープル」を用いたい。

日本人と日本社会にとって特殊に重要な倫理は、侵略戦争と植民地支配の謝罪と反省を明確にして、多民族共生を目指すことである。経済の倫理としては、一国的な経済成長と生産力の発展を至上目的とする行動原理を否定し、富と豊かさの質の転換を図る方向へ向かうべきである。ＰＰ21が掲げた「希望の連合」による「希望の世紀」をめざすというヴィジョンは、さまざまな障害によって前進を阻まれているが、そのヴィジョンは、次の世代に手渡ししたい。

## 一九九二年

**一月一〇日**　高木仁三郎『核の世紀末――来るべき世界への構想力』読了。巻末の文明論はアクティヴィズムからパッシヴィズムへ、というのだが、その移行をどう考えるのか。

**一月一七日**　『リトル・トリー』読了。すばらしいもの。チェロキー族の祖父母と五歳ぐらいの孫との暮らし。自然のなかで、自然を友とし、自然と共に生きる姿がじつにいきいきと描かれている。

**二月五日**　山田洋次の映画『息子』を観る。しっとりした味わい。ろうあ者の娘を好きになった息子に、そのことを打ち明けられ、すわりなおしてその娘に挨拶する父（三國連太郎）

がよくて、涙が出た。

「みすず」読書アンケートに、宇佐見英治氏が、母の『花の文化詞』をあげておられるのを知ってびっくりする。

「本書は表題にあるように清朝康熙帝の『佩文齋廣群芳譜』から百数十篇の花の詞をえらび、歌詞として訳出されたものである。またそれぞれの花ごとにさまざまな呼称、古来の文献注記が付されている。花を見ると私などついギリシャ・ローマの神話や説話を思ってしまうが、この本を通読してから、或る種の花々に対しては、感じ方がちがってきた。たとえば梅を見ては四徳四貴を思い、玉簪花（こうらいぎぼし）を見ては、閨怨白玉のかんざしを思うというふうである。著者は今年八十八歳になるという女流漢学者。訳詩、行文ともに香りが高く、読後世界が広々と感じられる」。

私が母の仕事を十分に評価することができてこなかったことをあらためて感じる。

**二月一八日**　古田元夫『ベトナム共産主義者の民族政策史』。副題「革命の中のエスニシティ」が示すように、多民族国家であるベトナムが、その国民国家形成と対侵略戦争を経て、「東アジア」という地域性の枠を出て　「東南アジア」「インドシナ」という地域性に入ると共にエスニックは多元性を肯定的にとらえ、「諸民族の共同体」という理念を重んずるようになった歴史を見事に描きだしてくれていた。

**二月二二日**　萱野茂さんの参議院全国区（比例代表区）立候補支援の会を立ち上げる相談。

**三月三日**　新宿のホテルで、カナダの大学助教授ジョー・ムーアさんのインタビューを受ける。AMPO・べ平連とアメリカの同時期の「憂慮するアジア研究」学者グループの活動との比較研究の由。ベトナム戦争以後、アメリカの研究者はみな大学で研究だけの生活にもどっていったが、日本の場合は違う。アメリカでは著述業はまず成立しないが、日本では大学を辞めて著述業になることが可能だったのか、など。あとで言い忘れたことがあったのに気がついた。日本の場合、儒教の伝統で知行合一を最高の理念としていること、マルクス主義思想が理論と実践の統一を理念としているという背景が働いていることを言わなかったと。

**三月二五日**　萱野茂さんを支援する会の発足集会。

私の感想では、萱野さん立候補の意義を訴える弁士がいないことが心配である。たとえば、彼のプレゼンスそのものが日本国家の罪責を問う個人史を負ってのことであるとか、語りの文化の担い手であることとか……従来の政治家とは非常にちがう存在であることなど。

**四月一八日**　福岡でPP21コーディネーターズ会議。タイからバントン・オンダム氏（NGO・CORD代表）来会。CORDは農村発展のための組織連合である。午後、ピープルズ・プラン21世紀のオルタナティブシンポジウムが開催される。基調提案はダグラス・ラミス。提言1「オルタナティブな社会と暮らしへ」村井吉敬

提言２「北と南・男と女の新しい関係を」松井やより
提言３「アジアと共に生きる日本の米づくり」大野和興
提言４「自然と共生する街へ・ストップ！人口島」堀内隆治
提言５「少数者と多数者の共生する社会へ」花崎皋平
提言６「社会変革へのキーワード」菅孝行
タイからの提言　バムルーン（タイ農民運動）
コーディネーター　吉田登志夫

**五月三日**　芸術の森美術館のムンク展を観に行く。ムンクの五〇歳から八〇歳で没するまでの後期の作品を、女性モデル毎にまとめた展示であった。いままで知らなかった後期のムンクを観て楽しめた。

精神的不安で自閉気味なムンクが、若い女性のモデルを描き続けることによって精神の慰藉を得ていたことがうかがわれた。たのしい絵もあるが、概して冷たさをつねに蔵しているものであった。久しぶりに観るに値する絵を見て満ち足りた時間を過ごした。

**五月一六日**　北海道ウタリ協会総会。アイヌ新法、国際先住民族年、萱野選挙と課題が多く、理事長は重要な年であることを力説した。

**五月二四日**　東京で「萱野茂氏を支援する集会（参議院選挙立候補支援）」に参加する。社会党委員長と会うが、その態度に失望する。

**五月二五日**　「レンブラントと弟子たちの作品が並んでいたが、レンブラントの凄さが浮き彫りになり、模倣者との差は歴然。精神性と観察力の鋭さとが相まって、何度見ても惹きつけられるあの魅力が生じたのだと思う。

この頃、さっぽろ自由学校で、「フェミニズムと軍隊」論争が始まる。女性兵士の戦闘参加をフェミニズムの伸張として支持する議論とそれに反対する議論との論争である。私は反対論を代表して論議する。「軍隊」を男性支配の牙城と捉え、そこでキャリアアップを図るのは、フェミニスト・アイデンティティを変質させるであろうという論である。

**六月四日**　自由学校の講座で、佐藤きみよさんがベンチレーター（人工呼吸器）を使いながらの地域生活について話してくれる。自由学校講座中の白眉。障害者の自立と自主生活について蒙を啓かれる内容であった。きみよさんの養護学校での管理される経験、病院での自立否定生活、そして普通の町での暮らしへの決意と選択。そして健常者社会が持つさまざまな障壁について聞かせてもらった。

「人間であることへの権利（The right to be human）」（Baxi）という「人権再考」の概念が、現場で、身にしみてわかる内容であった。

**六月九日**　ＰＫＯ法案が衆議院に送られる。議会制民主主義の形骸化が言われて久しいが、それに代わる政治社会の形成も進まず、政治がある種の遊戯性、演技性を帯びる一方、問答無用のむき出しの暴力性が露骨になってきているようである。

**六月二七日**　雑誌「オルタ」創刊記念シンポジウム「多民族社会を生きる」が開かれる。萱野茂さんが特別報告。討論者として高里鈴代、李仁夏、内海愛子、菅孝行、村井吉敬、武藤一羊が出席する。私は討論の司会。会は成功であったと思う。

夕方、雑誌「情況」で、上野千鶴子さんと対談する。分析と意見がスピード豊かに出てくる。しかし、自己中心的ではなく冷静で、対談はとても気持ちよかった。フェミニズムと軍隊問題が中心であった。

**七月九日**　丸山眞男『忠誠と反逆』読了。いま読んで適切であった。

**七月一七日**　大西巨人『三位一体の神話』読了。今度の作品は、話が入り組んでいて読みにくいが、文体は相変わらず好きである。

**七月二六日**　参議院選挙投票日、萱野さん、比例十一位の位置づけで落選。

**七月二八日**　丸山眞男の、「日本」と「日本人」についての内面的被縛感情（非合理的な基底）を脱ぎ捨てようとするのではなく、そこをリアルに認識してこそ、理性的な批判と自立をかちとることができるという弁証法にはげまされた。

**八月二一日**　富山での全国自由学校交流会議。東京、安曇野、富山、札幌、準備中の金沢、置賜が出席。それぞれ地域の経験交流と懇談。

**八月二四日**　母の自分史『墜露』が出来上がり、発送する。

**八月二六日**　孟子巻第三、告子曰く。不動心について。他人の言葉に理解できぬことがあっても、心の中で無理に理解しようと焦ってはいけない。なぜなら、そのために心が動揺するからだ。

孟子は言う。いったい心の働きである志というものは、気力を左右するものであり、気力は人間の肉体を支配するものである。だから、志がまずしっかり確立すれば、気力はそれに付き従ってくるものだ。そこで、「あくまで志をかたく守って、気力を無駄に仕損なってはならぬ」。「志が一つのことに集中すると、当然気力を動かす。気力が一つのことに集中すると、逆に志を動かすこともある。急いで走ってつまずくのは、気力が走ることに集中しすぎたからである。気力がありすぎて心を動揺させ、かえって心の働きを鈍らせてつまずかせたのだ」。

浩然の気は、正義と人道を行うことを通じておのずから生まれてくるものである。気だけを目的として養ってはいけない。早く早くと焦ってもいけない。

**九月四日**　石牟礼道子『十六夜橋』を読み終える。終わりの部分にふと涙が流れた。悲しいのではなく、思いの深さに引きこまれ、心が洗われる文章であった。

**一〇月二三日**　岩波ホールでアンジェイ・ワイダの中期の作品『婚礼』を見る。ポーランドの独立運動（農民一揆）を主題にしたもので、舞台作品という作り方のものであった。ワイダはこういうまっとうな思想と作風を貫いてきたのだなということがわかる。偉大な芸術家の一人だ。

**一〇月二六日**　岩波ホールで中国映画『人生は琴の弦のように』を観る。すばらしい映画だった。盲目の師匠と、やはり盲目の青年の弟子が吟遊詩人として旅をする物語。天と地と二人の盲人、二人を取り囲む娘と村人。単純な構図と単純なストーリーだが、映像は緊迫感に充ち、主演の老人の人間としての存在感はすごい。弾き語りの歌も心に深くしみ入ると共に、「人はいつ人になるのか」という問いかけは、私が考え、問おうとしてきたことと響き合う。天という字は空の下に人が足を踏みしめ手をひろげているようにも解けるし、天と地のあいだに人がはさまっている姿とも見える。人はあるがままに人であるのではない。それは人でなくなり、人になり、また人でなくなるプロセスのうちにある。天と地に手と足をしっかりと張った人になるのは永遠の今であり、彼方であろう。ピープルの水平性と垂直性の両方の相が大切である。この映画はそれを示唆してくれる。若者は最後に一人で歩み出す。荒野へ向かって。無とすべてとは一体としてある。

**一〇月二八日**　福岡県水巻町で木戸宏、村田久・和子夫妻に会う。村田夫妻からマレーシア・ブキメラ村のアジア・レアアース工場の公害汚染問題との取り組みについてお話しを聞く。夫妻の奮闘には頭が下がる。

**一〇月二九日**　豊津町のひまわり文庫に前田賤さんを訪ね、前田俊彦さんを見舞う。前田さんは寡黙になり頑固になったというが、元気ではあり、面目は失っていない。

**一一月一〇日**　札幌でのロストロポーヴィッチのチェロ演奏会を聴きに行く。すばらしく、演奏を満喫した。まず、バッハの無伴奏チェロ組曲第三番、次のランバート・オーキスのピアノとのデュオでベートーヴェンのチェロソナタ第三番、ここからすばらしくなった。ピアノの誘い、乗せ方がうまくてチェロが興に乗って美しい旋律を聴かせてくれた。ピアノの音色もきれいで叙情性豊かな、甘美なベートーヴェンだった。そのあと、シューマンの小品アダージョとアレグロをはさんでグリーグのチェロソナタ、イ短調、これは民謡風の旋律がくりかえし出てきてピアノとの掛け合いが軽妙に、伸びやかに行われる。この曲も忘我の思いで聴いた。深い集中を味わせてくれる名演であった。拍手に応えて、三回もアンコールを弾いてくれた。チャイコフスキーの小品は哀愁をたたえた静かな曲。ショスタコヴィッチの躍動的な旋律。そして最後に技巧のほどを見せてテンポの速い曲。年寄り二人が手をつないでヒョコヒョコと出てきて拍手に応える姿はほほえましく、飾り気がない。多分、この夜は興に乗っていたらしく、「よし、もう一丁やるか」と二人で楽しんでいるかのようなアンコール演奏だった。自由さと人間味が感じられてすっかり気に入ってしまった。

**一一月二七日**　タイでのＰＰ21民衆集会に参加のため、旭川アイヌ記念館長の川村兼一、さっぽろ自由学校「遊」の小泉雅弘両氏とバンコクへ赴く。バンコクは一〇年ぶりである。

**一一月二九日**　チェンマイへ移動。

**一一月三〇日**　タイの第一回国内少数先住民族会議について、レクチュアを聞く。北部の高地民族が約五五万人、そのほかに海の民がいる。

山岳民族は、中国の雲南地方、ミャンマー、ラオス、ベトナムなどにまたがって山地に住み、焼き畑農業による自給経済で生活し、言語、文化はタイ民族と異なる。近年、ミャンマーやラオスから移動してきた人たちも多い。タイ国籍を持たずに定住生活に入っている人が二〇万人以上もおり、無国籍だと法的地位は「難民」ということになり、土地を得て登記する権利がない。法律の上では、五年以上タイ国に住み、タイ語ができれば国籍を取得する資格が生ずることになっているが、政府がなかなか国籍を与えようとしない。山地は国有地とされているので、そこに不法に居住しているという不安定な状態で暮らしている。国籍がなくとも高校までは通えるが、大学へは入れてもらえない。森林資源や水資源の利用を、法的には盗んでいるとみなされることがしばしばある。今回、はじめて一堂に会したタイの一三の少数民族のネットワークづくりは画期的な意義を持つと、「山岳民族女性教育及び開発プロジェクト」というNGOを作り、運営に当たっている、日本人のTさんは強調していた。このネットワーク集会には、約一〇〇名が参加し、あたらしい組織を結成した。この組織の議長に選ばれたモン族の夫婦から話を聞く。話の焦点は、木材伐採による森林の減少、土地の無権利状態からくる紛争、エイズの感染が増えていることなどで、とくにエイズの予防とエイズ感染者と共に生きるコミュニティの構築が非常に急がれる問題だとのことであった。

**一二月一日**　少数民族バロン族の村を訪ねる。車で約二時間の行程。山中の村は二八家族、一五〇人ほど。元はミャンマーに住んでいたのだが、国内の弾圧、重税、軍用夫徴用などを嫌って一〇年ぐらい前に越境してタイ国に住みついたが、いまだに不法入国者で無国籍のため逮捕されたり、不利な条件をこうむっている。定着農業を営んでいて、とうもろこし、麦、野菜、養豚など、飼料用とうもろこしが換金作物である。男たちは労働着だが、女性は頭に布を巻き、刺繡した胴衣とカラフルなスカートを着け、腰に銀製の飾りをまとっている。家は高床式で一間か二間。水は谷川から汲む。電気はない。

**一二月四日**　バンコクへもどり、チュラロンコン大学での先住民会議に参加する。メンバーはタイ、インド、フィリピン、マレーシア、アオテアロア、オーストラリア、ミャンマー、日本など。各国での状況報告、国連の先住民族宣言の問題などが論じられた。

**一二月五日から一〇日**　メインフォーラムや分科会が開かれた。基調演説では、ニカラグアのミルナ・カニンガムが、第三回の大陸出会い集会の報告をおこない、闘争による自力依存での社会変革を力強く訴えた。アオテアロア（ニュージーランド）のヒネウイランギは、あごの下にマオリ民族に受け継がれてきたデザインのタトゥ（入れ墨）、紐編みにした灰色の髪、くりくり目のおばさん、登場するやマオリ語の挨拶で聴衆を引きつけ、マオリがアオテアロアのファースト・ネーション（主権国民）であること、その立場からすべてを考え、文化と政治を取り戻そうとしていることを訴えた。神話での女性のイメージをのべ、歌を歌い、文化の体現者であることを、身をもって示しながらの力強い語りであった。この二人の女性の演説が断然よかった。「ワカロンゴ　マイトゥイ……」という静かな歌はいかにも太平洋の民であることをつたえるもので、腹から胸から喉からそして口から自分の思いを伝える歌だという。聴いている中に心がほどけて涙が自然に流れ出てきた。オペラ歌手キリ・テ・カナワの歌うアオテアロア民謡「ポカレカレアナ」を思いだした。こういう言葉が回復されなければならない。このヒネウイランギさんは、アイヌの川村兼一さんが自己紹介で、明治初年にアイヌは入れ墨を禁止されたとのべたのを聞き、「私はこのタトゥを文化として取りもどしたのよ。アイヌも入れ墨を取りもどしなさい」。とはハッパをかけていた。

午後は、主題別のフォーラム報告会。夜は文化の夕べ。タイの現代演劇、スラム住民主婦たちの踊り、少数民族の少年少女の踊り、若い演劇人のドラマなど。

**一二月七日**　午前中、世界情勢についての全体会。マレーシアのチャンドラ・ムザファ（マレーシア）、武藤一羊、ジンバブエのモセコ（女性）の三人の話。チャンドラは水俣宣言以後の世界について、冷戦の終焉が民衆にとっての平和の到来ではない。リベラルデモクラシーの支配は、偽善と二重規準と人権の抑圧につながっている。自由市場のもたらしているものが貧困と飢餓のしわ寄せであることを力説し、それは新世界秩序マイナス社会主義体制でしかないと締めくくった。それは世界的なオルタナティブの必要につながる。

武藤は、世界権力の集中、寡占化が進み、国連の変質が著しくなり、G7による世界経済と政治のコントロールが、どこへ行くという目標もなくひび割れていることを説いた。彼の結論は、世界の参加民主主義化であり、民主主義的空間の拡大であった。モセコは、一九七〇年代以後のアフリカ全体の社会の貧困化、飢餓について語り、ジンバブエでのNGOの活動について報告した。

午後は分科会。私はオルタナティブの実践分科会に参加した。インドの女性が非家父長制社会について問題を提起したり、タイ農民リーダーがオルタ農業の骨格をのべたりした。夜は文化の催し。

**一二月八日**　今日は連帯形成（アライアンス・ビルディング）について。北と南、南と南、男と女の連帯について、北沢洋子、カムラ・バシン（インド）、パイプーン・ワタナシリタム（タイ）、トニー・アディ（英国）、ジョエル・ロカモラ（フィリピン）、ラジシ・タンドム（インド）らの話があった。

北沢はIMF、WB（世界銀行）、G7などの構造的搾取について。パイプーンはタイ国内での都市と農村の連帯について。トニーは、北の世界の内部の南＝第三世界の問題に光を当て、世界的なシステムの視点からの連帯をのべた。ジョエルも同じ立場から南＝南連帯の課題について次の点を挙げた。（1）社会主義についての対話、（2）帝国主義の内部編成の変化が主要な論点で、ミャンマー、東チモール連帯、ラテンアメリカとの連帯、連帯のための物質的基礎などを付け加えた。ラジシは政治的概念としてのアライアンスを強調し、民衆の分権と自治を中心に話した。

夜は文化の夕べ。南アジアの混成グループの歌、踊り、ドラマ。ドラマは、川を中心にして、それを越えたつながり――調和と平和な共生――を、歴史の変転を示しながら訴えるもので、非常に魅力あるパフォーマンスであった。詩情と振る舞いの優雅さ、力強さがあり、詠唱者の声もよかった。せりふがわからないことが障害にならなかった。

**一二月一〇日**　世界人権デーとタイ民主制六〇周年記念日のデモと集会。独立記念塔前で、マグサイサイ賞受賞者の人権弁護士トンパイ・トンパウの演説。夕方からデモ。はなやかな横断幕、旗も沢山立って人目を引くデモだった。外国からの参加者ではインドの女性カムラ・バシンが演説する。一つの型を持った歌でありアジテーションである立派な雄弁。

**一二月一一日**　カンボジア人権協会代表のディイ・ラタ夫人と共に空港へ。子どもが三人。裕福な家庭だったらしいが、夫は政府の役人でポルポト時代に殺されている。今は中学校の教員をしている。お互いにたどたどしいフランス語で会話する。政府の腐敗と外国商人の横行について口説くように語りかける。

カンボジアのプノンペン空港は草原の中の簡素な施設。ディイさんの案内で、郊外の粗末な中学校やお寺や王宮などを見て歩く。バンコクより日差しが強く暑い。カンボジア王国時代の美術工芸建築などのすばらしさに感嘆する。戦火がなければおそらく落ち着いたいい都だったのだろうな、という気がする。カンボジアにとって、この間の戦乱は応仁の乱のころの京都のようでもあろうか。「世にしたがへば、身くるし。したがはねば狂せるに似たり」と『方丈記』に記した鴨長明のような知識人がいてもおかしくはなかろう。だが、いたとしても、ポルポト時代を生き延びられなかったのではないか。

プノンペン市はトンレサップ川に面している。やがてメコン川に合流する。上流のトンレサップ湖は豊富な川魚を住まわせていることで有名である。メコン川の河畔に夕方屋台が並ぶ。昔は花壇が美しかったと、ディイさんは昔を懐かしんでいう。「古郷すでに荒れて、新都はいまだ成らず」(『方丈記』)である。まちは復興の途中。瓦礫の中から建設が始まり、バイクと自転車の洪水、白いUN(国連)のマークを付けた自動車が行き来している。

**一二月一二日**　レンタカーで自衛隊が駐屯しているタケオへ向かう。ディイさんと娘さんが一緒。ディイさんの従姉妹の家に一泊させてもらう。農村の一角で、木造高床式。床の下に鶏小屋がある。犬が子犬を産んだばかり、豚がゆうゆうと歩きまわっている。従姉妹は幼稚園長。幼稚園では三歳児で歌と踊り。四歳児で一〇までの数字、五歳児で五〇までの数字を教えるのだそうである。

夕食の料理つくりに参加させてもらう。鳥二羽のスープ、川魚の唐揚げ、野菜サラダ、魚と大根の酢の物、レタス、トマト、鶏肉などを和えてピーナツを擂って入れたドレッシング。とてもおいしくてゆたかだった。

**一二月一三日**　旅の一行は私を入れて八人。東京三多摩の反戦運動グループ四人、生協職員、ＮＧＯメンバー、越田くんと私。夜は板の間に蚊帳をつって雑魚寝。星がきれいだった。朝はにわとりが時を告げる。池の蓮の花が美しい。ディイさんの娘が皆に一本ずつ切ってくれる。近くの老農婦の稲刈りを手伝う。ここでは茎の上の方で切って、あとは牛を放して食べさせる。午前中自衛隊を訪問する。日本施設大隊の看板がある。テント生活で、道路づくりが主要任務。広報官に隊内を案内してもらった。午後、自衛隊の道路作り採石キャンプを見てプノンペンに戻った。

**一二月一四日**　ＪＶＣのコミュニティ・ディヴェロップメントのプロジェクトを見学する。農村での井戸掘り。農民が手掘りで浅い井戸を掘ればセメント枠の材料と作る技術などを提供するというプロジェクトだった。村は最近移住してきた人たちの小さい集落だった。水が使えるようになったので野菜畑ができ、花を育てられるようになっていた。さとう椰子の樹液を煮詰めて砂糖の塊を作っていた。直射日光の下ではひどく暑いが木陰はひんやりする。自動車修理のワークショップや自動車学校も訪ねた。

**一二月一六日**　カンボジア人権協会でレクチュアを聞く。アドバイザーの僧侶が、人権思想を仏教の教理によって包摂するかたちで、コミュニティを基礎として西欧的な個人原理ではない原理に立つ考え方で、カンボジアに人権と民主主義を根付かせようという運動方針を説明してくれた。

このあと市内の中学校舎にポルポト派がつくった強制収容所監獄を見学した。鉄のベッドと足枷、拷問道具、独房、殺された人々の写真など。残虐さと暗黒の時代が偲ばれた。二〇世紀は世界戦争と粛清、虐殺、環境破壊の世紀として完結するのだという思いが強くする。さらに北と南の大亀裂を強めつつ迷走している。ポルポト派が描いたユートピアは、都市と文明と知識・技術を敵として破壊、抹殺し、農民、農業、集団化に一元化した全体主義社会を創ることであった。紅衛兵と文革の時代思想の、周辺部における悲惨なゆがみの極である。暗澹とした気分につつまれる。UNTAC（多国籍駐留軍）本部で副報道官からブリーフィングを受ける UNTACは、一極構造化した世界システムの支配—従属構造を強めるための装置であると言える。

夜、日本大使館の文化調査員T氏と会食しつつレクチュアを聞く。カンボジア史の専門家、上智大学アジア研究所員。カンボジア史の説明は興味深かった。カンボジアの支配形態は、土地支配ではなく、いかに人心を収攬するかである。土地に対して人が少ないので、支配が苛酷であれば人は移動してしまう。従ってカンボジア王国のかつての勢威といっても、それは点と線であり、国境もとくにない形であった。フランス植民地統治の下で国民国家の体裁を取らされ、その後の植民地独立でつかの間平穏な時があったが、その後ベトナム戦争と内戦の日々が続いた。ここ二〇年ぐらいは閉鎖社会だったところへ、いま、どっとタイ、シンガポール、香港の資本が殺到し、日本、韓国、台湾、中国も進出しようとしている。統一政府への道のりは険しく、資本はほとんど無制約で行動できる。あらたな経済的植民地化と格差構造のジャガノートの車へ民衆が投げこまれ、引きさかれている。平和が農村社会のゆるやかな発展と民衆のエンパワーメントへと回路づけられるような努力が心底からのぞまれる。

街は、夜は暗く、昼は物乞いがあふれている。瓦礫の中でホテルや商店の建設が進んでいる。売春街には真っ白に白粉を塗ったうら若い女たちが、道の両側のバラックの前に腰掛けて客を待っていた。

歴史を振り返ってみれば、フランス植民地から独立し、シアヌーク国王の執政下で過ごした一九五五年から七〇年までの一五年間が、ベトナム戦争の影響を受け、危なっかしいながら束の間の平穏な時期であったと、年配の人はいう。一九六九年からは、アメリカ空軍がベトナム国境沿いのカンボジア領内へ秘密爆撃を始め、人口の密集した肥沃な地域の何十万人という民衆が殺された。一九七〇年に親米派ロン・ノルのクーデターでシアヌーク国王は王位を追われ、北京に亡命政府を樹立する。内戦時代の始まりである。一九七五年から七八年までは、ロン・ノルを倒したポルポト政権による革命政治の暗黒の四年間である。そして、七八年末にベトナム軍の侵攻があり、ヘン・サムリン政権の支配がいまのプノンペン政権に受け継がれ、九二年に国連ＰＫＯがやってくる。

この二二年間に、国土は荒れ、民衆の生命は危険にさらされ、貧しさは極度のものとなった。これからどうなるのか。九二〇万人の国民の九割が農民であり、農業で暮らしを立ててきたこの国の自立と発展は、農村社会が生産力を回復し、農民の経済的余裕が生まれ、国内生産と国内市場がお互いを強めあい、農村社会に力が付くという方向で進むのが健全で望ましいであろう。そうなるためには、多国籍資本が生産と流通を握ることにならないように国民経済を守り育てる政治の役割が重要になるだろう。民衆が主人公となる政治、民衆の自覚をうながすイニシアティブの発展を祈りたい思いをつよく抱いた。

**一二月一八日**　帰国。

著書『個人／個人を超えるもの』（岩波書店、21世紀問題群ブックス④）は、一九九四年一一月に書き始め、一九九六年一月に出版されたものである。第1章は、多文化主義について自分の見聞に即しながら論じた。第2章は、この間ずっと調べたり、遺稿を読んだりしてきていたベトナムの哲学者チャン・デュク・ターオの生涯と業績についてのべた。第3章は、ジェンダー問題が中心であり、前著の「共生」の倫理論の延長上で、「世話」と「共感」の文化について論じた。そして、最後の第四章では、以後の著作でさらに展開を試みた超越についての考察を行った。

第1章の要点は、現代の文化状況が、多文化主義の波に洗われていることを示し、それがアイデンティティのゆらぎを伴っていることを前向きに受けとめ、その多様性を認めつつ、ジェンダーとセクシュアリティについての文化相対主義にとどまらない在り方を考えた。そして、堀田善衛がモンテーニュの生涯と思想を描いた作品『ミシェル　城館の人』で、ポスト・中世の時代に、「人間」そのものの発見と確立に苦闘するモンテーニュの姿を描いて、現在のわれわれ自身も、政治と経済のしがらみの中から、もう一度「人間」を見直す試みがあってしかるべきだと思われるとのべていた。そのうながしに、私は共感した。

第2章「歴史の中の個人」は、主としてベトナム人哲学者チャン・デュク・ターオの業績の紹介とその評価を行ったものである。私は彼の主著『言語と意識の起原』を翻訳したことがきっかけで、ベトナム本国に帰ったあと彼がこうむった政治的迫害、そして生涯のほとんどを貧窮と孤独のうちに過ごしたことに他人事ならぬ関心を持つに到った。社会主義と粛清の問題は、二〇世紀の最も深刻な問題の一つであり、私はターオ以外にも、チェコのカレル・コシークのなめた苦難、ヤン・パトチカのこうむった犠牲の死を忘れることができない。

ターオの遺稿「生きた現在の論理学」は、フッサール後期の「生きた現在」論を受け継ぎながら、それを論理学として発展させようとしたものであった。

彼が理論活動を行っていたのと同じ時期に、私自身は理論の問題として、マルクスの「労働力能」に注目し、「労働力能」が生きた流動して形をなさない可能態または潜性態であること、したがってそれが存在論としてどういう資格を持つかを問うた。労働力能は労働生産物に対象化されてはじめて確証されるものである。すなわち対象化されえないという存在資格におけるものが対象化されたものと不可分であるところに弁証法がはたらいている。

そして、生きて流れてゆくものを構成されたものへと導くカテゴリー連関は、条件、過程、関係の三つの概念の推論式構造である。条件の総和が過程を構成し、過程は条件を関係へと媒介し、編成する。そして過程では、生きたものが死んだものを生き返らせる復活＝再生の作用が行われる。「資本論」で労働過程論では霊＝精神をあたえるという言葉が使われている(begeistern)。マルクスは「資本論」の終章で、三位一体的範式を使って、資本―土地―労働の関係を論じている。ターオの過去保持―生きた現在―未来予持の三つの相の区別と連関において生命体をとらえる論理は、父―子―精霊の三位一体論の論理と類比である。過去でありながら子においてまだ存在している父の神と生きた現在である子のキリスト、そしてすでに子において働き始めている精霊のはたらきとして。

ターオのもう一つの遺稿「人間の形成――社会、言語、意識の起原序説」は、主著『言語と意識の起原』の修正改定版である。彼が素描する人類発達の論理化は、マルクス主義の「用具発達史観」の、したがって「生産力＝生産関係史観」の立場を堅持していた。これに対して、日本の研究者、中村尚司たちは、ジェンダーと家族の成立を火の使用と制御と共に始まる間主体的な関係として位置づけ、そこから人間の形成を観るべきだと強調している。私としてはこの説明の方がより説得性があると考える。

第1章で述べた「人間の見直し」ということは、マルクス主義の人間観と歴史観の「見直し」をつうじて、ジェンダーの視点と共同性の内容と形態を吟味することへとつながっている。

第3章「ジェンダー・世話・共感」は、近代日本の哲学に欠けているジェンダーの視点について論じることが重点であった。私がジェンダーの問題について自己批判をせまられたのはウーマン・リブの思想と実践にであってのことであった。

そして、その後ぶつかった「フェミニズムと軍隊」論争において、社会全体としての「家父長制」システムのなかでの軍隊ということを問題にせずに、軍隊の中で戦闘員の門戸を女性に開いて、キャリアアップを可能にするよう要求することは、「男性中心」の価値観と制度を強化することにこそなれ、それを変えて行く意義があろうとは思えないと考えた。

ジェンダーの自覚には、性別役割分業を克服するということが重要な課題としてある。その実践のひとつとして「世話(ケア)」を取り上げた。「世話」の論理とは、共に生きるもののあいだでの苦悩の緩和と生きる喜びのわかちあいに価値を置く倫理である。川本隆史と彼が引く池川清子にまなびながら、歴史的に黙々と果たされ、蓄積されてきた女性によるケアの経験を、男性への従属を構造づけている回路から開放し、男女両性がかかわるべき日常性の倫理としての「世話の倫理」の内実として構造づけることが取り組むべき哲学・倫理学の重要な課題であるとした。

第4章「個人を超えるもの」は、宗教が主に問題としてきた超越を、その従来の実存の思索の問題としての面と、自然を含む生命・生態系の持続を自己の実存的自覚に結びつける自然哲学の面の二つの面で考えようとした。前者では、西田幾多郎と鈴木亨の思索を受け継ぎ、後者では、田中正造と石牟礼道子の思想を引いて、日本の精神文化における生命観、そして私の場合はアイヌ民族の生命信仰に依拠してエコロジーの哲学を考えるところへ到った。

# 第9章　カンボジア、ラオス、ベトナムへの旅

## 一九九三年

一九九三年から九四年にかけては、私個人としては、オーストラリア国立大学日本学国際会議に参加し、報告したこと、そのあとでのカンボジア、ラオス、ベトナムへの旅をつうじて、アジアへのかかわりをひろげることができたことをあげなければならない。アイヌ民族の権利回復問題への取り組みでは、萱野茂さんが参議院議員へ繰り上げ当選したことによる活動の広がりが大きな出来事であった。学問・思想上ではフェミニズムの哲学・社会学上の発展から学んだことが重要であった。「フェミニズムと軍隊」論争は、さっぽろ自由学校の活動から全体的な思想論議へと発展して、理論において深まった。

日本国は、国際貢献の名の下に、自衛隊をはじめて国境を越える活動に派遣した。

一月一八日　米欧軍がイラクへ三度目の無警告爆撃を行う。

一月二〇日　アメリカ大統領クリントン誕生。

一月二二日　フィリピン先住民族会議に、アイヌ女性、床みどり、堀悦子姉妹を送り出す。

二月七日　インドのカムラ・バシンから著書『女性――最後の植民地』の恵送を受ける。

二月一六日　読みさしの『孟子』岩波文庫上巻を読み終える。心にとまった一節を引く。

「居天下之廣居　立天下之正位　行天下之大道　得志與民由之　不得志獨行其道　富貴不能淫　貧賤不能移　威武不能屈　此之謂大丈夫」（まことの大丈夫とは、仁という天下の広い住居におり、礼という天下の正しい位置に立ち、義という天下の大道をおこなうもので、志を得て世に用いられれば天下の人民とともに正しい道を行い、志を得ないで民間におるときには自分一人で此の道を行い、富貴で誘惑されてもそれに淫することはなく、貧賤で苦しめられても節操を変えさせることはできず、威力や武力によってもその志を変えることはできない。このような人を大丈夫というのである。）

庖有肥肉　廐有肥馬　民有飢色　野有餓莩　此率禽獣而食人也（くりやに肥肉あり、うまやに肥馬あり　民に飢色あり、野に餓死するものあるは、此れ禽獣を率いて人を食ましむなり）。

**三月二日**　上西晴治『十勝平野』上巻を読了。明治期の十勝太アイヌコタンの崩壊とそれに個人で抗うオコシップの物語。上巻は成功。一気に読ませる。日本文学にかつてなかった質の作品といってよいだろう。

**三月二六日**　筑豊の三井三池事故訴訟で旧知の松尾蕙虹さん、家族への慰謝料が認められない判決を受ける。

**四月四日**　フィリピンの太平洋戦争時に性奴隷にされた女性たちが正義を求めて裁判を起こしたのをきっかけに、日本全国へスピーキング・ツアーが行われて、札幌でも集会があった。当事者の老女性の訴えは胸にせまるものがあった。

**四月七日**　カンボジアに、北部方面隊の本隊が派兵されることになった。恵庭では反対デモで一二人が逮捕された。若者たちが札幌の大通公園でハンストを始めたとのこと。

カンボジアで総選挙支援ボランティアの日本人青年が射殺された。

**四月一五日**　カンボジア情勢緊迫を深める。

**四月一六日**　前田俊彦さんが自宅で焼死との電話が入る。落胆し、前田さんを惜しむ思いしきり。

**四月二三日**　マリア・ミースのテーゼ＝女性、植民地、自然の、資本主義的家父長制システムの下での世界的分業による搾取という視点は非常に重要であるが、本質還元論になる抽象性をも備えている。この分析方法だと、二〇世紀後半の日本や西ドイツの急速な復活は十分に説明できない。冷戦、二つの世界体制の覇権競合と世界大戦後の朝鮮やベトナムなどの分割争奪戦争という政治的要因を抜かしてはならない。日本は冷戦構造の下での最大の受益者である。冷戦のおくるみを剝がされて、アメリカの世界支配体制の一員として、責任を分担せよと送り出されている。この自立の仕方をいかに批判するか、その立脚点をどこに置くか、その点に思考を深めないと、PKO型の貢献を適切に批判し得ないだろう。

今日は愛知芸術文化センターで開催されているパウル・クレー展を観た。クレーへの関心は、私の場合、ぼんやりとしたものだったが、この展覧会をみて不明を悟った。幻想と思考、創造力と技術の見事な調和、アルチザンでありながらアルチストである稀な達成といえる。あたたかさとユーモアと内的対話。画集では接することのできないマチエールと不可分な芸術的深さに感銘ただならないものがあった。

**五月四日**　カンボジアで日本人文民警察官五人が殺傷される。一人死亡。停戦合意は崩れているのに、日本政府は派兵を続けるつもり。

**五月九日**　さっぽろ自由学校新年度開講講演会に、上野千鶴子さんを招く。聴衆約三〇〇人の盛況。マイノリティとしての女性は、子どもと老人と共に生きることにつながる集団性にしっかりと立脚すべきだという趣旨であった。フェミニズムはイデオロギーであるという。それはいいが、イデオロギーであるところから来るドグマ化、主観主義化をどう防ぐか。それを彼女は相対主義に徹底するということで歯止めをかけようと考えている。イデオロギー的相対主義という立場はリベラリズムとどこで分岐するのか。

**五月一八日**　上西晴治さん『十勝平野』で伊藤整賞受賞。

**五月二一日**　私の著書『アイデンティティと共生の哲学』が出版される。中島かほるさんの装幀が気に入る。

**六月六日**　東静内東別の葛野辰次郎エカシ宅で新しい穀物を迎えるカムイノミに参加する。エカシはとても元気で毒舌を楽しんでいる。十勝、当別、二風谷、静内、浦河(姉茶)からウタリが参加する。豊川重雄さん、浦河虎雄さんらが中心になって式が行われた。終わって姉茶の遠山家で、熊のフイベ(レバー)をごちそうになる。

**六月七日**　帰途、阿波根昌鴻さんの『命こそ宝』(岩波新書)を読む。この人は現代の田中正造といってよかろう。農業労働によって作られる人格と思想、その自力更生、独立自尊について考えるによい記録である。

**六月二〇日**　水俣病関西訴訟結審前日集会に参加する。関西の支える会メンバー、現地から大沢忠夫さん、伊東紀美代さん、浜元二徳さん、川本輝夫さん、坂本しのぶさんらに会う。この裁判は一九八二年に提訴。ちょうど一〇年になる。通産省、厚生省（当時）、経済企画庁（当時）で中心的役割を果たした局長、課長や研究者など一五人の証人尋問を行い、政府が水俣病をどうとらえていたかを明らかにした。それはひと言で言えば、「人命より経済成長を優先する」ということであった。一方、「原告らが水俣病である」ことについては、永年にわたる診断結果を踏まえた詳細な診断意見書を提出し、原告と医師の本人尋問をつうじて立証した。長い裁判の間に五九人の原告の中、すでに一五人がなくなっている。

**六月二一日**　大阪地裁で結審公判。原告患者三人の陳述に思わず落涙する。

**六月二七日**　鹿野政直『沖縄の淵――伊波普猷とその時代』読了。緻密な文献考証にもとづく評伝である。伊波普猷の揺れをきめこまかく追ってその意味をとらえようとしているところがなによりすぐれている。方言論争での柳宗悦との差異を、内面を探ることで意味づけているところなど出色。

**七月二日**　宋富子（ソンプジャ）さんの一人芝居を観に行く。奈良の被差別部落の母子家庭で育ち、学校で差別され、川崎へ来て結婚し、四人の子を産み、桜町保育園と青丘社にふれ、李仁夏（イインハ）牧師をつうじてキリスト教に目覚め、いま、日本人との共生の一つの道として高麗博物館建設の運動を呼びかけている。美声でうたがとても上手。一人芝居も堂に入ったものだった。

**七月五日**　網野善彦『日本論の視座——列島の社会と国家』を読みはじめる。

**八月一日**　「歴史より教へられるはただ一つ

人は歴史よりつひに学ばず」長田　新

**八月六日**　土井たか子衆議院議長、細川護熙首相誕生。自民党一党支配体制がいったん終わる。社会党は足元を見られ値切られて、自覚を安売りしてしまった。

**八月一五日**　朝日歌壇の一首。

「山かげは修道院のごとくして蕺草の花端正に咲く」（城陽市）山仲勉

に感銘する。蕺草は漢和辞典を引き、ドクダミであることを知る。たしかにドクダミの花の雰囲気をとらえている。

**八月一六日**　細川政権は、太平洋戦争を侵略戦争と認め、アジア民衆への謝罪の言葉を述べた。土井議長も同じである。これでひとつ流れが変わるかもしれない。

**八月一九日**　「国際先住民年　二風谷フォーラム」に参加する。前夜祭は、アメリカ・カナダの先住民族の踊り、サーミ族の詩の朗読、喜納昌吉とチャンプルーズの演奏など。締めはエイサー踊りだった。

**八月二〇日、二一日、二二日**　交流とスピーチ。のべ参加者約四〇〇〇人。成功裏に終わる。二風谷アイヌが主催した点が大事である。

**九月一七日**　オーストラリアへ向け出発。シドニーで国内線に乗り換えキャンベラに到着する。シドニーの街はきれいだった。シドニー・エクスプローラー・バスに乗って街を遊覧する。櫛比するビルの建築に風情があって、窓、壁の色合いなどに美的な工夫がこらされていて画一的ではない。それに昔ながらの大きな樹木が到るところに残され、公園があり、街の起伏も風景に活かされていて、如何にも落ち着く感じである。平屋の家の寄せ棟なども奥行きを感じさせる。博物館を観る。アボリジニの人びとの医療、祭儀用の道具、神話を題材にした絵画などを興味深く見た。この市街の美しさは、いかにもイギリス風植民地化を背負ったもので、アボリジニの文化や生活とは縁もゆかりもなく持ち込まれたものである。この落ち着きと渋さ、自然を残すまちづくりなどには感心し、ある安らぎをおぼえるが、しかしこの雰囲気に無条件にひたることはできない。植民地についていろいろ考えてみなくては、と思う。これだけ堅固で、永久的な都市と建物をつくられてしまっては、先住民はどうしようもない。自分たちが安らげる原野へ去るしかないであろう。

オーストラリアに来たのは、キャンベラにあるオーストラリア国立大学での日本学国際会議に、ガバン・マコーマック教授の推薦で参加することになったためである。大学のキャンパスは広々としていて樹木が多い。キャンベラは人口三八万の首都である。

**九月二〇日から四日間**　日本学国際会議が開催された。報告は多岐にわたった。初日の第一セッションは日本人性の起源。第二セッション、アイデンティティと考古学。第三セッション、日本と東アジアの初期国家。

第二日　徳川時代のシリーズ。民族的アイデンティティの観念など。

第三日　上野千鶴子、西川祐子、その他の報告。次はアイデンティティの芸術的表現シリーズ。午後は「大東亜共栄圏――イメージと現実」シリーズ。

第四日　鄭敬漠「日本人の朝鮮観」そのつぎが私。「ヤポネシアとアイヌモシリ――現代日本における沖縄人とアイヌのアイデンティティ」という報告を行った。

そのほか、「現代のジレンマ＝アイデンティティと思想」のシリーズ。

**九月二四日**　国立ギャラリーの展示を観る。アボリジニの現代絵画がよかった。特別展示で、インドネシアの織物で、船を織り込んだ「魂の旅」の展示がとても心にしみた。

メルボルンの田中利幸さん（メルボルン大学助教授、日本現代史）のお宅に泊めていただく。

**九月二七日**　アボリジニの活動を現場で見学する。地区病院、法律相談所、学生援護会。そしてメルボルン大学のクーリー史の専門家パトリック氏に、最近の先住民の島の所有権を認めたマボ判決の意味についてインタビューする。

オーストラリア連邦政府はかなり予算を出してアファーマティヴ（差別解消に肯定的）な政策を行っていることを知った。

**九月二九日**　オーストラリアを発ってカンボジアに入る。再訪である。

**一〇月一日**　日本キリスト教海外医療協力会（ＪＯＣＳ）とＳＨＡＲＥ＝国際保健医療協力市民の会の活動を現場でまなぶ。ＳＨＡＲＥの活動しているカンダール県クサイカンダール郡診療所に連れて行ってもらう。トンレサップ川を渡り、さらにメコン川を渡り約二時間かかった。

診療所は木造平屋建ての細長い建物。その脇の事務所で、午後のセミナーを傍聴する。セミナーは二日間だった。参加者は中年の男女半々、一〇名。一日目は、ＢＣＧ、予防注射、はしかの予防注射などの普及について。目標、方法、説明すべきことなどについてのレクチュア。夜は板敷きの床に蚊帳をつって寝る。満月が皎々と照る夜であった。蛙の合唱が見事だった。時々フッと一斉に止み、また始まる。

**一〇月三日**　国立博物館を観る。平屋で中庭のある古風な建物。展示はまだ未整備。ほとんどが石造の仏像彫刻。半裸の女性像が優美である。このセミヌードは欧米の裸婦像とは、ほとんど根本的にイデーがちがう。ここにあるのは、ある種の尊崇、聖なるものの表現であるという気がする。立像で静かに佇む。

**一〇月四日**　日本人のＮＧＯグループの会合を聞く。ＪＶＣの谷山さんの報告。パリのカンボジア復興閣僚会議にＮＧＯ代表として出席した報告。東京のカンボジア市民フォーラムの動きを報告された。

**一〇月五日**　朝三時過ぎ、ホテルの間近ですさまじい銃声が四発、しばらくして二発。またすこし経って二発とどろいた。ピストルではなくライフルのもよう。街は静まりかえったまま。人は外に出ない。夜が明けると、いつものとおりシクロが動き出し、バイクが爆音を立てる。

**一〇月六日**　昨日、ベトナムへ入国。ホーチミン市のホテルに入る。ホーチミン記念館を観る。ホーチミンはほんとうにいい顔の人だ。詩人で革命家というのは、私にとって一つの理想像である。ホーチミンのさまざまな折の写真が興味深かった。若いころは精悍な感じである。

歴史博物館を観る。圧倒的に中国の影響がある。ベトナムまでは中国文化圏だったことがわかる。仏像類、陶磁器、王室の衣裳（龍の模様）など。邸内の池を使って人形芝居が上演中だった。天女と王妃が登場。中国の侵略、暴行、亀に宝剣をもらって侵略軍を撃退する王、民衆（女性）の抵抗、勝利の後、亀が再び現れて宝剣を受け取って去るという物語。

次にベトナム戦争の資料館を観る。思い出すだにすさまじいものである。実に多くの人命を奪った犯罪であったことをあらためて思う。もしもポルポトを糾弾するなら、それに倍するくらいにアメリカのベトナム侵略を糾弾しなければならない。もっとも現代的野蛮の枠というべきものがここにある。それと戦って最も優れた人材を失いつつ、かちとったベトナム独立の意義も冷戦と共に忘れられがちであるが、いくたびもふり返り、心に刻むべきことである。

ベトナム女性の、アオザイという民族服はとても美しい。そして気候に適っている感じがする。ツーピースになっていて、上はブラジャーと薄いジョーゼットのような布、下はズボン。いずれも風通しがよいように仕立てられている。これを着て竹の笠をかぶってい る姿は実に優美である。労働をするには向かないかもしれないが、外出着としては西洋の服よりもすてきだ。バイクに乗ってもサマになる。こういう文化は大事だと思う。カンボジア女性のサンポット（巻きスカート）もいい。黒に刺繍の裾模様のあるサンポットは、彼女たちによく似合う。

**一〇月八日**　ベトナム機でハノイに入る。上空から見ると、実にこまかく整然と幾何学模様になった耕地が大地の上に刻まれている。飛行場からハノイの街までは四、五〇分、途中の農村では稲刈りの時期だった。ベトナム名物の三角の菅笠をかぶっているのは女性が多い。ユーカリの並木が続き、黄色く実った稲やまだ緑の田。心が和む美しい風景である。やがて紅河（ソンホン＝Song Hong）を渡る。ハノイは河内（ハノイ）で紅河の水位の方が高く、堤防で仕切り、かつては城壁で囲んだ都市であった。市内には湖がたくさんある。ハノイ市内は大きな木の並木が続いていて、落ち着いているが、ややくらい。

**一〇月九日**　博物館、戦争記念館などを観てから、夕方、ゴー・マン・ランさんと会う。七〇歳過ぎ。「国内少数民族発展のための村落教育と援助センター」というベトナムのNGOの顧問。ベトナムの少数民族は約七〇で、モン族の場合、麻薬中毒問題が大きいとのことだった。私にとって大事な話だったのは、哲学者チャン・デュク・ターオの消息だった。ランさんは、フランス留学生組で、ターオと同じくエコール・ノルマル・シュペリユールに学んだ。ターオは一九五一年に帰国してハノイ大学教授になる。まったく純粋な哲学者で、哲学によって世界を変革することを考えていた。一九五六年から五八年の時期、百家争鳴で、より民主主義的な制度や自由を主張する知識人に与した。彼は中心ではなかったのに職を追われた。彼の妻も彼の許を去った。まったくの孤独に陥り、一九八六年まで翻訳をしたりして極度に苦しい生活を送った。じつに三〇年近い幽閉である。一九八九年から九〇年に、ハノイ市にもどることを許され、『人間のための戦略(Strategy for Men)』という本を書いた。これは一種のベストセラーになった。スターリニズムと毛沢東主義批判を行ったものである。

病弱で一九九一年にフランスへ、ベトナム政府の公式旅券で出国。一時はノイローゼ気味で抑鬱に悩んだが、その後完全に回復。現象学に立ちもどって生物学、人類学、言語学など科学的知見にもとづく意識の志向性と人間の個人性についての研究を再開していたが、一九九一年、パリで客死した。享年七七。彼の生涯は真の悲劇であった。

およそこうした話を私は一心に聞いた。ランさんは、ターオの著作集と追悼集を出版したいといい、追悼集には私にも寄稿するようにとのことであった。しかし、その後連絡が取れず、出版が実現したかどうかはわからない。

私は二〇世紀の、それも社会主義の許での知識人の運命は、広く記録されなければならないと思う。

**一〇月一〇日**　ベトナムからラオスへ向かう。ヴィエンチャンの町は、ベトナムから来るとじつに静か。大きな並木がある旧植民地風の町づくりではあるが、お寺がとても多い。メコン川を眺める見晴らしのいい場所で、夕日が沈むのを見た。ひろびろとした川の向こうに赤い太陽がゆっくりと沈んで行く。こういう風景を見て暮らしていると、感覚や感情はおだやかに、敬虔になれるのではないか。

ラオスとタイに共通な、とてもよい文化として、赤ん坊をみんなが世話してくれることがある。ラオスではレストランには入ると、かならず店の人が赤ちゃんを引きとってあやしてくれている。一七、八歳のボーイさんたちでもごく自然にそうしてくれる。近代化が失ったもののひとつである。

**一一月八日**　前田俊彦『瓢鰻亭通信』を読む。

「万人は平等であることを保証する根源的なものは、万人のハートは一つであるということでありましょう」。

「ブレーン、つまり脳味噌は、人によって上等であったり下等であったりすることはさけられません。しかし、たかが味噌の問題なのです。いくら上等だといっても、程度はしれています。ところが、ハートとなるとそうはいきません。万人においてハートは上等も下等もなく、すべて平等に同一であるのです。万人は脳味噌において、あるいは腕力においてて千差万別であることはあきらかですけれども、ハートにいたってはなんらの差別はないことが、わたしどもが万人は平等であると主張する最大の根拠であるのです」(『続瓢鰻亭通信』)

**一二月一〇日**　田中利幸『知られざる戦争犯罪――日本軍はオーストラリア人になにをしたか』を読み終える。サンダカン捕虜収容所の惨憺たる状況がいちばん主要な記述である。人肉嗜食の資料が初公開されている。貴重な現代史の業績である。

**一二月一二日**　「世界」一月号所載の張承志「毛主席グラフィティ」にのっていた毛沢東の遺書の引用(一九六六年七月八日付、江青宛)

「……かつて私は後漢の人、李固が貴琮に宛てた手紙の中の次のような言葉をとりあげたことがある。『嶢嶢たるものは折れ易く、皎皎たるものは汚れ易い。陽春白雪の曲、これに和するもの蓋し寡し。名盛んなる下には、その実、副うこと難し』と。

うしろの二句はまさに私を指したものだ。

……事物は常にその反面へと向かう。祭り上げられること高ければ高いほど、落とされることますます手ひどいものとなる。私は落とされて粉にされることを覚悟している。それは何ほどのことでもない。物質は滅することはなく、ただ粉々になるに過ぎない。全世界に百あまりの党があるが、大多数の党がマルクス・レーニン主義を信じなくなって、マルクス、レーニンも人びとによって粉々に打ち砕かれてきた。まして我々がそうならぬ筈はなかろう。

……中国でもし、反共的な右派のクーデターが起こったとしても、その人びとが安寧を得ることはなく、短命に終わる可能性が高いと私は断言する。なぜなら、九〇%以上の人民の利益を代表する革命家がこれを容認しえないからだ。その時には右派が私の言葉を利用して一時的に勢いを得ることがあり得よう。だが左派も必ずや私の別の言葉を用いてその勢力を組織し、右派を打倒しよう。このたびの文化大革命はそのための真剣な演習なのだ」。

**一二月一五日**　カンボジアからディイ・ラタ夫人を迎え、市民会館で集会開催。彼女の話はカンボジアの復興へのみずからの活動の紹介と訴えであったが、工業化への日本の技術援助とか国連PKOの肯定的評価とか、聴衆の意向とはくいちがいもあったが、しかし、それも現実の姿である。そこから出発しなければことは始まらない。終わってわが家に投宿。

**一二月二〇日**　安積遊歩さんの自分史を読み終える。父母に愛されて育った、骨折をくりかえす障害を持った少女が青い芝の会の活動に加わり、男性との出会いと別れをくりかえしながら、アメリカの障害者運動に接し、カウンセリングの技術を身につけ、自立した生活を活発に続けている物語である。

**一二月二四日**　貝澤正さんの本『アイヌ　我が人生』を読む。骨太、虚飾一切なし。

**一二月二七日**　さっぽろ自由学校「遊」通信に、「フェミニズムと軍隊」論を書く。

**一二月二八日**　『みすず』誌所載の、西井一夫「映像時評」より。

「……イネは自ら成長し成熟する。人間はイネが生きる手伝いをし、イネの子孫（実）を食用に分けてもらうのである。コメである前にイネであり、人間優先にコメととらえてしまう時、土や風や水といったイネ＝命根（イノチノネ）＝生きものとしての共生的広がりを失う。（小川伸介「一〇〇〇年刻みの日時計・牧野村物語」についての話）

「古屋敷の一人の農民はヤマセを、大半の籾が死ぬような『こういう年にいい種籾が穫れる。……凶作こそ強い種籾を残す。地獄とはすべての希望を残しておくところだった』という。

『定着している人間の凄み』に対して、『定着できない人間の凄み』を対置する。異質のよそ者であり続けながら、腹を括って対等に対面する来訪者として……ムラの記憶を残すべく遣わされた使者として……」

この認識はすごい。こうありたい。

**一二月三〇日**　私たちの心を打ち、実践への動機づけとなるものは、二極分裂している。一方は、高い理想と倫理に凝縮されて行く方向への呼びかけ。もう一方は、現実に多数者の同意を得て、制度や法やプロジェクトとして実現可能な要求としての集約である。昔なら最大限綱領と最小限綱領というだろう。日本社会の多数者は、まだ現状肯定の生活保守主義のうちにある。それとはっきり対決し、分断線を引き、少数者として、近未来ではなく遠未来へ向けて孤独な構築作業に努めることが大切なのではないか。

**一二月三一日**　今年はずいぶんと充実した年であった。著書二冊、新版一冊。オーストラリア、インドシナへの旅など。

来年も心を引き締めて仕事に力をそそぎたい。

フェミニズム思想の勉強、そしてあたらしい歴史の理念の探求などがテーマになる。倫理思想・政治思想の勉強や日本の思想の水脈を探ることなども。

## 一九九四年

**一月一日**　フーコーの『性の歴史Ｉ　知への意志』を読み終える。近代西欧の性の政治学についての精緻な分析。性の抑圧と解放という二項対立的な思想を棄て、ミクロな権力関係を中心にその全体化としての権力の戦略をみるべきだという。そうすると性は、語ること、快楽として位置づけること、管理すること、という権力のあり方でとらえられるという。権力の見方について影響は受けるが、フランス思想のレトリックはあまり好かない。

元日の朝日新聞世論調査によると、いま幸せだと思う人は八二パーセント、これからの世の中はいまと変わらない、良くなるの両方をあわせると六六パーセント、生き甲斐は家族が四六パーセント、政府に一番してほしいことは、景気、政治浄化、福祉。当分、日本は孤島の楽園的な在りようなのか。

**一月二四日**　岩波書店刊『無名者の歌』から。

やがて死ぬ娘にてあれど生業の靴つくりやり枕辺に置く　佐藤政四郎
わが影と君のかげ澄む秋日和ひと無き花野いくつか越えて　浅野道子
いでゆきて落葉ふみ来ししあわせに今日のたつきのそばゆで励む　小山内せつ
いつの日か春光に並び歩みたきねがい罪のごとききらめきのごと　立原道子

こういう歌を作る人びとがいるこの国、というとらえかえしをしたくなる。貧しさ、病気、労働、恋愛、死などの状況において、人は詩心を蘇らせる。

**二月一日**　大村晴雄先生の『日本プロテスタント小史』を読む。いつもながら大村先生の文章は、典雅で、概念の正確な把握と駆使という特徴を持っていて感銘する。

**二月四日**　鈴木亨『現代思想と文明のゆくえ』を読み始める。

苦悩（物質的かつ精神的）こそが、全ての創造的な思索と行為の出発点であること。そこに繰り返し立ちかえらなければならない。苦悩なしの思索など空無に等しい。

ハイデガーは「痛苦（Shumerz）は、そこからすべての存在者が自己の見取り図（Grundriss）を受け取る裂け目（Riss）である」という。これを受けて鈴木亨はいう。

「人間は苦悩を通して存在に触れるのであり、むしろ存在が苦悩において人間の中を断ち割った割れ目（Ein Riss）である」。

**二月五日**　マリア・ミースとヴァンダナ・シヴァの共著『エコフェミニズム』の序論を

読む。ミースは、アメリカの白人中産階級中心フェミニズムに反対で、湾岸戦争時の女性兵士キャリアアップ問題も引いて厳しい態度を示している。これはキャッチアップ発展の間違ったキャリアアップ戦略であるというのである。その通りと思う。

**二月七日**　「インパクション」誌八四号の座談会で、売春する者をセックスワーカーとしてとらえ、従来の職業感を排し、あらゆるものの商品化の一部としてとらえる論議がなされていた。労働力の商品化を普遍的売淫と論じたマルクス・エンゲルスの論理とはまたちがった位相においてである。性関係を商品として売ることをセックスワークであると「陳述」することを排除せず、傾聴することが重要である。そのワークに照らして、私たちのその他の生きる営みの商品化を位置付けることが思想の営みとして必要である。しかし、人と人との人格的関係から言えば、欲望を相互に一方的に満足させるだけの相互モノローグにすぎないのではないか。関係の非対称性の問題を問わなければならない。ここには商品経済の特権化が働いている。

実存的生を考える際に、男女の社会的歴史的性差にもとづく自覚は、哲学において不在であった。性差別の自覚は、性をめぐる権力の政治学へと展開されなければならず、その次元と切り離した経済的行為としてのセックスワークを論ずることは、近代主義への埋没にほかならない。性差を利用し、性を私的に所有するところからのセックスワークの思想を打ち砕くには、世界的存在としての女性、自然、ピープルの搾取（共時的・通時的な）をとらえる必要があるだろう。

**二月二二日**　鈴木亨『響存的世界』を読み終える。「自己が他者において自己をとらえる」という自覚の弁証法が論じられている。この場合の「他者」とはだれか。動植物や自分の「病い」もふくめる必要があろう。そのように他者を捉えての自覚が、新たな実存の自覚ではないだろうか。「物」を媒介とする、鈴木氏の言う「労存」も、そこで近代主義を脱することができるのではないか。

**三月四日**　鈴木亨著作集の解説原稿を書き終える。鈴木亨響存哲学大系への批判的解釈の作業でおもしろいがくたびれる。

朝日歌壇（三月八日）より。

日をかけて一キロの木塊（かたまり）けずりゆく面打つは己が驕り削ぐに似る　浅野和子

**三月二五日**　陳凱歌監督の『さらばわが愛——覇王別姫』を観る。すばらしい作品であった。京劇の覇王（項羽）と別姫（虞）との物語を中心に、国民党、日本軍侵略下、革命後、文革、そして文革後の二人の運命の変転を描いている。ストーリーをぐんぐん進めて行く監督の技量と視点、古典を踏まえ、歴史をくぐり抜けていく人物をえがく力に感銘した。

**四月三日**　マリア・ミースとヴァンダナ・シヴァの共著『エコフェミニズム』を読み終える。実践の紹介には、日本の生活クラブ生協も登場する。インドの具体的諸例とともに、エコ・フェミニズムの可能性と必要性が論じられている。読みやすくておもしろかった。

**四月八日**　国際交流基金主催「女性の不払い労働と世界システム」を主題とする公開セミナーにコメンテーターの一人として参加する。伊田久美子（イタリア文学、マリアローザ・ダラ・コスタの訳者）、柴山恵美子（女性労働論）、上野千鶴子（司会）、マリアローザ・ダラ・コスタ、クラウディア・フォン・ヴェールホフ、マリア・ミース、大沢真理（東大社研）、久場嬉子、伊藤ゆり各氏の報告があった。緊張したいいセミナーだった。西欧のフェミニストの危機感の強さを知るにつけ、孤島の楽園的日本は、次第に沈みつつあるような気がする。

**四月二〇日**　砂澤ビッキ展を札幌の北海道立近代美術館に観に行く。風の連作が特にすばらしい。晩年（と言っても五〇代末であるが）には、簡素で内面的な作風になりつつあった。惜しんでも余りある人であった。

**四月二二日**　茨木のり子『食卓に珈琲の匂い流れ』を読む。茨木さんの詩はシンプルになり、靭さがくっきりしてきている。集中の詩の一節、

「心配しないで死をしそんじた者は今までに一人もいない
千年も生きて流浪する
そんなおそろしい罰を
受けた者も一人もいない」

**五月五日**　永野という新たに法務大臣になった人が、太平洋戦争は侵略戦争ではない、

南京事件はでっち上げだ、従軍慰安婦は「公娼」であり、米英軍もやっていたことだなどと発言する（新聞のインタヴュー）。

**五月七日**　妄言の法相、一〇日で辞任する。

**五月一七日**　堀田善衛『ミシェル　城館の人』第三巻を読み上げる。第三巻は大団円でもあり、力がこもっていた。堀田さんの文体の魅力のほかに人生の総括のような思いを持っていて深く動かされた。これは堀田＝モンテーニュというべきものであった。

「私は、近所の百姓たちが、どんな態度と確信をもって最後の時を過ごしたらよいか、など考え込むのを一度たりとも見たことがない。自然は彼に、死にかけたときでなければ死を考えるなと教えている。そして、そのときでも、彼の姿は、死をそのものと、長期にわたる死の予想とで、二重に攻め立てられているアリストテレスよりも美しい。（中略）もしもそうだとすれば、これからは、愚鈍を教える学派を押し立てて行こうではないか。これこそ学問をわれわれに約束する究極の果実である。しかも、愚鈍はそこへ弟子たちをこんなにも楽々と導いて行く」。

愚鈍を教える学派うんぬんを、堀田さんは「なくもがなというものであったかもしれなかったが」と注しているが、私はその箇所に強く反応した。田中正造の思想があり、チリの思想家、経済学者マックス・ネーフの愚鈍学（スチューピドロジー）という問題提起があったので。

「まことに人間という者は驚くほど空な、変わりやすい、不安定な存在である。人間について恒常不変な判断を立てるのは難しい」。

「しかし、この『不定な存在』を、かかるものとして認識した上で、そういう自分と、他をも考えかつ観察してみるとき、必ずしも『不定』かつ『変わりやすい』ものばかりではないことにも、同時に気付かされる筈である。揺れ動きはするものの、その底に恒常な何物かが存在することにも気付かされる筈である」。

「もっとも軽蔑してはならない階級は、その単純さのために『社会』の最下層に立たされている人びとのそれであると思う。そして、彼等の交際の仕方は、ずっと正常であると思われる。私はいつも百姓たちの行状や言葉が、われわれの哲学者たちのそれよりも真の哲学の教えにかなっていると思う」。

「私は、卑しい見栄えのしない生活をお目にかける。かまうことはない。あらゆる哲学は、平凡な私人の生活にも、それよりもっと豊かな生活にも、同じようにあてはまるものだ。人間はだれでも自分のなかに、人の人たる条件の完全な形をそなえているのだ」。

魔女処刑に対して反対する考えをのべたところでいう。

「私がかく言うのは、裁判官としてでもなく、国王の顧問としてでもない。そういう身分にはとてもなれそうもないと思っている。そうではなくて、普通の人間として、行動においても言葉においても、一般の理性に従うように生まれついた人間として言うのである」。

『普通の人間として』、この一言は重い。人類全体の重さと等しいかもしれない。かくて、ミシェル・ド・モンテーニュは、『普通の人間』の人権並びに人間生命の尊重において、一七八九年八月のフランス国民議会において採択された一七条からなる人権宣言の基礎を築いた、と言っても過言ではないであろう。

「人々は自分から脱走し、人間から逃げたがる。ばかげたことだ。天使に身を変えようとして畜生になる。高く舞い上がるかわりにぶっ倒れる。あの超越的な思想というやつは、近づくことの出来ない高い場所のように私を恐れさせる」。

モンテーニュの生きたルネサンス期といえども、その実情はまだまだ宗教の呪縛が全面的に支配していた。いわばポスト中世にあたるものであり、そのなかでの『人間』そのものの発見と確立に苦闘するこの思想家を身近に見ていると、現在の、二〇世紀を生きているわれわれ自身もまた、今世紀の呪縛であった政治と経済のしがらみの中からもう一度『人間』を見なおす試み（esseis）があってしかるべきと思われるのであった」。

「われわれは民衆と共に生き、彼等と交流を持つ。もし彼等との交際を煩わしく思い、卑俗な精神との融合を軽蔑するならば、――ところが、卑俗な精神はしばしばもっとも繊細な精神と同じほどに立派なことがある。『民衆の無知に溶け込めないような知恵は、すべて味気ない』（中略）公の仕事も私の仕事も、民衆の協力で片づくからである。精神の姿は、もっとも張りつめない、自然のときが、もっとも美しい」。

**五月二七日**　「文明とはなにか、歴史とはなにか、私がアジャンタの洞窟(グロット)のグロテスクな絵画群を眺めて歩いて得たものは、文明とは、歴史とは、一言で言って異民族交渉ということだ、という考えであった」。（堀田善衛『美(うるわ)しきもの見し人は』より）

堀田善衛は私のもっとも好きな文士である。

**六月二日**　堀田善衛『美しきもの見し人は』の結語部分から、

『美しきもの……』というものは、本来的に言って、またその実物に接するとき、それは決して「美しい」ものではない、というのが私の結語である。「美しきもの」は、むしろ逆に、私に人間存在というものの、無限な不気味さを、まことに、不気味なまでに告知してくれたものであった」。

**六月一四日**　堀田善衛全集の月報16に掲載された短文を書き終える。

その一部を書き写しておく。

「ごく最近、「さて、遥けくも来つるものかな」といううしみじみとした思いを持って、堀田善衛さんの近作『ミシェル　城館の人』の第三部「精神の祝祭」を読み終えた。……『海鳴りの底から』以降、その主な作品を愛読しつつこの三〇年余りをすごしてきた者として、『ミシェル　城館の人』の完結は、いく巻ものラセン状の発展＝回帰が端緒へ帰り着いたことを示しているように思えた。鴨長明や藤原定家やゴヤとともに、ミシェル・ド・モンテーニュも、堀田さんがその若き日、すなわち太平洋戦争中の閉塞状況のなかで出会った人だったからである……」。

堀田さんにとって常に関心の的であったものは歴史であり、文明であり、そういうものを創る得体の知れない人間というものである。……「長い、二千年もの過去をも過去とせず、そこに現在と未来もが、いわば円環的に等価なものとして含蓄される歴史観が見出されない限り、現在の人間というものがトータルな姿で、あらわには見えて来ないのではなかろうか」と問いかける。しかしすぐさま、マンハッタンの高層ビルに出入りしている時、それが廃墟になったスペインの貴族の石の館と二重写しになってきて、「これは一種の廃墟なのではなかろうか」と真面目に考えたことを思い出し、「もちろん、そんなことを真面目に考える私などは、一種の途方もない馬鹿野郎であって、この世の用にも立ちがたい仕様事なしであることはわかっているのである」と述べる（『スペインの沈黙』）。堀田さんの魅力の一面は、歴史や文明について試作する際にももったいぶらず、その自分を、こんなふうに「馬鹿野郎」として笑うことができる姿勢である。それは無常観に深く浸されているがゆえのユーモアというべきものであろう。『ミシェル　城館の人』第三巻「精神の祝祭」は、終わりに近づくにつれて、長い労苦に満ちた読書と執筆の労働が築き上げた精神の城館の窓から、人間というものを見渡すモンテーニュ＝堀田の姿を浮かび上がらせる。

人間の空ろさ、不安さ、無常さの認識が深まって行けば行くほど。「その底に恒常な何物かが存在することにも気付かせられる筈である」という関係を指摘しつつ引用されるモンテーニュの言葉は次のようなものである。

〈私は、卑しい見栄えのしない生活をお目にかける。かまうことはない。あらゆる哲学は、平凡な私人の生活にも、それよりももっと豊かな生活にも、同じようにあてはまるものだ。人間は誰でも自分のなかに、人の人たる条件の完全な形をそなえているのだ。〉

そして、著者はいう。「ということは、人間の何たるかを知るには、何も聖人君子といった特殊なモデルにつくことはない、『平凡な私人』を充分に知ることで事足りる……」つまり、神の恩寵とか、何らかの権威や模範といったものから完全に切り離された、純然たる人間による人間のための、人間自体の精神態度(モラル)の根拠が提出されようとしているのである」。

読み進むうちに、私に深く響いたのは、堀田さんがモンテーニュの思想の根底に隠されてある「一つのもの」として、旧約聖書の中の『伝道の書』をあげ、そのなかの、「汝往(なんじゆき)て喜悦(よろこび)を持て汝のパンを食(くら)い、楽(たの)しき心をもて汝の酒を飲め」。以下の一節を引いているところであった。そして、その「無常観に深く浸された、一種の高貴な諦念」のなかの「深々とした生への積極的な肯定」が、モンテーニュを惹きつけたのであろうと述べているのは、堀田さん自身を語っているように思えた。ところが、『若き日の詩人たちの肖像』を繰ってみたら主人公の若者が、聖書のなかでも一番好きな章としてこの所を引いているではないか。まことに、著者自身が、端緒における死と紙一重の生の凝視に始まり、無常を諦観することによってかえって深まる生への愛しさと、その束の間を「喜悦持て」生きる人間の諸相とを、数々の芸術作品のうちに熟成させて端緒へと戻る円環の道を歩んできたのである……。

『美しきもの見し人は』を読み返してみて、ぎょっとする一節にであった。インドのアジャンタ石窟のグロテスクな壁画群を眺めて歩いて堀田さんに浮かんできた考え、それは「文明とは、歴史とは、一言で言って、それは異民族交渉ということだ」というのである。ふと浮かんだ感想に過ぎないというなかれ、ここには、私たちがこの世紀末を考えるときのヒントが圧縮されて詰まっている。

**六月一〇日**　ベトナムの哲学者チャン・デュク・ターオの遺稿類をフランス語から訳す。「生ける現在の論理学」を読み、さらに『人間の形成』に進む。これは、『意識と言語の起源』の続篇である。ターオ理解のために、後期フッサールを勉強する必要が生じ、ゲルト・ブラントの『世界・自我・時間』を読む。

**六月一六日**　市村弘正『小さなものの諸形態』を読む。この中の「文化崩壊の経験――晩年のバルトークについての脚注」というエッセイは、すぐれたものであった。亡命＝根の切断「切断されて疼く根」が、バルトークの認識の力の源泉であったことを論じている。

東欧における「民族の多様さとその絶えまない接触」が、民俗音楽の豊穣な多種多様な形態をもたらしたことをのべ、バルトークは、民俗音楽に含まれる「種の不純性は、決定的な重みをもたらすものである」と結論づけている。
もう一つ「友情の点呼に答える声」というエッセイでは、エセーニンの詩の一節が呼び出される。

嵐はやんだ……生き残りは僅かだ……
友情の点呼に答える声の寂しさよ……
誰を呼ぼうか……誰に話そうか……
生き残った私のこの悲しい喜びを……

この詩句は、ソルジェニーツィンの小説『ガン病棟』で、生き残りの男に口ずさまれている。筆者は、イギリスの作家ジョン・フォスターの帝国主義と友情についての考察から、古代の「友情の政治学」に言及する。そこでは、「異質な人々のあいだに対等性にもとづく意見と信頼の空間を共有させる友情の働きは、自治的社会を形成するものと考えられた。以来それは、いつでもどこでも個人と他者を結びつけ、政治、経済、宗教、その他の活動を含む関係に関与させて、社会的存在とする動力であった。言いかえれば、それぞれの社会はそれぞれの仕方で、諸個人のあいだに友人関係を形成し定着させるための慣習と制度を備え、そのための『感情教育』を用意していた。それなしには社会が社会たりえない基礎的感情だったからである」。

「感情の幅を広げる経験」から、私たちは遠ざかってしまっている。その分だけ「革命」からも。

**六月一九日**　市村弘正『小さなものの諸形態』より。

「……文明人の側から少数者を見るのではなく、また、その逆でもない。たんに少数者の側から文明を批判的に見るのでなく、少数者において、現代文明のもとに生きる人間の存在形態を見るのである。少数者の最後の生き残りのうちに人類を透し見るというこの視線、少数派なるものの反転を生起する。消滅へ向かいつつある存在とは、「今日の人間」全体ではないか。人類とは潜在的少数派ではないのか。そうだとすれば、イシは消滅へ向かう人間の最後の姿を示しているのである」。

「文化崩壊の経験―晩年のバルトークについての脚注」は、亡命とは根の切断であり、切断されて疼く根がバルトークの認識の力の源泉であったことを語っている。

バルトークは述べている。

「地球上はるか遠くの小さな土地が、そのすべての住民とともに全滅するという苦痛は、全世界の滅亡と比べて苦しみにおいて劣るかどうか。少数の人間に限られ、一片の土地に限られているからといって、苛酷さが減ずるかどうか。たった一握りの緑の草に覆われた土地だからといって曲がりくねった巣に深くもぐりこんだ小さな虫だからといって、厳しさが和らぐかどうか」。

「晩年のバルトークが身を置いた文化の崩壊とは、一方で、物事の『持続性』を希薄にし剝奪し、その無意味化を加速するような新たな文化形態の蔓延と、他方、この地上に『地獄』を次々と作り出し、その全体化を常態とするような『文化果てた後（ポストカルチャー）』（G・スタイナー）の状態とのあいだに挟み撃ちされ、宙吊りにされたということであった」。

「地図の上で交代したり前進したりして変わる国境線が、新しいものであろうと古いものであろうと、夏には緑に冬には白い、あの広い土地に花粉や種子を楽々と運びつづけ、何世紀にもわたって歌を送りつづけている、風に対する防御柵を打ちたてることはできないのだ。

こういう関係は、私たちが国境の定める内側に住みつく前からはじまっていたにちがいない。たしかに私たちは幾度も幾度もお互いに行き来したんだ。そして波もなく水もない乾いた地の床で邂逅したのだ」。

人為的な国境線を超える、「花粉」と「歌」の分布圏であるような在りうべき空間と、そこでの異質なものの往来と出逢い、――すなわち越境性と異種交配。

「自己とは他者が生棲する場所なのだ。他者を抱えこみ、あるいは他者性に貫かれていればこそ、この自己は、『内面性』という名のもとに閉塞してしまうことはない」

「各人が互いに自分を、また他人を外人と認めれば認めるほど、自分とも他人とも仲良くやって行けるという社会、個人主義を限界まで推し進めた結果としての多国籍社会、その個人主義にあるものは、自分の不安と自分の限界に対する自覚、わかっているのはただ自分の弱さこそ自分を助けるものであるということ」。（ジュリア・クリステヴァ『外国人』）

個人に徹底するということは、「他者性」を開くこと、そういう文脈で考えるべきである。

**六月二六日**　上野千鶴子さんの「セックスワーク」論（朝日夕刊）を読む。性と人格との結びつきを断つべきだといっているようでもあり、そうでないようでもあって不鮮明である。人格というものは、諸関係の有機的繋がりのうちにあるもので、性とか労働とか知能だとかに分けて引き算して行けば雲散霧消してしまう。商品化が深部まで達すれば人格は失われる。商品化を食い止める領域設定を経済外的規範として持ち込まなければ「人格」の領域は維持できない。

**六月二九日**　村山社会党党首が首相に就任する。

**七月一〇日**　北朝鮮の金日成主席死去。

**七月一九日**　参議院議員松本英一氏の死去で、萱野茂氏が繰り上げ当選になる。村山首相、五十嵐官房長官という内閣での初議員で環境はいいが、課題は重く大きい。支えるアイヌ側の体制は極めて弱い。前進には悩みがつきまとう。

**七月二〇日**　村山首相の施政方針演説。自衛隊合憲、日米安保体制堅持。自民党の路線丸呑みである。

**八月二〇日**　シオドーア・クローバー『イシ』を読む。

**八月二三日**　『アーシュラ・ル・グインの「序文――『イシ』再版に寄せて」の末尾の一文

は感動的だ。

「イシの足は幅広で頑丈、足の指は真直ぐできれいで、縦および横のそり具合は完璧であった。注意深い歩き方は優美で「一歩一歩は慎重に踏み出され……まるで地面の上をすべるように足が動く」のであった。この足取りは侵略者が長靴をはいた足で、どしんどしんと大またに歩くのとはちがって、地球という共同体の一員として、他の人間や他の生物と心を通わせながら軽やかに進む歩き方だ。イシが今世紀の孤島の岸辺にたった一つ残した足跡は――もしそれに注目しようとすれば、おごり高ぶって、勝手に作り出した孤独に悩む今日の人間に、自分はひとりぼっちではないのだと教えてくれることだろう」。

**九月二〇日**　一橋大学の多文化主義についての国際シンポジウムに参加する。

第一セッションの主題は「多文化主義の時代における国民国家の変貌」。第二セッションの論点は、国民国家とそのシステムを越える可能性についてであった。それから「多文化主義」の地域性、国民国家ごとの特殊性の認識と「方法としての多文化主義」の可能性の主張との対立があった。

**九月二一日**　午前中は多文化教育について。教育におけるオープンで柔軟な対応。沈黙している子を放っておかないこと、不法滞在でもなんでも受け入れて教育するという原則を貫くことなどが、オハイオ州立大学のファーガスン教授によって語られて共感した。

**九月二五日**　札幌の五番館で木田金次郎展を見る。彼の六一歳のとき、岩内大火に遭って以後の作品は、自然の流動感、生命感を表現し得ているのであるが、それは流動感一般としてではなく、自然を、生きつつあり死につつある瞬間、生命の盛衰においてつかんでいる。その相に突き入ったことで彼の作品は芸術として不朽になったのではないか。「実相貫入」という齋藤茂吉の言葉を思い出した。

**一二月一六日**　鶴見良行さんが心不全で亡くなったという知らせが入る。残念。

**一二月三〇日**　鶴見良行『ヌサンタラ航海記』を読み、良行さんを偲ぶ。

一九九三年には、前田俊彦、九四年には、廣松渉、鶴見良行を失い、私自身も模索状態で、運動面でも希望や手ごたえに乏しい年であった。来年の見通しも混迷と停滞ではなかろうか。

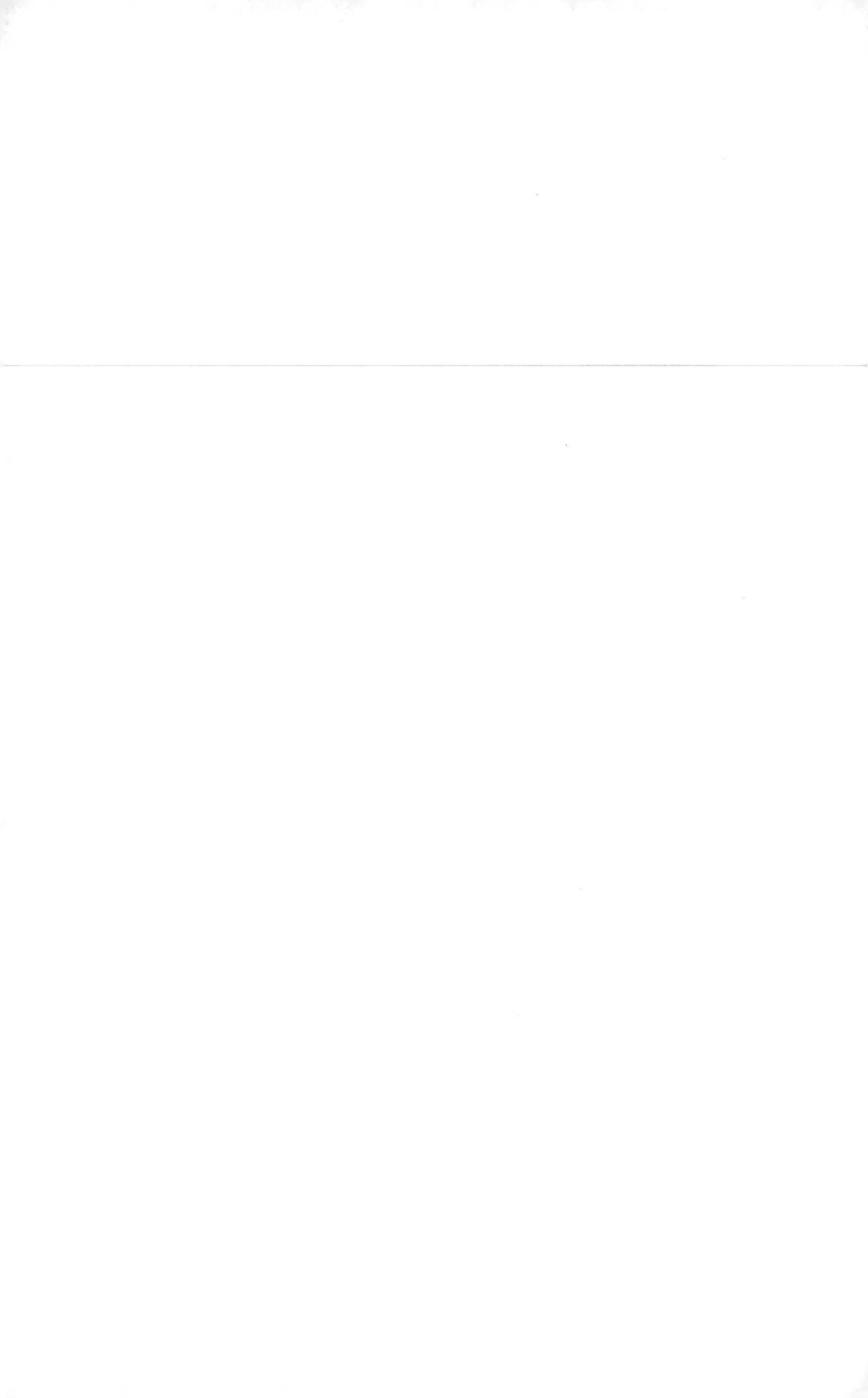

# 第10章　東アジアの国家テロリズムと民衆

## 一九九五年

**一月一日**　元日の朝日新聞に、加藤周一と大江健三郎の対談が掲載されている。加藤さんが希望は無数の小さい市民運動にしかないといっている。そうかもしれないが、その小さい市民運動が減衰しているところに日本社会の深刻な危機があるとみるべきではないか。この際は徹底した懐疑と否定・否認に向かう必要がある。当分、希望の光は見えない中を歩まねばならない。私たちが現実の中へ身を投げることによってぶつかる手ごたえからの進路開拓を模索すべきであろう。それには歩かなければならない。日本の中、世界の中を。

**一月一六日**　朝日新聞論壇で、小浜逸郎が「『後期戦後』からの出発」というエッセイを書いている。いろいろな指標を上げながら、一九七〇年代前半に近代化と都市社会化が飽和状態に達し、今後は、「すでに私たちの身体に内在化された『都市』を精神の上でも引き受けるのでなくてはならない」。この生の様式は、「物理的な時間や空間を無意味にさせうるようなある意識状態の作成装置」だという。確かにそういう装置であるのかもしれない。そうだとすると、歴史や地域や従って文化そのものが無意味化されるのか。そういうものなしで生きて行けという命法を内含しているとしたらそれをよしとするのか。カプセルの内側でしか生きられない人工装置といったイメージが湧く。

**一月一七日**　神戸・淡路島地区に直下型大地震が発生する。その後、時間と共に災害の様子が明らかになる。

**一月二九日**　N響とロストロポーヴィチの演奏、小澤征爾指揮で、大震災を悼んでのバッハの無伴奏チェロ組曲サラバンド、ドヴォルザークのチェロ協奏曲は、涙が出るほどいい演奏だった。

**二月三日**　千葉県習志野で独居となった母の介護に単身で赴く。とりあえず考えたことは、「生活それ自体の作品化」ということである。母はボケが始まってはいるが、まだいろいろの識別はできるし、歩けるし、介護をきちんと、ていねいにやり、リハビリも行えば、もっと元気になりうると思った。それには片手間でない気配りとこちらの勉強が必要である。いっしょに生活して、毎日の食事をつくり、家計を見ることにした。

**二月二七日**　岩波ホールの試写で、ロシア映画『私は二〇歳』を見る。アフマドリーナ、ボズネセンスキー、オクジャワ、エフトゥシェンコなどの詩の朗読会のシーンが興味深かった。一九六五年公開で、三〇年の歴史の経過を感慨ふかく覚えた。人と人との関係の希薄化、脆弱化と引き換えに、個人化と可処分所得の増加がある。「善い生」というものの基準が変化してしまっている。

**二月二八日**　堀田善衛『未来からの挨拶』読了。熟練のわざである。

**三月一二日**　『ゲド戦記　帰還』を読む。ゲドとテナーが年老いて愛し合い、農に生き始め、養子のテハヌーがあたらしく龍を呼ぶ力を自分の内から見つけ出して終わる。

キャロル・ギリガンの『もう一つの声――男女の道徳観と女性のアイデンティティ』や佐江衆一の老父の介護を扱った小説『黄落』、池川清子『看護』などを読む。介護が他人事ではなくなった。

カナダの研究者キムリッカ『マルティカルチュラル・シティズンシップ』(英文)がエスニシティ問題で学ぶところがあった。

**三月二一日** 地下鉄でサリンガスによる無差別殺傷事件が発生。六人死亡。大地震と毒ガスと、世紀末の日本社会は不安だらけである。

**三月二三日** オウム真理教の捜索続く。淫祠邪教がはびこるのは世紀末の現象か。

**三月二四日** 千葉に孤高の画家「田中一村展」を観にゆく。奄美大島で掘立小屋のような家に独居し、晩年の一五年、作品にすべてを投入して生きた人である。その時期の作品三〇点ばかりがすばらしい。細密な描き方で南の自然の生命力に充ちた、ゆったりした時間をえがいている。

**四月一四日** オウム真理教への大規模な捜索が行われている。国家のなかにミニ国家を作ろうとする宗教であり、色濃い終末観に立つ。同時に、ヨーガのような身体性と精神性を修行によって獲得する教義のようである。現世的な社会変革像の喪失と現代文明の閉塞状況を象徴する時代の新宗教というべきか。サリン製造はじめ、自動小銃など兵器の調達も企てていたとのこと。宗教教団の武装の歴史の再来である。堀田善衛ではないが、人間のすることは端倪すべからざるものがある。

**六月一一日**　松沢弘陽『近代日本の形成と西洋経験』を読了する。福澤諭吉の「文明論の概略」にいたる幕末からの日本人の西洋経験の多様性とその総括の仕方を論じた力作である。中村敬宇についてははじめて知ることが多くあった。文明の単線型発展史観に近代の日本人が、あるいは取り憑かれ、あるいは批判の立脚点を求めて苦しんできた姿は、他人事ではない思いであった。

**六月一九日から六月二八日**　北米プリンストン大学に研究留学している齋藤純一、花崎攝ファミリーを訪ね、ニューヨークのブリジストン美術館、ボストン市街、ボストン港、コンコード市、港町セイラム、ホーソーンの「七つの破風のある家」などを観光する。

**七月二日**　朝日歌壇より。

野苺を抑えて一瞬ふり向きし鼬走れば白き花立つ　（京都市）榎孝子

蕗摘みも飽きて膝抱き沖を視る次の世もこの涯に生まれたし　（輪島市）山下すて

**七月二九日**　北海道・東北史研究会主催の「北海道・東北史研究の現状と課題――今後の視角と国際的展望」を聴きに行く。近世＝岩崎奈緒子（京大大学院）、近代＝小川正人の報告は、二人とも「アイヌ自身」が主体のとなった歴史学の視点を求めて求めきれてない。アイヌ語を身につけることから考えるべきだ。

**一二月一八日**　川崎地裁へ公判の傍聴に行く。殺人で起訴されているアイヌのNさん、五七歳の公判だが手続きで終わる。

**一二月二二日**　死刑囚の木村修治さんが処刑されたという知らせに落ち込む。日方ヒロコさんが姉になって導いていた人である。法務大臣宛てに手紙を書く。怒りよりも悲哀の情が勝る。

## 一九九六年

**一月六日**　私の新しい著書『個人／個人を超えるもの』（岩波書店、21世紀問題群ブックス④）ができてくる。第1章多文化主義、第2章歴史の中の個人、第3章ジェンダー・世話・共感、第4章個人を超えるものという編成である。特色をあげれば、第2章で、ベトナムの哲学者チャン・デュク・ターオの生涯と業績を紹介したこと、第3章で、フェミニズムについて議論し、介護をめぐる実践と思索をのべたこと。そして第4章で、実存的な宗教哲学論を展開したことなどがある。特に最後の章での実存的宗教哲学についての考察は、簡潔なものではあるが、私の精神史の歩みの総括的な意味をもっている。

そこで私は対自然関係の人間中心主義を乗り越えて、生命＝生態系の持続を自己の実存的自覚に位置付けるべきことを説いた。太古からの人間を超越した自然の働き、生命系としての宇宙の働きは、精神的メッセージを含むという了解の仕方を受け入れ、人格神を信ずるのではないが、科学的無神論でもない立場をとることを述べた。つまり、私は自分の生存の根底において超越的な働きに接しているという直感を抱いている。そして、それは新しい時代精神（エートス）への模索でもある。

**一月六日**　画家の富山妙子さん宅で新年会。富山さんを囲んで歓談する。富山さんは、昨秋の光州ビエンナーレ展で、二一世紀へかけての光明を見たと意気軒昂であった。独立のアーティストとしての仕事の抱負を語る。

**一月八日**　沖縄の「けーし風」誌第9号「反戦地主大いに語る」のなかの、池原秀明さんの発言。

「わたしたちは、前回の反戦地主の総会で、自分たちは〝残り火〟の存在として残っておこうと決めました。いつか必ず包囲網ができて燃え広がる。そのためにも〝残り火〟をつくっておかないと、反基地運動は長続きしない。五年ごとの節目で、ある程度燃え上がりはしたが、その勢いが続くかというとそうはいかない。〝残り火〟として耐えていれば、必ずまた燃え上がる時期もくるだろう、というふうに総括したんですよ。いま、その時期にきているような感じですね。

わたしたちが直接ではないですけれど、少女暴行事件とかヘリコプターやF15の墜落など、いろいろなものが重なってこのような盛り上がりになっているのだと思います。

婦女暴行事件は以前にもあったわけですよね。そのときも声をあげるべきだったのにあげ切れなかった。今回のように大きな動きになったのは、やはり、代理署名（大田知事が、日本政府の米軍基地使用承認の代理署名を拒否したこと）をどうするかという論議をしているなかだからこそと思います。タイミング的なものもあったと思うけど、根っこには我々反戦地主が頑張ってここまで持ちこたえてきて、いま、安保に匕首を突きつけているという感じです。耐え忍んできた甲斐があったなあという思いですね」。

この発言に感動した。

**一月二九日**　「世界のいちばん隅っこからは、どんな大切なことや、かそかな声が聞こえてくるかわかりません。私などもその声を聴きとりたいと思うことです」。（石牟礼道子『葛のしとね』）

**二月二〇日**　北大でお世話になった哲学の教授花田圭介さんが一六日に肝臓癌で逝去された知らせを受ける。七四歳であった。哀悼の思いしきり。

**二月二四日**　李恢成の『流域へ』を読み終える。ディアスポラの運命を見つめている作品であった。

「サハリンへ行ったとき、春洙（主人公）は不思議な経験をした。故郷の町を歩いていたときのことだ。ここで生まれ、海鳴りの音をきいてそだった人間の誇りがわいて生きた。幸福だった。街路樹のナナカマドの赤く熟れた実が鮮やかだった。風がひそかに運んでくるその甘美な香りがこの街で生まれそだった喜びを確実なものにしてくれた。ひと降り、雨が来て、去った。それでも街を歩いていて、ふと周りに人が歩いているいるのに気づいた。

まるで、今しがたまで居なかったのが忽然と地から湧き出てきたみたいに。男や女、大人や子供がいた。金髪も茶褐色も、黒髪もいた。髯もじゃもそうでないのもいた。中には、自分と同じ年配の男もいた。彼らはおしなべていえば、ソ連人であった。誰がロシア人で、誰がドイツ人で、グルジア人で、ウクライナ人で、ユダヤ人なのか、あるいはアイヌでツングースでさらにべつの民族なのかは、知るよしもないことだった。全く神のみぞ知るだ。それでいて一つだけは共通していた。誰もが、ばらつく雨など眼中にないみたいに街を歩いていることだった。髪や肩に雨の滴が光る。それぞれ楽しんでいるのだった。その様子を眺めていて、春洙は胸がじいんとしてくるのをおぼえた。ふいに彼らが親しい人々に思えたのだ。この瞬間まで、この地は自分の故郷であった。まぎれもないその生い立ちの根拠と感情の深さによって。だが、そのときになって考えが変わっていた。この地は自分の故郷であるが、しかし同時に、彼らの故郷でもあるのではないか。閃めくようにそう思った。しかしこの思いがどこからやってきたのか春洙はしかとはわからなかった。強いていえば、ぱらつく雨だった。気紛れな雨が頑固者の考えを変えたとすればじつに効果的な雨だった。異郷以外は何も持たぬ者の心理として、故郷とは最後の拠り所なのだ。故郷とはそのようなものだ。だが、ひとつの地に生まれた者すべてにとってそこが故郷であるならば、故郷とは人間が共有すべき土地を意味するにちがいない。民族がどうであろうと、過去の歴史がどうであろうと、故郷とはそのような人間にとっての広場(マダン)であっていい。その瞬間、春洙は幸福だった。自分が考え出したこの発見がうれしかった。そのことで自分は他人の立場を考えるという人間らしさに近づいたのだという気がした。春洙は、そ知らぬ顔で町の中をゆっくりと歩き出した」。

この述懐は、意味深い。体験を通じてのインターナショナリズム感覚の獲得として、それが人間的成熟となるという意味で。

**二月二六日** 小栗康平監督の映画『眠る男』の映画評を朝日新聞に頼まれて執筆する。映画そのものが面白く、映画の批評も割によく書けたので、転載しておく。

### 人・自然・「ある」ことの価値——小栗監督『眠る男』の美と広がり

（冒頭一部略）この作品は全体を通じて、競争と業績を軸とした生き方ではない生き方、つまり存在すること、生きていることに価値を置き、風や木の葉や月の光や水の流れを、同じ生命として味わう生き方を映し出している。だから登場する人物たちは誰も、なにも特別なことを「する」わけではない。「ある」という仕方で、自然の存在と等価値なものとして横並びになっている。「ある」ものは、生から死へと常に移り、また再生する循環のなかにある。満ち欠けする月のイメージが、生と死のあわいにあって、それを媒介する象徴であるようだ。

映画では山から落ちて意識不明になった拓次（安聖基）が、いのちのあるあいだずっと横たわって眠り続けている。山の中で拓次を見つけた知恵遅れのワタル（小日向文世）が彼を見守っている。森があり、川が流れ、川のそばに月の湯という小さな温泉がある。町の端には「メナム」という名前のスナックがあり、東南アジアからきた女性が三人働いている。在日朝鮮人のオモニが自転車預かり兼食堂をしている。季節がめぐり、拓次はやがて死に、東南アジアの女性たちもいなくなる。

この映画は、群馬県が人口二〇〇万人を突破したことを記念する事業として企画され、群馬県の出身である小栗康平氏に委嘱されたという制作の事情を持つ。群馬県の地域性は、眠る男の名前、拓次が、群馬県出身の詩人大手拓次を思い起こさせるとか、演劇部の高校生たちが、町を歩きながら萩原朔太郎の詩「猫」を朗唱するとか、伝次平という地元の民話の人物の名も使われているといったところに現れる。しかし、小栗監督は、観客が自由にいろいろな意味や思いを盛り込んだり、引き出したりできるように、場所にも人物にも抽象化＝様式化をほどこしていて、作者が一方的に意味づけたものを押しつけたりはしない。

拓次は無言で横たわっているだけ。それは行為からも役割からも解放された生命体としての姿である。同級生で電気屋の上村（役所広司）がやってきて、その横に寝て拓次に話しかける。

「川ん中を男が長い棒もって歩いて行くんだよ――なんでかなあ、いいんだよなあ、ああいうのって――仕事ってああいうんでいいんだよな」

セリフは、向き合っては話されることが少ない。発語する人物が隣り合って並び、あるいはあいだを隔て、沈黙の水面に言葉が浮かんでくるように話される。人物の遠近は音量に反映されない。テンポも日常の次元から少し浮いたゆったりした調子である。そうすることで、ある象徴的な次元を場とする情景が構成される。

自然の言葉や魂の言葉を聞くには、風景や沈黙が語ることのできる場を作ることが必要なのだ。そのために、人物や言葉がのさばって風景や沈黙を脇に押しやらないように配慮されている。

スナックで働くティア（クリスティン・ハキム）は、拓次が死んだあと、野外で上演された能「松風」で、死者の霊の呼びかけに誘われて森へ行き、歩いてくる拓次の霊に遭う。「この先はどこへ出ますか」ときくティアに「森の向こうにまた村があります」と拓次が答える。

個人は死ぬが、生命の営みは連続し再生する。ティアが一夜を過ごした森の廃屋の涸れ井戸からまた水が湧き出し、ティアはその水で沐浴する。新しい生の始まりの象徴である。上村は山の上で、朝日を背にして立ち、自分の影が大きく中空に映るのを見て、人間は大きいのか小さいのかと拓次に問う。

この映画では、美学的な意味での様式性、つまり型としての美が追求されている。古くから「無常」として感受され、人々が短詩形文学に親しむことによって養ってきた美的感情が、生態系と生命の危機が予感される中で、想起すべき大切な価値を含むものとして、心にしみこむ映像でえがかれている。

我も人も自然も平等に「ある」ことを思い出すことで、他者と共に生きる心性が養われるのではないか、そうした感情が、広くアジア地域の人々の心の底を流れる精神的価値とも親和するのではないかということを、小栗さんは、その制作の方法や配役を通じて問いかけているように、私には思えた(三月五日、朝日新聞掲載)。

**三月一日**　PP21民衆会議参加のためネパールへ向けて出発する。バンコクを経由してカトマンズに入る。カトマンズは空から見ると山また山の中の盆地で、茶褐色一色である。一二日までカトマンズで会議に出席する。初日のテーマは「市民社会と人権」で、グローバリゼーションが進むなかで、国家と市民社会の対立がさまざまな相で顕在化してきていることが語られた。バングラデシュでは、集権社会と集権国家へのチャレンジが課題であり、「恐怖」を人々の心から取り除くことが重要である。そして固有の伝統の中からのアイデンティティの再構築ということがなければならない。インドの発言者は、アイデンティティの政治が民族紛争に利用されていることを強調した。

会議の中心議題は、「民衆憲章（ピープルズ・チャーター）へ向かって」の論議であった。問題として、環境、女性の権利、宗教、コミュニティの建設・回復、戦争、先住民の権利回復などなどが挙げられた。台湾原住民組織から来た人の現状報告もあった。三月六日には、メキシコのサパティスタのメンバーであるセシリア・ロドリゲスさんの特別報告があった。メキシコの現代史と今日の状況の概説の後、サパティスタ蜂起と和平交渉について、自分が三人の政府軍兵士に強姦されたが、それに屈せず闘い続けていると述べ、最後にサパティスタ宣言を詩的なリズムで読んだ。強姦の証言に心が痛んだこととそれにもかかわらず彼女が毅然として話したことに感動して、途中から私は涙してしまった。

全体会議で、ＰＰ21で旧知のインドのフェミニスト　カムラ・バシンが、ケアの倫理、養育の倫理、愛の倫理をフェミニズムの価値的貢献として挙げていたのに、私は賛成だが、インドでも反対の声がフェミニストの間で強くあるとのことだった。私が自由学校の経験を話したのには反響があった。マレーシアのハッサン・アリという農業経済学者・活動家が、オルタナティブ教育の恒常化というように受け止めてくれた。そして、会議の文書の中に教育の問題の重要性の指摘を含めることができた。

**三月八日**　世界女性デーを記念しての集会がひらかれた。コルカタからカトマンズまで、児童労働をなくす行進をしてきたインドとネパールの子どもの挨拶は堂々としたものだった。学校教育でディスエンパワーされていないのである。隣にいたハッサン・アリさんがしきりに目頭を拭っている。私も感動の涙を誘われた。

**三月九日**　ヒマラヤ遊覧飛行に参加する。飛行は一時間ほど。天気が良く、白く輝くヒマラヤの山々を眺めることができた。エベレストをはじめ、名だたる高山が連なっており、険しい谷が切り込んでいる。白い雪と青い空と削られた岩壁が作り出す美は、自然の中でもひときわ尊厳な感じがする。

**三月一五日**　東大社会情報研究所とブリティッシュ・カウンシル主催「カルチュラル・スタディーズとの対話」シンポジウムで「現代日本におけるエスニシティ、ジェンダー、アイデンティティ」と題する発題講演（キーノートスピーチ）をおこなった。英国のスチュワート・ホール氏がもう一人の講演者であった。私は、カルチュラル・スタディーズについて知らないまま講演を引き受けたので緊張した。出席者はほぼ全て学者、研究者だった。私の話は社会運動サイドからのもの、研究とは異質のものと受けとられたかのようである。今回、その原稿を読み直してみたところ、戦後の社会・政治・文化運動の、一九九五、六年時点での総括と今後への展望や課題について要領のよくまとめていて、自分ながらなかなかよくできているのではないかと思ったが、長文なので、ここに入れることはできない（『「じゃなかしゃば」の哲学』に所収）。

**三月二五日**　清水慎三さんの『戦後革新の半日陰』を読み終える。清水さんは冷静で、状況を見通す力のある人である。自分と意見を異にする人や自分の主観的願望に反する現実を受け止めて見通しを立てる現実感覚を持った人だ。こういう人が政治の中心へ出ていたら日本の政治も、もう少しマシになっていたのではないか。

**四月一日** 沖縄タイムスから、知花昌一さんの楚辺通信所（通称「象の檻」）内私有地立ち入り要求が拒否されたことへのコメントを求められ、二点をあげて答えた。一点は、国家と国民の契約に国家が違背し、不法占拠状態を強権によって維持していることの不当性。この場合の警察力の使用は、法に基づかない暴力にほかならず、政府の私兵化である。第二点は、そもそも不法占拠状態が生じた背景には、沖縄県知事と県民の多数意志があり、たんに知花さん個人の立ち入りの是非だけではないこと。民主主義の原理に従うならば、日本政府は知花さんの権利を保護して米国政府に向って、その間の事情を説き、譲歩させるべきこと、以上を話した。

**四月二日** 毎日新聞に二風谷ダム湛水のコメントを求められ、過去の侵略の歴史の延長であることとダム工事差し止め裁判で敗訴したもののアイヌが先住民族であることが認められたことが新しい一歩であると述べた。この問題はジャーナリズムで大きく取り上げられ、世論を喚起するものとなった。

**四月三日** 久しぶりにドイツ語で、クラウディア・フォン・ヴェールホフ、ヴェロニカ・トムゼン、マリア・ミースの『サブシステニス・パースペクティブ』（自給自足の視点）を読む。思想的にラディカルな転換が必要であるが、それは、ヴェールホフのいうようにサブシステンスの哲学にもとづく拒否と抵抗と日常のあり方への方向ではなかろうか。

**四月八日**　村上信彦『明治女性史』全巻を読み終える。明治の女性たち、与謝野晶子や樋口一葉や相馬黒光についての村上信彦の筆は遠慮のない鋭いものであるが、芯は暖かい思いがこもっている。現代の古典の一つに数えるべき書物だと思う。

**四月一七日**　新桐生の大川美術館に、父が敬愛した画家曽宮一念さんの遺作展を観に行く。曽宮さんの作品は明るさと朗らかさが特徴で、印象が鮮やかである。常設展では松本竣介が収穫であった。モダニズムの影響が濃いが、実存的な自己意識が風景に投影されている。ベンシャーンのいいものもあった。明治、大正の日本の洋画は、西洋崇拝と国民国家としての興隆・侵略がプチブルジョアを育て、そこでの趣味と作家の画業とが手を取り合って進んできたことを伝える。しかし、明治最初期の洋画家、例えば黒田清輝などの眼差しはまだ清潔である。風景そのものには詩情がある。

**四月二九日**　有楽町朝日ホールで開催された水俣病四〇年の集会に参加する。日高六郎、原田正純、石牟礼道子、胎児性患者さんの加賀田清子、金子雄二、坂本しのぶ、長井勇、渡辺栄一といった人々の講演や談話があった。それぞれの話を感銘深く聴いた。

**五月一一日**　仙台の博物館での第五回「仙台・新井奥邃を語る会」に参加する。仙台博物館の新井奥邃関係資料を、工藤正三さんの説明で縦覧する。仙台の地域史研究のいろいろな人と会い、その研究の厚みと歴史を知る。

**五月一六日**　ウタリ協会総会を傍聴する。今年は、官房長官の私的諮問機関・有識者懇談会報告が出され、それを尊重する言明があったこともあり、アイヌ新法案の実現見通しが見えてきた年である。しかし、理事長選出に大波乱があり、野村理事長が落選し、元副理事長の笹村氏が当選したことで、会場は怒りの声に包まれたという（私は退席していた）。理事長更迭は、水面下での工作によるもので、権力を握り、組織を牛耳ろうとする人々の存在が浮き彫りになり、女たちを中心に怒りと叫び、泣く声が会場に満ちたという。

銀座でのコンサートの折、四〇年ぶりに映画『青い山脈』の主演女優杉葉子さんに再会する。

往事渺茫。「盛年重ねて来たらず、一日再び晨なり難し」（陶潜）

「寂寂たり、空郊の暮れ、復た少年の時に非ず」（王繹）

「往事渺茫として都て夢に似たり」（白居易）

「昨日の少年　今日は白頭」（唐許渾）

「皐月ゆふべ梢はなれし木の花の　地におつる間のあまきかなしみ」（若山牧水）

その後、杉さんとの交友が復活する。

「ゆく水のすべて過ぎぬと思いつつ　あはれふたたび相見つるかも」（小泉千樫）

**七月一二日**　小樽のペテルブルグ美術館を観る。レーピンが圧倒的に素晴らしかった。

たんなる写実ではなく、人生の真実を見つめる（洞察する）主体が絵に投映されている。「ヴォルガの船曳き」が圧巻だったが、トルストイ、ゴーリキー、ニコライ二世など肖像画にも傑作があった。文学、音楽、思想に連なるロシアの精神が躍動していると思った

**七月一八日**　チリ人のはだしの経済学者と称するマックス・ネーフの『外から内を見る―はだしの経済学経験』（英文）を読み始める。エクアドルでの経験の物語とその理論化である。おもしろい。

**七月二四日**　ケン・ローチ監督の映画『大地と自由』を観る。スペイン内戦を、国際義勇軍に参加したイギリスの青年の目を通して描いている。アナキストのPOUMと正統派共産党との内ゲバを含めて力強い映像でえがいている。こういう映画が今作られるところに歴史の継続性を忘れない文化風土があると言えるだろう。情熱と理想が暴力によって圧殺される物語は、二〇世紀の普遍的現実である。それを見据えた上で、情熱と理想をどう処理するか。それは次の世紀のテーマかもしれない。

**七月二五日**　大西巨人『神聖喜劇』第二巻で、干珠、満珠の両島が見える壇の浦の宿での、東堂太郎と恋人の愛の交歓をえがいたところは、性愛の記述、描写として天下の名品であると、あらためて感服する。

**七月三一日**　大西巨人『神聖喜劇』第四巻を読み始める。書中から、

「間花只合（マサ）ニ間中ニ見ルベシ　一タビ折リテ帰リ来タレバ便チ鮮（ウルハ）シカラズ」

「うちへいれなやはり野で見よげんげ花」

この頃、大西巨人『神聖喜劇』他の諸作品に親しむ。兵営内の人間像の緻密な書き分けが魅力であるが、田能村竹田をはじめとする近世の文人、儒者、詩人の引用も私にはたまらない楽しみである。文芸の快楽というべきか。また、作者の人間のえがき方——男女を問わず——の官能性も改めて感受する。

**八月五日**　大西巨人さんと対談する（『大西巨人文選』第三巻の巻末対話「倫理の根拠をめぐって」）。対談は楽しかったが、私にとっての成果という点では今一つであった。

**八月九日**　トニー・モリスン『ビラヴド』読了。私の二〇世紀小説アンソロジーの中の重要な一冊となった。ポリフォニックで、物語的で、全体の構成がしっかりしている。文体も感性豊かで魅力的であった。

**八月一〇日**　斎藤史『秋天瑠璃』より

紅葉散りまなかひ昏れて闇となる言ふもおろかのわれのゆくする
煌びやかに星座名を持つ天空に無名の風の一族の過ぐ
黒き車輪しだいにゆるく廻りて止むこれより「静」の界ゆくとして
衰へし尾羽に風のそよぐとき鶏の雄なることはさびしき
春の雨は蜜を含みて降るならむほとほと来て身をば緩めつ

**八月一九日**　丸山眞男さん死去。

**八月二三日から三〇日**　沖縄を六年ぶりに再訪する。国頭郡大宜味村の友人、照喜納圭さん宅に泊めてもらい、喜如嘉の集落を観、つぎに伊江島にわたり、阿波根昌鴻さんの平和資料館を見て、土の宿の木村浩子さんを訪ねる。

二五日に、今帰仁村歴史資料文化センターで学芸員の石野悠子さんに会う。

この文化センターは、建てられて六年、歴史はまだ浅いが、地域に密着し、民衆の生活（サブシステンス）の歴史に視座をしっかり据えていて、前に来たときにとても気に入ったところであった。

二六日、本部町備瀬の集落を訪ねる。集落全体がこんもりしたフクギのなかに沈んでおり、路地は深々とした並木に覆われている。つよい日差しから路地に入ると、ひんやりとした風がとおり、厚くつよい緑の葉に護られて、人に安らぎをあたえる「気」が流れていて、心が癒される。

二七日は、読谷村の知花昌一さんのプレハブの事務所に泊めていただく。夜には、東町ガジュマルの広場で、棒術とエイサーの予行演習が行われた。ホラ貝、太鼓、蛇皮線、かけ声、歌があり、棒を使っての試合、踊り。この行事に組込まれて、子どもが成人するまでに、部落の文化の体現者になってゆく仕組みが働いている。

二八日は、ウークイ（祖霊迎え）の儀礼があり、知花家の儀礼に加えてもらう。この日には、大田昌秀沖縄県知事が代理署名を拒否したことにたいする政府の提訴に最高裁判決が出された。米軍によって強制収用された土地の持主が拒否した調書への署名を知事に代理させようとしたのを知事が拒否したのである。判決は県側の敗訴であった。このニュースを読谷村で聞いた。

**九月三日**　岡本恵徳『現代文学に見る沖縄の自画像』を読む。好著であった。

**九月五日**　アメリカ軍がイラクを空爆する。イラク国内のクルド民族紛争にイラク軍が介入したことを理由にしたもの。

この秋、金石範『火山島』を読み継いだ。非常に面白く、大西巨人の『神聖喜劇』と金石範のこの小説が現代日本語文学の最高峰であると評価した。

**一〇月一八日**　オギュスタン・ベルクの『地球と存在の哲学』を読む。風土の倫理学といった趣のものである。大半は首肯しうるものの人間を徹底した理性中心主義的に捉えている点には異議を覚える。アニミズムを全近代の未開の思想と決めつけているし、先住民族と自然との関係も、その無力さゆえ、としている。その無力さゆえに保持され得た自然観との弁証法的関係は顧みない。

**一〇月二二日**　英文の『女性、環境、持続可能な発展——理論的総合に向かって』を読み終える。情報が豊富で、文書は読みやすく、主張も妥当であった。

**一一月三日**　キーロフ歌劇場東京公演、ショスタコヴィッチ作のオペラ『カテリーナ・イズマイロワ』を観た。オペラを観るのは初めてである。商人の妻が召使いと恋に落ち、その愛人と共に流刑に処せられるが、その途次、愛人が別の女に乗り換えたため、その女を川に突き落とし、自分も投身するという悲劇譚である。三時間の充実した時間を楽しめた。

**一一月九日**　金石範『火山島』第四巻を読む。重厚で悠揚迫らず、時間はあまり流れない。しかし、内容は緻密で、人物も内面の緊張と対人間関係の密接を伝える。済州島の四・三蜂起事件そのものよりも青年たちの姿の造形が中心に置かれている。

**一一月一六日**　金石範『故国行』を読む。済州島虐殺がまだ韓国の国家権力によってタブーにされていることがよくわかるエッセイであった。

**一二月七日**　「フォーラム'90」の年次大会に参加する。胎児の中絶や脳死の問題の議論を聞いて、自己決定権という権利論の文脈で解こうとすることの限界をはっきりさせるべきであるのを感ずる。リブの「産む産まないは女が決める」は、権利というジェンダー中立的な法観念に訴えていたのではない。それは決断して責任を負う実存的自由の告白であり、宣言であった。その垂直的次元を欠くと、エゴであれ冷静な打算であれ、価値意識を棚上げした身の委ね方と変わらなくなってしまう。米津知子さんが、七〇年代は「権利」の言葉では言えなかったが、いまは言える、とのべたのには納得がいった。つまり、実践的に切り開いたスペースを「権利」と名づけて国家や市民社会に認めさせるという筋がはっきりしているのである。

**一二月六日**　共同通信記者でキリスト者平和の会委員だった宍戸寛さんの告別式に参列

する。小川武満牧師の弔辞は「戦士」を弔う旧約聖書の言葉を引き、アジア太平洋戦争のさなかからの交友――宍戸さんは小川牧師を「生涯の師」と定めていた――、共に闘った反戦平和の歩み、キリスト者平和の会、べ平連、脱走兵への支援、小川牧師の独立教会への参加、と辿り、言々火を吐くように今日の日本の危機に対処し国家権力への抵抗を貫く姿勢を語ったもので、宍戸さんの死は個人にとっては終わりであるが、それは新たな始まりであると、ボンヘッファーを引いて結んだ。

私はこのように実践と人格とが合一し、毅然として自分の信ずる道を歩む姿にいつも一番感動する。話を聞きながらしばし流涕してやまなかった。

**一二月一五日**　小栗康平『見ること、在ること』より。

ピロスマニについて「無防備なまでに素直で、純真な一人の画家が、いかにグルジアという風土を一身に浴びて生きていたか、私は目が醒める思いだった。ある人間の表情が、歴史といってもいい、民族といってもいい、そうした大きなものに連なっていくことを、私は見せられた。ふだんは見ることができない、その時代にかくれている感情が、ゆっくりとうねるように現れてくる。その現れように、ゲオルギーという作家の表現があった」。

「民族、文化が混じり合っていくというのは全世界の予告であって、自分はそういう（感覚的な）合流を描きたいのだと、ゲオルギー・シェンゲラーヤは言っていた」。

「（ゲオルギーの映画は）人生はもっと穏やかなものであるはずといっている。民族と民族との間もまた然りである。むしろ、民族そのものを人間合流と捉える目があるからだ」。「画面に映っている人物や聞こえてくるセリフは表現の部分であって、全体ではない。この当たり前のことを、今はより深めていくことだという気がする。場の全体の感覚といったことをもっと大事にしたい」。

## 一九九七年

**一月一九日**　東京で開かれた「東アジアの冷戦と国家テロリズム」シンポジウムに出席し、徐勝さん、金石範さんらに会う。牧師で政治犯獄中一五年の朴聖焌(パクサンジョン)さんも来会していた。討論ではナショナルなものを否定しないでインターナショナルに主体をたてることについて考えるヒントがあった。

**一月二八日**　山内得立『ロゴスとレンマ』を読みはじめる。

**二月一六日**　栃木県小中町で、田中正造大学特別講座があり、谷中村遊水池化・廃村実行のキイパーソンであった、当時の栃木県知事白仁武氏の文書が公開された。白仁武の行為とその意義について、布川了さんの解説があり、活発な質疑がおこなわれた。公開された白仁武文書は極めて重要な内容を含んでいた。

**二月二一日**　台北(台湾)での白色テロ殉難者慰霊春祭と国際シンポジウム「東アジアの冷戦と国家テロリズム」に出席のため渡台。

**二月二二日**　台湾、韓国、日本から基調報告。日本は井上清さん。天皇の戦争責任を明確にする以外に、東アジア旧植民地侵略への戦争責任は免責されないし、日本国民としての責任も明確にはならないという原則を踏まえた発言だった。台湾からは政治犯だった林書揚さんが報告。韓国の歴史家の姜萬吉さん、沖縄の金城睦弁護士の米軍基地内の土地収用問題、徐勝さんがそれぞれ発言した。午後は四人の報告があり、そのなかでは沖縄の浦崎成子さんの報告が、シンポジウム全体をつうじてジェンダー問題を扱った唯一のものだった。夜の証言会は感動的であった。台湾の陳明忠さんが二度の投獄、死刑を辛うじて免れたことなど、波乱に満ちた半生を語った。ついで母が二九歳で反乱罪により死刑にされ、政治犯家族として路頭に迷い、貧困と差別のどん底の暮らしをなめた王暁波さん（台湾史専攻）の証言、韓国からは済州島の議会議員で四・三蜂起の遺族である金榮訓さんが四・三事件の被害調査について語り、光州事件遺族会会長の鄭寿満さんが、事件の犠牲者、被害者について報告、最後に沖縄の川満信一さんが戦後沖縄における思想・言論弾圧の経験について語った。

翌日は、開発経済、法、政治分野での専門家の報告があり、多くを学ぶことができた。夜は文化座談会。台湾の作家陳映真さんの司会で、パネラーは済州島の作家玄基栄、台湾の映画監督侯孝賢、沖縄の高良勉、そして私。

一九五〇年代に焦点を合わせ、各人の少年期、青年期を語らせながら聴衆の関心を引きつける司会がみごとだった。陳さんは、一九三七年生まれで、四八年二月二七日の白色テロ当時一〇歳。姉を銃殺され、毎日憲兵が、駅に処刑された人の名を張り出し、それを見て泣きくずれる人を見てきた。一九六八年、三〇歳の時に逮捕され、一九七五年まで七年間獄中で過ごした。

玄基栄さんは一九四一年済州島の生まれ。彼は私の年齢を聞いて、あなたと同年配の一九三一年生まれの青年は四・三事件で全滅して生きていない、と語った。それを聞いて、日本は敗戦後平和国家を標榜し、私たちは殺されることからは解放されたが、韓国では私と同じ年の若者が殺されていたこと、済州島に生まれていたら、私もいま生きてはいないということに衝撃を受けた。これも東西冷戦と日本の植民地支配が生んだものであることを自覚させられた。玄基栄さんは済州市の外郭にある村で生まれ、当時の六、七年間は村を離れ避難民として困窮の中で暮らした。私の文学は哀しみと貧しさと飢えと四・三の悲劇で成り立っている、と述べた。内面の深さを感じさせる作家であった。映画『悲情城市』の監督である侯孝賢さんは親しみを覚える人柄だった。高良勉さんは貧困だった少年時代を語った。一通り話がめぐったあと、もう二巡、発言の機会があった。私は朝鮮戦争、松川事件、メーデー事件を挙げ、一九七〇年代の自分の転身について話した。玄さんが済州島は内国植民地であったと告げたところから、台湾も沖縄も北海道もそれぞれ内国植民地であったことに照明が当てられ、話は近現代史のパースペクティブを得て、経験の個別性の合流点が示された感があった。終わってから沖縄の浦崎成子さんが「すばらしい夜だった。宝石のような夜だった」といってくれた。

**二月二四日**　白色テロルの現場訪問。最初の現場は、死刑に処せられた人の小さな墓が点々とある公営墓地の一角。兄を殺された人が執念で探し当てたのだとのこと。竹藪でおおわれていたところを伐って開いた斜面。その死刑囚を送るときにいつも歌ったという哀悼の歌が歌われる。

二カ所目は鹿窟という部落。ここは台湾共産党の根拠地で、国府軍が六週間封鎖して党員と村民を虐殺したところ。

**二月二五日**　シンポジウムは終わり、霧社へ行く。霧社事件のタイヤル族の遺児で、山の中の廬山温泉を経営している人に会い、作家の中村しずゑさんの聞き取りに同席する。

**二月二七日**　霧社事件後、六部族が移住させられた川中島を訪れる。記念碑やホーゴー社の頭領タダオ・ノーカンの墓を訪ねた。

**二月二八日**　帰国。

**三月二一日**　アイヌ新法案が国会に上程される段取りになったが、その内容たるや文化事業振興法のようなもの。ウタリ協会が作ったアイヌ新法案の内容は消え失せている。それに賛成するウタリ協会は、アイヌを結集して政治的経済的権利の獲得へと向かう力を失ったとみるべきであろう。同化の進展に流されるしかないのかも知れない。(一九九七年に既にこのように日記に書いていたことを、二〇一五年時点で読み、その見通しがどんどん進行していることを如実に感ずる。）

山内得立『ロゴスとレンマ』の、レンマの論理、肯定でもなく否定でもなく、不生不滅、不常不断、不一不異などの論理は、先住民がトーテムの動植物と自分とを二にして一であり、どちらでもあるという認識など、自然直観から生ずる思考ではなかろうか。

**三月二七日**　二風谷ダム裁判の判決がある。原告敗訴になったとはいえ、アイヌ民族を先住民族と認め、ダム建設におけるアイヌ地権者の文化共有権を無視したことを違法とした画期的な内容の判決であった。

一九九七年発行の唯物論研究協会編『唯物論研究年誌』第二号（特集・相対主義と現代世界――文化・社会・科学）に「場と自由――普遍的なものの行方をめぐって」という論文を書いた。

従来信奉されてきた普遍主義に対する批判を吟味し、具体的、多元的に普遍的であるものに不断に接近する過程的認識のための概念装置について考えた。

あらゆる普遍主義は歴史的に見れば特殊主義として限定されており、真理の言説は原理的に相対的であるという立場を採りつつ、その議論を前進させようとし、その具体的場として、まずフェミニズムの認識論をとりあげた。

認識論におけるジェンダー偏向に無自覚であった男性中心主義に対する批判は、男性のロゴス権力イコール人間理性一般の働きというパラダイムの差別性を明らかにした。また、ジェンダー、階級、人種（民族）の規定性を超越した認識の普遍的、中立的な主体の設定自体が、西欧の白人男性中産階級の権力支配と結びついたものであることが暴露され、認識論の領域も、権力の政治学から切り離された真理のサンクチュアリではなくなった。認識論へのジェンダー理論の導入は、知識と科学的言説のシステムが持つと思われる普遍妥当性へのラディカルな批判を含む。女性の身体は同時的に作用する諸権力関係のネットワークの見地からとらえなおされる。それは自然と文化が交差する場であり、そこは政治、経済、社会、文化の多様なコードが働く場である。その場における主体の獲得は目的によって統制されたプロセス（エンパワーメントとかエンタイトルメントなど）である。主体化の技術としてのジェンダーは、規律訓練の導入回路ともなり、性別アイデンティティの規範化としても作用する。従ってそれを揺るがすことが必要になる。それは、協議、ワークショップ、多様で異質な声と交響する、などのオルタナティブな政治文化の実践を求める。

身体は、システムとして組織されたものであるが、また歴史的、風土的、文化的に規定された特定の場所において生まれ、生態系によって支えられて時間の中で生きて死ぬ循環過程の中にある。その面への関心は、環境哲学という領域で探求されている。私の場合は、「風景」というカテゴリーを中心として考えてきた。風景は人間の知覚と行動の相関物であるが、主観に映る知覚表象ではなく、外部の自然が作りだしてきた文化の基盤に依拠している。人間と自然とのかかわりで歴史的に最も古く、最も基底的なものは、共同体的宗教的意味連関である。その連関においては、自然は霊を持つものとして象徴的意味を付与されていた。私は、この原初的基底的意味連関を想起することが、オルタナティブな文明を探求する手がかりになると考えている。このことは先住民族の自然観に接することによって深まってきた。

場としての身体、同じく場所としての風景を論ずると、「場所」の論理が問われなければならなくなる。山内得立は『ロゴスとレンマ』で、大乗仏教の論理として「レンマの論理」を取り出している。レンマの論理は具体的、直感的な理解の仕方の論理であるという。人間の思惟には、肯定、否定、肯定でもなく否定でもない、肯定でもあり否定でもある、この四つの場合があり、その中で、三番目の両非の論理が重視される。この論理は因果関係の否定としての絶対否定であり、「縁起」の関係となる。縁起の関係は常に相互的である。全てを縁起において観想する立場は、世俗の関係を超脱した絶対否定の「空」として世界を把握する立場である。世界はもろもろの実体から成りその背後には普遍的な本質が存在しているという把握に対して、世界は相互依存の網とその結び目から成りその背後は空であるという把握のほうが、いまではリアリティを持つと思われる。しかし、東洋の独特の論理として取り出された「レンマの論理」は、世俗の超越へと向かうための論理であった。それを現世の実践哲学の論理として活かすことが必要である。

私は民衆運動と哲学・倫理学との往復の中で、民衆運動から学んだことを思想化しようと努めてきたが、この論述の結論としてのべたことは、東京国際空港（成田空港）に反対する農民たちが発した「児孫のために自由を律す」という文書に、現代社会が顧みるべき思想が含まれているということである。この文書はいう。現代社会の最大の課題は、私たち世代が「自らの自由を律する」ことができるかどうかである。自分たちの自由を律する断念の思想によってこそ相互の信頼が可能になる。私たちが、地球環境の危機認識に基づいて、自分たちの自由に発揮できる能動性を欲望の抑制という方向に向けること、そこにこそ現代の自由のフロンティアがある。

**八月一日**　テッサ・モーリス・スズキ「他者性への道——二十世紀日本におけるアイヌとアイデンティティの政治」論文を読む。「蝦夷の光」をよく読んで、アイヌが「民族」としての自覚を危ういながらも保ってきた姿を析出している。

八月二〇日付けの朝日新聞夕刊の、加藤周一「夕陽妄語」は、インドの大詩人ラビンドゥラナート・タゴールをとりあげている。彼からまなぶべきこととして次のようにいう。

「力の不均衡はかつての英国とインドの場合にかぎらない。また必ずしも植民地帝国主義の形をとるとはかぎらない。しかし、その不均衡がつづくかぎり、弱者の側にも有利な面がある。強者が相手の文化から学ぶことはほとんどない。しかるに弱者は、すべての他文化から学ぶことができる。もし弱者が従属的立場に甘んじながら、文化的鎖国に傾くとすれば、それは自己欺瞞にすぎないだろう」。

**一一月四日**　金石範『火山島』第七巻を読み終える。作者の気力をふりしぼっての筆致に心をうごかされる。最後は民衆蜂起が凄惨な虐殺の中に鎮圧され、主人公の李芳根は友を救い出した後自死する。読み終えて一つの世界が閉じられた感がある。この小説を読んだことは、私にとって生涯の大きな事件だと言える。

**一一月一四日**　フィリピン、ネグロス島のベン神父の話を聞く。ベン神父の父は抗日ゲリラだったという。貧困のなか高校を出て神学校に学び、一九六〇年代末の社会運動の高揚のなかフィリピン共産党に入党する。山中の解放区や都市での非公然活動をし、一九九四年に逮捕された後、共産党を離党し、反主流派に属しながら公然活動に移り、農民の生産共同体運動の実践に入る。神父職にも復帰している。いまはバコロド市の都市労働者の運動に力点を置いているとのことだった。

**一二月二一日**　沖縄名護市の市民投票で建設反対派が勝利する。政府の成り振りかまわぬ介入をよくはねのけたもので、沖縄の住民の意思と志に敬意を抱く。

**一二月二〇日**　韓国大統領に金太中氏が当選する。

## 一九九八年

昨年は、母の介護で、習志野と札幌の二重生活の苦労が絶えなかった。九八年の二月下旬に、小樽に家を借り、五月一二日に、母を連れてきて一緒に暮らすことにした。これで落ち着いて暮らせると思ったのだが、九五歳になる母を住み慣れた家からなじみのない北の国に移したのは精神的身体的に無理で、五月二四日に亡くなってしまった。

**二月一九日** 信州上田市にある戦没学生画家の作品を展示する「無言館」を観る。絵は技巧的には物足りないものが多いが、切実な、切迫した存在と心情を写していて、響く肉声が感じられる。芸術の原点につながっていて惹きつけられるものがあった。

**三月二九日** 野口体操の生みの親、野口三千三さん死去。『原初生命体としての人間』に大きな影響を受けた。レッスンにも参加したことがある。娘の花崎攝が推されて野口体操教室を受け継いだ。真宗大谷派名古屋別院から、私のブックレット『世話と共感の文化』(人生講座による)が刊行された。母の介護の経験とその間に学んだことを中心にした講演録である。女性は、育児で幼児の必要に応じることを優先させる経験を積むが、男性は、従来、仕事以外の日常の時間を自分の必要によって使うことに慣れてきた。家へ帰れば自由な時間を享受できた。介護を担うということは、まず、時間の使い方で、介護される人の必要に応じることが優先する。そこに日常的な男女差別があることを自覚させられる。介護者の対応によって、どれほど介護される者の気持や表情がよくなったり、悪くなったりするか、ということを教えられる。自分の経験以外に、内外の映画や文学作品からもいろいろ教えられたことなどを語った。そして、これからの社会の真剣に取り組むべき課題として高齢化の問題があり、この問題を人間関係の広く深い問題領域と考えるべきではないかと結んだ。

**六月二七日**　ピープルズ・プラン研究所正式発足シンポジウム開催。主題「越境する民主主義とその主体」。

森崎和江『いのち、響きあう』を読む。「自己を表現するとは、自己の主張だけではないのである。そのからだから内発しつづけるエネルギーは、権利主張にとどまらない。それは、身近な他者の存在を、まず受けとめる働きと共存してこそ、機能するエネルギーなのだから」。

「生者と死者との関係には、『文明の発生以来の文化が個を越えて沈潜して』おり、わけても日本は、民族の成り立ちも、国家のありようも、死者供養を政治の骨格としてきた。いまだに死者とは何なのか、死者と生者との対応はどうあれば安らかなのか、国家としても民族としても個人としても、その道は見えているとはいいがたい。あいまいなまま。せめてじりじりと祭政一致から死者を解放しようとしている途上である」。

民衆の日常生活の場で思索する姿勢で目配りを利かせた内容であり、その場を高みから批判したりしないが、自分の本音の主張はしっかり述べている。独自のエコフェミニズム思想といえるのではないか。

**八月三日**　『いのち、響きあう』とあわせて、森崎和江『地球の祈り』を読む。最近の読書の収穫である。森崎は、詩人であり思想家である稀有な存在だと思う。

**八月二〇日**　韓国済州島でのシンポジウム「東アジアの冷戦と国家テロリズム」に参加する。

**八月二一日**　開会記念演説は、東チモールのノーベル平和賞受賞者、ホセ・ラモス・オルタさん、それから田英夫さん（日本）、午後のシンポジウムでは、新崎盛暉さん、林書楊さん（台湾）、羌禎求さん（韓国）。林書楊さんの「台湾白色テロから見た日米の対中国政策」は、一九五〇年から六〇年の台―日関係、台―米関係の歴史的分析が中心であった。この分析にもとづいて、林さんは「台湾五〇年代の白色テロルは大陸で起こった第二次大戦後の国共内戦の延長線上にある」と結んだ。羌禎求さん、「アメリカの朝鮮半島戦略と朝鮮の分断――4・3抗争を中心に」は、一九四五年八月一五日の解放が、権力の空白をもたらしたこと、社会主義指向が民衆のつよい選好であったことを述べた。

第二主題「冷戦体制の暴力と東アジアの女性」は、韓国、台湾、沖縄の性暴力の具体的事例を中心にした報告であった。性暴力とレイシズムとの関わりの分析、台湾の「白色テロと女性」、韓国の「光州五月の民衆抗争と女性の体験」、沖縄での日常的な暴力と人権など具体例が生々しく語られた。

二三日も一日中、報告がつづいた。二四日は、虐殺の跡地など現場へのバス旅行。漢拏山（ハルラ）がよく晴れて見える。「百祖一孫の地」で詩心が動き、短い詩を作った。

## 挽歌　済州島（チェジュド）「百祖一孫」の地にて

土に溶けた　草茂る野の
死者たち
葬ることも許されないままに

だれもがいつかたどる道
昨日今日とは思わなくとも

だがここ済州島で
死者たちは
撃ち殺され　刺し殺され
投げ捨てられ

小さく盛られた土の下に眠る
真新しい「百祖一孫」の碑

いつになく空は澄みわたり
とおく漢拏山（ハルラ）が
ながい裾を引く

赤とんぼが舞い
涼しい風が吹き
草匂う野はしずか

---

一九九八年八月　済州島での人民蜂起と虐殺から五〇年目の記念行事に参加して

この「百祖一孫」の地は共同墓地で、一九五〇年朝鮮戦争勃発後殺された一三二名の死者を祀っている。

記念集会には、金石範さんに特別にヴィザが出て、金さんは事件後初めて来島し、集会に出席し挨拶された。

**九月五日**　堀田善衛さん逝去。享年八〇。私は初期の作品以来の愛読者であった。特に晩年のモンテーニュを描いた『ミシェル　城館の人』を愛好した。愛惜の念に堪えない。

**一〇月一日**　「思想」八月号のA・ファルジュ「苦しみについて」論文は、歴史学に「苦しみ」

や「痛み」の言葉や表出に場を与えるべきことを説いていて、注目した。

「……歴史は、ほとんどの場合、苦しみを生む事件によってそのリズムを刻むことになるのだが、それにもかかわらず……苦しみそのものについては語ることも表明することもなく、苦痛を表明する言葉やその周囲に生まれる言葉を吟味することもないというのはなんたる逆説であろうか」。

「苦痛が――実に多様なしかたで――表明されるときとは、秩序と反秩序、暴力と被害妄想、憎悪と欲望がうごめきぶつかり合う、張りつめた緊張関係が顕わになる時なのだ」。

「痛みという身体的または情動的な感覚は――悲しみという感情と分かつことはできない――世界との関係の持ち方の一形態である。この意味で、痛みは、ある社会の文化的、政治的、感情的、知的風景の一環をなしている。このようなコンテクストが傷みの受け入れや拒否を決し、時に傷みを激化させ、また時に癒しの手をさしのべるのだ。社会史は、このような不断に変化する動きのなかでつくられるのである。痛みは不変の要素ではないし、ある状況に伴う不可避の結果でもない。それは時や状況に応じて変わる。世界における存在のしかたの一形態であり、その意味で、表明されることもあれば、反対に抑圧されることもあり、排除されるかと思えば、大声で求められもし、否認されることもあれば、他者を魅了することもあるのだ。社会的政治的状況によっては、それは強く抑圧され、しばしば聞くに耐えない苦しみの言葉は禁忌の場、すなわち強いタブーとなることもある。実際、ある社会は、その歴史の一時点においてそこに生きる人びとの苦しみを表現するしかたを大きく左右する」。

「今日にとってなんらかの意味をもち、『真実なるもの』de la vérité をもたらす歴史叙述とは、語られた痛みという侵入者を受け入れる任に耐える叙述であろう。その場合、情念は、それを認識と知の道具として用いるならば、探求の足枷とはならない。情念は、ものの上面を覆い平板にする安化粧といったものではなく、驚きの状態にある知性 l'intérigence であり、それ自体、吟味され秩序立てられるものなのだ」。

**一〇月二日**　「日帝三八年の」と紋切型で語られる植民地支配の歴史をどう受けとめ内面化するかについて、これは日韓双方にとって作業方法や内容はちがうが、どちらにも必要である。内面化されないと葵の御紋のようになり、お互いが絶対の正義——無条件の叩頭という図式にはまってしまう。前提条件として、日本国家の正式の態度表明（謝罪）と補償が必要であることはあきらかである。そこへ向けての努力抜きには発言の資格はないといってもよいが、その努力とはどう表明され、どう評価されるべきか。「日本人として」と言うこととあわせてじっくり考えたい。

**一〇月二五日**　杉原達『越境する民——近代大阪の朝鮮人史研究』を読む。文章がきれいで達意。大阪と済州島の交流における在日朝鮮人史について教えられる。

**一一月二三日**　沖縄、普天間基地の名護東海岸への移設案が動き出した。

**一一月二六日**　沖縄での二一世紀東アジア平和と人権沖縄大会（第3回シンポジウム）に参加する。記念講演は大田昌秀さん、そして韓国、台湾、日本の代表挨拶。日本は井上清さん。老いても志は高く、意気盛んに原則と道理を述べた。そのあり方に感銘を覚える。

**一一月二七日**　フィールドワーク。嘉数高地（激戦地）、嘉手納基地、シムクガマ、象のおり、辺野古、と南から北へ大移動。

**一一月二九日**　殉難者、社会運動家の多数の証言があった。なかでは駐韓米軍犯罪と女性についての報告、台湾での戦争と性産業についての報告などに注目した。知花昌一さんの民宿「ぬーがやー」に泊まり、プリモ・レーヴィの作品集『周期律』を読む。硬質の文章だが、詩情豊かですばらしい。

**一二月二日**　名護市役所前での普天間基地のキャンプ・シュワブへの移設反対の坐り込みに参加する。

**一二月四日**　辺野古の移設反対の本部を訪ね、八七歳の嘉陽宗義さんのお話を聞く。眼光炯々とし、語勢強く、語られる内容は独自の思想に満ちていた。自分たちの反対運動はあくまでも礼儀のある、真心から発する、人の道を履むやり方でつらぬくのだ。祖先と子孫に一点の恥も覚えない生き方でつらぬくのだといわれた。深い感銘を受けた。阿波根昌鴻さんと共通する沖縄人の哲学を体現し、実行している人であった。名護市郊外久志（くし）の「海と風の宿」に泊まる。

**一二月五日**　プリモ・レーヴィ『周期律』より。

「ファシズムは……働くものに無理強いし、他人の労働を搾取するものに抑制のない利益をもたらし、物事を自分の頭で考え、他人の奴隷になりたくないものに沈黙を押し付け、体系的に計算された嘘をつく体制に基づいた、ある忌むべき合法性と秩序の守護者として、生成し、地固めをしたのだった。私たちのようにあざけりながら反抗してもだめだ。怒りにまで高め、それを時宜を得た組織的な反乱に導かなければならない」。

**一二月一〇日**　中国の現代作曲家タン・ドゥンの作品「門」の演奏を視聴する。作品は、「覇王別姫」の虞美人、「ロメオとジュリエット」のジュリエット、「心中天網島」のとく、三人の、いずれも愛のために死んだ女性が、天の裁き手によって、その魂の純なることと行為の高貴さのゆえに生命へと復活させられるストーリーであった。とても良い作品だった。

**一二月二一日**　ヤスパースの『戦争の罪を問う』を読み終える。非常に透徹した思索に感銘する。

**一二月二四日**　首相諮問の「経済戦略会議」中間報告が発表される。「日本社会が過度に平等・公平を重んじる」とされ、弱者保護が既得権維持であり、「平等と公平」に代えて「効率と公正」を機軸とした競争社会へ転換すべきだとしている。レーガン時代のアメリカの改革に追従すべきだというのである。貧富の格差の極大化、ホームレスなど社会的敗者の産出、環境破壊、サブシステンスのシステムの破壊である。

# 第11章　女性国際戦犯法廷

## 一九九九年

**一月二日**　渡辺京二『逝きし世の面影』を読了する。訪日外国人の目で、徳川時代の、いまは滅びた文明を想起するという策略は成功で、追慕したい社会と文明の姿がよく描かれていた。安定、平等、静穏、清潔と美、人心のおだやかさなど、外国人の観察記録を整理したものである。ただ、彼らの観察の裏側で、東北地方では度重なる大飢饉で、餓死する農民たちの累々たる屍があることを知らなければならない。このごろの風潮で、こうした回顧が日本文化へのナショナリスティックな称揚へ導かれるおそれがある。

**一月一三日**　ポーランドの女性詩人シンボルスカの詩集『終わりと始まり』を読む。とても気に入る。批評と思索が込められていて、こういう詩が私は好きだ。日本の詩人の詩は情緒に流れがちである。

**一月一八日**　哲学者元浜清海さん死去の知らせ。大事な人、敬愛する人だったので、残念でならない。

**一月二八日**　このところゴーゴリの『死せる魂』と『検察官』を続けて読む。とても面白かった。

**二月九日**　久野収さん逝去。

**二月一九日**　趙景達『異端の民衆反乱——東学と甲午農民戦争』を読む。重厚な大著であるが、読みにくかった。朝鮮の近代史の知識、社会、経済、文化についての基礎的素養が欠けているためであるが、著者の文体と思想も生硬で、読みにくかった。

**二月二八日から三月一四日**　さっぽろ自由学校「遊」の企画の現場学習旅行で、ソロモン諸島国マライタ島アノケロ村を訪問する。一週間にわたって太平洋島嶼の民衆の、質素だが森や海の恵みで生きる生活を現場で経験する有意義な旅であった。

**五月**　雑誌「みすず」の一九九九年五月号、六月号に「『脱植民地化』と『共生』の課題」上下を発表する。この論文は、加藤典洋の『敗戦後論』への異議を皮切りに、「脱植民地化」問題を「民族的自覚」という課題にからませて検討した。この論文は、以前に「世界」誌に書いた「現代日本人にとって民族的自覚とは」という論文の反省として、植民地宗主国の国民としての責任の果たし方は、民族的責任主体の再確立によってではなく、国民＝民族の同一化パラダイムを内側から乗り越え、「共生」のパラダイムを開いていく方向で行うべきだという立場をとった。そして、上野千鶴子の『ナショナリズムとジェンダー』における議論と「慰安婦」問題についての議論とを詳しく検討した。その延長上で、徐京植の加害責任を追及する発言の一部に異論を唱えた。

徐京植は、戦後日本国家の繁栄は植民地支配と戦争から得てきたものであり、その受益者であり、利権構造の中にいるあなた方日本人は、日本人として責任がある。これに対して、私は、それぞれの個人が果たすことができるのに果たそうとしない有限の個人の具体的責任の次元と自分の属する集団の、他の集団との関係における倫理的、道義的な責任という二つの次元をわけ、後者の次元での責任の引き受け方は、内面における責任の自覚として、生き方において担って行くべきものではないかと考えた。責任を感ずるかどうか、それは個々人にとって自由な選択であることを容認し、たとえ求めた答えとちがう答えを相手が選んだとしてもそれを許そうというゆとりのある場において、かえって人は問いかけを内面化し、そこで求められている事柄を自分の問題として考えようとするのではないか。そして、コミュニケーションのモードを変えることによって、個人の倫理感情への働きかけが強められるだろうとのべた。

これに対して徐京植は激しく反撥し、花崎は「答え方」について云々しているだけで、問いそのものには答えていないではないか、答える側が反省すべきことを、コミュニケーションのモードへの批判として投げ返すのは「奇怪に顚倒している」と批判した。その後、一度、会っては話し合う場がもうけられたが、そこでは、自分の問いに「真摯に受けとめ誠実に実践する」となぜ答えることができないのか、コミュニケーションのモードを持ち出すなど問題の回避以外ではないと糾弾された。この問いかけには、あらかじめ一つの正しい答えが予定されていることをさとった。そうであれば問題は〈思想方法〉の問題である。その思想方法は、正義の主張を教義化する方法に近づく。二〇世紀の反帝国主義、反植民地闘争の大義に立脚する実践からの反省として、理論的、倫理的に正しい唯一の答えを前提として、それに同調しないもの、あるいは態度を留保するものを、虚偽と不正義を擁護するものとして攻撃し、対抗暴力を正当化することがしばしばあった。対抗暴力を否定し非暴力に立脚した運動を原則とするならば、課題を内面化し、悩み、考え、判断するプロセスに位置づけて答えを探る営みを欠くことはできない。それは「良心の自由」に基づく内発的な決定回路に課題を取り込むことである。

私はかねて徐京植に親愛の気持ちを抱き、友人とすべき大切な人と考えてきたので、この反撥に驚愕した。友人と思うからこそ率直な異論が聞いてもらえると思ったのであり、彼の議論の趣旨内容に関して反対したわけではなかった。しかし、私の言いたかったことは通じず、私はこの論文を書き直し、正義の教義化という論点を付け加えて『〈共生〉への触発』（みすず書房、二〇〇二年）に収めた。

**四月一七日**　パルク自由学校主催「鶴見良行の国境の超え方」シンポジウムに参加する。

---

### 終の栖

その斜面からは
小樽の港が見渡せる
西を見れば　柔らかな山並みのカーブ
画仙紙に　筆でひと掃きしたような

薄墨色の冬景色
夕日が沈むと
街に黄色い灯がともる
ここで　残生を送る
心と体が　ここだよと
教えてくれた　林のきわ

心残りはあるけれど
土と草にふれながら
鳥のささやき　春の風の愛撫に
身をまかせよう

## 瀬嵩の浜で

この入江と集落の　静かな時間
右手に　米軍海兵隊基地　キャンプ・シュワブ
その岬の先に　普天間基地を移そうという

私の怒りを　だれも奪うことはできない
だが　それがひとときの気分として消えてしまえば……
手紙を書いた　稲嶺恵一沖縄県知事に
それは読まれずに　屑かご行きかもしれない
どうなっても見届けられない
五〇年後には私はもういない
ひたすら　心を込めて
願うしかない
思いを伝えるしかない

---

**一一月二六日**　沖縄での第三回国際シンポジウム「二一世紀東アジア平和と人権沖縄大会」に参加する。記念講演大田昌秀「基地のない平和な沖縄を目指して」、「基地・軍隊と沖縄の女性運動」（高里鈴代）、「沖縄の米軍基地と環境破壊」（宇井純）、「戦争と性産業——台湾拓殖会社資料档案を中心とした考察」（朱徳蘭）、「良心を守って——私の場合」（姜勇州）。私には、朱徳蘭、姜勇州両氏の報告が心に残った。

**一一月二七日**　フィールドワーク。激戦のあった嘉数高地から辺野古へめぐる。

**一一月二八日**　報告討論。一〇人の報告があった。梶村太一郎（ドイツ在住）の「『ポスト冷戦言説』と日本型歴史改竄主義」が東ドイツの非暴力民主革命の実際を語った。石田米子の、日本軍が中国末端の村で行った性暴力の調査報告は概念的把握ではつかめない事実を伝えてくれた。沖縄からは我部政明、安仁屋政昭、又吉盛清の三氏。夜は国際文化交流祭。私には石垣金星氏の静かな民謡が心にしみた。

**一一月二九日**　受難者、社会運動家の発言が主なプログラムであった。「一九五〇年代の沖縄」（国場幸太郎）、「アイヌ民族の歴史と文化」（貝沢耕一）、「駐韓米軍犯罪と女性」（鄭柚鎮）、「一九四八年在日朝鮮人たちの4・24阪神教育闘争」（金慶海）、「台湾少数民族闘争史」（胡徳夫）、「朝鮮戦争と捕虜問題」（町田忠昭）。

**一二月一日**　シンポジウムを終え、読谷村の知花昌一さんの民宿「ぬーがやー」に泊まる。プリモ・レーヴィの『周期律』をふたたび読み始める。硬質の文章だが詩情豊かで、真の文学に触れる思いがする。かつて家を借りて住んだ、長浜の新垣かまどおばあに会うことができて嬉しかった。名護に向かい、名護市役所前で、普天間基地をキャンプ・シュワブ併設する計画に反対して座り込みをしている人々にあいさつする。終えて大宜味村の照喜納圭さん宅に泊めてもらう。

**一二月三日**　今日はゆっくり遊んで過ごす。猫が六匹、犬が二匹、兎が一匹、山羊一頭、鶏三、四百羽がいる。圭さんの焼きもの作品を見せてもらう。

**一二月四日**　辺野古の普天間基地移設反対本部をたずね、八七歳の嘉陽宗義さんのお話を聞く。ヘリポート建設阻止協議会、命を守る会相談役、ジュゴンの会代表である。眼光炯々、語勢強く、語られる内容は独自の思想に満ちていた。自分たちの反対運動はあくまでも礼儀のある、真心から発する、人の道を践むやり方で貫く。祖先と子孫に一点の恥も覚えない生き方をつらぬくたたかいだと、阿波根昌鴻さんと共通する沖縄人の哲学を体現し、実行している姿に感銘を覚えた。

## 二〇〇〇年

**二月二三日**　中国での日本人戦犯の「認罪教育」の本を読む。回心としての反省が生ずるのは、懲らしめによってではないし、単なる弾劾によってでもない。中国革命の大義である「人民」という普遍的、超越的な価値、その体現者としての共産党、さらにその中央である毛沢東。周恩来の指示という「第三者の審級」が設定されたために、個人のエゴイズムやルサンチマンが抑制され、昇華されて、収容所が人間愛を実行する場所となった。周恩来の思想、方針が果たした役割が大きい。

**三月一九日**　田村紀雄『川俣事件――足尾鉱毒をめぐる渡良瀬沿岸誌』を読み終える。名著である。

**四月一七日**　私の田村紀雄『川俣事件』の書評が、昨日の北海道新聞に掲載される。重要な本なので転記しておく。

「一九〇〇年（明治三十三年）二月一三日朝、渡良瀬川流域の村々から集まった約三千名の農民たちが、足尾銅山が排出する鉱毒の停止を議会、政府に請願するため東京をめざして栃木県渡瀬村雲龍寺を出発した。

この被害農民の生活と行動に寄り添う足尾鉱毒事件の歴史を読むと、現代の公害問題でも民衆が決意して反対運動に立ち上がるときには共通に基層文化を想起することがわかる。石川県七尾火力反対の漁民は『一心一向　南無阿弥陀仏』の白旗を掲げたし、水俣病患者たちはご詠歌をうたいつつチッソ本社への抗議行動に出かけた。この本は民衆史、社会運動史についてさまざまな連想や発想を誘う名著である」。

**四月二〇日**　小樽市の「広報おたる」四月号に掲載された、公衆浴場での「外国人入浴お断り問題」についてのお知らせに対して疑問と意見を文書にして送る。趣旨として、この事件の本質が住民の外国人差別意識をどう克服するか、自分たちと違う姿、形を持って人々を、怪しい人、何か悪いことをする人と決めつけ、差別し排除する差別意識が力を得てきているこの頃、公共のルールやマナーを言うのであれば、まず、真っ先に「外国人お断り」を掲げた入浴施設の公共性の欠如を厳しく批判し、その公序良俗違反を責めなければならないのに、市当局は及び腰であることを指摘し、市行政当局が、人権意識の啓発に消極的であることを批判した。

## 四月二三日

### 新しい家

木の香がかぐわしい新しい家
海からの登り坂が一段と急になったところ
うしろは林　高い石垣の上の三段にわかれている土地に
港が眺めわたせる家ができた
急勾配の三角屋根　横腹には大きな窓がならぶ
天窓もついている
入り口を入ってすぐの階段を上ると
天井まで吹き抜けの土間があり
正面の広い窓から　港を出入りする船が望める
三階からは春香山のなだらかな稜線が見え
夜には月と星が仰げる
裏の土地は笹の根を掘り　蔦や茨を切って畑にする

冬には薪ストーブを焚こう
ここで本を読み　原稿を書き
丘や林を散策しよう
神様　あと十年　そういう時間をください

自分のことばかりは考えません
日本という名のクニが　どんどん
病み腐っていくのに　抗います
足腰がおとろえたら
せめては紙つぶてを投げて

**五月五日**　裏庭の老木を伐る。

## 親密な場所

メキシコの先住民族ヤキ族のメディシンマン
カルロス・カスタネダが教えてくれた

「ここだ」と感じられる場所を
自分のからだで触れながら探せ

林の真下　百坪ほどの裏庭
振り返れば日本海
笹を刈り　茨を払い
つたをまといつけた　老木を伐った
ひとつの根から二本の太い幹を伸ばし
崖から下へ傾いていた
鋸が端に近づいたとき　二本とも
心にしみる音を立てた
「ギギギギ　忘れるなよ　ここにわたしらが生えていたことを」
この一隅に安らぎをおぼえる

ここであたらしいいのちを育もう
アイヌの魔除けの木ナナカマドを植えよう
ひょろひょろの白樺を太くしよう

鋭いトゲを持つアカシアは一、二本残そう
ヨモギ　フキ　ミツバ　ドクダミ
エゾエンゴサク　ウルイ　オオアマドコロは
いまの場所で元気に暮らしてくれ
ライラックは場所を移させてくれ
イタドリはふえすぎるが　初の新芽の
爽やかな酸っぱさを　サラダのために重んじよう
鳥たちが実をついばめるサンナシの木も大事だ

ここにトウキビを植え　イモを蒔き
日々の食卓を大切に暮らそう
トンビの歌うのを聴き
カモメのたのしげな舞を眺める幸せを讃えつつ
残りのいのちの時間を楽しもう

---

**六月一五日**　南北朝鮮のトップ、韓国の金大中大統領と北朝鮮の金正日労働党委員長との歴史的な会談が行われた。東北アジアの冷戦体制が幕を閉じる一歩である。この偉業に

比べて日本の政治が矮小であることを思う。次の時代のこの地域の平和や民生についてのヴィジョンの欠如をこうした機会に見せつけられるのはやりきれない。

**六月二八日**　沖縄での「国際シンポジウム」に出席のため那覇におもむく。

**六月三〇日**　国際会議冒頭の基調講演は、フィリピン大学教授のウォルデン・ベロー「アジア太平洋地域で公正で、全面的、かつ持続的な平和を」と武藤一羊ピープルズ・プラン研究所代表の「平和、安全保障——私たちの再定義、彼らの再定義」の二つだった。

武藤報告は、「グローバル化」プロセスと米軍事戦略との結びつきに焦点を当てた。結論的に言うと、「米国の軍事戦略は、多国籍資本による世界の経済的、社会的、文化的支配の防護壁であって、この多国籍資本の利益は、米国の国益と同一視されている」とし、米国の東アジア太平洋戦略の「形成し、応答し、準備する、総合的関与」という再定義を分析し、冷戦後の覇権システムの特徴を示した。これに対して民衆の安全保障は、「非軍事化」「民衆による安全保障」、そのための越境民主主義、民衆の水平的な結びつき、過去の不正義の清算などのプロセスをつうじて現実化をされるという見通しを語った。

全体集会1は、「沖縄——軍事主義に対する闘い、人間の尊厳への闘い」。新崎盛暉「沖縄の反基地闘争——その歴史と現状」、安里英子「米軍政下に見る子どもと女性の人権」二氏の報告。安里さんの結論は、まだまだ事実が隠蔽されたままであること、その発掘が重要であるということであった。

午後は、「アメリカの軍事戦略とグローバリゼーション」が主題であった。韓国の女性研究者リ・ジュン・オクさんは、「北東アジアの平和建設における市民間連帯の可能性」について報告した。彼女は、慰安婦問題によって国境を越える市民社会間の同盟が実践されていることを指摘した。注目すべき観察は、第二次世界大戦後の、民間人＝市民に対する戦争犯罪の被害者が国家に対して真相究明、謝罪、補償を求める運動が、クロスボーダーの連合や呼応、連鎖反応を引き起こしているということである。一九五〇年四月三日の朝鮮ノグンリでのアメリカ兵による市民虐殺はアメリカ市民が見つけ出したし、ベトナム戦争中の韓国兵士によるベトナム民間人虐殺は、ホーチーミン大学の学生が発掘した。彼女は結論にこう述べた。

「植民地時代の遺物と冷戦の残存物から築かれてきた現存の国家秩序に住民の直接参加型民主主義によって干渉する可能性は、既存の権益に縛られていない地方自治やＮＧＯにある」。

平良修さんは、沖縄地上戦の住民歴史に刻印された最大の教訓は、「戦争と軍隊への拒絶」であり、この歴史意識はいまも風化することなく「魂の一番深いところ」に残っている。沖縄県民の心底の要望は「万国津梁（しんりょう）」の名誉ある地位を取り戻すことである、と。短いが力強い思想的表明であった。

**七月一日**　「民衆の側からのアジアの安全保障の枠組み作り」と「民衆の安全保障とオル

タナティブの実践――概念編」が主題であった。

インドネシアのメラー・ブディンアンタの報告「女たちは軍国主義的安全保障を打ち返す――アチェの女性たちの例」で興味深いものだった。アチェの女性たちが創設した「アチェ女性会議」は、四百年の沈黙を破ってアチェの女性たちが自分たちの問題や権利について公的領域で語っただけでなく、生命を狙われているにもかかわらずそうしたという意味で歴史的な事件である。この会議を成立させるために、地域的な対立の壁を乗り越えることの困難、男性優越主義、家父長制の壁を乗り越えることの困難がきわめて大きかったことから、今後に向けては女性だけではなくできるだけ多くの社会的諸勢力を結集した戦略的な連合の形成が必要である。彼女の報告は、差異を尊重する共生への優れた実践であり、提起であった。

午前中の「民衆の側からの安全保障の枠組み作り」では梅林宏道さんの「アジアの安全保障の現在の枠組みとオルタナティブ」は、米国の軍事戦略について次のように述べた。二一世紀の米軍事戦略「軍事問題革命」は、これまでよりも多くの兵力を「海」に分散配置し、「海」から投入し、「海」を通して補給する戦略であり、米軍の前進配備に伴う国家主権の摩擦を軽減しようとするものである。彼は、新しい枠組への基礎作業として、①共通の安全保障への協調的アプローチ、②世論の結集軸としての核兵器廃絶を挙げた。

最後に、全体集会で宣言が熱い議論になった。

## 七月六日

# ルカちゃんへの手紙

ルカちゃん
ハナおじいは　ヤンバルに来ています
東の海が見える丘に登りました
キャンプ・シュワーブが遠くに見えます
イタジイの森があふれるように盛り上がっています
目に痛いばかりの緑のすぐ向こうは
ルカちゃんがいる大宜味村です

毎日うさぎの黒と遊んだり　絵本を読んだりしていますか
ケイかあさんは　展示即売会のための
陶器作りに忙しいでしょうね
ヒジモウの父さんは　牛の世話
ルカちゃんも　やんちゃっぽいシーサーの置物を

また作っていますか

あなたがたの暮らしのかたわらに
新しい米軍のヘリコプター基地が計画されています
浜には　ハナおじいより
もっと年をとったおばあやおじいが座り込んでいて
基地を作ることに反対しています
ハナおじいも　反対です
沖縄は　いのちがあふれるところです
もうイジュの白い花は終わっていたけれど
ぬーがやーの庭に咲いていた
ゴールデンシャワーの黄色い花の房は
会議で疲れたおじいを慰めてくれました
長浜のカマドおばあの笑顔を見て
十年前よりもっと柔らかで
かわいくなったと思いました

ハナおじいは北海道に帰ります
そしてそこの自然にこもるいのちを
恵みとして暮らします
ルカちゃん　遊びにきてください

ヒジモウ＝髭もじゃ（沖縄語）
ぬーがやー＝読谷村にある知花昌一さんの民宿の名前

**八月二三日**　石牟礼道子『アニマの鳥』を読み終える。天草のキリシタン蜂起の世界へいざなわれる。無残だがなんとも美しく、「悲」に満ちた人々が立ち上がってきて、その世界に酔いしれるようであった。石牟礼さんの思想と文学が絶頂に到達したというべき作品に思われる。

**九月一三日**　春日キスヨ『介護にんげん模様』を読んでノートをとる。

**九月一四日**　プリモ・レーヴィ『休戦』を読む。とてもユニークな、いい作品である。

**一〇月八日**　高木仁三郎さんの死去を知る。享年六二。癌が直腸に転移してのことのようだ。こういう人は仕事を仕上げて、風のように去ってしまう。だんだん知己が鬼籍にはいるようになった。

一一月一六日　茨木のり子さんの詩集『倚りかからず』を読む。爽やか、毅然とした作品である。

一一月二一日　津和野を訪ねる。列車は中国山脈の山あいを走る。紅葉は終わりかけていたが、銀杏の鮮やかな黄色の葉と枝に残る赤い柿の実が秋の風情を示し、人家のない山あいをゆっくり電車が走るのに心を慰められた。津和野は、山に囲まれた、津和野川の両側の町である。街道の両側に落ち着いた家が並ぶ。森鷗外の旧居と記念館を見る。津和野藩主亀井慈監（これみ）は、国家神道の立場から明治天皇即位式案を作った人物である。

一一月二二日　杜塾美術館を見る。大庄屋の旧宅を生かしたもので、赤松の梁、欅の柱の太さ、立派さ、建築の巧みさ、庭園の結構などに感心する。町立の資料館では、キリシタン弾圧の歴史を示す三尺四方の檻などがあった。永明寺という寺を訪ね、鷗外の墓に詣でる。森林太郎の墓という字は隷書でセンスのない字だった。

一一月二三日　萩市内を見て回る。まず、松蔭神社へ。それから蠟人形で物語を仕立てた記念館、松下村塾など。記念館では、最後に山口県出身の歴代首相の人形が並ぶ。忠君愛国や尊王倒幕の英雄吉田松陰礼賛で気持ちが悪いし、窒息する。吉田松陰とは自己中心的で、観念的な猪突猛進の青年に過ぎないのではないのか。今日なら武闘派過激活動家と言って良いのではないか。

萩焼の茶碗美術館は楽しめた。萩城跡、武家屋敷、有名人の旧宅跡などは食傷気味になった。

**一一月二四日**　萩を出て長崎に至る。津和野、萩に比べて開かれた雰囲気にホッとした。日本の忠君愛国主義が嫌いであることを認識する。中国人や複数の西欧人が来て、住み着いた町であることが私にはホッとする要素であるが、それだけではないことをシーボルト記念館に行って発見した。私は無意識のうちで、母からさかのぼる石井宗謙とおイネの関係に親近の思いを抱いていること、そこからオランダに行ってみたいと思っているのだということがわかったのである。私自身、自分の学問を残生において個性あるものとしてまとめたいと思っていることは、母からの恵みにあずかってのことだとは常々思ってきた。シーボルト記念館に石井宗謙の名前を見つけ、シーボルト旧居跡を見て、この系譜を血筋としてではなく私自身のこれからへの新しい出発の自覚として記憶したい。

午後、長崎原爆資料館を見学する。記憶の復元とそれによる新たな想像、痛み、哀悼を味わう。この原爆投下を記憶し、反芻することは意義深い。

**一一月二五日**　佐世保での反戦運動の全国合宿に参加する。この間の、新ガイドライン下の米軍の日米、韓米の軍事演習とか、沖縄—岩国—佐世保という線での軍事戦略の強化が指摘された。

**一一月二六日**　午後、佐世保港の軍事利用の実態を見る。エセックスという兵員・武器の輸送揚陸艦四万二千トンを中心に、小型の船舶数隻が母港としている。こうして現場を見、話を聞くと課題の切実さがわかってくる。

津和野、萩は、長い歴史と文化が町の姿に現れている落ち着きがあった。しかし、その歴史と文化は同質的、閉鎖的な息苦しさを持っていた。陶器の美術館では、陶器の持つ時間が止まった静かさの形が好きだ。筆墨の作品も楽しむことができる。しかし、藩主、殿様、上級武士の書は、日常の暮らしが精神にとって抑圧であることを物語っているし、空疎で力んでいる。伊藤博文の書などはひどいものだ。権力の誇示、しまりのない欲望があらわになっている。僧侶の書には伸びやかなものがあった。鷗外の字は、いかにも秀才、緻密な知性を感じさせるし、流麗でもあるが、趣きには乏しい。不安と防御の態度のようなものが看取された。吉田松陰にいたっては、こういう人物とはとても付き合いたくないと思わせる、観念論者によくあるガチガチの字だった。

**一二月七日**　東京で、女性国際戦犯法廷の開会セレモニーに参加する。

**一二月八日**　戦犯法廷第一日。主任検事の論告、被害者ハルモニの証言、日本国家、日本政府の責任についての証言など、終日耳を澄ます緊張に疲れた。

**一二月九日**　国際基督教大学で国際シンポジウム「転換期の東アジア——共創の未来へ」に参加し、「今日のデモクラシー」というテーマのワークショップで報告する。韓国の市民運動組織「参与連帯」の朴元淳さんと一緒。

**一二月一〇日**　テレビで中国の現代作曲家タン・ドゥンの作品「門」の演奏を視聴する。

N響定期公演、シャルル・デュトワ指揮。作品は、虞美人（覇王別姫の）、ジュリエット（「ロメオとジュリエット」の）、とく（「心中天の網島」の）、いずれも愛のために自死した三人の女性が、天の裁き手のよって、その魂の純なることと行為の高貴さのゆえに生命へと復活させられるストーリーであった。とても良かった。

**一二月一一日**　女性国際戦犯法廷の国際公聴会を聞きに行く。沖縄の女性、ニカラグアでの米国人シスター、東チモールの女性などの証言に何度も涙が溢れた。

**一二月一二日**　法廷の判決の日であった。四人の裁判官による判決が読み上げられ、天皇ヒロヒトの有罪が宣告された。満場総立ちで、拍手！

感慨深い歴史的瞬間であった。そのあと渋谷までデモ行進した。

## 二〇〇一年

**一月二七日**　岩波ホールで、アンジェイ・ワイダ監督の映画『パン・タデウシュ物語』を観る。三時間二〇分余の大作。一八世紀ナポレオンの帝国建設期、ロシアの支配下にあったポーランド、リトアニアの村を舞台にしたアダム・ミツキエヴィッチの長篇叙事詩が原作である。在地の貴族同士の対立争闘とその中でのロメオとジュリエット的な美男美女の恋物語が絡み合って進行する。映画芸術の粋と言いたいような構成を心ゆくまで楽しめた。ワイダ監督の円熟の極と言いたい作品であった。

**一月二八日**　東京外語大で、徐京植さんとの対話の会。私たち二人のほかテッサ・モーリス・スズキさんや高橋哲哉さん、中野敏男さん、武藤一羊さん、天野恵一さんなどが参加。

いきなり徐さんから一七項目の細かい問責的な質問に逐条的に答えるよう求められ、予期しない進行にしどろもどろになる。約五時間、対話したが、「まったく納得できない」という徐さんの結語で終わる。

**二月八日**　宇沢弘文『社会的共通資本』を読む。面白く有益である。こういう構想豊かな学術論文に接すると、解放感が生ずる。

「民主主義の基本的な前提条件の一つに、人々が連帯して、相互に意思を疎通できるような制度であって、各人がそれぞれ内発的な関心と自発的な意向にもとづいて行動することができるような性向を持つということが必要とされている」。

さっぽろ自由学校「遊」の読書ゼミで、私が培いたいと思っているのは、こうした雰囲気と人の在り方である。

**二月一三日**　大西巨人の初期作品『精神の氷点』を読む。ドストエフスキーの影響が濃いという印象で、力業というべきものである。

**二月一九日**　ユーリー・バシュメットとモスクワ・ソロイスツのコンサートを聴きに行く。ショスタコヴィッチの「ヴィオラと弦楽のためのシンフォニア」が、非常に良かった。バシュメットは内面的な楽曲によく適う音色を持ち、表現もその方向に向いているようだ。

**五月九日**　アムステルダム行きの飛行機便で、ヨーロッパへ旅立つ。一一時間の飛行。シベリア大陸を横切る。大河が蛇行し、大地はまだ真白であった。バルト海からスウェーデン上空を通過し、デンマークを経て、アムステルダム・スキポール空港に現地時間の夕刻着。時差七時間。チェコ航空に乗り換え、プラハのズディニエ空港着は夜の八時半。プラハ郊外のホテル、ヴィラ・ベティ到着は一一時頃であった。言葉と文字には慣れないが、プラハの街の印象はなんとなく心落ち着くものがある。

**五月一〇日**　朝、散歩する。家並みは三階建の赤い屋根、落ち着いた配色で、庭には牡丹、芍薬が花盛り、優雅なたたずまいである。ホテル・ペートルに移り、日本語学校で先生をしている大梶優子さんと会う。活動的で品のある人。夜の教会での宗教曲の合唱コンサートに誘ってくださる。コンサートは、混声合唱と男性バリトンの声量のあるソロ。そしてバッハの受難曲ならエヴァンゲリストに当たる聖書の読み手による中世のコラール。中世スラブ語の歌詞である。声の響きが教会の高い天井と周囲の壁に響いて聴衆を包み込む。その高低の響きと広がりが耳に、というよりは体全体に沁みてきた。とても気分が安らぎ落ち着く。中世の人たちはこういう歌によって慰められ、心を満たされたのか。

人間の感性と宗教との結びつき、心と体とが合わさった知について考えさせられる。終わって夜道に、カレル城が美しく浮かぶ。街の美しさはたとえようがない。

**五月一一日**　快晴で新緑が眩しいくらいである。市電でマラーストラナー・ナム下車。

すぐにカレル橋に通じる小道がある。カレル橋の両側には聖人像が据え付けられている。ヴルダヴァ川のゆったりした流れと岸辺の緑が周辺の建物と調和して、歴史と文化の厚み、自然を取り込んだ都市づくりの妙を賛美せずにはいられない。建物は赤煉瓦や焦茶色の煉瓦が多く、石の壁はくすんで灰色のまだらである。はでに明るくはないが決して暗鬱ではない。

橋をゆっくりと渡り、旧市庁舎のある広場のレストランで昼食をとる。チェコビールは大人の風格があるというべきか、苦味がくどからず淡からず、だがしっかりと自己主張している。ビールをほめたたえながら昼食を楽しんだ。ポテトダンプリングという、ジャガイモをすってパンと合わせて蒸した、甘酸っぱい味付けのものが珍しかった。

今日も大梶さんが来てくださり、スメタナやドヴォルザークなどの墓のある教会墓地を案内してくださる。大梶さんは、チェコの歴史やプラハの文化に詳しく、建国の物語などを話してくださるので、とてもありがたい。プラハの旧城壁を歩きながら街を一望する。眼下にボルダヴァ川が流れている。岸はコンクリートで護岸していないので、岸辺の緑ととけあっている。

彼方にカレル城が見える。横への広がりが、高い塔を威圧的に感じさせず、ゆったりした風格の姿が陽に輝いて見事である。

ヴァーツラフ広場で、大梶さんがビロード革命と呼ばれた旧体制を打破し、改革へと向かったときのことを話してくださる。スヴォボダという新聞社のバルコニーから演説が行われた。そのとき数十万の人々がこの広場を埋めたが、集会が終わって窓一つ壊されず、チリ一つ落ちていなかったのには感動したと大梶さんが語ってくださった。

問わず語りに、大梶さんの個人史をうかがう。臨床心理の専門家で、今は日本語学校を経営している。五十代半ばの聡明な感じの人。文部省留学生でチェコに来てチェコの人と結婚し、医学生の息子とピアニストを目指している娘がいる。夫は医師だったが、今は離婚し郊外に家を持ち、一人暮らしをしている。

ヨーロッパ旅行の最初の地をプラハにしたことは、なかば偶然とはいえ大梶さんという人にも出会え、ほんとうに幸いだった。

**五月一二日**　今日はカレル城を見学する。ケーブルカーに乗り、城壁を経て教会などがある丘の上から城へ下る。丘の上からのプラハ市一望の眺めが素晴らしい。午後は街を散策する。

**五月一三日**　旧ユダヤ人居住区を歩く。地下鉄に乗る瞬間、六人の屈強な男たちに囲まれた。すぐにスリの集団と直感し、もがいて車内へ逃れたが、危機一髪であった。夜八時から「プラハの春国際音楽祭」オープニングコンサート、ヴラジーミル・ヴァレク指揮のスメタナ「わが祖国」を聴きに行く。演奏は流麗でバランスの良くとれたものであったが、音楽祭の祝典演奏とでもいうべきであった。

**五月一四日**　午後五時に待望のカレル・コシークさんに会うために哲学研究所へ赴く。哲学研究所は旧市庁広場の裏手に当たる奥まった小さな建物で、社会学研究所とか幾つかの科学アカデミー研究所が集まっている。建物の前に佇んでいると、ジャンパーにTシャツのラフな服装でがっちりした体格、太い縁のメガネをかけた、一見労働者風にも見えるコシーク氏が外から帰ってきて、会う約束の人かと声をかけてくれた。哲学研究所の一室で一時間ほど、大梶さんの通訳で語り合った。いきなり、ハイデガーの書いたもので、日本の言語と意味表現には言外に深い意味が込められているという日本の哲学者の発言が紹介されていたが、どうかと切り出された。私が訳した『具体的なものの弁証法』を差し出すと、チェコの哲学で日本語に翻訳された唯一のものだととても喜ばれ、カレル大学で所蔵するとのことだった。自分は二〇年間大学での教育・研究から追放されていたが、カレル大学で二つの講義を持っている。一つはチェコが経験した歴史を踏まえての資本主義文明批判であり、もう一つは「笑いとユーモアの哲学」についてである。

二〇年間は、大梶さんの話では、多数の知識人が雑役や労働に従事させられた。市電の運転手、タクシーや長距離トラックの運転手、病院のボイラー焚き、大使館の雇員等々。コシークさんも同じだったと推測される。その中で身につけたのか、もともとそうなのか、庶民的なスタイル、砕けた率直な語り口など、私にはとても好ましかった。苦難をくぐり抜けたコシークさんの思想にぜひ接したいと思った。話の中では、人権の普遍性に対するアジアの人権に対する特殊主義の主張をどう考えるかと問われ、人権の普遍性を主張することがアジアにおいて重要であると答えた。

終わりに、自分はプラハに生まれて、ずっとここに定住しているが、プラハの印象はどうかと尋ねられ、初めてヨーロッパに足を踏み入れて、最初にこの都市を訪問出来たことは何よりの喜びだと答えると嬉しそうな笑顔が返ってきた。過酷な弾圧にもかかわらず亡命を拒んでこの地に留まり、研究活動を妨げられながらも思索を続け、不死鳥のように蘇って哲学を営むという生き方へ共感と尊敬を抱いた。

そのあと大梶さんと簡単な夕食を共にし、おかげで本当に充実したプラハ滞在であったことに厚く御礼を述べて別れた。

**五月一五日**　アムステルダムに向かう。街の最初の印象は活気があり、建物も立派だが、プラハのようなしっとりした落ち着きはない。黒人やアラブ人の存在が目立った。市電の運転手が黒人女性だったりしていた。近くに食堂街があり、各国料理の店が並んでいる。そこのインドネシア料理店で夕食をとる。カレー味の鶏肉料理、豆イカ料理、米飯など。

**五月一六日**　ゴッホ美術館をじっくり観る。オランダ時代、パリ時代、アルル時代、サンレミ精神病院時代と時代を追って画風が変化し、印象派の影響や、浮世絵の手法を採り入れながら、絵の対象と自己の生とが結びついた実存的な内容をカンバスに表出してゆくプロセスを玩味することができて、充実した時間であった。初期の暗い色調の絵をゆっくり見ることができたのは収穫だった。

**五月一七日**　国立博物館に行き、一七世紀黄金時代のオランダ絵画を見る。たくさんありすぎるので、レンブラントとフェルメールを中心に観たが、それでも三時間ぐらいかかった。なかでもフェルメールの「台所に立つ女性」には、身も心も奪われた。前に立った瞬間、ゾーッと総毛立つような感動が走り、涙がにじんできた。こんな経験はめったにない。静謐と生命感、物たち（パンやかごや窓や壁）の存在感、唯一の動きである注がれるミルクのほそい滴り、窓からのやさしい光線、農婦の謙抑な姿、質朴な手織りのブラウスの黄色とスカートの青、前掛け、うつむいた顔は白のスカーフをかぶった卵型の輪郭と広めの額で柔らかな印象を持ち、両手で牛乳壺を傾けている線の流れが、女性の丸みを持つ体全体を落ち着いたものにしている。

朝の光線が一日の始まりの食事を暗示している。昨日見た初期のゴッホの絵が貧しい農婦を、単純だが人間の純粋な姿として描いていたのに繋がって、フェルメールは、特に女性の日常と情感を賛美しているかのようだ。こうしたリアリズムの徹底をなさしめる思想とそれに裏付けられた画家の生き方に学びたい。

## フェルメール「牛乳をそそぐ農婦」

フェルメールがとらえようとした
日常の暮らし
台所のテーブル
パンの厚み
バスケットの編み目
そして永遠

壺から牛乳をそそぐ中年の農婦の
分厚い腰を包むスカートは
今日と昨日とでかわらない
左上からさす光は
昨日とはちがう
ただいちどかぎりの浄らかさ

労働になじんだ二の腕はたくましく
白い布から張り出した額はひろく
視線は手元をみつめている

黄色の上着は木綿だろうか麻だろうか
胸元にほのかなエロス

そそがれる牛乳と素焼きの牛乳壺を見つめていると
浄化的でエロス的な感覚が目w覚めてくる
いのちの糧が一筋となって天から地へ落ちている
その滴りを逆にさかのぼってゆくと
牛乳を入れた壺の口が黒く開いている
いのちを産む口でもあれば
人の世の快楽をもたらしもする口
無数の小魚が遡上してゆく暖かい内海がその奥にある

レンブラントは、「夜警」を中心に肖像画や自画像があった。預言者エレミヤやプロテスタントの牧師の肖像などに、レンブラントの肖像画家として力量を味わうことができた。特に眼にひそむ内面の描き方は、人間を深く捉える力を湛えている。

夜は、ロイヤル・アムステルダム・コンセルトヘボウ交響楽団の現代音楽のコンサートを聴きに出かけた。全部で四曲。すべて知らない作曲家の作品だった。最初の「タブー・タブハン」という作品は、二台のピアノを使い、アジアの（日本の）旋律を引用しながら、複雑な音の構成でリズムを作っていた。全体として、どの作品にも内面的な深みは感じられなかった。コンセルトヘボウの大ホールは華麗だが落ち着きがあり、オーケストラの音は輝きがあった。

**五月一八日**　アムステルダムの街を、運河クルーズボートで遊覧する。一七世紀の繁栄の時代に築いた富を以てした建築が立ち並ぶ。豪華ではあるが、どこか荒々しく、険しいような印象を与える。クルーズの後、レンブラントの住居を記念館にしたところを訪ねた。素描と版画が展示されており、「アダムとイヴ」や物乞いたちの版画に再会した。彼のさまざまな蒐集品も並べられていた。彼は素晴らしい技能と人間ついての洞察力を持っていたが、それと同時に物の存在の多様さや珍奇さに強い関心を持っていた人だったことがわかる。

**五月一九日**　北国の春の緑は、北海道と同じく目を喜ばせてくれる。アムステルダム大学周辺の書店を見て、「哲学とフェミニズム」とパウル・ツェランの選集を買う。

## 民謡

ライナー・マリア・リルケ作　小塩節訳

ぼくをとてもゆする

ボヘミアの民のしらべ
それは胸の中にそっとしのび入り
心を重くする

子どもがおいも畑の草取りをしながら
やさしく歌うと
その歌が　あとになって
夜の夢にもひびく

遠く故郷(くに)を出て
旅していても
何年たったあとになっても
いつもまた心に浮かぶ

**五月二〇日**　ロッテルダムへ移動し、日本人のSさんのマンションに泊めていただく。Sさんはロッテルダム港に入港する船舶に食糧品などを供給する会社で働いている。一日に数時間必要な仕事をすると後は自由という勤務形態であるという。

**五月二一日**　キンデルダイクの風車を見に行く。中世以来の水量管理の方法である。そのあと陶器で有名なデルフトへ行く。昔ながらの静かなたたずまいの街であった。フェルメールが生まれて暮らしたところでもある。オランダ改革派の大教会が中心にあり内部が見学できる。内部の敷石がそのまま墓石で、地下に王や聖職者が葬られている。ステンドガラスが美しい修道院だった建物も質実な美しさを備えていた。ロッテルダム港内を車で一巡して見せてもらった。無人で運転されているコンテナヤードの積み込みクレーンは巨大なもので、それがいくつも並んでいる。世界最大の貿易港は壮観だった。

**五月二二日**　レイデンに赴き、レイデン大学の植物園で、シーボルト記念の日本庭園を訪ねる。シーボルト、石井宗謙のつながりでの関心である。

次にハーグ（デン・ハーフ）に移動する。この街ではマウリッツハイス美術館がお目当て。フェルメールの「デルフト遠望」は期待にたがわず素晴らしい作品だった。緻密な筆使いと周到な構図、水の静かなたたずまいなど賛美するしかない。静謐な世界に引き込まれ、いつまでも佇んでいたくなる。「ターバンを巻いた少女（別名真珠の首飾りの少女）」も良かったが、私には「デルフト遠望」が最高である。作者の静かな日常が絵を通してうかがえる。

レンブラントは、「外科医の解剖授業」や晩年の自画像、ホメロス像、その他聖書に題材をとった物語の絵などを見ることができて幸いであった。

**五月二三日**　Sさんに厚くお礼を述べ、帰国の途につく。

**六月一二日**　ヴェーツラフ・ハベル『ハベル自伝』を読む。くっきりした個性の持ち主であり、自前の思想を培ってきた人だ。弾圧に屈せず闘いながら自分の弱さ、欠陥をみつめることを忘れない。こういう人を大統領に据えた国だからこそチェコは文化を大事にするのであろう。

**六月一五日**　網野善彦『〈日本の歴史00〉「日本」とは何か』を読み終える。彼の年来の主張――日本史のパラダイム転換――を整理し、史論の形で整理したもの。一三〇〇年続いた王権・天皇制・国家を、その長期性のゆえに他地域に勝って徹底的に批判し、克服する材料を備えているという主張に共鳴する。この方向にこそ未来がある。

**六月二〇日**　チェコ・ブルノ歌劇場公演のオペラ『魔笛』を鑑賞する。全体におっとりした、品のいい舞台だった。歌手たちの声がソフトで耳に快く響き、ユーモアのある演出も。古典をゆっくり楽しむのに適していた。夜の女王やパミーナのアリアを堪能することができた。

**七月九日**　日本政府は国粋主義教科書への韓国や中国の批判に答えず、内容を改めない態度を決める。時代が急な坂を転がり落ちるように国家主義へと向かっている。危機は深くなるばかりである。あちこちに亀裂は生じているものの権力の弥縫策が成功している。

**八月四日**　函館文化会創立一二〇周年記念講演会で、「新井奥邃の思想――21世紀に響き合うもの」と題して、奥邃とエコソフィー、身心問題との内的な繋がりについて話す。工藤正三さんが「函館と新井奥邃」。コール・ダニエルさんが「奥邃から学ぶもの——教育と親子関係」と題して話す。

午前中、函館図書館で母の先祖石井宗謙が函館奉行所通詞であったという記録を調べたが見当たらなかった。しかし、その次男石井梅太郎が榎本武揚の軍に加わり、松岡四郎次郎の第一連隊の一員として五稜郭から江差口へ間道を進軍し、間者として関所の偵察に出て、稲倉石で他の二人とともに捕らえられ、斬首された記録が見つかった。

---

## 大村晴雄先生　二〇〇一年

大村晴雄先生　いま九十二歳
東京都立大学で　近世ヨーロッパ哲学を講じた
ヘーゲル　ライプニッツ　デカルト
ルター　ベーメ　ドゥンス・スコトゥス
精緻な読解にもとづく
しなやかでつよい論理で思想史の筋道を示す
私にとって大文字で書く「先生」

「哲学」というものの味を教えられた
老いて温顔はますます和らぎ
耳は遠くなったが
頭脳は明晰
職を退いたのちは
教えを受けて学者になった人びとと
私宅でヘーゲル研究会を続ける

私は遠方なので出席できない
出京した折に　温顔にまみえに行く
大村先生のゼミの　おだやかだが
とてもきびしかった記憶は
生涯の宝物

## オランダ素描

アムステルダム　ロッテルダム　ハーグ　デルフト

運河が四通八達している街々
建物は縦に細く横はピッタリつながっている
黒みがかった茶色の壁に白い窓枠
厳粛さをただよわす色と形だ
プロテスタント・オランダ改革派は
救いの予定を説いたカルヴァンの思想を信奉した

いま　アムステルダムを歩く人びとは
多文化　多民族だ
昔もそうだったのかも
インドネシア料理店が多いのは
植民地支配の結果だろう
美術館は　黄金の十七世紀が中心
世界の隅々から集積した富で
レンブラントやルーベンスに絵の注文があった

彼らのなんという透徹した洞察力

なんという技能
くりかえし描かれたレンブラントの自画像は
人生のドラマをまなざしの奥に映す

私は見ているのではなく　見られている
見つめあううちに　対話が始まる
どっちがどっちを見ているのかわからなくなり
時間は静止したまま経過する

フェルメールの「台所の農婦」の前で
身が総毛立ち　寒気が走った
これは確かに絵なのに
どうして他のもろもろの絵と違うのか
「デルフト遠望」の前でも動けなくなった
街も空も水も　逆光の光も
みんな　いのちにあふれて
一瞬の姿をとどめる

光の粒が宿す〈永遠〉ということについて
思索し　感得し　手のわざにした人だったのか
フェルメールという人は

**八月五日から九日**　日本海に沿って北上し、歴史を訪ね、円空仏を拝観しつつ歩く。函館の資料館、南茅部町の縄文遺跡、上ノ国の夷王山勝山館跡、江差町観音寺などを歩き、観音寺で円空と木喰の仏像を見る。円空に一挙に魅せられる。静謐がただよう深い精神性に満ちた作品であった。背面は平面に断たれている。細かい鑿が刻んだ線が優美である。少しうつむき加減の顔は瞑想している。

木喰仏は豪快、楽天的。円空が彫ったのは一六六五年（寛文五年）から三年間の来道の折、一七世紀である。日本のレンブラントというべきか。

金剛寺には木喰作の大きな立像があった。徹底して楽天的である。三カ所目は柏森神社。町内会の管理とのことで理髪店主が案内してくれ、しまってあった円空仏を無造作に出してきてくれる。この円空仏は顔の表情がすり減っておぼろになっていたが、微笑をたたえ、やさしい眼差しがうかがえ、素晴らしいものだった。うちに秘めた精神性の豊かさに感動する。背面はやはり平面断ちだが、鑿の跡が斜めに入れられ、背中からも伝わるものがあった。

次に熊石町で、法蔵寺と根崎神社で円空と木喰の仏像を拝観する。

## 九月一日

### 秋のスズメバチ

秋のスズメバチはつかつかと寄ってきて
土をいじる私を威嚇する
まず　羽音も高く　周りを回る
顔のあたりに近づく
黒い色を見れば攻撃の構え

おい　きみ　少し落ち着け
私は敵ではないよ
殺しはしない
しばらく遊んで　納得したら
花の蜜を吸いに行ってくれ

ドジなおまえは　ジェット攻撃機みたいに

急降下してきて失敗　地面で逆さになって
大あわて　赤面して去っていった
紺の鉢巻にもぐりこんでいたやつは
ほどいたときに　指を刺していった

イチゴの蔓を整えていた
おトミさんの頭を刺したのは　どいつだ
彼女の黒い髪は　もうほとんど白いのに
興奮して挑みかかり
手足を絡まれ　あわてたやつは
きっとあの黒と黄のダンダラ模様
見るからに強そうな種類
おかげでトミさんは　おとといから寝ているんだよ
今日もまだ起きてこない
少しは相手を見なさい

でも彼女は　日本酒と酢を混ぜ

ペットボトルに入れて
きみらを誘い込む仕掛けを作り
白樺の木の枝にぶら下げたから
その仕返しだったかも

おたがいにもろく傷つきやすい　なま身
どうつきあったらいいのかね

---

**九月一二日**　アメリカで同時多発ゲリラ攻撃が行われた。ニューヨークの世界貿易センタービルとペンタゴンの三カ所がハイジャックされた旅客機四機によるゲリラ攻撃である。世界貿易センタービルはバベルの塔さながらに崩れ落ちた。二一世紀はこうして日常の中の大量破壊とともに始まった。アメリカ帝国は、ローマ帝国がその末期に彼らのいう「蛮人」によって滅ぼされたのに似た様相にある。

アメリカは反撃に向かうだろう。しかし、唯武器論や唯暴力主義ではゲリラに勝つことはできない。人民は海だ。海を干上がらせることはできない。しかしアメリカ国内では冷静な、理性の声が復讐を叫ぶ声を抑えることはできないのではないか。当分は暗い見通ししか持てない。

**九月一四日**　新聞はテロ攻撃の記事でいっぱいだ。米国は戦争で報復すると言っている。

**九月一五日**　ヘルシンキフィルのオール・シベリウス・プログラムの演奏会を聴きに行く。「フィンランディア」、組曲「ガレリア」、シンフォニー第二番、組曲「悲しいワルツ」は、米国で犠牲になった市民への追悼の意を込めてと指揮者はレイフ・セゲルスタムがコメントした。第二番の交響曲の演奏は上々。野性味があり、いかにも北の風土をイメージさせる音で、叙情的だが決して甘ったるくない響きだった。私はこの演奏がとても気に入り、大いに満足した。アンコールの組曲「ヘンミカイネン」の中の「帰郷」もよかった。

**九月一六日**　アメリカの「報復戦争」の準備が刻々進んでいるようである。これから毎日攻撃が行われ、関係のない多くの人々も殺されるのかと思うと絶望的な気持ちになる。メールで反戦のアピールが流され、署名が募られている。私も名前を連ねようとは思うが、その一方で空しさがこみ上げてくる。

**九月二七日**　米軍がアフガニスタンへの軍事攻撃の準備を強めている。日本政府は自衛隊を援護に出す方策を探っている。

**一〇月八日**　アフガン空爆が始まる。長い暗い時代に入りそうな気配である。アフガン空爆が続く。アメリカで、炭疽病菌が郵便で送られる。ますます殺伐、荒涼。

**一一月一三日**　ラートブルッフの「社会主義の文化理論」にある一節。「共同体とは人間の人間に対する直接の関係ではなくて、共通の戦い、共通の仕事、共通の作品を通じての結合である」。これは重要な主張である。

# 第12章　高木仁三郎さんとの対話原稿を書く

# 二〇〇二年

**一月一日**　年賀状の今年の言葉

日は昇り日は沈み
昔生まれた者は　別れに備える
海と空とは　常にして転々

**一月二日**　カフカの『城』を読み注ぐ。

「みすず」読書アンケートに次のように答える。

1、Jan Patočka ”Body,Community, Language, World” translated by Erazim Kohak, Open Court,1998

パトチカは、二〇世紀チェコのすぐれた哲学者と目されている人。一九七七年、チェコ政府に人権と自由の回復を求めた「憲章七七」のスポークス・パーソンの一人となり、治安警察の長期尋問中に死去した。この本は、一九六八年の「プラハの春」の期間に、カレル大学で行うことができた講義を聴講者が筆記し、地下出版で読まれたものに基づいている。フッサールの弟子で、身体に依拠した現象学を展開している。

その他、小松裕『田中正造の近代』、網野善彦、石井進編著『北から見直す日本史――上之国勝山館跡と夷王山墳墓群からみえるもの』、石川達夫『マサリクとチェコの精神――アイデンティティと自律性を求めて』、市川浩『身体論集成』をあげている。

**一月一二日**　田中正造のいう「愚」という宗教的観念について考える。主体としての自己の総体はどこまで行っても対象化できず、対象化されえない「未知」であり、それだけでなく「非知」である。そのことの自覚が「愚」ではないか。愚の対する賢とは全てを既知化し、未知なもの非知なものを排除し、否定することではないか。

この時期、『高木仁三郎著作集』第七巻「市民科学者として生きるI」の解説を執筆している。この文章は長いけれど重要な仕事であるので、全文を転記しておきたい。

## 希望を捨てないこと、希望を組織すること

### 高木仁三郎さん

今、私は、あなたの著作集の解説を書こうとして、一九七〇年から七一年にかけて、同人雑誌『ぷろじぇ』に発表された「自然—人間—科学　試論その1、その2、その3」を読んでいます。『ぷろじぇ』を、私は同人の一人である梅林宏道さんから恵贈を受けて毎号読んでいました。深い思索と熱い情熱がみなぎる同人誌でした。現物は今も大切に保存してあります。新しい高木仁三郎の誕生を告げる、このなつかしい論文「自然—人間—科学　試論」を再読しながら、想念のうちにあなたをよみがえらせてふたたび対話したい気持ちを抑えきれなくなりました。

私は、同時代に同じ類の考え方にもとづいてあなたと経験を分かちあったとかねて思っ

てきました。私はまだ残生をむさぼっていますが、ある意味で革命の時代だったといえる、一九七〇年当時の思索と実践に立ち戻り、そこから再出発して今日ただいまの世界の現実を批判する作業をあなたと共有したいと思います。

一九六五年に北ベトナムへ米軍の空爆が始まり、全世界でベトナム戦争反対の運動が起こります。中国では文化大革命が進行し、六八年五月にフランスの学生革命が噴き上がります。日本ではベ平連運動、新左翼諸党派の革命運動、東大日大闘争に始まる全共闘運動が全国の大学と社会を揺り動かしました。高木さんと私はその渦中でどう身を処すべきかを模索しました。

いま、グローバリゼーションに対する世界的な規模の抗議、反対の声が高まる一方、米国のアフガンでの報復戦争は、二一世紀の未来に暗い影を投げかけています。私には、野蛮と狂信の時代が再来しつつあるようにも思えます。未曽有の混乱と絶望の時代にさしかかっているからこそ、人間とは、自然とは、理性とは、学問とは、と根源的な問いを問い、思索することが必要だと思うのです。

そういう趣旨で『ぷろじぇ』を読んでみます。

(1)『ぷろじぇ』の論文を読む

その1では、主体の問題、すなわち科学する主体の内部構造に食い込んで近代理性の変革の実践的課題を明らかにする必要が説かれています。理性が開く一つの新しい「知」の地平は、同時に新たな「未知」の地平を提示するが、「近代理性ではこの『未知』の感覚が決定的に欠落している」「認識行為において外化され対象化されえないものが暗闇にひそんでいることについての感覚はない」(『高木仁三郎著作集』第七巻「市民科学者として生きる1」六三八ページ)。この「知」の明るさへの志向が現実の実証可能性への拝跪＝実証主義を生み出す、とのべられています。そして、この合理と法則性の世界の中では、時間は現在から連続的に外挿され得るのであり、この時間軸において無限の進歩ととらえている事態は、科学が経済と政治と密着し、哲学的な問いを切り捨てることによって開かれた地平です。

これに対して、あなたは認識の構造の本質論を展開して自分の立場を固める試みをしています。認識は自己の対象化の行為であるが、その対象化という行為そのものが矛盾をはらんでいる。対象化の行為の過程は、抽象化されないものを切って落とす。対象化されたもの＝「知」と、きって捨てざるをえなかったもの＝対象化され得ないことによって、〈未知〉の位置を占めるものとの矛盾・対立の意識にこそ認識の原点がある。そして、この対象化自身の持つ矛盾のうちに、現実化されたものへの否定的認識が宿っている、と。

この思索は、まさに哲学の課題に肉薄する思索です。

「知」の獲得は、「未知」な世界に足を踏み入れることに他なりません。あなたが「知」と「未知」の矛盾と対立に認識の原点を置いていることは、認識を主体の自己認識との相関関係でとらえていることを意味します。主体の自己認識が、それは自覚と言い換えることができますが、既知なものを相対化し、未知な領域に対して畏れをいだくあり方にいたると き、それは自己の無知の自覚となるでしょう。ちょっと脱線しますが、私はこのところ、東洋思想における「愚」の自覚を西洋思想の文脈で展開するとどういうことになるのかを考えていました。「愚」の自覚とは、自分が無知であることを直視し、知っていないこと、知りえないことに畏れを持つことにように思います。哲学とは、いたずらに知識による答えを追い求めず、つねに自分の五感と心に立ち戻り、問いを発し続けるあり方ではないかと思います。

一九六八年から七〇年代全体を貫く思想状況は、哲学が求められ、語られた時代でした。哲学の使命は根源的な問いを問うことです。根源的な問いを問う者は、すでに出来上がった体制の外部に旅立ちます。自分を主体として確立するための遍歴の旅にです。体制はそうした問い続ける者を内部に吸収し、手なずけ、体制に奉仕する者としてとどめようとします。しかし、問い続けるかぎり、その者は体制の内部に安住することはできず、終わることのない遍歴を続けることになるでしょう。

あなたは、試論その2では、「自分と自然との関係性」をトータルに問題にする姿勢を語っています。「自然とは自分にとって何であり、如何にして自然とのトータルな、相互主体的な交流を達成できるかというテーマ」が自分にとって欠かせなくなってきている、「こだわるべき自然は、私の眼の前の存在し手の触れる所の具体的な対象としての自然であり、そのすべてをもって私に働きかけ、逆にまた私が働きかけかえす所の対象であって、抽象化され、概念化された自然ではない」(同書、六四六ページ)。

自己を問うことと自然について問うことを、密接不可分のものとしてとらえる自覚の構造が、ここにクッキリとあらわれています。「自然と自分との関係性が当然自己に強いてくる全人間的な問いかけをはっきりさせたいのである。そのことの中に近代知の構造を変革し、近代科学における価値観の転倒のための鋭角的な突破口を求めているのである」と。

あなたはこのような主体として、三里塚闘争に参加し、田んぼを作り、炭を焼き、冷蔵庫を使わない生活を実験し、反原発運動の広大な広がりを作り出す活動家としての道を歩み出しました。

この時代から三〇年がたち、一世代が更新されました。時代の基調はますます哲学から遠ざかり、科学者の営為の、思索し問いかける主体からの乖離もいっそう進行しているようです。あなたの『ぷろじぇ』論文を再読して、私も自分の当時の思索を想い起こしています。そしてそこから、二一世紀の世界に対して、あらためて根源的な問いを問いかける意欲を得ています。

「そしてわれわれは、個のかかえる具体的な情況から出発する。表面の平静さをよそに、あらゆるものが私有化され、技術主義的に管理され、暴力的に秩序機構の中に解消されようとしているわれわれの情況にあって、まずわれわれはそのかかわる具体的な自然と社会との結合の深化を追求する」（六七六ページ）。

さあ、もう一度、ここから出発しましょう。

### （2）精神の遍歴と科学批判

一九七九年から八二年にかけて、あなたは、七〇年代の勉強と思索、生活実験と活動で得たものを三冊の著書として世に問いました。『科学は変わる』（一九七九年）、『危機の科学』（一九八一年）、『わが内なるエコロジー』（一九八二年）です。今回この三冊を読み直しながら私が着目した点をあなたに告げて、話題としようと思います。

『科学は変わる』についてのあなた自身の評価は、一九八七年、この本が社会思想社の現代教養文庫に入ったとき書かれた「文庫版のためのまえがき」にうかがうことができます。その終わりの節「科学は変わるか」で、あなたはこう書いています。この本が出版されたあと、スリーマイル島とチェルノブイリの原子炉事故が起こり、現象面への関心は大きくなったけれど原理的な科学論ははやらなくなったし、状況自身もむしろ切迫している。科学は大きく変わりつつあるけれども、その方向は楽観をゆるすものではない。

その時からさらに二〇年近くが過ぎました。最近の特徴は、戦争のハイテク化への科学技術の貢献が日常茶飯事のことのように語られるということです。湾岸戦争、旧ユーゴースラビア地域での民族抗争、そして今度のアフガン報復戦争と、それはますます露骨になってきています。あなたはこうのべています。

「カタストロフは、巨大施設の大事故といった形を取るか、日常的に進行する汚染がある限界点に達することによって起こるのか、非更新性の資源を使い尽くすことによって招来するのか、より社会的な頽廃として出現するのか、そのいずれかでしょう。あるいは、資源の確保、生存環境の確保を目指して大国が侵略戦争を始め、これがカタストロフをもたらすかもしれません。この方が現実的な展開でしょう」（九八ページ）。

このカタストロフのリアリティを、いま、私たちはひしひしと感じます。これらが複合的な形態で起こる可能性が、以前よりずっと増大しています。戦争は国家間の衝突としてではなく、しかし、石油など資源争奪の利害を含みつつアモルフな形態で日常を侵食していいます。不可逆的に進行する汚染に対して、もっとも汚染を産みだしている国が掣肘されることを拒否しています。社会的な頽廃は、人間と人間の基本的な社会関係を崩壊させるところへきています。ヨーロッパが先行し日本でも原発が増設しにくくなる機運が増大していることは一つの明るいスポットではありますが、だからといって未来が明るいわけではありません。

科学に関しては、あなたはその困難を次のように指摘しました。その一つは、「科学本来の社会的役割を科学がまっとうできなくなったという点です。それは、今日、人々が人類の生存の条件への展望を激しく求めながら、まったく混沌とした見通ししか持っていないという状況」（三七ページ）が示しています。

第二に、研究の方法が、当の科学研究の内部で矛盾をきたしているという点です。実証主義に基づく研究方法から離脱する必要に迫られており、科学のあり方の本格的な変革が求められている、その変革の成否は、「科学」がより広範な市民層によって担われるようになるか否かにかかっている、これがあなたのポイントでした。

そして、展望する新しい知的努力の方向づけとして、四つの強調すべき点を上げています(一一九ページ)。

不平等を減らすこと

抑圧を減らすこと

自然と人間の関係の総合化

実践を媒介とした知の相対化

この四つは、死の直前に書かれた『市民科学者として生きる』(岩波新書、一九九九年、本著作集第九巻所収)では、内容と表現がすこし変わりますが、あなたの理想、信条としてきたこととしてこう書かれています。

人と人、人と自然が相互に抑圧的でないような社会であること

平和な暮らしが保障されること

公正な社会であること

このような社会が持続可能的に保障されること

二一世紀が始まって、唯一の「帝国」としての米国のふるまいが目に余るものになってきました。世界的な規模での抑圧を強め、軍事力の行使をほしいままにし、環境保護のための国際協定の調印を拒否し、この四つの理想のすべてに逆らっています。米国だけでなく、他の先進諸国も似たり寄ったりですが、こういう時代にあって、楽観主義者のあなたは、どこに希望を見出すでしょうか。

きっとあなたはこういうのではないかと推測します。希望はすわって見えてきはしないよ。希望は実践を通じて組織するものだ。お互いを励ましまって流れに抗し、現実を理想に近づける努力をしよう！

## （3）『危機の科学』の時代

一九八一年の著書『危機の科学』は、一九七〇年代を通じて科学技術と社会・国家との関係がどう変化したのかを総括し、次の時代を展望する作業でした。

この本の冒頭で、あなたは旧約聖書のバベルの塔の物語を引き合いに出しています。私は読み返していて、この箇所にさしかかったとき、あなたとの連想の共通性にハッとしました。二〇〇一年九月一一日に起こったニューヨーク世界貿易センターなどへの同時多発テロ攻撃に直面して、私が想起したのがバベルの塔の物語だったからです。あなたは原子力船「むつ」の事故が「信じられないようなミス」によるものであることを指摘し、「信じられないようなことがなぜ起こったのか、といえば、バベルの塔と同じように、言葉が通じなかったからである」（二三〇ページ）とのべています。そして、「むつ」だけではなく、原子力開発の総体、さらに言えば、現代の科学技術のすべてが「バベルの塔」化しつつあるのではないだろうか、と問題提起しています。

科学技術のみならず、一九九〇年代後半に、地表全体を覆うまでに発展したグローバリゼーションという経済システム、米国の一極支配という形での世界政治の構造は、まさに人々が同じ一つの言葉を話すようになって企てたバベルの塔建設と呼ぶにふさわしいものです。かつては神が言葉を混乱させて、同じ言葉による全体化を、つまり、神に代わって現世を支配しようとする欲望を阻止しました。同時テロは、別の言葉を使う人々が切り捨てられ、生きる場を奪われていることへの絶望から発した暴力という象徴的な言葉による表現です。

「創世記の時代にあっては、神は人びとに別の言語を与えることによって、力を分散させ、塔の建設を中止することに成功した。あるいは、人びとは神に従ったのである。しかし、いま、「神なき時代」にあっては、人びとみずからが止めないかぎり、バベルの塔の建設は続いていく。言葉の通じなさがますますひどくなり、所々に大きな風穴があいた感もあるが、そうなればそうなるだけ、一層富と力の集中が志向される傾向でもある」（二三一ページ）。

このくだりを読むと、「仁さん！　あなたが憂慮したこの傾向は、今やもっとひどいものになっている」と嘆きたくなります。今日の時代は、すでに局所的なカタストロフがあちこちで起こってしまっているのに、より深刻な、全体的なカタストロフへ加速度をつけて向かっている危機の時代ではないでしょうか。世界構造の根本的な改革を求める民衆運動はまだそれを食い止める力には育っていません。あなたが引用している『彼らはすでにこのことをしはじめた。彼らがしようとする事は、もはや何事もとどめ得ないであろう』（創世記11・6）」（二三七ページ）という言葉はいまほんとうに不気味に響きます。

あなたは八〇年代の特徴として、科学技術の国家的管理の強化、そのもとでの巨大プロジェクトの重点的推進、国家安全保障としての科学技術の位置付けをあげています。この政策が推進された結果はどうなったでしょうか。ますます国家の脆弱化と民衆の安全への脅威が増しているのではないでしょうか。あなたの言う「のびのびした社会と健全な生活環境を望む人間の論理」（二三六ページ）は、競争と効率の論理によって足蹴にされ、片隅に追いやられてしまっています。あなたは、この時代の転換を、「科学の危機」の時代から「危機の科学」の時代への転換と名づけました。これはきわめて適切な命名でした。社会の側からは、これはある種の「総動員」体制です。

こうした時代への批判から変革への展望をどう導くか。結びの章では、統合のイデオロギーとしての「国益」に対して、あなたは「人間の側の論理や感性の優位」（三四四ページ）の回復を置いています。この対抗思想はまだ抽象的ですが、あなたは実際行動でその抽象的な形式を次第に具体的な内容で埋めていきました。その一つとして、私が『生きる場の哲学』（岩波新書、一九八一年）でのべた「根拠地」の思想を引きながら、批判的作業を持続させる手だてとしての「なんらかの恒常的な場」（三四八ページ）を持つことを要請しています。この「恒常的な場」は原子力資料情報室として実現され、さらに市民科学者を育てる高木学校につながっています。振り返ってみて、あなたは言ったことを必ず実行に移した人だと、つくづく感銘しています。

この時期からの二〇年間に、日本の民衆運動は、地域で、そして社会領域で地味ながらじわじわと前進しています。かつて「根拠地」としてイメージしたものと形、内容は変わっていますが、それぞれに地域で「何らかの恒常的な場」が生まれています。

（4）『わが内なるエコロジー』をめぐって

「生きる場の変革」という副題を持つ『わが内なるエコロジー』は、一九八二年の出版です。この本の方法を「まえがき」は次のようにのべています。

「私なりに言えば、これは一つの旅の記録です。一九八〇年から八一年にかけての各地への旅を直接の契機として生まれた意味でも、本書は文字通り旅にかかわっていますが、それ以上に本書は、自然や科学や生活をめぐって揺れ動いてきた私の精神と思索の〈旅〉の記録に他なりません」（三六四ページ）。

この方法は、精神の現象学の方法と言ってよいものです。ホメロスの「オデュッセイア」、ゲーテの「ファウスト」、ヘーゲルの「精神現象学」などに共通する遍歴による自己変革と世界認識とを一致させる方法です。私は、あなたが科学の専門家に甘んぜず、より高く広い志を持って生きようとしたからこそ、この方法を自分にかなったものとしてつかんだのだ、と考えています。

この本は、あなたと私の一回目の対談が収録されているという意味で、私にはなつかしいものですが、それだけでなく私にとって、自分に欠けているところを教えてくれるヒントに富んでいる本でした。また、自分史を一つの軸としていますが、それを一個人の物語としてでなく、他の多くの人々の生きる営みと関わらせ、そこから時代の普遍的な課題への取り組みを出発させる「場」としています。この本は、「市民科学者として生きる」の姉妹篇と言っていいものですが、後者では全体への眺望が利いているのに対して、こちらは細部のリアリティが光っています。

「第一部　二つの自然像」で、あなたは自分が生まれ育った群馬県前橋の、とりわけ赤城山の風景から「風景としての自然像」の節を書き起こし、あなたにとっては赤城の山とカラッ風が「それなしでは一日たりとも私たちの生活が考えられないような、生活と肉体の一部となっていた」(三七〇ページ)とのべています。私は、生物学者の柴谷篤弘さんがオーストラリアでの長年の生活から得た感覚として「私が風景を所有しているんじゃなくて、私が風景に所有されているっていう感じ」と言われるのを聞き、その表現を印象深く記憶していきます。私たちは育ってくる間、風景に所有されて育つのではないでしょうか。あるいは風景に帰属して、というべきかもしれません。

しかし、生育の場所を離れ、職業に就き、忙しく日々を過ごすようになると、多くの人は、いったん、風景としての自然から離反せざるをえなくなります。あなたも、自然科学の専門家としての道を選んだとき、身につけてきた自然から離れ、もう一つの自然に接します。それは研究の対象としての自然、実験室的な自然です。「実際の生きた自然からはぎとられた、固く冷たい物体」「さながら、メーターの読みや数式によって表現される物体」(三七一ページ)です。

そうした第二の自然に接することを職業としたとき、人のとる態度は二つに分かれるようです。一つは、風景としての自然、生きた自然にこだわり、それと科学としての自然とのへだたりをいつまでも問題にし続ける態度です。もう一つは、そういうこだわりをノスタルジア、感傷、ロマン主義、未成熟としてしりぞけ、職業科学者は、専門に熟達すべきであるという職業倫理に従い、自然のふるまいを冷徹に観察し、実験し、理論化することに徹する態度です。あなたは、二つの自然像を結びつけようとして模索され、うまく結びつかないことに動揺していた、とのべています。そうしたあなたにとって、新東京国際空港計画に反対する三里塚農民闘争との出会いは動揺を自覚の深化へと転ずる転機でした。

「そのとき以来、この二つの自然の問題は、私にとって抜き差しならぬ問題となった。そして、私は二つの自然像の間をさまよい始めた。究極的には、私の精神形成に離れがたく結びついた自然の情景の延長上に、〈わが科学〉が設定され、統一的な自然観に到達することが、私のめざすことであった。しかし、それは容易なこととも思えなかった」(三七二ページ)。

今回読んでいて、〈わが科学〉という表現に目が止まりました。〈わが科学〉、ここにあなたの求めている全体像が投影されています。一人称の〈われ〉と三人称の〈科学〉とが結びつくあり方を求める遍歴の物語として、それからの叙述は展開します。

「第一部第二章　自然像のあらそい」で、あなたは八戸、むつ、東通村などの下北地域、岩手の滝沢村、福島県の棚塩、能登原発が企てられている富来(とぎ)など、原発・原子力関連施設の立地や建設に反対する住民の招きに応じた旅について語っています。その語りには、行く先々で出会った草の根のピープルの人格、識見にふれたこと、その人々からはげましや、時には批判を受けたことが、あなたにとって大きなエネルギー源になったことがうかがえます。それと同時に、二つの自然像がせめぎ合う現場に足を運んだことで、あなたの思想遍歴の方向が明確になっていったこともわかります。

また、あなたの情念と思想を支え、力づけてくれる先行者として宮沢賢治の童話「狼森と笊森、盗森」についてこんなことが書かれています。「狼森と笊森、盗森」の百姓たちは、岩手山麓にやってきて、開墾を始めるとき、「畑起こしてもいいかあ」「家建ててもいいかあ」「火を焚いてもいいかあ」「少し木貰ってもいいかあ」と、まず森にことわって了承を求めている。この「すこし」という所がよいとあなたは言います。「貰ってもいいか」と言うのは「本来はすべてが森（自然）に帰属するものであって、百姓たちは、あくまでそれを使わせて貰うという姿勢なのである」（三九〇ページ）。

この賢治の童話を使った話は、放射能施設を受け入れるかどうかを問題にしている現地農民にはあまり共鳴を得られなかった、とあなたは書いていますが、あなたの中では、「原発建設を森にたずねずに、権力と資本が御用学者や札束を使って強引に立地を進めるありようが許せなくなっていったといえましょう。

賢治のこの物語は、私が住む北海道では、アイヌ民族の語り伝えと共鳴します。「狐のチャランケ（談判）」というウエペケレ（昔話）では、狐が人間（アイヌ）に抗議の談判をする話です。

川を上ってくるサケを食べるのはアイヌばかりではなく、クマもキツネも、食べることのできる生き物すべてが分かち合って食べるものであるにもかかわらず、一人のアイヌがとっておいたたくさんのサケのなかから狐である私が一匹だけ貰って食べたら、そのアイヌがありったけの悪口を浴びせ、アイヌが住んでいる国土からキツネを追放するように神々にたのんだ。このままでは大変なことだ。神でもアイヌでも私の言い分を聞いてくれ、と抗議の声をあげました。これを聞いたアイヌの長老は驚いて、キツネの言い分が全部正しいと言い、キツネと神にていねいに謝罪したという話です。この昔話はこう終わります。「だからこれからのアイヌよ、サケでもシカでもアイヌだけが食べるのではなく、生きている動物、サケやシカを食べるすべての動物がアイヌと同じように食べる権利を持っているのだから、決して人間だけのものと考えてはいけません——と一人のアイヌが言いながら世を去りました」（萱野茂『炎の馬』すずさわ書店、一九七七年）より。

エコロジーの思想は、土地や自然は私的所有になじまないことを基礎としています。その哲学を経済に反映させようとする努力が、コモンズ（共有財）とか社会的共通資本（宇沢弘文）といった概念とその理論として登場してきています。あなたは、「土地は売り買いするものでない」、「海は売るものではない」という農民や漁民の哲学にふれて、その言葉から、「自分は自分の農地の主人公であって、主人公ではない。農地が主人公なのであって自分はたまたまその土地を預かり、生活している存在なのだ」（三九五ページ）という考え方や「海はすべての人たちのもの」という思想にふれた感動をのべていますが、賢治の思想も、アイヌ民族の自然観も、原発に反対する地域住民の生き方も、エコロジーを基礎におく社会科学理論も、同じ一つの根でつながっています。

あなたのこの時点での総括は次のようです。

「私は旅を通じて、私自身が自然と人間の関係、人間と人間の関係として分けて来たものが、地域に生きる多くの人たちのなかで、一つにつながっていることを知ったのだった。

しかも、彼らの内側には、決して単に両者が未分化であった古い共同体への回帰の志向があるのではない。海や農地との関係の切り離し難さをてこにした新しい人間の関係が求められ、その関係に基づいてもう一度自然との関係を回復したいとする意志が働いている。私はまだそれを体系だった思想として表現することはできないが、私の目指すべき方向が、おぼろげながら見えてきた気がするのだった」（四〇七ページ）。

そうしてたどりついたのは、宮沢賢治の文学を念頭に置きながら、賢治とは逆の回路で、すなわち「みずみずしい感性をかいくぐらせながら、なお私たちが科学的な手法と呼ぶやり方によって、自然をとらえ、表現していくことはできないだろうか。好ましい自然との関係を求めようとする感性を投入することは、しょせん科学と相容れないことなのだろうか」（四〇八ページ）という問題意識でした。

そして、内田義彦さんの『作品としての社会科学』やその中で取り上げられているハーマン・メルヴィルの『白鯨』を読み、賢治の「やまなし」に立ちもどり、あなたはこう考えます。「どうしても、科学に先立って、どのように自然と人間との関係を構想し、方向づけるか、という私たちの意志が必要なのである。その意志のもとに、はじめて科学は必要な『鋭敏さ』を獲得できるのではないだろうか。その科学に先立つものを、『みずみずしい感性の投入』と表現し、『文学のような作品性を持つ科学』について考えているのである」。（四一五ページ）。

この模索は、阿賀野川の漁民、杉崎力さんの語り「アカハラとマクレ」に出会い、その川や魚への向き方に、「もっとも本質的な意味で、科学者の精神と文学者の精神とが脈打っている」(四二二ページ)と感じ、「生活者の地平」における科学と文学の総合こそ目ざすべき地平であるという示唆を得ていったん落ち着いたように思えます。

### (5)科学的知と生活の変革を求める

第二部は「科学的知の変革」、第三部は「生活の変革」と題されています。

第二部の第一章は「賢治と科学」で、主として賢治の作品に即した考察です。第二章は、「生きる場での変革」と題されていて、私との対談が収録されています。

この対談では、私の『生きる場での哲学』が話題として取り上げられています。『生きる場での哲学』の中で、私は予言性を持つ思想が、一定の社会層の内的——心理的利害状況に働きかけて、内面からの実践的起動力となる関係構造を分析したマックス・ウェーバーの宗教社会学を手がかりに、思想が「共鳴盤」を得て響きひろがる場合について考察しました。

思想とその「共鳴盤」としての社会層との関係は、「ある親近な結合関係」に基づきます。ある思想的ヴィジョンに共鳴することは、共感に基礎付けられた同意を意味します。音波による共鳴の場合、音を発する側とその音に応じる側とのあいだには共通の周波数を持つという関係があります。人と人とのあいだにおいてこの共通の周波数に当たるものは価値理念や価値感情、それに基づくヴィジョンです。そうすると実践の立場からは、一定の社会層の内的──心理的利害状況に親和的に適合し、そこに「共鳴」を呼び起こすような普遍的理念や感情やヴィジョンをどうしたら創出することができるか。それを生み出す主体はどのように形成されるか、ということが課題になります。この問いの地平は、私にとって宗教と社会革命とが共有する問題地平であると思われました。自由が人格の原理となるとき、自由な個体どうしをつなぐきずなは外側をまわしてしばる紐であるわけにはいきません。そのきずなは、内面からの精神的うながしによるものになるはずであり、相互の精神的なうながしあいは、共感──共鳴（響鳴）という関係になります。

あなたは、現代科学の知を超える「新しい知の地平」は、「共同実践による共同認識」という形で拓かれるだろう、「共同実践による共同認識」というのはいわば「共鳴の理論」である、と私に応じてくれました。

「外的な振動の周波数がそれを受け取る側の物体の固有振動数に一致したときに一種の共鳴が起こって波が大きくなる、増幅される。ですから、一が三にもなるという要素を持っていて、密度の高まり方があるわけで、それが外的な強制によっておこされるような振動に比べたら、はるかに密度の高いものを獲得しうるのではないか。いまのようにエリートが一人、非常に先鋭的な知を専有し、それを大衆が受け取るだけというあり方に比べたら、そうでない共鳴というのが、実は豊かな社会をつくるものを持っているんじゃないかと。そういう意味での共鳴を考えたんです。

ところが、そう考えると、共鳴するためには、我々の肉体の固有振動、いわばわれわれの存在自身が共鳴すべき振動数を持たなくてはならないわけですね。存在の変革を抜きには共鳴は語れない。だから、その存在のありようが知のありようであり、その人の行動であり、というような存在のあり方というのと、共鳴の問題というのは密接につながっている」（四四三ページ）。

さらにあなたはこの共鳴理論が持つ偏りを次のように語っています。

「共鳴というのは固有振動が外力の振動数とまったく同じ場合なんです。レゾナンスと言います。ところが、響和という現象がありまして、コンゾナンスというんですけど、これはちょうどコーラスでハモるというやつですね。同じ振動数ではなくて、違った振動数をお互いにとりながら全体としては一つの大きな調和がとれていく。コンゾナンスというのはレゾナンスに比べたら、多様性をかなり重んじた考え方になってくるわけですね。

どうもこれまでの運動論にはそのレゾナンスしかなくて、コンゾナンスに欠けるのではないかというところがあって、どうも共鳴だけに頼っていた運動論ではだめではないか……」（四四三〜四四四ページ）。

あなたのこの発言は、共鳴と響和との差異を考慮していない私に対する批判を言外に含めたものでしたが、私は対談時にはそれに気づかず、この重要な問題提起に答えていません。いま顧みて、ここには二つの重要なことが語られていると思います。一つは、「個人の固有振動」ということです。それは理性や感情の働きとして表出されるものにとどまらず、「肉体の固有振動」として本人の意識を超えて発せられるものです。この場合の主体とは、意識と無意識の両方にまたがって固有振動がそこにおいて生ずる場という言葉で表現されるのがふさわしいでしょう。

もう一つはレゾナンスとコンゾナンスとの区別です。レゾナンスが過度に強くなると、煽動と付和雷同、垂訓と帰依、熱狂と陶酔といった逸脱が生じます。他方、コンゾナンスでは響和は不響和と接していて、不響和と折り合いをつけることが常に求められます。多様性を認め合い、しかも「共同実践による共同認識」を積み上げるという実践は、この二つの作用のずれや対立の可能性を抱えていると言えるでしょう。

対談の中で、私が言ったことで、今回新たに大事さに気がついたことがあります。それは「内面的実証と外面的実証」ということです。内面的実証とは、「有無を言わせない理屈で思想を抑圧し、信じ込ませてしまうのではなく、自らの活発な思考活動を誘発されて、自分でたしかめて、なるほどと納得する筋道を作り合う」(四四八ページ)ことで生まれる実証です。外面的実証とはデータや実験、理論などを通じて客観的に行われるものです。どちらも重んじられなければならないものですが、ともすると内面的実証は軽視されるように思います。私は、「おたがいの内面的実証がふかまるかたちで具体的なものがいろんな角度から活発に照らせる。それが、多様性が生きて働く姿だという気がします(四四九ページ)

とのべました。私自身は、この考えに基づく実践に努めてきたつもりですが、必ずしもうまくやれたわけではなく、むしろ失敗の苦い経験をかみしめています。いま、あなたがここにいたら、このことについてその後のあなたの実践経験とそこからの総括としてどう応じてくださるか、聞いてみたいです。そのほかの点でも、それぞれは二〇年を隔てて、この対談で話し合ったことを、どう実践したか、その結果をどう総括するかの検証をしたかったと、私はつくづく思っています。

第三部「生活の変革」は、「実験としての生活」という副題がつけられています。あなたは実験科学の専門家として、「実験」を日常の業務としていましたが、自然と人間との関係を自分の人間的全体に関わらせせようとし始めてから、実験室の実践から自然に離れていきました。それでも、「実験屋」としての習性から、「ほとんど無意識のうちに生活の場を、実験室に見立ててしまっている自分に気づいた（四六四ページ）という自覚を得ます。そして、「それならそれで、実験と割り切って、条件の許す限りで、生活あるいは自分の仕事まで含めた生き方を、事件を企てるようにやってみようか、と開き直る気持ちに」（四六五ページ）なり、「実験としての生活」を企てます。すると、生活の実験では、自分が実験主体であるとともに、実験の素材でもあり観察の対象でもあるので、その実験によって自分自身が否応なしに影響され、変化を受けるわけで、そのことが「きわめて新鮮に感じられた」と、あなたは書いてます。あなたは「頭の中で一人歩きしない知、自分の行動や生き方と、そして自分の肉体と分かち難く結びついた知」(四六五ページ)の検証過程として、この「実験」を位置づけています。

その検証過程の一つとして、生活における電気の使用量についての実験の中間報告が書かれています。引っ越したときに大型の冷凍冷蔵庫をもらったところ、電気の使用率が一気にハネ上がった。それなのに、この変化によって生活は実質的に何のプラスもこうむらないことに気づき、データをとり、やがてその冷蔵庫を他人に譲り、冷蔵庫なしの生活に踏み切ってみた。そうすると生活そのものは簡素化されるが、生活の手間はふえる。そのふえる分、男性が積極的にその管理に参加しなければならなくなる。忙しいからといって、女性にその手間を押しつけるわけにはいかなくなる。その経験をふまえて、あなたはこう書いています。

「エネルギー消費型でない行為の方が、かえって自らの主体性や創造性を発揮し得るということ」(四七七ページ)を、体験を通じて発見した。生活管理だけでなく、文化の側面においてもそうである。自分で体を動かしたり、家庭や友人と話したり、本を読んだり散歩したりは、通常の意味でのエネルギー消費とはほとんど関係のない行為であるが、テレビや車によってあたえられる文化よりははるかに創造性が高い。

私も、ほぼ同じ時期に、同じような経験をしました。一九七八年の二月末から五月の初め頃まで、伊達火発建設に抗議の電気料金の旧料金払いをしようとして、電気を止められ、電気なしで過ごした経験です。十数人の仲間がいました。厳寒の時期にポータブルの石油ストーブ一つで過ごしました。室内は天然の冷蔵庫状態、水道やトイレの凍結を防ぐことに工夫がいりました。洗濯も手洗いです。でも決しておそろしいことでもみじめなことでもありませんでした。むしろ解放感がありました。仲間で助け合い、食事会をしたりして楽しみました。

この後、あなたは友人たちと共同でかいつぶり荘を建て、畑を作り、炭を焼き、という生活実験を楽しむ話が書かれ、その友人との話し合いの記録を公開し、ひとつの技術は、人と人との共同性の深さに応じてこそ真に民衆のものとして機能しうるということを確認してこの本を終えています。

この時代を振り返ると、問いを出し、からだを使って言いたいことを表現し、許せないことに抗議する気風と文化が息づいていた時代だった、と思います。この時代はとうに過ぎ去りました。いまでは政治も社会関係も悪化の一途をたどっています。どうやったらこの閉塞に風穴をあけ、息苦しさを取り除くことができるでしょうか。

あなたが市民科学者を育てるという趣旨で、高木学校を創設したことが物語るように、小さな明かりで夜道を照らしつつ長い道のりを歩まなければならないような気がしています。あなたは希望を捨てないこと、希望を組織することを遺言として残しました。その遺言を胸に刻みたいと思います。

北海道が産んだ詩人小熊秀雄は、「星の光のように」という詩のなかで、

---

信じがたい程
暗い、暗い、空のもとに
我等は生活している、
暗黒と名づけようか、
この夜の連続的なふかさを――、

だがこの空の星の
光りようを君は見落してはいけない、
空が暗ければ
星は光るんだ、
われらの意志のような
微妙な強さで
この空のものと
地上のわれらと交驩（こうかん）しよう、

星と人との
よろこびあいに
立会うものは誰もいない、
だが星や人間は
そのことを知つている、
人間の皮膚の色に
艶がでたり、色がさしたり
若さから老に移つてゆくように、
星もまた若さから
老いてゆくであろうことを、
ただ星はそのために
一瞬間でも
光るのを停めただろうか、
ああ、我々の若さから
闘いの移りゆく一瞬間にも
われらはたたかいの
意志の光を停めていいだろうか、

ゆるしがたいことは――
あらゆる地上のものを
汚辱することだ
行為の光芒を
さえぎるものはないだらう
若い自由な
意志の伝達を
地上において
星の光りのようにすばやく行なう。

---

と私たちに問いかけています。

あなたは夜空に登って光り続けています。私はまだしばらくは地上で、自分一人分の終わりの小さい光りではありますが、夜空のあなたとの交信の光を停めないように努めます。

**二月九日**　西田幾多郎全集から。

「物が絶対に我々の自己を離れたもの、我々の自己の外にあるものならば、我々は物を見るということはできない。之に反し単に物が自己の内にあるものならば、又我々は物を見るということはない。故に我々が現実の底に深く我々を超えたもの、超越的なものを見ると考えれば考えるほど、我々の深い自覚と考えられるものが成立するのである。行為によってものを見ると考えられるのは、之によるのである。我々が超越的なるものに接するということは物を離れるということではなくして、深く物に入ることである」。（『西田幾多郎全集』第八巻三四九ページ）

「行為的自己に対立するものは単なる意識の世界でもなく、単なる物質の世界でもない。表現的なるものでなければならない」。（『西田幾多郎全集』第七巻三四二ページ）

「現実の世界は実に無限の縁暈を有つのである」。（同七巻三三〇ページ）

その無限の縁暈をまなざすこと＝深く物に入る行為によって物を見ること。

「この世界に於いてあるものは、何処までも無限なる周辺の世界に於いてあると考えられる」。（同七巻三三一ページ）

**二月一四日**　詩「雪明りの路　小樽物語　その五」を作る。

---

### 雪明りの路

冬二月　零下七度

夕闇のせまる頃

運河に浮かべた　浮き玉の灯篭を眺めながら
雪明りの路を歩く
港町の小さな暮らしさながら
ろうそくは　雪に囲われて　つつましく燃えている

冬季オリンピックは華やかに開幕したが
世界のあちこちでは
テロと戦争　飢餓と貧困がはびこっている
地元の人々は　生きのびるのにやっとで
夜の明かりといえば　空の星だけかもしれない
星々も老いて行く
だがそのために
一瞬間でも光るのをやめただろうかと
歌ったのは　小熊秀雄だ

雪明りの路のともしびは
この時代を生きる人々のように

氷の囲いの中で　けなげに光っている
なかには　消えてしまったものもおり
ゆれて　はかなげなものもいるけれど

たましいの拠り代の
小さな光よ

**一一月五日**　『中国名詩選』中巻の李白の詩を読む。
大きな慰めと楽しみである。

**月下獨酌**

花間一壺酒　獨酌無相親
舉杯邀明月　對影成三人
月既不解飲　影徒隨我身
暫伴月將影　行樂須及春

### 月下獨酌　李白

花間　一壷の酒　独り酌んで相親しむもの無し
杯を挙げて名月を迎え　影に対して三人と成る
月　既に飲を解せず　影　徒らに我が身に随う
暫く月と影とを伴い　行楽須らく春に及ぶべし

---

一一月一一日　この頃からしばらくハイデガーの『存在と時間』、『乏しき時代の詩人』などを読み始めるが、難解で歩みは遅く。なかなか納得を得るに至らない。

一一月一二日

グスタフ・ラードブルッフ『社会主義の文化理論』の一節。

「共同体とは、人間の人間に対する直接の関係ではなくて、共通の戦い、共通の仕事、共通の作品を通じての結合である」。

一一月二三日　台湾・台北の自由大学と日本の自由学校の交流の旅行に出かける。

蘆荻社區大學は、台北県三重市の国立中高校の一部にあった。この公立高校の建物自体、大きくて立派なビルだったが、コミュニティ大学も事務室、教室が四、五室、女性の部屋、視聴覚室などを備えた学校型の学習組織であった。日本語学級クラスが二クラスあり、その学生（中年の女性が数も多く、活動でも中心）が歓迎のつどいをととのえてくれていた。コーディネーターは、ニックネーム・ポーピー（李易昆）さん。明朗活発な男性であった。彼は、労働運動から社会運動へと進出してきた人で、日本の活動家にも顔見知りが多い。学習組織の女性たちがのびのび、生き生きしていて、お互いに信頼しあっている様子がよくうかがえた。その雰囲気がこのコミュニティ大学の校風を物語っていた。創立から四年であるが、女性たちが驚くほど変わったという。自立し、自主的に活動する学習と活動の様式が生み出した成果だと思った。烏龍茶の茶道のコースがあり、その学生がお茶を入れてくれたあと、先生が最高級のお茶を作法に従って立ててくれた。香りをまず味わい、それから入れてくれた。口中に甘みと滋味が残り、あとまでもその深い味が残った。直接の味覚だけではなく、そのいれるテンポのゆるやかさから心も静まり和らぐ効能があった。

**一一月二三日**　今日はエクスポージャーの日。郊外の山の上の国立公園を訪ねた。そこにある蒋介石の別荘の記念館を見たあと、三時過ぎから故宮博物館を訪ねた。故宮博物館はとても大きくて、時代順の展示になっていて陶器類や青銅器類のめずらしいものが多くあった。

**一一月二四日**　メインの会議の日。蘆荻社區大學及び中高の教員が一緒になって学校教育と市民学習が主題であった。台湾と日本からの報告の他に、インドからの参加者の、ケララにもうけられている「民衆のための科学運動」についての報告があった。司会者、區民大学の校長、中高学校の校長の三人とも比較的若く、権力的ではなく、解放的な雰囲気を持ち、顔の表情や眼差しがおだやかで、日本の教育委員会管理者のような監視する態度は見られなかった。制度内教育と制度外教育との対立もなく、和やかな会議であった。

今回の日本各地の自由学校からの参加者は、札幌九名、東京一名、名古屋三名、大阪一名、京都二名であった。

**一一月二五日**　自由行動の日。自由学校の全国交流会を持つ。

**一一月二六日**　NGOの交流会。社会運動と成人教育が主題。韓国のエイズ運動、台湾原住民のエイズ運動、韓国の参与連帯運動、インド、ケララの教育運動、日本の自由学校運動などの報告、司会者は台湾の活動家、理論家の陳光興さんだった。

**一一月二七日**　台北のセックス・ワーカーの現場を訪問する。旧売春街の真ん中にある、現在行われている市会議員選挙候補者の事務所に行く。女性候補者で、セックス・ワーカーの立場を代表し、売買春の合法化を求める政策一本で立候補しているという。社區大学の代表でもある夏林清教授がこの問題についてのレクチュアをしてくださった上、元売春宿で選挙事務所に使っている所へ案内して、問題点、運動の歴史（四年間）などをのべ、ビデオでその現実を見せてくださった。これは大変ショッキングなエクスポージャーであった。私と細谷洋子さんとが、この問題の受け止め方について激しい対立になった。

セックス・ワーカー問題は、男性中心の倫理とその裏返しの反倫理のパラダイムへの反撃である。近代では、売買春は一夫一婦制、単婚性と対になってきた。今セックス・ワーカーの要求を支持して立ち上がっている人々が表現しているのは、「ケアの倫理」のコロラリーではないか。その社会的表出形態にはねじれがあり、売買春の権利、合法化という形態であるとしても、その背後にある関係性の獲得、救出という意図に目が向けられなければなるまい。

## 二月三日　詩「母の思い出」を作る。

### 母の思い出

ふっとその顔が現れる
ゆったりとしたしゃべりかた
「あのねえ……おばあさまは
二階にいらっしゃるの?」
八十年以上まえの　育ての祖母を
いまに呼びもどしている

「馬車が走っていたのよ」
古い写真を繰り返し見ている
ボケてわからなくなっていると
いわれると　顔をかたくして
逆らっていた

私が　長い不在の時から
日常の場にふたたびあらわれ
台所で　日々の食事をととのえるようになってから
「このひとは　うちの料理人なの」と
楽しげに笑うようになった

いのちが絶える瞬間
私は彼女の背を抱きかかえていた
そのときの　熱っぽかった肌の記憶が
彼女をいまにとどめている

**一二月四日**　今年読んだ本のうち、主なものをあげておこう。

カフカ『城』、服部健二『西田哲学と左派の人たち』、『シンボルスカ詩集』、パトチカ『歴史哲学についての異端的論考』、『イギリス名詩選』、ヘーゲル『宗教哲学講義』、ニェムツォヴァー『おばあさん』、小松裕『田中正造――未来を紡ぐ思想人』、工藤正廣『バリエール越え一九一四‐一九一六――ボリース・パステルナーク詩集』、玄基榮『地上に匙ひとつ』、ハイデガー『乏しき時代の詩人』

**一二月一一日**　N響コンサートを視聴する。ショスタコヴィッチのピアノ・コンチェルト一番、ソリストはグルジアの人、情緒豊かなよい演奏でじっくり楽しめた。もう一曲はバルトークの「中国のふしぎな役人」。エサ・ペッカ・サロネンの指揮は華麗で、聴衆も熱した賞賛の拍手を送っていた。

ハイデガー『「ヒューマニズム」について』から。

「哲学は、みずからの本質を尊重するならば、断じて、離れ去って先へと歩み進むことなどをしない。哲学は、つねに同じ事柄を思索すべく、当の場所で足踏みしつつとどまるのである。進歩するとは、すなわち、当の場所から離れ去って先へと、歩み進むことだが、それは、一つの誤謬であって、その誤謬は、思索そのものが投げかける影のありさまで、もとの思索を追いかけてくるのである」。（ちくま学芸文庫、六八―六九ページ）

**一二月一八日**　ハイデガーを読むうちに気づいたことは、彼の思想には「汝」が登場しない。「我」と「物」（道具）との交渉には多くの言葉を費やしているが、他者との交渉はきわめて否定的だ。おしゃべり、世間一般、世人、気晴らし、としてしか登場しない。したがって社会をそこに内在して分析することはない。「人称的関係圏」を位置づけ、そこで現象学的に思索することが重要である。

## 二〇〇三年

**一月四日**　米軍一〇万人が中東へ派遣される。いよいよ戦争か。

**一月八日**　小樽市長へ書簡を送る。

小樽市長　山田勝麿様

新年おめでとうございます。

新春早々ですが、新聞報道によれば、二月にまたアメリカ海軍軍艦ブルーリッジが小樽港へ寄港を求めているとのことです。

私はこれまでも米軍艦の小樽港寄港に反対であり、寄港を許さないように市長にお願いしてきました。しかし、今回は従来にも増して、重大な時期の寄港要請です。なぜなら同艦の寄港時には、すでに米国の対イラク戦争が開始されている可能性がきわめて高いからです。

もしそういう事態の許での寄港になれば、それは戦時体制下の、戦闘参加状態での小樽港寄港であり、それは言い訳のできない形での軍港化を意味します。そして反米テロの目標ともなります。

今回は、文字通り小樽市の平和と安全が脅かされる事態です。

市長におかれましては、手続き上で支障がなければ認めざるをえないといった消極的な対応ではなく、政治のリアルな現実に即し、危害を予防し、市民の生活を守るという原則に立ち返って寄港を断ってくださるようお願い致します。　私個人としての心情では、昔風に血判を押してもお願いしたいくらいです。

二〇〇三年一月八日　小樽市富岡　花崎皋平

**一月二六日**　昨年三月二四日に読み始めたハイデガーの『存在と時間』を読み終えた。ちょうど一〇カ月かかった。人生後期で、精神的に暗く困難な状態の中で哲学的思索に集中することによって切り抜けようという意図から読み始めたものだった。読了して思うことは、時宜を得たことだったということである。一方的にハイデガーに学ぶためではなく、私自身の解決すべき問題があり、ハイデガーについての哲学史的な展望が可能である中だったので、いわば自己了解の資として役立てることができたように思う。これがどう生きてくるかは、私自身の思索の作業にかかる。

二月七日　米軍艦ブルーリッジが入港する。ねずみ色のずんぐりした形。第七艦隊の旗艦である。労組と市民グループ合わせて四〇〇名ほどが反対行動を行う。

二月一〇日　丸山眞男の講義録第四冊、第五冊「日本政治思想史」を読む。

二月一二日

---

詩「アカシアの大きな樹」

アカシアの大きな樹
春には瞬くまに
甘い香りの　白い花房を飾り
秋には　野分けの流れに
葉の笹舟を走らせながら
猛々しく　鋭いトゲで
いつも心安い接触を拒んでいる

白い花房が　枝もたわわに下がると
私たちは　さっとゆがいて

甘酢でいただいてきた
この二月　堅雪のころ
やっと心を決めて　うつむきながら
二本ある幹の一本に
鋸を当てた
畠の日当たりをよくするために
私たちのつごうのために
思いのままに　ひろげられてきた
自由な営みを　傷つけた
痛がっているだろう　切り口に
パスイで焼酎をそそぎ
すみません　伐りたくなかったけれど
許してくださいと
詫びをのべた
残りの幹よ　伐られた幹の分も
のびてくれ

**二月一六日**　昨日、今日と全世界の反戦同時行動は未曽有の盛り上がりであった。国連安保理ではフランス大使の熱弁にスタンディング・オベイションが起きたという。英国でも戦争反対の世論が圧倒的。しかし、日本はブラック・スポットのように見えると朝日新聞の欧州総局長が打電してきた。情けない限りである。

**二月二〇日**　夜中に目覚めて永井荷風の『断腸亭日乗』を少し読んだ。昭和一五年八月一二日の項。

下谷の縁日を見るうちに、夫婦者らしい盲目の乞食、女は三味線、男は四つ竹を鳴らしている。それを聞くと、ラジオで放送される当世芸術家の演奏よりも、「哀愁切々として暗涙を催さしむ」とあって、最後に「失意と零落とは決して悲しむべきことに非ず」と述べられている。芸人の「得意驕慢の気」、青年文士の「不遜の心」との対比である。冷然たる傍観者の立場ではあるが、確かにそうだと思わせる。失意、零落を恐れぬ心意気で居たい。

**二月二五日**　プラハの大梶さんからカレル・コシークさん死去のメールが届く。七六歳。もう少し生きて欲しかった。チェコ・ヨーロッパの現代史と現代思想の証言を残して欲しかった。残念この上ない。しかし、思いかえせば、三〇年間、心を寄せ続けて、晩年に二回、お会いできたことはせめてものことであった。お悔やみを言いたい。

**三月四日**　ビデオでザカリアス・クヌク監督『氷海の伝説』を見る。イヌイットの製作したもの。民族に伝わる伝説に題材をとった欲望と相克、最後の母による許しの物語。すごい迫力だった。ホメロスか古事記の世界のようだった。

**三月五日**　コシークさんの家族からの手紙にあったヘラクレイトスの断片のギリシャ語を検索する。

断片一一〇「人間にとって、彼らが欲するものすべてを得ることは善いことではない」であった。何か謎めいたエピグラフである。

## 詩「カレル・コシーク氏」

プラハの旧市街広場裏の小路に
科学アカデミーの小さい建物はあった
となりは薬種屋さん
入り口にたたずんでいると
Tシャツにジャンパー　綿ズボン
太縁の眼鏡　がっしりした体格の
労働者風の老人が声を掛けてきた
それが　カレル・コシーク氏だった

哲学研究所は　アカデミーの一角
事務室と応接室　小さい部屋二つ
座る間もなく　矢継ぎ早の質問
ハイデガーによると　日本語は
グローバリゼーションの日本への影響は
アジアでは　人権の普遍主義は

私にも質問させてください
一九六八年以後　どうされていましたか
いまはどうされていますか

二十年のあいだ　研究と教育から排除されて
労働の生活を送った
いま　カレル大学で二つの講義
ひとつは　二十世紀の文明と権力とチェコの経験について
もう一つは　笑いとユーモアについて

一時間ちょっとで　彼は立ち上がった
アジアで　共通のテーマを持つ友を得て欣快
そして別れ際に　プラハを訪ねての印象は

私は語気を強めて答える
最初のヨーロッパの旅で　プラハを訪れて欣快
プラハ生まれのコシークさんはうれしそう
その笑みは　なぜ亡命しなかったかをうかがわせた

## プラハの地下レストランで

プラハの街にはもう冬が近づいていた
ヴルダヴァ川は黒く濁り
ストラホフ修道院のあたりには
ひんやりとした静寂が降りていた
シナゴーグに近い

十五世紀に建てられた石の家の
地下の暗がりに降りていくと
騎士の甲冑と剣が壁に掛かり
はるか昔の王たちの祝宴のざわめきが
絵の中から聞こえてくる
私たちは　昔と今の哲学者について語りあった
チェコ文化の基礎を据えた　コメンスキーについて
二十世紀にチェコ民族がくぐりぬけてきた苦難の証人
カレル・コシークについて
二人が精神のきずなで結ばれていることを讃え
彼らへの畏敬の思いをわかちあった

それから『おばあさん』の作者ニムツオヴァのこと
スメタナやドヴォルジャークの音楽のこと
ボヘミアのワインが言葉を温め
苦労を秘めた思慮深い教師の母と
前途の夢ゆたかなピアニストの娘との

——くつろぎの中を　時が流れた

**三月二〇日**　米国のイラク攻撃が始まった。これがおごれる米国の没落のきっかけとなることを願う。反戦活動の準備をし、雪が降りやまないなかピースウォーク一時間。

**三月二一日**　イラク戦争は地上軍の進攻が始まっている。今日もピースウォーク一時間。世界各地で大きな反戦デモが起こっている。

**三月二八日**　対イラク戦争は、米英軍の報道管制が敷かれているためか、爆撃で民衆が犠牲になっていることの詳しい報道がない。世界中の反戦の声を力に転ずるにはどうしたらよいのか。暴力ではない力をどう発揮するかが問われている。

**四月六日**　イラク情勢はバグダットの周辺で、激しい近接戦が行われ、死傷者も多く出ている模様である。

**六月二三日**　イラン映画『少女の髪どめ』を見た。これはすばらしい映画で大満足であった。旅職人の靴直しの爺さんが主役の青年に向かって「孤独な人の隣には神が居る」というセリフを言うのを聞いて、ほとほとその通りだと悟った。映像の美しさを堪能する。イラン文化の底力を見るようだった。画面の絵画的構成や人物のえがきかたに深みがある。

**六月二六日**　キリスト者平和の会委員長井上良雄先生の葬儀に参列する。参列者は二〇〇人位か。享年九五。昨春、カール・バルトの『和解論』訳書一三冊の推敲を終えてなすべきことを終えたという感懐だったらしく、急に衰えたという。見事な生涯だったというべきである。

**六月二八日**　自由学校「遊」の仲間と、音威子府の砂澤ビッキのアトリエ3モアを訪ねる。今は、エコミュージアムおさしまセンターと呼ばれている。ビッキの作品はあまりない。村営の天塩川温泉に宿泊する。オトイネップ＝オ・トイネ・プ（川尻の・濁っている・ところ）濁り川はイトウが居るところだからの命名（山田秀三）。

松浦武四郎「天塩日誌」に、「北加伊道」と命名したのは、オトイネップでのことだとあるので、北海道命名のという看板を立てているそうである（行って見られなかった）。「カイ」は、「カイナー」（アイヌ語）からで、ナーは敬称。カイはこの地に在るもの」とパンフレットに解説してあった。

**八月五日**　詩「夕陽」を作る。

野外彫刻は、トーテムポールが倒れ、高校の門柱と旧庁舎のトーテムポールが残っていた。

---

## 夕陽

ゾンネンシャイン（陽の輝き）という姓の
ハンガリー・ユダヤ人家族の物語

その映画の記憶がまだ残るまま
高島漁港のレストラン　フィッシャーマンズ・ハーバーで
対岸につらなる市街の夕暮れを眺める

私の家がある右手の斜面から
港のある中心街へ
そして埠頭の穀物倉庫の白い壁へ
夕陽の輝きが移って行く
やがて　水天宮の丘も暗くなり

明るいのは朝里から張碓へかけての海辺のみ
あと少しで港は闇に沈む
一羽だけ　私のようなカモメが舞っている
この孤独も悪くない
静かに酔いを楽しみながら　家に帰ろう

**八月二九日**　札幌芸術の森に、レームブルックの彫刻展を観に行く。二〇世紀初期のドイツの彫刻家。三八歳で自死した人。三〇過ぎてから自分の作風を確立したが、内面の苦悩、絶望と祈りが次第に強まって死に至ったために、憂愁の色が濃い。北方の自然のようにモノトーンで暗い。そこには、第一次世界大戦期の青年が受けた時代の絶望が反映していた。そのため衰弱と内閉に彩られ、宗教的な情念も現実批判へと繋がっていない。

午後、フランス映画『レセ・パセ（自由への通行許可証）』を観る。第二次世界大戦時のフランスでの対独レジスタンスの物語。ベルトラン・タヴェルニエ監督、三時間の長篇であった。これぞフランス映画！　と堪能した。風景も美しいし、俳優たちも達者。ストーリーもいい。ナチスドイツの映画会社にあえて入り、フランス全土を検問なしに自由に通行できる許可証（レセ・パセ）を手に入れ、レジスタンス活動に身を投ずる助監督が主人公。週末ごとに、パリから南仏の村まで昼夜を徹して自転車で往復する。ティノ・ロッシの歌うビゼーのオペラ「真珠採りのタンゴ」の中の「耳に残るは君の歌声」が耳元で優しく囁く。傑作と言って良い映画だった。

**九月一三日**　知里幸惠生誕百年記念行事に参加するために登別に行く。津島佑子さんの講演とパネルディスカッション。小野有五司会。パネリスト＝新井和子、青柳文吉、サラ・ストロング、中川裕、津島佑子。内容の充実したシンポジウムだった。

**九月一四日**　二日目。加藤幸子さんの講演。そのあと小学校の子どもたちの歌「ピㇼカピㇼカ」と「銀のしずく降る降る」。とてもよかった。歌っているこどもたちの姿を見ているうちに涙が出てきた。次にユカラとヤイサマネナ。演じた人はいい声でユカラの雰囲気をよく伝えていた。

各国語による「銀しずく降る降る」では、私の好みもあるが、ロシア語がよく似合っていた。次に英語。フランス語はぎごちなく感じた。シンポジウムは、戸塚美波子、工藤正廣、富森盛枝、加藤幸子、司会小野有五。

**九月一五日**　登別、幌別のフィールドワーク、知里幸恵と知里家の墓はリイ・フル・カ（高い・丘・上）にあった。そこは、ハシナウ・ウシ（ハシナウ・ウス・イ＝枝幣・ある・ところ）で、海の幸と無事を祈るところだったとのこと。

仲間の人たちが青い野菊や黄色い野の花をたくさん摘んできて一同に手渡し、手向けの花としたのはいかにもふさわしことだった。海に面したカムイミンタラを眺めると、天気がよく海に面した平らな台地は、海と山とを仲だちするようで、優美さと同時に聖なる場であったことを想像させた。

チェコの作家オタ・パヴェルの『How I came to know fish』を読み終える。最近もっとも楽しめたし、心に残る小説だった。少年とパパの魚釣りを主とした短篇集だが、ユーモアとペーソスが効いていて父親の姿が目に浮かぶよう。ユダヤ人の苦難の物語を話の背後に抑制した筆でえがいており、それがまた切ない詩情を醸し出していた。パヴェルの邦訳『美しい鹿の死』を買う。これもとても良いものだった。

**九月二七日**　アオテアロアの映画『クジラの島の少女』を観た。マオリの女性監督の作品で、マオリ民族の神話を元にして作られたものだった。マオリの人びとの顔が持つ人間としての美しさ、特に少女の祖母の美しさに魅了される。物語は、祖先伝来の文化と儀礼を継承する族長を男性から選べず、落胆する祖父に対して、一七歳の孫娘が内なる霊性に導かれて鯨を救い、女性ながら若者集団を率いて文化の継承者となるという筋。その少女の威厳のある姿や集落の人々が総出で鯨をいたわり、救おうとする姿、最後の、美しく飾られた大型のカヌーを男女混合の漕ぎ手が漕いで船出するシーンで涙があふれた。生命、身体、声などの響きあう関係の魅力いっぱいであった。

**九月二八日**　国立近代美術館で、レンブラントとレンブラント派の展覧会を観る。レンブラントの光線について考える示唆を得る。影と闇の深さこそが光を純粋にすること、光は聖性を伝えるもの、神的な叡智の光 (lumen ractionis) なのだということを考える。レンブラント派の作品群も参考にはなるが、格が落ちる。

**一〇月二八日**　バルトーク四重奏団のコンサートを聴きに行く。ベートーヴェンのカルテット四番、バルトークの三番、ブラームスの一番。ベートーヴェンは強弱の幅を抑え、枯れた味のものだった。私はバルトークの壮年時の作品である三番に惹き込まれた。野性味というか、あたらしい表現への探求とハンガリーの民衆音楽の残響と作曲者自身の憂いとが混然一体に聴きとれて、このカルテットならでは、の演奏という気がした。

今年の読書から若干を選ぶ。

ハイデガー『存在と時間』、丸山眞男講義録四冊。池澤夏樹『静かな大地』、フランシスコ・ヴァレラ『身体化された心』、永山正昭『星星之火』、高橋悠治『音楽の反方法論序説』、オタ・パヴェル二冊、『ベテルの家の非援助論』、林光『日本オペラの夢』、久重忠夫『非対称の倫理』など。

**一二月二〇日**　自衛隊北部方面総監部を人間の鎖でかこむ平和行動に参加する。私はサンタクロースの服装でメッセージを渡す役目を振られる。参加者は五五〇人とのこと。

**一二月二一日**　自衛隊のイラク派遣反対行動のため、万葉集の防人歌を調べる。

---

**万葉集巻二十　防人の歌から、**

闇の夜の　行先知らず　行く我を
何時来まさむと問ろし児らはも
昔年(さきつとし)に相替わりし防人が歌一首

行こ先に　波なとゑらひ後(しりへ)には　子をと妻をと
置きてとも来ぬ

右の一首　葛飾郡(かつしかのこほり)　私部石島(きさきべいそしま)とゑらひうねりたつ

我ろ旅は　旅と思(おめ)ほど　家(いひ)にして子持(こめ)ち

瘦すらむ　我妻(み)かなしも

右の一首　玉作郡の広目

父母が　頭掻き撫で　幸(さ)くあれて　言ひし言葉(けとば)ぜ

忘れかねつる

右の一首　丈部稲麻呂(はせべのいなまろ)

イラク派兵と防人派遣とをかさねてみると、その同様なことに一驚する。

**一二月二四日**　小牧基地で航空自衛隊のイラク出発式。西郷信綱の『斎藤茂吉』を読み始める。文章が良い。

**一二月三〇日**　バッハの『マタイ受難曲』（バッハコレギウム・ジャパンの演奏）を視聴する。宗教の問題について考えることいろいろ。

**一二月三一日**　今年は苦労の多い年であったが、著述の仕事を進めることができた。来年もそうしたいものである。

# 第13章　人質事件

## 二〇〇四年

**一月一日**　さて今年は？と考える。七三歳になる。残りの時間は多くない。いまたずさわっている著作を仕上げたい。日常には、畠をすることを喜びとしよう。詩作は可能な限りしたい。あとは音楽を楽しむこと。小樽の街と人に親しむ。さっぽろ自由学校「遊」を大事にしよう。

マタイ受難曲の主題には、忍耐と犠牲（捧げる）とが響いている。自己を犠牲にするというモラルが特徴である。人は他の人の苦難と死と貢献によって生きており、生きざるをえない原罪を負う。それゆえ自己を差し出し捧げなければならない。非日常の時だけでなく、日常において人への献身、仲介、とりなし、引き受けること。それがホモ・レリギオーシス（結ぶ人）であり、そのために歴史と記憶がある。

「悲」というとき、そこには子を産み、育てる母の原イメージがはたらいていはしないか。非は羽が左右に反対に開いたまま裂ける意を含む。悲は心が調和統一を失って裂けること。そこから胸が裂けるような切ない感じを言う。

**一月五日**　西郷信綱の『斎藤茂吉』を読了する。その学問の深さと短歌の鑑賞力と思想性に感服させられる。

**一月九日**　陸上自衛隊、航空自衛隊のイラク派遣が決定される。一一日には、イラク派兵反対の全国共同行動を小樽駅前で行う。

**一月二三日**　『ピープルズ・プラン研究』誌に、「ピープルネス――存在論の文脈で」の連載を執筆する。

**二月一四日**　「北海道から平和発信！　全国交流会」に参加する。東京から天野恵一、武藤一羊、井上澄夫、労働情報の浅井真由美、横須賀から新倉裕史、名古屋から山本みはぎ、北九州から村田久、和子夫妻、など来会。内容は多様性に富み、いい会だった。

**二月二三日**　猛烈な風と雪。家を出られない。夜、沖山有也さん（二二歳）が車ごと川に落ちて事故死したとの連絡が入る。母思いのいい青年だった。残念至極。哀悼の詩を作る。

---

## 沖山有也くんの死を悼む

はげしい吹雪だった
二十二歳の青年が　車ごと川に落ちて亡くなった
水深一メートルの川だというのに
母がたよりにしていた息子
いつも母と一緒にピースウォークに来ていた
おろおろと嘆き悲しむ母

なぐさめようを知らずうろたえる
告別のことを進めなければならない
だがそれはうわべのこと
面影は残り　不在の傷は癒しえない
人はだれも死ぬ　順逆の見さかいなく

それぞれにとって　とりかえしのつかない別れ
酔いをまといつつ
思い沈む

---

二月二八日から大阪、京都、東京、米沢、山形、仙台を経て三月八日に帰宅する。地域アソシエーション研究所、京都で哲学者鈴木亨さん、東京で画家の富山妙子さん、米沢で新井奥邃の研究者工藤正三さんに会う。香月泰男シベリアシリーズ展、富岡鉄斎展、山形で井上ひさし設立の遅筆堂文庫、山形市博物館の上杉鷹山の事蹟展示、斎藤茂吉記念館、立石寺、仙台を経て吉野作造記念館などを見る。

**三月九日**　朝日歌壇より、

刑死せし秋水ら逝きて一世紀すっくと立てよ非戦論　（三島市）浅野和子

玉砕の名に餓死したる兄ありきイラク派兵の新聞を閉ず　（福山市）石井至

朝日歌壇のこうした反戦歌の詠者たちは、日本社会の良心の象徴というべきか。

**三月一二日**　キタラホールで、ライプツィヒ市の聖トーマス教会合唱団とゲヴァントハウス・オーケストラが演奏するバッハの「マタイ受難曲」を聴く。コンサート向けにやや派手目の演奏されたような気がした。教会のような場ではもう少し抑制されたスタイルになるのかもしれない。バッハのこの曲は古今東西を通じて最高の作品であろう。悲しみと慰めと祈りに満ちている。ゆたかな時間を味わうことができた。

**三月一四日**　高橋悠治プロデュース「月光から始まる」コンサートを聴きに行く。まず「月光」ソナタの演奏、それから如月小春の詩の断片を用いた「ボクハソンケイスル」、これはショスタコヴィッチのヴィオラソナタの断片化とピアノ、音声（如月の詩）を組み合わせたもの。面白い音の空間作りだった。最後は、ショスタコヴィッチの「ヴィオラとピアノのためのソナタ」。川崎雅夫というヴィオラ奏者がとてもよかった。高橋悠治さんの前衛性がより立体化されてきたように思った。

**三月一八日**　イラクのホテルが爆破される。米軍指揮官曰く。「テロの標的がどんどんソフトになっている」。ハードからソフトへ、という言い方は、防備の厚いところから薄いところへ、と意味であろうが、今の支配的な秩序そのものが、強者を手厚く防衛し、弱者を放置するものであるから、ソフトなターゲットを狙うというのは当然かもしれないだろう。

スペインは、列車爆破を機に政権が交替し、撤兵の方針になった。

**三月二三日**　パレスチナの「ハマス」の精神的指導者ヤシン師が暗殺されたことが報じられる。イスラエルの国家テロである。世界はますますテロの連鎖、報復の繰り返しに落ち込むだろう。ひどい時代である。

**三月二六日**　さっぽろ自由学校「遊」を支える人物の一人、細谷洋子さんの愛娘の未来さんが亡くなった。享年三一だった。洋子さんの悲しみは見るに堪えない。未来さん自身も「遊」のメンバーでこれからの活躍が期待される人だった。哀悼の思いしきりである。葬儀委員長を引き受ける。二七日通夜。自由学校「遊」のメンバー中心の心のこもった式であった。自由学校「遊」は、一つのコミュニティを形づくってきていると感ずる。

**四月六日**　オーギュスタン・ベルク『風土学序説』を読み継いでいる。午後、シアターキノでフランス映画『息子 (Le fils)』(邦題『息子のまなざし』)を観る。中年離婚して独身の大工がえがかれる。それに少年院を出た少年が見習いとして付く。映画はほとんど説明しない。寡黙に大工仕事を少年に教えるところを映す。それがいい。仕事とはこうするものだ、ということをじっくり見せる。やがて少年は男の息子を殺して少年院に送られたことがわかる。それでも男は胸に苦しみを抱えつつ黙って指導する。終わりになって木材置き場で少年にその事実を告げる。いったんは恐怖で逃げようとした少年が、材木を運搬車に積む男に手を貸し始める。そこで映画は終わる。いかにもフランス映画！　という感じを抱いた。

しっかり根を張った懐の深いもので、文化とは、芸術とはこういうものだと教えてくれる。とても気に入った。

**四月七日**　小泉首相の靖国神社公式参拝を違憲とする判決が福岡地裁で出る。

**小泉首相の靖国公式参拝違憲判決を聞いて。**

首相小泉の靖国神社公式参拝は違憲との報道を聞きながら
草莽の叛乱という言葉を思う
私は　ムスルグスキーのオペラ
「ホヴァンシチナ」を視聴している
農民や庶民の臭いがするオペラだ
近世ロシアの草莽たちの
信仰　希求　愛
そして殉教
すべては　空になり
すべては　忘れられ
そして　あらたな叛乱

**四月八日**　夜、高遠さん（千歳出身）、今井君（札幌出身）、もう一人、フリーのジャーナリスト、三人がイラクの民兵組織に拘束され、自衛隊を三日以内に撤兵しなければ殺すという通告がメディア（アルジャジーラ）に届く。かれらがいうように、米軍は民間人も無差別に殺しているのでそれへの応答である。政府には人質を見殺しにする選択肢しかなかろう。日本もひどい戦乱の泥沼に、ますます踏み込んで行くのではないか。

**四月九日**　日本人三人の人質事件にかかわって、札幌の知り合い大嶋・七尾夫妻が、家族に付き添って上京したとのこと。

**四月一一日**　イラクの人質三人を解放する知らせがあったが、まだ解放されていない。

---

## 音が立ち上がると

音が立ち上がると
沈黙が寄り添う
音が消えてゆくと
言葉が発光しだす

音楽というういとなみは
聴こえない音の波を
教えてくれる

その教えは　ことばではない
一瞬光って
すぐ消えてゆく　なにか
記憶ではない
記憶に　書き込まれたのか
それともただの空白が
残ったのか
たよりない教えだが
たしかに　一瞬現れたらしい

四月一四日

## 偶感

イラクで三人の日本人が
人質にされている
そのことに心を痛め
街頭に出て訴え　署名を集める

イラク市民は言った
なぜ日本人三人のことで大騒ぎするのか
おなじ日に　イラク人が七百人も殺されたのだぞ
こうべを垂れて　黙するしかない

国家の許容範囲をはみ出したから
という要人の声
自分勝手だと
巷の声

人質のために祈ろう

無為　無力を知るから
重ねてきた
生きていることの
罪の数々を知るから

**四月一五日**　夜一〇時、イラクでの人質三人が解放されたことを知る。頭上の重石が除かれた感あり。

**四月二九日**　友人の小笠原さんが山菜採りに誘ってくださる。塩谷の山林に入り、渓流のそばの林でキトビロ、カタクリなどを採る。まだ春浅くキトビロの生育も若かったが、つやつやと光る葉が枯葉を突き抜けて勢いよく伸びているのを見ると、生命力に打たれる。帰りに忍路湾近くの神社の前でシャク、甘草、セリなどを少し採る。夕食に酢みそで味わい、天ぷらにする。春のかけがえのないたのしみ。

**五月四日**　沖縄大学地域研究所主催のシンポジウム「方法としての沖縄研究」のために安里清信さんを調べる。民衆思想家としての彼のえらさを捉え直す。ピープルネスとサブシステンスの一致の見事な範例というべきである。これから『琉球弧の住民運動』を調べることにする。朝日新聞夕刊に、イラクでの人質の一人郡山総一郎さんが警察の事情聴取を受け、「武装勢力に厳罰を望むか」という問いに、「求めません」と答えていた。警察関係者は、人質が犯人に親しみを感じる心理状態を示す「ストックホルム症候群」と言っていたという。

この警察の見方は、抑圧者の見方を典型的に反映している。意に沿わぬ回答は病気か異常とみなし、対等の認識と評価から除外する。郡山さんの答えは思想の表現であるのに。

**五月二七日**　アイヌ民族共有財産訴訟控訴審判決を傍聴する。控訴棄却、費用は控訴人負担。それだけぶっきらぼうに告げて閉廷。あとで弁護士の解説があったが、井上勝生、滝沢正、二名の研究者の証言によって未調査の財産があることは認めた。しかし、それは公告し返還すればいいだけだとして一審判決を維持した。歴史的経緯は一切無視である。裁判所は官僚機構の一部であり、そこに従属していて、正義の実現などという理念はなく、ピースミールの法務工学に基づいていることを知る。

**六月一八日**　九州中津の作家・思想家松下竜一さんが逝去される。六七歳とのこと。お宅に泊めてもらったことを思い出す。豊前火力と伊達火力との建設反対運動で、兄弟関係にあった。その後は「草の根通信」を愛読してきた。

**六月二四日**　イラク全土で同時ゲリラ攻撃が発生する。

**六月二七日**　沖縄の詩人・思想家安里英子さんの『琉球弧の精神世界』を読む。沖縄での生と死の連関は三代で一循環して終わるという。魂（マブイ）は祖母から孫娘に伝わり、再生された後に消滅する。親を心情で認識できるのが、三代の範囲だから、ということに基づくという。これは道理にかなった生命観であるように思える。対話ができ、祖父母の知恵や技能を享受し、尊重できるテンポでの生活の変化、文化伝承に好ましい変化であり、のちの世代が急な変化で混乱させられないテンポではないか。先行世代の加護の力が及ぶのもこの循環のあり方であろう。萱野茂さんが祖母からアイヌ語を受け継いだことを想起する。

**六月二九日**　夜、キタラホールのコンサートを聴きに行く。アシュケナージがピアノを弾いて指揮する。パドヴァ・フィルで、モーツァルト「フィガロの結婚」序曲、ピアノコンチェルト十七番、ベートーヴェンの一番。アシュケナージは奇をてらわず、おのれを誇示せず、優雅に、古典を古典として演奏しながら、明るくて上品に仕上げていた。すっかり魅了され、演奏を堪能した。

**七月一五日**　沖縄に赴く。まず、崎原盛秀さんに会う。安里清信さんとともに金武湾石油備蓄基地建設反対闘争を牽引した人。安里さんについて、包容力があり、ものしずかだが、内に秘めた烈々たる志と魂の人であったという。

翌日、金武湾周辺を案内してくださる。与那城町町議の花城清繁さんのお宅を紹介してくださる。お宅のそばの浜に団結小屋があり、花城家は当時、活動家のたまり場だったよし。そこから安里さんのお宅を訪ね、夫人の芳子さんからお話を聞いた。金武湾闘争前の安里像についてお話を聞いた。学校の校舎や敷地、施設の整備、畑などで常に働いていて、

職員室にはあまりいなかったとか、

藪地島に農業を習得する実業学校を開いたとか、私はかねてベトナムのホーチーミンのような人間をイメージしていたのだが、ますますその感を強くした。

崎原さんは、夕方、辺野古への基地移設問題での県庁への要請行動に行かれた。胃がん手術を受けるまでは、五〇日くらい毎日、辺野古へ通っていたという。生涯を通じての不屈の闘士といった感がある人である。彼もまた民衆思想家群像の一人であろう。

**七月一七日** 沖縄大学地域研究所シンポジウムで、安里清信さんを中心にピープルネス、サブシステンス、スピリチュアリティについて話す。新崎盛暉、鹿野政直両氏の話とともにであった。

**七月一八日** 劇団「創造」の演劇、知念正真作「人類館」を観る。大阪の人類館事件の時、太平洋戦争時、米軍占領下のベトナム戦争時の三つの時期を重ねて、三人の役者が演じたもの。冒頭では琉球舞踊で明治以前、王国時代を暗示し、沖縄史を縦貫する構造である。沖縄でなければ創られず、演ずるのも困難な、地域に根ざした芝居であった。しかし、中心の役者の発声が演劇空間を創り出す力がなく、散文的で凝縮を欠いたのが残念だった。

**七月一九日** 石垣島を経て竹富島へ行く。夕方、上勢頭芳徳さんが浜へ連れて行ってくれる。夕日が美しく、彼方、西表島へと没する。雲が、あたかもシャチが跳ねているかのような躍動的な姿を見せる。上勢頭さんは投網を持ってきていて、浜辺で一投して小さなアジ四尾ほどを穫す。引き潮なので獲物はすくなかったが、数回投げて七尾を得て、それをすぐにさばいて刺身にし、ふるまってくださる。見事な接待であった。民宿新田荘へ戻り、ご主人の新田ハツさんから竹富島の信仰について話をうかがう。神司(かんづかさ)を務めておられる。一四歳の時、片目を病んでユタによって癒されたがそのときやがて神司になるべき運命を預言され、その命に従って若い頃からやがては神司を務めなければならない使命を自覚して生活してきた。神司は年間の決まった神事の他、町民の悩みごとなどの相談役でもあるので非常に多忙である。家事を省みられないので、子育ての時は辞退してきたが、五〇歳代になって神司として活動する決意で立つとともにその役に当たっている。

信仰は神仏混淆だが、核は自然信仰である。しかし、神のお告げや霊界とのコミュニケーションは人格神との間でのことである。ご本人は特別の霊媒者ふうではなく、お話も、他人の悪い霊が体に取り憑かれるときは苦しい、というような話でも日常生活との連続でのような話しぶりであった。

こういう信仰のあり方、敬虔のあり方に親しみを覚える。

**七月二〇日**　澄み切った深い青の空、つよい日差し。新田荘のシーサーを水彩で描く。日蔭がないので汗がしたたって画面に落ちる。でも気持ちがゆったりなのでていねいに描けた。なかなかユーモラスなシーサーなのである。

喜宝院という博物館に上勢頭芳徳さんを訪ねる。一人でこの博物館を運営しておられる。義父の上勢頭亨さんが蒐集したものが多いとのこと。織物、民具(農耕具、漁具、生活具など)、歴史資料、焼物、神事の用品などが集められていた。神事に使うものには勾玉、銅鏡、簪などがあり、古神道、民族神道につながる信仰であることを推測させる。まったくの個人経営なので経営は非常に苦しいとのことだった。午後は、芳徳さんのお連れ合いで寺の住職の同子(ともこ)さんにお話を聞かせてもらった。小作り、堅太り、眼光鋭い人で、オーラが感じられた。父の亨さんは、まったく一人で浄土真宗を体得して寺を開いた人であって、得度はしておらず、本山との制度的つながりもない外様の寺であった。父は民具、歴史的資料、文化的遺品を集め、神事を司る神司のうたやことばは、父が記録したもので、信仰会を作って神司たちと一緒に研究した。祭りの踊りも教えた。寺子屋のようなものであった。

この寺は檀家なし、門徒なし、宗教法人でもなく、同子さんは父のあとを継ぐために得度し、開教事務所から僧職を認められている。教学の必要性はこの島では、ない。教学を学んでも、島人に相手にされなければ意味がない。

得度して帰って来て二日目に父が亡くなった。仕事はとてもいそがしい。法事のほか、相談とかも多い。神事やうた、踊りも教える。神に捧げる踊りの稽古は、奉納する一週間前ぐらいからは技術よりも「見えない世界へ向けて感謝の念が湧くように心を一つにすることに重点を置いて練り上げる」。昭和三五、六年頃までは、村にシャーマンが多かった。幻視、預言など霊性の働きがあった。ホラシャイという言葉がある。陰徳を意味する。人間の魂（マブイ）は七つある。北斗七星を体に映している。タマシイクミ（ターンシクミ）は、とびだした魂を入れもどすという意味。ターシバイは魂の別れ、ターンシコーシは、亡くなった日に、霊力、徳をいただくこと。同子さんと対座していると、気がつたわってきた。

**七月二一日**　朝、散歩する。御嶽を三カ所ほど訪ねる。この島の御嶽のたたずまい、道の箒目など静かさがあり、品がある。上勢頭同子さんの旧宅など簡素にして気韻がただようものだった。午後、西表島へ移動する。西表の宿は、干立集落（西海岸）の「南の風（パイヌーカジ）」。入江に面したいかにも海で遊ぶための宿である。

**七月二二日**　宿の周囲を歩いて三枚ほどスケッチをする。午後、元浦港から船で石垣島へ。そこから飛行機で那覇へ戻る。

**七月二三日**　高速船で伊江島へ渡り、「土の宿」に木村浩子さんを訪ねる。浩子さんは、一四年前に訪ねた時からあまり変わりなく元気そうであった。

**七月二六日**　昨日から大宜味村白浜の照喜納圭さんのところに泊めてもらう。圭さんは夫の桂辰美さんと自力で二階を新築し、里子として佐藤翔子さん（高校三年）を受け入れており、江洲部落で子ども寺子屋もしていて、日常は子どもの教育活動に忙しい様子。私は彼女を「はだしの教育者」と呼びたくなった。

桂辰美さんは、養鶏場で五時まで働き、帰ってから自分の畑の世話をする生活である。

今日は圭さんと娘のるかさん、里子の翔子さん、私の四人で辺野古の基地移設反対の座り込みに参加する。海岸のテントに三〇人ほどの人たちが座り込んでいる。

**七月二七日**　一九九〇年に、読谷村長浜に二ヶ月半ほど住んだ家の家主の新垣カマドおばあを訪ねる。おばあは八八歳を迎えたというが色艶も良く元気だった。昔と変わらず、笑顔がなんともかわいい。圭さんが里子の翔子さんを一八歳の娘だといって紹介するとびっくり、シムクガマに隠してあった隠し子だというので大笑い。おばあのウチナーグチはまろやかでよく分からないが耳に快い。この日は、波平の「ぬーがやー」（知花昌一さんが営む民宿）に泊まる。

**七月二八日**　知花昌一さんに、彫刻家金城実さんのアトリエに連れて行っていただく。金城さんは留守だったが、家の横に製作中の、長さが百メートルある「戦争と人間」の彫刻作品が無造作に置かれていた。安里清信、阿波根昌鴻、屋良朝苗、瀬長亀次郎、四人の沖縄の闘う偉人の像もあり、完成が楽しみである。昌一さんが所長の障がい者授産所に寄る。娘の未来世ちゃんを含め、七、八人のメンバーが陶器や布の物などを作っていた。とても明るい雰囲気だった。

午後、九州福岡に移動する。夜、福岡自由学校の代表で市民運動家の安藤榮雄（ひでお）牧師やビルマでの日本軍慰安婦文玉珠さんの調査をしている森川万智子さん、村田久、和子夫妻などと交流し、絆を強くした。七月二九日と三〇日、村田夫妻と大牟田、阿蘇とめぐり、みやこ町（豊津町）の瓢鰻亭に前田賎（シズ）さんを訪ねる。夜は、賎さんが主催している連歌を巻く会に飛び入りする。たのしかった。

**七月三一日**　湯布院に赴き、地域通貨を始めている地域の交流集会に加わる。

**八月一日**　豊前中津の松下竜一さんを偲ぶ会に参加する。千人ぐらい参加者があったらしい。一人三分間のスピーチ。宇井純さん、佐高信さん、私、田中伸尚さん、山田悦子（甲山事件の人）、水田ふうさん、坂本紘二さん、林えいだいさん、前田賤さんなどたくさんの人が話した。スピーチの中でおかしかったのは、梶原和歌子さん。竜一さんが梶原夫妻の前でも「洋子を愛してる」というので、「映画の見過ぎや」と言ったという話。

**八月二日**　航空自衛隊築城基地前での毎月定例の座り込みに参加する。一九八九年四月から既に一五年続いている。毎回二、三〇人が参加する。

**落暉——小高島にて**

水平線の上　西表島の端に
日が落ちる
群雲が　諸仏の姿で
馳せ参じ

空の高みには　薄絹をたなびかす
天女の姿
やがて月が昇り
星々があらわれ
さそり座は　放恣に横たわり
北斗七星は　天の軸をめぐる

人あって　網を打ち
五、六尾の小魚をすなどり
水際でさばいて
過客に振る舞う
夕闇せまり
語らう言葉は
おのずから　うやうやしい

---

**八月一一日**　伊江島の木村浩子さんの個展とお話。戦争中に母親が軍人から、浩子さんは足手まといだから殺せと青酸カリを渡され、山の中へ浩子さんを連れて三ヶ月隠れてい

たという話を聞く。

**八月一三日**　米軍のヘリコプターが、沖縄国際大学構内に墜落し、あわや大惨事になるところであった。パウエル米国防長官は、憲法九条を変えないと国連安保委常任理事国にはなれないと発言する。

**八月一七日**　詩人の木島始さんの訃報があり、お連れ合いに哀悼の手紙を送る。

**八月二五日から二九日**　水俣フォーラムのツアーに合流して、チッソ水俣工場、障害者授産施設「ホットハウス」、水俣病センター相思社、市立水俣病資料館などを歴訪し、市立資料館で、浜元二徳さんのお話を聞く。ＰＰ21水俣集会でお目にかかってから一五年ぶりであった。二八日には、杉本肇さんの漁船で恋路島に渡してもらい、海岸のごみ拾いをする。ツアーのプログラムの一つであった。それから、杉本水産へ行き、杉本栄子さんにお話をうかがう。「ノサリ」という土着語がキーワードであった。「ノサリ」とは「賜物」という意味で、森羅万象の生命に神が宿り、その賜物としてわれもあるという考えに到達しているという趣旨であった。

台風が接近しているという天候であったが、親水緑地で、予定どおり能「不知火」の奉納公演が行われた。最初に実行委員長の緒方正人さんが羽織袴の正装で挨拶し、作者の石牟礼さんの挨拶があり、篝火が焚かれ、能が始まった。不知火の梅若六郎、隠亡の尉の桜間金記、常若の梅若普天、それぞれ見事だったが、やはり不知火の気高くあでやかな謡と舞に魅せられた。最後に、古代中国の樂祖が石と石とを打ち合わせて再生をうながす舞を舞う。この登場が、私にはことのほか意味のあることに思われた。宇宙の創生が振動であり、波であり、人の生命も音と震動波にさかのぼることができるという宇宙観を象徴しているからである。能が終わったら、からだ全体が熱く脈打ち、鑑賞中も口から泡が次から次へと出てきていた。これも脳と体全体へ声と所作と音が染みとおったからであろう。一期一会の感銘であった。二九日に川本輝夫さんのお連れ合いミヤ子さんを訪ね、お話をうかがう。極貧の中を生きてこられたというが、笑顔が美しい。お話は、輝夫さんを支えて裏方を引き受けてこられたという内容なのだが、暗さがないものであった。社会の基層に生きる民の強さを体であらわしている姿だった。

**九月三日**　ロシアの北オセチア共和国で学校の始業式が、チェチェン独立派の武装グループに襲撃され、児童多数が人質になったとのこと。

**九月四日**　北オセチアの人質事件は、ロシアの特殊部隊の攻撃で凄惨な結果を生んだようである。

沖縄の辺野古でボーリング調査が迫っているので、緊急の呼びかけでピースウォークが行われた。

**九月六日**　北オセチア人質事件の死者、行方不明者は五〇〇人を超えるようである。子供と親たちばかり。双方の側が固執している枠組みとしての国家は、暴力によるコミュニケーション以外に対処できないのか。心も凍る出来事である。

**九月八日から九日**　猛烈な台風襲来。すごい風で木の葉が舞い、ぶどう棚が倒れそうになる。五〇メートルの風で、北海道大学のポプラ並木の木が倒れたという。我が家では物置小屋が壊れた。余市の果樹農家は甚大な損害を被った。

### 烈風

海は真っ白に泡立ち
雲は飛ぶように走る
木々は揉みしだかれて
唸り声を上げている
家が揺れる
木の葉が空一面に舞う
鳥も飛べない
人も歩けない
荒れよ　荒れよ　あらし
淀んだもの　溜まったものを

吹きとばし　突きくずし
巻き上げよ

朝日歌壇（九月十二日）より。

帯しめて籠もよ美籠持ち　蛍かご四肢伸び伸びと浴衣の子らは　（横浜市）酒井藤吉

てづくりのカステラみたいな子の匂い　幸福な終戦記念日　（松戸市）花嶋八重子

**一二月一一日**　さっぽろ自由学校主催の東アジア国際シンポジウム「グローバル・ファシズムに抗して、東アジアにおけるオルタナティヴな市民教育」が開催される。韓国からソンミ山の環境を守る闘争と、その運動の延長としての保育所、小学校、生協の設立についての報告は興味ふかく、瞠目に値する報告だった。中国の農業の研究者温鉄軍さんの、現代中国のマクロの分析は聞き応えがあった。そのあと台湾のルーデイ社區自由大学と香港の大学教員ラオ・キンチさんが報告した。日本からは京都自由学校の報告があった。

**一一月一三日**　韓国の市民運動の人たちを招いた小樽での集会は、現代の社会変革のパラダイムとして、地域における個の自立と連帯、多様性を生かす運動展開、批判と抗議が自分たちの生活創造と結びついているところが語られた。

**一二月二四日**　みすず書房の恒例年末読書アンケートへの答えとして、

（一）　西郷信綱『斎藤茂吉』

（二）菊地昌実訳『掌の中の無限――チベット仏教と現代科学が出会う時』
（三）上西晴治『短編全集ポロヌイ峠』
（四）安里清信『海はひとの母である』
（五）樋口陽一『国法学』

**十二月二十七日**　インドネシア近海で震度八・九の海底大地震があり、猛烈な津波がインド洋を走り、スマトラ島、スリランカ、インド、タイ、モルディブなどで、一二万人もの人が呑み込まれた模様。このところ地球は大異変、日本列島も台風たびたび、地震、暑熱。怒るさね。地球だって。人間が傲慢になりすぎているのだもの。でも東南アジアのその日暮らしの人々にツケを回さないでくれ。

# 第14章　沖縄の島々を歩く、そしてアイヌの遠山サキフチの傘寿

## 二〇〇五年

**一月一日**　昨年は世界的に擾乱の年であった。日本国の右傾化は耐えられぬものになってきている。今年は、村田久さんとともにあたらしい政治文化運動を試みるつもりである。

**一月四日**　和辻哲郎『風土』を読み終える。思想的には、天皇制共同体国家礼賛であるが、文章はうまいし、叙述も巧みで、名著とされたのもムベなるかなである。

**一月九日**　鹿野政直『現代日本女性史』を読み終える。名著というにふさわしいものである。文章もうまいし、思想的立場にも共鳴する。

### 映画『父と暮せば』

映画の終わりの　宮沢りえのせりふ
「おとったん　ありがとありました」で
あやうく　むせび泣きそうに
映画館なので恥ずかしい　やっとこらえた
娘を幸せにしたい　幽霊おとったん
娘の　あわい恋心に

冥土から呼びもどされてきた父
娘は　ピカの日のむごい記憶にしばられて
恋する心を　ふり払おうとする

むごいことよ　のう
煮えたぎり　ささくれた瓦
溶けた瓶
ケロイド顔の　仏の首

抗いながら　なだめられ　叱られて
幸せになってはならないという
おのれの誓いを
ほどいていく娘

最後のせりふが　しみじみと
つぶやかれる
父と娘との　無私の思いがかよいあう

それがたまらない

## 一月二三日

### 前後からの声

過去の声を聞かなければ
戦死者の声　戦場に夫を失った妻の声
赤子が　生を享けたときの声
女と男が睦みあう声
たくさんの声を聞けば聞くほど
心は向かう
なにごともない　安らかな日々へ

未来の声を聞かなければ
まだ生まれない者の声
そうあってもらっては絶対に困るという声

待って　我慢して　という声
きしみ始めた地球の声
たくさんの声を　聞けば聞くほど
祈りたくなる
災いよ　火よ　戦争よ
まだ見ぬ者たちを襲うな

---

**一月二八日**　女性国際戦犯法廷NHK特集番組に対して、自民党議員の中川昭一と安倍晋三が放送前に圧力をかけ、内容を変更させたことに対して抗議しに、NHK札幌放送局に赴く。

夜、ペーター・シュライヤーの独唱コンサート「白鳥の歌」を聴きに行く。コンサートは、過ぎし日の面影を想起させるものであった。若い男女の関係には、ある神秘的なへだたりがあり、愛は憧憬と謙抑を含んでいた。森や川や野は静まっており、人は少なく、自動車はなく、馬と馬車での行き来であった。風景は人格に似たまとまりや象徴性を帯びていた。いまはもう失われた文化、文明である。シュライヤーの歌唱は、そのまぼろしの世界を中空に構築するいとなみであった。

**三月六日**　三池炭鉱の大事故で、夫が脳障害で精神障害となり、長いこと介護を担うとともに、鉱山会社に家族がこうむった家族の補償を求めて裁判を起こし闘った松尾蕙虹さんを招いてお話を聞いた。松尾さんは、西欧輸入の人権とか権利の思想ではなく、生活の中で、父母や環境から得て熟させた思想の持ち主である。聴くうちに「単純なものは複雑なものを圧縮します」という金芝河の言葉を思い出す。単純だけれども、核心より一筋に溢れ出る熱と光がある。日々の糧を得ること、子どもを育てること、夫を看護すること、といった徹底して具体的な行為の中で、その価値としての核心を失わない在り方が、自前の「人権」思想として輝いている。夫と家族を大事にすることも、決して従属的で、諦念的ではなく、自己を生かすことと結びつけていることに感銘する。一人の「人民」として生きることが持つ無限の深さと高貴さを思う。

三月一三日　仲良しの神聡子さんの日の丸、君が代強制についての投書が北海道新聞に載る。

『我が子の卒業式まであとわずかという先日、ある学校の校長先生が保護者席をまわり、国家斉唱の時にはどうかご起立してください』とお願いしたと聞き、胸がチクッと痛みました。これは立ちたくない人にとっては遠まわしの脅しであり、強制ではないかと思いました。

私は、わが子が学校に入学してから日の丸、君が代の勉強を始めました。本や新聞を読み、講演会にも参加しました。そして自分なりに出した結論は『日本には新しい国旗、国家しまいました。あれよあれよという間に日の丸、君が代は国旗、国歌になってしまいました。

校長先生のことを聞いた時『先生が気の毒だ』というのが最初の感想で、こんなことをさせる国旗、国歌はやはりおかしいという思いでした。

わが子に聞いてみたら『お母さんが聞きたくない曲だったら退場したっていいんだよ』と言ってくれましたが、まだ決められません。

無理に国歌を歌わせず、その年一番はやった曲や子供たちが一番歌いたい曲だったらいいのにと思います。こんなに悩んでいるのは私だけでしょうか」。

良識の香りがする、いい文章だった。

**三月一九日**　イラク戦争から二周年、札幌のピースウォークに参加する。人数約九〇〇人。政党、外郭団体も加わる。

**三月二〇日**　神大貴、三ツ江はるかの母にたのまれて二人の小学校卒業式に、祖父となって出席した。君が代では、生徒も父母もほとんど起立せず、歌わずで、いい卒業式であった。ここに至るには、神さん、三ツ江さんたち父母の粘り強い働きかけもあった。この年以後の学校行事では、日の丸掲揚、君が代斉唱は教員にたいして服従を強制する命令になり、それに従わない教員は処分の対象とされるようになった。

**三月二四日**　朝日新聞夕刊掲載の、加藤周一「夕陽妄語」がよいものだった。一九四五年三月一〇日の大空襲時、医師として診療に当たっていたことから書き起し、当日の堀田善衛の見聞に触れ、行動（参加）と観察（認識）との間に断つことのできない密接な関係がある。自分には、三月一〇日に焼夷弾の降る東京の、真中の病院にいたことによる被害者との強い連帯感がある。もしその連帯感がなければ、あれほど悲惨な被害者を生み出した爆撃を必然的にした戦争、戦争の人間的・社会的・歴史的意味についての執拗な関心は起こらなかったろう、と述べている。

行動と連帯感から生じる当事者感覚、そこからの事柄への関心と知識への歩みについて述べている。

**四月二三日**　上京し、上野の国立近代美術館に、一七世紀フランスの画家ジョルジュ・ド・ラ・トゥール展を見に行く。敬虔な宗教画という面とリアリズムの技法に秀でた世俗画という面が併存している。一七世紀オランダの絵画やイタリア絵画の影響を摂取しているようで、光と闇の対照、光線による精神性の描出が巧みである。一七世紀フランスは三〇年戦争の戦乱のさなかであったが、それにもかかわらず、あるいはそれゆえにか、宗教画に内面へ向かうベクトルが強まり、霊性の表現に特徴が見られる。

高階秀爾が、朝日新聞にエッセイを書いているが、作品の数は四〇点余で、ラ・トゥールが再発見されたのは二〇世紀になってからとのことである。高階が述べているように、彼の作品を支配しているのは、永遠の静寂である。

**四月二四日**　孫和代さんと草津のハンセン病療養所楽泉園へ赴き、詩人の桜井哲夫さんに会う。園は広大でよく整備されており、白根山、浅間山が身近に見える景勝の地で、入園者はほとんど八〇歳台とのこと。桜井さんは重症者の棟の個室におられた。手、鼻、目、顔を病原菌に侵され、声帯も痛めているので、かすれ声であった。いろいろな話を聞いたが、網野善彦さんの無主、無縁、無所有の話になったとき、桜井さんは、「俺は指一本、一本を失うごとに何かを学んできたのだ、『場の哲学』を獲得してきたのだ」と言われた。それを聞いて、私は涙にまみれた。「無所有」ということの原点に触れた思いであった。「持たない」ことは、平板に、ただないのではなく、失う痛み、苦しみと逆接した能動的な、積極的「無所有」であってこそ、思想となりうるのだと、深い感銘を受けた。

**五月二日**　ベルリンフィル恒例の野外「サマーコンサート」をテレビで観る。

---

## ベルリンフィル恒例の野外「サマーコンサート」

二〇〇四年は　チャイコフスキーのシンフォニー一番
ピアノのソリストはラン・ラン
その派手なパフォーマンス
サイモン・ラトルの歯切れのよい指揮

締めくくり　恒例の「ベルリンの風」が楽しい
ラトルも聴衆の中に降りたりしている

おとうさんが娘を肩車して踊っている
恋人たちが手を叩いている
ああ　私が若くて
ベルリンに留学などしていたら
セッチャンの手を引き
ショウちゃんを肩車して
リズムを取れたかも
夢　ゆめ　ゆめ
おろかな妄想

---

**五月一四日**　熊本市郊外の国立ハンセン病療養所菊池恵楓園で開かれたハンセン病市民学会設立総会に参加する。参加者五〇〇名弱（内当事者九〇名）。熱気あふれる雰囲気であった。プログラムは、基調講演とシンポジウム。斎藤貴男氏の講演は、ハンセン病問題を主体的に考える内容ではなく、監視社会、優生思想、社会ダーウィニズムといった啓蒙的なも

のであった。シンポジウムは、パネリストの発言が聞きごたえあった。会場からも盛んに手が上がり、活気に満ちていた。

**五月一五日**　午前九時半から分科会。私は、韓国、台湾の療養所から来日した当事者と支援者の報告、日本政府に対する国家賠償訴訟を論ずる分科会に参加した。つらつら考えるに、このハンセン病の差別、人権侵害を問う営みは、人権という田を、今までとは相違して、より深部まで耕す営みではないか。社会の最弱者が弱者に甘んずることをやめ、人権の主体として立ち上がったことの持つ意義は非常に大きい。人権を不断にマニフェストし、人間の尊厳を現に生きている姿としてあらわすこと、そして、社会の風潮を正すことが、この市民学会に求められていると思う。

**五月三一日**　詩「ある一日」を作る。

---

## ある一日

朝五時半に起き
ゴミを出し　庭の草を抜く
昨夜の食器を洗い
洗濯機を回す

天気がいいので　布団を干す
八時半から　二階の書斎に上がる

十一時を回った
昼食をととのえに台所に下りる
みそ汁　作りおきの煮物　しおから　すじこ　ご飯
二時には　畑仕事に服を着　長靴を履き
バジル　ゴーヤー　ルッコラの種を蒔き
裏庭の笹を刈り　ウド　アスパラ　フクベラ　オオアマドコロを摘む
たっぷりの野草たちを　酢味噌和え　おひたし　チーズ焼き

グリンピースご飯を炊く
白米に昆布と酒を入れて　吹いてきたら
小泉循環農場から送られてきたグリンピースを加える
おかずは　小樽妙見市場で買った
地元産のシャコ一匹　金一八〇円也
スナックエンドウを茹で

里芋にレンコン　ゴボウ　鶏肉　こんにゃく　しいたけの和風煮物
ご飯に甘みが乗り　すじことよく合う
ビール　焼酎を共に
モーツァルトのピアノソナタ二〇番に
陶然となる

ハンセン病療養所入居者の聞き取りに歩いている孫さんからハガキ
ハンセン病回復者を友とし
みずから受けてきた差別を　愛にひるがえしている
今夜は心みたされる

## 草津・栗生楽泉園で

小柄で　ふたえまぶたの目の奥に
炎がメラメラ燃えている在日三世の孫さんと
行き先はハンセン病療養所
訪ねる人は　盲目の詩人桜井哲夫さん

白根山はまだ雪をいただき
浅間山は濃い煙を吐いている

詩人は個室にひっそりと座っていた
声帯も損なわれて　かすれ声
でも　りんとして語る
「おれの哲学は　ライという場の哲学だ」
「おれは　ハンセン病の詩人ではない
ライの詩人だ」
「おれは指を一本　一本失うたびに
なにかをまなんできた
『場の哲学』を得てきた」
それを聞いて　涙があふれ出た
「持たない」ことが　ただ「ない」のではなく
失う痛みと背中合わせの　前向きの「ない」であってこそ
思想となりうるのだ
この津軽の人との出会い

**七月四日**　孫和代さんと会い、ハンセン病療養所に強制堕胎された胎児のホルマリン漬け標本が残されている問題について話し合う。孫さんの聞き取り、ハンセン病対策会議の様子などを聞き、生命倫理の観点から、ＤＮＡ鑑定、身元調査などの必要性に共鳴し、一緒にできるところまでやりましょうと合意した。

**七月一五日**　北京で開かれる「地域ガバナンスと農村のオルタナティブ」シンポジウムに参加するため北京に入る。

**七月一六日**　北京人民大学で農村開発センターの開所式に参加する。主催者は、この大学の教授温鉄軍（ウオンテイジュン）さんである。温鉄軍（ウオンテイジュン）さんが主宰するジェームズ・イエン農村再建学校で行う予定のシンポジウムは、学校のある村で発電所建設をめぐって騒擾があり、電力会社が暴力団を雇って農民を襲撃し、六人の死者が出たので、外国人の訪問が禁じられた。そのため全プログラムが北京の合宿所で行われることになった。

**七月一七日**　九時から提言と議論。メキシコのルイス・ロペツエラが、地域貨幣の問題を軸に、ホスピタリティを貨幣にすることや闘いにダンスと沈黙を、というユニークな話をした。大橋成子がネグロスの経験とそこからの思想を話す。インドのヴィノッドはケララ州の運動について報告。タイの貧民連合の話などがあった。午後は、オルタナティブ・スクールの経験と問題について、札幌の自由学校、台湾のコミュニティ大学の実践が報告された。ペルーのホルヘ・イシザワの、アンデスの先住民の生態系と植物の多様性を守り続ける活動を大事にし、存続させることを支援する話が興味深かった。

**七月一九日**　午前はまとめの討論。大橋成子はもう堂々たるアジアの民衆運動家と言ってよい。ネグロス島に根ざしながら他の地域の民衆運動の導きとなる発言をしていた。午後は、北京周辺地区にある、農村からの移住労働者の居住区と小学校の見学に行く。町内会館を持ち、コンピューター、英語などの講座を開設している。ミニ図書室もある。小学校もなかなか立派だったが、すべて公的支援なしに自主財源での運営と聞いて感心する。

**七月二八日**　米子での地域シンポジウムに出席するため出かける。今日は松江に泊まり、町を見て歩く。まず月照寺へ。藩主松平侯の墓所。蟬の声、濃いみどり、静かな環境を楽しむ。そのあと小泉八雲記念館を観る。八雲の居た頃の松江は穏やかで静謐なところだったろう。妻となった小泉せつに興味を覚えたが、彼女についての展示は少なかった。武家屋敷も見た。簡素であるが、かなりの間取りがあり、庭も立派。落ち着いた暮らしがうかがえた。最後に松江城天守閣に登る。小さい城だが、よく構想されて造られたもののようだった。

**七月二九日**　城の堀を一周する遊覧船に乗る。これは情趣があってとてもよかった。町のまん中にこうした堀割りがあり、水辺の暮らしがあり、古い街並みが残っていると、とても心が和む。松江を離れ、出雲大社へ向かう。出雲大社は、国家神道の教義や天皇制についてなんの表明もなく、神社があるだけでさっぱりしていた。そして米子へおもむく。

**七月三〇日**　米子での「地域をひらくシンポジウム」が開かれる。参加者三八名ほど。

**七月三一日**　報告と討論の日。地域での農場運営、平和運動、村田夫妻のマレーシア、ブキメラ村の工場での核汚染物質垂れ流し問題の取り組み、地方自治に議員として活躍している人たちの話など。夜は、「NPOに参加するかしないか」の分科会、「地方自治」の分科会、「長期構想」の分科会に分かれて議論した。

**八月一日**　午前中でシンポジウムを終えて、私は孫さんと瀬戸内のハンセン病療養所邑久光明園に向かう。

**八月二日**　邑久光明園で、自治会長の山本英郎さんと面談。胎児標本問題について問うと、自治会では、この問題は決定済みで、当事者女性の声を聞くつもりもなく、胎児問題を取り上げて彼女たちが認知症になったらどうするんですか、と話を打ち切る固い態度であった。午後、Oさんという盲目の八四歳の入所者からお話を聞いた。Oさんはこの光明園を愛していて、いろいろな批判に対して園の生活を擁護するお話であった。それも尊重しなければならない態度であると思う。夜、孫さんと対話を続けた。彼女と話していると、話は深まり、私にとっては着想が生まれる。

**八月一六日から一八日**　京都に赴き浄土真宗大谷派のハンセン病問題担当者、大阪釜ヶ崎のカトリック・フランシスコ会神父、京都のカトリック・正義と平和協議会スタッフに会い、胎児標本問題の取り組みを要請した。孫さんの持つ真摯さと愛に裏付けられた訴えは聞く人の心を打ったように思う。彼女と祈りを共にしたい。孫さんに友としての愛が深まる。尊敬と親密さとしての愛である。別れてふりかえってみると、彼女に対する落ち着いた、静かな、深い親愛感が残る。

**八月三一日**　娘の晶に女の子が生まれたとの知らせがある。石牟礼道子さんの短歌に思いが重なる。「吾は母となれり　道生と命名したり」と端書きがあり、

かたはらにやはらかきものありて　視れば小さき息をつきいる
わが洞のくらき虚空をかそかなる光となりて舞ふ雪の花

**九月一二日**　詩「晶と新しい人」を作る。

---

「晶と新しい人」

ひっつめの髪　やさしい眼　しなやかなからだ
そんな彼女のおなかが　ふくらんでいる
うれしいような
さびしいような
ふしぎな気持

彼女が愛する人をみつけたことは

よろこばしいこと　そして四十にして
子どもを産むことにしたのも
賛成だ　でも相手の人は家庭持ち
シングルマザーだから野越え山越えが

あるだろう　がんばれよ
そしてあたらしい人がやってきた
いままでこの世には存在しなかった人が
まえからいたよ　といいたげに息づき
乳を吸い　おっとりとした声をあげている

いのちは深いつながりのなか
ひと類の総体がひとりに凝縮し
ひとりから　宇宙へと散って行く
遺伝子情報だとか　さもなにもかもわかりそうに
いうが　そんなの冗談話さ

晶の子ども
地下水がしみだしてくるような
よろこび

**九月一九日**　中国の現代作曲家タン・ドウン（譚盾）にはかねてから関心を持っていたが、作品「チェロとビデオのための協奏曲」は、中国少数民族の楽器演奏ビデオを演奏に取り込んだ曲で、音楽の質が高く、瞠目する。同じ人物の「紙楽器による協奏曲」も魅力のある試みであった。

**九月二二日**　「田中正造と現代」原稿をいちおう書き終える。この稿は、『ピープルの思想を紡ぐ』（七つ森書館、二〇〇六年）に入れたものである。要旨を摘記しておく。

現代のグローバリゼーションは、帝国の形成という政治権力の動向と連動しているし、科学技術文明の持つ破壊力は人間全体の滅亡を予感させるほどまでになっている。こうした時代閉塞の壁を打ち破る文化、芸術、思想とはという問いが指し示すのは、（1）先住民族の文化、（2）エコロジーの思想とエコロジー運動、（3）フェミニズム、（4）精神文化への覚醒である。その趨勢の許で、田中正造が最終的に到達した原理を省みると、それは「無主、無縁、無所有」の原理であった。そして、人間を生きとし生きるすべてのものと根本的対等、平等の関係に位置づけた。晩年の田中正造は、生存基盤に密着して生きるサブシステンスの思想の立場に立ち、真の文明とは、欲望を無限に膨張させる消費文明に反対し、万物に霊性の働きを感じ取り、万人の生存維持のために、限られた資源を平等に分かちあう道をとる文明観である。

精神生活においては、自分が「愚」であるという自覚を徹底させ、「衆愚は人に愚にして天に愚ならず」という洞察に至っている。さらに愛を空気や水と同じく人生の欠くべからざる食物、霊の食物であると呼んでいる。歴史の底を脈々と流れている哲学の原理としての「無主、無縁、無所有」を想起し、立ち返ることによって、人類は平和と自由の世界を生きることができるという考えに達したといえる。

**一一月二三日から二四日**　孫和代さんとともに、草津のハンセン病療養所楽泉園に桜井哲夫さんと藤田三四郎さんを訪ねる。孫さんの行っている療養者の聞き取りが彼女を変容させ、深めつつあるさまを如実に看取する。彼女が二人の子供を病で亡くした経験がもたらす共感をそのままハンセン病療養者の経験の聞き取りに重ねてはいけないという気づきは、おそらく聞く耳を一層鋭く、無心にするだろう。この自覚によって彼女自身の経験の再把握も進むだろう。

各療養所入所者の女性たちが、これまで誰にも語ったことのない心の裡を孫さんにだけ明かすということを聞いて、その関係は真の意味での親密さを生み出したからこそ生起した出来事であろうと述べた。そのような内心を打ち明けられるふところが彼女にあるのは神の賜物とみなすべきであり、今している聞き取りは、あなたに与えられた使命なのではないかと応じた。

夜、藤田三四郎さんの家を訪ねて話を聞いた。三四郎さんは聖公会の信徒として重鎮であるらしく、教団の方針を決定する会議の議員でもあるとのことだった。桜井哲夫さんが重厚で思索的、つよい個性の持ち主であるのに対して、藤田さんは活動的で、誰に対しても胸襟を開く暖かさと明るさを備えている。

**一一月二七日**　明治学院大学でピープルズプラン研究所主催の「中国民衆との連帯を探る」シンポジウムが開催される。北京から思想史家の孫歌さん、香港からラオ・キン・チさんと労働運動家アポ・リヨンさんがゲストであった。竹内好についての著書のある孫歌さんの話が面白かった。

## 二〇〇六年

**二月二四日**　娘の攝、攝の娘の草（かや）と一緒にロシア旅行に出発する。モスクワにつき、地下鉄のペトロフカ・ラズモフスキ駅に近いホテル・ザリャーに宿す。

**二月二五日**　美術館などの観光に行く。トレチャコフ美術館の旧館ロシア美術の部を観る。宮廷、ブルジョワ貴族の肖像画が多い。点数は多いが退屈であった。ただ、レーピンのみ傑出している。それはなぜか。人物の生動性もさることながら、内面や感情を洞察する力によるものであろう。絵画もまた精神の作用なのである。夜はタガンカ劇場で、現代風にアレンジされた風刺劇「ファウスト」を観た。タガンカらしい才気に満ちた作りで満足した。タップダンス、アメリカ音楽を背景に、現代のグローバリゼーション、ドルに魂を売るファウスト批判であった。せっちゃん、タガンカを観られたと感激していた。

**二月二六日**　気温はマイナス三、四度。それほど寒くはない。モスクワの女性たちは立派な毛皮のコートをまとっている。中年になると体躯偉大で、後ろから見るとクマが歩いているみたいである。男性は地味。地下鉄の照明は明るくなく、人々の黒っぽい色彩と相まって重たい雰囲気だが、道を尋ねたりするととても親切で感じがいい。

夜、ボリショイ劇場でオペラ「トスカ」を鑑賞する。歌手の声は立派だが、大味で、しっとりとした味わいはなかった。トスカの愛ゆえの苦悩も十分表現されてたとはいえない。

**二月二七日**　今日は、モスクワ大学を訪問する。大学本館七階の哲学者ミローノフ教授室で、教授ともう一人アカデミー会員の倫理学者が待っていてくれた。七階の教授室はゴージャスな作り、秘書の間つきの大きな部屋で、大会社の社長室のようだった。小一時間話したが、　哲学の実質的内容に触れる話はなく、大学の体制の周辺の話であった。

ソ連崩壊後、大学の自由度は増したというが、それほど大きな変化はなかったらしく、体制と共にある大学の姿を知らされる結果であった。その後、外国語学部に行った。学部長のスヴェトラーナ・グリゴリエヴナさんは、愛想のいい、チャーミングな人柄で気さくに応対してくれた。専攻は国際理解で、言語、習慣などが軸のようであった。

**二月二八日**　サンクト・ペテルブルグへ移動する。ホテルから地下鉄までキャリーバッグを引っ張って歩いていたら、車の男性に声をかけられた。メトロに乗って空港に行くのだといったらアエロポルトというメトロの駅までと間違えられ、地下鉄では、飛行機の出発時間に間に合わないという。どんどん空港へ向かって走るので、さてはぼったくりタクシーかと不安になったが、しかし、到着してみると「いくらでもいい」という。せっちゃんが八〇〇ルーブリ渡したら喜んで、福音書の小冊子をくれたので、善意であったことがわかりホッとした。

サンクト・ペテルブルグのホテルは、四つ星の大きなマルコフスカヤという名前だった。サンクト・ペテルブルグの中心街ネメッキー大通りは、落ち着いた雰囲気のただよう美しい通りだった。運河には氷が張っており、気温は低く、ピリッとした空気だが気持ちがいい。

夜に、クラシックのコンサートを聴きに行く。ハチャトリアンのチェロとオーケストラのコンチェルトが良かった。ソリスト、指揮者ともに四〇代前半の若手で、オーケストラは弦が柔らかく伸びやかでいい演奏だったし、曲も初めて聞くもので聴きごたえがあった。ラフマニノフの交響曲第二番は、曲が重くやや単調に感じられた。総じてホールは親しみやすく、音もよく、気持ちよく鑑賞できた。

**三月一日**　エルミタージュ美術館に赴く。エルミタージュはネヴァ河の岸辺に建った壮麗な建物。前の広場も広々としている。私は、二階のレンブラント室を中心にオランダの一七世紀絵画をじっくり観た。私にはレンブラントを頂点とするオランダ絵画が一番のお目当て。レンブラントの大きな作品「放蕩息子の帰還」の前に座ってしばらく観ていた。すると、作品の深みが伝わってきて心が慰められた。

**三月二日**　夜、「ドンジュアン」を観た。現代劇としてアレンジしたもので、役者が達者であり、場面転換や演出に工夫があって、思想性や芸術性よりも大衆芸術的な色彩がより濃かったが、ロシアが演劇の国であることを物語るような出来栄えであった。せつとかやは大いに満足していた。

**三月三日**　かやとエルミタージュ美術館再訪。私は、三階のフランス近代絵画を中心に見る。他の部屋を見た目でフランス近代絵画を見ると、絵を描くことの純粋な喜び、芸術愛の強さが格段に感じられる。自然の奥深さ、光の持つ創造的な作用、民衆の裡にある美質についての洞察と表現に心が満たされる。

宮殿前の広場を横切って街を歩き、大聖堂の前のオープンマーケットでマトリョーシカを買った。寒さはかなりだが、サンクト・ペテルブルグの街歩きは楽しい。古い都の落ち着きが安らぎをもたらす。

**三月四日**　五時にかやと落ち合い、マールイ劇場に入る。桟敷席が半円形に五四、五段あるオペラ劇場で古くて美しい建物である。リムスキー・コルサコフの「サトコ」は、絢爛豪華なロシア歌舞伎と言いたい作品で、舞台装置、衣装はきらびやか、歌手には演技らしいものはほとんどなく、歌唱中心で、朗々たる歌声を楽しむ。ロシアでなければ楽しめないオペラを経験できた。

---

## せつとかやとロシア旅行

せつは娘　かやは孫娘　二人との旅
旅慣れていて　キビキビした　せつ
蕾は花に開き始めている　かや
美へのまなざしがキラキラ
演劇や音楽や絵画を　ともに味わうことができる幸せ

初のロシア旅行
片言のロシア語を使うのがうれしい
北大のゼミで　ラヴロフを読み始めていた
「ドイツイデオロギー」の改訂版を
『哲学の諸問題』誌で読み　翻訳した

それから幾星霜
ロシア文化への親しみはうしなわなかった
モスクワの二月
郊外のホテルは　白樺並木に沿い
日が昇るのはおそく　大気は凍てて
街には　立派な毛皮を着込んだ
熊のように大きい　婦人たち

タガンカ劇場で　ゲーテの「ファウスト」を観た
さすがタガンカ　グローバリゼーション批判
マネーを生む魔法に魂を売るファウストだ
タップダンスと　アメリカのポピュラーミュージックをちりばめて

モスクワ大学哲学科の学部長と
アカデミー会員の倫理学者が会ってくれた
日本語のできる学生も呼んで

でもなにも得られなかった

威圧的な大学本館の七階に
大企業の社長室も顔負けの部屋に
秘書付きで鎮座ましまし
「一九八九年以降の
ロシア哲学界はどう変わりましたか」と尋ねたら
「うーむ　いろいろな傾向を
自由に研究できるようになったね」
「宗教思想が復活していると聞いていますが」
「そうだね　哲学者と神学者との学術シンポジウムを開いたりね」

へえ　それだけ　もういいや
あんたがたは　世のしもじもの人々から
まなんだりしないんだね

ソ連のときも　ロシアになっても

ただ知識をあたえるだけで
変わらず　支配する人々の仲間なんだね

サンクト・ペテルグルグで
ネフスキー大通りをゆっくりと散策
陽が射し　三月の古都は春めき
街は金色に輝く
アンナ・アフマトーヴァの詩集を買い
プーシュキンたちが集まっていた
「文学喫茶」に座って
ピアノの生演奏を聴きながら
紅茶とケーキを味わう

柔らかなピアノの音に
疲れがほどけてゆく
壁の色は濃い赤
緑のテーブルかけと　緑のランプシェード

ろうそくのかわりに電球を入れた燭台

客はわたし一人
戸外の物音もとどかず
静かな午後の時間が流れる
古い都で過ごす
最後にふさわしいひととき
エルミタージュ美術館を堪能し
ツアールスコエ・セローへ行き
プーシュキン記念館を訪ねた
リムスキー・コルサコフのオペラ「サトコ」は
ロシアの香りでいっぱいだった
もう来れないだろう　この街に
別れを告げる

---

**三月一七日**　ハンセン病検証報告で漏れていた強制堕胎胎児標本の処置について、厚生労働省に対して申し入れに行く。厚労省から外山病園課長が対応する。江田五月衆議院議

員が同席する。市民側の趣旨説明ののち、署名簿一万六千余筆を提出する。要望項目の、三月中の一斉焼却をしないでという件は了承された。もう一つ、検証、謝罪、個別対応については、大臣と協議するとなった。あとは、鹿児島敬愛園、多摩全生園、邑久光明園からこられた当事者たちが、自分の子どものこと、堕胎されたときのことなどを発言された。この当事者の声を届けることがこの要請行動の最も大事な目的であった。それぞれから胸に迫る言葉が発せられた。

**四月一日**　成田市東峰の小泉英政さんの「小泉循環農場」を見学する。小泉夫妻は常のごとく静かで清爽の気を漂わせていた。畑や堆肥を見せてもらう。堆肥は笹の葉と米ぬかだけで、香ばしい香りがする。久しぶりに小泉さんと会えて嬉しかった。

大嶋、七尾夫妻と九州の村田久さんと私の四人が「田を作る」組として、三里塚実験村グループとのミニシンポジウムをするためにやってきた。シンポジウムは参加者四〇名ほど。日野毛さんの入会(いりあい)の思想の報告は力のこもったものであった。

**四月四日**　草津の栗生楽泉園を、孫和代さんと娘のゆいさんとともに尋ねる。藤田三四郎さん、桜井哲夫さんに会って話を聞く。

**四月五日**　藤田三四郎さんが、市民の会の「胎児標本」についての事実の発掘、運動を高く評価され、とりわけ孫さんの貢献を讃えてくださった。桜井さんとは西田哲学、仏教哲学などの話題が弾む。ライの場を桜井哲夫の「まほろば」として展開する仕事の抱負を語る。

渋川ゆいさんが、桜井さんのために「チゴイネルワイゼン」を弾いた。ふくらみとツヤのあるいい音色が響き、情感が豊かであった。

**六月一三日**　ハンセン病「胎児標本」の扱いで、厚労省が全療協に対して謝罪し、一体ごとの検証と遺族の意向に沿う葬送を行うことになったという知らせが入る。

**八月二〇日**　「草の根の農村復興の潮流に触れる」中国農村交流ツアーに参加する。北京人民大学で、温鉄軍教授のオリエンテーションがあり、中国経済のマクロ分析で、指導部が農村問題を重視し始め、余剰資本の農村部への投資による国民経済の発展を目指している旨の話を聞いた。

**八月二一日**　東方の模範農村、行仁村を訪ねる。高い煉瓦の壁で囲まれた敷地を持つゆったりした農家からなる農村で、とうもろこしと小麦を作っている。行政と党の委員会が管理運営に当たる二元的な意思決定構造を持ち、張法印という八〇歳になる老幹部が説明と答弁に当たってくれた。この村は五〇年間にわたって、この指導者が率いてきたとのことであった。人民公社時代から個別経営、市場経済の波が来ても巧みに舵をとって共同体経営部分を存続させ、村の経済的、社会的基盤を強化し、安定した生活を築き上げてきたことが、いま村の堅実な発展となってあらわれている。共有地を残し、契約請負で村の収入源を増やし、灌漑や福祉、教育を充実させ、農村企業を興して、都市の機械製造業の下請け生産を行うなど、すぐれた経営能力を発揮した。村の人口を三四〇〇人、八四〇戸。灌漑の整備で穀物（とうもろこしと小麦）の生産量は四五年間に九倍になった。村民に失業者はおらず、生活は安定している。中ぐらいの農家を見学させてもらったが、大きなパラボラアンテナ設置の衛星テレビがあり、家や家具、庭園など生活の余裕十分といった感じであった。

午後、移住労働者センターに行き、昨年会ったリーダーで音楽家の孫恒さん（三一歳、湖南出身）から話を聞いた。昨年から見て、一段と施設が充実していた。

**八月二二日**　ジェームズ・イエン農業開発学院へ赴く。北京西駅は大きく立派な駅で、九時過ぎの硬席車、一列が三席ずつ六人座れる、ちょっと窮屈な作りで、とても混み合っていた。

南西に下って保定駅を過ぎ、全州駅下車。二時間二〇分ほど。「保定」の駅名を見て、日本軍の「保定大作戦」という言葉の記憶がよみがえってきた。このあたりは日本軍が侵略し支配した地域だった。

全州駅からミニバスで三、四〇分、ジェームズ・イエン学院についた。煉瓦作りの二階建の建物があちこちに配置されている。農業研修のための学院で、畑、研究室、討論室、寮、食堂などの施設が並ぶ。ジェームズ・イエンの業績を紹介するビデオを見せてもらう。

**八月二三日**　朝、少し農作業する時間があり、私はブドウの芽摘みをした。それから学院のある翟城村を訪ね、村の副主任の人から村の人口、農業などについて説明を受けた。この村は、一九四〇年に日本軍に占領され、二〇〇人の村民が殺された歴史を持つというので、紙の花輪を用意してもらい、慰霊碑に献花した。質問したところ、当時、ここは八路軍のゲリラが活動する場所であったので、村人が集められて虐殺されたという。そういう侵略の傷跡を聞いて心に刻む。夜は、学院に戻って長いセッションがある。日本と中国、それぞれ三人ずつの報告があった。

**八月二四日**　北京にもどって、今後の日中関係についてのセッションがあった。中国側の発言者には、このあと交流が続くことになる日本研究の思想史家孫歌さんがいた。

その後、ジェームズ・イエン農業開発学院は閉校になったことを知った。

**九月八日**　青森の「セルフヘルプ活動のサポート研修会」に参加する。SAN・NETという障碍者サポート活動をしている根本夫妻が主催者である。青森、鹿角、大阪、東京から当事者とサポーターが集まっている。話の内容はとてもおもしろい。

**九月一〇日**　午前中に集会を終え、三内丸山遺跡を見に行く。海に向かう斜面に立地する大規模な集落跡である。シンボルとなる四本柱の建造物が立つ。

**九月一一日**　国立ハンセン病療養所松丘保養園を訪ねる。現在の入園者は一八七名、平均年齢七五歳、平均在園期間五一年。機関誌「甲田の里」の編集者で歌人の滝田十和雄さんにお話を聞く。他に伊藤実さんほかの人たちに話を聞いた。

**九月二七日**　『日本詩華集』から、短歌二首、俳句一句。

野に生ふる草にも物を云はせばや　涙もあらん歌もあるらん　与謝野鉄幹

白埴（しらはに）の瓶（かめ）こそよけれ霧ながら朝はつめたき水くみにけり　長塚節

生きかはり死にかはりして打つ田かな　村上鬼城

**九月二八日**　沖縄の文学評論家岡本恵徳さんが亡くなったとのこと。惜しい人である。

**一〇月一二日**　金時江（キムシガン）さんのコーディネートで韓国へ歴史を訪ねる旅に加わる。一行一二人。益山の円光大学で、朴孟洙（パクメンス）円光大学教授が迎えてくださる。

**一〇月一三日**　円光大学の民俗博物館を見学する。百済の遺跡発掘品、民具、美術品などが展示されている。九時半すぎ、光州へ向かう。この辺りは韓国の農業地帯で稲作水田が広がっている。光州市の広場、旧全南道庁前に着き、光州事件当時の状況説明を聞き、展示館を見る。当時の緊迫した刻々を思い出す。蜂起した市民が指導部を持たず、交渉による余力を残した解決ができなかったため、犠牲を多くしたことへの苦しい記憶が新たになる。しかし、その後の民主化の進展は、その犠牲が無駄でなかったことを物語っている。事件の犠牲者の墓地を歩き、朴教授の説明を聞く。朴氏は、当時韓国軍中尉で情報将校として支団司令部で情報授受の任務をしており、事件に軍の側から関わり、疑念をいだき始めたと二五年経って手記を発表した。光州事件の後、その尾を曳く米大使館放火事件の公判を傍聴し、被告の胸に迫る陳述を聞いて翻身し、民衆運動の側に立ち、東学農民革命運動の研究に没頭するようになったとのことだった。円光大学は、一九四六年に創立された新仏教の大学で、仏像を飾らず、ただ一個の圓（えん）のみを掲げる禅宗系の仏教で、現代に適合するような教理をうたっているので興味を覚えた。

**一〇月一四日**　東学農民革命の旧跡を訪ねた。まず、満石洑（この字不正確）という元溜池だった堤防に行き、そこから決起が始まった由来を、朴氏から聞く。

そのあと沙鉢通文謀議塔へ移動する。さらに無抵抗農民軍慰霊塔、全琫準の旧宅などを訪れる。

午後、農民軍が最初の勝利を得た黄土峠、東学農民革命記念館に赴く。記念館は大きくて立派。民主化がもたらした成果である。日本では、自由民権運動、秩父困民党事件、足尾鉱毒事件などを統一的に記念する施設はなく、逆に靖国神社の国粋主義記念館が幅を利かせている。

夜は、光州、全州の市民運動グループと交流夕食会。光州事件逮捕者が六、七人、「自由学校」を作って活動しているとのこと。小さい学習グループで、核廃棄物貯蔵施設反対のメンバーなどであった。

**一〇月一五日**　朝、円光大学内のお堂で、大法会に参加する。若い女性が司式。法話も担当。ユーモアがあるようで、笑いが起こり、権威主義的ではない。

今日の見学は弥勒寺跡。百済時代の遺跡で、形の良い山を背に、残る九重塔と陣の跡にある博物館を見学する。穏やかで心が静まる気が流れていた。

一一月一〇日　浦河の遠山サキフチ宅を訪れ、サキフチとゆっくりおしゃべりする。遠山ファミリーへの親愛の思いはいや増しになる。

一一月一一日　様似の図書館でのイタカンロー（アイヌ語弁論大会）を聴く。弓野恵子さんの子守唄、堀多栄子さんの語りなどを主に、出演者のアイヌ語の勉強ぶりを楽しむ。

一一月一三日　長篇物語詩に着手する。のちに『アイヌモシㇼの風に吹かれて』と題したもの。有珠の風景、歴史、出会いから始めた。

一一月三〇日　木下順二さんの訃報を新聞で読む。国からの賞とか叙勲とか芸術院会員とか一切を拒んだ九二歳の生涯は真に範とすべきである。ある時代の終焉をつくづくと感ずる。

一二月二日　大村晴雄先生宅を訪問する。先生九六歳、腿の骨折を克服し頭脳は相変わらず明晰。死ぬまで、後期スコラ哲学の研究・執筆をするとの宣言、真に仰ぐべき師である。先生のキリスト者としての歩みも語られた。日本基督教会のもっとも良質の伝統を受け継ぐ志で、横浜海岸教会を離れ、新しい教会を一七人の同志とともに設立されたとのことであった。

一二月三日　「三里塚闘争四〇周年たすきわたし」集会に参加する。二〇〇名ほどの集まりでなかなか充実した集会だった。大野和興、鎌田慧、柳川秀夫、平野靖識、中川健一さんらが発言した。

**一二月六日**　クラウディア・フォン・ヴェールホフ、マリア・ミース、ベロニカ・トムゼン『サブシステンス・パースペクティブ』を読み終える。有益な読書であった。

## 二〇〇七年

**一月一七日**　道立近代美術館に、「アイヌ文様の美」展を見に行く。衣装の名品が展示されていて、その刺繡の美しさを堪能する。松浦武四郎所蔵のものなど。華麗にして、華美過ぎていない。気品溢れるもの、おおらかでユーモラスなもの、繊細なものなど、製作する人の人柄、生き方が作品に反映している。木製品にもいいものがあった。

**一月二二日**　北大教授井上勝生さんから岩波新書『幕末・維新』(シリーズ日本近現代史①)をいただく。ペリー来航時の運搬舟が、形も美しく、すべるように速く走ること。櫓を漕ぐ掛け声が「ヘイチャ、ヘイチャ、ヘイヘイチャ」とあった。なんとも口移りのいい掛け声である。

汪暉『思想空間としての現代中国』を読み始める。面白い。社会科学書で面白いものに久々に巡り合った。現代中国が政治的思想的民主主義をどう獲得して行くのかの試練のうちにあることがわかる。グローバルな資本主義市場経済のアクターとなった中国の経済社会とグローバルな民主主義社会構築とのギャップが生じつつある。そのためにかえって主体的能動性を発揮する広大な可能性があるように思える。楽観的すぎるかな。

**二月三日**　江戸の運搬船の掛け声「ヘイチャ、ヘイチャ、ヘイヘイチャ」が気に入っていたら、チャイコフスキーのオペラ「スペードの女王」で歌われている民謡のリフレインに、「アイリュリリリュリ、アイリュリ」というのがあった。これもいい。

**一月二七日**　映画寅さん第四八作『紅の花』を観る。マドンナはやはり、リリーさんに限ると再確認する。寅さんとリリーが南の島で一緒に暮らす。そこへ失恋した甥っ子がやってきて、恋人と海辺で戯れている。それを見に来た寅さんとリリー。寅さんがそっとリリーの肩に手をまわすが、リリーは気付かずに砂浜を二人に向かって行く。苦笑して空(から)になった自分の腕を見る寅さん。微苦笑してしまい、うまい演出だなと感心する。

**二月五日**　長篇物語詩「アイヌモシㇼの風に吹かれて」第1章を作り終える。冒頭の部分を書き写しておこう。

## 1　風景

このアイヌモシㇼに
二万年前から人は住んでいた
一万年前に始まる縄文時代　気候は今より暖かく
海面は四、五メートル高かった

人びとは　海岸段丘に集落を作り
工房を設け　交易を行っていた
縄文の道が　青森の三内丸山から　津軽海峡を越え
入江に抱かれた函館を経て　南茅部に伸びていた

うしろにゆたかな森　前は太平洋
イカ　サケ　ヒラメ　マグロなど海の幸
コクワ　クリ　クルミ　など山の幸
キノコ　タケノコ　フキにヤマブドウ

大きな竪穴の住居は　倉付きの二階建だったらしい
土中からよみがえった中空土偶は
猛々しいまでのオーラを放っていた

---

**二月二五日**　さっぽろ自由学校の仲間とフィリピンネグロス島に大橋成子さんの活動を見学しに行く。越田清和、東由佳子、大岩雅子、山上ちひろ、私の合計五人であった。

**二月二六日**　ネグロス島バコロドの大橋・フレッド家に泊まる。ひろいリビング、書斎、テラス、庭には草花がいっぱいの豪邸であった。犬が六匹、アヒルとニワトリもいる。家事を担っている人はガマイさんという女性。料理が上手で、彼女なしには生きられないと大橋さんは言う。車で西海岸沿いに四五分。途中で塩田を見学した。正方形のビニールの上に水をためて一日乾かすと塩になる。ナヨン村は海辺の小漁村で人口二二〇〇人。成子さんの夫フレッドさんは村長さん。集会室、執務室、医務室がある。小学校を訪問したが、実に感嘆すべき小楽園であった。学年ごとに花壇があった。各学年の教室をのぞくと、立ち上がって一斉に挨拶してくれる。校長先生は女性で、「名校長」と成子さんが紹介する。こういう学校で少女、少年時代を過ごすのは、幸福なことに違いない。集会場で、五時半から、寄贈する車いす二台の贈呈式がある。村の最長老の男女二人に貸与の形で贈る。

大岩さん、東由佳子さん、山上さんが着物姿、成子さんにも浴衣を着てもらって、盆踊りを披露する。子供たちが喜んで取り囲む。山上ちひろさんの浴衣姿、ちりめんの赤い帯が魅力を誘い、子どもたちがちひろちゃんの周りに集まってゾロゾロついて歩く。それが無邪気でかわいい。夜はテラスで食事と飲み会。ガマイさんがアヒルを料理してくれる。柔らかく煮て、パイナップル、醤油、ケチャップなどで煮込んだもの。それから小魚の酢漬け、玉ねぎとピーナッツを入れてある。お酒はラム酒。村の四人ほどの男たちがギターを弾きながら上手に歌う。こちらは大岩雅子さんの独壇場。ビートルズとかジョーン・バエズとかたくさん歌う。

**二月二七日**　午前中、アウトリガーの小舟で海上を一回りして、マングローブの植樹林を見せてもらう。午後、博物館を観る。沖縄・名護の博物館に似た古色蒼然の展示物。フィリピン史の絵解き、スペインによる征服の前と後、アメリカの支配などを民俗的に展示している。

**二月二八日**　カンラオン活火山の麓のバナナ生産者組合を訪ねる。ユボ村という日本との民衆貿易の拠点になっているところである。絵を描き、ギターを弾いて歌を唄い、ワークショップをリードするラリー・グイマルさんが同行してくれる。長髪ジーンズの静かな人。車で二時間ほど。組合事務所兼バナナ出荷場で、バナナ生産者組合（バランゴン・グロウス・アソシエーション）の歴史と現状について、大橋成子さんから話を聞く。無農薬、自主生産で初期には大きな成功を収めた。病気が発生してほとんど全部を焼き捨てなければならない時期があったが、組合長の許にまとまって苦境に耐え、現在はやや回復しつつある由であった。そこからさらに車で三、四〇分走り、ユボ村に到着。山裾の川に沿った村で、人口、二五八一人、五六〇家族という。村長は、ピゴット・カリムータンさん、四〇歳少し前、子供が五人、その人の小さな家に滞在する。夕食は、ミルク・フィッシュを素揚げしたものにタレをかける。タレはニンニク、トマト、玉ねぎ、その他に野菜を炒め、ケチャップを入れたこってりしたもの。ご飯、魚のスープ。夜は、近くの人でフレッドさんと新人軍ゲリラ時代の友がやってくる。一別以来の再会とのことで、フレッドさん大いに喜ぶ。座は昔の闘争歌で盛り上がる。寝るところは小さい二部屋とリビングに雑魚寝。竹のスノコの上に布一枚敷いて寝る。明け方とても寒い。戸外に出たら月が煌々と輝き美しい。

## ネグロス島ナヨン村

フィリピンのルソン島の南　ネグロス島
中心のバコロド市を通り抜け
海辺の村ナヨン

村長のフレッドさんと連れ合いの成子さんに迎えられ
運んでいった二台の車椅子を贈る
村のプラザに子供たちが集まる

ユカ　マサコ　チヒロが着物　浴衣で盆踊り
子どもたちを招き入れ　手をつなぐ
キャッ　キャッとよろこぶ子どもたち

翌朝　海へ出た　すらりとした細い腰
両脇に広がる竹製のアウトリガーを持つ小舟は
翼をつけた人魚のよう

ト　ト　ト　ト　エンジンをひびかせ　波静かな海をすべる
マングローブを植林している浜には無数の子ガニが遊び
人が近づくと　あわてて穴に逃げる

向こうから夫婦と子ども二人と犬がくる
家族でのんびりと貝を掘る
犬まで一緒　ピクニックのよう

小学校は　平屋　低い天井
テラスごとの花壇には赤　黄　緑　花うつくしく
質素な教室でまなぶ子どもたちの眼は輝いている

教具がない　文具も乏しい　先生の給料は安い
足りないものは山ほどあるが
ここにはそよかぜが吹いている

**四月七日**　三里塚の「地球的課題の実験村」年次寄り合いに参加する。今日はフィールドワーク。ちょうど桜の花が満開できれいであった。

**四月八日**　年次寄り合いで報告を聞く。

**四月九日**　部落解放同盟中央本部に、書記次長の谷元昭信さんを訪ね、話を聞く。

### 「実験村」讃

道のべに散った桜の花を踏んで
上総の野を歩く
たえまなく去来する強大な人工の鳥
かつてその飛来を阻止しようと
空港作りに抗った人々の中で
その意思をひるがえさない人々が

五十年、百年ののちを見はるかす
「地球的課題の実験村」構想を打ち出して
はや十年
青年老い易く　業なり難いけれども
成敗は問わず　同志の志
時に利あらず　港城そびえ
轟音とどろき　煙雨下る
このちいさき営みに思いを寄せ
共に旗を掲げ
声を上げる
「一声　関東に不平あり」という
田中正造の檄に呼応して

---

**四月一四日**　モーツァルトの交響曲ハフナー。エレガントな演奏、サン・サーンスのシンフォニー第三番（オルガン付き）はとても良い演奏で堪能した。指揮者のシャルル・デュトワの力量発揮でもあろうか。

夏目漱石『門』を読了。

**四月一六日**　午後一時半から札幌地裁でのイラク派兵差し止め訴訟法廷で、七尾寿子さんとともに原告陳述を行う。七尾さんは、イラク人質事件救援の活動経験や、イラク青年の舐めた苦難と肉親の死などの言及しながらの訴えであった。私は、人類史と文明の見地から、現代がジェノサイドの時代であること、私自身の実存的誓いとしての不戦を述べた。そのあと弁護団の佐藤博文、秀嶋ゆかりが、平和的生存権についての緻密な弁論を展開した。

**四月一九日**　上京して新国立美術館で、フランスのポンピドゥー美術館所蔵作品展を観る。シャガール、ピカソ、モディリアーニなどの作品を楽しむ。

**四月三〇日**　小笠原夫妻の案内で山菜採り。余市の先の番屋の沢で三時間ばかり、キトビロ、ナナツバ、わさび、水芭蕉、フキ、ウドなどを採る。帰りにフゴッペ温泉に入ってくる。

**五月三一日**　沖縄へ出かける。

三時過ぎ那覇着。バスで読谷村へ。米軍が強制収容して作った通称「象の檻」を見に行く。ここは、もともと知花昌一さんの一家の土地だったもの。檻の中に長さ百数十メートル、幅二メートルほどの「知花道路」があり、その奥に七〇坪の土地が囲われてある。闘ってそうさせたのである。

そのあと金城実さんのお宅を訪ねる。

**六月一日**　知花さんの民宿「ぬーがやー」は、気持ちのよい宿である。知花洋子さんが花や草が好きで、配色よく、形良く、花や草木を飾ってある。午前中、新垣カマドゥおばあを訪ねる。八二歳になったとのこと。足が弱ったというが、しっかりしている。「来たら顔見せるはずよ」という信頼に応えられてよかった。読谷村役場前に展示されている、百メートルの長さのレリーフ「戦争と人間」を観に行く。夕方から「沖縄のレジスタンス」という主題で、瀬長亀次郎、屋良朝苗、阿波根昌鴻、安里清信の四人の先達を、それぞれ知己を得ていた人が語った。その中では、安里さんを語った崎原盛秀さんが一番思想的に深く、感銘を覚えた。

**六月二日**　バスで辺野古に向かう。座り込みのテントは、海岸に接したところへ移っていた。リーダーの安次富浩さんがおられて挨拶する。金城実さんと読谷村村長だった山内徳信さんも来られた。午後、小舟に乗せてもらってリーフの外で遊弋する。三時近くに挨拶してテントを離れ、那覇へ戻った。

**六月七日**　藤の花が盛り。

子規の藤の花の短歌を見つける。

瓶にさす藤の花ぶさみじかければたたみの上にとどかざりけり
瓶にさす藤の花ぶさ一ふさは重ねし書(ふみ)の上にたれたり
瓶にさす藤の花ぶさ花垂れて病の床に春くれんとす

木下利玄の牡丹の歌も思い出す。

牡丹花(ぼたんくわ)は咲き定まりて静かなり花の占めたる位置のたしかさ

花びらの匂ひ映りあひくれなゐの牡丹の奥のかゞよひの濃さ

牡丹花の大き花びら蕚はなれ低木(ひくぎ)の本(もと)の地(ち)に移りたる

**六月一三日**　遠山サキフチ傘寿の詩稿を作る。

## サキフチの傘寿

サキフチの傘寿のお祝いに浦河の姉茶へ
数えの八〇歳
ひとりよがりのシサムプリで
花を贈り　ケーキを予約し　清酒をたずさえ
お祝いを口実に　フチに会いたいのさ
恋ではないが愛ではある
フチも甘える

背中を押してくれ　白菜を早漬けにしてくれ

娘の夫の木彫りをお土産に買ったら
「わしにも買ってくれ」
ちゃんと　ばくるものは考えてのこと
わたしは　フチの甘えがうれしい

心おきなくつきあえる　老いた者同士
海辺の占い師に　私にはまわりに女がいっぱいいるといわれた
フチに　娘分の女たち　女友だちはいっぱいいるよ
でもフチは別格

自転車で「てっころんで」足を痛め
杖をついて　やっと歩いている
外が好きなのに　出られない
そこで　憎まれ口をきいて　うさばらし

でも嫁さんは　大口あけて　笑うだけ
文句にならない
そうさ　かあさんの憎まれ口は
空へ飛んでゆくのさ

エムシアッ織りやキナ編み　カエカして着物をつくる
手仕事は名人だけれど
フチはフチなのさ
けっして商品にならない値打ちで光っている

ばくる＝交換する　シサムプリ＝和人風　エムシアッ＝儀式用の太刀を下げる飾り帯　キナ＝草　カエカ＝樹皮を裂いて織り糸にする糸紡ぎ

六月一九日　詩稿「二〇〇七年六月　読谷村にて」を作る。

## 二〇〇七年六月　読谷村にて。

1

読谷村の民宿「ぬーがやー」に旅装を解き村役場前の百メートル大レリーフ「戦争と人間」を観に行く
金城実さんが沖縄の歴史を踏まえ　十年の年月をかけた執念のモニュメント

沖縄戦中での日本兵の住民虐殺
この村のチビチリガマで起こった住民の集団自決
戦中戦後の戦いの苦しみと哀しみを　叩きつけ　うねらせ　刻みあげた

銃剣とブルドーザーによる農民の土地取り上げの像では
アメリカ軍がベトナム戦争で使った本物のブルドーザーに
後ろ手に縛られたたくましい男がつながれ　深く身を曲げている

コザ暴動の場面には
米兵相手の歓楽街の女たちが
半裸で石をふりかざす姿がある

銃剣を構える二人の米兵の前には　四人のリーダーが座り込んでいる
瀬長亀次郎　安里清信　阿波根昌鴻　屋良朝苗
そのうしろには　いかつい顔をした筋骨隆々の男

鎌を振り上げる農民　鶏を抱いた少年と杖をついた祖父
苦しげに重い袋を担いだおやじ
おばあも　赤ん坊を抱いた母も　馬に乗った親子もいる

老漁夫マカリーもいる　青年がすっくと立っている
人間だけではない　山羊も　牛も　馬も加わっての座り込みだ
サバニの上の　銛を立てた漁師がしんがりをつとめる

ジャーン　ジャーンと　空で銅鑼が鳴っていたのは幻聴か
無数の旗がひるがえって　海風に乗って散っていったのは幻影か
死者たちの魂が　共鳴の響きを発しているのだ

## 2

村の中の米軍通信施設　「象の檻」のアンテナが
一つ　また一つと　倒されていた　檻には
知花昌一(ちばなしょういち)さんが取り返した七〇坪の所有地まで細い道がついている

「知花道路」だと昌一さんは笑ったが
笑えない滑稽な風景だ　昌一さんたちが
ゲート前で三線(さんしん)を引いて祭りをしたことがあったっけ

施設が老朽化したのでほかへ移転
もういらないと　高いアンテナを倒している
空は広くなる　月は明るくなる

もうすぐ　ゴールデンシャワーの鮮やかな黄色い花が咲く
ブーゲンビリア　月桃　イジュ
色とりどりの花がさんざめく村

群雲（むらくも）のように　たたなづく青海原のように
ウチナーの村　ヨミタンに
金城さんのレリーフが立ち並ぶ

たたなづく＝万葉集、記紀歌謡で「たたなづく青垣」というように使われている古語。「重なり合う」の意味。たたね（畳ね）と同根。

# 第15章　あたらしい政治文化運動の模索へ

## シリアを旅する

**七月三一日**　ウィーン在住のバイオリニスト近藤悦子さんと一緒にシリアのダマスカスに住む彼女の友人を訪ね、シリア各地を旅した。パルミラの古代遺跡を見学し、アレッポを訪ね、ウガリットの古城まで行くことができた。

八月一三日に帰国する。

その旅の詩。

### 永遠と瞬間　シリアを旅する

1

赤茶色の大地がどこまでも続くシリア　ダマスカスへ
紀元前一〇世紀に　アラム人の王国が栄えたふるいまち
ローマ帝国時代　パウロはここへ来る途上で回心した
壮麗なウマイヤド・モスクから
「アラーは偉大なり　礼拝に来たれ」と

アザーンがひびき旅に疲れた五体にしみわたる

濃い顎髭の男たち　白いクフィーヤで頭を包んだ黒く大きい瞳の女たち
夏休みの子どもたちと
キリストが使っていたアラム語の残る村マールーラへ

岩山を切って建てた　ギリシャ正教会はイコンで飾られ
神さまが岩を割いて道をつけたという狭間を昇って
稜線に出れば　古拙な東方教会が夕日を浴びている

## 2

ダマスカスの南　ローマ帝国の拠点ボスラ
車中　お母さんのショクランがタブラを打ち
子供達が楽しげに歌う

黒褐色の意思が積みかさなる　ボスラの遺跡
円形劇場とは　これほど無骨なものだったのか

舞台を取り囲む観客席は　ころげ落ちそうに急傾斜

ローマ軍が行進した街道の巨大な門や
強健と逸楽を偲ばせる　石造りの湯浴みの場
石ころだらけの遺跡のあちこちに　今も三千人が住み

石くれのはざまの　古代から変わらない暮らし
鋭いつるぎをきらめかす青空を背に
白茶色や黒褐色の列柱が　血のような影を地面に刻む

3

ダマスカスから北へ三〇〇キロ　文明のオアシス　パルミラ
砂漠の中に　ベル宮殿の白沙色の列柱が立ちならび
二世紀のバアルシャミン神殿は　天と地と豊饒の神を祭る

東に小高い山あり
十字軍時代の山城が屹立し

城壁が夕日に照り映え　四囲に沈黙を命じている
観光用のラクダに乗って　遺跡のあいだをめぐった
ラクダが砂地に生える草を食べにかがむと
背がぐらりとかたむき　少年が綱を引く

岩と砂　それだけでおまえになにができる
あとは灼けつく太陽と風　布で頭と顔を覆い
ラクダを引く　試みてみるがいい　どんなことか

ベドウィンの老人は語る
「砂漠のきれいな空気の中で
ラクダと一緒にいるのがいい　ラクダは家族だ」

若者は歌う「燃える夕日が砂漠に沈む
恵みの雨がふりそそぐ
たちまち砂漠に緑があふれる

ゆたかな季節　ラクダの背は金色に輝く
おまえだけが正しい道を知っているよ
どこまでもおまえについてゆくよ」

## 4

ルサファーの城郭は訪れる人なく
破壊され　放棄された城は
座礁した戦艦のように　孤独のなかで荒れ果てていた

アレッポは交易都市　イラク　イラン　キプロス　レバノン　パレスチナ
楕円形の丘の上の城を囲んで　モスクとスーク
スークに人は群れ　名高いオリーブの石鹸が山積み

アレッポから地中海岸へ行く途中　ユーフラテス川に
ああ　ユーフラテス
肥沃なメソポタミアを産んだ　文明の母

アラビア語でフラート　トルコからシリアを流れ
イラクでチグリスと合し　ペルシャ湾に流れ入る
全長二七八〇キロメートル

この川の岸辺で　チグリス・ユーフラテス文明が興り
楔形文字が作られ　バビロンの塔が築かれ
言葉の通じないあまたの民族が群れていたのか

川に身を浸し　泳いでみる
水は清く　波がざわざわと寄せていた
岸辺で石を拾う　この川を訪れたよすがに

サラディーン城は一二世紀フランク王国時代に
十字軍からムスリム人を守った砦
平たい頂上に立ち　おそるおそる地上を見下ろす

一瞬　くらくらとめまいがして　石壁に支えを求める
もう一歩前に出ると　空と地のあわいへ
もう一歩前に出ると　まっさかさまに落ちる

クルド人とサラディーンに率いられ
邪教を滅ぼしにくるキリスト教戦士たちに城を囲まれ
アラブの男たちはどうたたかったのだろう

## 5

カラート・サマーンのシメオン修道院
修道士シメオンが　直径二メートル　高さ一五メートルの柱の上で
三六年間　落ちないように首を鎖でつないで過ごした
禁欲　苦行　克己　そして修徳
常人を超える営みに
民は頭を垂れ　教えを聴く

いまは　礼拝堂の跡　風に吹かれる松の下にたたずみ
その修道を偲ぶのみ
だが　人はなんと途方もない　奇怪な生き物なのか

## 6

ウガリット　紀元前一二世紀初めの都市
人類最初のアルファベット文字を生んだところ
砂漠をひたすら走り　石を積んだ歴史の亡骸（なきがら）に接すると

時間は点になり　永遠と瞬間しかなくなる
そこに立つ生身の肉体も点に吸収される
一瞬　光ればもう　姿はない

天は遠く　地は乾いている
遥かな高みにあって　罪を裁く
神の姿は見えない
地にみどりがないと　神の愛は感じられない

砂漠にアミニズムは生まれない
畏怖する心も　一粒の砂

廃墟の古城は永遠を教え
頭上の蒼穹は　瞬間を映す
音も無く燃えているのは　神の火

永遠と瞬間　その感覚にみちびかれ
アラブの人は　ひざまずき
不死不生　超越絶対の神アラー
に祈るのか

---

## 七月一五日　『龍樹』を読む。

アザーン＝礼拝の時刻を知らせる呼びかけ　クフィーヤ＝かぶりもの
スーク＝市場　ベドウィンの言葉と歌は、テレビ放映の番組から

**八月二六日**　『龍樹』を読み終える。八月二六日から九月一五日まで、鈴木大拙『日本的霊性』を読み継ぐ。得るところ多いものだった。

**九月一〇日**　プラジャーク・クワルテットの演奏会を聴く。ドヴォルジャーク、スメタナ、ヤナーチェクの三曲。「アメリカ」、「わが生涯より」、「クロイツエルソナタ」。チェコの弦は音が柔らかく深くて魅力がある。何回も聴いている曲だったが、新鮮な味わいがあった。

**九月一七日**　豊平川に新しい鮭を迎える儀式、アシㇼチェㇷ゚ノミに参加する。祭祀を司式してきた豊川重雄エカシが脳梗塞で参加しておらず、びっくりする。結城幸司さんが司式する。世代交代で、受け継ぐ人の出現が喜ばしい。

**九月一九日**　田中正造未発表書簡を読み始める。

**九月二三日**　シャクシャイン祭りへ出かける。半日楽しく過ごし、夜は平取町のカフェ・レストラン「かんとれら」に泊まる。

**九月二四日**　二風谷の資料館を観てから襟裳岬に向かう。長屋のり子、木田澄子さんと。岬の民宿「みさき荘」に泊まる。

**九月二五日**　秋の日高路の風景を満喫しながら帰路につく。

**一〇月五日**　ダネル弦楽四重奏団コンサート第二夜。ベートーヴェンのカルテット第三番（若々しく伸びやか）、ラヴェル（繊細で叙情性に富む）、シューベルトの第十五番（今夜の白眉、四八分の長大な作品だが、これぞ弦楽四重奏の魅力といいたくなったもの）。十分楽しむことができた。

**一一月七日**　桂米朝の芸談をＴＶで見る。師匠米團治の遺訓「芸人というものは糸一本、米一粒作るわけではないからむさぼってはいけない」「芸人になった以上、末路哀れは覚悟しなければならぬ」に感銘する。私たちが心すべきことである。

**一一月九日**　バレンボイムとサイードの対談『音楽と社会』がとても面白い。

**一一月一九日**　村田久さんと「田を作る」行脚に出る。夜、関西共同行動のメンバーを中心とした集まりに出席する。皆、長年の活動家で、活動の交流会であった。

**一一月二一日**　茨木の地域アソシエーション研究所を訪問し、関係者と懇談する。午後、岡山へ移動し、市民運動グループと会う。その後、広島へ移動する。広島の集まりには、オーストラリアで自宅に泊めてくださりお世話になった田中利幸さん（メルボルン大学の先生だった人）に会えて久闊を叙することができた。広島の個性豊かな人たちに会うことができて愉快だった。

**一一月二二日**　下関に移動する。下関では堀内隆治さん（下関大学の学長だった）が迎えに来てくれて、毛利藩の支藩、長府藩の旧跡など、町を案内してくださった。夜はイエズス会所有の労働文化センターで集会。上関原発建設阻止を長年闘い続けている女性や韓国との民衆交流を行っている人など、人数は一〇人ほどだったが多彩な人たちと出会えた。堀内さんは学長を辞めてフリーになっていた。

**一一月二三日**　熊本で、公共哲学研究会に出席する。旧知の菅井益郎さんと新潟大の大熊孝さん（初対面）の報告を聞く。反公害、治水の側面からの報告で充実していた。

**一一月二四日**　午前中、思想史の清水靖久さんの木下尚江についての報告など。午後は、旧知のダニエル・コールさんの新井奥邃論。「謙」に焦点を当てた話で新鮮であった。

もうひとつは布川清司さんの「田中正造と伝統思想」。近世の民衆倫理思想とのつながりを論じて共鳴するところがあった。

**一一月二五日**　午前中、私の「田中正造の思想的可能性」と牧原憲夫さんの「民衆史の中の田中正造」報告。私の報告は幸い評価されて欣快であった。午後は岩岡中正さんの「田中正造と石牟礼道子」。最後は原田正純さんの「水俣学と谷中学」。地味に溢れるいい話だった。

**一二月一九日**　記載が重なるが、今年読んだ本から記憶に残るものを選んであげておく。

汪暉『思想空間としての現代中国』

プーシキン『オネーギン』

深澤英隆『啓蒙と霊性』

島薗進『スピリチュアリティの興隆』

鈴木大拙『日本的霊性』
大西巨人『未完結の問い』
夏目漱石『門』
井伏鱒二『厄除け詩集』
高銀『いま、君に詩が来たのか』
『龍樹』
バレンボイム・サイード『音楽と社会』
プラトン『国家』
など。

# 第16章　ネルーダの国チリ

## ネルーダの国チリ　マチュピチュとナスカ

### 二〇〇八年

**三月一八日から四月六日**　南米チリとペルーの旅行にでかける。チリは一人旅で、パブロ・ネルーダの、ヴァルパライーソにある記念館になっている旧宅と、サンチャゴにあるもう一つの家イスラ・ネグラ（黒い島）とをたずねることが目的だった。そのとき作った詩。

### ネルーダの国チリ　インカ文明の跡

1

かねてから願っていた
ネルーダの国チリへ行きたい
泡立つ海辺
イスラ・ネグラの
ネルーダの家を　訪ねたいと
若いとき　ネルーダに夢中になった

日本語訳　フランス語訳　ドイツ語訳
東ドイツ版は　すてきな版画入りの豪華版だった
ネルーダを読みたいばかりに
スペイン語まで手を伸ばし　原語のテキストを買い込んだ

詩人に手紙を書いた
私は結婚したばかり　中学教員だった
思いがけなく　目黒の間借りに
チリ大使館の若い館員が　訪ねてきた
ネルーダのことづけと小冊子を持って

詩人の五五歳の誕生日の記念に作られた『いくつかのオード』
その冒頭に　ニューヨーク　東京　中国から届いた
三通の手紙からの抜粋　東京からのは
なんと私の手紙だった
スペイン語に訳されていた

「私のどの作品でも訳してよい」と書き添えてあった
おどろきとよろこび
でも　スペイン語の習得は挫折した
いくつかの詩は　ドイツ語から重訳したが
ネルーダへの想いはずっと胸の内にだけ

## 2

一九七三年九月一一日
米国ＣＩＡの陰謀で盛りたてられたクーデターで
人民連合政権が倒され
アジェンデ大統領自身も銃を取って戦死した
一二日後　軍監視下のイスラ・ネグラで
癌を病んでいたネルーダは
失意のうちに死んだ
そのピノチェト政権が倒れるまで
彼の著書は発禁であった

南アメリカの歌い手がうたう
「コンドルは飛んで行く」を聴くと
アンデスの山が目に浮かび
ネルーダを　思いだし
目頭が熱くなる
チリに行きたい
ネルーダの家に詣でたい
イスラ・ネグラの海を見たい

3

二〇〇八年三月　サンチャゴ空港に降り立った
パブロ・ネルーダの家を訪ねて
バスに乗り　古びた港町ヴァルパライーソへ
彼の家「ラ・セバスチアーナ」は記念館になっていた
小高い丘の上　海を見わたせる
珍しいもののコレクションがいっぱい

好奇心が強かった人
世界中を歩き　人びとと交わった人
社会主義を信じ　革命を讃えた人
サンチャゴに近いイスラ・ネグラの海辺にもうひとつ家がある
アジェンデ民主連合政権が倒された直後　生涯を終えた家

大きな船首飾りを居間に据え
めずらしい貝殻がガラス箱に
世界中の民俗文化財を蒐集し
長篇叙事詩「大いなる歌」（カント・ヘネラル）で
ラテンアメリカの創世記を歌いあげた

晩年には　スタンザの短いシンプルな詩型の
「オーダス・エレメンターレス」
なんと訳したらいいのか　「基本的なものの頌歌」かな
たとえば　よろこびへの　空気への　愛へのオード
アトムへの　銅への　幸福な日へのオードなど六八篇

私の持っている本は　ネルーダさんの献辞と署名入り
五〇年を隔て　もういちど近づいた
忘れがたい詩人に

チリからペルーに移動した。そしてインカ帝国の遺跡マチュピチュにのぼった。そのときの詩。

## マチュピチュ

インカの民はマチュピチュを捨て
密林の中に姿を消した
建築術の粋をこらした大都
神を招き　神と会話できる聖なる場所
人民の汗　筋力　かけ声　歌声　ざわめき
乳を吸う赤子　芋を煮る女たち

繁栄は消え　語り部はいない
無人の遺跡と密林と絶壁
神がまさかりを振るって
断ち割ったとしか思えないその鋭角
骨さえ残っていない
インカの民は去っていった

渓谷のはるか底で
コチャバンバ川が白く泡立ち
ワイナピチュ　若い峰　マチュピチュ　老いた峰に
向かい合う　灰色と土色の古城
巨大な岩と岩が抱き合い吸いつきあっている
聖なる鳥コンドルのかたちを写している

叫ぶこともなかったのか
泣くこともなかったのか
ただ去っていったのか　破壊もせず

誰にもわからない彼方へ
なにひとつ残さずに

植物や動物は消えなかった
三五〇〇種ものポテト
一五〇〇種のとうもろこし
トマト　アルパカ　コカ
猿　蛇　リャーマ　鼠
木々の鳴る音
流れ下る川の水
日の光

ふしぎな民　ふしぎな文明
帰ったら
ネルーダの絶唱「マチュピチュの頂き」を
読み直そう

# クスコ

インカ帝国の都　クスコ
海抜三三九九メートルの高地
空から茶、緑、黄に染め分けられた盆地に降り立つと
息は苦しく　足元がふらつく
一五世紀に　偉大な文明が栄えていた

それを根こそぎ破壊し　その石組みを踏んづけて
征服者は　腐臭みなぎるカテドラルを建てた
どこもかしこも金　金　金張り
歴代のお偉方の肖像画が飾られている
両国国技館の横綱の額のように

枢機卿だか司教だか知らないが
栄誉をたたえている
だがその顔つきは　強欲と傲慢で醜い

目つきは濁っている
地獄からドラゴンが歯をむき出している

観光ガイドは語る
「このビューティフルな礼拝堂を見てください」
なにがビューティフル
金だらけの醜い飾り立て　陰鬱なまなざし
どこがビューティフル

## ナスカ

海岸は狭い砂地　崖が迫る
稜線がするどくとがった山は
海の波がフリーズした姿
一挙に高まる傾斜に雲がまとわりつく
茶一色の深い渓谷を白い筋が走る

砂漠に縦横にえがかれた
砂絵はなんのため
宇宙へのメッセージ
それとも月日の移りかわりを測るため
だれにもわからない

ひとは
魂の底に降りていったとき
原始に気づくことがある
不死に通じる道を見つけることがある

## チャンカイの申(さる)

茶の湯をたしなむ人は誰でも知っている古帛紗だとは
紅の地に茶と白で　猿が頭と頭　手と手を会わせた逆立ち図柄に
青い線で　数字の九と六、六と九に似た幾何学模様を配した絹の布

どこをどう伝わって　ペルーから日本へ
南アメリカの太平洋岸に紀元一〇〇〇年ころから栄えた
チャンカイ文明　チャンカイ川の流域に遺跡が残っていた
プレ・インカ最後の文明

魚を捕り　土器を作り
植物から染料を採り　糸を紡いだ
いま日本で作ることのできる細い糸は　一四〇番手まで
それなのに二五〇番手という細さの糸が使われていた

それは　うすい　うすい天女の羽衣
そんなに薄いのに　みごとな模様が織り込まれていた
信じられない技能

祈りの姿の土器が出土
両の手を肩の高さで横に開き
手のひらを前に向ける

朝日に向かってやってみた
手のひらが熱を帯び　脈打ち始める
そうか　手のひらで宇宙と交信するのか

日　月　雲　風　星に
祈れば聞けたのだ
神のメッセージ

チャンカイの申　去る

# 第17章　ロング・ウォーク「ピリカ・ケウドム・アプカシ」

## ロング・ウォーク「ピリカ・ケウドム・アプカシ」

**五月二〇日**　自由学校「遊」の読書ゼミで、カントの『永遠平和のために』を読むことにしたので、ドイツ語テキストを読み始めるが、しばらくドイツ語をよんでいなかったので、言い回しが晦渋で苦労する。

**五月二六日**　N響定期演奏会を聴きに行く。シェーンベルガーというウイーンフィルの管弦楽奏者だった人の指揮で、オールモーツァルトプログラム。楽しめる演奏だった。

**五月三一日**　遠山サキフチの娘、堀多栄子さんが提唱したロング・ウォーク「ピリカ・ケウドム・アプカシ」（良い心で歩く）に参加するため稚内に向かう。

このウォークは、昔、樺太アイヌが北海道に強制移住されて江別市の対雁（ツイシカリ）で多くの人が亡くなった歴史を追悼する目的である。

**六月一日**　朝、宗谷岬に集合する。メンバーは一〇名ほど。アメリカ人一名、イギリス人一名。出発のカムイノミとして、サキフチのイノンノ・イタク（祈りの言葉）が代読される。

**六月二日**　八時半出発。海沿いにひたすら歩く。一一時半に富磯漁港着。終日歩いて三〇キロ強。稚内市内の山の上にあるキャンプ場で宿泊。風が強くとても寒い。

**六月三日**　稚内市内を抜けてノシャップ岬で休憩。午後、オホーツク海沿いの場所で宿泊。歩いた距離二二キロ程。脚、腿がパンパンに張ってかがむのもくるしい。今日は四時ごろ歩くのを終えてみなで温泉に入る。ゆっくり入浴して足の張りをゆるめる。夕食後に詩の朗読をする。昨夜は道北アイヌの幕末の悲惨な状況について話す。夕食はキトビロのオハウ、キトビロのおひたし。この旅の人のつながりは可能性を孕んでいるように思える。

**六月四日**　私はここまででいったん歩くのをやめて、九州への旅にでる。

**六月七日**　福岡へ行き、中津での松下竜一忌に参加し、牧師の木村公一さんと会い、水巻の村田久さんと合流して広島に行く。「田を作る」の行脚であった。

**六月二三日**　「ピㇼカ・ケウドㇺ・アプカシ」のウォークに再合流する。二四日、一五キロ、二五日、八キロ、二六日、七キロ、計三〇キロ歩き、江別の対雁墓地に到着。樺太アイヌの慰霊祭、小川隆吉さんの話を聞いてウォーク終了。

**七月一日**　二風谷でのアイヌ民族主催の先住民サミット開会式に参加する。フィリピン出身の国連先住民常設フォーラム議長の女性の力強い演説があった。そのあと、各地の先住民族の発言があった。

**七月二日**　分科会。二風谷民俗資料館での教育・文化部会に参加する。ニュージーランドのマオリ、フィンランドのサーミの人などが教育の実情を語った。二風谷のフチ木幡サチ子さんのユーモアのある話もよかった。

**七月四日**　札幌のコンベンションセンターで、先住民サミット最終集会とコンサートがあり、大いに盛り上がる。床絵美さんの独唱が絶品だった。私の家に遠山サキ、堀悦子、多栄子、弓野恵子、正勝夫妻、床みどりさんたちが投宿。

**七月五日**　小樽のあとりゑ・クレールで、弓野恵子さんの「ユカラを聞く会」開催。カムイ・ユカラ三篇を朗唱。みどり、悦子、サキフチも加わって歌を二曲、歌ってくれる。

### ユカラを吟じるあたらしい人

漆黒の布に　渦巻く波が白く踊る刺繍
幅広の黒い鉢巻きにも　白い縫い取り
小柄なあなたがステージに立つと
カムイの霊がただよいだす
アペフチカムイがそっと寄り添って
みちびきの火を灯す

手を前に組み
息を静め
ニシパウタラ（紳士がた）　カッケマッウタラ（淑女がた）

イカターイ（今日は）
つつしみ深く語り始め
あたりに沁み入るように語り継ぐ

祖母（フチ）の
薄青い文様のある口から流れ出る唄　ヤイサマ
懐に抱かれて聴いた語り　イソイタク
カムイに祈り　食べ物を分かち合って暮らす
鳥にも　鹿や熊にも　フクロウにも　虫にも
アイヌと同じ心があるんだよ

この世に生きるものは　すべてカムイなんだからね
春の山に分け入るには　山のカムイたちにご挨拶するんだよ
春になると（パイカㇻ　アンコロ）
ヤチブキや（プィ　ウサ）
ギョウジャニンニクや（プクサ　ウサ）
フキノトウや（マカヨ　ウサ）

アイヌ語が蓮の葉の上をころがる雫のように
透き通って響くと
アネチャの里山の　目に彩な春の饗宴が見えてくる
白や黄色や桃色の野草たちが見えてくる
いのちが萌えるときの
ふつふつとした気がみなぎる

大地から教えられた
人にとっての　人が人らしくある教えに
あなたは　とばりを開いて招き入れる
ユカラを吟じるあたらしい人
その誕生に立ち会い
アイヌイタクの美酒に酔う

**七月二三日**　長篇物語詩『アイヌモシリの風に吹かれて』を完成する。万葉集の東歌「多麻河に　さらす　手づくり　さらさらに　なにそ　この兒の　ここだ愛(かな)しき」の音韻が美しい。河の流れる音、麻を晒す行為、さらにさらにと掛けて行くつなぎ、みごとである。

**八月一四日**　タルコフスキーの映画『鏡』を観てその映像美に驚嘆する。すごい映画である。監督の父アルセニー・タルコフスキーの詩が朗読されるが、それも美しい。翻訳されている詩集も読んだが、訳詩では味わえない風情があった。

**八月二二日**　中国の思想史家孫歌さんの講演会が実現した。ひじょうによい講演であった。

**八月二三日**　孫歌さんと娘の林含章さんが宿泊し、中華料理を作ってくださる。焼豚、エビの唐揚げ、鶏肉の煮込み、じゃがいもの千切り炒め、いか炒めなどなどご馳走だった。

**八月二四日**　孫歌さん母娘が滞在。小樽と神威岬を観光して二六日に帰京する。

**八月三〇日**　小田実追悼の講演会、講師は連れ合いだった玄順恵さん。参会者は二〇〇人を越し、会場は超満員だった。

**八月三一日**　東京へ出かけ、中国の農業経済学の教授の温鉄軍さんに会う。農村復興学院が地方政府の命令で閉鎖になったので、北京近郊で企業と手を組んで有機農産物の生産と販売の活動を始めたとのことだった。さっぽろ自由学校との連携を保ちつつ、つぎになにができるかを模索することにしようと考えている。孫歌さんともそうしたい。

**九月三日**　さいたま市に作家大西巨人氏を訪ねる。三時から五時近くまで歓談することができた。

**一〇月四日**　ギドン・クレーメルが組織したクレメラータ・バルティカ室内管弦楽団のコンサートを視聴した。マーラー、ショスタコヴィッチ、ピアソラの作品演奏。すばらしかった。すっかり堪能する。

**一〇月九日から一二日**　東京へ出かける。一一日に東京都美術館にフェルメール展を観に行く。フェルメールが七点あった。そのほかにデルフトの画家たちの作品があった。そのなかでは、カレル・ファブリティウスという三二歳で死んだ画家の作品がすぐれていた。レンブラントに見まがうばかりの自画像（実際にレンブラントの作品とされていたという）が印象に残った。

フェルメールの作品では、アムステルダムにある「小路」、デン・ハーグのマウリッツハイス美術館にある「ディアナとニンフたち」は、観たことがあったが、あとの5点、「マルタとマリアの家のキリスト」、「ワイングラスを持つ娘」、「リュートを調弦する女」、「ヴァージナルの前に座る若い女」は初見。室内に女性一人の二点が清冽な雰囲気をたたえていて心を惹かれた。別に特別出展作品とされている「手紙を書く婦人と召使い」がもっともすばらしかった。アイルランドのナショナル・ギャラリーの所蔵である。そのあと、山尾三省生誕七〇年祭に参加した。「アニミズムという希望」と題したシンポジウムでは、パネル討論が、鎌田東二、田口ランディ、今福龍太、長屋のり子の四人で行なわれた。三省の同時代文学に話が向かい、今福氏が、アレン・ギンスバーグとそれ以後のアメリカ現代詩の中に、先住民の文化に影響されてシンプルな詩作品が生まれ、三省と共通した詩心があると指摘したことが記憶に残った。

**一〇月一二日**　午前中、神田明神と湯島聖堂を訪ねる。神田明神では平将門の展示を観た。将門の首が生命力を持ち、石をがりがり噛んだという物語から、噛んだ→神田の地名ができたという言い伝えがある由。神田明神は将門の怨霊を鎮める神社であったようだ。湯島聖堂では、大きな楷(かい)の木があった。樹幹の肌はつやつやしており、葉の付き方は左右対称の薄い羽根のよう。楷書の由来は、この木の葉の端正な形状からきているとのこと。興趣に富む。

**一〇月一七日**　さっぽろ自由学校「遊」の読書ゼミで、デカルトの『方法序説』を取り上げる。私にとって青春の書。再読して、いかに大きな影響を受けたかを思う。大学を去り、旅に出、世間という本を読むことにしたのは、この本を読んだからといってもいいのだった。

# 第18章　田中正造の足跡を追って　思想家森崎和江について

**一一月三日から六日**　秋田県鹿角市へ、田中正造の足跡をたどる調査に赴く。鉄道で約一〇時間かかって花輪鹿角駅に着く。正造が飢饉に苦しむ村の検分に歩いた小さい集落を見て歩く。詩「鹿角にて」。

## 鹿角（かづの）にて

午後六時過ぎ　日の落ちたさびしいまちに降り立つ
明治三年　三月　まだ雪のなか
田中正造が
遠野から山を越えてたどりついた
秋田県鹿角
正造三〇歳　江差県官吏となって赴任した

まわりを丘にかこまれた　鼠色の盆地
やませが北から丘を越えてくる村を
翌日から窮民調べにまわった
「馬に乗ってまわったそうです」

たびたびの冷害で　村人は飢えて死んだ
死んだ人たちの霊が
とどまり　たゆたっている村

市役所受付の女性も若い男性も　ささやくような小さい声
死者への遠慮だろうか
乗り合いタクシーの運転手も
花輪図書館の館長も
高校の先生も寡黙だ

正造が調べに歩いた台地の上の集落は
百年　同じ風景のなか
曹洞宗の寺のみあたらしい
夕暮れがせまってきた

百三十年前　正造がやってきたときに

彼の背中にのしかかった飢饉の歴史
元禄八年（一六九五）餓死者四万人
同一五年（一七〇二）餓死者二万五千人
天明三年（一七八三）の飢饉では
食べ物はわらの穂を取り去り　半日水につけ　根から刻んで蒸す
それを臼で搗いて粉にし
この粉一升に米粉二合ほど入れて水で練り
塩か味噌をつけて食べている
わらびの屑を粉にして煎ったもの　松の皮を煎ったもの
いぬたで　あざみの葉

飢えた人々の顔は憔悴し　髪は乱れ　目は星のよう
色は青く疲れ衰え頬骨高く口尖り手足は枯れ木のよう
素裸に菰を纏った姿はもはや人間とは見えない
施しなどあるときはわれがちに争い
老弱の者のもらった食べ物を奪い取り
泣き叫ぶ声は骨身に沁み　胸に応える

たがいに食べ物を奪い合い　殴り合い　つかみ合い
傷だらけになっている修羅の巷

宝暦から明和にかけての餓死者供養塔が
鹿角市内に確認されているだけで二十二基
町がつつましく静もっているのは
草むらに倒れ　川に流れ
野辺にさらされ　白骨となった百姓たちへの哀悼か
記憶が土となって　草木に悲しみを歌わせている

正造は記録した
百姓甚四郎　家内八人　馬二匹　手業四人　備蓄は粟一升のみ
これまで稗粉を食べている
惣吉　家内五人　馬一匹　手業三人　米五升　粟一升
稗もなく　蕎麦の花　メクソというものを食べている
喜兵衛次　家内六人　手業三人　米少しもなし　粟もなし
草木村では　なにもなし　なにもなし　なにもなし

連禱（リタニー）のようだ
正造の「救助窮民取調」日誌には
悲痛な声が響いていた

参考・引用文献
『田中正造全集』第一巻　第九巻
『秋田県鹿角市史』第二巻下
『鹿角市史資料集』第三集所収、浅井小魚著述『三歳異変』

**一一月一一日**　ベルリンフィル、ヴァルト・ビューネ音楽会が目の覚めるような印象だった。ヴェネズエラの二〇代の指揮者グスタボ・ドウダメルが颯爽と指揮。インディオ交響曲、ファリヤの「スペインの七つの民謡」ほか。これはサルスエラの歌い手アナ・マリア・マルティネスが強い声で歌った。そしてビラ・ロボスの「ブラジル風バッハ」第五番、最後にヒナステラのバレエ音楽「エスタンシア」。素晴らしいリズムだった。

**一一月二一日**　自由学校『遊』の読書ゼミの予習で、デカルトの『方法序説』をフランス語のテキストで読む。フランス語で読むのはうれしい。

一二月一六日に書き上げた森崎和江コレクション第5巻の解説を納める。この文章が、この間の私の考え、態度を物語るものとして適当であるからである。

## 森崎和江コレクション第5巻「回帰」解説

花崎皋平

### 1　植民二世であること

思想家という名に値する人は、自分自身の生の根拠に根ざした主題を生涯にわたってくり返し考え抜く。森崎和江はそういう思想家である。

彼女の主題は、この巻の冒頭に置かれた「故郷・韓国への確認の旅」に凝縮されている。自分が韓国に生まれたということ、その韓国はかつて朝鮮とよばれて日本の植民地であったことを生涯にわたって問い続けることの上に、彼女の思想は紡がれている。彼女は自分の感情や感覚を養ったものが朝鮮の風土であり文化であったことが何を意味するかを考え続ける。

「私は私を取り巻く現実へせいいっぱいの親愛をこめて生きた」しかし、そのことを留保なしに肯定することはできず、「自分がよその民族の風習や歴史的な伝統を我田引水的にむさぼり生きた無分別さ」ととらえて苦しむ。親和した風土、風習をそのまま懐かしむことはできない。それは「むさぼり」としていったん否定されなければならない。しかしそれでも自分の感覚、感情は親愛の肯定を求める。「せめてまっすぐに感じとって消えたい」と考えるが、植民二世のままではその感覚、感情に安住することはできない。「まがりなりにも日本の何か」にならなければ出逢えない。このねじれ、この分裂とその克服のプロセスが、彼女の思想形成の歩みであった。彼女が日本民衆の生活のひだ深く分け入ろうとしたのは、そうした思索からである。敗戦後二十数年かけて日本人としての自己形成に努め、まがりなりにも「訪韓の資格」ができたという思いで、彼女は韓国に出かけ、そこでの旧友との出会いによって彼女は思考を深めて行く。生まれ故郷の慶州は典雅な古都であり、その生活秩序と美意識に、かつて彼女は「やすんじて包まれんとした」。しかしそれは「所有の心とはいささかちがう」。

私は思う。彼女が所有するのとは逆に、彼女の方がその風土、歴史、文化に所有されていたゆえに、そこが植民地であり、自分が植民二世であることに苦しまざるを得なかったのだと。

彼女は訪韓で出逢った友人たちと語り合い、「一見、加害・被害関係にあるかにみえながら実体はそこにはとどまってはいないものが、一筋の歴史を生み出すという」という言葉を聞いて、次のようにのべる。

「彼のことばは、そのまま私のことばのようであった。彼らが各自に、脱ぎ捨ててしまうことが不可能な体験としている日本の影は、私のように彼ら民族の影からのがれえないものだけが、その噛み合ったあとの深さを計るばかりであろうか。そしてまったく相反した立場での体験の、そのねじれ合った傷跡だけを資産のようにして相対するのである」。

この短文の終わりに、彼女は、韓国の民衆が南北の分裂と結合の深淵にいたる道を、心の闇にいくたびとなく書いていたとしるし、「一般の人びとが心の闇にむかって、一人で他へ語ることのない書きものをしているのである。その集積は思考の泉を深めざるをえない。それは彼らが自覚している深さよりも深い」とのべている。私はここに、「一般の人びと」と同じ地平に身を置いて、その人びとからまなびながら思想を熟成させる森崎和江の姿をみる。

読んでいると、私には彼女との対話が始まる。私は三三歳のとき北海道大学に就職して札幌に渡った。新しい天地で学問への意欲に燃えていた。しかし、北海道は近代日本の植民地であり、先住のアイヌ民族の権利を根こそぎ奪い、民族としての尊厳を破壊してきた地である。北海道大学は植民地経営の先兵の役割を果たしてきた。そうしたことへの真剣な反省は敗戦後もなされなかった。私は次第に、北大に職を得たことのアイヌ民族に対する罪を考えるようになった。しかし、北海道の自然や親しくなったアイヌの人びとは私を引きつけてやまなかった。北大を辞めても北海道に住み続けようと思ったのは、その魅力に引かれてであった。今回、森崎和江の文業に接しながら、彼女が故郷慶州での少女時代を「よその民族の風習や歴史的な伝統を我田引水的にむさぼり生きた無分別さ」ととらえかえしているのを読み、深く恥じるところがあった。私はいまもなお植民地状況から完全には解放されていないアイヌ民族とその文化を無神経にむさぼっているという罪の自覚に欠けていたのではないかと。共に生きようと努めてきたと言い訳ができないこともない。しかし、非対称の関係を変えなければ学ぶこととむさぼり奪うこととの差はどれほどあろうか。植民地であった歴史とそこでの負の遺産、その地を愛すれば愛するほど自覚しなければならないねじれに、私はまだきちんと向きあっていないと思わざるをえない。

「訪韓スケッチによせて」では何人かの韓国人との対話が記されている。このエッセイは三つの断片からなるが、深い問題と痛切な思いが語られている。実業家のA氏との対話では、精神形成期ににほん語を使っていたA氏が、にほん語から完全に解き放たれえないことを告げ、人間は一生の間に二つのことばを国語としうるだろうかと問いかける。それに対して森崎は、自分はにほん語しか知らないが敗戦後にほん語がふたつに割れ、ふたつの民族の心に割れて、国語という言葉を使えない。自分の持つことばの分裂感は自民族と相手側の民族との両方へ対するコンプレックスであるが、どちらにも密着し得ないことを、両民族に対する批判的な力量へまで追い込む道を進みたい。そして「この独自の道は近代になって突然できたのではなくて、庶民の次元では随分昔からあるようです。両民族の限界破り的機能を果たすところの媒介者の思想が、細々ながらつづいている。ことに国境に近い女の歴史のなかには、わたしはそれらのかくれた働きを思います。それを意識的なものに引きあげ得ないかなあと思っているのですけど」といっている。

石牟礼道子の言葉だそうだが、民衆の中にある「隠れ思想」への感度がここに光っている。そして、彼女が媒介者の位置に身を置こうとしていること、とりわけ国境に近い女の歴史に着目していることを知ることができる。海女を調べる発想の出どころはこうしたところなのか。

戦争が終わったあと、彼女は「暗く重い過去の国」の内地でしか暮らせぬ日本人の一人となった自分とつきあうことになり、どう生きればいいのかと問う。「日本を愛するのは、ほんとうに困難な道だった。私は幾度も幾度も、民族ぬきの女になりたいと思った。女とは何かをどこかへ知らせたい、だから残りの生を生きてみようというのが、敗戦後に藁にもすがる思いで得た私の生への手がかりだったのだ」。彼女にとって女は「思想的に汚れてはいなかった」からだという。思想的に汚れていないとは、女にとって女とは手つかずの領域だったということであろうか。

「〃植民二世〃の私にとっての日本」は、二〇〇二年に書かれた年代記風のエッセイである。リベラルで進歩的な思想の父が教えた中学校の卒業生からの手紙やその縁で再会した韓国の知的障害孤児(者)愛光園長金任順(キムイムスン)さんについて語りながら、彼女は自分が帰国した日本の日常言語界は、異国であり、異文化の社会であった。一九六一年、文化運動(サークル村)は消滅し、戸口に未知の若者や子連れの女たちが一夜の宿を求めてくるようになる。

この一夜宿の歳月が彼女を身軽にしたという。「子産みや流産、子消し、水子供養の方言界へ」「産小屋や墓地を北へ南へ。雑煮の伝統や手作り酒や焼酎。手作りのゴッタンや笛。なんとも多様でゆたか」。閉山になった炭鉱で出逢う老女、混血の旅芸人、「これら方言界の創意の脈絡を文体化しつつ考えたい」。

「わかる、わかる」と相づちを打ちたくなる。私も一九七一年以降、彼女が方言界と呼ぶ、海辺や野の人びとと交わり、「字を書いて食う奴の限界」をしたたかに味わったから。しかし、「創意の脈絡を文体化しつつ」と言うときの彼女の腰の据え方にはとうていかなわない。「わかる」と相づちなど打てない。

思想の発展は円環を描くように端緒に立ち返りつつ進む。植民地の教育者であった父のことをかえりみながら、彼女は「朝鮮を愛する父の愛情がいかに朝鮮人個人の生涯をゆがませたか」を見て歩こうとする。「私には、支配権力の植民地主義の罪業と同様に、日本人庶民の生活意識の罪がこころにかかる。生活の場での異民族との交流がどのような原則のうえで行われたか、それは日本在住の民衆意識の何とどう関係しているのか、その民衆の意識と支配権力の支配の原理とはどういう補足関係にあるか。そこまでみきわめねば、日本のアジア侵略の悪に(それをひき起こした日本の民族的特性、その内的必然性)を越える思想は、日本民衆の生活意識のなかに生まれないのだ」。

一九八〇年に書かれた「まだ見ぬ人びとへの手紙」では、「日本人全体の一般的な生活意識に、植民地主義はほとんど影響していないかにみえる」と洞察している。そのとおりだと思う。私は一九五〇年の朝鮮戦争をきっかけに、はじめて朝鮮の現代史と日本の植民地支配を知識としてまなんだ。しかし、それは知識のレベルにとどまるものであった。私はいちばん痛切に日本の植民地支配と自分との係わりを感じたのは、ある国際シンポジウムで、それぞれの戦後の歩みを語ろうという提案があり、私が一九三一年生まれだというと、私より一〇歳若い済州島出身の作家が、「あなたの年代の私たちの兄たちは、一九四八年四月の済州島人民蜂起でほとんど死にました」と応じた。植民地を支配した日本の私たち青年が、敗戦を機にこれからは殺されずに平和に生きられるとよろこんでいたのに、南北一体のあたらしい共和国を築くのだという意気に燃えていた韓国の青年がいのちを絶たれなければならなかったという事実に直面して、私が済州島に生まれていたら、きっと闘いに参加して死んでいただろうと思い、植民地支配の罪を我が身に引きつけて実感できたのである。森崎が言うように、日本民衆の多くは、自国が植民地宗主国であったという実感を持ち得ないで敗戦後を生きてきている。北海道に住む本州からの移住者の大多数は、北海道を植民地として意識してはいないだろう。アイヌ民族がこの間、どんな歴史を生きてきたかに思いを馳せるひとは多くはない。どうしたらそういう意識を生活の場で育てることができるのか。課題は重い。

## 2　他者を内在させた「わたし」へ

私は一九六〇年代からの長い歳月、森崎和江の書いたものに親しんできて、二度、とくにくっきりと心に刻まれた事柄がある。その一つは、第二章の冒頭に置かれた「産むこと」という文章である。妊娠をつうじていままで使っていた「わたし」という言葉が「私のすべてをうけとめきれなくなった」という経験がそこで語られている。それまでは、総体としての私は、いつも「わたし」であって、病気のときも悩んでいるときでも、「わたし」はかわらない。それが人格というものだと信じていたが、妊娠したら、私の意志とは別の私がタクトをふっているように、体がにぎやかにおしゃべりしあいだした。彼女の精神は、一方で娘時代からのテーマである植民地で生まれ育った痛みを追おうとしていた。「こうした私のありのままを、分裂させずに一人称をはじめ、多くのことばにこめたいのに、いままで使っていた『わたし』にもその他の言葉にも、社会通念がつまっていて、私ははみだしてしまうのです」。

『わたし』ということばの概念や思考用語にこめられている人間の生態が、妊婦の私とひどくかけはなれているのを実感して、はじめて私は女たちの孤独を知ったのでした。それは百年二百年の孤独ではありませんでした。また、私の死ののちにも続くものと思われました。言葉の海の中の孤独です」。

このようにして紡ぎだされてくる思想に、私は打たれた。彼女は、自分の体に出産させるつもりもなくて、自分の存在の内を通って生命となるよりすべのない子のいのちをはらんでいて、「そのいのちとことばもなく互いをたしかめあっている」、それが渾然と統一した「わたし」である。それなのになぜ「わたし」という用語の中に、この私の実体は反映していないのか。そのことを何百年も前からの女たちの孤独としてとらえ、そこから出発して、彼女は「産む」ということが人間の営みとして対象化されず、主体的にとらえられずにきたせいだと考える。彼女自身がつかっていた「わたし」には、くっきりとした個の自覚がつまっていたが、そこには肉体の内側から意識を刺激する他者の働きはふくまれていなかった、胎児をはらんでいる女の一人称にふさわしい内容を持つことばは見当たらなかった。

こうした思索の前で、私は胸に手を当てざるを得ない。この思索から、男性中心に作られてきたことばを、「言葉」一般として当然のようにあやつり、概念と論理によって知識と理論の世界を組み立ててきた特権的なあなたたちという批判を読み取らざるを得ないからである。そして、彼女の発語に耳を傾けざるを得ない。

「膨大なことが、いのちを産むことをめぐって、空白のままとりのこされていると思います。人間の営みのあらゆる側面のカオスをつめこんだまま」。

いのちを産むことの考察の空白という自覚は、「人間学とでもいうような、総体的な、生きている人間としての発生学」がほしいという欲求になる。「私が子産みで経験したことの対極には、男性にとっての『産むこと』の対象化が必要であり、異質なそれを互いに知りあってはじめて、トータルな生きているいのちの継承を知ることができます。個体および社会、そして自然全体の中でとらえることによって、『産むこと』を内在させた『わたし』は誕生し、その自己同一性は保たれると考えはじめました」。

私の反省も、不十分ながら、森崎の反省と軌を一にしている。彼女がのべているように、自分の生きてきた跡をふりかえると、私にとっての「わたし」は自己完結的な近代的「個」であって、「一代完結性の持つ、思考の未熟さ」、「近代的自我の持つ認識の浅さ」を持っていた。そのことへの反省は、やはり他者としての「わたし」を見いだすことにつながり、近代的自我が「いのち」の根への洞察を欠いていたという認識となった。そしていのちの継承性について深刻に考えさせられたのは、ハンセン病療養所を訪ね歩いていのちの継承を断ち切られた人びとに出会ってであった。愚かにも、いのちの継承性を拒まれた人びとから教えられてであった。私たちは生命観の更新に迫られている。単独者としての「わたし」、そこに内在している他者への可能性、この統一体を生かしてくれている大自然、それら三者の相互性を、と彼女はいう。私たちはこのテーマをもっともっと探めなければならない。

## 3　「言葉は死ね！」

しめくくりに、本巻の「非日常的しぐさ」のなかで言及されている出来事と森崎の対応に、かつて受けた感銘についてのべたい。

一九六九年、ベトナム反戦と大学叛乱のさなかであった。私は、詩誌『ユリイカ』の一二月号に「言葉は死ね！」というエッセイを書いた（のちに「一九六九年秋・断想と手控え」と解題して著書『力と理性』に収録）。表題にした「言葉は死ね！」は、森崎の語った言葉であった。その森崎のエッセイは、どこから引いたかを書いておかなかったので不確かだが、おなじ『ユリイカ』誌のより前の号に掲載されたものであったように記憶している。炭坑がつぶれて退職金がまだでない時の夜中に大正行動隊の一人が酔っぱらってやってきて、出刃包丁をふりあげて「おまえは死ね！」といった。「どうしてもお前を殺す。お前たちはいったい、言葉でベラベラといろんなことをしゃべってものを書いてきた。われわれ労働者を、こんなもんだ、あんなもんだというふうに紹介してきた」。彼女は、私にとって戦後民主主義とは何だったのかと考えたときに出てきたのは、この労働者の「おまえは死ね！」という言葉だったという。なぜ「死ね」といったのか、それは「言葉は信じない。お前たちは言葉を通して何かをやった。言葉というのにはお前たちのひとつの共同体的なものがあるだろう。言葉を共有する世界があるだろう。けれどもわれわれはそういうところに入っているのではなくって、そことまったく違ったところで生きているのに、その中にお前たちは虚像を持ち込んだんだ」というメッセージであると彼女は受け止めた。そして、「そういうふうに出刃包丁をふり上げてやってきたときに、初めて私は、やっとそこにデモクラティックなものが出てきたと感じました」と結んでいた。

このエッセイは、私にとって忘れることができない。デモクラシーとは何かを、どんな政治学の教科書よりもリアルに教えてくれている。平等ということは教義ではなく他者との関係を生きる生き方なのだ。この巻の「非日常的しぐさ」では、男が机に刃物を突き立ててからのやりとりが具体的に書かれている。彼女は「飲もう、飲もう」と応対し、一人の女としての自分を語り、男からなにがしかの納得を得る。彼女はいう「ドスは暴力ではなかった。非日常的なしぐさだった」。もと炭坑夫だった失業者の男は、非日常的なしぐさでもって、伝達のルートを開こうとしたのだ。それは「個性的に、自分自身を生きようと」していたのだ。

この森崎の受け止め方には、デモクラシーが宿っている。「やっとそこにデモクラティックなものが出てきた」という言葉は、刃物を見ておびえて逃げるのではなく、その場にとどまり、「飲もう、飲もう」と踏み込みながら発見したものであった。私にとって大学叛乱は、学生が非日常的なしぐさで発していた言葉であった。そこは、森崎和江との出会いの場でもあった。

まとめの言葉はこうだ。

「共に生きる形は古来さまざまに試みられている。民族ごとの差もある。けれどもまだ人間たちは、特定者の自己表現しか存在させていない。つまり認め合ってはいないのだ。『一将功成りて万骨枯る』、である」。

こうした森崎の思索をたどってくると、「共に生きる」という課題はまだはるかな道のりを残しているということがわかる。その道程を進むものに、森崎和江がおこなってきた仕事は里程標であり、民衆思想の大切な伝統として継承し、発展させなければならない。

私の解説は、思想家としての彼女を跡づけることに急で、そのほかの側面、詩人、記録者、文学者といった側面にふれることがなかった。その偏りは、他の巻の解説者が補ってくれるだろう。私は「民衆思想」の脈々とした流れが日本文化の中にあると考えている。それは公教育の中では十分に教えられず、思想といえば、モデルとして西欧近代の所産を念頭に浮かべるようになっているが、森崎が読み取っているように、文字を知らない、あるいは持たない民衆のなかにも思想は宿っているのであり、それを重んじ、意識化をうながし、適切な限度で一般化して開示する作風を、私たちは持たなければならない。森鷗外は、西洋語を日本語で表現する作業に当たって、フォルシュングというドイツ語に当てるべき仕事の仕方がないと嘆いた。フォルシュングとは、いまは探求と訳されているが、明治の日本には、西欧文明に追いつけというシュトレーベン（努力）＝ガリ勉のみがあって自国の文化のなかに普遍に通じる内容を発見するフォルシュング＝探求には乏しいと。森崎和江のような仕事こそフォルシュングというにふさわしいのではないだろうか。

このあとの著作として、

『〈じゃなかしゃば〉の哲学』（二〇〇二年）

『ピープルの思想を紡ぐ』（二〇〇六年）

『風の吹き分ける道を歩いて——現代社会運動私史』（二〇〇九年）（聞き書き）

『田中正造と民衆思想の継承』（二〇一〇年）

『天と地と人と——民衆思想の実践と思索の往還から』（二〇一二年）がある。

このなかでは、『田中正造と民衆思想の継承』が重要である。最晩年の田中正造が到達した思想をとらえだし、私自身の精神史の歩みの総括と照らし合わせた。

# あとがき

本書は、一九四五年の時に十四歳であった筆者の、日記をもとにその精神史的な歩みを中心に整理、適録したものである。また筆者は青年時から詩を好み、詩作を続けてきており、その時々につくった詩を組み込んでいる。

筆者が生きてきた時代は、敗戦とその後の困窮、混乱、思想文化の激変の時期であり、いかに生くべきか、何を学ぶべきかについて、苦悩し、探求せねばならない時期であった。その足跡が日録に残っている。

いったんは西洋哲学の研究者を志し、ヘーゲルとマルクスの弁証法的論理を中心に研究生活を始め、北海道大学文学部に職を得たが、やがて米国のベトナム侵略戦争が激化し、全世界で反戦運動が高まり、日本でも「ベトナムに平和を!」の市民運動が始まった。札幌でも「ベトナムに平和を!市民連合」を結成して、定例デモや集会をくりかえした。また全国の大学で学園闘争が繰り広げられ、北海道大学でも学園を封鎖して大学のあり方を問う運動が起こった。最後は警察機動隊による封鎖解除で幕が降ろされたが、それに抗議して大学本部に立てこもった学生が逮捕、起訴された。筆者はその裁判の特別弁護人を引き受け、有罪判決を機に大学をやめた。

それ以後、市井の一私人として暮らしながら、平和運動、社会運動に従事しつつ、詩作と思想を養う活動を続けて今日に至っている。ただの人としての歩みであり、読むに値するものであるかどうかは当人にはわからない。時代の記録の面もあるので、少数でも読者にめぐり合えることを願っている。

書籍の出版が困難になっている昨今、このような本を作ってくださった釧路の藤田印刷の社長藤田卓也氏と出版部の方々に深く感謝申し上げます。

また、校閲、校訂、校正にも参加して頂いた番匠健一さん、渡会やよひさんにも御礼申し上げます。

二〇二一年十二月

花崎皋平

## 著作リスト

『詩集 明日の方へ』国文社、一九五六年
『詩集 年代記』国文社、一九五九年
『詩集 歌うたいつつ』私家版、一九六三年
『マルクスにおける科学と哲学』盛田書店、一九六九年（社会思想社、一九七二年）
『力と理性――実践的潜勢力の地平から』現代評論社、一九七二年
『風はおのが好むところに吹く』田畑書店、一九七六年
『朋あり遠方より来る――現場からの哲学』北沢恒彦・渋谷定輔共著、風媒社、一九七六年
『いのちをわかちあう』田畑書店、一九八〇年
『生きる場の哲学――共感からの出発』岩波新書、一九八一年
『生きる場の風景――その継承と創造』朝日新聞社、一九八四年
『地域をひらく――生きる場の構築』農山漁村文化協会、一九八五年
『社会的左翼の可能性 労働運動と住民運動』清水慎三共著、新地平社、一九八五年
『解放の哲学をめざして――衆愚は天に愚ならず』有斐閣新書、一九八六年
『あきらめから希望へ――生きる場からの運動』高木仁三郎共著、七つ森書館、一九八七年
『学問に何ができるか』河合ブックレット、一九八七年
『静かな大地――松浦武四郎とアイヌ民族』岩波書店、一九八八年（岩波現代文庫、二〇〇八年）
『民衆主体への転生の思想――弱さをもって強さに挑む』七つ森書館、一九八九年
『島々は花綵――ヤポネシア弧は物語る』社会評論社、一九九〇年
『アイデンティティと共生の哲学』筑摩書房、一九九三年（平凡社ライブラリー、二〇〇一年）

『タイ・カンボジアを歩く——民から民へ』岩波ブックレット、一九九三年
『個人／個人を超えるもの』岩波書店㉑世紀問題群ブックス、一九九六年
『〈共生〉への触発——脱植民地・多文化・倫理をめぐって』みすず書房、二〇〇二年
『〈じゃなかしゃば〉の哲学——ジェンダー・エスニシティ・エコロジー』インパクト出版会、二〇〇二年
『どこへ行く？——QUO VADIS（クオ・ヴァディス）？』自由学校「游」ブックレット、二〇〇三年
『ピープルの思想を紡ぐ』七つ森書館、二〇〇六年
『風の吹きわける道を歩いて——現代社会運動私史』七つ森書館、二〇〇九年
『田中正造と民衆思想の継承』七つ森書館、二〇一〇年
『あきらめから希望へ——高木仁三郎対論集』高木仁三郎・前田俊彦共著、七つ森書館、二〇一一年
『天と地と人と——民衆思想の実践と思索の往還から』七つ森書館、二〇一二年

他に二〇〇四年から、詩集として

『おたるとみおか偶感詩片』私家版、二〇〇四年
『おたるとみおか滴滴詩録』私家版、二〇〇九年
『アイヌモシㇼの風に吹かれて』クルーズ、二〇〇九年
『詩集 風のとおる道』北溟社、二〇一二年
『詩集 いのちへの旅』地湧社、二〇一五年
『チュサンマとピウスツキとトミの物語他』未知谷、二〇一八年
二人の娘の制作による私家版詩集『生と死を見晴るかす橋の上で』私家版、二〇二〇年
『詩集 アイヌモシㇼの風に吹かれて』クルーズ、二〇二二年

## 翻訳

ヘルムリン『詩集鳩のとびたち』国文社、一九五五年

『アンドレ・ブルトンと超現実主義』小海永二共訳編、昭森社、一九五九年

K・マルクス、F・エンゲルス『ドイツ・イデオロギー』合同新書、一九六六年

カレル・コシーク『具体性の弁証法』せりか書房、一九六九年

E・V・イリエンコフ『資本論の弁証法』合同出版、一九七二年

エルンスト・ブロッホ他『マルクスと革命』紀伊國屋書店、一九七二年

アルフレート・シュミット編『現代マルクス主義認識論』青山政雄共訳、河出書房新社、一九七三年

ジョルジュ・ルフラン『現代ヨーロッパ社会思想史(上・下)』社会思想社、一九七六年

アダム・シャフ『マルクス主義と個人』岩波書店、一九七六年

カレル・コシーク『具体的なものの弁証法』せりか書房、一九七七年

クロード・レヴィ＝ストロース『親族の基本構造(上・下)』馬渕東一・田島節夫監訳、鍵谷明子・小川正恭・喜多村正・黒田信一郎・竹村卓二・冨尾賢太郎・山下晋司・矢島忠夫共訳、番町書房、一九七七—七八年

アルフレード・シュミット『歴史と構造—マルクス主義的歴史認識論の諸問題』法政大学出版局、一九七七年

チャン・デュク・タオ『言語と意識の起原』岩波書店、一九七九年

サミール・アミン『不等価交換と価値法則』亜紀書房、一九七九年

アダム・シャフ『社会現象としての疎外』岩波書店、一九八四年

著者略歴　**花崎皋平**（はなざき・こうへい）
1931年　東京生まれ。
1964年から1971年まで、北海道大学文学部教員（西洋哲学）、以後、文筆業。
著書：『マルクスにおける科学と哲学』、『生きる場の哲学』、『静かな大地――松浦武四郎とアイヌ民族』、『アイデンティティと共生の哲学』、『田中正造と民衆思想の継承』、『天と地と人と――民衆思想の実践と思索の往還から』など。
詩集：『チュサンマとピウスツキとトミの物語 他』、『アイヌモシㇼの風に吹かれて』など。
翻訳：カレル・コシーク『具体的なものの弁証法』他。
編著：『ヤポネシア弧は物語る　島々は花綵』

**生きる場の思想と詩の日々**

著　者………花崎皋平

発　行………2022年3月15日

発行者………藤田卓也
発行所………藤田印刷エクセレントブックス
〒085-0042　北海道釧路市若草町3－1
TEL　0154-22-4165
FAX　0154-22-2546
印刷所………藤田印刷株式会社
製本所………石田製本株式会社
装幀者………須田照生

＊造本には十分注意しておりますが、印刷、製本など製造上の不備がございましたら「藤田印刷エクセレントブックス（0154-22-4165）」へご連絡ください

＊定価はカバーに表示してあります

ISBN 978-4-86538-132-0　C0010